KB145296

현대 네트워크 기초 이론

KOREAN language edition published by acORN Publishing Co, Copyright ⓒ 2016

Authorized translation from the English language edition, entitled
FOUNDATIONS OF MODERN NETWORKING: SDN, NFV, QoE, IoT, and Cloud, 1st Edition, 9780134175393 by
STALLINGS, WILLIAM, published by Pearson Education, Inc, publishing as Addison-Wesley Professional,
Copyright ⓒ 2016 Pearson Education, Inc.

All rights reserved. No part of this book may be reproduced or transmitted in any form or by any means,
electronic or mechanical, including photocopying, recording or by any information storage retrieval system,
without permission from Pearson Education, Inc.

이 책은 Pearson Education, Inc.를 통해 Addison-Wesley와 에이콘출판(주)가 정식 계약하여 번역한 책이므로
이 책의 일부나 전체 내용을 무단으로 복사, 복제, 전제하는 것은 저작권법에 저촉됩니다.

현대 네트워크 기초 이론

SDN, NFV, QoE, IoT, 클라우드

윌리엄 스탈링스 지음   강지양·남기혁 옮김

사랑하는 아내이자 가장 친절하고 온화한 사람인 트리샤에게

지은이 소개

윌리엄 스탈링스 박사 Dr. William Stallings

컴퓨터 보안, 컴퓨터 네트워킹, 컴퓨터 아키텍처 분야의 폭넓은 기술 개발의 이해에 특별한 기여를 해왔다. 이 주제와 관련된 여러 방면에서 18권의 교재와 개정판을 포함해 총 70권의 책을 저술했다. 그의 저작물은 IEEE 논문집Proceedings of the IEEE과 ACM 컴퓨팅 리뷰ACM Computing Reviews를 비롯해 수많은 ACM과 IEEE의 출판물에 실렸다. 교재 및 학술 작가 협회TAA, Text and Academic Authors Association가 수여하는 올해의 컴퓨터과학 교재 상을 13차례 수상했다.

기술 기여자, 기술 관리자 및 여러 첨단 기술 기업의 임원으로, 이 분야에서 30년 이상 몸담아 왔다. 마이크로컴퓨터에서 메인프레임에 이르는 다양한 컴퓨터와 운영체제에서 TCP/IP와 OSI 기반 프로토콜을 설계하고 구현했다. 현재 독립 컨설턴트로 일하고 있으며, 고객으로는 컴퓨터 및 네트워크 분야의 제조업체와 고객, 소프트웨어 개발업체, 최첨단 정부 연구기관 등이 포함돼 있다.

컴퓨터과학을 공부하는 학생을 위한 리소스 사이트인 ComputerScienceStudent.com을 운영 중이다. 이 사이트는 컴퓨터과학 전공 학생(과 전문가들)이 일반적으로 관심 있을 만한 다양한 주제의 문서와 링크를 제공한다. 또한 암호학의 모든 측면을 다루는 학술 저널인 크립톨로지아Cryptologia의 편집 위원이다.

스탈링스 박사는 MIT에서 컴퓨터과학 박사학위를 받았고, 노트르담 대학에서 전기공학 학사학위를 각각 받았다.

공저자 소개

플로렌스 애그보마 Florence Agboma

현재 런던에서 영국 스카이 방송사^{BSkyB}의 기술 분석가로 일하고 있다. 선형 OTT, VoD, 방송 등 다양한 플랫폼에서 스트리밍 비디오의 품질을 개선하는 일을 하고 있다. 또한 비디오 품질 전문가 그룹 VQEG, Video Quality Experts Group의 멤버다. 영국 에섹스

대학에서 박사학위를 받았고, 모바일 콘텐츠 전송 시스템의 체감 품질을 집중적으로 연구했다.

저널 논문, 책, 국제 학회 논문집 등에 많은 글을 출간했다. 비디오 품질 평가, 심리학적 기법, 유료 TV 분석, 체감 품질 관리, HDR과 UHD 등의 신기술에 관심이 있다.

소핀 젤라시 Sofiene Jelassi

튀니지 모나스티르 대학에서 2003년 6월에 학사학위를 받았고, 2005년 12월에 석사학위를 취득했다. 또한 프랑스 피에르 마리 퀴리 대학에서 컴퓨터과학 박사학위를 2010년 2월에 받았다. 박사 논문 제목은 <모바일 애드혹 네트워크에서 패킷화된 음성 대화의 적응적 품질 관리(Adaptive Quality Control of Packetized Voice Conversations over Mobile Ad-Hoc Networks)>다. 2010년 6월에서 2013년 12월까지 프

랑스 국립연구소 앙리아INRIA에서 DIONYSOS 팀의 R&D 엔지니어로 일했다. 2014년 1월에서 12월까지는 브라질 리오데자네이루의 GTA/UFRJ에서 박사 후 과정으로 근무했다. 2015년 1월부터 튀니지 모나스티르 대학에서 조교수로 일하고 있다. 연구 분야로는 유무선 SDN, 서버 및 네트워크 가상화, 네트워크 모니터링, 모바일 네트워크와 서비스의 콘텐츠 중심 관리, MVNO, 맞춤형 음성 및 비디오 시스템, QoE 측정 및 모델링, 실험실 및 현장 사용성 테스트, 크라우드소싱, 사용자 프로파일링, 문맥 감지, 서비스 게임화, 소셜 기반 응급 서비스 등이 있다. 국제 저널과 학회에 20개 이상의 논문을 발표했다.

감사의 글

이 책은 시간과 수고를 아끼지 않은 많은 사람의 검토를 거쳤다. 특히 전체 원고를 상세히 검토하느라 많은 시간을 바친 웬델 오덤(서트스킬즈Certskills, LLC)와 팀 시게티(시스코 시스템즈Cisco Systems)에게 감사를 드린다.

또한 여러 장을 기술적으로 자세히 검토해준 많은 분들께도 감사드린다. 크리스찬 아델(카탈로니아 방송), 에두아르드 둘하루(AT&T 독일), 케말 두먼(에릭슨), 데이비드 L. 풋(NFV 포럼(ATIS)), 헤럴드 프릿츠, 스캇 호크(글로벌 테크놀러지 리소스Global Technology Resources), 저스틴 강(액센츄어Accenture), 세르게이 카세브(포티넷Fortinet), 레이먼드 켈리(텔레콤즈 나우Telecoms Now Ltd), 화이잘 칸(모빌리 사우디 아라비아Mobily Saudi Arabia), 에페이메이논다스 콘토쎄너시스(유니파이즈Unifys), 사시 쿠마르 펜타(인텔), 홍웨이 리(HP), 신시아 로페스(마야 테크놀로지즈Maya Technologies), 시몬 만쟌테(EMC), 로베르토 후엔테즈 마르티네즈(테크노컴Tecnocom), 말리 낵하비(에릭슨), 화티 아엽나르(에릭슨 USA), 지미 응(화웨이), 마크 노블(살릭스 테크놀로지 서비스Salix Technology Services), 류크 리드(사이텔 리플라이 UKSytel Reply UK), 데이비드 셔크만(스테이트 팜 보험State Farm Insurance), 비벡 스리바스타바(지스케일러Zscaler), 이스트반 테글라스(시스코 시스템즈), 폴 잔나(노스바운드 네트웍스Northbound Networks)에 감사드린다.

마지막으로 이 책의 출판을 맡아준 피어슨 출판사의 많은 분들께도 감사드린다. 특히 수석 개발 편집자 크리스 클리블랜드, 편집국장 브렛 바토, 그의 비서 바네사 에반스, 프로젝트 편집자 맨디 프랭크 등 피어슨 출판사의 직원들께 감사드린다. 피어슨의 마케팅과 세일즈 직원들께도 감사드린다. 그들의 노력이 아니었다면 이 책은 당신 앞에 존재할 수 없었을 것이다.

이 모든 분의 도움을 생각하니 내가 생색낼 만한 것은 별로 없는 것 같다. 다만 모든 인용은 도움 없이 내가 직접 골랐다.

옮긴이 소개

강지양(jiyang.kang@gmail.com)/(주)파이오링크 부설연구소 상무

서울대학교 제어계측공학과 학부와 석사를 졸업했으며, 서울대학교 전기컴퓨터공학부에서 박사학위를 받았다. 이후 삼성전자 네트워크사업부, 미국 하버드대학교 EECS, GCT Research를 거쳐, 현재 파이오링크에서 SDN 개발 실장을 맡고 있으며, 나임네트웍스의 연구소장을 겸임 중이다. 컴퓨터시스템 응용 기술사, 정보 시스템 수석 감리원이며, 오픈 네트워킹과 데이터 센터 인프라에 관심이 많다.

남기혁(kihyuk.nam@gmail.com)

고려대 컴퓨터학과에서 학부와 석사 과정을 마친 후 한국전자통신연구원에서 선임연구원으로 재직하고 있다. 한빛미디어에서 출간한 『Make: 센서』(2015), 『메이커 매뉴얼』(2016), 『이펙티브 디버깅』(2017), 『전문가를 위한 C++』(2019), 『리팩토링 2판』(2020)과 에이콘출판사에서 출간한 『현대 네트워크 기초 이론』(2016), 『도커 컨테이너』(2017), 『스마트 IoT 프로젝트』(2017), 『파이썬으로 배우는 인공지능』(2017), 『메이커를 위한 실전 모터 가이드』(2018), 『자율주행 자동차 만들기』(2018), 『The Hundred-Page Machine Learning Book』(2019), 『스콧 애론슨의 양자 컴퓨팅 강의』(2021), 『자율주행차량 기술 입문』(2021), 『Go 마스터하기 2/e』(2021) 등을 번역했다.

옮긴이의 말

최근의 유래 없는 과학기술 혁명은 네트워크 분야에도 예외 없이 적용된다. SD-WAN, 마이크로 세그먼테이션micro-segmentation, 소프트웨어 정의 데이터 센터SDDC, 구글의 브릴로Brillo와 애플의 홈킷HomeKit 등 SDN, NFV, 클라우드, IoT는 어느새 우리 곁에 성큼 와 있다.

관련 업계 종사자로서 한 가지 아쉬웠던 점은 이 다양한 기술들을 체계적으로 연관 지어 설명하려는 시도가 많지 않다는 점이다. 대부분의 정보들은 기술을 하나하나 단편적으로 소개하고 있을 뿐 근본적인 원리를 짚어내는 경우는 흔하지 않다.

이 책은 최근 네트워크를 변화시키고 있는 핵심 기술들을 전체적인 관점에서 조망하는 보기 드문 역작이라고 할 수 있다. 특히 접근하기 쉽지 않았던 QoS와 QoE까지 함께 다루고 있어 네트워크 분야의 학습자들에게 큰 도움이 될 것으로 보인다.

함께 작업하느라 고생하신 남기혁 대표님과 에이콘출판사에 감사의 말씀을 전한다.

강지양

최근 몇 년 동안 네트워크 분야에서 SDN, NFV, IoT라는 굵직한 키워드가 등장했습니다. 개인적으로는 운 좋게도 2010년부터 미래인터넷 연구 및 국제 표준화 과제에 참여하면서 이러한 기술이 등장하고 발전하는 과정을 지켜볼 수 있었습니다. 스탠포드 대학의 한 연구실에서 시작한 오픈플로우가 SDN이라는 거대한 기술 영역으로 성장하면서 관련 업계에 큰 영향을 미치고, NFV의 탄생에도 영향을 미친 과정은 굉장히 흥미진진하면서도 실리콘밸리의 저력을 여실히 보여줬습니다.

단기간에 급성장한 탓인지 이러한 기술을 상세히 다루는 네트워킹 교재나 기술 서적은 찾기 쉽지 않았는데, 마침 에이콘에서 이 책을 기획하고 있다는 소식에 기쁜 마음으로 번역에 참여했습니다. 방대한 기술을 기본 개념부터 표준 현황에 이르기까지 꼼꼼하게 정리했다는 점은 이 책의 가장 큰 장점이라고 생각합니다. 공역자로 참여하신 강지양 상무님 덕분에 쉽지 않은 작업을 무난히 마칠 수 있었습니다. 그리고 좋은 책을 만날 기회를 주신 에이콘 출판사 관계자 분께 감사드립니다.

남기혁

목차

상세 목차

들어가며

경감님, 책이 있어요. 두고 갑니다. 충분한 설명이 될 거라 의심치 않습니다.

– 사자의 갈기(The Adventure of the Lion's Mane),
아서 코난 도일 경(Sir Arthur Conan Doyle)

배경

최근 컴퓨터와 통신 네트워크 분야의 기술 혁명은 다양한 요소들이 결합된 결과다.

- **수요** 폭발적인 수요 증가에 직면한 기업들은 복잡한 네트워크 인프라를 설계, 평가, 관리, 유지 보수할 필요성에 주의를 기울이고 있다.

  - **빅데이터** 크고 작은 기업들은 방대한 규모의 데이터 처리와 분석에 점점 더 의존하고 있다. 대량의 데이터를 만족할 만한 시간 내에 처리하기 위해 빅데이터에는 분산 파일 시스템, 분산 데이터베이스, 클라우드 컴퓨팅 플랫폼, 인터넷 스토리지와 기타 확장 가능한 스토리지 기술이 필요하다.

  - **클라우드 컴퓨팅** 최근 많은 기관에서 IT 운영의 상당 부분 또는 전부를 엔터프라이즈 클라우드 컴퓨팅Enterprise Cloud Computing이라는 인터넷에 연결된 인프라로 이전하려는 움직임이 점차 뚜렷해지고 있다. IT 데이터 처리 기술의 이와 같은 급격한 변화는 네트워크 요구 조건의 측면에서도 마찬가지로 급격한 변화를 동반한다.

  - **사물 인터넷(IoT)** IoT에서는 표준 통신 아키텍처를 따르는 수많은 장치들을 통해 최종 사용자에게 서비스를 제공한다. 셀 수 없이 많은 IoT 장치가 산업체, 기업체, 정부 전산망에 연결돼 물리 세계와 컴퓨팅, 디지털 콘텐츠, 분석, 애플리케이션, 서비스 사이의 새로운 상호 작용을 가능하게 할 것이다. IoT는 다양한 분야에서 사용자, 제조업체, 서비스 공급자에게 전례 없던 기회를 제공한다. IoT 데이터의 수집, 분석과 자동화 기능으로부터 혜택 받을 영역으로는 건강과 운동, 의료, 홈 모니터

링과 자동화, 에너지 절감 기술과 스마트 그리드, 농업, 운송, 환경 감시, 재고 및 제품 관리, 보안, 감시 시스템, 교육과 기타 여러 가지가 있다.

- **모바일 장치** 회사에서 지급하는 기기와 개인 기기를 업무에 활용하는 BYOD^{Bring Your Own Device}를 비롯해 모바일 장치는 이제 기업 IT 인프라스트럭처에서 필수 불가결한 부분이다. 모바일 장치의 증가는 네트워크의 기획과 관리 측면에서 새로운 수요를 창출한다.

- **용량** 최근의 연관된 두 가지 추세가 지능적, 효율적인 네트워크의 설계와 관리에 대해 시급한 새 요구 사항을 만들고 있다.

  - **기가비트 데이터 속도 네트워크** 이더넷 제품들이 100Gbps 속도에 도달했고, 그 이상의 속도도 준비되고 있다. 와이파이는 거의 7Gbps에 달하는 제품이 판매되고 있다. 이동통신 네트워크에서도 4G/5G가 보급되면서 기가비트에 육박하는 속도가 가능해질 것이다.

  - **고속 대용량 서버** 기업의 늘어나는 멀티미디어 데이터 처리 요구 조건을 위해 발전한 대규모의 블레이드 서버와 기타 고성능 서버는 효율적인 설계와 관리가 가능한 네트워크를 필요로 한다.

- **복잡성** 네트워크 설계자와 관리자의 복잡하고 동적인 운영 환경은 다양한 요구 사항, 특히 QoS와 QoE를 만족시키기 위해 유연하게 관리할 수 있는 네트워크 하드웨어와 소프트웨어를 필요로 한다.

- **보안** 네트워크로 연결된 자원들에 대한 의존성이 높아짐에 따라 다양한 보안 서비스를 제공하는 네트워크에 대한 필요성이 증가하고 있다.

이와 같은 요인들로 인한 새로운 네트워크 기술의 발전에 따라 시스템 엔지니어, 시스템 분석가, IT 관리자, 네트워크 설계자, 제품 마케팅 전문가들이 최신의 네트워크 기술을 반드시 파악해야만 한다. 이들 전문가는 앞에서 나열한 요인들이 의미하는 바와 네트워크 설계 측면에서 어떻게 반영됐는지 이해할 필요가 있다. 현재 이 분야의 화두는 (1) 빠르게 개발, 도입되고 있는 상호보완적 기술(SDN과 NFV)과 (2) QoS와 QoE 요구 조건을 만족할 필요성이다.

이 책은 SDN/NFV 기술의 개념과 오늘날 기업에서의 실제적 구축과 활용에 대해 상세하게 설명한다. 또한 이 책은 QoS/QoE와 클라우드 네트워킹, IoT를 비롯한 관련된 이슈들에 대해서도 명쾌한 설명을 제공한다. 이 책은 기술적 배경지식이 있는 독자를 위한 기술 서적이지만, 시스템 엔지니어, 네트워크 유지 보수 인력, 네트워크 및 프로토콜 설계자뿐만 아니라 IT 관리자, 제품 마케팅 인력에게도 유용하게 충분한 자체 설명을 제공하고 있다.

이 책의 구성

이 책은 총 6개의 부로 구성된다.

- **현대 네트워킹** 현대 네트워킹의 개요와 이 책의 나머지 부분에 대한 배경 지식을 설명한다. 1장은 네트워크 기술, 네트워크 구조, 서비스, 애플리케 이션 등 네트워크 생태계를 구성하는 요소들에 대한 개론이다. 2장에서는 현재의 네트워크 환경에 이르기까지의 요구 사항을 살펴보고, 현대 네트워 킹의 핵심 기술을 간략히 소개한다.

- **소프트웨어 정의 네트워크** SDN의 개념부터 관련 기술과 응용 분야에 이 르기까지 다양한 범위에 걸쳐 자세하게 살펴본다. 3장에서는 SDN 접근 방식에 대한 소개와 왜 SDN이 필요한지에 대해 설명하고, SDN의 구조에 대해 알아본다. 3장에서는 SDN의 기술 규격과 표준을 개발하는 기관들에 대해 살펴본다. 4장에서는 SDN 데이터 평면의 핵심 구성 요소와 상호 작 용, 관리 방법에 대해 알아본다. 4장에서 다루는 내용 대부분은 핵심 데이 터 평면 기술이자 제어 평면에 대한 인터페이스인 오픈플로우^{OpenFlow}에 대 한 것이다. 따라서 오픈플로우가 필요한 이유와 이에 대한 기술적인 사항 에 대해 구체적으로 살펴볼 것이다. 5장에서는 SDN의 제어 평면에 대해 살펴본다. 이 과정에서 많은 주목을 받고 있는 SDN 제어 평면의 오픈소스 구현인 오픈데이라이트^{OpenDaylight}에 대해 알아본다. 6장에서는 SDN의 애 플리케이션 평면에 대해 설명한다. 범용 SDN 애플리케이션 아키텍처를 소개한 뒤 SDN으로 실현 가능한 여섯 가지 주요 응용 분야를 살펴보고 다양한 SDN 애플리케이션의 예를 소개한다.

- **가상화** 네트워크 기능 가상화^{NFV}의 개념, 기술, 애플리케이션과 네트워크 가상화에 대해 폭넓고 깊게 설명한다. 7장에서는 가상 머신의 개념을 소개 하고, NFV 기반의 네트워크 환경에 적용된 가상 머신 기술에 대해 살펴본 다. 8장에서는 각 NFV 구성 요소의 기능을 자세히 설명한다. 9장에서는

전통적인 가상 네트워크의 개념을 살펴보고, 네트워크 가상화의 최신 접근법을 설명한 다음, 마지막으로 소프트웨어 정의 인프라스트럭처의 개념을 소개한다.

- **사용자 요구 정의와 지원** SDN과 NFV의 대두만큼 중요한 것으로는 고객 수요를 확인하고 이에 대응하는 네트워크를 설계하기 위한 서비스 품질^{QoS}과 체감 품질^{QoE}의 발전이 있다. 10장에서는 QoS에 대한 전반적인 개념과 표준을 소개한다. 최근 들어 QoS에 QoE라는 개념도 함께 적용하고 있는데, QoE는 특히 인터랙티브 비디오나 멀티미디어 네트워크 트래픽에 밀접하게 관련돼 있다. 11장에서는 QoE의 개요를 소개하고, QoE 메커니즘 구현에 관련된 현실적인 이슈들을 살펴본다. 12장에서는 좀 더 깊이 들어가서 QoS와 QoE를 함께 적용할 때 네트워크 설계에 미치는 영향에 대해 살펴본다.

- **현대 네트워킹 아키텍처: 클라우드와 포그** 최근의 네트워크 구조에서 가장 두드러지는 두 가지 분야는 클라우드 컴퓨팅과 사물 인터넷^{IoT}이다. 사물 인터넷과 관련해 포그 컴퓨팅이라는 용어를 사용하기도 한다. 앞에서 살펴본 여러 가지 기술과 애플리케이션은 모두 클라우드 컴퓨팅과 IoT를 위한 토대를 제공한다. 13장에서는 클라우드 컴퓨팅에 대해 소개한다. 13장에서는 먼저 기본 개념을 정의하고, 클라우드 서비스와 배치^{deploy} 모델, 구조 등을 차례로 다룬다. 그런 다음, 클라우드 컴퓨팅과 SDN, NFV의 관계에 대해 살펴본다. 14장에서는 IoT에 대해 소개하고, IoT 기기의 주요 구성 요소에 대해 자세히 살펴본다. 15장에서는 다양한 IoT 레퍼런스 아키텍처와 세 가지 구현 예를 소개한다.

- **관련 토픽** 중요하지만 다른 곳에 넣기에는 적합하지 않은 두 가지 주제를 다룬다. 16장에서는 최신 네트워크 기술의 발전으로 떠오른 전반적인 보안 이슈를 소개한다. SDN, NFV, 클라우드, IoT 보안에 대해 각각 별도의 절로 분리해 자세히 살펴본다. 17장에서는 다양한 네트워크 관련 직종의 역할 변화, 새로운 기술 요구 사항, 그리고 최신 네트워크 분야의 직업 준비를 위한 교육 등 취업에 관련된 이슈들을 설명한다.

웹사이트 지원

저자가 운영하는 부록 웹사이트(WilliamStallings.com/Network)에서 장별 링크 목록과 정오표 등의 정보를 찾을 수 있다.

부록 웹사이트

또한 컴퓨터과학 전공 학생을 위한 리소스 사이트인 ComputerScienceStudent.com을 운영하고 있다. 이 사이트는 컴퓨터과학 전공의 학생과 전문가들에게 관련 문서, 정보, 링크를 제공하기 위한 것이다. 링크와 문서들은 7개의 범주로 분류돼 있다.

컴퓨터과학 학생 리소스 사이트

- **Math(수학)** 기초 수학 복습, 큐잉 분석 입문, 수 체계 입문 등의 자료와 수많은 수학 사이트로 연결되는 링크를 제공한다.
- **How-to(비법)** 숙제 문제 푸는 법, 테크니컬 리포트 쓰는 법, 테크니컬 프레젠테이션 준비하는 법 등에 대한 조언을 제공한다.
- **Research resources(연구 리소스)** 주요 논문, 테크니컬 리포트, 참고 문헌 자료의 링크들을 제공한다.
- **Other useful(기타 유용한 정보)** 기타 유용한 문서와 링크들의 모음을 제공한다.
- **Computer science careers(컴퓨터과학 전공 취업)** 컴퓨터과학 전공으로 취업을 고민하는 이들을 위한 유용한 링크와 문서들을 제공한다.
- **Writing help(집필 도우미)** 더 분명하고 효과적으로 글을 쓰기 위한 도움말을 제공한다.
- **Miscellaneous topics and humor(기타 주제와 유머)** 가끔씩 머리를 식힐 필요도 있다.

PART I

현대 네트워킹

이 작전의 모든 것이 공식 영국 해군사에 상세히 기록돼 있으며, 기술적인 측면에 관심이 있다면 해도(海圖)를 보면서 학습해야 한다. 전체 내용은 일반적인 독자가 나무만 보고 숲을 볼 수 없을 만큼 복잡하다. 나는 그 넓은 영향을 이해할 수 있게 표현하기 위해 노력했다.
- 『세계의 위기(The World Crisis)』, 윈스턴 처칠(Winston Churchill), 1923년

1장   현대 네트워킹의 요소
2장   요구 조건과 기술적 배경

1부에서는 현대 네트워킹의 개요와 이 책의 나머지 부분에 대한 배경 지식을 제공한다. 1장은 네트워크 기술, 네트워크 구조, 서비스, 애플리케이션 등 네트워크 생태계를 구성하는 요소들에 대한 개론이다. 2장에서는 현재의 네트워크 환경에 이르기까지의 요구사항들을 살펴보고, 현대 네트워킹의 핵심 기술들을 간략히 소개한다.

Chapter 1

현대 네트워킹의 요소

컴퓨터 네트워크가 사회에 큰 영향을 미칠 것이라는 근거들이 있다. 그럴 가능성이 있는 영역으로는 경제, 자원, 소형 컴퓨터, 인간 대 인간 상호 작용, 컴퓨터 학문이 있다.

– 무엇을 자동화할 수 있는가?(What Can Be Automated?)
컴퓨터 과학 및 공학 조사 연구(The Computer Science and Engineering Research Study),
미국 국립과학재단, 1980

1장에서 다루는 내용

1장을 읽고 나면 다음과 같은 것을 할 수 있다.

- 최종 사용자, 네트워크 사업자, 애플리케이션 공급자, 애플리케이션 서비스 사업자 등 현대 네트워킹 생태계의 주요 구성 요소와 그 관계에 대해 설명할 수 있다.

- 액세스 네트워크, 분배 네트워크, 코어 네트워크로 이뤄지는 네트워크 계층 구조의 목적에 대해 토론할 수 있다.

- 응용 분야와 데이터 속도 등을 비롯한 이더넷의 개요를 설명할 수 있다.

- 응용 분야와 데이터 속도 등을 비롯한 와이파이의 개요를 설명할 수 있다.

- 5세대 이동통신 기술들의 차이점을 이해할 수 있다.

- 클라우드 컴퓨팅의 개념을 설명할 수 있다.

- 사물 인터넷을 설명할 수 있다.

- 네트워크 융합과 통합 커뮤니케이션의 개념을 설명할 수 있다.

컴퓨터 하드웨어, 시스템 소프트웨어, 애플리케이션 소프트웨어, 통신 및 네트워크 장비와 서비스 등 기업의 IT 부서가 요구하는 모든 제품과 서비스를 IBM과 같은 단일 업체가 공급하던 시절은 오래전에 지났다. 오늘날 사용자와 기업들은 정교하고 진보된 솔루션이 필요한, 다양하고 복잡하고 이질적인 환경에 처해 있다.

이 책은 다음과 같은 두 가지 측면에 초점을 맞추고 있다.

- 소프트웨어 정의 네트워크^{SDN, Software-Defined Networking}, 네트워크 기능 가상화^{NFV, Network Function Virtualization}, 서비스 품질^{QoS, Quality of Service}, 체감 품질 ^{QoE, Quality of Experience} 등 복잡한 현대 네트워크의 설계, 개발, 배치, 운영 기술

- 최근 네트워크의 주류가 된 클라우드 네트워킹과 포그^{fog} 네트워킹이라고도 불리는 사물 인터넷의 네트워크 아키텍처

이들 기술에 대해 상세히 설명하기 전에 현재의 네트워크 환경과 그 문제점에 대한 개요가 먼저 필요하다.

1장은 현대 네트워크의 핵심 요소에 대해 개략적으로 설명한다. 먼저 1.1절에서는 대표적인 네트워크 생태계에 대해 전반적으로 설명한다. 다음으로 1.2절에서는 네트워크 요소들이 구조를 이루는 방식에 대해 더 자세히 살펴본다. 1.3절에서 1.5절까지는 현대 네트워크 생태계의 근간이 되는 핵심 고속 네트워크 기술들을 살펴본다. 나머지 절에서는 이 생태계를 구성하는 주요 아키텍처들과 애플리케이션들을 소개한다.

1.1 네트워크 생태계

그림 1.1은 현대 네트워크 생태계를 매우 일반적인 용어로 표현하고 있다. 전체 네트워크 생태계의 존재 목적은 최종 사용자에게 서비스를 제공하기 위한 것이다. 여기서 **최종 사용자**^{end user} 또는 단순히 사용자라는 용어는 회사, 공공장소 및 집에서 작업하는 사용자들을 포함하는 매우 포괄적인 의미로 사용된다. 사용자 플랫폼으로는 고정형(예를 들면 PC 또는 워크스테이션), 휴대형(노트북), 모바일(태블릿 또는 스마트폰) 모두 가능하다.

최종 사용자
컴퓨팅 플랫폼이 제공하는 애플리케이션, 데이터, 서비스의 최종 소비자

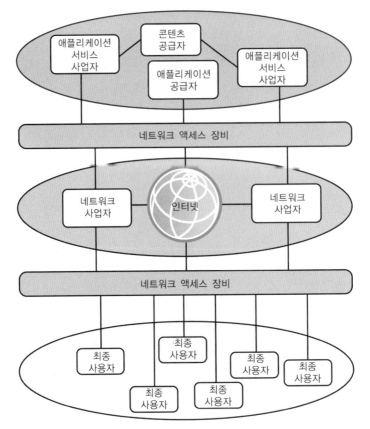

그림 1.1 현대 네트워크 생태계

네트워크 사업자
(공급자)
일반적으로 넓은 지역에
통신 서비스를 제공하는
업체. 네트워크 장비와
공공 및 사설 네트워크를
제공, 유지 및 관리한다.

사용자들은 네트워크 기반 서비스와 콘텐츠에 다양한 네트워크 액세스 장비를 통해 접속한다. 이를테면 DSL^{Digital Subscriber Line, 디지털 가입자 회선} 모뎀, 케이블 모뎀, 와이파이 및 와이맥스^{WiMAX, Worldwide Interoperability for Microwave Access} 무선 모뎀, 셀룰러 모뎀 등이다. 이러한 네트워크 액세스 장비들을 이용해 인터넷에 직접 연결하거나 와이파이 네트워크, 셀룰러 네트워크, 기업 구내 네트워크 등 사설 및 공용 네트워크 장비를 비롯한 여러 네트워크 사업자와 연결할 수 있게 된다.

물론 궁극적으로 사용자는 애플리케이션과 콘텐츠에 접근하기 위해 네트워크 장비를 사용하려는 것이다. 그림 1.1은 사용자의 관심을 끄는 세 가지 큰 범주를 보여준다. 애플리케이션 공급자^{application provider}는 사용자 플랫폼(대개는 모바일 플랫폼)에서 실행되는 애플리케이션이나 앱을 제공한다. 최근 고정형 플랫폼 및 휴대형 플랫폼에서도 앱스토어의 개념이 등장했다.

애플리케이션 공급자
사용자 플랫폼에서 실행
될 애플리케이션을 제작
/공급하는 업체

이와 뚜렷이 구분되는 개념으로 애플리케이션 서비스 공급자[application service provider]가 있다. 애플리케이션 공급자가 사용자 플랫폼에 소프트웨어를 다운로드하는 데 반해, 애플리케이션 서비스 공급자는 자신의 플랫폼에서 실행되는 애플리케이션 소프트웨어의 서버 또는 호스트 역할을 제공한다.

이와 같은 소프트웨어의 전통적인 예로는 웹 서버, 이메일 서버, 데이터베이스 서버 등이 있다. 최근의 가장 두드러진 예로는 클라우드 컴퓨팅 사업자를 꼽을 수 있다. 이에 대해서는 1장의 뒷부분과 13장, '클라우드 컴퓨팅'에서 다룬다.

그림 1.1의 세 번째 구성 요소로 콘텐츠 공급자[content provider]가 있다. 콘텐츠 공급자는 사용자의 장비에서 소비될 데이터(예를 들면 이메일, 음악, 동영상)를 공급한다. 콘텐츠는 상업적으로 유통되는 지적 재산일 수 있다. 기업이 애플리케이션 공급자나 콘텐츠 공급자가 되기도 한다. 콘텐츠 공급자의 예로는 음반사와 영화사가 있다.

그림 1.1은 전반적인 네트워크 생태계를 묘사한다. 이 그림에 명시적으로 드러나 있지는 않지만, 주목할 만한 두 가지 현대 네트워크 기술이 있다.

- **데이터 센터 네트워킹** 대규모 기업 데이터 센터와 클라우드 사업자 데이터 센터는 공통적으로 복잡하게 연결된 수많은 서버들로 구성돼 있다. 일반적으로 데이터 트래픽의 80%는 데이터 센터 내부 네트워크의 트래픽이고, 나머지 20%만이 외부 네트워크를 통해 사용자에게 전달된다.
- **IoT 또는 포그 네트워킹** 기업의 사물 인터넷 망은 수백, 수천, 수백만 개의 장치들로 구성될 수도 있다. 사물 인터넷 장치들이 주고받는 방대한 데이터는 사람과 기계 사이보다는 대부분 기계와 기계 사이의 트래픽이다.

이들 네트워크 환경이 갖는 각각의 특수한 요구 사항은 이 책의 뒷부분에서 다뤄진다.

1.2 네트워크 아키텍처 사례

1.2절에서는 두 가지 네트워크 아키텍처의 사례와 더불어 자주 사용되는 네트워크 용어들을 소개한다. 이 사례들로부터 이 책에서 다루는 다양한 네트워크 아키텍처에 대한 힌트를 얻을 수 있다.

애플리케이션 서비스 공급자

자신의 장비에서 소프트웨어 애플리케이션을 호스트하는 업체. 이메일, 웹 호스팅, 뱅킹, 클라우드 기반 서비스 등 네트워크로 접속할 수 있는 애플리케이션을 제공한다.

콘텐츠 공급자

교육 콘텐츠 또는 엔터테인먼트 콘텐츠 등의 콘텐츠 정보를 만들고 인터넷이나 기업 네트워크로 배포하는 업체 또는 개인. 콘텐츠 공급자는 콘텐츠에 접근할 소프트웨어를 제공할 수도, 하지 않을 수도 있다.

글로벌 네트워크 아키텍처

라우터(router)

한 네트워크에서 다른 네트워크로 데이터 패킷을 전달하는 네트워크 장치. 포워딩 결정은 네트워크 계층 정보와 라우팅 프로토콜이 만드는 라우팅 테이블에 따라 이뤄진다. 라우터에서 패킷 포맷은 표준 IP 프로토콜 등 라우팅 가능한 프로토콜을 따라야 한다.

코어 라우터

네트워크 주변부가 아닌 네트워크 중심부에 위치한 라우터. 인터넷의 백본을 구성하는 라우터가 코어 라우터다.

에지 라우터

네트워크 주변부에 위치한 라우터. 액세스 라우터 또는 집선 라우터라고 하기도 한다.

먼저 설명할 아키텍처는 국가적 내지는 전 세계적 규모의 기업 네트워크를 나타낼 수도 있고, 인터넷의 한 부분을 나타낼 수도 있다. 그림 1.2는 그와 같은 환경에서 일반적으로 사용되는 통신과 네트워크의 구성 요소들을 보여준다.

그림의 중심부에는 IP 백본 또는 코어 네트워크가 위치하고 있는데, 인터넷이나 기업 IP 네트워크의 일부를 나타낼 수도 있다. 일반적으로 백본은 **코어 라우터**core router라고 하는 수많은 광케이블로 연결된 고성능 라우터들로 이뤄져 있다. 광회선은 대개 **파장 분할 다중화**WDM, Wavelength Division Multiplexing 기술을 사용해 각기 다른 광파장 대역을 차지하는 논리적 채널들을 동시에 전송한다.

IP 백본의 주변부에는 외부 네트워크와 사용자들로 연결되는 라우터가 있다. 이 라우터들은 **에지 라우터**edge router 또는 **집선 라우터**라고 불린다. 집선 라우터는 또한 기업 네트워크에서 라우터와 스위치들을 IP 백본이나 고속 WAN 등의 외부 리소스에 연결하기 위해 사용된다. 코어 라우터와 집선 라우터의 용량 요구 사항을 알 수 있는 자료로, IEEE 이더넷 대역폭 평가 그룹[XI11]은 중국의 인터넷 백본 사업자와 대규모 기업 네트워크의 요구 사항을 전망한 분석 보고서를 내놓았다. 이 분석에 따르면 2020년까지 집선 라우터 요구 사항은 광회선당 200Gbps에서 400Gbps에 이르고, 코어 라우터 요구 사항은 광회선당 400Gbps에서 1Tbps에 이를 것으로 전망된다.

그림 1.2의 상단부에는 대규모 기업 네트워크이 한 부분이 묘사돼 있다. 광회선으로 연결된 스위치들이 있는 두 개의 네트워크가 고속의 전용 WAN으로 연결된 것을 볼 수 있다. 이와 같은 WAN에서 IP 기반의 MPLS가 일반적으로 사용되는 스위치 프로토콜이며, 광역 이더넷도 또 다른 옵션이 될 수 있다. 기업 내 장비들은 방화벽 기능이 있는 라우터를 통해 IP 백본 또는 인터넷에 연결되는데, 이는 방화벽을 구현하기 위해 흔히 사용하는 방법이다.

그림의 좌측 하단에는 이더넷 LAN을 사용하는 중소기업의 네트워크 구성도가 나타나 있다. 인터넷에 접속하는 라우터는 케이블, DSL 연결 또는 고속의 전용선을 통해 연결된다.

또한 그림 1.2의 하단에는 **인터넷 서비스 공급자**ISP, Internet Service Provider에 연결한 개별 가정 가입자가 있다. 대표적인 연결 방법으로는 DSL 모뎀으로 전화선을 통한 고속 연결을 제공하는 DSL과 케이블 모뎀이 필요한 케이블 연결, 기타 무선 연결 등이 있다. 각 경우마다 신호 인코딩, 오류 제어, 가입자 네트워크 내부 구조 등 여러 가지 이슈가 있다.

마지막으로 스마트폰과 태블릿 등의 모바일 장치는 셀룰러 네트워크를 통해 인터넷에 연결할 수 있다. 셀룰러 네트워크는 광회선과 같은 고속 연결로 인터넷에 연결된다.

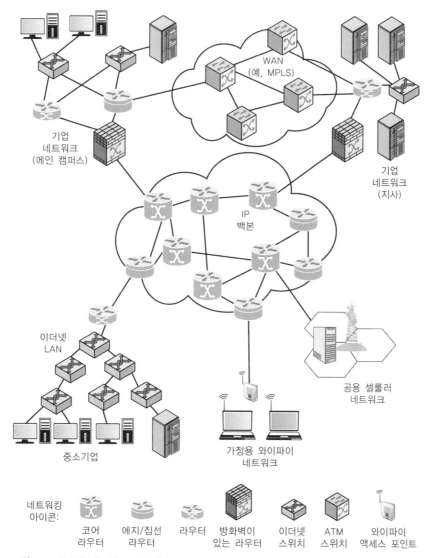

다중 프로토콜 라벨 스위칭(MPLS, Multiprotocol Label Switching)

광역 IP 네트워크 또는 기타 WAN에서 패킷을 전송하기 위해 IETF가 개발한 프로토콜. MPLS는 각 패킷마다 32비트 라벨을 붙여 네트워크의 효율을 개선하고 필요한 서비스 품질에 따라 미리 정의된 경로로 라우터가 패킷을 전송할 수 있게 한다.

그림 1.2 글로벌 네트워크 아키텍처

일반적 네트워크 계층 구조

이번 절에서는 많은 기업에서 일반적으로 사용하고 있는 네트워크 구조에 대해 집중적으로 설명한다. 그림 1.3에 보이는 것과 같이 기업의 네트워크 설비는 대개 액세스-분배-코어 3계층 구조로 설계된다.

3계층(L3) 스위치
네트워크 라우팅을 위한 고성능 장비. 3계층 스위치는 라우터와 매우 유사하다. L3 스위치와 라우터의 핵심적인 차이는 라우터의 일부 소프트웨어 로직이 L3 스위치에서 하드웨어로 대치돼 더 좋은 성능을 제공한다는 점이다. L3 스위치는 일반적인 라우터보다 가격이 저렴하다. L3 스위치는 LAN 구간 내에서 사용하게 설계됐기 때문에 일반적으로 WAN 포트와 전통적인 라우터의 WAN 기능을 지원하지 않는다.

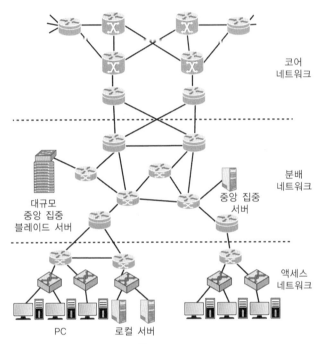

그림 1.3 일반적 네트워크 계층 구조

액세스 네트워크
최종 사용자 또는 고객에게 직접 연결되는 네트워크

최종 사용자와 가장 가까운 것은 **액세스 네트워크**access network다. 일반적으로 액세스 네트워크는 로컬 영역 네트워크LAN, Local-Area Network 또는 캠퍼스 규모의 네트워크이며, LAN 스위치(대개 이더넷 스위치)와 대규모의 LAN에서 스위치 간 연결을 제공하는 IP 라우터로 구성된다. 이 그림에는 나타나 있지 않지만 L3 스위치도 LAN에서 흔히 사용된다. 액세스 네트워크에는 데스크톱, 노트북 컴퓨터, 모바일 장치 등 사용자의 장비가 연결될 수 있다. 로컬 영역 사용자들을 대상으로 하는 서버가 액세스 네트워크에 연결되기도 한다.

분배 네트워크
액세스 네트워크를 코어 네트워크와 연결하는 네트워크

로컬의 장비들은 하나 이상의 액세스 라우터를 통해 다음 계층인 **분배 네트워크**distribution network로 연결된다. 이 연결은 인터넷을 지날 수도 있고, 기타 공중망 또는 사설망 통신 설비를 지날 수도 있다. 액세스 라우터들은 액세스 네트워크의 트래픽을 주고받으며 앞에서 설명한 에지 라우터처럼 동작한다. 그림 1.2에는 나타나 있지 않지만, 대규모 로컬 설비에서는 에지 라우터처럼 동작하지 않고 내부의 라우팅 기능만을 지원하는 추가적인 액세스 라우터가 있는 경우도 있다.

분배 네트워크는 액세스 네트워크들 간의 연결과 코어 네트워크로의 연결을 제공한다. 분배 네트워크의 에지 라우터는 액세스 네트워크의 에지 라우터에 연결된다. 서로를 인식하게 설정된 두 라우터는 라우팅과 연결 정보 및 트래픽 정보를 교환한다. 이처럼 라우터끼리 협력하는 절차를 **피어링**peering이라고 한다. 분배 네트워크는 또한 코어 네트워크로 향하는 트래픽을 집선해 코어 네트워크의 과도한 피어링을 방지한다. 즉, 분배 네트워크가 있기 때문에 코어 네트워크의 에지 라우터와 피어링할 라우터의 수가 제한되고 메모리, CPU, 전송 용량을 절약하는 효과가 있다. 분배 네트워크는 데이터베이스 서버나 네트워크 관리 서버와 같이 여러 액세스 네트워크에서 공동으로 사용하는 서버들을 직접 연결하는 데 사용되기도 한다.

피어링
두 라우터 사이에서 서로의 데이터 패킷을 받아들이고 전달하기 위한 합의 절차

액세스 네트워크에서 설명한 것처럼 분배 라우터의 일부는 에지 라우터 기능을 제공하지 않고 순수 내부 용도로만 사용될 수도 있다.

코어core **네트워크**는 **백본**backbone 네트워크라고도 불리며, 지리적으로 분산된 분배 네트워크들을 연결하고 기업 네트워크 범위 밖의 외부 네트워크로 액세스를 제공한다. 일반적으로 코어 네트워크에서는 초고성능 라우터, 대용량 전송 회선, 중복성과 용량을 위해 클러스터링된 다수의 라우터를 사용한다. 코어 네트워크는 또한 대규모 데이터베이스 서버나 사설 클라우드 장비와 같은 고성능 대용량 서버 시스템에 접속될 수 있다. 코어 라우터 중 일부는 에지 라우터의 기능을 하지 않고, 코어 네트워크 내부에 중복성과 추가 용량을 제공하는 용도로만 사용되기도 한다.

코어/백본 네트워크
분배 네트워크와 액세스 네트워크에 서비스를 제공하는 중심부의 네트워크

네트워크 계층 구조는 모듈화 설계의 한 가지 좋은 예다. 각 계층의 요구 사항에 따라 네트워크 장비(라우터, 스위치, 네트워크 관리 서버)의 용량, 특성, 기능이 최적화되도록 설계된다.

1.3 이더넷

이더넷

유선 로컬 영역 네크워크 기술의 상업적 명칭. 공유 물리 매체, 매체 접근 제어 프로토콜, 패킷 데이터 전송 등의 기술이 포함된다. 이더넷 표준은 IEEE 802.3 위원회가 표준화했다.

지금부터는 핵심적인 네트워크 전송 기술인 이더넷^{ethernet}, 와이파이, 4G/5G 셀룰러 네트워크에 대해 앞 절에서처럼 탑다운 방식으로 살펴본다. 이들 각각의 기술은 매우 높은 데이터 속도를 지원할 수 있게 발전해왔다. 덕분에 기업과 소비자는 멀티미디어 애플리케이션들을 사용할 수 있게 됐지만, 동시에 네트워크의 스위칭 장비들과 관리 설비에 더 많은 부담이 가게 됐다. 이 책에서는 이들 주요 네트워크 기술들에 대해 상세히 설명하는 대신 핵심적인 요약만 제공한다.

이번 절은 이더넷의 애플리케이션에 대한 설명으로 시작한 다음, 표준과 성능에 대해 차례대로 다룬다.

이더넷 애플리케이션

이더넷은 가정, 사무실, 데이터 센터, 기업, WAN에서 사용되는 대표적인 유선 네트워크 기술이다. 이더넷은 최대 100Gbps의 높은 속도와 수 킬로미터 거리까지 지원하도록 발전함에 따라 개인용 컴퓨터, 워크스테이션, 서버와 대규모 데이터 저장 장치에 사용하는 필수적인 기술이 됐다.

가정 내 이더넷

이더넷은 가정에서 로컬 네트워크를 구성하는 용도로 오랫동안 사용돼왔다. 이 네트워크에는 광대역 모뎀/라우터를 통해 인터넷에 접속하는 컴퓨터들이 연결됐다. 하지만 컴퓨터, 태블릿, 스마트폰, 모뎀/라우터 등에 빠르고 저렴한 와이파이를 사용할 수 있게 됨에 따라, 집안에서 이더넷에 의존할 필요성이 크게 줄어들었다. 이더넷은 아직까지 거의 모든 가정용 네트워크 구성에 포함된다.

최근에 등장한 **전력선 통신**^{PLC, Power Line Carrier}과 **이더넷 전원 장치**^{PoE, Power over Ethernet}라는 두 가지 이더넷 확장 기술은 가정에서의 이더넷 활용 가능성을 크게 넓혀줬다. 전력선 모뎀은 기존 전원선을 통신 채널로 사용해 전력 신호 위에 이더넷 패킷을 전송한다. 그 결과 집안의 이더넷 장치를 네트워크에 연결하기 더 쉬워진다. 이더넷 데이터 케이블로 전력을 공급하는 PoE는 이와 보완적인 방식으로 동작한다. PoE는 기존 이더넷 케이블을 그대로 사용해 네트워크에 물린 장치에게 전력을 공급하기 때문에 컴퓨터, TV 등의 배선을 단순하게 한다.

이처럼 다양한 이더넷 기술과 함께 이더넷은 와이파이와 홈 네트워크에서 중요한 위치를 계속 차지할 것으로 예상된다.

사무실 내 이더넷

이더넷은 또한 사무실 환경에서 유선 LAN을 구성하는 대표적인 네트워크 기술이다. 초기에 IBM의 토큰 링 LAN, FDDI 등의 경쟁 기술이 있었지만, 단순함과 성능, 이더넷 하드웨어의 높은 보급률을 바탕으로 이더넷이 승자가 됐다. 홈 네트워크에서 살펴 본 것처럼 오늘날의 유선 이더넷 기술은 무선 와이파이 기술과 공존한다. 일반적인 사무실 환경에서 대부분의 데이터 트래픽은 모바일 장치를 지원하기 위해 와이파이로 전송된다. 그럼에도 불구하고 이더넷이 인기를 유지하는 이유는 고속으로 많은 장치를 지원하고, 간섭 받지 않고, 도청이 어려워 보안 측면에서 우수하기 때문이다. 따라서 이더넷과 와이파이의 조합이 가장 일반적인 아키텍처다.

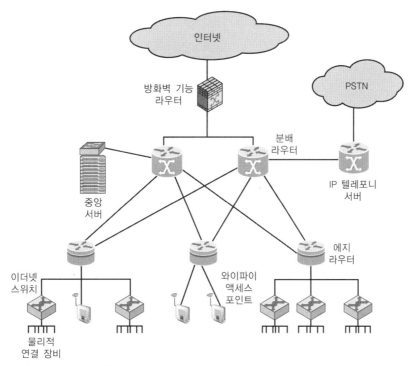

그림 1.4 기업 LAN의 기본 구성도

그림 1.4는 간략하게 나타낸 기업 LAN의 구성도다. 각종 서버와 사용자의 유무선 장비들은 계층적으로 배열된 라우터와 스위치를 통해 서로 연결된다. 일반적으로 캠퍼스 규모의 네트워크에서 무선 장치는 이 계층 구조의 에지 또는 가장 아래층에 연결된다. 나머지 부분은 모두 이더넷이다. 또한 기업 네트워크 내부에서 전화 기능을 제공하는 IP 텔레포니 서버가 있는 경우도 있다. IP 텔레포니 서버는 통화 제어 기능(음성 교환)을 제공하고 **공중 전화교환망**^{PSTN, Public Switched Telephone Network}과 여결되다

기업 내 이더넷

이더넷의 탁월한 장점은 동일한 프로토콜과 서비스 품질^{QoS}, 보안 표준을 유지하면서 거리와 데이터 속도 측면에서 네트워크 확장이 가능하다는 점이다. 10Mbps에서 100Gbps까지 지원하는 다양한 케이블과 이더넷 하드웨어를 사용해 기업의 같은 캠퍼스 내 또는 멀리 떨어진 건물 사이에서도 이더넷 네트워크를 쉽게 확장할 수 있다. 모든 하드웨어와 통신 소프트웨어가 동일한 표준을 따르기 때문에 속도가 다르고 제조사가 다른 장비들을 조합하는 것이 어렵지 않다. 같은 방의 데이터 서버들 사이의 집중적인 통신은 물론, 건물에 분산된 워크스테이션과 서버를 연결할 때, 또는 최대 100km 떨어진 다른 빌딩의 이더넷 네트워크에 접속할 때에도 같은 프로토콜을 사용할 수 있다.

데이터 센터 이더넷

네트워크로 연결된 데이터 센터의 서버와 스토리지 장치 사이에서 대량의 데이터를 처리하기 위해 매우 높은 전송 속도가 필요하다. 다른 분야에서와 마찬가지로 데이터 센터 네트워크에서도 이더넷이 가장 많이 사용된다. 전통적으로 데이터 센터는 대량의 근거리 전송 요구 사항을 만족시키기 위해 인피니밴드^{InfiniBand}와 광 채널 같은 다양한 기술을 사용해왔다.

그러나 최근 이더넷으로 100Gbps가 가능해지고 400Gbps의 실현이 멀지 않게 되자 기업 네트워크 전체를 이더넷 프로토콜만으로 구현하는 방법도 설득력을 얻게 됐다.

데이터 센터 네트워크를 이더넷으로 구축할 때 주목할 만한 두 가지 기술을 소개한다. 먼저 함께 배치된^{co-located} 서버와 스토리지 장치 사이의 네트워크 인

프라스트럭처 구축에 고속 이더넷 광케이블과 스위치가 사용된다. 또 한 가지 이더넷 기반의 중요한 기술로 백플레인 이더넷이 있다. 백플레인 이더넷은 구리 점퍼 케이블로 아주 짧은 거리에서 100Gbps까지 전송할 수 있다. 백플레인 이더넷 기술은 여러 서버 모듈이 단일 섀시에 수용되는 블레이드 서버에 적합하다.

광역 네트워킹 이더넷

아주 최근까지도 광역 네트워킹에서 이더넷의 존재감은 미미했다. 그러나 (퍼스트 마일 또는 라스트 마일이라고도 불리는) 광역 액세스 기술을 이더넷으로 전환하는 통신 사업자, 네트워크 사업자들이 서서히 늘고 있다. 이더넷은 T1 전용선, 동기식 디지털 계층SDH, Synchronous Digital Hierarchy, 비동기 전송 방식ATM, Asynchronous Transfer Mode 등 다양한 광역 액세스 기술을 대체하고 있다. 이런 의미에서 캐리어 이더넷이라고 부르기도 하며, 매트로 이더넷, 도시권 통신망MAN, Metropolitan-Area Network 이라고도 한다. 이더넷은 광역 액세스로 연결되는 기업 네트워크와 자연스럽게 연결되는 장점이 있다. 더 큰 장점은 전통적인 광역 액세스 기술과 비교했을 때 캐리어 이더넷이 데이터 속도 측면에서 훨씬 다양한 선택을 제공한다는 점이다.

캐리어 이더넷은 이더넷 기술 중에서 가장 빠르게 성장하고 있으며, 향후 기업에 광역 네트워크, 인터넷 설비 액세스를 제공하는 핵심적인 기술이 될 것으로 전망된다.

기술 표준

IEEE 802 LAN 표준위원회에서 802.3 그룹이 이더넷 LAN 표준을 맡고 있다. 802.3 위원회의 활동과 더불어, 산업체 컨소시엄인 이더넷 얼라이언스The Ethernet Alliance가 신기술 지원, 상호 운용성 테스트, 시연과 교육 등의 활동을 이끌고 있다.

이더넷 데이터 속도

현재 100Gbps 속도까지 지원하는 이더넷 시스템이 나와 있다. 연대순으로 간단히 정리하면 다음과 같다.

블레이드 서버(blade server)

단일 섀시에 복수의 서버 모듈(블레이드)을 수용할 수 있는 서버 아키텍처. 공간 절약과 시스템 관리의 편의성을 위해 데이터 센터에서 널리 사용된다. 블레이드 서버의 섀시는 자립형과 랙 탑재형이 있으며, 전원 공급 장치를 포함한다. 각 블레이드는 자신의 CPU, 메모리, 하드 디스크를 가진다.

IEEE 802

근거리 통신망(LAN) 및 도시권 통신망(MAN)에 대한 표준을 개발하는 미국 전기전자기술자협회(IEEE, Institute of Electrical and Electronic Engineers) 위원회

IEEE 802.3 커뮤니티

이더넷 얼라이언스

- **1983** 10Mbps(megabits per second, 초당 1백만 비트)

- **1995** 100Mbps

- **1998** 1Gbps(gigabits per second, 초당 10억 비트)

- **2003** 10Gbps

- **2010** 40Gbps와 100Gbps

이 책을 쓰는 시점에서 2.5, 5, 25, 50, 400Gbps 표준이 곧 등장할 예정이다
(그림 1.5).

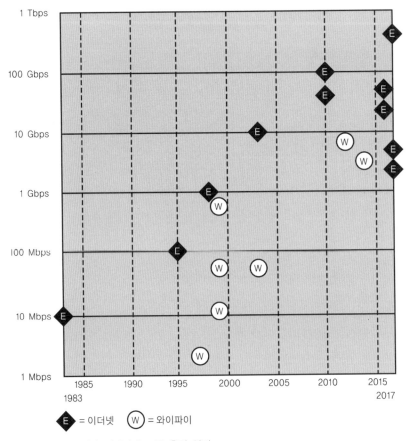

그림 1.5 이더넷과 와이파이 표준 추진 일정

1Gbps 이더넷

이더넷 초기의 10Mbps 표준은 수년간 사무실 환경에서 사용하기에 충분했다.

1990년대 초반이 되자 점점 늘어나는 LAN 트래픽을 감당하기 위해 더 높은 데이터 속도가 필요하게 됐다. 주된 요인은 다음과 같다.

- **중앙 집중식 서버** 많은 멀티미디어 애플리케이션에서 클라이언트 시스템 이 서버 팜이라는 다수의 중앙 집중식 서버에서 대량의 데이터를 읽어올 필요가 있다. 서버 성능이 증가함에 따라 네트워크가 병목이 됐다.
- **파워 작업 그룹** 네트워크로 대용량의 데이터 파일을 교환하는 소수의 사용 자들을 의미한다. 대표적인 예로 소프트웨어 개발과 CAD^{Computer-Aided Design, 컴퓨터 이용 설계} 애플리케이션이 있다.
- **고속 로컬 백본** 기업에서 처리할 작업이 많아짐에 따라 다수의 LAN을 고속 백본 네트워크로 연결한 구조가 등장했다.

이와 같은 수요를 충족시키기 위해 IEEE 802.3 위원회는 100Mbps 이더넷 표준과 몇 년 후 1Gbps 표준을 연이어 개발했다. 새 표준 규격들은 기본 이더넷 프레임워크를 기반으로 전송 매체와 전송 인코딩 규격을 정의했기 때문에 완전 히 새로운 규격이 등장한 경우에 비해 기술의 전환이 용이했다.

10Gbps 이더넷

계속 증가하는 로컬 트래픽 때문에 1Gbps 표준 규격은 잉크가 채 마르기도 전 에 가까운 미래의 수요를 감당하기 어려웠다. 이에 IEEE 802.3 위원회는 곧 10Gbps 이더넷 표준을 내놓았다. 10Gbps 이더넷으로 이끈 핵심 요구 사항은 인트라넷(로컬 연결 네트워크)과 인터넷 트래픽의 증가였다. 인터넷과 인트라넷 트 래픽의 폭발적인 증가에 기여한 요소들은 다음과 같다.

- 네트워크 연결 개수의 증가
- 단말 연결 속도의 증가(예를 들어 10Mbps 사용자의 100Mbps 이동, 아날로그 56k 사용자 의 DSL 및 케이블 모뎀으로의 이동)
- 고품질 동영상 등 많은 대역폭이 필요한 애플리케이션의 증가
- 웹 호스팅과 애플리케이션 호스팅 트래픽의 증가

네트워크 관리자들은 초기에 대용량 스위치들 사이에 고속 로컬 백본 연결을 제공하기 위해 10Gbps 이더넷을 사용했다. 대역폭의 수요가 증가함에 따라

10Gbps 이더넷이 서버 팜, 백본, 캠퍼스 규모 망 등 전체 네트워크에 설치되기 시작했다. ISP와 네트워크 서비스 사업자^{NSP, Network Service Provider}는 10Gbps 이더넷 기술로 캐리어급 스위치와 라우터 사이의 초고속 링크를 매우 낮은 비용으로 생성할 수 있다.

10Gbps 이더넷 기술은 캠퍼스 및 인터넷 접속 거점^{PoP, points of presence} 등 지리적으로 분산된 LAN 구간을 연결하는 MAN과 WAN 구성에도 사용된다.

100Gbps 이더넷

IEEE 802.3 위원회는 인터넷 연동 노드^{internet exchange}, 고성능 컴퓨팅, 주문형 비디오^{VOD, Video On Demand} 전송을 지원하기 위해 10Gbps 이더넷보다 높은 데이터 속도가 필요하다는 사실을 곧 깨달았다.

증가 속도가 서로 다른 집선 네트워크와 단말의 요구 사항을 고려해 새 표준 (40Gbps와 100Gbps)에서는 두 종류의 속도가 필요했다.

100Gbps 이더넷 시장의 촉진 요인은 다음과 같다.

- **데이터 센터/인터넷 미디어 공급자** 인터넷 미디어 콘텐츠와 웹 애플리케이션의 성장 때문에 콘텐츠 공급자들은 10Gbps 이더넷을 한계까지 몰아붙이며 데이터 센터를 늘려가고 있다. 100Gbps 이더넷의 대규모 얼리어답터가 될 가능성이 높다.

- **매트로 비디오/서비스 공급자** 주문형 비디오는 10Gbps 이더넷 도시권/코어 네트워크의 차세대 기술 개발을 주도하는 요인이다. 중기적으로 대규모 얼리어답터가 될 가능성이 높다.

- **기업 LAN** 음성/비디오/데이터 융합과 통합 커뮤니케이션의 지속적인 성장은 네트워크 스위치 수요를 이끌고 있다. 하지만 아직 대부분의 기업은 1Gbps 이더넷이나 1Gbps와 10Gbps 이더넷의 조합에 의존하고 있으므로, 100Gbps 이더넷을 채택하기까지는 시간이 걸릴 것으로 예상된다.

- **인터넷 연동 노드/ISP 코어 라우팅** 이 장비들을 통과하는 엄청난 양의 트래픽 때문에 100Gbps 이더넷의 대규모 얼리어답터가 될 가능성이 높다.

그림 1.6은 100Gbps 이더넷의 이용 사례를 보여준다. 최근 대규모 데이터 센터에서는 방대한 멀티미디어 트래픽을 처리하기 위해 개별 블레이드 서버에

10Gbps 포트를 채용하는 추세다. 일반적으로 각 서버 랙마다 수용된 많은 블레이드 서버들은 한두 개의 10Gbps 이더넷 스위치를 통해 데이터 센터 내의 다른 장비들과 연결된다. 스위치들은 대개 랙에 탑재돼 ToR^{Top-Of-Rack} 스위치라고 불린다. ToR이라는 용어는 실제로 랙 최상단에 위치하지 않더라도 서버 액세스 스위치와 같은 의미로 사용되고 있다. 클라우드 사업자의 매우 큰 규모 데이터 센터에서는 수많은 블레이드 서버 랙을 10Gbps 스위치로 연결하는 것이 점차 어려워지고 있다. 늘어나는 트래픽 부하를 감당하기 위해 서버 랙 간의 연결과 NIC^{Network Interface Controller}, 네트워크 인터페이스 컨트롤러를 통한 외부 연결을 처리할 10Gbps 이상의 스위치가 필요하다.

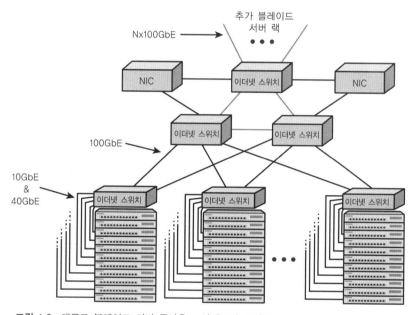

그림 1.6 대규모 블레이드 서버 클라우드 사이트의 구성도

25/50Gbps 이더넷

100Gbps를 구현하는 방법 중 하나는 25Gbps 물리 레인^{lane}을 4개 사용하는 것이다. 따라서 레인을 1개나 2개만 사용하는 25Gbps와 50Gbps 표준을 개발하는 것은 비교적 쉽다. 100Gbps 기술에서 파생된 25Gbps, 50Gbps 이더넷을 사용하면 더 높은 데이터 속도로 쉽게 스케일할 수 있기 때문에 현재와 가까운 미래의 수요를 만족시킬 수 있는 유연한 해결책을 갖게 된다.

그와 같은 생각에서 구글과 마이크로소프트 등 주요 클라우드 사업자의 주도로 25기가비트 이더넷 컨소시엄이 만들어졌다. 이 컨소시엄은 성능 향상과 NIC과 ToR 스위치 간의 Gbps당 연결 비용 절감을 목적으로 하는 상호 운용 가능한 산업계 표준 이더넷 규격을 지원하기 위한 것이다. 이 컨소시엄의 규격은 트윈액스twinax 동케이블로 랙 종단점과 스위치를 연결할 수 있는 1레인 25Gbps 이더넷과 2레인 50Gbps 이더넷 링크 프로토콜을 규정한다. 즉, 10Gbps 및 40Gbps 이더넷 링크보나 물리 레인마다 최내 2.5배의 고성능을 낼 수 있다. IEEE 802.3 위원회는 현재 25Gbps 표준을 개발하는 중이며, 이 표준에 50Gbps까지 포함될 가능성이 있다.

이렇게 다양한 옵션(25, 40, 50, 100Gbps)들이 시장에서 어떻게 받아들여질지 단정하기에 아직은 너무 이른 시점이다. 중기적 관점에서 대형 사이트에서는 주로 100Gbps 스위치가 사용될 가능성이 크다. 그러나 기업에서는 증가하는 수요에 맞춰 스케일업scale up하기 위해 이렇게 느리지만 저렴한 다양한 옵션들도 갖고 있는 셈이다.

400Gbps 이더넷

대역폭의 수요는 끝없이 늘어나고 있다. 아직 일정이 정해지지 않았지만 IEEE 802.3은 현재 400Gbps 이더넷 표준을 위해 여러 가지 기술적 옵션을 검토 중이다. 그 이후에는 마침내 1Tbps(terabits per second, 초당 1조 비트) 표준이 만들어질 것으로 예상된다.

2.5/5Gbps 이더넷

이더넷이 곳곳에서 다양한 용도로 사용되고 유례없이 높은 데이터 속도에 대한 표준화가 진행되는 한편으로, 두 가지 낮은 데이터 속도(2.5Gbps와 5Gbps)의 표준화에 대한 공감대가 이뤄졌다. 상대적으로 낮은 속도의 이 기술은 멀티레이트 기가비트 BASE-TMGBASE-T라고 불린다. 현재 MGBASE-T 얼라이언스는 IEEE와 별도로 표준화를 주관하고 있다. 이와 같은 산업계의 결과물을 바탕으로 IEEE 802.3 위원회가 궁극적으로 표준을 제정할 것으로 예상된다.

2.5/5Gbps 속도는 주로 IEEE 802.11ac 무선 트래픽을 유선 네트워크로 지원하기 위한 목적이다. IEEE 802.11ac는 사무실 환경의 모바일 사용자 지원 등

1Gbps 이상의 대역폭이 필요한 곳에서 사용되기 시작하는 3.2Gbps 와이파이 표준이다. 이 새로운 무선 표준은 1Gbps 이더넷으로 감당할 수 없지만, 바로 다음 단계인 10Gbps까지는 필요 없다. 2.5Gbps와 5Gbps가 1Gbps와 동일한 케이블을 사용할 수 있다면 802.11ac 무선 규격을 지원하는 고성능 액세스 포인트에 꼭 맞는 업링크 속도를 개선하게 된다.

1.4 와이파이

이더넷이 유선 LAN을 대표하는 기술이 된 것과 마찬가지로 IEEE 802.11 위원회가 표준화한 와이파이Wi-Fi도 무선 LAN의 대표 기술이 됐다. 이번 절에서는 와이파이의 애플리케이션과 표준, 성능에 대해 대략적으로 설명한다.

와이파이

IEEE 802.11 위원회가 표준화한 무선 LAN 기술을 일컫는다. 와이파이라는 용어는 와이파이 얼라이언스에서 802.11 규격 준수와 상호 운용성 시험 여부를 인증 받은 제품을 나타낸다.

와이파이 애플리케이션

와이파이는 가정, 사무실, 공공장소에서 가장 많이 사용되는 무선 인터넷 액세스 기술이다. 이제 가정에서 와이파이는 컴퓨터, 태블릿, 스마트폰, 비디오카메라, TV, 온도조절기 등 많은 전자 장치들을 연결한다. 기업에서 와이파이는 직원의 생산성 향상과 네트워크 연결을 위한 필수적인 수단이 됐다. 또한 공공 와이파이 핫스팟이 급격히 늘어나 대부분의 공공장소에서 무료 인터넷 액세스를 제공한다.

가정 내 와이파이

가정에서 와이파이의 가장 중요한 용도는 데스크톱, 노트북 컴퓨터와 인터넷을 연결하는 이더넷 케이블을 대체하는 것이다. 전형적인 데스크톱 컴퓨터의 모습은 인터넷 인터페이스 역할을 하는 라우터/모뎀이 설치된 형상이다. 데스크톱, 노트북 컴퓨터가 자신들끼리, 또는 인터넷으로 통신하기 위해 이더넷이나 와이파이로 중앙 라우터에 연결하기도 한다. 와이파이는 이런 연결을 매우 단순하게 만들었다. 물리적 케이블 연결이 필요 없을 뿐만 아니라 노트북을 방에서 방으로, 심지어 집 밖으로 옮길 수도 있다.

오늘날 가정에서 와이파이의 중요성이 크게 확대됐다. 와이파이는 가정에서 컴퓨터 네트워크를 연결하는 기본적인 방법이다. 스마트폰, 태블릿에서 와이파이와 셀룰러 연결이 모두 표준 기능이기 때문에 가정 내 와이파이는 인터넷에 접속하기 위한 비용 효율적인 방법을 제공한다. 즉 스마트폰, 태블릿은 와이파이가 있으면 자동으로 인터넷 접속에 와이파이를 사용하고 와이파이를 사용할 수 없을 때만 더 비싼 셀룰러 연결로 전환한다. 또한 와이파이는 가장 최신의 인터넷 진화 기술인 **사물 인터넷**Internet of Things을 구현하는 데도 필수적이다.

공공 와이파이

어떤 와이파이 장치라도 접속할 수 있는 와이파이 핫스팟을 제공하는 시설이 점차 많아짐에 따라 와이파이를 통한 인터넷 접속이 최근 급격히 늘어났다. 와이파이 핫스팟은 커피숍, 레스토랑, 기차역, 공항, 도서관, 호텔, 병원, 백화점, 캠핑장 등에서도 제공된다. 이제 핫스팟이 너무나 많아서 핫스팟이 없는 곳에 가는 경우가 드물다. 핫스팟을 쉽게 사용할 수 있게 도와주는 태블릿, 스마트폰 앱도 수없이 많다.

위성 와이파이 핫스팟의 개발에 따라 아주 외진 곳에서도 핫스팟 지원이 가능해졌다. 위성 와이파이 핫스팟 상품을 처음 개발한 곳은 이리듐Iridium이라는 위성통신 회사다. 위성 모뎀이 지원하는 데이터 속도가 초기에는 낮겠지만, 점차 증가할 것이 분명하다.

기업 내 와이파이

와이파이의 경제적 이점은 기업에서 가장 명확하게 드러난다. 규모를 불문하고 공공과 민간 부문을 포함한 대부분의 기관에서 기업 네트워크의 와이파이 접속을 제공한다. 최근에 와이파이가 급격히 증가함에 따라 전체 기업 네트워크 트래픽의 절반을 전통적인 이더넷이 아니라 와이파이가 차지하게 됐다. 와이파이 중심의 기업으로 바뀌게 된 두 가지 요인은 다음과 같다. 첫째, 점점 더 많은 직원들이 데스크톱 대신에 노트북, 태블릿, 스마트폰으로 기업 네트워크에 연결하길 원해서 와이파이 수요가 늘어났다. 둘째, 기가비트 이더넷과 IEEE 802.11ac 표준의 출현에 따라 많은 모바일 장치가 기업 네트워크에 동시 접속하는 것이 가능해졌다.

한때 와이파이가 회의장과 공공장소의 보조 네트워크로 사용되기도 했지만, 이제 기업 내 와이파이는 본사, 원격 시설, 주변 실내외 공간 등 어디서나 접속할 수 있는 환경을 제공한다. 기업들은 BYOD^{Bring Your Own Device}(개인이 보유한 스마트기기를 회사 업무에 활용하는 것 – 옮긴이)의 필요성을 인정하고 독려하기 시작했다. 노트북, 태블릿, 스마트폰에서 와이파이 기능의 일반적인 탑재와 가정 및 공공 와이파이 네트워크의 급격한 증가는 많은 이점을 기업에 가져다 줬다. 직원들은 집이나 동네 커피숍, 또는 여행 중에도 어디서나 회사에서와 같은 장비와 애플리케이션으로 작업하고 이메일을 확인할 수 있다. 이는 기업의 관점에서 보면 생산성과 효율성의 향상, 비용 절감을 의미한다.

기술 표준

와이파이의 핵심 성공 요소는 상호 운용성이다. 와이파이 장비는 가정용 라우터, 기업용 액세스 포인트, 공공 핫스팟 등의 와이파이 액세스 포인트와 제조사에 관계없이 통신할 수 있어야 한다. 상호 운용성을 보장하기 위해 두 개의 기관이 노력하고 있다. 먼저 IEEE 802.11 무선 LAN 위원회는 와이파이 프로토콜과 시그널링 표준을 개발한다. 또한 와이파이 얼라이언스^{Wi-Fi Alliance}는 다양한 IEEE 802.11 표준 규격을 준수하는 상용 제품들의 상호 운용성을 인증하는 테스트 세트를 만들고 있다. 와이파이라는 용어는 와이파이 얼라이언스가 인증한 제품에 사용할 수 있다.

IEEE 802.11 무선 LAN 워킹 그룹

와이파이 데이터 속도

기업과 가정에서 기가비트 이더넷 규격이 필요하게 된 것처럼 와이파이도 기가비트 속도까지 확장 요구를 받고 있다. 안테나 기술, 무선 전송 기법, 무선 프로토콜 설계의 진보에 따라 IEEE 802.11 위원회는 더 높은 속도의 새 와이파이 표준을 만들 수 있었다. 표준이 발표되면 산업계에서 빠르게 제품을 개발할 수 있다. IEEE 802.11이라고 불렸던 최초의 표준부터 최대 데이터 속도와 함께 연대순으로 간단히 정리하면 다음과 같다(그림 1.5).

와이파이 얼라이언스

- 802.11(1997) 2Mbps(megabits per second, 초당 1백만 비트)
- 802.11a(1999) 54Mbps
- 802.11b(1999) 11Mbps

- 802.11n(1999)   600Mbps
- 802.11g(2003)   54Mbps
- 802.11ad(2012)   6.76Gbps(gigabits per second, 초당 10억 비트)
- 802.11ac(2014)   3.2Gbps

IEEE 802.11ac는 이전의 802.11a, 802.11n 표준과 마찬가지로 5GHz 밴드에서 동작한다. 이는 802.11n으로부터 쉽게 옮기기기 위한 목적이다. 802.11ac 표준은 이전의 와이파이 버전들과 동일한 주파수 대역에서 고급 안테나 설계와 신호 처리 기술을 사용해 더 적은 배터리를 소모하고 훨씬 높은 데이터 속도를 낸다.

IEEE 802.11ad는 60GHz 주파수 대역에서 동작하는 802.11 규격이다. 이 대역은 5GHz 대역보다 훨씬 넓은 채널 대역폭을 사용할 수 있기 때문에 비교적 단순한 신호 인코딩과 안테나 특성으로도 높은 데이터 속도를 얻을 수 있다. 또한 60GHz 대역에서 동작하는 장치가 거의 없기 때문에 다른 와이파이 대역보다 간섭이 적다.

60GHz 밴드의 전송 특성 때문에 802.11ad는 하나의 방 안에서만 유용할 가능성이 높다. 802.11ad는 높은 데이터 속도를 지원하고 비압축 고화질 동영상을 쉽게 전송할 수 있으므로 홈 엔터테인먼트 시스템이나 고화질 영화를 휴대폰에서 TV로 스트리밍하는 등의 용도에 적합하다.

기가비트 와이파이는 사무실과 가정에서 모두 매력적이며, 상용 제품이 출시되기 시작하는 단계다. 사무실 환경에서 높아져만 가는 데이터 속도에 대한 수요는 10Gbps, 40Gbps, 가장 최근의 100Gbps에 이르는 이더넷 기술을 만들어냈다. 이처럼 높은 속도는 블레이드 서버, 동영상과 멀티미디어의 잦은 활용, 복수의 외부 광대역 접속을 위해 필요하다. 동시에 사무실에서는 이동성과 유연성 요구를 만족시키기 위해 무선 LAN 사용이 급격히 늘어났다. 기가비트 속도가 지원되는 사무실 유선 LAN 구간의 리소스를 모바일 사용자들이 효과적으로 활용할 수 있게 기가비트 와이파이가 필요하다. IEEE 802.11ac가 사무실 환경에서 기가비트 와이파이 옵션으로 선호될 가능성이 높다.

소비자와 가정용 시장에서는 IEEE 802.11ad가 다른 장비와 간섭이 거의 없는 저전력 근거리 무선 LAN으로 인기를 끌 가능성이 있다. 엄청난 양의 데이터를 근거리에서 옮겨야 하는 전문 미디어 제작 환경에서도 IEEE 802.11ad는 매력적인 옵션이다.

1.5 4G/5G 이동통신

셀룰러 기술은 무선 이동통신의 토대이며, 유선 네트워크를 쉽게 사용할 수 없는 곳의 사용자를 지원한다. 셀룰러 기술은 휴대 전화, 개인 통신 시스템, 무선 인터넷, 무선 웹 애플리케이션 등의 기초가 되는 기술이다. 이번 절에서는 셀룰러 기술의 지난 4세대에 걸친 발전과 곧 다가올 5세대의 준비 과정을 살펴본다.

1세대

1G라고도 불리는 최초의 셀룰러 네트워크는 아날로그 트래픽 채널을 제공했으며, 공중전화 교환망의 확장 개념으로 설계됐다. 벽돌 크기의 전화기를 든 사용자가 유선 전화기처럼 전화를 걸거나 받고는 했다. 가장 널리 보급된 1G 시스템은 AT&T의 AMPS^{Advanced Mobile Phone Service, 고급 이동전화 서비스}였다. 음성 전송 방식은 아날로그였으며, 제어 신호가 10kbps 아날로그 채널로 전송됐다.

2세대

1세대 셀룰러 네트워크가 빠르게 인기를 끌면서 처리 용량이 부족해졌다. 고품질 신호와 디지털 서비스를 위한 빠른 데이터 속도, 더 큰 용량을 목적으로 2세대^{2G} 시스템이 개발됐다. 1G와 2G 네트워크의 주된 차이점은 다음과 같다.

- **디지털 트래픽 채널** 두 세대 간의 가장 두드러진 차이점은 1G 시스템이 순수 아날로그였던 반면 2G 시스템은 디지털이라는 것이다. 특히 1G 시스템은 음성 채널 지원을 목적으로 설계됐기 때문에 디지털 데이터를 아날로그 형식으로 변환하는 모뎀을 사용해야만 디지털 트래픽을 보낼 수 있었다. 2G 시스템은 디지털 트래픽 채널을 제공해 디지털 데이터 전송이 가능했다. 음성 트래픽은 전송 전에 디지털 형식으로 먼저 인코딩됐다.

- **암호화** 2G 시스템에서는 사용자 트래픽과 제어 트래픽이 디지털화되기 때문에 도청 방지를 위해 모든 트래픽을 암호화하는 것이 비교적 간단하

다. 1G 시스템이 사용자 트래픽을 어떠한 보안도 없이 평문으로 전송하는 반면 모든 2G 시스템이 암호화 기능을 제공한다.

- **오류 검출 및 정정** 2G 시스템의 디지털 트래픽 스트림은 오류 검출과 정정 기법을 적용하기에 적합하다. 그 결과로 깨끗한 음성 수신이 가능해졌다.

- **채널 액세스** 1G 시스템에서 각각의 셀은 다수의 채널을 지원할 수 있고, 특정 시점에서 하나의 채널은 한 명의 사용자에게 할당됐다. 2G 시스템에서도 각 셀이 여러 채널을 지원할 수 있는데, 다수의 사용자가 각 채널을 동적으로 공유하는 점이 다르다.

3세대

3세대^{3G} 시스템의 목적은 음성뿐 아니라 멀티미디어, 데이터, 동영상을 지원하는 높은 속도의 무선통신을 제공하는 것이었다. 3G 시스템의 설계 특징은 다음과 같다.

- **대역폭** 모든 3G 시스템의 중요한 설계 목표는 5MHz 채널 폭이었다. 여기에는 다양한 이유가 있다. 5MHz 이상의 대역폭은 기존 협대역에 비해 수신 측 다중 경로 성능 향상에 유리했다. 한편 가용한 스펙트럼이 경쟁 수요에 의해 제한됐기 때문에 5MHz가 3G에 할당 가능할 수 있는 적당한 상한선이었다. 마지막으로 5MHz는 3G 서비스의 주요 목표였던 144kbps, 384kbps 데이터 속도를 지원하기에 적합했다.

- **데이터 속도** 목표 데이터 속도는 144kbps, 384kbps였다. 어떤 3G 시스템은 사무실 환경에서 2Mbps까지 지원하기도 했다.

- **멀티레이트(multirate)** 멀티레이트라는 용어는 다수의 고정 데이터 속도 논리 채널을 사용자에게 제공하는 것을 의미한다. 이때 다른 데이터 속도는 다른 논리 채널에서 지원한다. 또한 각 논리 채널의 트래픽은 유무선 네트워크를 통해 독립적으로 여러 목적지를 향해 전송될 수 있다. 사용자의 다양한 애플리케이션을 시스템이 유연하게 동시에 지원하고, 각 서비스에서 필요한 용량만을 제공해서 시스템 용량을 효율적으로 사용하는 것이 멀티레이트의 장점이다.

4세대

스마트폰과 셀룰러 네트워크의 진화에 따라 4G로 통틀어지는 새로운 기능과 표준이 등장했다. 4G 시스템은 노트북, 스마트폰, 태블릿 등 다양한 모바일 장치에 초광대역 인터넷 액세스를 제공한다. 4G 네트워크는 모바일 웹 액세스와 HD 모바일 TV, 모바일 화상 회의, 게임 등의 고대역폭 애플리케이션을 지원한다.

이와 같은 요구 사항에 따라 4세대 무선 이동통신 기술은 대역폭^{bandwidth}과 처리율^{throughput}을 최대화하면서 동시에 스펙트럼 효율성을 최대화하도록 개발됐다. 4G 시스템의 주요 특성은 다음과 같다.

- All-IP 패킷 네트워크 기반
- 고수준 이동성 모바일 환경에서 최대 100Mbps 지원 및 로컬 무선 액세스 등 저수준 이동성 모바일 환경에서 최대 1Gbps 지원
- 셀당 더 많은 동시 사용자 지원을 위한 네트워크 자원 동적 공유
- 이종 네트워크 간 smooth 핸드오버(핸드오버 시 패킷 손실을 최소화하는 핸드오버 - 옮긴이) 지원
- 차세대 멀티미디어 애플리케이션의 높은 서비스 품질^{QoS} 지원

이전 세대와는 달리 4G 시스템은 전통적인 회선 교환 방식 전화 서비스를 지원하지 않고 IP 전화 서비스만을 제공한다.

5세대

2020년경으로 예상되는 5G 시스템의 보급까지는 아직 몇 년이 남았지만, 5G 기술 분야에서 활발히 연구가 진행되고 있다. 2020년까지 태블릿과 스마트폰의 엄청난 데이터 트래픽뿐 아니라 신발, 시계, 가전제품, 자동차, 온도조절기, 도어록 등 사물 인터넷 트래픽이 비슷하거나 더 큰 규모로 늘어날 것이다.

4G에서 이미 네트워크 효율성은 수확 체감$^{diminishing returns}$ 지점에 도달한 듯하다. 앞으로도 전송 효율의 점진적 향상은 가능하겠지만, 대폭 증가할 가능성은 낮다. 대신 5G는 서비스 품질 수요를 만족시키기 위해 동적 우선순위, 적응적 네트워크 재구성, 기타 네트워크 관리 기법을 통한 더 지능적인 네트워크의 구축에 초점이 맞춰져 있다.

1.6 클라우드 컴퓨팅

이번 절에서는 이 책의 뒷부분에서 더 깊게 다룰 예정인 클라우드 컴퓨팅의 개요를 간단히 설명한다.

→ 13장. '클라우드 컴퓨팅' 참조

클라우드 컴퓨팅의 기본 개념은 1950년대로 거슬러 올라가지만, 최초의 클라우드 컴퓨팅 서비스는 2000년대 초가 돼서야 대규모 기업을 대상으로 등장했다. 이후 클라우드 컴퓨팅은 중소기업들과 최근에는 일반 소비자들에게까지 보급됐다. 애플의 iCloud는 2012년에 시작해 서비스 개시 1주일 만에 2천만 명의 사용자를 확보했다. 2008년에 시작한 클라우드 기반 노트 정리 및 보관 서비스 에버노트의 사용자는 6년 만에 1억명에 이르렀다. 2014년 하반기에 구글은 구글 드라이브의 실제 사용자가 2억5천만 명이라고 발표했다. 이번 절에서는 클라우드 컴퓨팅, 클라우드 네트워킹, 클라우드 스토리지 등 클라우드의 핵심 요소를 살펴본다.

클라우드 컴퓨팅의 개념

클라우드 컴퓨팅
인터넷 웹브라우저를 통해 전원, 스토리지, 소프트웨어 및 기타 컴퓨팅 서비스에 접근할 수 있는 시스템을 대략적으로 정의하는 용어. 클라우드 컴퓨팅 서비스는 대개 호스팅과 관리를 담당하는 외부 업체에서 임대된다.

최근 많은 조직에서 IT 운영의 상당 부분 또는 전체를 인터넷으로 연결된 인프라스트럭처, 즉 기업 클라우드 컴퓨팅cloud computing으로 이전하는 경향이 두드러진다. 이와 동시에 PC와 모바일 장치 사용자들은 데이터 백업, 동기화, 공유를 위해 개인 클라우드 컴퓨팅 서비스에 점점 더 의존하고 있다.

NISTNational Institute of Standards and Technology, 미국 국립표준기술연구소는 클라우드 컴퓨팅의 핵심적 특징을 다음과 같이 정의하고 있다.

- **광대역 네트워크 액세스** 휴대폰, 노트북, PDA 등 다양한 씬 클라이언트thin client 또는 씩 클라이언트thick client 플랫폼과, 전통적 또는 클라우드 기반 소프트웨어 서비스를 사용할 수 있게 표준 네트워크 기술 기반의 기능을 제공한다.

- **빠른 탄력성** 클라우드 컴퓨팅은 고객의 서비스 요구 사항에 따라 신축적으로 자원을 확장, 축소할 수 있다. 예를 들면 필요에 따라 특정 작업 동안 대규모의 서버 자원을 할당했다가 작업이 끝나면 다시 회수한다.

- **측정 서비스** 클라우드 시스템은 서비스 종류별(예, 스토리지, 프로세싱, 대역폭,

활성 사용자 계정) 계량 기능을 통해 자원 사용량을 자동 제어하고 최적화한다. 자원 사용량을 모니터링, 제어 및 보고할 수 있는 점은 서비스 공급자와 소비자 양측에 투명성을 제공하는 효과가 있다.

- **주문형 셀프 서비스** 고객이 서버 시간이나 네트워크 스토리지 등의 컴퓨팅 기능을 필요에 따라 자동으로, 즉 실제 서비스 공급자 측 인력과 접촉하지 않고 직접 프로비저닝provisioning할 수 있다. 주문형 서비스이므로 자원들이 IT 인프라스트럭처에 영구적으로 존재하지 않는다.

- **리소스 풀링(pooling)** 멀티테넌트multitenant 모델로 많은 고객에게 서비스 하기 위해 사업자의 컴퓨팅 리소스가 풀링된다. 즉, 여러 물리 및 가상 자원이 고객의 수요에 따라 동적으로 할당되고 재할당된다. 제공된 자원의 정확한 위치를 고객이 제어하거나 알 수 없다는 점에서 위치에 독립적이다. 그러나 상위 수준(예를 들면 국가, 주, 데이터 센터 단위)에서 위치 확인이 가능한 경우도 있다. 자원의 예로는 스토리지, 프로세싱, 메모리, 네트워크 대역폭, 가상머신 등이 있다. 사설 클라우드에서도 같은 기관에 속한 부서 간에 자원을 풀링한다.

그림 1.7은 일반적인 클라우드 서비스 환경을 보여준다. 기업의 LAN 구간에 있는 워크스테이션들은 라우터를 통해 네트워크 또는 인터넷을 거쳐 클라우드 서비스 공급자로 연결된다. 클라우드 서비스 공급자는 대규모로 서버를 운영하고 관리하기 위해 다양한 네트워크 관리, 다중화 및 보안 시스템을 사용한다. 그림에서 클라우드 인프라스트럭처는 가장 일반적인 아키텍처인 블레이드 서버의 집합으로 표현됐다.

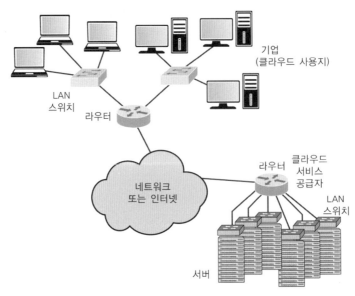

그림 1.7 클라우드 컴퓨팅 환경

클라우드 컴퓨팅의 이점

클라우드 컴퓨팅은 규모의 경제(대량 생산에 의한 원가 절감 – 옮긴이) 효과와 함께 전문
가에 의한 네트워크 및 보안 관리 서비스를 제공한다. 이런 점들은 대기업, 중소
기업, 공공기관, 개인용 PC 및 모바일 사용자 모두에게 매력적이다. 클라우드
컴퓨팅을 이용하는 개인, 기업은 필요한 스토리지 용량과 서비스에 대한 비용만
지불하면 된다. 고객은 데이터베이스 시스템 구축, 하드웨어 구입 및 유지 보수,
데이터 백업 등의 귀찮은 일을 직접 하지 않아도 된다. 모두 클라우드 서비스에
포함돼 있기 때문이다.

클라우드 컴퓨팅으로 데이터를 저장, 공유할 때 또 다른 큰 장점은 원칙적으
로 클라우드 사업자가 보안 문제까지 책임진다는 점이다. 하지만 안타깝게도
고객이 항상 보호받고 있지는 못하다. 클라우드 사업자를 향한 보안 침해 사고
가 이미 수차례 발생한 적이 있다. 예를 들어 2013년 초 에버노트가 보안 침해
사고를 발견하고 모든 사용자의 패스워드를 재설정하게 해서 헤드라인을 장식
하기도 했다. 클라우드 보안에 대해서는 16장, '보안'에서 자세히 다룬다.

클라우드 네트워킹

클라우드 네트워킹은 클라우드 컴퓨팅에 필수적인 네트워크와 네트워크 관리 기능을 말한다. 많은 클라우드 컴퓨팅 솔루션이 인터넷에 의존하고 있다. 하지만 인터넷은 네트워크 인프라스트럭처의 한 부분에 불과하다.

클라우드 네트워킹의 한 가지 예로 클라우드 서비스 공급자와 가입자를 연결하기 위해 제공하는 고성능 고신뢰성 네트워크를 들 수 있다. 이 경우 기업과 클라우드 사이의 일부 또는 모든 트래픽이 인터넷을 거치지 않고 클라우드 서비스 공급자가 소유 또는 임대한 전용 사설 네트워크 설비를 거쳐 전달된다. 일반적으로 클라우드 네트워킹은 클라우드를 액세스하기 위해 필요한 네트워크 기능의 집합을 말하며, 인터넷 전문 서비스 이용, 기업 데이터 센터의 클라우드 연결 및 보안 정책 적용을 위해 주요 지점에 방화벽 등 네트워크 보안 장비를 운용하는 것을 포함한다.

클라우드 스토리지

클라우드 스토리지를 클라우드 컴퓨팅의 한 부분으로 생각할 수 있다. 클라우드 스토리지는 원격지의 클라우드 서버에 호스팅되는 데이터베이스 스토리지와 데이터베이스 애플리케이션으로 구성된다. 클라우드 스토리지는 소규모 기업과 개인 사용자가 스토리지 자산을 직접 구입, 유지, 관리하지 않고도 수요에 따라 늘릴 수 있는 데이터 스토리지와 다양한 데이터베이스 애플리케이션을 이용할 수 있게 한다.

1.7 사물 인터넷

사물 인터넷IoT, Internet of Things은 컴퓨팅과 통신 분야에서 오랫동안 지속해온 혁신의 최신 경향이다. 사물 인터넷의 규모, 보편성, 일상생활에 미치는 영향력은 지금까지의 어떠한 기술적 진보조차도 왜소해 보이게 한다. 이번 절에서는 이책의 뒷부분에서 더 깊게 다룰 예정인 사물 인터넷의 개요를 간단히 설명한다.

사물 인터넷
각종 센서, 액츄에이터 및 기타 임베디드 시스템을 인터넷을 통해 연결하는 기술. 대부분의 경우, 완전 자동화된 상호 작용을 통해 사람의 개입이 필요 없다.

사물 인터넷의 '사물'

→ 14장. '사물 인터넷' 참조

사물 인터넷은 점점 확대되는 가전제품에서 초소형 센서에 이르는 스마트 장치의 연결성을 의미하는 용어다. 핵심 개념은 다양한 장치와 일상용품에 단거리 모바일 송수신기를 내장시켜 사람과 사물, 사물과 사물 간에 새로운 형태의 통신이 가능하게 하는 것이다. 인터넷은 이제 수십억 개의 산업용, 개인용 사물의 연결을 지원하며, 이들은 대개 클라우드 시스템을 통한 것이다. 사물은 공장이나 도시와 같은 큰 시스템의 전반적 관리를 위해 센서 정보를 전달하고, 주변 환경에 작용하며, 때로는 스스로를 변화시키기도 한다.

IoT는 주로 전문적인 임베디드 장치들이 주도하고 있다. 이들은 대개 저대역폭의 반복성이 낮은 데이터를 수집하고, 역시 저대역폭의 데이터를 사용하는 전자제품으로 서로 통신하고 사용자 인터페이스를 통해 데이터를 제공한다. 고해상도 비디오 방범/보안 카메라, 인터넷 영상 전화Video over IP 등의 임베디드형 전자기기는 높은 대역폭의 스트리밍 기능을 필요로 한다. 그렇지만 아직 대다수의 제품은 간헐적인 패킷 데이터의 전송을 요구하는 수준이다.

기술 진화

장비 측면에서 살펴봤을 때 인터넷은 사물 인터넷에 이르기까지 대략 네 번의 세대를 거쳐 진화해왔다.

1. **정보 기술**(IT, Information Technology)　PC, 서버, 라우터, 방화벽 등, 기업의 IT 인력이 구매하는 IT 장비. 주로 유선 연결로 사용한다.

2. **운영 기술**(OT, Operational Technology)　의료기기, SCADA Supervisory Control and Data Acquisition, 감시 제어 데이터 수집 시스템, 프로세스 제어, 키오스크 등, 비IT 회사에서 만들고 기업의 OT 인력이 구매하는 IT 기술 내장형 기계/전자기기. 역시 유선 연결로 사용한다.

3. **개인화 기술**　스마트폰, 태블릿, 전자책 단말기 등 소비자가 구입하는 IT 장비. 무선 연결로만 사용되고 대개 다중 무선 기술을 지원한다.

4. **센서/액츄에이터 기술**　일반 소비자, IT, OT 인력이 구입하고, 더 큰 시스템의 일부를 구성하는 단일 목적의 장비. 일반적으로 단일 무선 기술을 지원한다.

여기서 수십억 개의 임베디드 장치들이 지원하는 사물 인터넷은 일반적으로 4세대를 의미한다.

사물 인터넷 계층

사물 인터넷에 대한 대부분의 비즈니스 또는 기술 자료는 두 가지에 초점을 둔다. 연결되는 '사물'과 그들을 연결하는 인터넷이 그것이다. 하지만 사물 인터넷은 5개의 계층으로 이뤄진 거대한 시스템으로 보는 것이 바람직하다.

- **센서와 액츄에이터** '사물'을 의미하는 계층이다. 센서는 주변 환경을 관찰해 온도, 습도, 특정 관찰 대상의 존재 유무 등 정량적인 변수 측정값을 보고한다. 액츄에이터는 온도조절기의 설정 변경, 밸브 작동과 같이 주변 환경에 작용해 영향을 끼친다.

- **연결성** 사물 인터넷 장치는 유무선 연결을 통해 네트워크에 접속해 수집한 데이터를 해당 데이터 센터에 전송하거나(센서) 컨트롤러로부터 동작 명령을 받는다(액츄에이터).

- **용량** 사물 인터넷 장치를 지원하는 네트워크는 엄청난 규모의 데이터 흐름까지도 처리 가능해야 한다.

- **스토리지** 수집한 모든 데이터의 백업을 저장하고 유지하는 대규모 저장 설비가 필요하다. 일반적으로 클라우드의 기능이다.

- **데이터 분석** 수많은 사물이 '빅데이터'를 만들어 내므로, 이를 처리하기 위한 데이터 분석 기능이 필요하다.

사물 인터넷을 효과적으로 활용하기 위해서는 이 다섯 가지 계층에 대한 개념적 이해가 필수적이다.

1.8 네트워크 융합

네트워크 융합network convergence이란 지금까지 뚜렷하게 구분됐던 전화와 정보 기술IT의 통합을 말한다. 네트워크 융합을 다음과 같은 기업 커뮤니케이션의 3계층 모델로 생각해볼 수 있다.

네트워크 융합
전화, 동영상, 데이터 통신 서비스를 단일 네트워크로 제공하는 것

- **애플리케이션 융합** 애플리케이션 융합 계층은 기업의 최종 사용자 관점이다. 애플리케이션 융합은 음성 통화, 음성 메일, 이메일, 인스턴트 메신저와 같은 통신 애플리케이션을 작업 그룹 공동 작업, 고객 관계 관리[CRM, Customer Relationship Management], 백 오피스[back office](금융기관의 후선 지원 업무 – 옮긴이) 기능 등의 비즈니스 애플리케이션과 통합한다. 융합된 애플리케이션은 체계적으로 통합한 음성, 데이터, 동영상에서 부가가치를 만드는 다채로운 기능을 제공한다. 한 가지 예로 멀티미디어 메시지가 있다. 멀티미디어 메시지 사용자는 출처(사무실 음성 메일, 이메일, SMS, 모바일 음성 메일 등)가 다양한 메시지들을 통합 인터페이스로 액세스할 수 있다.

- **기업 서비스** 기업 서비스 계층은 정보 네트워크를 다루는 관리자의 관점이다. 사용자가 애플리케이션을 충분히 활용하기 위해 필요한 서비스들이 있다. 예를 들어 네트워크 관리자는 융합 애플리케이션을 위해 적절한 개인 정보 정책과 인증 서비스를 제공해야 한다. 모바일 사용자의 원격 프린트와 네트워크 저장 장치 서비스를 위해 사용자 위치 파악이 필요할 수도 있다. 또한 기업 네트워크 관리 서비스는 다양한 사용자, 그룹, 애플리케이션을 위한 공동 환경 설정과 QoS 제공 기능을 가질 수 있다.

- **인프라스트럭처** 네트워크 및 통신 인프라스트럭처 계층은 기업의 통신 선로, LAN, WAN, 인터넷 회선 등으로 구성된다. 또한 기업 네트워크 인프라스트럭처는 사설/공용 클라우드로부터 대용량 데이터 스토리지와 웹 서비스를 호스팅하는 데이터 센터까지의 연결도 점차 포함하는 추세다. 인프라스트럭처 계층 융합의 핵심은 데이터 트래픽을 보내도록 설계된 네트워크로 음성, 이미지, 동영상을 전송하는 기능이다. 또한 인프라스트럭처 계층 융합은 음성 트래픽용 네트워크에서도 일어났다. 예를 들어 셀룰러 네트워크를 통해 동영상, 이미지, 텍스트, 데이터가 스마트폰 사용자들에게 날마다 전송되고 있다.

그림 1.8은 3계층 기업 커뮤니케이션 모델의 주요 속성을 보여준다. 간단히 말해 네트워크 융합은 기업의 음성, 동영상, 이미지 트래픽을 단일 네트워크 인프라스트럭처로 보내는 것이다. 이는 분리된 음성과 데이터 네트워크의 단일 네트워크 인프라스트럭처 통합과 모바일 사용자를 위한 확장 작업을 수반한다.

네트워크 융합의 기반은 IP^{Internet Protocol, 인터넷 프로토콜} 패킷 전송 기술이다. 모든 종류의 통신 트래픽 전송에 IP 패킷을 적용하는 것은 EoIP^{Everything over IP}라고도 하며, 이를 통해 비즈니스 사용자가 인프라스트럭처 위에서 다양한 종류의 유용한 애플리케이션을 사용할 수 있다.

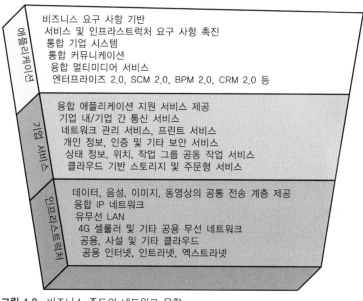

그림 1.8 비즈니스 주도의 네트워크 융합

네트워크 융합의 이점으로는 네트워크 관리의 단순화, 효율성의 증가, 애플리케이션의 유연성 증가 등이 있다. 예를 들어 통합된 네트워크 인프라스트럭처는 동영상, 데이터, 음성을 조합한 새로운 애플리케이션을 만들어 낼 예측 가능한 플랫폼을 제공한다. 그 결과 혁신적인 매시업^{mash-up}과 다른 부가가치 비즈니스 애플리케이션 및 서비스를 쉽게 개발할 수 있다. IP 네트워크 융합의 3가지 핵심 이점을 다음과 같이 요약할 수 있다.

- **비용 절감** 통합 네트워크는 네트워크 관리, 유지, 운영 비용을 수십 % 절감할 수 있다. 레거시 네트워크를 단일 IP 네트워크로 통합하면 기존 자원을 더 효과적으로 사용하고, 용량 증설 계획, 자산 관리, 정책 관리의 중앙 집중 구현이 가능하기 때문이다.

- **효율성** 통합 환경은 사용자의 위치에 관계없이 일할 수 있는 유연성을 제공한다. IP 융합으로 인해 기업은 이동성을 더 강화한 인력 운용을 시도

할 수 있다. 외근 작업자는 VPN^{Virtual Private Network, 가상 사설 네트워크}으로 원격에서 회사 네트워크의 비즈니스 애플리케이션 및 커뮤니케이션 서비스에 접속한다. VPN은 비즈니스 트래픽을 다른 인터넷 트래픽과 분리해 기업 네트워크 보안을 유지한다.

- **변화** 융합 IP 네트워크는 변경 가능하고 상호 호환되는 특징이 있어 기술의 발전에 따라 새로운 인프라스트럭처를 설치할 필요 없이 신기능을 쉽게 수용할 수 있다. 기업에서 국제 표준 또는 우수 사례를 도입함에 따라 데이터 품질 제고, 실시간 의사 결정 강화, 핵심 비즈니스 프로세스 및 운영 개선도 가능하다. 그 결과 비즈니스 혁신의 핵심 요소인 민첩성과 혁신성이 향상된다.

이와 같은 장점 때문에 기업들은 융합 네트워크 인프라스트럭처에 투자하고 있다. 하지만 기업들은 네트워크 융합의 문제점 역시 심각하게 인식하고 있다. 통합 네트워크는 **단일 장애점**^{SPOF, Single Point Of Failure}을 의미하기 때문이다. 최근 기업의 통합 네트워크 인프라스트럭처는 ICT^{Information and Communications Technology, 정보 통신 기술}에 대한 심각한 의존성을 고려해 장애 시 빠른 복원과 심각한 네트워크 단절 방지를 목표로 각 구성 요소와 백업 시스템을 다중화한다.

1.9 통합 커뮤니케이션

통합 커뮤니케이션
인스턴트 메신저, 상태 정보, 음성(IP 전화 포함), 웹 및 화상 회의, 음성 인식 등의 실시간 기업 커뮤니케이션 서비스와 통합 메시징(통합 음성 메일, 이메일, SMS, 팩스) 등 비실시간 커뮤니케이션 서비스의 통합

네트워크 융합에 연관된 개념으로 **통합 커뮤니케이션**^{UC, Unified Communications}이 있다. 기업 네트워크 융합이 전통적으로 분리된 음성, 동영상, 데이터 통신의 통합에 초점을 맞추고 있는 반면, UC는 비즈니스 프로세스 최적화를 위한 실시간 커뮤니케이션 서비스의 통합에 초점을 둔다. 기업 네트워크 융합과 마찬가지로 IP 기술은 UC 시스템의 기초를 이룬다. UC의 핵심 요소는 다음과 같다.

1. UC 시스템은 일반적으로 다양한 장비와 미디어에 대해 통일된 사용자 인터페이스와 일관된 사용자 경험을 제공한다.

2. UC는 실시간 커뮤니케이션 서비스와 비실시간 서비스 및 비즈니스 프로세스 애플리케이션을 통합한다.

그림 1.9는 UC 아키텍처의 일반적인 구성 요소와 연관 관계를 보여준다.

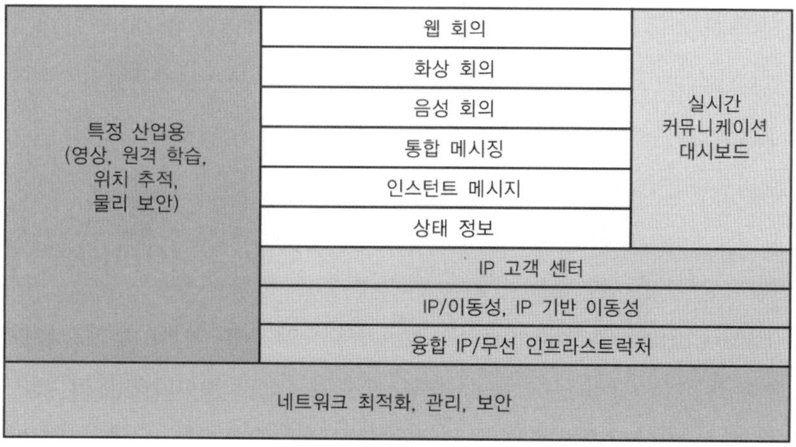

특정 산업용 (영상, 원격 학습, 위치 추적, 물리 보안)	웹 회의	실시간 커뮤니케이션 대시보드
	화상 회의	
	음성 회의	
	통합 메시징	
	인스턴트 메시지	
	상태 정보	
	IP 고객 센터	
	IP/이동성, IP 기반 이동성	
	융합 IP/무선 인프라스트럭처	
네트워크 최적화, 관리, 보안		

그림 1.9 통합 커뮤니케이션 아키텍처의 구성 요소

통합 커뮤니케이션 아키텍처의 핵심 요소는 다음과 같다.

- **실시간 커뮤니케이션(RTC, Real-time Communications) 대시보드** RTC 대시보드는 UC 아키텍처의 핵심 구성 요소다. UC 사용자가 통합된 사용자 인터페이스로 커뮤니케이션 장치들에 접근할 수 있게 하는 요소이기 때문이다. 원칙적으로, 휴대폰, 무선 태블릿 컴퓨터, 데스크톱 시스템, 기업 PBX^{Private Branch Exchange, 구내 교환기}로 연결된 사무실 전화 등 통신 장치에 무관하게 일관적인 인터페이스를 사용할 수 있다. 그림 1.9에서 본 것과 같이 RTC 대시보드를 통해 인스턴트 메신저, 음성 및 화상 회의, 대화형 화이트보드 등의 실시간 커뮤니케이션 서비스를 액세스 가능하다. 또한 통합 메시징(이메일, 음성 메일, 팩스, SMS) 등 비실시간 서비스를 한 화면에서 액세스할 수 있다. RTC 대시보드에 보이는 동료, 파트너의 상태 정보는 지금 대화 또는 컨퍼런스 콜에 참여 가능한 사람을 바로 알 수 있게 한다. RTC 대시보드는 비즈니스 프로세스를 위해 많은 대화와 협력이 필요한 조직에서 필수적 요소가 됐다.

- **웹 회의** 모바일 장치, 웹으로 인터넷 또는 기업 인트라넷을 통해 접속하는 회의 또는 프레젠테이션을 의미한다. 웹 회의는 대개 웹으로 연결되는 대화형 화이트보드^{IWB, Interactive White Board}를 통해 데이터를 공유한다.

- **음성 회의** 전화 회의라고도 하며, 참가자들이 음성 송수신으로 연결된 회의를 의미한다. 유선 전화, 휴대폰, 또는 마이크와 스피커가 달린 컴퓨터의 '소프트폰'으로 접속 가능하다.

- **통합 메시징** 통합 메시징 시스템은 출처가 다양한 메시지들의 공통 저장소를 제공한다. 저장된 이메일, 음성 메일, 팩스 메시지를 컴퓨터, 전화, 모바일 장치에서 찾을 수 있다. 컴퓨터 사용자는 통합 메시지함의 음성 녹음을 선택해서 재생한다. 전화 사용자는 음성 메일을 받거나 이메일 메시지를 텍스트 음성 변환기를 거쳐 들을 수 있다. 어떤 종류의 메시지도 저장, 답장, 보관, 분류, 재전송 가능하다. 통합 메시징 시스템은 사무실 전화와 휴대폰으로 수신하는 음성 메일 메시지를 동일한 메일박스에 저장해 여러 음성 메일박스를 모니터링하는 번거로움을 덜어준다. 언제 어떤 장치에서도 UC를 통해 통합 메시징 메일박스의 이메일, 음성 메일을 받을 수 있다.

- **인스턴트 메신저(IM, Instant messaging)** 2명 이상이 주고받는 텍스트 기반 실시간 메시지. IM은 텍스트 기반이며, 실시간으로 양방향 교환된다는 점에서 온라인 채팅과 유사하다. IM 클라이언트가 친구 목록을 통해 아는 사용자끼리 접속하는 데 비해 온라인 채팅은 익명의 사용자끼리 텍스트를 교환한다는 점에서 IM은 채팅과 다르다.

- **원격 화상 회의(VTC, Video Teleconferencing)** 화상 회의는 둘 이상의 지역에 위치한 사용자가 양방향 화상 및 영상 전송을 통해 서로 대화하는 것이다. 통합 메시징 시스템 덕분에 화상 회의에 데스크톱 컴퓨터, 스마트폰, 모바일 장치로 참여할 수 있다.

- **상태 정보** 특정 사용자의 위치는 물론 선호하는 접촉 방식, 현재 하는 일까지도 실시간으로 확인할 수 있는 기능. 상태 정보는 실제 연락 전에도 상대의 대화 가능 여부를 보여준다. 한때 인스턴트 메신저의 단순 기능으로 여겨지기도 했지만(예를 들면 '대화 가능', '바쁨'), 사무실 전화나 휴대폰을 사용하고 있는지, 컴퓨터에 로그인했는지, 화상 전화 또는 회의 중인지, 점심시간이나 휴가로 사무실을 비웠는지까지 알 수 있게 확대됐다. 직원의 위치 정보는 고객 응급 상황에 신속히 대응하기 위해서 등 여러 가지 업무적인

이유로 보편적인 상태 정보의 구성 요소가 돼 가고 있다. 기업은 좀 더 효율적이고 효과적인 의사소통을 위해 상태 정보를 활용한다. 전화 통화가 불가능하거나 전화, 즉석 회의로 즉시 응답할 수 있는 사람에게 이메일을 보내는 것과 같은 비효율적인 요소를 제거할 수 있다.

- **IP 고객 센터** 고객 센터의 기능과 성과를 개선하기 위해 IP 기반의 통합 커뮤니케이션을 사용하는 것을 말한다. 통합된 IP 고객 센터의 커뮤니케이션 인프라스트럭처는 고객 또는 내부 직원이 찾는 전문가, 지원 인력과 즉시 연결되도록 상태 정보 기술을 활용한다. 또한 콜 센터 직원이 특정 사무실에 위치하거나 특정 장소에 남아있을 필요가 없도록 이동성을 지원한다. 마지막으로 콜 센터 직원은 통합 커뮤니케이션 인프라스트럭처를 통해 동료 직원은 물론 데이터, 동영상, 이미지, 음성 등 정보 자산에 즉시 접근할 수 있다.

- **IP 기반 이동성** IP 네트워크 인프라스트럭처를 통해 이동 중인 직원과 정보를 전달, 수집하는 것을 말한다. 일반적인 기업에서 30% 이상의 직원이 업무 수행에 원격 접속 기술을 사용한다.

- **융합 IP/무선 인프라스트럭처** 네트워크와 통신이 합쳐진 IP 패킷 전송은 음성, 데이터, 동영상을 보낼 수 있으며, 지역이나 광역 무선통신까지 포함할 수도 있다. 통합 커뮤니케이션이 가능한 모바일 장치는 통신 세션 중간에 와이파이와 셀룰러 시스템 간 전환이 가능하다. 예를 들면 한 UC 사용자가 집에서 와이파이에 연결된 스마트폰으로 동료의 전화를 받아서 회사까지 운전하며 셀룰러 네트워크를 통해 통화한 다음, 회사에 도착해 회사 와이파이 네트워크에 연결됐을 때 통화를 종료하는 것도 가능하다. 두 번의 핸드오프(가정용 와이파이에서 셀룰러로, 셀룰러에서 회사 와이파이로) 모두 통화 끊김 없이 매끄럽고 투명하게 일어난다.

커뮤니케이션 채널들을 통합하는 것 말고도 UC의 중요한 점은 커뮤니케이션 기능과 비즈니스 애플리케이션을 통합하는 방법을 제공한다는 점이다. UC를 적용한 기관들이 알게 되는 세 가지 장점은 다음과 같다.

- **개인 생산성 향상** 상태 정보를 사용해 직원들이 서로를 쉽게 찾을 수 있고, 실시간으로 커뮤니케이션할 가장 효과적인 방법을 선택할 수 있다. 동료를

찾기 위해 여러 개의 번호로 전화하거나 복수의 업무용 음성 메일박스를 확인하느라 낭비하는 시간이 줄어든다. 주요 연락처로부터의 전화는 특정 사용자의 모든 전화(사무실 전화, 소프트폰, 스마트폰, 집 전화)로 전달해 고객, 파트너, 동료에 빠르게 대응하도록 한다. 문제 발생 시 모바일 상태 정보를 보고 가장 가까운 곳의 직원을 보낼 수도 있다.

- **작업 그룹 성과 개선** UC 시스템이 지원하는 팀 내 실시간 협업 기능을 통해 작업 그룹의 성과를 개선힐 수 있다. 예를 들어 팀이 풀어야 할 문제의 적임자를 상태 정보로 빠르게 찾을 수 있다. 데스크톱 원격 화상 회의와 대화형 화이트보드로 개선된 회의 기능과 커뮤니케이션을 위해 자동화된 비즈니스 규칙 역시 작업 그룹의 성과를 개선한다.

- **기업 프로세스 개선** IP 융합의 결과로 UC는 기업 내 부서별 애플리케이션, 비즈니스 프로세스, 작업 흐름과 통합됐다. UC로 개선된 고객, 공급사, 비즈니스 파트너와의 커뮤니케이션은 고객 관계 관리^{CRM, Customer Relationship Management}, 공급망 관리^{SCM, Supply Chain Management} 및 기타 기업 애플리케이션의 우수 사례를 재정의하고, 비즈니스 네트워크 구성원 간의 관계를 변화시킨다. 커뮤니케이션 기반 비즈니스 프로세스^{CEBP, Communication-enabled business processes}는 금융 서비스, 헬스케어, 유통 등 다양한 산업에서 경쟁에 불을 붙이고 있다.

1.10 핵심 용어

1장을 통해 다음과 같은 용어를 배웠다.

3G	4G	5G
액세스 네트워크	집선 라우터	애플리케이션 공급자
애플리케이션 서비스 공급자	백본 네트워크	블레이드 서버
클라우드 컴퓨팅	클라우드 네트워킹	클라우드 스토리지
콘텐츠 공급자	코어 네트워크	코어 라우터
분배 네트워크	에지 라우터	최종 사용자
IEEE 802.3	IEEE 802.11	사물 인터넷(IoT)

이더넷	네트워크 융합	네트워크 사업자
피어링	이더넷 전원 장치(PoE)	전력선 통신(PLC)
ToR 스위치	통합 커뮤니케이션	와이파이

1.11 참고 문헌

XI11 Xi, H. "Bandwidth Needs in Core and Aggregation Nodes in the Optical Transport Network." IEEE 802.3 Industry Connections Ethernet Bandwidth Assessment Meeting, November 8, 2011.

http://www.ieee802.org/3/ad_hoc/bwa/public/nov11/index_1108.html

Chapter | 2

요구 조건과 기술적 배경

네트워크는 많은 직접적이고 중요한 경제를 만들 수 있다. 통제의 상실, 변화하는 수요에 대한 대응 부재, 우선순위 충돌과 같은 문제가 발생할 것이다. 그러나 이러한 문제의 대부분은 이미 상당한 정도까지 해결돼 있다.

– 무엇을 자동화할 수 있는가?(What Can Be Automated?)
컴퓨터 과학 및 공학 조사 연구(The Computer Science and Engineering Research Study),
미국 국립과학재단, 1980

2장에서 다루는 내용

2장을 읽고 나면 다음과 같은 것을 할 수 있다.

- 탄력적, 비탄력적, 실시간 트래픽 등 네트워크 패킷 트래픽의 주요 유형에 대해 개괄적으로 설명할 수 있다.
- 빅데이터, 클라우드 컴퓨팅, 모바일 트래픽으로 인한 현재 네트워크의 트래픽 요구 사항에 대해 논의할 수 있다.
- 서비스 품질의 개념을 설명할 수 있다.
- 체감 품질의 개념을 설명할 수 있다.
- 라우팅의 핵심 요소를 이해할 수 있다.
- 네트워크 혼잡의 영향과 혼잡 제어 기법의 유형을 이해할 수 있다.
- 소프트웨어 정의 네트워크와 네트워크 기능 가상화의 유사성과 차이점을 제시할 수 있다.

1장, '현대 네트워킹의 요소'에서는 네트워크 기술, 아키텍처, 서비스, 애플리케이션 등 네트워크 생태계의 구성 요소에 대해 개략적으로 설명했다. 2장에서는 주요 동인動因, 기술적 배경과 이 책의 핵심 주제들을 간략히 설명한다.

2.1 네트워크 트래픽의 유형

인터넷과 기업 네트워크의 트래픽을 크게 탄력적 트래픽과 비탄력적 트래픽으로 분류할 수 있다. 이 두 가지 트래픽 유형의 요구 사항이 어떻게 다른지 살펴보면 네트워크 아키텍처를 개선할 필요성이 명확해진다.

탄력적 트래픽

탄력적 트래픽은 인터넷internet을 거치면서 지연 시간과 처리율이 크게 변하더라도 애플리케이션 요구 사항을 만족시키는 트래픽이다. TCP/IP 기반 네트워크에서 전통적으로 지원한 것이 이 유형이며, 최초의 인터넷이 설계된 것도 탄력적 트래픽을 위해서였다. 탄력적 트래픽을 생성하는 애플리케이션은 일반적으로 전송 계층 프로토콜로 TCPTransmission Control Protocol, 전송 제어 프로토콜 또는 UDPUser Datagram Protocol, 사용자 데이터그램 프로토콜를 사용한다. UDP의 경우 애플리케이션은 자신이 데이터를 생성하는 만큼 가용한 최대한의 네트워크 용량을 사용하려고 한다. TCP에서는 최종 수신자가 데이터를 받을 수 있는 최대 속도까지 가용한 최대한의 용량을 사용한다. 또한 개별적인 TCP 연결은 혼잡 상황에서 데이터 속도를 낮춰 대응한다.

파일 전송(FTP/SFTP), 이메일(SMTP), 원격 접속(Telnet, SSH), 네트워크 관리(SNMP), 웹 액세스(HTTP/HTTPS) 등 TCP, UDP 위에서 동작하는 대부분의 애플리케이션이 탄력적 애플리케이션으로 분류된다. 하지만 이들 애플리케이션의 요구 사항에도 다음과 같은 차이점이 있다.

- 이메일은 일반적으로 지연 시간의 변화에 민감하지 않다.

- 자동화된 백그라운드 작업과 달리 사용자가 직접 명령으로 파일 전송을 실행하는 경우에는 전송 시간이 파일 크기에 비례할 것을 기대하므로 처리율 변화에 민감하다.

인터넷(대문자 'I')
수천 개의 공용, 사설 네트워크와 수백만 사용자를 연결하는 세계적 규모의 TCP/IP 기반 인터네트워크

인터넷(소문자 'i')
다수의 소규모 네트워크로 구성된 대규모 네트워크. 인터네트워크라고도 한다.

- 일반적으로 네트워크 관리 측면에서 지연 시간이 심각한 문제는 아니다. 하지만 네트워크 장애가 혼잡 발생의 원인이라면 혼잡이 길어질수록 SNMP 메시지를 최소한의 시간 만에 전달할 필요성이 크다.
- 원격 로그온이나 웹 액세스 등 대화형 애플리케이션은 지연 시간[delay time]에 민감하다.

여기서 주목할 값은 패킷당 지연 시간이 아니다. 인터넷의 실제 지연 시간을 관찰해보면 큰 변화가 일어나지 않았다. TCP의 혼잡 제어[congestion control] 메커니즘 덕분에 혼잡이 발생해도 개별 TCP 연결의 패킷 도착 속도가 떨어지기 전까지 지연 시간이 그다지 심하게 증가하지 않는다. 대신, 사용자가 체감하는 서비스 품질[QoS]은 현재 애플리케이션이 필요한 요소를 전송하는 데 걸린 전체 시간과 연관이 있다. 대화형 텔넷 기반 애플리케이션에서는 그 요소가 키 입력 한 개 또는 한 라인 전체가 될 수도 있다. 웹 액세스에서는 그 요소가 최소 몇 킬로바이트에서, 이미지가 많으면 훨씬 더 커질 수도 있는 웹 페이지가 된다. 과학 기술 애플리케이션에서 그 요소가 수 메가바이트 데이터가 될 수도 있다.

그 요소가 아주 작다면 전체 경과 시간은 인터넷 구간의 지연 시간에 의해 결정된다. 하지만 그 요소가 크다면 전체 경과 시간은 TCP 슬라이딩 윈도우의 성능에 영향을 받기 때문에 TCP 연결의 처리율[throughput]에 의해 결정된다. 즉, 대용량 전송 시 전송 시간은 파일 크기와 혼잡에 의해 출발지가 느려지는 정도에 비례힌다.

탄력적 트래픽만 보더라도 우선순위에 따라 트래픽을 처리하고 제어하는 서비스의 이점이 분명하다. 그런 서비스가 없다면 라우터는 애플리케이션 유형 또는 특정 패킷이 크거나 작은 전송 단위에 속했는지 고려 없이 수신 IP 패킷을 공평하게 처리한다. 혼잡이 발생한다면 모든 애플리케이션의 필요를 골고루 만족시키도록 자원이 할당되기 어렵다. 비탄력적 트래픽까지 추가되면 그 결과는 더 만족스럽지 않게 된다.

비탄력적 트래픽

비탄력적 트래픽은 네트워크 지연 시간과 처리율의 변동에 쉽게 적응하지 못한다. 비탄력적 트래픽의 예로는 음성과 동영상 등 멀티미디어 전송과 양방향 시뮬레이션 애플리케이션(예를 들면 항공사 파일럿 시뮬레이션) 등 대규모 대화형 트래픽이 있다. 비탄력적 트래픽의 요구 조건은 다음과 같다.

- **처리율** 처리율의 최솟값이 필수적으로 요구된다. 서비스 품질이 떨어지더라도 데이터를 계속 전송할 수 있는 탄력적 트래픽과 달리 비탄력적 애플리케이션은 최소 처리율을 절대적으로 만족시켜야 한다.

- **지연 시간(delay)** 대기 시간[latency]이라고도 한다. 지연 시간에 민감한 애플리케이션의 예로는 주식 거래가 있다. 늦게 서비스를 받으면 반응도 늦어지므로 더 불리한 조건이 된다.

- **지연 지터(delay jitter)** 지연 시간의 편차 값인 지연 지터는 실시간 애플리케이션에서 매우 중요한 요소다. 네트워크 구간의 불규칙한 지연 때문에 패킷 도착 간격 시간이 목적지에서 일정하게 유지되지 못한다. 이를 보상하기 위해 입력 패킷은 버퍼에 저장되고 충분히 지연됐다가 흔들림 없는 실시간 스트림을 원하는 상위 수준 소프트웨어에게 일정한 속도로 보내진다. 허용 가능한 지연 시간의 편차가 커질수록 데이터 전송 시 실제 지연 시간이 길어지고 수신 측 지연 버퍼의 크기가 커진다. 원격회의 등 실시간 대화형 애플리케이션이 지터 값의 적절한 상한선을 요구하는 경우도 있다.

  > **지연 지터**
  > 두 지점 간 패킷 전송 시 지연 시간의 편차. 일반적으로 동일 세션의 패킷들이 겪는 지연 시간의 최대 편차로 측정한다.

- **패킷 손실** 실시간 애플리케이션마다 감내할 수 있는 패킷 손실 수준이 각기 다르다.

표 2.1은 RFC 4594(DiffServ 서비스 등급 설정 가이드라인, 2006년 8월)에 명시된 다양한 트래픽 등급의 손실, 지연 및 지터 특성을 보여준다. 표 2.2는 다양한 미디어 애플리케이션의 QoS 요구 조건에 대한 예를 보여준다[SZIG14].

표 2.1 서비스 등급별 특성

애플리케이션 유형	서비스 등급	트래픽 특성	손실 내성	지연 내성	지터 내성
제어	네트워크 제어	가변 크기 패킷, 대부분 비탄력적 단문 메시지, 트래픽 폭주 가능(BGP)	저	저	있음
	OA&M	가변 크기 패킷, 탄력적 및 비탄력적 플로우	저	중	있음

(이어짐)

애플리케이션 유형	서비스 등급	트래픽 특성	손실 내성	지연 내성	지터 내성
멀티미디어	전화 통화	고정 크기의 작은 패킷, 일정한 발생 속도, 비탄력적 저속 플로우	초저	초저	초저
	실시간 대화형	RTP/UDP 스트림, 비탄력적, 대부분 가변 속도	저	초저	저
	멀티미디어 회의	가변 크기 패킷, 일정한 전송 간격, 속도 적응형, 손실 민감	중저	초저	저
	동영상 브로드캐스트	고정 및 가변 속도, 비탄력적, 비폭주성 플로우	초저	중	저
	멀티미디어 스트리밍	가변 크기 패킷, 탄력적, 가변 속도	중저	중	있음
데이터	저지연 데이터	가변 속도, 폭주성, 짧은 수명, 탄력적 플로우	저	중저	있음
	고처리율 데이터	가변 속도, 폭주성, 긴 수명, 탄력적 플로우	저	중고	있음
	낮은 우선순위 데이터	비실시간, 탄력적	고	고	있음
최선형 (best effort)	표준	조금씩 모든 특성	불명		

BGP = 경계 경로 프로토콜(Border Gateway Protocol)
OA&M = 운용, 관리, 유지 보수(Operations, administration, and management)
RTP = 실시간 전송 프로토콜(Real-time Transport Protocol)
UDP = 사용자 데이터그램 프로토콜(User Datagram Protocol)

표 2.2 애플리케이션 등급별 QoS 요구 조건

음성	단방향 지연 시간 <= 150ms 단방향 피크 대 피크 지터 <= 30ms 홉당 피크 대 피크 지터 <= 10ms 패킷 손실 <= 1%
동영상 브로드캐스트	패킷 손실 <= 0.1%
실시간 대화형 동영상	단방향 지연 시간 <= 200ms 단방향 피크 대 피크 지터 <= 50ms 홉당 피크 대 피크 지터 <= 10ms 패킷 손실 <= 0.1%

(이어짐)

멀티미디어 회의	단방향 지연 시간 〈= 200ms 패킷 손실 〈= 1%
멀티미디어 스트리밍	단방향 지연 시간 〈= 400ms 패킷 손실 〈= 1%

이와 같은 요구 조건은 큐잉^{queuing} 지연 시간이 가변적이고 혼잡 손실이 있는 환경에서는 만족시키기 어렵다. 이런 이유로 비탄력적 트래픽은 네트워크 아키텍처에 새로운 두 가지 요구 조건을 도입한다. 먼저 요구 조건이 까다로운 애플리케이션에게 우선권을 줄 수 있는 방법이 필요하다. 애플리케이션은 자신의 요구 조건을 특정한 서비스 요구 기능을 통해 미리 또는 IP 패킷 헤더의 특정 필드를 통해 즉시 기술할 수 있어야 한다. 전자의 미리 기술하는 방법이 요구 조건 명시에 더 뛰어난 유연성을 제공하며, 네트워크가 수요를 예상해 요청된 자원이 가용하지 않을 때 신규 요청을 거부할 수 있게 한다. 이 방법은 자원 예약 프로토콜을 사용하는 것을 의미한다.

네트워크 아키텍처에서 비탄력적 트래픽을 지원하기 위한 또 하나의 요구 조건은 탄력적 트래픽이 여전히 지원돼야 한다는 것이다. TCP 기반 애플리케이션과는 달리 비탄력적 애플리케이션은 일반적으로 혼잡 상황에서도 백 오프^{back off}하거나 요청을 줄이지 않는다. 즉, 혼잡 시 비탄력적 트래픽은 계속해서 높은 부하를 걸어 탄력적 트래픽을 네트워크에서 밀어낸다. 자원 예약 프로토콜은 탄력적 트래픽을 처리할 자원을 부족하게 만들 서비스의 요청을 거부해서 이와 같은 현상을 개선할 수 있다.

실시간 트래픽 특성

앞에서 언급한 것처럼 비탄력적 트래픽의 대표적인 예는 **실시간 트래픽**^{real-time traffic}이다. 파일 전송, 이메일, 웹 등 클라이언트/서버 애플리케이션을 비롯한 전통적인 탄력적 애플리케이션에서 관심을 끄는 성능 측정 기준은 처리율과 지연 시간이다. 신뢰성 또한 고려할 대상이며, 이를 위해 전송 중 데이터의 손실, 손상, 순서 바뀜을 막기 위한 메커니즘이 사용된다. 그와 대조적으로 실시간 애플리케이션에서는 패킷 손실뿐 아니라 타이밍 문제 또한 관심의 대상이다. 대부분의 경우 데이터를 송신 속도와 동일하게 일정한 속도로 전달해야 하는

실시간

요구받는 만큼 빠른 것. 실시간 시스템은 특정 요구 조건을 만족시키기 위해 시그널, 이벤트, 요청에 충분히 빠르게 대응해야 한다.

실시간 트래픽

낮은 지터, 낮은 지연 시간 등의 실시간 요구 조건을 만족하는 데이터 흐름

요구 조건이 있다. 어떤 경우에는 각 데이터 블록마다 데드라인이 정해져 있어 해당 데드라인이 지나면 사용할 수 없게 된다.

그림 2.1은 일반적인 실시간 환경을 보여준다. 이 그림에서 서버 한 대가 64kbps로 전송할 오디오 신호를 생성한다. 디지털화된 오디오는 160바이트 데이터씩 패킷으로 전송되며, 패킷은 매 20ms마다 발생한다. 패킷들은 네트워크를 거쳐 멀티미디어 PC에 전달되며, PC는 받는 대로 오디오 신호를 실시간 재생한다. 그런데 네트워크 지연 시간이 가변적이기 때문에 패킷 도착 시간 간격이 고정된 20ms로 유지되지 않는다. 이를 보상하기 위해 수신된 패킷은 버퍼링과 약간의 지연을 거쳐 일정한 속도로 오디오 재생 소프트웨어 쪽으로 보내진다. 버퍼는 목적지 컴퓨터의 내부 또는 외부 네트워크 장비에 위치한다.

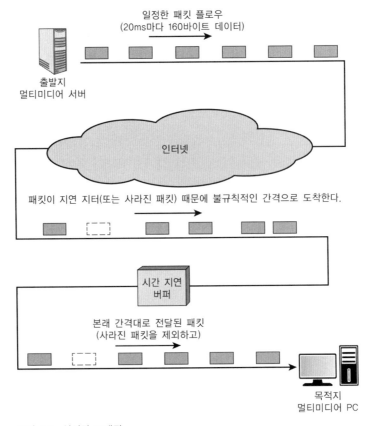

그림 2.1 실시간 트래픽

지연 버퍼에 의한 보상에는 한계가 있다. 예를 들어 종단 간 패킷 지연 시간의 최솟값이 1ms이고 최댓값이 6ms라면 지연 지터는 5ms가 된다. 지연 버퍼가 수신 패킷을 5ms 이상 지연시킬 수 있다면 버퍼 출력에 빠진 패킷 없이 모든 수신 패킷이 포함될 것이다. 하지만 버퍼가 패킷을 4ms까지만 지연시킨다면 재생 순서가 바뀌지 않도록 4ms 이상의 상대적 지연 시간(5ms 이상의 절대적 지연 시간)을 겪은 수신 패킷은 폐기돼야 한다.

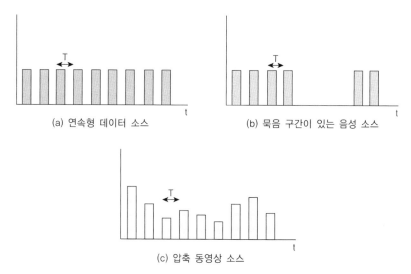

그림 2.2 실시간 패킷 전송

지금까지 실시간 트래픽에 대한 설명은 일정한 속도로 생성된 동일한 크기의 패킷들을 가정했다. 트래픽의 특성이 항상 그렇지는 않다. 그림 2.2는 다음 목록에서 설명하는 것처럼 일반적으로 가능한 경우들을 보여준다.

- **연속적 데이터 소스** 고정 크기 패킷이 일정한 간격으로 생성되는 경우로, 중복성이 거의 없고 손실 압축할 수 없는 중요한 데이터를 끊임없이 생성하는 애플리케이션을 의미한다. 예로는 항공 트래픽 제어 레이더, 실시간 시뮬레이션을 들 수 있다.

- **온오프 소스** 고정 크기 패킷이 일정한 간격으로 발생하는 구간과 비활성 구간을 번갈아 만든다. 전화 통화 또는 원격 회의의 음성 소스가 이 프로파일에 적합하다.

■ **가변 크기 패킷 소스** 가변 길이 패킷이 균일한 간격으로 발생한다. 예로는 동일 수준의 출력 품질을 위해 프레임마다 다른 압축률을 적용하는 디지털 동영상이 있다.

2.2 수요: 빅데이터, 클라우드 컴퓨팅, 모바일 트래픽

앞에서 인터넷과 기타 IP 기반 네트워크의 트래픽 유형에 대해 알아봤다. 이제 네트워크 자원과 관리에 가장 큰 부하를 주는 애플리케이션 영역에 대해 생각해 보자. 빅데이터, 클라우드 컴퓨팅, 이동성의 세 가지 영역이 두드러진다. 이들 세 가지는 네트워크 운용 및 관리에 소프트웨어 정의 네트워크^{SDN, Software-Defined Networking}, 네트워크 기능 가상화^{NFV, Network Functions Virtualization}와 같은 강력한 도구를 사용할 필요성과, IP 기반 네트워크에서 효율적으로 서비스를 전송하기 위해 서비스 품질^{QoS}, 체감 품질^{QoE} 시스템을 포괄적으로 활용할 필요성을 제시한다.

빅데이터

빅데이터

기존의 데이터 분석, 관리 도구가 처리할 수 있는 역량을 넘는 대규모 데이터. 더 넓게 말해 빅데이터는 네트워크를 통해 프로세서와 저장 장치로 들어오는 정형 또는 비정형 데이터의 양(volume), 다양성(variety), 속도(velocity) 및 기업에서 그와 같은 데이터의 비즈니스 활용을 위해 가공하는 기술을 말한다.

간단히 말해 빅데이터^{big data}는 (테라바이트, 페타바이트, 엑사바이트 이상 규모의) 방대한 데이터를 생성, 가공, 관리, 저장하기 위한 모든 기술과 장치를 의미한다. 오늘날의 기업 네트워크에서 분신 데이터 센터, 데이터 웨어하우스, 클라우드 기반 저장 장치를 흔히 볼 수 있다. 저장 장치 비용의 지속적인 감소, 데이터 마이닝과 비즈니스 인텔리전스^{BI, Business Intelligence} 도구의 성숙, 문서, 이메일 메시지, 음성 메일 메시지, 텍스트 메시지, 소셜미디어 데이터 등 대규모의 정형, 비정형 데이터를 저장하게 한 정부 규제와 판례들 등 많은 요소가 '빅데이터'와 비즈니스 네트워크의 통합에 기여했다. 수집, 전송, 저장되는 기타 데이터 소스로는 웹 로그, 인터넷 문서, 인터넷 검색 인덱싱, 통화 기록, 과학 기술 연구 데이터와 결과, 군사 감시 활동, 의학 기록, 영상 아카이브, 전자상거래 등이 있다.

원격 센서, 모바일 장치, 카메라, 마이크, RFID 리더기 및 유사 기술에서 더 많은 데이터가 수집됨에 따라 그 규모가 계속해서 증가하고 있다. 수년 전의 한 연구에 따르면 2.5엑사바이트(10^{18})의 데이터가 매일 생겨나고 있으며, 전 세계 데이터의 90%가 지난 2년간 만들어진 것이라고 한다[IBM11]. 이러한 수치는 오늘날 더 높아졌을 가능성이 크다.

빅데이터 인프라스트럭처의 고려 사항

전통적인 비즈니스 데이터 저장 및 관리 기술에는 관계형 데이터베이스 관리 시스템^{RDBMS, Relational Database Management System}, 네트워크 결합 스토리지^{NAS, Network-Attached Storage}, 스토리지 전용 네트워크^{SAN, Storage-Area Network}, 데이터 웨어하우스^{DW, Data Warehouse}, 비즈니스 인텔리전스^{BI} 애널리틱스^{analytics} 등이 있다.

전통적인 데이터 웨어하우스와 BI 애널리틱스 시스템은 기업 인프라스트럭처 내부에 고도로 집중돼 있다. 이곳에는 RDBMS, 고성능 저장 장치, 데이터 마이닝과 시각화를 위한 온라인 분석 처리^{OLAP, On-Line Analytical Processing} 도구 등 애널리틱스 소프트웨어가 설치된 중앙 데이터 저장소가 있다.

빅데이터 애플리케이션은 대규모 데이터를 수집, 저장, 활용하는 제품과 서비스를 만드는 비즈니스에서 경쟁력의 원천이 돼 가고 있다. 더 많은 비즈니스가 빅데이터 애플리케이션의 이점을 누리게 됨에 따라 앞으로 기업에서 데이터 활용의 중요성이 갈수록 커질 것이 분명하다.

애널리틱스
의사 결정에 초점을 둔 방대한 데이터의 분석 기술

빅데이터 네트워크의 예

일반적인 빅데이터 시스템의 네트워크 요구 조건을 알아보기 위해 그림 2.3의 예제 생태계를 1장의 그림 1.1과 비교해 살펴보자.

기업 내 인프라스트럭처의 핵심 구성 요소는 다음과 같다.

- **데이터 웨어하우스(DW, Data Warehouse)** 데이터 웨어하우스는 여러 소스에서 받은 데이터를 통합 보유하며, 각종 보고와 데이터 분석에 사용한다.

- **데이터 관리 서버** 빅데이터를 다양하게 처리하기 위한 대규모 서버 집합. 데이터 통합 및 애널리틱스 도구 등의 데이터 분석 애플리케이션을 실행한다. 기타 애플리케이션은 재무 데이터, 매장 **POS**^{Point Of Sale} 데이터, 전자상거래 등의 기업 활동 데이터를 통합하고 구조화한다.

- **워크스테이션/데이터 처리 시스템** 빅데이터 애플리케이션을 실행하고 빅데이터 웨어하우스의 입력을 생성하는 데 사용되는 기타 시스템들을 의미한다.

■ **네트워크 관리 서버** 네트워크 관리, 제어, 모니터링을 담당하는 서버들을 가리킨다.

그림 2.3에 방화벽, 침입 탐지 시스템[IDS, Intrusion Detection System], 침입 방지 시스템[IPS, Intrusion Prevention System], LAN 스위치, 라우터 등 기타 중요한 네트워크 장비들은 나타나 있지 않다.

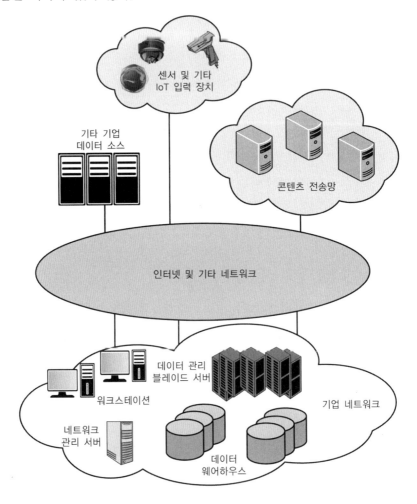

그림 2.3 빅데이터 네트워킹 생태계

기업 네트워크에는 지역적, 국가적, 세계적으로 분포한 다수의 사이트가 포함된다. 빅데이터 시스템의 특성에 따라 콘텐츠 전송망뿐 아니라 다른 기업 서버, 분산 센서, 기타 사물 인터넷 장치에서 데이터를 받을 수도 있다.

빅데이터를 위한 네트워크 환경은 복잡하다. 기업 네트워크 인프라스트럭처에 영향을 미치는 빅데이터의 '3V'는 다음과 같다.

- **양(Volume)** 데이터양의 증가
- **속도(Velocity)** 데이터 저장 및 접근 속도의 증가
- **가변성(Variability)** 데이터 유형과 소스의 증가(이 책에서 저자는 세 번째 'V'로 가변성과 다양성^{Variety}을 혼용하고 있다. – 옮긴이)

Network World 2014의 백서에 따르면 빅데이터 네트워크의 관심 영역은 다음과 같다[NETW14].

- **네트워크 용량** 빅데이터 분석을 위해 대용량 네트워크가 필요하다. 특히 빅데이터와 일상적인 애플리케이션 트래픽이 혼재하는 기업 네트워크에서 용량 이슈가 부각된다.
- **대기 시간** 빅데이터는 실시간 또는 유사 실시간 속성을 가지므로, 최적의 성능을 위해 낮은 대기 시간을 보장할 수 있는 네트워크 구조가 필요하다.
- **저장 장치 용량** 한없이 늘어나는 데이터를 다루기 위해 방대한 규모의 확장성이 뛰어난 저장 장치가 요구된다. 또한 이 저장 장치는 많은 종류의 데이터 포맷과 트래픽 부하를 처리할 수 있도록 유연해야 한다.
- **처리** 빅데이터는 컴퓨팅, 메모리, 스토리지 시스템에 큰 부담을 준다. 적절한 해결 방안이 없다면 운용 효율성에 나쁜 영향을 미칠 수 있다.
- **보안 데이터 접근** 빅데이터 프로젝트는 객단가^{客單價}, GPS 좌표, 비디오 스트림 등 다양한 소스에서 비인가 접근을 방지해야 할 민감한 정보를 다룬다.

클라우드 컴퓨팅

빅데이터 인프라스트럭처와 마찬가지로 클라우드 컴퓨팅에서도 네트워크 트래픽이 효과적, 효율적으로 흐르게 하는 것이 쉽지 않다. 이와 같은 관점에서 그림 2.4의 ITU-T 클라우드 네트워크 모델을 살펴볼 필요가 있다[ITUT12]. 이 그림은 네트워크 측면에서 클라우드 네트워크 사업자, 서비스 사업자와 클라우스 서비스 사용자의 관심 범위를 보여준다.

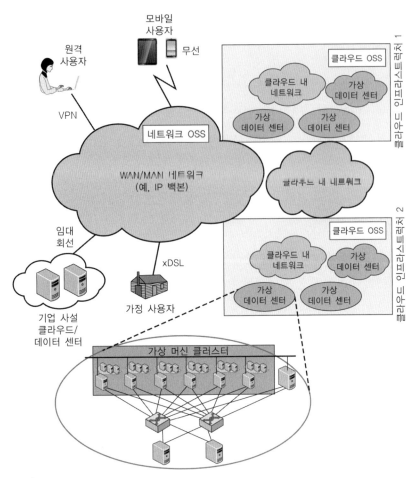

다음 영역에 세로로 쓰여진 텍스트: 클라우드 인프라스트럭처 1, 클라우드 인프라스트럭처 2

원격
사용자

모바일
사용자

무선

VPN

네트워크 OSS

WAN/MAN 네트워크
(예, IP 백본)

클라우드 OSS

클라우드 내
네트워크

가상
데이터 센터

가상
데이터 센터

가상
데이터 센터

클라우드 내 네트워크

임대
회선

xDSL

클라우드 OSS

클라우드 내
네트워크

가상
데이터 센터

가상
데이터 센터

가상
데이터 센터

가정 사용자

기업 사설
클라우드/
데이터 센터

가상 머신 클러스터

그림 2.4 클라우드 네트워크 모델

가상 머신(virtual machine)
컴퓨터 내부의 독립된 파티션에서 실행되는 운영 체제 인스턴스와 하나 이상의 애플리케이션. 한 대의 컴퓨터에서 서로 다른 운영체제들이 동시에 실행되고 애플리케이션끼리 서로 충돌하지 않게 한다.

→7장. '네트워크 기능 가상화: 개념과 구조' 참조

클라우드 서비스 사업자는 지역적 규모의 클라우드 인프라스트럭처를 하나 또는 여럿 운영한다. 클라우드 내 네트워크는 데이터베이스 서버, 저장 장치 어레이 및 기타 서버들(예를 들면 방화벽, 부하 분산기, 애플리케이션 가속 장치, IDS/IPS 등)의 인프라스트럭처 구성 요소를 연결한다. 또한 클라우드 내 네트워크는 IP 라우터로 연결된 LAN 구간을 포함한다. 인프라스트럭처 내부에서 데이터베이스 서버는 개별 사용자에게 격리된 가상화 컴퓨팅 환경을 제공하는 가상 머신 클러스터로 구성된다.

클라우드 간 네트워크는 클라우드 인프라스트럭처들을 연결한다. 클라우드 간 네트워크가 연결하는 클라우드 인프라스트럭처들은 한 사업자가 모두 소유했을 수도 있고, 서로 다른 사업자가 각각 소유했을 수도 있다. 마지막으로 코어 전송 네트워크는 고객이 클라우드 사업자의 데이터 센터 안에서 클라우드 서비스를 액세스하기 위해 사용한다.

또한 그림 2.4에는 두 가지 유형의 OSS^{Operations Support System, 운용 지원 시스템}가 있다.

- **네트워크 OSS** 전통적인 OSS는 통신 사업자 전용의 시스템이다. OSS가 지원하는 프로세스는 서비스 관리, 네트워크 장비 목록의 유지 관리, 특정 네트워크 구성 요소의 설정, 장애 관리 등이다.

- **클라우드 OSS** 클라우드 인프라스트럭처의 OSS는 클라우드 컴퓨팅 서비스 사업자 전용의 시스템이다. 클라우드 OSS는 클라우드 리소스의 유지 관리, 모니터링, 설정 프로세스를 지원한다.

이 세 가지 네트워크 구성 요소(클라우드 내, 클라우드 간, 코어 네트워크)는 OSS와 함께 클라우드 서비스 생성과 배포의 기반이 된다. ITU-T 클라우드 컴퓨팅 포커스 그룹의 테크니컬 리포트[ITUT12]에 따르면 이들 네트워크 기능에 다음과 같은 기능적 요구 조건이 있다.

- **확장성** 수백 수천 대의 서버로 구성된 현재의 클라우드 인프라스트럭처에서 수만 수십만 대 서버의 인프라스트럭처로 이전할 수 있도록 네트워크를 쉽게 확장할 수 있어야만 한다. 이와 같은 확장성 요구 조건은 어드레싱, 라우팅, 혼잡 제어 등의 영역에서 많은 문제를 초래한다.

- **성능** 대규모 데이터 설비 및 클라우드 사업자 네트워크의 트래픽은 변화가 심하고 예측 불가능하다[KAND12]. 동일한 랙의 인접한 서버 간에 지속적인 급등점^{spike}이 있고, 하나의 출발지 서버와 여러 개의 목적지 서버 사이에서 대규모 트래픽이 간헐적으로 발생하기도 한다. 클라우드 내 네트워크는 혼잡 없는 회선으로 서버 사이에 신뢰할 수 있는 (논리적으로 두 지점 간의) 고성능 직접 연결을 제공하고, 데이터 센터 내부에 있는 임의의 두 서버 사이에 일정한 네트워크 용량을 제공할 필요가 있다. ITU-T 테크니컬 리포트의 결론에 따르면 현재 데이터 센터의 3계층 구조(액세스, 집선, 코어)는 이와 같은 요구 조건에 그다지 적합하지 않다. 네트워크 장비 가상화뿐 아니라, 좀 더 유연하고 동적인 데이터 플로우 제어가 목표로 하는 서비스 품질^{QoS}을 제공하기 위한 더 나은 기반이 될 것이다.

→13장. '클라우드 컴퓨팅' 참조

■ **민첩성과 유연성** 클라우드 자원의 활용은 매우 동적인 속성을 가지며, 클라우드 기반 데이터 센터는 이에 대응하고 관리할 능력이 필요하다. 여기에는 가상 머신의 이동성에 적응하는 것과 데이터 센터를 통과하는 플로우를 미세 수준에서 제어하는 것을 포함한다.

13장, '클라우드 컴퓨팅'에서 이 주제에 대해 다시 논의할 것이다. 지금은 이 책이 전개됨에 따라 SDN과 NFV의 조합이 앞의 요구 조건들을 만족시키기에 적합하다는 점을 아는 것으로 충분하다.

모바일 트래픽

수많은 기술적 혁신들이 모여 단지 '이동하는 전화'였던 휴대폰의 엄청난 성공에 기여했다. 광대역 인터넷 액세스, 모바일 앱, 고해상도 디지털 카메라, 다중 무선 네트워크 액세스(와이파이, 블루투스, 3G, 4G 등), 몇몇 온보드 센서를 갖춘 최신 모바일 장치의 보급은 물론이다. 모바일 장치들은 휴대성을 그대로 유지하면서 점점 강력해지고 있다. 배터리 수명이 증가(장치의 에너지 사용량 증가에도 불구하고)했고, 디지털 기술 덕분에 수신율이 높아지고 한정된 스펙트럼을 더 효율적으로 사용할 수 있게 됐다. 디지털 장비들이 대개 그렇듯이 모바일 장치의 가격도 감소 추세다.

무선통신은 음성 통화부터 시작됐다. 지금은 데이터에 초점이 맞춰져 어떤 무선 장치는 음성 용도로 거의 사용되지 않기도 한다. 그림 2.5는 에릭슨이 추정한 2G, 3G, 4G(DVB-H, 와이파이, 모바일 와이맥스 제외) 등 전 세계 총 모바일 트래픽의 급격한 증가 추세를 보여준다[AKAM15]. 180개국에 진출한 에릭슨은 1000개 이상의 망을 보유한 고객을 갖고 있기 때문에 모바일 음성, 데이터의 양을 측정할 수 있다. 그 결과가 전 세계 총 모바일 트래픽을 계산하는 대표적 근거가 된다.

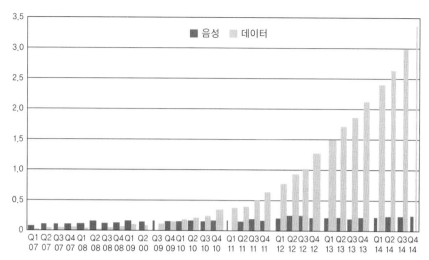

그림 2.5 전 세계 총 월간 모바일 음성 및 데이터 트래픽(엑사바이트/월)[AKAM15]

모바일 시장의 상당 부분을 무선 인터넷이 차지한다. 무선 사용자가 인터넷을 사용하는 방식은 유선 사용자와 다르지만, 마찬가지로 효과적으로 사용한다고 볼 수 있다. 무선 스마트폰은 노트북, PC 등 큰 장치와 비교해 화면 크기와 입력 기능에 제한이 있지만, 모바일 앱을 통해 웹사이트를 거치지 않고 원하는 정보에 즉시 액세스할 수 있다. 무선 장치는 위치 정보를 알기 때문에 사용자의 지리적 위치에 꼭 맞는 맞춤형 정보를 제공할 수 있다. 즉, 사용자가 정보를 찾는 대신 정보가 사용자를 찾는다고 할 수 있다. 태블릿 장치는 PC의 큰 화면 및 개선된 입력 기능과 스마트폰의 이동성 사이의 적절한 타협점이다.

그림 2.6은 엔터프라이즈 IP 트래픽의 추정치를 보여준다[CISC14]. 여기서 엔터프라이즈라는 용어는 기업과 정부기관을 의미한다. 시스코가 사용한 방법은 애널리스트 예상 값, 내부 추정 및 전망, 직접 수집한 데이터를 종합한다. 셀룰러 네트워크의 모바일 데이터 트래픽과 마찬가지로 모바일 엔터프라이즈 IP 트래픽도 견고한 성장 곡선을 그린다.

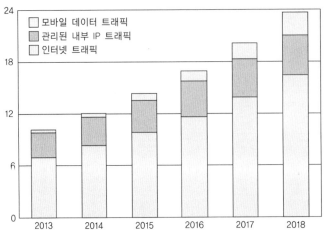

그림 2.6 월간 엔터프라이즈 IP 트래픽 전망(엑사바이트/월)[CISC14]

그림 2.6은 엔터프라이즈 트래픽을 세 가지 유형으로 분류한다.

- **모바일 데이터 트래픽** 모바일 연결 지점을 거치는 모든 엔터프라이즈 트래픽

- **관리된 내부 IP 트래픽** IP 계층을 통해 전송되지만, 기업 WAN 구간을 벗어나지 않는 모든 엔터프라이즈 트래픽

- **인터넷 트래픽** 공중 인터넷망을 거치는 모든 엔터프라이즈 트래픽

엔터프라이즈 트래픽의 3가지 유형 중에서 모바일 트래픽의 비중이 가장 작지만, 다른 유형들보다 훨씬 빠르게 증가하고 있다. 시스코의 예상치에 따르면 2013년에서 2018년까지 엔터프라이즈 트래픽의 연평균 성장률은 다음과 같다.

모바일 데이터 트래픽	관리된 내부 IP 트래픽	인터넷 트래픽	총 트래픽
55 %	10 %	18 %	18 %

엔터프라이즈 네트워크는 급속히 증가하는 모바일 데이터 부하를 다룰 수 있을 정도로 유연해야 한다. 모바일 데이터 부하는 급격히 달라지는 물리적 액세스 지점과 매우 다양한 탄력적/비탄력적 트래픽 유형으로 특징지을 수 있다. 뒤에서 배우겠지만 SDN과 NFV는 이처럼 대단히 역동적인 부하에 대응하기에 적합하다.

2.3 요구 조건: QoS와 QoE

2장에서는 지금까지 엔터프라이즈 네트워크 및 인터넷의 트래픽 유형을 집중적으로 설명했고, 효과적이고 효율적인 네트워크 서비스 제공에 중대한 도전을 가져온 세 가지 애플리케이션 영역에 대해 살펴봤다. 이번 절에서는 기업이 목표로 하는 네트워크 성능을 정량화하는 두 가지 개념인 서비스 품질^{QoS}와 체감 품질^{QoE}을 간략히 소개한다. QoS와 QoE로 인해 네트워크 관리자는 네트워크가 사용자 요구 조건을 만족시키고 있는지 여부를 확인할 수 있고, 네트워크 관리 및 네트워크 트래픽 제어의 문제 영역을 진단할 수 있다. QoS와 QoE에 대해서는 이 책의 4부에서 자세히 다룬다.

→ 4부, '사용자 요구 사항 정의와 지원' 참조

서비스 품질

QoS는 네트워크 서비스에서 측정 가능한 종단 간 성능 속성들로 정의할 수 있다. QoS는 특정 고객 애플리케이션의 요구 조건을 만족시키기 위해 사용자와 서비스 공급자 간의 서비스 수준 협약$^{SLA, Service Level Agreement}$으로 미리 보장될 수 있다. 일반적으로 명시되는 속성들은 다음과 같다.

- **처리율** 주어진 논리적 연결이나 트래픽 플로우에 대해 초당 바이트 수 또는 초당 비트 수로 계산한 최소 또는 평균 처리율이다.
- **지연 시간** 평균 또는 최대 지연. 대기 시간이라고도 한다.
- **패킷 지터** 허용 가능한 최대 지터 값
- **에러율** 오류 발생 비트 수의 비율로 나타낸 최대 에러율
- **패킷 손실** 손실된 패킷의 비율
- **우선순위** 네트워크에서 몇 단계의 우선순위를 지원하는 경우도 있다. 다양한 트래픽 플로우를 네트워크가 처리하는 방식이 각 트래픽 플로우마다 지정된 우선순위에 따라 달라진다.
- **가용성** 가용한 시간의 비율로 표현된다.
- **보안성** 각기 다른 보안 단계 또는 유형이 정의될 수 있다.

QoS 메커니즘은 애플리케이션이 클라우드로 옮겨갔을 때와 같이 더 이상 전용 하드웨어에서 실행되는 것이 아닌 경우에도 비즈니스 애플리케이션이 지속적으로 필요한 성능을 보장받을 수 있게 한다. 인프라스트럭처가 제공하는 QoS는 성능과 효율성으로 일부 결정되기도 한다. 또한 QoS는 특정 작업에 우선순위를 매기고 서비스 수준을 만족시키기 위해 필요한 리소스를 할당하는 능력이기도 하다. QoS는 애플리케이션과 가상 게스트에게 프로세서, 메모리, I/O, 네트워크 트래픽 리소스를 할당할 때 매우 효과적이다.

체감 품질

QoE는 사용자가 보고하는 성능의 주관적인 척도다. 정확히 측정 가능한 QoS와 달리 QoE는 개인의 의견에 의존한다. QoE는 멀티미디어 애플리케이션과 멀티미디어 콘텐츠 전송에서 특히 중요하다. QoS는 네트워크의 설계와 운용을 가이드하고, 고객과 사업자가 특정 애플리케이션과 트래픽 플로우의 정량적 네트워크 성능에 대해 동의할 수 있는 측정 가능하고 정량적인 목표를 제시한다.

하지만 사용자가 체감하는 네트워크 성능과 서비스 품질을 반영하지 않는다는 점에서 QoS 프로세스만으로는 충분하지 않다. 미디어 전송 시스템이 최대 용량을 특정 값으로 설정할 수는 있지만, 그렇다고 멀티미디어 콘텐츠의 품질이 (예를 들면 '높음' 수준으로) 반드시 일정한 것은 아니다. 멀티미디어 콘텐츠를 인코딩하는 방법이 다양하므로 체감하는 품질도 달라지기 때문이다. 네트워크와 서비스의 궁극적인 성능 기준은 가입자가 체감하는 성능이다. QoE는 최종 사용자의 관점에서 받은 서비스의 정보를 제공해 전통적인 QoS를 보완한다.

QoE 요구 조건에 포함될 수 있는 기능과 요소들은 매우 다양하며, 다음과 같은 유형으로 분류할 수 있다.

- **지각적 요소** 이 유형은 감각적 측면에서 사용자 경험의 품질을 포함한다. 예를 들어 동영상의 경우에는 선예도sharpness, 밝기brightness, 대비contrast, 깜빡임flicker, 왜곡distortion 등이 있다. 오디오의 경우에는 명료함clarity과 음색timbre 등이 있다.

- **심리적 요소** 이 유형은 경험에 대한 사용자의 감정을 다룬다. 예로는 사용 편의성, 사용의 기쁨, 유용성, 체감 품질, 만족도, 분노, 지루함 등이 있다.

- **상호 작용 요소** 이 유형은 응답성, 상호 작용의 자연스러움, 의사소통의 효율성, 접근성 등, 사용자와 애플리케이션 또는 장치 간의 상호 작용에 대한 경험 측면을 다룬다.

실제 애플리케이션에서 이와 같은 요소들은 정량적 기준으로 변환돼야 한다. 이제 QoE 관리는 애플리케이션, 서비스, 제품의 성공에서 매우 중요한 개념이 됐다. QoE 제공에서 가장 어려운 점은 QoE 요소를 정량적 기준으로 변환해 QoS 수치로 해석하는 효과적 방법을 개발하는 것이다. 네트워크 계층과 애플리케이션 계층에서 QoS가 쉽게 측정, 모니터, 제어 가능한 반면, QoE는 아직 관리하기 까다롭다.

2.4 라우팅

이번 절과 다음 절에서는 네트워크 운용과 패킷 트래픽 송수신 기능의 기초가 되는 두 가지 메커니즘인 라우팅routing과 혼잡 제어에 대해 간략히 설명한다. 상세한 설명은 이 책의 범위를 벗어난다. 여기서의 목적은 라우팅과 혼잡 제어의 기본 개념을 알리는 것이다. 라우팅과 혼잡 제어는 네트워크 트래픽 전송과 QoS, QoE 제공의 가장 기반이 되는 도구이기 때문이다.

특성

네트워크의 주된 기능은 출발지에서 수신한 패킷을 목적지로 전달하는 것이다. 이를 위해서는 네트워크를 통과하는 경로가 결정돼야 하며, 일반적으로 1개 이상의 경로가 가능하다. 즉 라우팅 기능이 실행돼야 한다.

경로 선택은 대개 몇 가지 성능 기준에 기초한다. 가장 간단한 기준은 최소 홉 경로(최소 수의 노드를 통과하는 경로)를 선택하는 것이다. 최소 홉은 측정하기 쉽고 네트워크 리소스를 가장 적게 사용한다. 최소 홉 기준을 일반화한 것이 최소 비용 라우팅이다. 최소 비용 라우팅의 경우 각 링크마다 비용이 매겨져 있어 임의의 노드 쌍에 대해 네트워크상의 최소 비용 경로가 선택된다.

그림 2.7의 네트워크에서 노드 쌍 사이의 두 화살표는 노드 간 링크를 표현하고, 숫자는 각 방향 링크 비용을 의미한다. 우리의 관심은 물론 각 노드가 라우

터이고 인접 라우터 사이의 링크가 네트워크 또는 직접 연결인 인터넷이다. 노드 1에서 노드 6까지 최단 경로(최소 홉)는 1-3-6(비용: 5 + 5 = 10)이지만, 최소 비용 경로는 1-4-5-6(비용: 1 + 1 + 2 = 4)이다.

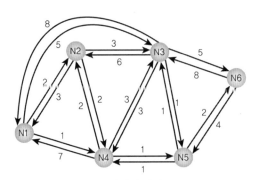

그림 2.7 네트워크 아키텍처 예제

링크마다 설계 목표를 만족시킬 수 있게 비용이 할당된다. 예를 들면 비용은 데이터 속도에 반비례(즉, 링크의 데이터 속도가 높을수록 비용이 작아진다)할 수도 있고, 또는 현재 링크의 지연 시간에 비례할 수도 있다. 전자의 경우에 최소 비용 경로가 가장 높은 처리율을 얻으며, 후자의 경우에는 최소 비용 경로가 지연 시간을 최소화한다. 라우팅 결정은 다른 기준에 의해서도 가능하다. 예를 들면 보안 등의 이유로 어떤 유형의 트래픽이 특정 경로만을 통하게 라우팅 정책으로 제한할 수 있다.

패킷 포워딩

라우터의 핵심 기능은 도착하는 패킷을 받아 포워딩하는 것이다. 이를 위해 라우터는 포워딩 테이블을 관리한다. 그림 2.8은 그림 2.7의 링크 비용으로부터 포워딩 테이블을 구현하는 간단한 예제를 보여준다. 라우터의 포워딩 테이블은 각 목적지마다 해당하는 다음 노드의 정보를 보여준다. 적절한 경로를 찾는 것은 각 라우터의 몫이다. 또는 별도의 네트워크 제어 센터가 모든 라우터의 경로를 대신 계산하고, 중앙 집중 포워딩 테이블을 관리해 각 라우터마다 맞춤형 포워딩 테이블을 제공해줄 수도 있다.

가능한 모든 노드 쌍마다 완전한 경로를 저장할 필요는 없다. 각 노드 쌍마다 경로에서 첫 번째 노드의 정보만 알면 충분하다.

그림 2.8의 예에서 목적지 시스템의 정보만으로 포워딩을 결정했다. 출발지 주소, 패킷 플로우 ID, 패킷의 보안 레벨 등 여타 정보도 포워딩 결정에 사용할 수 있다.

- **장애** 노드나 링크에 장애가 발생하면 더 이상 경로의 일부로 사용할 수 없다.
- **혼잡** 네트워크의 특정 부분이 심각하게 혼잡할 때는 혼잡 영역을 통과하지 않고 우회하는 패킷 경로가 바람직하다.
- **토폴로지 변경** 새로운 링크나 노드의 삽입은 라우팅에 영향을 미친다.

중앙 포워딩 테이블

출발 노드

	1	2	3	4	5	6
1	–	1	5	2	4	5
2	2	–	5	2	4	5
3	4	3	–	5	3	5
4	4	4	5	–	4	5
5	4	4	5	5	–	5
6	4	4	5	5	6	–

도착 노드

노드 1 테이블

목적지	다음 노드
2	2
3	4
4	4
5	4
6	4

노드 2 테이블

목적지	다음 노드
1	1
3	3
4	4
5	4
6	4

노드 3 테이블

목적지	다음 노드
1	5
2	5
4	5
5	5
6	5

노드 4 테이블

목적지	다음 노드
1	2
2	2
3	5
5	5
6	5

노드 5 테이블

목적지	다음 노드
1	4
2	4
3	3
4	4
6	6

노드 5 테이블

목적지	다음 노드
\\\\	5
2	5
3	5
4	5
5	5

그림 2.8 패킷 포워딩 테이블(그림 2.7 참조)

적응적 라우팅을 위해서는 노드와 노드, 또는 노드와 중앙 컨트롤러 사이에 네트워크 상태 정보의 교환이 반드시 필요하다.

라우팅 프로토콜

라우터는 복잡하게 연결된 네트워크들을 통해 패킷을 수신하고 전달하는 일을 책임진다. 개별 라우터는 네트워크 토폴로지 정보와 트래픽 상황, 지연 시간을 고려해 라우팅을 결정한다. 즉 라우터끼리 활발한 협력이 필요하다. 특히 라우터는 혼잡 구간을 회피해야 하고, 장애 구간은 반드시 피해야 한다. 이와 같이 동적인 라우팅 결정을 위해 라우팅 프로토콜로 라우팅 정보를 교환한다. 어떤 네트워크를 어떤 경로로 접근할 수 있는지의 관점에서 네트워크 상태와 개별 경로의 지연 시간 특성에 대한 정보가 필요하다.

자율 시스템

개인, 그룹, 단일 기관이 통제하는 관리 규칙에 의해 운영되는 네트워크. 복수의 프로토콜도 가능하지만, AS는 대개 한 종류의 라우팅 프로토콜을 사용한다. 인터넷의 핵심 부분은 수많은 자율 시스템으로 구성돼 있다.

자율 시스템AS, autonomous system 개념에 따르면 기본적으로 두 가지 유형의 라우팅 프로토콜이 존재한다. 먼저 AS의 개념을 정의하고 그 두 가지 유형을 살펴보자. AS는 다음과 같은 특성을 가진다.

1. AS는 단일 기관이 관리하는 라우터와 네트워크의 집합이다.

2. AS는 일반적인 라우팅 프로토콜로 정보를 주고받는 라우터들로 구성된다.

3. 장애 발생 상황이 아니라면 AS는 (그래프 이론적인 의미로) 연결돼 있다. 즉, 임의의 노드 쌍 사이에 경로가 존재한다.

IRP

AS 내부에서 협력하는 라우터들에게 라우팅 정보를 배포하는 프로토콜. IRP의 예로는 RIP(Routing Information Protocol, 라우팅 정보 프로토콜)와 OSPF(Open Shortest Path First, 최단 경로 우선 프로토콜)가 있다. IRP는 내부 게이트웨이 프로토콜 (IGP)로 불리기도 한다.

IRPInterior Router Protocol, 내부 라우터 프로토콜라고 하는 라우팅 공유 프로토콜이 AS 내부의 라우터 사이에 라우팅 정보를 전달한다. AS 내부에서 사용하는 프로토콜을 외부에서 구현할 필요는 없다. 이와 같은 유연성 덕분에 특정 애플리케이션과 요구 조건에 맞게 IRP를 맞춤형으로 설계할 수 있다.

한편 하나 이상의 AS로 구성된 네트워크도 있을 수 있다. 예를 들면 오피스 단지나 캠퍼스 사이트의 모든 LAN 구간이 라우터로 연결돼 하나의 AS를 구성하고, 이 AS가 광역 네트워크로 다른 AS에 연결될 수 있다. 그림 2.9가 이와 같은 상황을 설명한다.

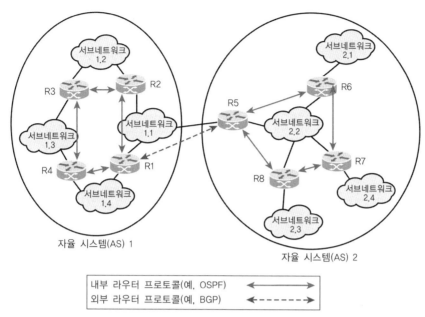

그림 2.9 외부 및 내부 라우팅 프로토콜 적용

이 경우 다른 AS에 속한 라우터의 라우팅 알고리즘과 라우팅 테이블 정보가 다를 수도 있다. AS 내부의 라우터들은 연결할 수 있는 AS 외부의 네트워크에 대해 최소한의 정보가 필요하다. 서로 다른 AS에 속한 라우터 사이에서 라우팅 정보를 전달하는 프로토콜을 ERP^{Exterior Router Protocol, 외부 라우터 프로토콜}라고 한다.

> **노트**
>
> 각종 문헌에서는 이 책의 IRP와 ERP 대신 IGP(Interior Gateway Protocol, 내부 게이트웨이 프로토콜)와 EGP(Exterior Gateway Protocol, 외부 게이트웨이 프로토콜)라는 용어를 대부분 사용한다. 하지만 IGP와 EGP는 특정 프로토콜을 의미하기도 하므로, 여기서는 일반적인 개념을 설명할 때 IRP와 ERP를 사용한다.

다음과 같은 이유로 ERP가 IRP보다 소량의 정보를 전달할 것으로 예상할 수 있다. 한 AS에 속한 호스트가 다른 AS의 호스트로 패킷을 전달할 때 첫 번째 AS의 라우터는 목적지 AS를 정하고 그곳까지의 경로를 계산하기만 하면 된다. 일단 패킷이 목적지 AS에 도착하면 그 내부의 라우터들이 패킷을 전달하기 위해 서로 협력한다. 즉 ERP는 목적지 AS 내부의 세부 경로에 관심도 없고 알지도 못한다.

ERP
AS를 연결하는 협력 라우터에게 라우팅 정보를 배포하는 프로토콜. BGP는 ERP의 한 예다. ERP는 EGP(Exterior Gateway Protocol, 외부 게이트웨이 프로토콜)라고 불리기도 한다.

라우터의 구성 요소

그림 2.10은 라우팅 기능의 관점에서 라우터의 주요 구성 요소를 보여준다.

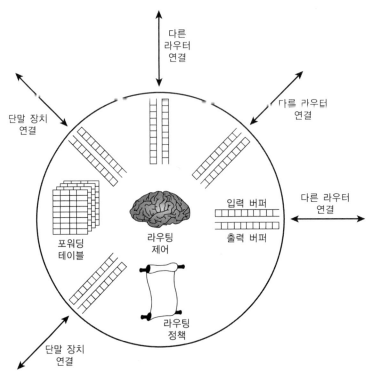

그림 2.10 라우터의 구성 요소

라우터에는 많은 I/O 포트가 달려 있다. 일부는 다른 라우터로 연결되며, 나머지는 단말 장치로 연결된다. 포트마다 패킷이 들어오고 나간다. 각 포트에는 두 개의 버퍼나 큐가 있다고 생각할 수 있다. 하나는 들어오는 패킷을 위한 것이고, 다른 하나는 보내려는 패킷이 대기하기 위한 것이다. 실제로는 포트마다 두 개의 고정 크기 버퍼가 있을 수도 있고, 전체 버퍼를 위한 하나의 메모리 풀로 구현했을 수도 있다. 메모리 풀로 구현했다면 각 포트가 두 개의 가변 크기 버퍼를 가진다고 볼 수 있으며, 전체 버퍼 크기의 합이 제약 조건이 된다.

수신되는 패킷은 해당 포트의 입력 버퍼에 저장된다. 라우터는 받은 패킷을 검사해서 포워딩 테이블에 따라 라우팅을 결정하고 적절한 출력 버퍼로 패킷을 이동시킨다. 출력 큐에 들어간 패킷은 가능한 한 빨리 전송된다. 각 출력 큐는 단순한 FIFO[First-In First-Out, 선입선출] 방식으로 동작할 수도 있다. 하지만 대개는 패킷의 상대적 우선순위를 고려하는 복잡한 큐잉 규칙을 사용한다. 라우팅 정책 또한 포워딩 테이블 구성과 패킷 처리 방식에 영향을 미칠 수 있다. 라우팅 정책은 목적지 주소뿐 아니라 출발지 주소, 패킷 크기, 페이로드의 프로토콜 등 다른 요소까지 고려해서 라우팅을 결정한다.

그림 2.10에 보이는 마지막 구성 요소는 라우팅 제어 기능이다. 라우팅 제어 기능은 라우팅 프로토콜의 실행, 라우팅 테이블의 적응적 유지 관리, 혼잡 제어 정책의 관리 감독을 포함한다.

2.5 혼잡 제어

트래픽의 수요가 네트워크 용량을 초과하거나 네트워크가 트래픽을 효율적으로 관리하지 못하면 혼잡이 발생한다. 이번 절에서는 혼잡의 영향과 일반적인 혼잡 제어 기술에 대해 간략히 소개한다.

혼잡의 영향

패킷이 라우터가 처리할(즉, 라우팅을 결정할) 수 없을 정도로 빨리 들어오거나 출력 버퍼에서 패킷이 나가는 속도보다 빨리 들어오면 결국 패킷을 수용할 메모리가 모자라게 된다. 그와 같은 포화 상태에 도달하면 두 가지 전략적 선택이 가능하다. 첫 번째 전략은 버퍼 공간이 없을 때 수신되는 모든 패킷을 폐기하는 것이다. 그게 아니라면 두 번째 전략은 트래픽 플로우를 감당할 수준으로 유지할 수 있게 이웃 노드에 흐름 제어를 하는 것이다. 그러나 그림 2.11에 보는 것처럼 이웃 노드들도 각자 자신의 큐를 관리하고 있다. 노드 6이 노드 5로부터의 패킷 플로우를 제한하면 노드 5의 노드 6 방향 포트 출력 버퍼가 차게 된다. 즉, 네트워크 한 지점의 혼잡은 네트워크의 한 영역 또는 네트워크 전체로 빠르게 퍼져 나간다. 흐름 제어가 강력한 도구이기는 하지만, 전체 네트워크의 트래픽을 관리하도록 적용할 필요가 있다.

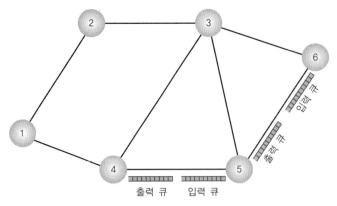

그림 2.11 데이터 네트워크에서 큐들의 상호 작용

이상적 성능

그림 2.12는 네트워크 이용률의 이상적인 목표를 보여준다.

첫 번째 그래프는 네트워크 정상 상태의 총 처리율(목적지 단말 장치까지 전달된 패킷 수)을 부하(출발지 단말 장치에서 전송된 패킷 수)의 함수로 보여준다. 양 축은 모두 최대 이론적 네트워크 처리율로 정규화됐다. 이상적인 경우 네트워크 처리율은 부하가 전체 네트워크의 용량과 같아질 때까지 나란히 증가한다. 그 이상의 부하에서는 정규화된 처리율이 1.0에 머무른다. 이와 같은 이상적인 성능을 가정했을 때 평균적인 패킷이 겪는 종단 간 지연 시간을 살펴보자. 부하가 아주 작다면 지연 시간은 작고 일정하며, 출발지에서 목적지까지의 네트워크 전파 지연propagation delay과 각 노드에서의 처리 지연processing delay의 합으로 계산된다. 네트워크 부하가 증가함에 따라 이 일정한 지연 시간에 각 노드에서의 큐 지연 시간이 더해진다. 총 네트워크 용량이 초과되지 않았는데도 지연 시간이 증가하는 이유는 각 노드에서 부하의 가변성과 연관이 있다. 여러 소스가 네트워크에 데이터를 공급할 때 각 소스가 일정한 간격으로 패킷을 생성하더라도 개별 네트워크 노드의 입력 속도에 변동이 있게 된다. 일군一群의 패킷들이 노드에 도착하면 처리하고 나갈 때까지 시간이 다소 소요된다. 패킷을 처리하고 한 번에 전송하면 수신 측 노드는 패킷 버스트packet burst를 받는다. 노드의 큐가 차오르면 노드가 감당할 수 있는 속도로만 패킷이 수신된다고 하더라도 수신된 패킷은 큐에서 자신의 차례를 기다려야만 하기 때문에 추가적인 지연이 생긴다. 대기 이론queuing theory에 의한 일반적인 결론은 다음과 같다. 도착 속도가 일정하지 않으면 부하가 증가함에 따라 지연 시간이 늘어난다.

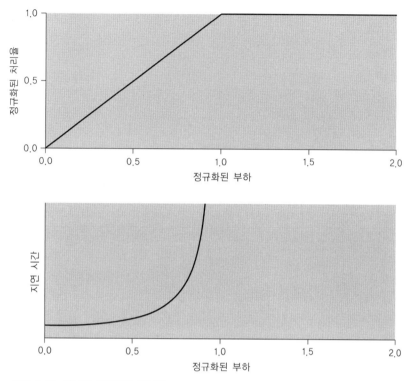

그림 2.12 이상적 네트워크 이용률

부하가 네트워크 용량을 초과하면 지연 시간이 제한 없이 늘어난다. 지연 시간이 무제한 증가하는 이유를 직관적으로 간단히 설명한다. 네트워크의 각 노드가 무한대 크기의 버퍼를 갖고 있고 입력 부하가 네트워크 용량을 초과하는 상황이라고 가정하자. 이상적인 조건에서라면 네트워크는 정규화된 처리율 1.0의 상태를 유지하고 네트워크에서 나가는 패킷의 비율이 1.0이다. 하지만 지금은 네트워크에 들어오는 패킷의 비율이 1.0보다 크기 때문에 내부 큐의 크기가 증가한다. 입력이 출력보다 크고 평형을 이룬 상태에서 큐는 한없이 커지고 큐 지연도 한없이 증가한다.

현실적인 조건을 살피기 전에 그림 2.12의 의미를 파악하는 것이 중요하다. 이 그림은 실현 불가능하지만 모든 트래픽과 혼잡 제어 기술의 이상적 목표를 보여준다. 어떤 방법도 그림 2.12에 보이는 성능을 뛰어넘을 수는 없다.

현실적 성능

그림 2.12에서 설명한 이상적인 조건은 무한대의 버퍼와 혼잡 제어의 오버헤드가 없는 상황을 가정한다. 현실에서는 버퍼 크기가 유한하므로 버퍼 오버플로우가 발생하고, 혼잡 제어 자체도 제어 신호를 주고받는 과정에서 네트워크 용량을 차지한다.

유한한 버퍼가 있는 네트워크에서 혼잡 제어 또는 단말 장치로부터의 입력 제한이 없다면 어떻게 될지 생각해보기. 물론 네트워크의 구조와 트래픽의 통계적 특성에 따라 세부적 내용은 달라질 수 있다. 하지만 일반적인 관점에서 그림 2.13의 그래프는 충격적인 결과를 보여준다.

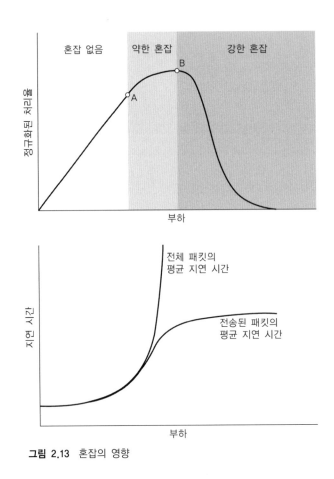

그림 2.13 혼잡의 영향

부하가 적을 때 처리율과 네트워크 이용률은 부하가 커짐에 따라 증가한다. 부하가 계속 커지면 부하가 커지는 정도보다 느린 속도로 처리율이 증가하는 어떤 지점(그림의 A)에 도달한다. 네트워크가 약한 혼잡 상태로 들어갔기 때문이다. 지연 시간이 점점 증가하고 있지만 이 영역에서 네트워크는 아직 부하를 감당하고 있다. 처리율이 이상적인 값과 달라지는 이유를 여러 가지 요소로 설명할 수 있다. 먼저 네트워크 전체에 부하가 균일하게 분포할 가능성이 높지 않다. 즉 일부 노드가 약한 혼잡 상태에 있을 때 다른 노드는 강한 혼잡 상태를 겪으며 트래픽을 폐기해야 할 수도 있다. 또한 부하가 늘어나면 네트워크는 혼잡이 덜한 부분으로 패킷을 라우팅해 부하를 분산하려고 시도한다. 라우팅 기능이 동작하려면 혼잡 영역을 서로 알리기 위해 노드 간 더 많은 라우팅 메시지의 교환이 필요하다. 이 오버헤드는 데이터 패킷이 사용할 수 있는 용량을 소모한다.

　네트워크 부하가 증가하면 개별 노드의 큐 길이가 계속해서 증가한다. 결국은 부하가 증가함에 따라 처리율이 떨어지는 지점(그림의 B)에 도달한다. 그 이유는 각 노드의 버퍼 크기가 유한하기 때문이다. 버퍼가 가득 차면 노드는 패킷을 반드시 버려야만 한다. 따라서 패킷 소스는 새 패킷을 보낼 뿐 아니라 동시에 폐기된 패킷들을 재전송해야만 한다. 그 결과는 상황을 악화시킬 뿐이다. 더 많은 패킷이 재전송되면 시스템의 부하는 증가하고 더 많은 버퍼가 포화된다. 시스템이 필사적으로 쌓인 패킷을 처리하려고 애쓰는 동안 사용자는 시스템에 새로운 패킷과 재전송 패킷을 집어넣는다. 상위 계층(전송 계층 등)의 확인 응답 ACK 시간이 너무 길어져서 전달에 성공한 패킷조차 재전송될 수도 있다. 송신자가 패킷이 도착하지 못했다고 가정하고 재전송하기 때문이다. 이와 같은 상황에서 시스템의 실제 용량은 0으로 떨어진다.

혼잡 제어 기술

그림 2.14는 주요 혼잡 제어 기술을 전반적으로 보여준다. 이번 절에서는 각각에 대해 설명한다.

백프레셔

링크나 논리적 연결(가상 회선 등) 단위로 백프레셔Backpressure를 가할 수 있다. 그림 2.11에서 노드 6이 (버퍼가 차오르는) 혼잡 상태에 도달함에 따라 노드 5(또는 노드 3)에서 오는 모든 패킷의 플로우를 늦추거나 멈춘다. 이런 제약 조건이 지속된다면 노드 5도 역시 입력 링크의 트래픽을 늦추거나 중지시킬 필요가 생긴다. 이와 같은 플로우 제약 조건이 역방향(데이터 트래픽 플로우의 반대 방향)으로 전파돼 소스까지 도달하면 새로운 패킷 플로우의 네트워크 진입까지 제한된다.

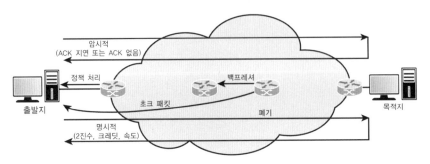

그림 2.14 혼잡 제어 메커니즘

데이터 링크 계층 프로토콜의 플로우 제어 메커니즘에 의해 특정 링크의 모든 트래픽에 대해 백프레셔가 자동으로 실행된다. 백프레셔를 논리적 연결에 선택적으로 적용하면 일반적으로 가장 트래픽이 많은 일부 연결에서만 다음 노드로의 플로우를 제한하거나 멈출 수 있다. 이 경우 제한 조건이 출발지까지의 경로를 따라 역방향으로 전파된다. 이와 같은 메커니즘은 프레임 릴레이와 ATM Asynchronous Transfer Mode, 비동기 전송 모드 네트워크에서 사용하는 방식이다. 하지만 이 기술들은 이더넷 캐리어 네트워크와 IP 기반 MPLSMultiprotocol Label Switching, 나중 프로토콜 라벨 스위칭 네트워크에 밀려 더 이상 많이 사용되지 않는다.

초크 패킷

초크 패킷Choke Packet은 혼잡 노드에서 생성한 제어 패킷이다. 혼잡 노드는 트래픽 플로우를 제한하기 위해 초크 패킷을 소스 노드로 보낸다. 라우터나 목적지 단말 장치는 초크 패킷 메시지를 출발지 단말 장치로 보내 트래픽 전송 속도를 줄이도록 요청한다. 초크 패킷을 받으면 더 이상 초크 패킷을 받지 않을 때까지 소스 호스트는 지정된 목적지로 트래픽을 보내는 속도를 줄여야만 한다. 라우터나 호스트의 버퍼가 가득 차서 IP 데이터그램을 폐기해야만 하는 경우에 초크 패킷을 사용할 수 있다. 이 경우 라우터나 호스트는 폐기할 패킷 모두에 대해 각각 초크 패킷을 생성한다. 또한 시스템에서 혼잡 발생을 예측해서 버퍼 사용량이 최대치에 근접하면 미리 초크 패킷을 발생시키기도 한다. 이와 같은 경우 초크 패킷이 가리키는 패킷은 아마도 틀림없이 전송됐을 것이다. 즉, 특정 패킷에 대한 초크 패킷을 받았다고 해서 해당 패킷의 전송이 반드시 성공했거나 실패했음을 의미하는 것은 아니다.

암시적 혼잡 신호

네트워크 혼잡이 발생하면 두 가지 현상이 일어난다.

1. 출발지에서 목적지까지 개별 패킷의 전송 지연 시간이 알고 있던 전파 지연 시간보다 눈에 띄게 길어지고

2. 패킷이 폐기된다.

지연 시간의 증가와 패킷 폐기를 소스에서 탐지한다면 소스는 네트워크 혼잡이 발생했다는 암시적인 근거를 갖게 된다. 모든 소스가 혼잡을 탐지해서 이에 따라 플로우를 감소시킨다면 네트워크 혼잡이 완화될 것이다. 즉, 암시적 신호에 근거한 혼잡 제어는 양쪽 단말 시스템이 책임지며, 네트워크 중간의 노드에서는 특별한 조치가 필요 없다.

암시적 혼잡 신호는 IP 기반 네트워크와 같이 비연결형 또는 데이터그램 네트워크에서 효과적인 혼잡 제어 기법이다. 이와 같은 경우 네트워크를 지나는 중에는 플로우를 통제할 수 있는 논리적 연결이 없다. 하지만 양쪽 단말 시스템 사이에서는 TCP 수준에서 논리적 연결을 설정할 수 있다. TCP는 TCP 세그먼트를 수신하면 응답^{ACK}하고 TCP 연결 출발지와 목적지 사이의 데이터 플로우를 통제하는 메커니즘을 갖고 있다.

명시적 혼잡 신호

네트워크 용량을 최대한 사용하면서도 공평하고 통제된 방식으로 혼잡에 대응할 수 있다면 가장 바람직한 경우라고 할 수 있다. 이것이 명시적 혼잡 회피 기법의 목적이다. 개괄적으로 말하자면 혼잡이 증가하면 네트워크가 단말 시스템에게 이를 알리고 단말 시스템은 네트워크 부하를 줄이는 조치를 취한다.

명시적 혼잡 신호를 사용하는 방법은 순방향 또는 역방향으로 동작한다.

- **역방향** 수신한 알림과 반대 방향의 트래픽에 대해 혼잡 회피 절차를 시작해야 한다고 출발지에 알린다. 알림 패킷은 사용자가 이 논리적 연결에서

보내는 패킷이 혼잡한 자원을 만나게 될 것을 의미한다. 역방향 정보는 통제될 출발지로 가는 데이터 패킷 헤더의 비트를 설정하거나 별도의 제어 패킷을 출발지로 보내는 방법으로 전송된다.

- **순방향** 수신한 알림과 같은 방향의 트래픽에 대해 혼잡 회피 절차를 시작해야 한다고 사용자에게 알린다. 알림 패킷은 이 논리적 연결에서 혼잡한 자원을 이미 만났음을 의미한다. 마찬가지로 이 정보는 데이터 패킷의 비트를 설정하거나 별도의 제어 패킷으로 보낼 수 있다. 어떤 경우에 단말 시스템이 순방향 신호를 받으면 논리적 연결을 따라 출발지로 복사해 보낸다. 또 어떤 경우에는 도착지 단말 시스템이 TCP 등 상위 계층에서 출발지 단말 시스템에 플로우 제어를 실행한다.

명시적 혼잡 신호 기법을 세 가지 유형으로 나눌 수 있다.

- **2진수 기법** 혼잡 노드가 전송하는 데이터 패킷에 비트를 설정한다. 출발지가 비트로 표시된 논리적 연결의 혼잡 신호를 받으면 트래픽 플로우를 감소시킨다.

- **크레딧(Credit) 기반 기법** 크레딧 기반 기법은 논리적 연결의 출발지에게 명시적인 크레딧을 지급한다. 크레딧은 출발지가 보낼 수 있는 바이트 수나 패킷 수를 의미한다. 크레딧을 다 쓰면 출발지는 데이터를 더 보내기 전에 크레딧이 생길 때까지 기다려야만 한다. 크레딧 기반 기법은 종단 간 플로우 제어에서 흔히 볼 수 있다. 종단 간 플로우 제어에서는 출발지 시스템이 목적지 버퍼를 오버플로우시키는 것을 방지하기 위해 목적지 시스템이 크레딧을 사용한다. 하지만 크레딧 기반 기법은 혼잡 제어에서도 고려되고 있다. 크레딧 기반 기법은 프레임 릴레이와 ATM 네트워크에 정의돼 있다.

- **속도 기반 기법** 속도 기반 기법은 명시적으로 데이터 속도의 한계 값을 논리적 연결의 출발지에 제공한다. 출발지는 설정된 한계까지의 속도로 데이터를 전송할 수 있다. 혼잡 제어를 위해 연결 경로상의 어떤 노드라도 출발지로 제어 메시지를 보내 데이터 속도의 한계 값을 감소시킬 수 있다.

2.6 SDN과 NFV

빅데이터, 클라우드 컴퓨팅, 모바일 트래픽 등 데이터 수요가 많은 네트워크 트래픽의 양과 다양성이 증가함에 따라 엄격한 QoS와 QoE 요구 조건을 만족시키는 것이 점점 어려워지고 있다. 따라서 더 적응성과 확장성이 뛰어난 네트워크의 필요성이 대두되고 있다. 적응성과 확장성을 제공하기 위해 급속히 보급되고 있는 두 가지 핵심 기술이 소프트웨어 정의 네트워크^{SDN, Software-Defined Networking}와 네트워크 기능 가상화^{NFV, Network Functions Virtualization}다. 이 두 가지 주제는 이 책에서 많은 분량을 차지하기 때문에 여기서는 간략하게만 설명한다.

소프트웨어 정의 네트워크

SDN은 전통적 네트워크 모델을 교체할 티핑 포인트^{tipping point}(어떤 것이 균형을 깨고 한순간에 전파되는 극적인 순간 - 옮긴이)에 도달했다. SDN은 클라우드, 이동성, 소셜 네트워크, 동영상 등 현대 네트워크 및 IT 기술 동향의 요구 조건을 만족시킬 향상된 수준의 유연성과 맞춤 가능성을 제공한다.

SDN 기능

라우터로 패킷을 전달하기 위해 필요한 두 가지 요소는 트래픽 경로와 상대적 우선순위를 결정하는 제어 기능과 제어 기능의 정책에 따라 데이터를 전달하는 데이터 기능이다. SDN이 등장하기 전에 이러한 기능들은 각 네트워크 장비(라우터, 브리지, 패킷 스위치 등)에 통합돼 있었다. 전통적인 네트워크에서 제어 기능은 각 네트워크 노드에 구현된 라우팅과 제어 프로토콜이 담당했다. 이와 같은 방식은 유연성이 부족할 뿐 아니라, 모든 네트워크에 동일한 프로토콜의 구현이 필요하다. SDN에서는 중앙 컨트롤러가 라우팅, 이름 지정, 정책 알림, 보안 확인 등의 모든 복잡한 기능을 수행한다(그림 2.15).

> **소프트웨어 정의 네트워크**
>
> 라우터와 스위치의 포워딩 결정을 중앙 서버에서 소프트웨어로 프로그래밍하는 기법으로, 접근하는 대규모 네트워크의 설계, 구현, 운용 방법. 각 장비를 개별적으로 설정해야 하고 프로토콜을 변경할 수 없는 전통적 네트워크로부터 차별화된다.

→ 2부, '소프트웨어 정의 네트워크' 참조

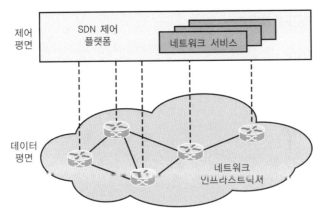

그림 2.15 소프트웨어 정의 네트워크

SDN 제어 평면은 하나 이상의 SDN 컨트롤러로 구성된다. SDN 컨트롤러는 SDN 데이터 평면의 데이터 플로우를 정의한다. 컨트롤러는 네트워크의 각 플로우를 설정하며, 네트워크 정책에 따라 통신을 허가한다. 단말 시스템이 요청하는 플로우를 허락하는 경우 컨트롤러는 해당 플로우의 경로를 계산하고 경로 위의 각 스위치에 플로우 엔트리를 추가한다. 컨트롤러가 모든 복잡한 기능을 처리하기 때문에 스위치는 플로우 테이블만 관리한다. 플로우 테이블의 엔트리를 넣을 수 있는 것은 컨트롤러뿐이다. 스위치는 데이터 평면을 구성한다. 컨트롤러와 스위치 사이의 통신은 표준 프로토콜을 사용한다.

핵심 동인

SDN의 한 가지 추진 요인은 광범위하게 확산되고 있는 서버 가상화 기술의 적용이다. 본질적으로 서버 가상화는 개별 물리 서버, 프로세스, 운영체제 등 서버 자원의 실제 정보를 사용자로부터 감춘다. 이에 따라 하나의 컴퓨터를 여러 개의 독립적인 서버로 파티션해서 하드웨어 자원을 절약할 수 있다. 또한 부하 분산이나 장애 발생 시 전환을 위해 한 컴퓨터에서 다른 컴퓨터로 빠르게 서버를 이동할 수 있다. 서버 가상화는 빅데이터 애플리케이션 처리와 클라우드 컴퓨팅 인프라스트럭처 구현에서 핵심적인 요소가 됐다. 그러나 서버 가상화는 전통적 네트워크 구조에서 문제를 일으킨다. 그중 한 가지는 VLAN^{Virtual Local Area Network, 가상 랜} 구성이다. 네트워크 관리자는 VM^{Virtual Machine, 가상 머신}이 사용하는 VLAN을 물리적 서버와 동일한 스위치 포트에 할당해야 한다. 그러나 VM이 이동 가능한 상황에서는 가상 서버가 이동할 때마다 VLAN을 재설정 해야 한다. 일반적으로 말해서 서버 가상화의 유연성을 지원하기 위해 네트워크 관리자도 네트워크 자원과 프로파일을 동적으로 추가, 삭제, 변경할 수 있어야 한다. 각 스위치의 제어 로직이 스위치 로직과 같은 곳에 위치한 전통적인 네트워크 스위치에서는 이와 같은 처리가 어렵다.

서버 가상화의 또 다른 효과는 전통적 클라이언트/서버 모델과 비교해 트래픽 플로우가 현저히 다르다는 점이다. 일반적으로 가상 서버 사이에는 데이터베이스 이미지의 일관성 유지 및 접근 제어를 비롯한 보안 기능을 실행할 목적으로 상당한 양의 트래픽이 존재한다. 이와 같은 서버 간 플로우는 시간의 흐름에 따라 그 위치와 정도가 달라지므로 네트워크 자원의 관리에 유연한 접근 방법이 필요하다.

네트워크 자원 할당에서 빠른 응답이 필요하게 된 또 다른 요소는 직원들이 기업 내 자원을 액세스하기 위해 스마트폰, 태블릿, 노트북 등 모바일 장치를 점점 더 많이 사용한다는 점이다. 모바일 장치들은 빠르게 변하고 예측 불가능한 대규모 네트워크 부하를 더할 뿐만 아니라, 네트워크 접속 지점을 빠르게 바꿀 수도 있다. 네트워크 관리자는 모바일 장치의 급변하는 자원, QoS, 보안 요구 조건에 대응할 수 있어야만 한다.

현재의 네트워크 인프라스트럭처는 달라지는 트래픽 플로우 관리의 요구 조건에 대응해 개별 플로우에 차별화된 QoS와 보안 수준을 적용할 수 있다. 그러나 기업 네트워크의 규모가 크거나 다양한 제조사의 네트워크 장비를 사용하고 있다면 이 과정이 매우 많은 시간이 걸리는 일이 될 수 있다. 네트워크 관리자는 각 제조사의 장비를 개별적으로 설정해야만 하고, 각 세션과 애플리케이션마다 성능과 보안 파라미터를 조절해야 한다. 대규모 기업에서는 새 VM을 띄울 때마다 네트워크 관리자가 필요한 설정을 하는 데 몇 시간에서 며칠까지도 걸릴 수 있다.

네트워크 기능 가상화

앞의 SDN에 대한 설명에서 SDN의 한 가지 핵심 동인이 가상 서버의 광범위한 사용에 따라 유연한 네트워크 대응을 하기 위한 필요성이라고 언급했다. 인터넷 또는 기업 네트워크에서의 VM 기술은 최근까지 데이터베이스 서버, 클라우

→ 3부, '가상화' 참조

드 서버, 웹 서버, 이메일 서버 등 애플리케이션 수준의 서버 기능에 사용됐다. 하지만 동일한 기술을 라우터, 랜 스위치, 방화벽, IDS/IPS 서버 등의 네트워크 장치에 마찬가지로 적용할 수 있다(그림 2.16).

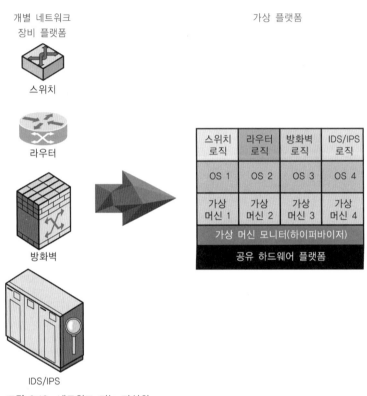

그림 2.16 네트워크 기능 가상화

네트워크 기능 가상화
네트워크 기능을 소프트웨어로 구현하고 가상 머신에서 실행해 네트워크 기능을 가상화하는 것

네트워크 기능 가상화^{NFV, Network Function Virtualization}는 라우팅, 방화벽, 침입 탐지, NAT^{Network Address Translation, 네트워크 주소 변환} 등의 네트워크 기능을 전용 하드웨어 플랫폼으로부터 분리하고, 이 기능들을 소프트웨어로 구현한다. NFV는 네트워크 기능을 가상화하기 위해 고성능 하드웨어에서 실행되는 표준 가상화 기술을 활용한다. NFV는 유무선 네트워크의 어떠한 데이터 평면 프로세싱 또는 제어 평면 기능에도 적용할 수 있다.

NFV는 SDN과 몇 가지 공통적인 특징을 갖고 있다. NFV와 SDN은 다음과 같은 목표를 공유한다.

■ 기능을 하드웨어에서 소프트웨어로 옮긴다.

- 전용 플랫폼 대신 상용 하드웨어 플랫폼을 사용한다.

- 표준 또는 공개 API를 사용한다.

- 네트워크 기능의 더욱 효율적인 개선, 배포, 재배치를 지원한다.

NFV와 SDN은 독립적이지만 상호보완적인 기술이다. SDN는 데이터 평면과 제어 평면을 분리해 더 유연하고 효율적인 방식으로 네트워크 트래픽을 제어하고 라우팅할 수 있게 한다. NFV는 가상화를 통해 네트워크 기능을 특정 하드웨어 플랫폼에서 분리해 더 효율적으로 유연하게 네트워크 기능을 제공한다. 가상화는 라우터의 데이터 평면 기능과 SDN 컨트롤러를 비롯한 다른 네트워크 기능에 적용할 수 있다. 즉, SDN과 NFV는 개별적으로 사용할 수도 있고 더 큰 이점을 얻기 위해 함께 사용할 수도 있다.

2.7 현대 네트워킹의 요소

2장은 이 책에서 다뤄질 현대 네트워킹의 주요 요소들이 어떻게 맞물리는지 대략적으로 설명하며 끝맺는다(그림 2.17). 다음 설명은 그림을 아래부터 위쪽으로 살펴본다.

궁극적으로 네트워크 서비스 사업자의 관심은 네트워크 장비(라우터 등)와 장비들이 수행할 네트워크 기능(패킷 포워딩 등)의 제어/관리다. NFV가 사용된다면 이들 네트워크 기능은 소프트웨어로 구현돼 VM에서 실행된다. SDN이 적용됐으나 NFV가 아니라면(네트워크 기능이 전용 하드웨어에 구현된다면) 제어 기능은 중앙의 SDN 컨트롤러에 구현되고 SDN 컨트롤러가 네트워크 장비와 상호 작용한다.

하지만 SDN과 NFV는 상호 배타적이지 않다. 네트워크에 SDN과 NFV가 모두 구현되면 다음과 같은 관계가 성립한다.

- 네트워크의 데이터 평면 기능은 VM에 구현된다.

- 제어 평면 기능은 전용의 SDN 플랫폼이나 SDN VM에 구현될 수 있다.

이 중 어떤 경우에도 SDN 컨트롤러는 VM에서 실행 중인 데이터 평면 기능과 상호 작용한다.

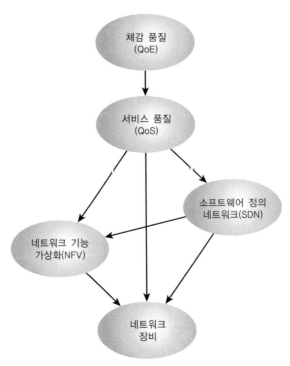

그림 2.17 현대 네트워킹의 개요

    다양한 네트워크 사용자가 요구하는 서비스를 명시하고 네트워크의 트래픽 관리 정책을 지시하기 위해 QoS 기준이 흔히 사용된다. 최근까지 일반적인 경우는 QoS를 NFV도 SDN도 사용하지 않은 네트워크에서 구현하는 것이었다. 이 경우 라우팅과 트래픽 제어 정책을 여러 가지 자동화 또는 매뉴얼 기법으로 네트워크 장치에 직접 설정해야만 했다. NFV만 구현하면 SDN 없이도 QoS 설정 값을 VM으로 전달할 수 있다. NFV의 사용 여부와 관계없이 SDN 환경에서는 SDN 컨트롤러가 다양한 네트워크 사용자에게 QoS 파라미터를 적용할 책임을 맡는다.

    QoE를 고려하기 시작하면 사용자의 QoE 요구 조건을 만족시킬 수 있도록 QoS 파라미터를 조절한다.

2.8 핵심 용어

2장을 통해 다음과 같은 용어를 배웠다.

애널리틱스	자율 시스템	빅데이터
클라우드 컴퓨팅	혼잡	지연 지터
탄력적 트래픽	외부 라우터 프로토콜(ERP)	비탄력적 트래픽
내부 라우터 프로토콜(IRP)	인터네트워크	인터넷
네트워크 기능 가상화(NFV)	운용 지원 시스템(OSS)	패킷 포워딩
체감 품질(QoE)	서비스 품질(QoS)	실시간 트래픽
라우터	라우팅	라우팅 프로토콜
소프트웨어 정의 네트워크(SDN)	가상 머신(VM)	

2.9 참고 문헌

AKAM15 Akamai Technologies. Akamai's State of the Internet. Akamai Report, Q4|2014. 2015.

CISC14 Cisco Systems. Cisco Visual Networking Index: Forecast and Methodology, 2013-2018. White Paper, 2014.

IBM11 IBM Study, "Every Day We Create 2.5 Quintillion Bytes of Data." Storage Newsletter, October 21, 2011.
http://www.storagenewsletter.com/rubriques/market-reportsresearch/ibm-cmo-study/

ITUT12 ITU-T. Focus Group on Cloud Computing Technical Report Part 3: Requirements and Framework Architecture of Cloud Infrastructure. FG Cloud TR, February 2012.

KAND12 Kandula, A., Sengupta, S., and Patel, P. "The Nature of Data Center Traffic: Measurements and Analysis." ACM SIGCOMM Internet Measurement Conference, November 2009.

NETW14 Network World. Survival Tips for Big Data's Impact on Network Performance. White paper. April 2014.

SZIG14 Szigeti, T., Hattingh, C., Barton, R., and Briley, K. End-to-End QoS Network Design: Quality of Service for Rich-Media & Cloud Networks. Englewood Cliffs, NJ: Pearson. 2014.

PART II

소프트웨어 정의 네트워크

모든 간선 철도의 종점을 연결하는 철도를 구상한 남자가 있었다. 그의 이름은 찰스 피어슨으로, 소파 천갈이 집의 아들로 태어나 런던의 사무 변호사가 됐다. 예전부터 말이 끄는 교통수단이 지나다닐 만한, 가스등으로 밝힌 지하 거리를 조성하는 계획을 세운 적이 있었다. 하지만 그런 음침한 터널은 도둑들의 은신처가 될 것이라는 이유로 거절 당했다. 이러한 시스템이 실제로 구축되기 20년 전부터 피어슨은 이미 조명도 밝고 환기도 잘되는 '널찍한 아치형의 길'을 따라 이어지는 노선을 머릿속에 그리고 있었다. 그는 하수관을 따라 달리는 기차를 구상했던 것이다.
— 『**솔로몬의 카펫**(King Solomon's Carpet)』, **바바라 바인**(Barbara Vine)(루스 렌델)

3장   SDN의 등장 배경
4장   SDN 데이터 평면과 오픈플로우
5장   SDN 제어 평면
6장   SDN 애플리케이션 평면

소프트웨어 정의 네트워킹^{SDN, Software-Defined Networking}은 현대 네트워킹 기술 중에서도 핵심을 차지하고 있다. 2부에서는 SDN의 개념부터 관련 기술과 응용 분야에 이르기까지 다양한 범위에 걸쳐 자세하게 살펴본다. 3장에서는 SDN 접근 방식과 SDN이 필요한 이유를 소개하고, SDN의 구조를 살펴본다. 4장에서는 SDN의 데이터 평면에 대해 핵심 구성 요소와 상호 작용 및 관리 방법을 알아본다. 4장에서는 SDN에서 데이터 평면의 핵심 기술이자 제어 평면에 대한 인터페이스인 오픈플로우^{OpenFlow}를 주로 다룬다. 따라서 오픈플로우가 필요한 이유와 이에 대한 구체적인 기술적인 사항을 중심으로 살펴본다. 5장은 SDN의 제어 평면에 대해 살펴본다. 그중에서도 많은 주목을 받고 있는 SDN의 제어 평면에 대한 오픈소스 구현인 오픈데이라이트^{OpenDaylight}에 대해 알아본다. 6장은 SDN의 애플리케이션 평면에 대해 설명한다. 범용 SDN 애플리케이션 구조를 소개한 뒤 SDN으로 실현 가능한 여섯 가지의 주요 응용 분야를 살펴보고, 여러 가지 SDN 애플리케이션의 예를 소개한다.

Chapter | 3

SDN의 등장 배경

각자 나름대로의 요구 사항을 가진 광범위한 사용자층에게 공통 서비스를 제공하기 위한 순수 디지털 데이터에 대한 미래의 분산 네트워크의 요구 사항에 대해 살펴본다. 표준 포맷으로 된 메시지 블록을 사용함으로써 적응형 축적 전송(store-and-forward) 라우팅 정책을 이용해 실시간 음성을 포함한 모든 종류의 디지털 데이터를 다룰 수 있는 스위칭 메커니즘을 비교적 간단히 구축할 수 있다. 이러한 네트워크는 네트워크의 상태에 빠르게 대응할 수 있다.

- 분산 통신에 대해: 분산 통신 네트워크의 소개,
랜드 리포트(Rand Report) RM-3420-PR,
폴 바란(Paul Baran), 1964년 8월

3장에서 다루는 내용

3장을 읽고 나면 다음과 같은 것을 할 수 있다.

- 기존 네트워크 구조는 현대 네트워킹의 요구 사항을 수용하기에 적합하지 않다는 것을 설명할 수 있다.
- SDN 구조의 핵심 요구 사항을 나열하고 설명할 수 있다.
- 노스바운드 및 사우스바운드 API의 중요성을 비롯한 SDN 구조의 개요를 설명할 수 있다.
- 다양한 기관에서 작업한 SDN 및 NFV 표준을 정리할 수 있다.

SDN에 대해 본격적으로 살펴보기 위해 소프트웨어 정의 네트워크^{SDN, Software-Defined Network}의 등장 배경부터 먼저 알아보자.

3.1 네트워크 요구 사항의 진화

네트워크에 대한 최근 동향의 변화로 인해 네트워크 공급자와 사용자는 네트워크 구조에 대한 전통적인 접근 방식에 대해 재평가하기 시작했다. 이러한 변화를 수요, 공급, 트래픽 패턴이라는 그룹으로 구분해 정리하면 다음과 같다.

수요의 증가

2장, '요구 조건과 기술적 배경'에서 설명한 바와 같이 최근 등장한 새로운 변화로 인해 엔터프라이즈 네트워크와 인터넷에 대한 부하가 크게 늘어났다. 이러한 변화 중에서 대표적인 것을 몇 가지 꼽으면 다음과 같다.

- **클라우드 컴퓨팅** 퍼블릭 및 프라이빗 클라우드 서비스로 전환한 회사의 수가 크게 늘었다.

- **빅데이터** 엄청난 양의 데이터 집합을 처리하기 위해서는 수천 대의 서버로 병렬 처리를 해야 하는데, 이를 위해서는 서버끼리 서로 연결해야 한다. 따라서 데이터 센터 내부의 네트워크 수용 능력에 대한 요구가 클 뿐만 아니라 지속적으로 증가하고 있다.

- **모바일 트래픽** 직원들이 회사 네트워크에 접속할 때 스마트폰이나 태블릿, 노트북과 같은 개인용 모바일 기기를 사용하는 경우가 많아졌다. 이러한 기기는 최신 앱을 통해 이미지와 비디오 트래픽을 생성하거나 읽는 작업을 수행하는 경우가 많기 때문에 엔터프라이즈 네트워크에 대한 새로운 부담으로 작용하고 있다.

- **사물 인터넷(IoT, Internet of Things)** IoT 환경에서 사용하는 사물은 감시용 비디오카메라와 같은 경우를 제외하면 대부분 적은 양의 트래픽만 생성한다. 하지만 회사에 따라 이러한 장치의 숫자가 늘어나면 엔터프라이즈 네트워크에 엄청난 부하를 주게 된다.

공급의 증가

네트워크에 대한 수요가 증가하면서 이에 따른 부하를 감당할 수 있는 네트워크 기술의 수용 능력도 늘어나고 있다. 1장, '현대 네트워킹의 요소'에서 설명한 전송 기술의 관점에서 보면 엔터프라이즈의 유선 및 무선 네트워크에 대한 핵심 기술인 이더넷과 와이파이는 기가비트(Gbps) 수준으로 높아졌다. 마찬가지로 회사의 직원이 모바일 기기로 와이파이가 아닌 셀룰러 네트워크를 통해 원격에서 엔터프라이즈 네트워크에 접속할 때 사용하는 4G 및 5G 셀룰러 네트워크도 훨씬 많은 양의 데이터를 처리할 수 있게 됐다.

네트워크 전송 기술의 수용 능력이 증가함에 따라 랜 스위치와 라우터, 방화벽, 침입 탐지/방지 시스템IDS/IPS, 네트워크 모니터링 및 관리 시스템 등과 같은 네트워크 장치의 성능도 크게 높아졌다. 이러한 장치에 대한 프로세서의 속도뿐만 아니라 메모리 공간과 속도가 매년 증가하면서 버퍼의 수용 능력이 커지고 접근 속도도 더욱 빨라지고 있다.

트래픽 패턴의 복잡도 증가

단순히 수요와 공급만 보면 현재 네트워크에서 최근 증가하는 데이터 트래픽을 충분히 처리할 수 있는 것처럼 보인다. 하지만 트래픽 패턴이 변하고 복잡도가 증가하기 때문에 기존 엔터프라이즈 네트워크의 구조로는 이러한 수요를 수용하기에 적합하지 않다는 점이 계속 드러나고 있다.

기존에 구축돼 지금도 흔히 볼 수 있는 대다수의 엔터프라이즈 네트워크는 이더넷 스위치를 로컬 또는 캠퍼스 범위의 트리 구조로 구성하고 있으며, 라우터를 통해 대형 이더넷 랜이나 인터넷, WAN과 연결하고 있다. 이러한 구조는 한때 엔터프라이즈 환경에서 흔히 볼 수 있던 클라이언트/서버 컴퓨팅 모델에는 매우 적합한 형태였다. 이 모델에서는 상호 작용과 트래픽이 대부분 하나의 클라이언트와 하나의 서버 사이에서만 발생했으며, 이러한 클라이언트와 서버의 위치는 대부분 고정돼 있기 때문에 네트워크도 이에 맞게 구축하고 설정했고, 이들 사이에서 발생하는 트래픽의 양도 예측하기 쉬웠다.

그러나 최근 엔터프라이즈 데이터 센터나 로컬 및 지역별 엔터프라이즈 네트워크, 그리고 캐리어 네트워크와 관련해 개발된 여러 가지 기술들로 인해 트래픽 패턴이 훨씬 동적이며 복잡하게 변했다. 몇 가지 요인을 나열하면 다음과 같다.

- 클라이언트/서버 애플리케이션은 주로 상호 통신해야 하는 여러 대의 데이터베이스와 서버에 접속한다. 따라서 클라이언트와 서버 사이의 '수직적인 vertical' 트래픽뿐만 아니라 서버 사이의 '수평적인horizontal' 트래픽이 늘어나게 됐다.

- 음성과 데이터, 비디오 트래픽이 네트워크에 통합되면서, 특히 대용량 멀티미디어 데이터 전송에 대한 트래픽 패턴을 예측하기 힘들어졌다.

- 통합 커뮤니케이션UC, Unified Communication 전략으로 인해 애플리케이션에서 여러 대의 서버에 접속하는 경우가 많아졌다.

- BYODBring Your Own Device 정책을 비롯한 모바일 기기의 사용이 급격히 늘어나면서 언제 어디서나 어떤 기기로든 회사의 콘텐츠나 애플리케이션에 접속할 수 있게 됐다. 2장의 그림 2.6에서 살펴본 바와 같이 이러한 모바일 트래픽은 엔터프라이즈 네트워크 트래픽에서 상당한 비중을 차지하고 있으며, 지속적으로 증가하고 있다.

- 퍼블릭 클라우드에 대한 활용도가 늘어나면서 기존에 로컬에서 발생하던 트래픽의 상당량이 여러 회사의 WAN으로 이동하게 됐으며, 이로 인해 엔터프라이즈 네트워크의 라우터에 대한 부하도 급격히 증가하고 예측하기도 힘들어졌다.

- 현재 널리 사용되는 애플리케이션 및 데이터베이스 서버의 가상화로 인해 대용량 네트워크 접근을 필요로 하는 호스트의 수도 크게 늘었다. 이로 인해 서버 리소스에 대한 물리적인 위치도 계속 변하게 됐다.

전통적인 네트워크 구조가 부적합한 이유

전송 장치의 수용 능력이 크게 증가하고 네트워크 장치의 성능도 크게 향상됐지만, 기존 네트워크 구조는 증가하는 복잡도와 다양성과 대용량 부하를 감당하기에는 부적합한 점이 드러났다. 또한 애플리케이션의 종류가 다양해지면서 네트워크에 요구하는 서비스 품질QoS과 체감 품질QoE의 범위가 넓어져서 트래픽 부하도 좀 더 정교하고 기민하게 처리할 필요성이 증가했다.

전통적인 네트워킹 방식은 TCP/IP 프로토콜 구조에 기반을 두고 있다. 이 방식은 다음과 같이 세 가지의 특성을 갖고 있다.

TCP/IP 프로토콜 구조
TCP 및 IP 프로토콜을 기반으로 설계된 프로토콜 구조로서 물리 계층, 데이터 링크 계층, 네트워크/인터넷 계층(주로 IP), 전송 계층(주로 TCP나 UDP), 애플리케이션 계층 등의 다섯 개의 계층으로 구성된다.

■ 두 단계의 단말 시스템 주소 체계

■ 목적지 기반의 라우팅

■ 분산 및 자율 제어

이러한 세 가지 특성에 대해 하나씩 살펴보자.

전통적인 네트워크 구조는 네트워크 인터페이스에 대한 식별자에 크게 의존하고 있다. TCP/IP 모델의 물리 계층에 있는 장치들은 네트워크에 연결될 때 이더넷 MAC 주소와 같은 하드웨어 기반 식별자로 구분한다. 인터넷이나 사설 네트워크를 비롯한 인터네트워킹 계층에서는 네트워크에 대한 네트워크의 구조로 이뤄져 있다. 네트워크에 연결된 모든 장치는 직접 연결된 네트워크에서는 물리 계층의 식별자를 사용하고, 인터넷에서는 논리적인 네트워크 식별자(IP 주소)를 사용해 구분한다.

TCP/IP는 자율 네트워크autonomous network에 대한 네트워킹을 제공하기 위해 이러한 주소 체계를 도입했다. 이 구조를 통해 네트워크를 새로 추가하더라도 높은 수준의 회복력과 확장성을 제공한다. IP와 분산 라우팅 프로토콜을 이용하면 인터넷상에서 경로를 찾아 통신할 수 있다. TCP와 같은 전송 계층의 프로토콜을 기반으로 분산 알고리즘을 개발해 혼잡 현상을 처리할 수도 있다.

전통적으로 라우팅은 패킷packet의 목적지 주소를 기반으로 작동했다. 이러한 데이터그램datagram 방식을 사용하면 라우터가 하나의 패킷마다 지연 시간이 가장 작은 경로를 끊임없이 찾기 때문에 출발지와 목적지 사이에서 연속적으로 전달되는 패킷들이 인터넷상에서 서로 다른 경로를 통해 전달될 수도 있다. 최근에는 QoS 요구 사항을 만족하기 위해 패킷들을 플로우flow 단위로 다룬다. 하나의 플로우를 구성하는 패킷들에 대해 QoS 속성을 정의하면 해당 플로우 전체에 대한 라우팅 과정에 영향을 준다.

하지만 이러한 분산 및 자율 방식은 네트워크가 대부분 정적이며 시스템의 위치도 대부분 고정된 환경에서 개발된 것이다. ONFOpen Networking Foundation에서는 다음과 같이 기존 네트워크 구조의 네 가지 주요 한계점을 지적하고 있다.

■ **정적이며 복잡한 구조** 다양한 수준의 QoS 요구 사항에 대처하거나, 대용량 또는 변동이 심한 트래픽 양을 수용하거나, 여러 가지 보안 요구 사항을 만족하기에는 네트워크 기술이 굉장히 복잡해졌고 관리하기도 어려워졌

패킷(packet)
네트워크의 데이터 전송 단위. 여러 비트가 하나의 그룹을 형성하며 데이터와 프로토콜 제어 정보로 이뤄져 있다. 이 용어는 네트워크 계층의 프로토콜 데이터 전송 단위를 가리킬 때 주로 사용된다.

패킷 스위칭(packet switching)
통신 네트워크를 통해 메시지를 전달하는 방법 중 하나로서 긴 메시지를 여러 개의 짧은 패킷으로 쪼개서 보낸다. 이 때 각 패킷은 출발지에서 여러 개의 중간 노드를 거쳐 목적지로 전달된다. 각 노드마다 전체 메시지를 받으며, 이를 잠시 저장한 뒤 다음 노드로 전달한다.

데이터그램
패킷 스위칭에서 다른 패킷과는 독립적으로 처리하는 패킷. 데이터그램은 출발지부터 목적지에 이르기까지 라우팅에 필요한 정보를 담고 있어서 끝점끼리 논리적인 연결을 설정할 필요가 없다.

플로우
출발지와 목적지 사이를 흐르는 일련의 패킷 집합으로, 네트워크에서는 하나의 묶음으로 취급한다.

다. 이로 인해 각각의 네트워크 요구 사항마다 별도의 프로토콜을 정의해서 문제를 해결했다. 이러한 어려움의 예로 장치를 추가하거나 삭제할 때를 들 수 있는데, 네트워크 관리자는 이때마다 장치 수준의 관리 도구를 사용해서 여러 스위치와 라우터와 방화벽과 웹 인증 포탈 등에 대한 설정 파라미터를 변경해야 한다. 이와 관련해 여러 장비에 대한 접근 제어 리스트ACL, 가상 LAN 설정, QoS 설정 등도 변경해야 하며, 그 밖에 프로토콜에 관련된 값도 바꿔줘야 한다. 또 다른 예로 사용자의 요구 사항과 트래픽 패턴의 변화에 대응하기 위해 QoS 파라미터를 변경하는 경우를 들 수 있다. 애플리케이션, 심지어 세션 단위로 장비의 벤더마다 설정 값을 일일이 수정해야 한다.

- **일관성 없는 정책** 네트워크 전반에 보안 정책을 적용하려면 관리자가 수천 대의 장비와 메커니즘에 대한 설정 사항을 직접 수정해야 할 수도 있다. 대규모 네트워크에서는 새로운 가상 머신이 구동될 때 전체 네트워크에 대한 ACL을 재설정하는 데만 몇 시간 또는 며칠이 걸리기도 한다.

- **확장 불가능** 네트워크에 대한 요구 사항은 규모와 다양성 측면에서 급격히 증가하고 있다. 새로운 스위치와 전송 수용 능력을 추가하려면 다양한 벤더의 장비를 다뤄야 하며, 네트워크의 복잡도나 정적인 속성으로 인해 이러한 작업이 굉장히 어렵다. 그래서 기존에는 트래픽 패턴을 예측해서 이를 기반으로 네트워크 링크를 미리 넉넉하게 구축해두는 방법을 사용했다. 하지만 가상화 기술의 활용도가 높아지고, 멀티미디어 애플리케이션의 종류도 늘어나면서 트래픽 패턴은 더욱 예측하기 힘들어졌다.

- **벤더 종속성** 네트워크에 대한 트래픽 요구 사항에 대한 최근 경향에 따르면 회사나 망 사업자는 비즈니스 및 사용자의 요구가 변할 때마다 새로운 기능이나 서비스를 빠르게 배치할 수 있어야 한다. 네트워크 기능에 대한 오픈 인터페이스가 부족하면 네트워크를 운용하는 회사나 사업자의 대응 속도는 벤더 장비의 느린 제품 개발 주기에 따라갈 수밖에 없다.

3.2 SDN 접근 방식

이 절에서는 진화하는 네트워크의 요구 사항을 만족하기 위해 SDN에서 제시하는 설계 방식에 대해 전반적으로 알아보자.

요구 사항

이제 3.1절의 서두에서 언급했던 현대 네트워킹 기법에 대한 주요 요구 사항에 대해 본격적으로 살펴보자. ODCA^{Open Data Center Alliance}의 자료[ODCA14]를 보면 이러한 요구 사항이 잘 정리돼 있다. 그중 몇 가지를 나열하면 다음과 같다.

- **적응력(Adaptability)** 네트워크는 애플리케이션의 요구와 비즈니스 정책 및 네트워크 조건에 따라 동적으로 조절하고 반응해야 한다.

- **자동화(Automation)** 정책을 변경하면 이로 인한 수작업과 에러를 최소화 하게 관련 설정을 자동으로 변경해야 한다.

- **유지 보수성(Maintainability)** (소프트웨어 업그레이드나 패치 등으로) 새로운 기능 이 추가될 때 기존 동작에 미치는 영향을 최소화하며 매끄럽게 진행해야 한다.

- **모델 관리(Model Management)** 네트워크 관리 소프트웨어는 논리적인 변경 사항을 반영할 때 네트워크 구성 요소에 대해 일일이 설정을 변경하 지 않고, 네트워크를 모델 수준에서 관리할 수 있어야 한다.

- **이동성(Mobility)** 제어 기능은 반드시 모바일 기기나 가상 서버와 같은 이동성을 지원해야 한다.

- **통합된 보안(Integrated security)** 네트워크 애플리케이션에서 보안 기능 은 보조 기능이 아닌 핵심 서비스 형태로 매끄럽게 통합돼야 한다.

- **주문형 확장성(On-demand scaling)** 모든 구현물은 주문형 요청을 지원 하도록 네트워크의 규모나 처리량을 높이거나 줄일 수 있어야 한다.

SDN 구조

SDN이 등장하기까지 네트워킹 기술이 진화한 과정은 폐쇄적이고 수직 통합 방식의 상용 시스템에서 개방형 접근 방식으로 진화한 컴퓨팅 기술에 빗대어 표현할 수 있다(그림 3.1). 컴퓨팅 기술의 초창기에는 IBM이나 DEC와 같은 벤더들이 자체 프로세서와 자체 어셈블리어 및 자체 운영체제[OS]와 애플리케이션 소프트웨어 전체를 하나로 통합한 형태로 제품을 공급했다. 이러한 환경에서는 고객들이 특정 벤더에 종속되기 마련인데, 특히 해당 벤더에서 제공하는 애플리케이션에 종속된다. 다른 벤더의 하드웨어 플랫폼으로 옮겨가면 애플리케이션 수준에서 엄청난 변화를 겪게 된다.

오늘날 컴퓨팅 환경은 굉장히 개방적이면서 사용자에게 엄청난 유연성을 제공하는 형태로 진화했다. 컴퓨팅 하드웨어는 독립 시스템에 대해서는 x86 또는 x86 호환 프로세서를, 임베디드 시스템에 대해서는 ARM 프로세서를 기반으로 구성된다. 그래서 C나 C++, 자바 등으로 작성된 운영체제를 쉽게 다른 장비로 이식할 수 있게 됐다. IBM의 zEnterprise 제품군과 같은 상용 하드웨어 구조에서도 표준 컴파일러와 프로그래밍 환경을 제공하기 때문에 리눅스와 같은 오픈 소스 운영체제를 손쉽게 구동할 수 있다. 따라서 리눅스나 다른 개방형 운영체제에 맞게 작성된 애플리케이션을 여러 벤더 플랫폼으로 쉽게 이식할 수 있다. 윈도우나 맥 OS와 같은 상용 운영체제에서도 애플리케이션을 쉽게 이식할 수 있는 프로그래밍 환경을 제공한다. 그리고 하드웨어 플랫폼과 운영체제를 옮겨 다닐 수 있는 가상 머신을 개발하는 기능도 제공하고 있다.

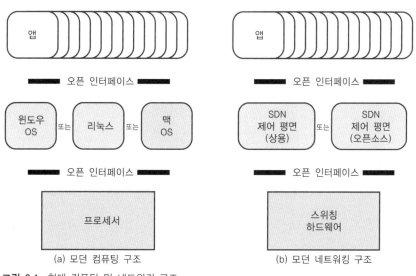

그림 3.1 현대 컴퓨팅 및 네트워킹 구조

오늘날 네트워킹 환경은 개방형으로 변하기 이전의 컴퓨팅 환경과 동일한 한계에 직면하고 있다. 다만 네트워킹 환경에서는 여러 플랫폼에 구동할 수 있는 애플리케이션에 대한 이슈보다는 애플리케이션과 네트워크 인프라 사이에서 통합하는 데 어려움이 크다. 앞에서 설명한 바와 같이 기존 네트워크는 늘어나는 트래픽의 양과 종류에 대응하기에는 적합하지 않은 구조를 갖고 있다.

SDN에서 핵심은 개발자와 네트워크 관리자가 x86 서버와 동일한 수준으로 네트워크 장비를 제어할 수 있는 데 있다. 2장의 2.6절에서 설명한 바와 같이 SDN 방식에서는 스위칭 기능에서 데이터 평면과 제어 평면으로 분리해 별도의 장비로 운영한다. 데이터 평면은 단순히 패킷을 전달하는 데만 집중하고, 제어 평면은 경로를 설정하거나 QoS나 QoE 요구 사항에 맞게 라우팅 정책 파라미터와 우선순위를 지정하거나 변화하는 트래픽 패턴에 대응하는 것처럼 '지능적인' 동작을 전담한다. 오픈 인터페이스를 통해 스위칭 하드웨어는 내부 구현에 대한 세부 사항에 관계없이 항상 일정한 형태의 인터페이스를 제공할 수 있다. 마찬가지로 네트워킹 애플리케이션과 SDN 컨트롤러 사이에 통신하기 위한 인터페이스도 이러한 오픈 인터페이스 방식으로 정의한다.

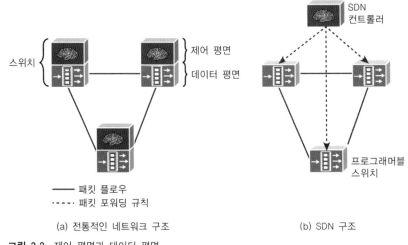

→ 그림 2.15 참조   **그림 3.2** 제어 평면과 데이터 평면

그림 3.3은 그림 2.15에서 소개한 구조를 SDN 접근 방식 관점에서 좀 더 상세하게 표현한 것이다. 데이터 평면은 물리 스위치와 가상 스위치로 구성된다. 어떤 형태의 스위치라도 모두 패킷을 전달하는 역할만 수행한다. 버퍼나

우선순위 파라미터나 포워딩에 관련된 여러 가지 자료 구조 등과 같은 구현에 관련된 세부 사항은 벤더마다 달라질 수 있다. 하지만 모든 스위치가 패킷 포워딩에 대해 동일한 모델 또는 추상화에 따라 구현해서 SDN 컨트롤러에게 개방해야 한다. 이 모델은 제어 평면과 데이터 평면 사이의 오픈 API(사우스바운드 API) 관점에서 정의한 것이다. 이러한 오픈 API^{Application Programming Interface}의 대표적인 예로 4장에서 소개할 오픈플로우^{OpenFlow}를 들 수 있다. 4장에서 자세히 설명하겠지만, 오픈플로우 규격은 제어 평면과 데이터 평면 사이의 프로토콜뿐만 아니라 제어 평면에서 오픈플로우 프로토콜을 호출하기 위한 API도 정의하고 있다.

API
애플리케이션 프로그램이 운영체제나 DBMS 또는 통신 프로토콜과 같은 다른 제어 프로그램과 통신할 때 사용하는 언어와 메시지 포맷이다. API는 프로그램에서 함수 호출 형태로 구현해, 실행할 기능을 서브루틴 형태로 연결한다. 오픈 API 또는 표준화된 API를 통해 애플리케이션 코드의 이식성과 호출한 서비스에 대한 벤더 독립성을 보장할 수 있다.

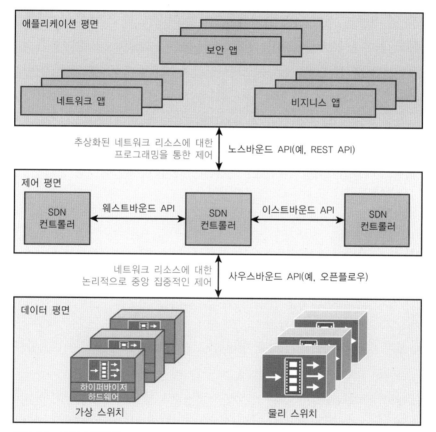

그림 3.3 SDN 아키텍처

SDN 컨트롤러는 서버에 직접 구현할 수도 있고, 가상 서버에 구현할 수도 있다. 오픈플로우를 비롯한 오픈 API는 데이터 평면에 있는 스위치를 제어할 때 사용한다. 또한 컨트롤러는 트래픽이 흐르는 네트워킹 장비를 통해 수집한

→ 5장, 'SDN 제어 평면' 참조

요구 사항과 수용 능력에 대한 정보를 활용한다. SDN 컨트롤러가 제공하는 노스바운드 API를 통해 개발자나 네트워크 관리자가 즉시 쓸 수 있는 형태의 패키지 또는 자체 제작한 네트워크 애플리케이션을 설치할 수 있다. 이러한 작업은 SDN이 등장하기 전에는 거의 불가능했다. 하지만 아직까지 노스바운드 API에 대한 표준standards이 제정되거나 합의가 이뤄지지 않았다. 여러 벤더마다 자사의 SDN 컨트롤러에 대한 프로그래밍 인터페이스를 REST^{REpresentational} State Transfer 방식의 API 형태로 나름대로 제공하고 있다.

표준
재료, 제품, 프로세스, 서비스 등이 원래 목적에 맞게 지속적으로 보장하기 위한 요구 사항과 명세서, 가이드라인, 특성 등에 대한 문서다. 표준은 표준 제정 기관에 참여하는 이들의 합의를 통해 만들어지며, 널리 알려진 기관을 통해 승인된다.

고가용성을 지원하기 위해 여러 컨트롤러가 협업해서 상태를 동기화하기 위한 수평 API(이스트/웨스트바운드 API)에 대해서도 개념만 나와 있을 뿐 아직까지 구체적인 형태는 정의된 바 없다.

애플리케이션 평면에는 SDN 컨트롤러와 상호 작용하는 다양한 애플리케이션이 존재할 수 있다. SDN 애플리케이션이란 네트워크에 대한 추상화된 뷰를 활용해 자신의 목적을 달성하는 데 필요한 의사 결정을 수행하는 프로그램을 가리킨다. 이러한 애플리케이션은 각자 네트워크에 대한 요구 사항과 원하는 네트워크 동작을 갖고 있으며, 이를 노스바운드 API를 통해 SDN 컨트롤러에게 요청한다. 애플리케이션의 예로는 에너지 효율 네트워킹과 보안 모니터링, 접근 제어, 네트워크 관리 등이 있다.

SDN의 특징

지금까지 설명한 내용을 정리하면 SDN의 주요 특징을 다음과 같이 요약할 수 있다.

- 제어 평면과 데이터 평면을 분리하고, 데이터 평면의 장치는 단순한 패킷 포워딩 장치로 취급한다(그림 3.2).
- 제어 평면은 하나의 중앙 집중적인 컨트롤러 또는 여러 개의 중앙 집중적인 컨트롤러가 협업하는 형태로 구현한다. SDN 컨트롤러는 자신이 관리하는 (여러 개의) 네트워크에 대한 하나의 중앙 집중적인 뷰를 제공한다. 컨트롤러는 이식 가능한 소프트웨어로 작성돼 일반 서버에서 구동할 수 있고, 네트워크에 대한 하나의 중앙 집중적인 뷰를 토대로 포워딩 장치를 프로그래밍할 수 있다.

- 제어 평면의 장비(컨트롤러)와 데이터 평면의 장비 사이를 연결하는 오픈 인터페이스를 제공한다.
- 네트워크는 SDN 컨트롤러 위에서 실행되는 애플리케이션을 통해 프로그래밍할 수 있다. SDN 컨트롤러는 네트워크 리소스에 대한 추상화된 뷰를 애플리케이션에게 제공한다.

3.3 SDN과 NFV 관련 표준

와이파이$^{Wi-Fi}$와 같은 기술과 달리 SDN과 NFV에 대한 **개방형 표준**$^{open\ standard}$이나 가이드라인은 단 하나의 표준화 기구가 아닌 다양한 표준 개발 기구^{SDO,} $^{Standards-Developing\ Organization}$와 산업체 컨소시엄, 오픈소스 프로젝트 등에서 만들고 있다. 표 3.1은 지금까지 이러한 표준을 개발하고 주요 결과를 도출한 주요 SDO와 관련 기관을 보여준다.

개방형 표준
표준에 관심 있는 모든 이에게 의사 결정의 절차가 공개된 형태로 개발되는 표준으로, 로얄티를 지불하지 않고도 누구나 구현할 수 있으며, 다양한 벤더의 제품끼리 서로 호환되게 장려하기 위한 목적으로 만든다.

표 3.1 SDN 및 NFV 관련 공개 표준화 활동

기구	목적	SDN 및 NFV 관련 활동
ONF(Open Networking Foundation)	개방형 표준 개발을 통한 SDN 홍보 및 확산을 추진하는 산업체 컨소시엄	오픈플로우
IETF(Internet Engineering Task Force)	인터넷에 대한 기술 표준 기구. RFC와 인터넷 표준을 개발	I2RS(Interface to Routing System), SFC (Service Function Chaining)
ETSI(European Telecommunication Standards Institute)	EU의 후원을 받는 표준화 기구로서 전 세계에 적용할 수 있는 정보 및 통신 기술에 대한 표준 개발	NFV 구조
오픈데이라이트 (OpenDaylight)	리눅스 재단(Linux Foundation) 후원의 협력 프로젝트	오픈데이라이트
ITU-T(International Telecommunication Union-Telecommunication Standardization Sector)	전 세계 통신 기술의 표준화를 위한 권고안Recommendation을 개발하는 UN 기구	SDN 기능 요구 사항 및 구조

(이어짐)

기구	목적	SDN 및 NFV 관련 활동
IRTF(Internet Research Task Force) SDNRG(Software Defined Networking Research Group)	IRTF의 연구 그룹으로, SDN 관련 RFC를 개발	SDN 구조
BBF(Broadband Forum)	브로드밴드 패킷 네트워킹 명세서를 개발하는 산업체 컨소시엄	통신 브로드밴드 네트워크의 SDN을 위한 요구 사항과 프레임워크
MEF(Metro Ethernet Forum)	대도시 및 광역 애플리케이션의 이더넷 사용을 촉진하기 위한 산업체 컨소시엄	SDN 및 NFV에 대한 서비스 오케스트레이션을 위한 API 정의
IEEE 802	LAN 표준 개발을 담당하는 IEEE 위원회	액세스 네트워크의 SDN 기능 표준화
OIF(Optical Internetworking Forum)	광 네트워크 제품에 대한 상호 운용성을 보장하는 네트워킹 솔루션과 서비스의 개발과 배포를 촉진하는 산업체 컨소시엄	SDN 구조에서 전송 네트워크에 대한 요구 사항
ODCA(Open Data Center Alliance)	클라우드 컴퓨팅을 위한 상호 운용 가능한 솔루션과 서비스를 개발하는 IT 선도 기관의 컨소시엄	SDN 활용 모델
ATIS(Alliance for Telecommunications Industry Solutions)	통합 커뮤니케이션(UC) 산업계의 표준을 개발하는 표준화 기구	SDN/NFV 프로그래머블 인프라스트럭처를 적용할 때의 장점과 해결해야 할 문제
OPNFV(Open Platform for NFV)	NFV 발전의 가속화에 집중하는 오픈소스 프로젝트	NFV 인프라스트럭처

표준화 기구

표준 개발 기구, 표준화 기구
공식적인 국가나 지역 또는 국제 표준화 기구로서 표준을 개발하고 특정한 국가나 지역이나 세계의 표준화 활동을 조율한다. SDO에 따라 기술 위원회 활동을 지원하는 방식으로 표준화를 추진하거나, 직접 표준 개발 과정에 참여하기도 한다.

SDN 및 NFV를 위한 표준화에 활발한 활동을 보여주고 있는 표준화 기구로는 ISOC, ITU-T, ETSI 등이 있다.

인터넷 소사이어티

표준 개발 기구SDO, Standards-Developing Organization(표준화 기구)마다 SDN을 바라보는 관점은 다양하다. SDN에서 가장 활발한 활동을 보여주고 있는 그룹은 인터넷 소사이어티ISOC, Internet Society 산하의 IETF와 IRTF다. ISOC은 인터넷의 설계,

엔지니어링, 관리에 대한 조정 위원회로서 인터넷의 운영과 인터넷에 연결된 단말 시스템에서 사용하는 프로토콜에 대한 표준화를 담당하고 있다. 표준을 개발하고 발표하는 구체적인 활동은 ISOC 산하의 여러 기관에서 담당하고 있다.

IETF^{Internet Engineering Task Force}에서는 SDN과 관련해 다음과 같은 두 가지 주제에 관련된 규격을 개발하는 워킹 그룹을 만들었다.

- I2RS(Interface to Routing Systems) 라우터와 상호 작용하기 위한 기능과 라우팅 정책을 적용하기 위한 라우팅 프로토콜을 개발
- SFC(Service Function Chaining) 여러 가상 서비스 플랫폼에서 자신이 다뤄야 할 트래픽만 볼 수 있도록 컨트롤러가 네트워크에 흐르는 트래픽의 일부에 대한 방향을 제어하기 위한 구조와 기능을 개발

IRTF에서는 'Software-Defined Networking(SDN): Layers and Architecture Terminology'(RFC 7426, 2015년 1월) 문서를 발표했다. 이 문서는 SDN 계층의 구조에 대한 현재의 접근 방식에 관련된 참고 문헌을 간결하게 정리하고 있다. 이 RFC^{Request For Comments} 문서에서는 사우스바운드 API에 대한 의견도 잘 정리하고 있으며, I2RS와 같은 구체적인 API에 대해서도 소개하고 있다.

IRTF는 소프트웨어 정의 네트워킹 연구 그룹^{SDNRG}도 후원하고 있다. 이 그룹은 SDN에 대해 다양한 관점에서 분석해 짧은 시기에 정의하고 배포하고 사용할 수 있는 접근 방식을 찾아내고, 향후 연구에서 해결해야 할 이슈를 밝혀내는 것을 목적으로 하고 있다.

RFC
IETF와 IRTF를 비롯한 인터넷 소사이어티의 출판 문서를 위한 공식 채널에 등록된 문서. RFC는 informational, best practice, draft standard, official internet standard 등으로 분류한다.

ITU-T

ITU-T^{International Telecommunication Union-Telecommunication Standardization Sector, 국제전기통신연합-전기통신표준화부문}는 UN 기관이다. 현재까지 SDN과 관련해 발표된 문서는 Y.3300(소프트웨어 정의 네트워킹 프레임워크^{Framework of Software Defined Networking}, 2014 6월) 권고안이 유일하다. 이 문서에서는 SDN의 정의, 목적, 고수준의 기능, 요구 사항, 고수준의 구조 등을 명시하고 있다. 또한 표준 개발을 위한 중요한 프레임워크 역할을 하고 있다.

ITU-T는 JCA-SDN^{Joint Coordination Activity on Software-Defined Networking}을 결성해 SDN 관련 표준을 개발하기 시작했다.

ITU-T에서는 SDN 관련 활동을 다음과 같은 네 개의 스터디 그룹^{SG}을 통해 진행하고 있다.

- SG 13(클라우드 컴퓨팅, 모바일, 차세대 네트워크를 비롯한 미래 네트워크) ITU-T에서 SDN 주제를 선도하는 스터디 그룹으로 Y.3300을 개발했다. 이 그룹은 차세대 네트워크^{NGN}에 대해 SDN과 가상화의 관점에서 연구하고 있다.

- SG 11(신호 방식 요구 사항, 프로토콜, 테스트 명세서) 이 그룹은 SDN 신호 방식^{signaling} 프레임워크와 SDN 기술의 IPv6 적용에 대한 연구를 진행하고 있다.

- SG 15(전송, 액세스, 홈) 광전송 네트워크, 액세스 네트워크, 홈 네트워크를 다루는 그룹으로서, ONF의 SDN 구조에 따라 SDN의 전송 부분을 연구한다.

- SG 16(멀티미디어) 이 그룹은 멀티미디어 패킷 흐름을 제어하기 위한 프로토콜로 오픈플로우를 검토하며, 가상 콘텐트 전달 네트워크를 연구하고 있다.

ETSI

ETSI^{European Telecommunications Standards Institute}는 유럽 연합^{EU}에서 공인한 유럽 표준화 기구^{European Standards Organization}다. 유럽 기관이지만 비영리 SDO로서 전 세계 회원 기관으로 구성돼 있으며, 여기서 만든 표준도 세계적으로 영향을 미치고 있다.

ETSI는 NFV^{Network Functions Virtualisation}에 대한 표준을 선도하고 있다. ETSI의 NFV ISG^{Industry Specification Group}에서는 2013년 1월부터 작업을 시작해 2015년 1월에 첫 번째 명세서 문서들을 발표했다. 이때 발표한 11개의 명세서로는 NFV 구조, 인프라스트럭처, 서비스 품질 메트릭, 관리 및 오케스트레이션, 회복력 요구 사항, 보안 가이드라인 등이 있다.

산업체 컨소시엄

개방형 표준을 위한 컨소시엄은 1980년대부터 등장하기 시작했다. 민간 부문의 다국적 회사들 사이에서 기존 SDO가 빠른 속도로 발전하는 기술에 대한 유용한 표준을 개발하는 데 너무 느리다는 공감대가 형성된 것을 계기로 컨소시엄이 형성되기 시작했다. 최근에는 여러 컨소시엄에서 SDN과 NFV 표준을 개발하고 있다. 그중에서도 가장 주목할 만한 활동을 보여주고 있는 단체를 몇 가지 소개한다.

→ 4장. 'SDN 데이터 평면과 오픈플로우' 참조

SDN 표준화와 관련해 가장 핵심적인 컨소시엄^{consortium}은 ONF^{Open Networking Foundation}다. ONF는 개방형 표준 개발을 통해 SDN의 홍보와 도입을 촉진하기 위해 결성된 산업체 컨소시엄이다. 지금까지 ONF에서 내놓은 가장 중요한 결과물은 오픈플로우 프로토콜과 API다. 오픈플로우 프로토콜은 SDN을 위해 특별히 설계된 최초의 표준 인터페이스로서 여러 네트워크와 관련 SW 및 HW 제품에서 널리 사용하고 있다. 이 표준은 하나의 논리적으로 중앙 집중적인 형태의 제어 소프트웨어에게 잘 정의된 '포워딩 명령 집합'을 통해 네트워크 장치의 동작을 수정할 수 있는 능력을 부여함으로써 네트워크를 점진적으로 발전시켜나갈 수 있게 해준다. 오픈플로우 프로토콜에 대해서는 4장에서 자세히 다룬다.

컨소시엄
공통 관심사를 가진 독립적인 기관들이 모인 그룹. 표준 개발 분야에서 컨소시엄은 통상적으로 관련 분야의 특정한 기술 분야에 관심이 많은 회사나 단체로 구성된다.

ODCA^{Open Data Center Alliance}는 클라우드 컴퓨팅을 위한 상호 운영 가능한 솔루션과 서비스의 도입을 가속화하기 위해 대표적인 글로벌 IT 업체들이 결성한 컨소시엄이다. 여기에서는 SDN과 NFV의 활용 모델을 개발해 클라우드에 SDN과 NFV를 적용하기 위한 요구 사항을 정의한다.

ATIS^{Alliance for Telecommunications Industry Solutions}는 회원제 기반의 기관으로서 산업계에서 기존 시스템과 새롭게 떠오르는 통신 제품 및 서비스 사이의 상호 운용을 위한 표준과 가이드라인 운영 절차 등을 제공한다. ATIS는 ANSI에서 공인한 기관이지만, SDO라기보다는 일종의 컨소시엄에 가깝다. 지금까지 ATIS에서는 운영상의 이슈와 SDN 및 NFV을 이용한 프로그래머블 인프라스트럭처의 장점에 대해 설명하는 문서를 발간했다.

오픈소스 프로젝트

SDO와 같은 공식 기관이나 산업체 멤버로 결성된 기관이 아닌 다른 형태의 단체도 많이 등장했다. 일반적으로 이러한 단체는 특정한 주제에 대해 개방형 표준 또는 오픈소스 소프트웨어를 개발하는 것을 목적으로 사용자 주도로 결성돼 활동하고 있다. SDN 및 NFV 표준화 분야에서도 이러한 단체가 많이 생겼으며, 활발히 활동하고 있다. 이 절에서는 그중에서도 가장 눈에 띄는 단체를 소개한다.

오픈데이라이트

→ 5.3절, '오픈데이라이트' 참조

오픈데이라이트^{ODL, OpenDaylight}는 리눅스 재단^{Linux Foundation}의 후원을 받아 결성된 오픈소스 소프트웨어 활동 단체다. 이 프로젝트의 회원사들은 다양한 애플리케이션을 위한 SDN 컨트롤러를 개발하기 위해 각자 리소스를 투입하고 있다. 핵심 회원사는 회사지만, 개인 개발자나 사용자도 참여할 수 있기 때문에 컨소시엄이라기보다는 오픈소스 프로젝트의 성격이 강하다. ODL에서는 사우스바운드 프로토콜을 통한 네트워크 프로그래머빌리티와 다양한 프로그래머블 네트워크 서비스, 여러 가지 노스바운드 API 및 애플리케이션도 제공하고 있다.

오픈데이라이트는 대략 30개의 프로젝트로 구성돼 있으며, 각각의 결과를 동시에 발표한다. 2014년 2월에 첫 번째 릴리스인 하이드로젠^{Hydrogen}을 발표했으며, 두 번째 릴리스인 헬륨^{Helium}도 그해 9월 말에 성공적으로 출시됐다.

OPNFV

OPNFV^{Open Platform for NFV}는 표준 NFV 구성 요소의 빠른 도입을 위해 결성된 오픈소스 프로젝트다. OPNFV는 캐리어급의 통합 오픈소스 참조 플랫폼을 업체들이 함께 구축함으로써 NFV를 빠르게 발전시키고, 일관성과 성능뿐만 아니라 다양한 오픈소스 구성 요소끼리 상호 운용 가능하게 하고 있다. 이미 오픈소스 형태의 NFV 구성 요소가 다양하게 존재하고 있기 때문에 OPNFV에서는 다양한 오픈소스 프로젝트와 협력해 지속적인 통합과 테스팅 작업을 관리하고, 이들 사이에 부족한 부분을 채우는 역할을 담당한다.

오픈스택

→ 7.4절, 'NFV 이점과 요구 사항' 참조

오픈스택^{OpenStack}은 오픈소스 클라우드 운영체제를 개발하기 위해 결성된 오픈소스 프로젝트다. 멀티테넌트^{multitenant} 서비스형 인프라스트럭처^{IaaS, Infrastructure as a Service}를 제공하고 있으며, 이를 구현하기 쉽고 확장성이 뛰어나게 만들어서 모든 규모의 퍼블릭 및 프라이빗 클라우드에 대한 요구 사항을 만족하는 것을 목표로 진행하고 있다. 이 프로젝트의 네트워크 부분에 대해 SDN 기술이 적용될 것으로 기대하고 있으며, 이를 통해 클라우드 운영체제를 좀 더 효율적이고 유연하고 안정적으로 만들 수 있다.

오픈스택은 여러 개의 프로젝트로 구성돼 있는데, 그중에서도 뉴트론^{Neutron}이 네트워킹을 담당하고 있다. 뉴트론은 다른 오픈스택 서비스에게 서비스형 네트워크^{NaaS, Network as a Service}를 제공한다. 현재 나온 거의 모든 SDN 컨트롤러에서 뉴트론을 위한 플러그인을 제공하고 있으며, 이를 통해 오픈스택 서비스에서 풍부한 네트워킹 토폴로지를 구축하고, 고급 네트워크 정책을 클라우드에 설정할 수 있다.

3.4 핵심 용어

3장을 통해 다음과 같은 용어를 배웠다.

애플리케이션 프로그래밍 인터페이스(API)		컨소시엄 데이터그램
플로우	IEEE 802	노스바운드 API
개방형 표준	패킷 스위칭	REST
RFC	SFC(서비스 기능 체이닝)	사우스바운드 API
표준	표준화 기구, 표준 개발 기구(SDO)	
TCP/IP 프로토콜 구조		

3.5 참고 문헌

ODCA14 Open Data Center Alliance. Open Data Center Alliance Master Usage Model: Software-Defined Networking Rev. 2.0. White Paper. 2014.

ONF12 Open Networking Foundation. Software-Defined Networking: The New Norm for Networks. ONF White Paper, April 13, 2012.

Chapter | 4

SDN 데이터 평면과 오픈플로우

사임은 계속해서 열변을 토했다. "분명히 말씀드리지만, 열차가 역에 들어올 때마다 저는 적의 포위망을 뚫고 들어오는 기분이 듭니다. 인간이 혼란에 대항하는 전쟁에서 승리했다는 느낌이란 말입니다. 슬론스퀘어 역을 떠나면 반드시 빅토리아 역에 도착한다고 조롱하듯 얘기하셨지만, 저는 그 사이에 수천 가지의 일이 일어날 수 있다고 생각하기 때문에 빅토리아 역에 도착할 때는 안도의 한숨을 내쉽니다. 승무원이 '빅토리아 역입니다'라고 외치는 소리는 제겐 큰 의미를 지닙니다. 그것은 전쟁의 승전보를 알리는 전령의 외침 같습니다. 그 외침은 말 그대로 '빅토리'처럼 들려요. 아담의 승리죠."

— 목요일이었던 남자(The Man Who Was Thursday),
G. K. 체스터턴(Chesterton)

4장에서 다루는 내용

4장을 읽고 나면 다음과 같은 것을 할 수 있다.

- SDN 데이터 평면에 대한 전반적인 구조와 기능을 파악할 수 있다.
- 오픈플로우의 논리적인 네트워크 디바이스에 대한 개념을 이해할 수 있다.
- 오픈플로우의 플로우 테이블 엔트리 구조를 설명할 수 있다.
- 오픈플로우 파이프라인의 작동 방식을 이해할 수 있다.
- 그룹 테이블의 작동 방식을 설명할 수 있다.
- 오픈플로우 프로토콜의 기본 요소를 이해할 수 있다.

4.1절에서는 SDN에 대해 데이터 평면 관점에서 좀 더 자세히 살펴본다(그림 4.1). 나머지 절에서는 SDN 데이터 평면의 대표적인 구현으로 널리 알려진 오픈플로우에 대해 설명한다. 오픈플로우는 데이터 평면 기능의 논리적인 구조에

대한 규격과, SDN 컨트롤러와 네트워크 장치가 서로 통신하는 데 사용할 프로토콜에 대한 규격으로 구성돼 있다. 4.2절과 4.3절에서는 오픈플로우 논리 네트워크 장치와 오픈플로우 프로토콜에 대해 자세히 소개한다.

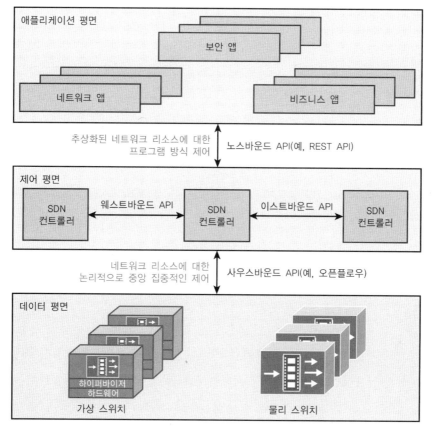

그림 4.1 SDN 아키텍처

4.1 SDN 데이터 평면

SDN 데이터 평면data plane이란 네트워크 포워딩 장치가 SDN 제어 평면에서 지정한 기준에 따라 데이터를 전송하고 처리하는 영역으로서 흔히 인프라스트럭처 계층이라 부르며, ITU-T Y.3300에서는 리소스 계층이라고 표현한다. SDN 네트워크에서 이러한 장치는 별도의 소프트웨어를 탑재해 자율적인 의사 결정을 하지 않고, 단순히 포워딩 기능만 수행한다는 점이 가장 큰 특징이다.

데이터 평면 기능

그림 4.2는 데이터 평면에 있는 네트워크 장치(데이터 평면 네트워크 요소 또는 스위치)에서 수행하는 기능을 보여준다. 이러한 네트워크 장치의 주된 기능은 다음과 같다.

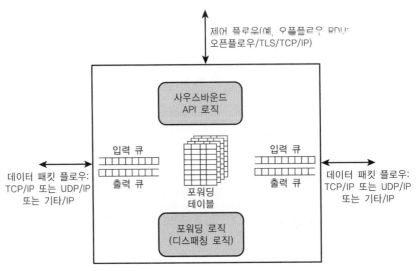

그림 4.2 데이터 평면 네트워크 장치

- **제어 지원 기능** 리소스 제어 인터페이스를 통해 SDN 컨트롤러 계층과 상호 작용하면서 프로그래밍 기능을 제공한다. 스위치는 컨트롤러와 통신하며, 컨트롤러는 오픈플로우 프로토콜을 통해 스위치를 관리한다.
- **데이터 포워딩 기능** 다른 네트워크 장치나 단말 시스템으로부터 들어온 데이터 플로우를 받아 SDN 애플리케이션에서 정의한 룰에 따라 결정된 데이터 포워딩 경로에 따라 포워딩한다.

이때 네트워크 장치에서 사용하는 포워딩 룰은 포워딩 테이블에 저장되며, 특정한 종류의 패킷에 대한 다음 전달 경로를 정의한다. 네트워크 장치는 단순히 패킷을 포워딩할 뿐만 아니라 포워딩하기 전에 헤더를 변경할 수도 있고, 패킷을 버릴 수도 있다. 그림에서 보는 바와 같이 패킷이 들어오면 입력 큐에 저장돼 네트워크 장치에서 처리할 때까지 기다렸다가 포워딩 처리가 끝나면 패킷을 출력 큐에 올려둬서 전송되길 기다린다.

그림 4.2에 나온 네트워크 장치는 세 개의 I/O 포트를 갖고 있다. 하나는 SDN 컨트롤러와 제어 관련 통신을 수행하기 위한 것이고, 나머지 두 개는 데이터 패킷에 대한 입력과 출력에 사용된다. 그림에서는 굉장히 단순한 사례만 표현했는데, 실제로 네트워크 장치는 여러 포트를 통해 한 개 이상의 SDN 컨트롤러와 연결될 수도 있고, 장치에 들어오거나 나오는 패킷 플로우를 처리하기 위해 두 개 이상의 I/O 포트를 사용한다.

데이터 평면 프로토콜

그림 4.2를 보면 네트워크 장치에서 특정한 프로토콜을 지원하는 것을 알 수 있다. 데이터 패킷 플로우는 IP 패킷에 대한 스트림으로 구성된다. 포워딩 테이블은 TCP나 UDP 뿐만 아니라 다른 전송 계층 및 응용 계층 프로토콜에 대한 헤더 필드를 기반으로 엔트리를 구성한다. 네트워크 장치는 패킷의 IP를 비롯한 여러 헤더를 보고 어디로 보낼지 결정한다.

그림에 나온 트래픽 플로우 중에서 사우스바운드 API도 중요한 역할을 한다. 이 부분은 오픈플로우 프로토콜의 PDU^Protocol Data Unit나 이와 유사한 사우스바운드 API 프로토콜 트래픽으로 구성된다.

4.2 오픈플로우의 논리적 네트워크 장치

SDN의 개념을 실제로 구현하기 위해서는 다음과 같은 두 가지 요구 사항을 만족시켜야 한다.

- SDN 컨트롤러로 관리하는 모든 스위치나 라우터와 같은 네트워크 장치에 공통적으로 적용되는 논리적인 아키텍처를 정의해야 한다. SDN 컨트롤러 입장에서 볼 때 모든 장치를 논리적으로 일정한 기능을 가진 스위치로 볼 수만 있다면 구체적인 구현 방식이 벤더나 장비마다 달라도 상관없다.
- SDN 컨트롤러와 네트워크 장치가 서로 통신하는 데 필요한 표준 보안 프로토콜이 필요하다.

바로 이러한 요구 사항을 만족시키기 위해 오픈플로우^OpenFlow가 등장했다. 오픈플로우는 SDN 컨트롤러와 네트워크 장치가 서로 통신하기 위한 프로토콜

오픈 네트워킹 파운데이션 오픈플로우 정의

부분과 공통적으로 적용될 네트워크 스위치 기능에 대한 논리적인 구조에 대한 규격으로 구성돼 있다. 오픈플로우는 ONF^{Open Networking Foundation}에서 출간한 공식 표준 문서인 'OpenFlow Switch Specification'에 정의돼 있다.

이 절에서는 오픈플로우에서 정의한 논리적인 스위치 아키텍처를 소개하며, 이 책을 집필하는 시점에서 최신 버전인 2015년 3월 26일 발표된 1.5.1 버전의 오픈플로우 규격을 기준으로 설명한다.

그림 4.3은 오픈플로우 환경의 주요 구성 요소인 SDN 컨트롤러와 오픈플로우 스위치, 단말 시스템의 관계를 보여준다. 오픈플로우 소프트웨어는 SDN 컨트롤러에 함께 포함돼 있다.

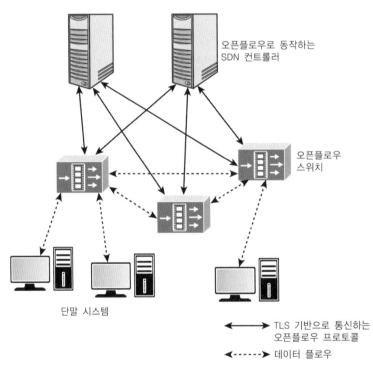

그림 4.3 오픈플로우 네트워크 환경

오픈플로우 스위치

하나의 개체로 관리할 수 있는 일련의 오픈플로우 리소스 집합으로서 데이터 패스와 컨트롤 채널로 구성된다. 오픈플로우 스위치는 오픈플로우 포트를 통해 논리적으로 다른 스위치와 서로 연결할 수 있다.

그림 4.4는 오픈플로우 네트워크의 주요 구성 요소를 보여준다. SDN 컨트롤러는 TLS^{Transport Layer Security}로 연결된 채널에서 오픈플로우 프로토콜을 통해 오픈플로우 호환 스위치와 통신한다. 각 스위치는 다른 **오픈플로우 스위치**와 연결돼 있는데, 그중 일부는 패킷의 출발지와 목적지에 해당하는 단말 장치에 연결된다. 스위치 입장에서 이렇게 서로 연결하는 인터페이스를 **오픈플로우 채널**

이라 부른다. 이러한 채널은 **오픈플로우 포트**를 통해 연결된다. 스위치와 SDN 컨트롤러를 연결할 때도 이러한 오픈플로우 포트를 사용한다. 오픈플로우에서는 포트를 다음과 같이 세 가지 형태로 정의하고 있다.

- **물리 포트** 스위치의 하드웨어 인터페이스로서 이더넷 스위치의 경우 이러한 물리 포트는 이더넷 인터페이스와 일대일 대응된다.

- **논리 포트** 스위치의 하드웨어 인터페이스와 직접 연결되지 않는 고수준으로 추상화한 포트로서 (링크 통합^{link aggregation} 그룹이나 터널^{tunnel}, 루프백^{loopback} 인터페이스와 같이) 오픈플로우가 아닌 방식으로 정의할 수도 있다. 논리 포트는 패킷 캡슐화를 하거나 여러 물리 포트에 매핑될 수도 있다. 이러한 논리 포트에서 작업을 처리하는 방식은 스위치의 구현 방식에 따라 달라질 수 있으며, 오픈플로우 처리 과정에는 보이지 않게 추상화하고 오픈플로우 물리 포트처럼 오픈플로우 작업을 처리할 수 있어야 한다.

- **예약 포트** 오픈플로우 규격에 정의한 포트로서 컨트롤러와 패킷을 주고받거나, 플러딩^{flooding}을 하거나, 오픈플로우가 아닌 방식으로 포워딩하는 '노멀^{normal}' 스위치 방식의 범용 포워딩 액션을 정의하고 있다.

오픈플로우 스위치는 서로 연속적으로 연결된 여러 개의 테이블을 사용해 패킷의 플로우를 처리한다.

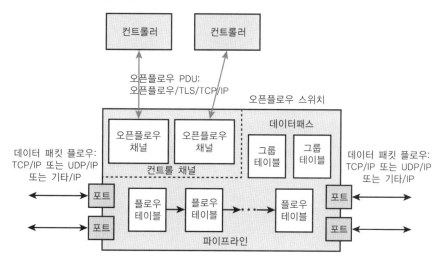

그림 4.4 오픈플로우 스위치

오픈플로우 채널

오픈플로우 스위치와 오픈플로우 컨트롤러를 연결하는 인터페이스로서 컨트롤러가 스위치를 관리하는 용도로 사용한다.

오픈플로우 포트

오픈플로우 파이프라인에 패킷이 들어오거나 나가는 문. 오픈플로우 스위치는 다른 오픈플로우 스위치로 패킷을 전달할 수 있는데, 이때 패킷은 반드시 보내는 스위치의 오픈플로우 포트를 통해 나와서 받는 스위치의 인그레스 오픈플로우 포트로 전달돼야 한다.

→ 10장, 'QoS: 서비스 품질' 참조

오픈플로우 규격에 나온 논리적인 스위치 아키텍처에서는 세 종류의 테이블을 정의하고 있다. 플로우 테이블^{flow table}은 스위치에 들어온 패킷을 특정한 플로우에 매칭해서 어떤 동작을 수행할지 정의한다. 이때 여러 개의 테이블이 파이프라인 형태로 연결된 방식으로 처리할 수도 있다. 플로우 테이블은 매칭된 패킷들(플로우)을 **그룹 테이블**^{group table}로 보내서 하나 이상의 플로우에 적용될 다양한 액션을 수행할 수 있다. 미터 테이블^{meter table}은 해당 플로우의 성능에 관련된 여러 가지 액션을 수행한다. 미터 테이블에 대해서는 10장에서 자세히 설명한다. 컨트롤러는 오픈플로우 스위치 프로토콜을 통해 플로우 항목을 테이블에 추가하거나 갱신하거나 삭제할 수 있으며, 이러한 작업은 패킷이 들어올 때마다 처리할 수도 있고(리액티브^{reactive} 방식), 패킷이 들어오기 전에 미리 지정할 수도 있다(프로액티브^{proactive} 방식).

여기서 잠깐, 플로우^{flow}란 용어부터 정확히 정의하고 넘어가자. 흥미롭게도 이 용어는 오픈플로우 규격에 정의돼 있지 않을 뿐만 아니라 아무도 이 용어를 정의하려고 한 적이 없지만, 오픈플로우와 관련된 거의 모든 문서에서 이 단어를 사용하고 있다. 일반적으로 플로우는 일정한 헤더 필드 값들을 공유하며 네트워크를 돌아다니는 일련의 패킷을 의미한다. 예를 들어 출발지와 목적지 IP 주소가 서로 같거나 VLAN ID가 동일한 패킷들이 하나의 플로우를 구성하게 된다. 이러한 플로우라는 개념에 대해 다음 절에서 좀 더 정확히 정의해보자.

플로우 테이블 구조

논리적인 스위치 아키텍처에서 가장 기본적인 구성 요소는 플로우 테이블이다. 각각의 패킷은 스위치에 들어올 때마다 한 개 이상의 플로우 테이블을 통과하게 된다. 각 플로우 테이블은 여러 개의 행(엔트리^{entry})으로 구성돼 있는데, 각 행은 다음과 같이 일곱 개의 요소(그림 4.5)로 구성된다.

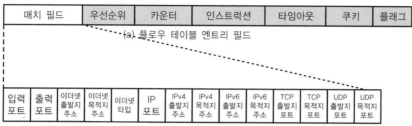

(a) 플로우 테이블 엔트리 필드

입력 포트	출력 포트	이더넷 출발지 주소	이더넷 목적지 주소	이더넷 타입	IP 포트	IPv4 출발지 주소	IPv4 목적지 주소	IPv6 출발지 주소	IPv6 목적지 주소	TCP 출발지 포트	TCP 목적지 포트	UDP 출발지 포트	UDP 목적지 포트

(b) 플로우 테이블 매치 필드(필수 필드)

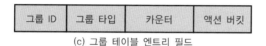

(c) 그룹 테이블 엔트리 필드

그림 4.5 오픈플로우 테이블 엔트리 포맷

- **매치 필드(Match Field)** 필드에 나온 값과 일치하는(매칭되는) 패킷을 선택할 때 사용한다.

- **우선순위(Priority)** 테이블 엔트리에 대한 상대적인 우선순위. 16비트로 표현하며, 0은 가장 낮은 우선순위를 의미한다. 이론상 2^{16} = 64k 단계로 우선순위를 나눌 수 있다.

- **카운터(Counter)** 매칭되는 패킷이 발견될 때마다 갱신한다. 오픈플로우 규격에서는 여러 종류의 카운터를 정의하고 있다. 표 4.1은 오픈플로우 스위치에서 반드시 지원해야 하는 카운터를 보여준다.

- **인스트럭션(Instruction)** 매치 필드에 매칭되는 패킷을 발견할 때마다 수행하는 명령

- **타임아웃(Timeout)** 플로우가 스위치에서 만료될 때까지 최대한 기다리는 시간. 플로우 엔트리마다 idle_timeout과 hard_timeout 값을 정의할 수 있다. hard_timeout은 0보다 큰 초 단위의 값으로 지정하며, 이 시간이 지나면 패킷의 매치 여부와 관계없이 무조건 해당 플로우 엔트리를 제거한다. idle_timeout 역시 0보다 큰 초 단위의 값으로 지정하며, 지정한 시간 내에 아무런 패킷도 매치되지 않으면 해당 플로우 엔트리를 제거한다.

- **쿠키(Cookie)** 컨트롤러에서 지정하는 64비트 데이터 값으로, 컨트롤러에서 플로우 통계를 필터링하거나 플로우를 수정하거나 삭제할 때 사용한다. 값만 봐서는 의미를 알 수 없으며, 패킷을 처리하는 과정에서는 사용하지 않는다.

- **플래그(Flag)** 플로우 엔트리를 관리하는 방식을 설정한다. 예를 들어 OFPFF_SEND_FLOW_REM 플래그를 설정하면 해당 플로우 엔트리에 대해 플로우 제거 메시지를 보내게 된다.

표 4.1 필수 오픈플로우 카운터

카운터	사용 단위	비트 길이
Reference count(사용 중인 엔트리)	플로우 테이블	32
Duration(초 단위)	플로우 엔트리	32
Received packets	포트	64
Transmitted packets	포트	64
Duration(초 단위)	포트	32
Transmit packets	큐	64
Duration(초 단위)	큐	32
Duration(초 단위)	그룹	32
Duration(초 단위)	미터	32

매치 필드 구성 요소

테이블 엔트리를 구성하는 매치 필드는 다음과 같은 필수 필드로 구성된다(그림 4.5의 (b) 참조).

- **인그레스(입력) 포트(Ingress port)** 현재 스위치에서 패킷이 도착한 포트의 ID. 이 포트는 물리 포트일 수도 있고, 스위치에서 정의한 가상 포트일 수도 있다. (패킷 입력을 처리하는) 인그레스 테이블에서 사용한다.

- **이그레스(출력) 포트(Egress port)** 액션 집합에서 사용하는 출력 포트의 ID. (패킷 출력을 처리하는) 이그레스 테이블에서 사용한다.

- **이더넷 출발지 및 목적지 주소** 이 항목은 구체적인 값exact match으로 표현할 수도 있고, 비트 마스크로 일정한 주소 대역을 지정하거나 (모든 값을 허용하는) 와일드카드wildcard 값으로 지정할 수도 있다.

- **이더넷 타입 필드** 이더넷 패킷의 페이로드 타입을 지정한다.

- **IP** IP 버전 4 또는 6을 지정한다.

- **IPv4 또는 IPv6의 출발지 및 목적지 주소** 이 항목에 구체적인 주소 값으로 지정할 수도 있고, 비트 마스크를 적용한 값으로 표현할 수도 있고, 서브넷 마스크 값으로 지정할 수도 있고, 와일드카드 값으로 지정할 수도 있다.
- **TCP 출발지 및 목적지 포트** 구체적인 값 또는 와일드카드로 지정한다.
- **UDP 출발지 및 목적지 포트** 구체적인 값 또는 와일드카드로 지정한다.

앞에서 소개한 매치 필드는 오픈플로우 호환 스위치에서 반드시 지원해야 한다. 다음에 나오는 필드는 옵션이다.

- **물리 포트** 패킷이 들어온 논리 포트에 대응되는 스위치의 실제 포트
- **메타데이터** 패킷을 처리하는 과정에서 다른 테이블로 전달하는 부가 정보. 여기에 대해서는 나중에 자세히 설명한다.
- **VLAN ID 및 VLAN 사용자 우선순위** IEEE 802.1Q virtual LAN header에서 정의한 필드로서 8장, 'NFV 기능'에서도 설명하고 있지만, SDN은 VLAN을 지원한다.
- **IPv4 및 IPv6의 DS와 ECN** 차등 서비스Differentiated Service에 대한 필드(DS 필드)와 명시적 혼잡 알림Explicit Congestion Notification에 대한 필드(ECN 필드)
- **SCTP 출발지 및 목적지 포트** STCPStream Transmission Control Protocol에 대한 값으로서 구체적인 값으로 지정하거나 와일드카드 값으로 지정한다.
- **ICMP 타입 및 코드 필드** 구체적인 값으로 지정하거나 와일드카드 값으로 지정한다.
- **ARP 옵코드(opcode)** 이더넷 타입 필드에 구체적인 값으로 지정한다.
- **ARP 페이로드의 IPv4 출발지 및 목적지 주소** 구체적인 값으로 지정할 수도 있고, 비트 마스크 값으로 지정할 수도 있고, 서브넷 마스크 값으로 지정할 수도 있고, 와일드카드 값으로 지정할 수도 있다.
- **IPv6 플로우 레이블** 구체적인 값으로 지정하거나 와일드카드 값으로 지정한다.
- **ICMPv6 타입 및 코드 필드** 구체적인 값으로 지정하거나 와일드카드 값으로 지정한다.

- **IPv6 이웃 탐색 타겟 주소** IPv6의 이웃 탐색(인접 탐색^{Neighbor Discovery}) 메시지

- **IPv6 이웃 탐색 출발지 및 목적지 주소** IPv6의 이웃 탐색 메시지에서 옵션으로 지정하는 링크 계층 주소

- **MPLS 레이블, 트래픽 클래스, BoS** MPLS 레이블 스택의 최상위 레이블에 해당하는 필드

- **프로바이더 브리지 트래픽 ISID** 서비스 인스턴스 ID

- **터널 ID** 논리 포트에 대한 메타데이터

- **TCP 플래그** TCP 헤더에 있는 플래그 비트. TCP 연결의 시작과 끝을 감지할 때 사용하기도 한다.

- **IPv6 익스텐션** 익스텐션 헤더

이처럼 오픈플로우는 다양한 프로토콜과 네트워크 서비스에 대한 네트워크 트래픽을 처리하는 기능을 지원한다. 한 가지 주목할 부분은 MAC(링크) 계층에서는 이더넷만 지원한다는 점이다. 따라서 현재는 무선 네트워크를 이용하는 L2 트래픽을 제어하는 기능은 지원하지 않고 있다.

매치 필드에 나온 각 항목마다 값을 구체적으로 지정할 수도 있고, 해당 패킷의 헤더 필드에 어떠한 값이 와도 매치할 수 있게 와일드카드로 지정할 수도 있다. 플로우 테이블에는 테이블 미스 플로우 엔트리를 지정할 수도 있는데, 이 엔트리는 (어떠한 값이라도 매치하게) 모든 매치 필드에 와일드카드 값을 적용하며, 우선순위를 가장 낮게 설정한다.

이제 플로우란 용어를 좀 더 구체적으로 정의해보자. 각각의 스위치 관점에서 볼 때 플로우란 플로우 테이블에서 특정한 엔트리와 일치하는(매치되는) 일련의 패킷이다. 이 정의는 네트워크에서 지나가는 경로에 대한 함수가 아니라, 플로우를 구성하는 패킷의 헤더 필드 값에 대한 함수라는 점에서 다분히 패킷 중심적인 정의라 볼 수 있다. 여러 스위치에 지정된 플로우 엔트리를 조합하면 특정한 경로에 대한 플로우를 정의할 수 있다.

인스트럭션의 구성 요소

테이블 엔트리에서 인스트럭션은 해당 엔트리에 패킷이 매치될 때 실행할 명령

들의 집합으로 구성된다. 인스트럭션의 종류에 대해 설명하기 전에 먼저 액션action과 액션 셋action set이란 용어부터 정의할 필요가 있다. 액션은 패킷을 포워딩하거나, 패킷을 수정하거나, 그룹 테이블 처리 연산을 수행하는 것과 같은 동작을 의미한다. 오픈플로우 규격에서는 다음과 같은 액션을 정의하고 있다.

- **Output** 특정한 포트로 패킷을 포워딩한다. 이때 포트는 다른 스위치에 연결된 출력 포트일 수도 있고, 컨트롤러에 연결된 포트일 수도 있다. 컨트롤러에 연결된 포트라면 패킷을 먼저 캡슐화해서 컨트롤러에 보낸다.

- **Set-Queue** 패킷에 대한 큐 ID를 지정한다. Output 액션을 통해 특정 포트로 패킷이 전달되면 큐 ID를 보고, 이 포트에 지정된 큐 중에서 해당 패킷에 대해 스케줄링하고 포워딩할 큐를 결정한다. 포워딩 동작은 큐의 설정에 따라 수행되며, 큐를 통해 기본적인 QoS 기능을 지원한다. SDN에서 QoS를 보장하는 방법에 대해서는 10장에서 자세히 설명한다.

- **Group** 지정한 그룹에서 패킷을 처리한다.

- **Push-Tag/Pop-Tag** VLAN이나 MPLS^Multiprotocol Label Switching 패킷에 태그tag 필드를 푸시하거나 팝한다.

- **Set-Field** 패킷 헤더 중에서 이 액션에 지정한 필드에 해당하는 헤더 값을 수정한다.

- **Change-TTL** 패킷의 IPv4 TTL^time to live, IPv6 홉 제한hop limit, MPLS TTL 의 값을 수정한다.

- **Drop** 드롭(패킷 폐기) 액션에 대해서는 별도로 액션을 정의하지 않고, 액션 셋에 출력 액션을 지정하지 않은 패킷을 버리게 된다.

액션 셋이란 각 테이블에서 패킷을 처리하는 동안 쌓아둔 패킷에 대해 수행할 액션들로 구성된 리스트로서 패킷이 파이프라인을 벗어날 때 실행된다.

다시 인스트럭션으로 돌아와서 오픈플로우에서는 인스트럭션을 다음과 같이 네 종류로 분류하고 있다.

- **패킷을 파이프라인으로 보내는 인스트럭션** Goto-Table 인스트럭션은 특정 패킷을 파이프라인 상에 있는 다른 테이블로 보낸다. Meter 인스트럭션은 해당 패킷을 특정한 미터로 보낸다.

- **패킷에 대해 액션을 수행하는 인스트럭션** 테이블 엔트리에 매치되는 순간 액션을 수행할 수도 있다. Apply-Actions 인스트럭션을 통해 원하는 액션을 지정하면 해당 패킷에 대해 지정된 액션 셋은 변경하지 않고 즉시 해당 액션을 수행한다. 이 인스트럭션은 파이프라인에서 테이블 사이를 건너뛰는 동안 패킷을 수정할 때 주로 사용된다.

- **액션 셋을 수정하는 인스트럭션** Write-Actions 인스트럭션은 해당 패킷에 대해 현재 지정된 액션 셋에 특정한 액션을 추가한다. Clear-Actions 인스트럭션은 현재 액션 셋에 지정된 모든 액션을 삭제한다.

- **메타데이터를 수정하는 인스트럭션** 패킷마다 메타데이터 값을 지정해서 다음 테이블로 특정한 정보를 전달할 수 있다. Write-Metadata 인스트럭션은 기존에 지정된 메타데이터 값을 수정하거나, 기존에 지정한 값이 없다면 새로운 값을 생성한다.

플로우 테이블 파이프라인

스위치에는 테이블이 한 개 이상 존재할 수 있다. 테이블을 한 개 이상 사용하면 각 테이블마다 0부터 하나씩 증가하는 숫자 값으로 레이블을 붙여서 하나의 파이프라인으로 구성한다. 이렇게 파이프라인을 구성하는 멀티테이블 기능을 사용하면 플로우 테이블을 하나만 사용할 때보다 SDN 컨트롤러 입장에서 할 수 있는 일의 범위가 훨씬 커진다.

오픈플로우 규격에서는 파이프라인 처리 과정을 다음과 같이 두 단계로 정의하고 있다.

- **인그레스 프로세싱(ingress processing)** 입력 포트로 들어오는 패킷을 처리하는 작업으로서 장치마다 반드시 처리해야 하는 작업이다. 이 작업은 0번 테이블에서 시작하며, 포트 ID로 입력 포트를 구분한다. 0번 테이블 (Table 0)만 존재할 수도 있는데, 이때는 별도의 이그레스 프로세싱을 거치지 않고, 하나의 테이블에서 모든 작업을 처리하게 인그레스 프로세싱을 구성한다.

- **이그레스 프로세싱(egress processing)** 이그레스 프로세싱이란 출력 포트를 결정한 뒤에 수행하는 작업으로서 출력 포트 문맥에서 실행된다. 이

단계는 옵션이며, 생략할 수도 있다. 이그레스 프로세싱을 수행할 경우 한 테이블로만 처리할 수도 있고, 여러 테이블로 처리할 수도 있다. 인그레스 프로세싱과 이그레스 프로세싱을 구분할 때는 첫 번째 이그레스 테이블에 숫자로 명시한 ID 값을 이용한다. 첫 번째 이그레스 테이블보다 낮은 값으로 지정된 테이블은 반드시 인그레스 테이블로 사용해야 하며, 첫 번째 이그레스 테이블보다 같거나 큰 값으로 지정된 테이블은 인그레스 테이블로 사용할 수 없다.

파이프라인 처리 과정은 항상 첫 번째 플로우 테이블에서 인그레스 프로세싱을 하는 것부터 시작한다. 다시 말해 들어온 패킷은 반드시 0번 플로우 테이블(Table 0)에 있는 플로우 엔트리 중에서 매치되는 것이 있는지 확인해야 한다. 첫 번째 테이블의 매치 결과에 따라 인그레스 플로우 테이블을 추가로 사용할 수도 있다. 인그레스 프로세싱의 결과로 패킷을 출력 포트로 보내야 할 경우 오픈플로우 스위치에서는 출력 포트 문맥에서 이그레스 프로세싱을 수행할 수도 있다.

테이블에서 패킷을 매치하는 작업을 수행할 때 패킷과 인그레스 포트 ID, 관련 메타데이터 값, 관련 액션 셋 등을 입력 값으로 사용한다. 0번 테이블의 경우 메타데이터 값은 비어 있고, 액션 셋은 널^{null} 값으로 지정된다. 각 테이블에서 처리하는 과정은 다음과 같다(그림 4.6).

1. 테이블 미스 엔트리를 제외하고 매치되는 엔트리가 한 개 이상이면 우선순위가 높은 엔트리를 적용한다. 앞에서 설명한 바와 같이 우선순위는 테이블 엔트리마다 오픈플로우 프로토콜을 통해 지정한다. 이때 우선순위 값은 사용자나 오픈플로우 메시지를 보내는 애플리케이션에서 결정한다. 그러고 나서 다음과 같은 단계를 거친다.

   a. 해당 엔트리의 카운터 값을 증가한다.

   b. 해당 엔트리에 지정된 인스트럭션을 실행한다. 액션 셋을 업데이트할 수도 있고, 메타데이터 값을 업데이트할 수도 있고, 특정한 액션을 수행할 수도 있다.

   c. 그런 다음 패킷을 파이프라인에 있는 다음 플로우 테이블로 전달하거나, 그룹 테이블로 전달하거나, 미터 테이블로 전달하거나, 직접 출력 포트로 전달한다.

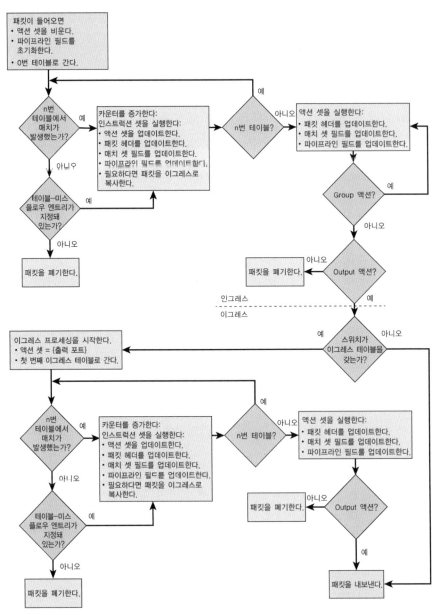

그림 4.6 오픈플로우 스위치에서 패킷 플로우를 처리하는 과정을 간략히 표현한 순서도

2. 다른 엔트리와 마찬가지로 테이블 미스 엔트리에도 수행할 인스트럭션이 존재한다. 실제로는 다음과 같은 세 가지 액션 중 하나를 테이블 미스 엔트리에 지정한다.

   a. 패킷을 컨트롤러에 보낸다. 이렇게 하면 컨트롤러에서 해당 패킷과 여

기에 관련된 패킷에 대해 플로우를 새로 정의하거나, 해당 패킷을 폐기한다.

drop

기에 관련된 패킷에 대해 플로우를 새로 정의하거나, 해당 패킷을 폐기 ^{drop}한다.

b. 패킷을 파이프라인의 다음 차례에 있는 플로우 테이블로 보낸다.

c. 패킷을 폐기(드롭)한다.

3. 어떠한 엔트리에도 매치되지 않고, 테이블 미스 엔트리도 지정돼 있지 않으면 패킷을 폐기한다.

파이프라인의 마지막에 있는 테이블에서는 다른 플로우 테이블로 보내는 동작을 수행할 수 없다. 패킷을 출력 포트로 보내면 지금까지 쌓인 액션 셋을 실행한 뒤 패킷을 출력 포트로 보내도록 큐에 넣는다. 그림 4.7은 이러한 인그레스 파이프라인에서 일어나는 전반적인 처리 과정을 보여준다.

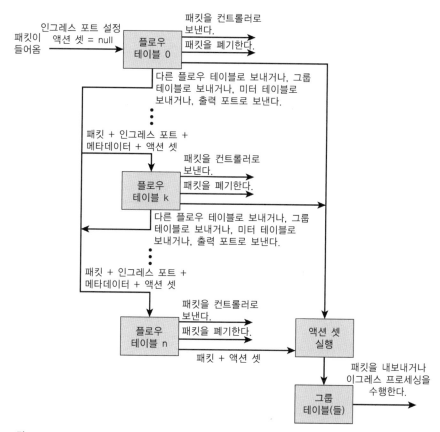

그림 4.7 오픈플로우 스위치에서 패킷을 처리하는 과정: 인그레스 프로세싱

출력 포트에 이그레스 프로세싱이 지정돼 있다면 인그레스 프로세싱을 끝내고 패킷을 출력 포트로 보낸 뒤에 패킷을 이그레스 파이프라인의 첫 번째 플로우 테이블로 보낸다. 이그레스 파이프라인의 처리 과정은 인그레스 프로세싱과 거의 비슷한데, 이그레스 파이프라인에서는 마지막에 그룹 테이블을 처리하는 과정이 없다는 점이 다르다. 그림 4.8은 이그레스 프로세싱 과정을 보여준다.

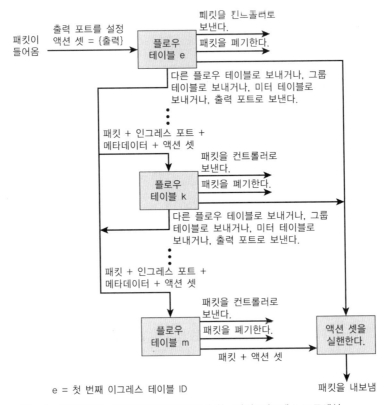

e = 첫 번째 이그레스 테이블 ID

그림 4.8 오픈플로우 스위치에서 패킷을 처리하는 과정: 이그레스 프로세싱

여러 테이블 사용

여러 개의 테이블을 사용하면 플로우를 여러 겹으로 만들 수 있다. 반대로 표현하면 하나의 플로우를 여러 개의 하위 플로우로 쪼개서 병렬로 처리할 수 있다. 그림 4.9는 이러한 과정을 보여준다. 예를 들어 0번 테이블에 있는 엔트리 중 하나는 특정한 출발지 IP 주소에서 특정한 목적지 IP 주소를 향해 네트워크를 타고 흘러가는 패킷에 대한 플로우를 정의하는 경우를 살펴보자. 이때 두 지점

사이에 최소 비용 경로가 존재한다면 당연히 그 사이를 지나는 모든 트래픽이 그 경로를 따라 흐르게 설정하는 게 좋을 것이다. 따라서 이 경로를 따라 가기 위해 현재 스위치에서 플로우를 보낼 다음 홉을 0번 테이블에 정의한다. 그리고 1번 테이블에서는 이 플로우를 TCP나 UDP와 같은 전송 계층 프로토콜의 종류에 따라 별도의 플로우 엔트리로 쪼갠다. 그리고 이렇게 세분화한 플로우마다 출력 포트를 모두 동일하게 지정해서 모두 동일한 경로로 흘러가게 설정한다. 특히 TCP는 UDP와 달리 정교한 혼잡 제어 메커니즘이 적용되므로, QoS 처리 관점에서 TCP와 UDP를 별도의 하위 플로우로 나눠 처리하는 편이 좋다. 1번 테이블에 있는 모든 엔트리에서는 패킷을 출력 포트로 직접 보낼 수 있지만, 필요에 따라 2번 테이블로 보내 플로우를 좀 더 잘게 쪼개 처리할 수도 있다. 그림 4.9를 보면 TCP에 대한 플로우를 SMTP^{Simple Mail Transfer Protocol}나 FTP^{File Transfer Protocol}와 같이 TCP 위에 실행되는 프로토콜의 종류에 따라 다시 세분화해서 처리할 수 있다. 마찬가지로 UDP 플로우도, SNMP^{Simple Network Management Protocol}와 같이 UDP 위에서 실행되는 프로토콜의 종류에 따라 더 쪼갤 수 있다. 그림 4.9에서는 1번과 2번 테이블에 다른 플로우도 정의하고 있는데, 이렇게 세분화한 플로우는 다른 용도로 활용할 수 있을 것이다.

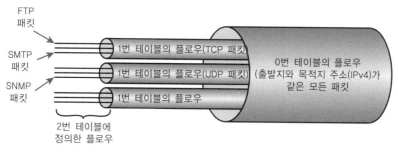

그림 4.9 플로우를 여러 개로 나눠서 처리하는 예

방금 예로 든 플로우를 여러 개의 테이블로 처리하지 않고, 그냥 0번 테이블 안에서 여러 개로 나눠 정의해도 된다. 하지만 여러 개의 테이블을 활용하면 SDN 컨트롤러뿐만 아니라 오픈플로우 스위치에서도 플로우를 훨씬 간결하게 처리할 수 있다. 다음 홉을 지정하는 것처럼 세분화된 플로우에 공통적으로 적용할 액션을 컨트롤러에서 한 번만 정의해두면 스위치에서는 각 플로우에 대해 이를 검사해서 수행하기만 하면 된다. 이렇게 여러 테이블로 처리하면 어느 단

계에서 새로운 하위 플로우를 추가하더라도 설정 작업이 줄어든다. 따라서 파이프라인을 통해 여러 개의 테이블을 활용하면 네트워크 연산을 효율적으로 수행할 수 있고 좀 더 정교하게 제어할 수 있을 뿐만 아니라, 애플리케이션 단계와 사용자 단계와 세션 단계에서 좀 더 실시간으로 반응하게 네트워크를 구성할 수 있다.

그룹 테이블

파이프라인을 거치는 동안 패킷 플로우를 다른 플로우 테이블로 보내는 대신 그룹 테이블로 보낼 수도 있다. 오픈플로우에서는 그룹 테이블과 여기에 정의된 그룹 액션을 통해 여러 개의 포트를 묶어서 패킷을 포워딩하기 위한 하나의 개체처럼 표현할 수 있다. 멀티캐스팅이나 브로드캐스팅과 같이 포워딩 추상화의 종류에 따라 그룹의 종류를 다양하게 제공하고 있다.

그룹 테이블은 그룹 엔트리라는 행의 집합으로 구성된다. 그룹 엔트리는 다음과 같은 네 가지 구성 요소로 이뤄져 있다(그림 4.5의 (c)).

- **그룹 ID** 32비트의 부호 없는 정수 값으로 표현하며, 그룹에 대한 식별자로 사용된다. 여기서 그룹group이란 그룹 테이블에 담긴 하나의 엔트리다.
- **그룹 타입** 그룹의 의미를 정의하며, 뒤에서 자세히 설명한다.
- **카운터** 그룹에서 패킷을 처리할 때마다 값을 증가한다.
- **액션 버킷 리스트** 액션 버킷action bucket에 대한 순서 리스트로, 이를 구성하는 액션 버킷마다 실행할 액션 집합과 관련 파라미터가 담겨 있다.

그룹마다 한 개 이상의 액션 버킷을 갖고 있다. 각각의 버킷마다 액션 셋(집합)을 갖고 있다. 플로우 테이블 엔트리에서는 각 테이블을 거치면서 패킷을 처리할 때마다 수행할 액션을 액션 셋에 추가하지만, 액션 버킷에 있는 액션들은 패킷이 버킷에 도달할 때 곧바로 실행된다. 이때 버킷에 담긴 액션들(액션 셋)은 오픈플로우 규격에서 정한 순서에 따라 실행되며, 대부분의 경우 마지막에 패킷을 특정한 포트로 보내는 Output 액션을 수행하거나, 패킷을 다른 그룹에 보내는 그룹 액션을 수행한다. 그룹 액션을 사용하면 여러 개의 그룹을 체인 형태로 엮어서 좀 더 복잡한 패킷 처리 작업을 수행할 수 있다.

그룹은 그림 4.10에 나온 네 가지 타입(all, select, fast failover, indirect) 중 하나로
지정한다.

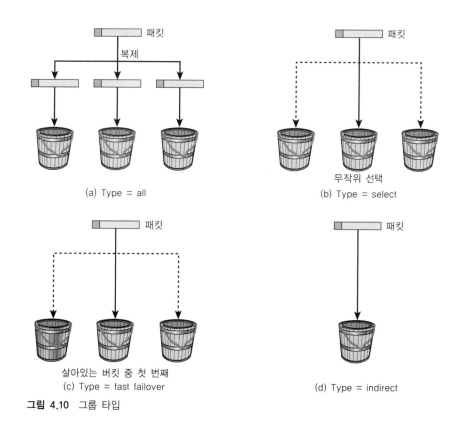

(a) Type = all

무작위 선택
(b) Type = select

살아있는 버킷 중 첫 번째
(c) Type = fast failover

(d) Type = indirect

그림 4.10 그룹 타입

all 타입으로 지정하면 그룹에 지정된 모든 버킷을 실행한다. 따라서 도달한
패킷은 버킷 수만큼 복제된다. 일반적으로 버킷마다 출력 포트를 다르게 지정
해서 입력 패킷을 여러 개의 출력 포트로 전송할 수 있다. 패킷을 멀티캐스트나
브로드캐스트 방식으로 보낼 때 이 타입으로 지정한다.

select 타입으로 지정하면 그룹에 지정된 버킷 중에서 한 개만 실행하며, 스위
치에서 계산한 선택 알고리즘을 통해 버킷을 고른다(예를 들어 사용자가 지정한 튜플을
이용해 해시 값을 구하거나, 단순한 라운드로빈 방식을 사용할 수 있다). 이러한 선택 알고리즘
은 부하를 고르게 분배하거나, SDN 컨트롤러에서 지정한 버킷에 대한 가중치
에 따라 부하를 분산하게 구현한다.

fast failover 타입으로 지정하면 현재 사용할 수 있는 버킷 중에서 첫 번째
것을 실행한다. 포트가 살아있는지를 알아내거나 관리하는 부분은 오픈플로우

에서 정의하지 않고 있으며, 라우팅 알고리즘이나 혼잡 제어 메커니즘을 통해 처리한다. 이때 버킷을 순차적으로 검사하다가 가장 처음 발견한 살아 있는 버킷을 선택한다. 그룹을 이 타입으로 지정하면 컨트롤러를 거치지 않고도 스위치 안에서 포워딩 동작을 변경할 수 있다.

지금까지 소개한 세 가지 타입은 모두 하나의 패킷 플로우에 적용되는 것이다. 반면 indirect 타입은 여러 개의 패킷 플로우(여러 개의 플로우 테이블 엔트리)가 하나의 공통 그룹 ID로 향하게 지정한다. 이 타입을 사용하면 특정한 상황에 대해 컨트롤러가 좀 더 효율적으로 관리할 수 있다. 예를 들어 100개의 플로우 엔트리의 매치 필드 중에서 IPv4 목적지 주소 값은 모두 같고 다른 필드의 값은 서로 다를 때 이 플로우에 해당하는 패킷을 모두 X번 포트로 보내기 위해 할 수 있는 가장 쉬운 방법은, 각각의 플로우에 대한 액션 리스트에 Output X라는 액션을 추가하는 것이다. 그러나 이렇게 Output 액션을 추가하는 대신, Group GID라는 액션(여기서 GID는 X번 포트로 패킷을 보내는 indirect 타입의 그룹 엔트리의 ID)을 지정할 수 있다. 이렇게 설정하면 SDN 컨트롤러에서 100개의 플로우에 대해 X번 대신 Y번 포트로 보내게 변경해야 하는 상황에서 100개의 플로우 엔트리를 모두 업데이트할 필요 없이 100개의 플로우에 지정된 그룹 엔트리만 업데이트하면 된다.

4.3 오픈플로우 프로토콜

오픈플로우 프로토콜은 오픈플로우 컨트롤러와 오픈플로우 스위치 사이에서 메시지를 주고받을 때 사용하는 프로토콜이다. 일반적으로 이 프로토콜은 안전한 오픈플로우 채널을 제공하기 위해 TLS 위에서 동작하도록 구성한다.

컨트롤러는 오픈플로우 프로토콜을 통해 플로우 테이블에 플로우 엔트리를 추가하거나, 수정하거나, 삭제할 수 있다. 오픈플로우 프로토콜에서는 다음과 같이 세 가지 종류의 메시지를 지원한다(표 4.2 참조).

■ **컨트롤러에서 스위치로 보내는 메시지** 컨트롤러에서 만들어서 보내는 메시지로, 경우에 따라 스위치의 응답을 요구하기도 한다. 이 메시지를 통해 컨트롤러는 스위치 설정 값이나 플로우 및 그룹 테이블 엔트리의 세부 사항 등을 비롯한 스위치의 논리적인 상태를 관리한다. 이 메시지의 대표적

인 예로 Packet-out이 있다. Packet-out 메시지는 스위치가 특정한 패킷의 처리 방법을 물어볼 때 컨트롤러가 응답하는 메시지로, 해당 패킷을 폐기하지 말고 특정한 출력 포트로 보내도록 지시한다.

- **비동기(asynchronous) 메시지** 컨트롤러가 특별히 요청하지 않아도 스위치가 컨트롤러에게 보내는 메시지로, 여러 가지 상태 정보를 담을 수 있다. 이 메시지의 대표적인 예로 Packet-in이 있는데, 스위치에 들어온 패킷에 매치되는 플로우 엔트리가 스위치에 정의돼 있지 않을 때 이 패킷을 컨트롤러에서 처리하도록 요청할 때 사용한다.

- **대칭(symmetric) 메시지** 컨트롤러나 스위치 중 어느 한쪽이 요청하지 않고도 아무나 보낼 수 있는 메시지로, 굉장히 단순한 구조로 구성돼 있지만 여러 가지 상황에서 유용하게 사용된다. 대표적인 예로 컨트롤러와 스위치가 처음 연결될 때 주고받는 Hello 메시지가 여기에 해당한다. 또한 Echo 요청과 응답이라는 메시지도 있는데, 스위치와 컨트롤러 사이에 연결된 채널의 지연 시간latency이나 대역폭bandwidth을 측정하거나, 단순히 장치가 살아 있는지 확인하기 위한 용도로 사용된다. Experimenter라는 메시지를 사용하면 다음 버전의 오픈플로우 규격에 추가되기 전에 실험적으로 지원되는 기능을 확인해볼 수도 있다.

표 4.2 오픈플로우 메시지

메시지	설명
컨트롤러에서 스위치로 보내는 메시지	
Features	스위치가 제공하는 기능을 물어보는 메시지. 스위치는 이 메시지를 받으면 해당 기능을 응답으로 보낸다.
Configuration	설정 파라미터를 지정하거나 물어볼 때 사용한다. 스위치는 이 메시지를 받으면 해당 파라미터 값을 응답으로 보낸다.
Modify-State	플로우 및 그룹 엔트리를 추가하거나, 삭제하거나, 수정하거나, 스위치 포트의 속성을 설정할 때 사용한다.
Read-State	스위치의 설정 상태나, 통계, 기능 등과 같은 스위치 관련 정보를 수집할 때 사용한다.
Packet-out	패킷을 스위치의 특정한 포트로 보낼 때 사용하는 메시지

(이어짐)

메시지	설명
Barrier	메시지의 의존성을 보장하거나, 연산이 끝났다는 알림을 받기 위해 컨트롤러가 요청해서 응답을 받도록 구성된 메시지다(컨트롤러가 이 메시지를 스위치에 보내면 스위치는 이 메시지를 받기 전에 수행하던 모든 작업이 끝내고 이를 알리는 메시지를 컨트롤러에게 응답으로 보낸 뒤에 다음 작업을 이어서 수행한다. – 옮긴이).
Role-Request	오픈플로우 채널을 설정하거나, 채널의 역할에 대해 질의하는 메시지. 스위치가 여러 컨트롤러에 연결돼 있을 때 유용하다.
Asynchronous-Configuration	비동기 메시지에 필터를 설정하거나, 이렇게 설정된 필터에 대해 질의하는 메시지. 스위치가 여러 컨트롤러에 연결돼 있을 때 유용하다.
비동기 메시지	
Packet-in	패킷을 컨트롤러에게 보낼 때 사용하는 메시지
Flow-Removed	플로우 테이블에 플로우 엔트리가 삭제됐다는 것을 컨트롤러에게 알려준다.
Port-Status	포트에 변경 사항이 발생했다는 것을 컨트롤러에게 알려준다.
Role-Status	특정 스위치에 대한 역할이 마스터에서 슬레이브로 변경될 때 이를 컨트롤러에게 알려주는 메시지
Controller-Status	오픈플로우 채널의 상태가 변했을 때 이를 컨트롤러에게 알려주는 메시지. 컨트롤러와 통신 기능을 사용할 수 없을 때 장애 복구 처리를 할 때 활용하기도 한다.
Flow-monitor	플로우 테이블이 변경됐다는 사실을 컨트롤러에 알려주는 메시지. 다른 컨트롤러에 의헤 플로우 테이블의 일부분이 변경된 것을 실시간으로 모니터링할 수 있다.
대칭 메시지	
Hello	처음 연결될 때 스위치와 컨트롤러가 서로 주고받는다.
Echo	Echo 요청/응답 메시지는 스위치나 컨트롤러 중 아무나 보낼 수 있으며, 누구나 요청 메시지를 받으면 반드시 응답 메시지를 보내야 한다.
Error	연결에 문제가 생겼을 때 스위치나 컨트롤러가 상대방에게 이를 알려줄 때 사용한다.
Experimenter	향후 버전에 추가될 기능을 알려준다.

정리하면 오픈플로우 프로토콜은 SDN 컨트롤러가 네트워크를 관리하는 데 필요한 정보를 다음과 같은 세 가지 타입으로 제공한다.

- **이벤트 기반 메시지** 링크나 포트에 변경 사항이 발생할 때 스위치에서 컨트롤러로 보낸다.

- **플로우 통계** 트래픽 상태에 따라 스위치에서 생성하는 정보로, 컨트롤러가 트래픽을 모니터링하거나, 네트워크를 원하는 형태로 구성하거나, QoS 요구 사항에 맞게 플로우 파라미터를 조절할 때 활용한다.

- **캡슐화된 패킷** 스위치에서 컨트롤러로 보내는 메시지로, 특정한 패킷을 컨트롤러에게 보내도록 플로우 테이블 엔트리에서 명시적으로 지정했거나, 스위치가 처음 보는 플로우에 대해 컨트롤러에게 물어볼 때 사용한다.

오픈플로우 프로토콜을 사용하면 스위치가 어떻게 구현했는지 자세히 모르더라도 컨트롤러에서 스위치의 논리적인 구조를 관리할 수 있다.

4.4 핵심 용어

4장을 통해 다음과 같은 용어를 배웠다.

액션 버킷	액션 리스트	액션 셋
이그레스 테이블	플로우	플로우 테이블
그룹 테이블	인그레스 테이블	매치 필드
오픈플로우 액션	오픈플로우 인스트럭션	오픈플로우 메시지
오픈플로우 포트	오픈플로우 스위치	SDN 데이터 평면

SDN 제어 평면

따라서 무역을 통제하고 보호하는 조직은 대양 전체에 걸쳐서 교역이 이뤄지게 할 수도 있고, 특정한 항로에서 집중적으로 이뤄지게 할 수도 있어야 한다. 또는 특정한 지역에서는 흩어져서 이뤄지지만 나머지 지역에서는 집중적으로 발생하게 할 수 있어야 한다. 그리고 필요에 따라 언제든지 정책을 변경할 수 있어야 한다.

– 세계의 위기(The World Crisis),
윈스턴 처칠(Winston Churchill), 1923

5장에서 다루는 내용

5장을 읽고 나면 다음과 같은 것을 할 수 있다.

- SDN 제어 평면의 주요 기능에 대해 설명할 수 있다.
- SDN 컨트롤러의 라우팅 기능에 대해 토론할 수 있다.
- ITU-T Y.3300의 계층형 SDN 모델을 이해할 수 있다.
- 오픈데이라이트에 대해 전반적으로 설명할 수 있다.
- REST의 개요를 설명할 수 있다.
- SDN 컨트롤러의 중앙 집중형 구조와 분산형 구조를 비교할 수 있다.
- SDN 네트워크에서 차지하는 BGP의 역할을 설명할 수 있다.

5장에서는 SDN의 제어 평면에 대해 살펴본다(그림 5.1). 5.1절에서는 SDN 제어 평면 구조를 소개하고, SDN 제어 평면의 구현에서 제공하는 주요 기능과 인터페이스에 대해 설명한다. 그런 다음 ITU-T의 계층형 SDN 모델을 소개하는데, 이를 통해 제어 평면의 역할에 대한 새로운 관점을 엿볼 수 있다. 그리고 나서 대표적인 오픈소스 SDN 컨트롤러 프로젝트인 오픈데이라이트에 대해 소개한다. 5.4절에서는 현재 SDN 구현에서 흔히 제공하는 REST 방식의 노스바운드 인터페이스에 대해 설명한다. 마지막으로 5.5절에서 여러 SDN 컨트롤러가 서로 협업하고 조율하는 방식으로 작동하는 데 관련된 여러 가지 이슈에 대해 살펴본다.

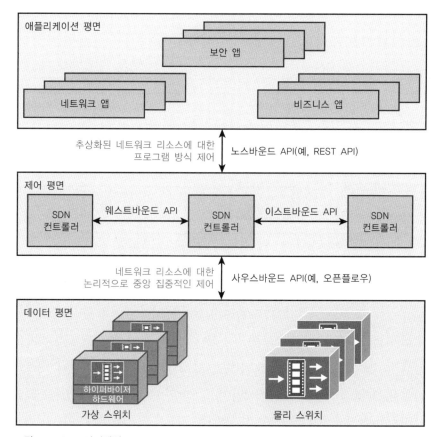

그림 5.1 SDN 아키텍처

5.1 SDN 제어 평면 아키텍처

SDN 제어 계층은 애플리케이션 계층에서 요청한 사항을 특정한 형태의 명령이나 지시 사항으로 변환해 데이터 평면의 스위치에게 전달하거나, 데이터 평면의 토폴로지 및 네트워크 활동에 대한 정보를 애플리케이션에게 전달하는 역할을 한다. 제어 계층은 SDN 컨트롤러controller라고 부르는 서버로 처리하는데, 한 개의 컨트롤러로 구현하거나 여러 개의 컨트롤러가 서로 협업하는 방식으로 구현할 수 있다. 이 절에서는 제어 평면에서 제공하는 주요 기능에 대해 소개하고, 제어 평면과 관련해 구현된 프로토콜과 표준에 대해 자세히 살펴본다.

제어 평면의 기능

그림 5.2는 Kreutz의 논문[KREU15]에서 제시한 SDN 컨트롤러라면 반드시 제공해야 할 핵심 기능을 보여준다.

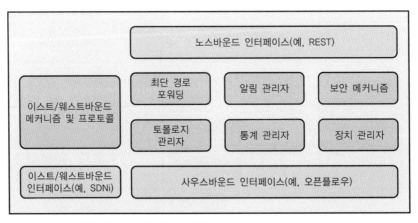

그림 5.2 SDN 제어 평면의 기능과 인터페이스

- **최단 경로 포워딩** 스위치로부터 수집한 라우팅 정보를 사용해 최적의 경로를 설정한다.
- **알림 관리자** 알람 메시지나 보안 경고, 상태 변화 등과 같은 이벤트를 받고 처리하고 애플리케이션에게 전달한다.
- **보안 메커니즘** 애플리케이션과 서비스 사이를 격리하고 보안 기능을 제공한다.
- **토폴로지 관리자** 스위치가 연결된 토폴로지 정보를 구성하고 관리한다.
- **통계 관리자** 스위치를 거쳐 가는 트래픽에 대한 데이터를 수집한다.
- **장치 관리자** 스위치의 설정 파라미터와 속성을 지정하고, 플로우 테이블을 관리한다.

이러한 기능을 보면 SDN 컨트롤러는 일종의 **네트워크 운영체제**^{NOS, Network} ^{Operating System}라고 볼 수도 있다. 전통적인 OS처럼 NOS도 핵심 서비스와 공통 프로그래밍 인터페이스^{API}, 개발자를 위한 하위 계층의 요소에 대한 추상화 기능을 제공한다. 앞에서 나열한 SDN NOS에서 제공하는 기능을 이용하면 개발자들은 다양한 종류의 네트워크 장비에 대한 세부 사항을 모르더라도 네트워크 정책을 정의하거나 네트워크를 관리할 수 있다. 또한 뒤에서 설명할 노스바운드 인터페이스는 애플리케이션 개발자나 네트워크 관리자가 SDN 서비스를 사용하거나 네트워크 관리 업무를 수행하는 데 필요한 기능을 일관된 형태로 제공한다. 그래서 잘 정의된 노스바운드 인터페이스를 통해 개발자는 데이터 평면의 세부 사항에 독립적인 형태로 소프트웨어를 개발할 수 있을 뿐만 아니라, 다양한 종류의 SDN 컨트롤러 서버에서 활용할 수 있게 만들 수 있다.

지금까지 여러 단체와 커뮤니티에서 상용 또는 오픈소스 버전의 SDN 컨트롤러를 구현했다. 그중에서 유명한 것을 몇 가지만 골라보면 다음과 같다.

- **오픈데이라이트(ODL, OpenDaylight)** SDN을 실현하기 위해 네트워크 프로그래머빌리티를 제공하는 오픈소스 플랫폼으로 자바로 구현됐다. 오픈데이라이트는 시스코와 IBM의 주도로 결성됐으며, 주요 멤버의 대부분은 네트워크 벤더다. 오픈데이라이트는 하나의 중앙 집중적인 컨트롤러 형태로 구현돼 있지만, 네트워크에서 여러 서버가 클러스터로 구성된 환경에서 컨트롤러를 여러 개의 인스턴스로 분산된 형태로 구동할 수도 있다.

- **ONOS(Open Network Operating System)** 오픈소스 SDN NOS로서 2014년에 첫 버전이 출시됐다. AT&T, NTT를 비롯한 다양한 서비스 공급자를 중심으로 개발되고, 자금을 지원받는 비영리 프로젝트로 추진되고 있다. 특히 ONOS는 ONF^{Open Networking Foundation}의 후원을 받고 있기 때문에 SDN 확산에 핵심적인 역할을 할 것으로 기대하고 있다. ONOS는 처음부터 분산 컨트롤러 구조로 설계됐으며, 다중 분산 컨트롤러에 네트워크 상태를 파티셔닝하고 분산하기 위한 추상화 기능을 제공한다.

- **POX** 오픈소스 오픈플로우 컨트롤러로서 여러 SDN 개발자와 엔지니어가 참여해 구현했다. POX는 API와 문서화가 특히 잘 돼 있다. 또한 웹 기반 GUI도 제공하고 있으며, 파이썬으로 작성돼 C++와 같은 다른 프로그래밍

네트워크 운영체제
컴퓨터 네트워킹에 특화된 서버 기반의 운영체제로, 디렉토리 서비스, 네트워크 관리, 네트워크 모니터링, 네트워크 정책, 사용자 그룹 관리, 네트워크 보안을 비롯한 다양한 네트워크 관련 기능을 제공한다.

언어보다 실험과 개발에 드는 시간을 크게 단축할 수 있다.

- **비콘(Beacon)** 스탠포드 대학 연구실에서 개발한 오픈소스 패키지로, 자바로 작성돼 있으며, 이클립스 IDE와 통합돼 있다. 비콘은 초보 프로그래머가 실제 SDN 환경에서 작업할 수 있게 개발된 최초의 컨트롤러이기도 하다.

- **플러드라이트(Floodlight)** 빅 스위치 네트웍스^{Big Switch Networks}에서 개발한 오픈소스 패키지로서 코드는 비콘을 기반으로 개발됐지만, 인기 있는 빌드 툴인 아파치 앤트^{Apache Ant}로 빌드하기 때문에 훨씬 쉽고 유연하게 개발할 수 있다. 플러드라이트 커뮤니티는 상당히 활성화돼 있으며, 실제 조직에 적용할 수 있는 시스템을 구축하는 데 필요한 다양한 기능을 제공하고 있다. GUI도 웹 버전과 자바 응용 버전 모두 제공하고 있으며, 컨트롤러에서 제공하는 대부분의 기능은 REST API로도 제공하고 있다.

- **류(Ryu)** 컴포넌트 기반의 오픈소스 SDN 프레임워크로, NTT 랩에서 개발했다. 파이썬으로 작성됐다.

- **오닉스(Onix)** VMWare, 구글, NTT와 함께 개발한 분산 컨트롤러로, 상용 버전으로 제작됐다.

여기서 소개한 컨트롤러 중에 가장 대표적인 것으로 오픈데이라이트를 꼽을 수 있다. 자세한 사항은 5.3절에서 설명한다.

사우스바운드 인터페이스

사우스바운드 인터페이스^{southbound interface}는 SDN 컨트롤러와 데이터 평면 스위치 사이를 논리적으로 연결한다(그림 5.3). 일부 컨트롤러 제품에서는 단 한 개의 사우스바운드 프로토콜만 지원하는 경우도 있다. 다양한 사우스바운드 API를 지원하면서 제어 평면 기능에 대한 공통 인터페이스를 제공하는 사우스바운드 추상화 계층을 갖추면 단 하나의 사우스바운드 프로토콜을 사용하는 것보다 훨씬 유연한 구조를 제공할 수 있다.

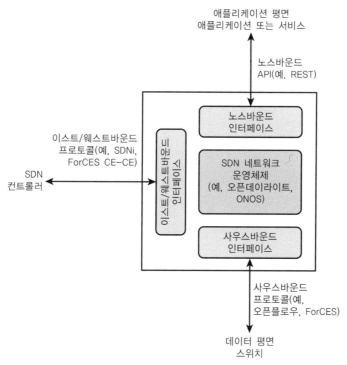

애플리케이션 평면
애플리케이션 또는 서비스

노스바운드
API(예, REST)

이스트/웨스트바운드
프로토콜(예, SDNi,
ForCES CE-CE)

노스바운드
인터페이스

SDN
컨트롤러

이스트/웨스트바운드
인터페이스

SDN 네트워크
운영체제
(예, 오픈데이라이트,
ONOS)

사우스바운드
인터페이스

사우스바운드
프로토콜(예,
오픈플로우, ForCES)

데이터 평면
스위치

그림 5.3 SDN 컨트롤러 인터페이스

가장 대표적인 사우스바운드 API는 오픈플로우다. 오픈플로우에 대한 자세한 사항은 4장, 'SDN 데이터 평면과 오픈플로우'에서 설명한다. 그 밖에도 다음과 같은 사우스바운드 인터페이스가 있다.

- OVSDB(Open vSwitch Database Management Protocol) OVS[Open vSwitch]는 오픈소스 프로젝트로 개발되는 가상 스위치로, 현재 널리 사용되는 하이퍼바이저의 대부분에서 사용할 수 있다. OVS는 제어 평면에서 가상 및 물리 포트에 대한 메시지 포워딩을 처리하기 위한 용도로 오픈플로우를 사용하고 있다. OVSDB는 OVS 인스턴스를 관리하고 설정하는 데 사용하는 프로토콜이다.

- ForCES(Forwarding and Control Element Separation) IP 라우터의 제어 평면과 데이터 평면 사이의 인터페이스에 대한 IETF 표준이다.

- POF(Protocol Oblivious Forwarding) 오픈플로우를 개선하기 위한 목적으로, 특정한 프로토콜 데이터 유닛[PDU]의 포맷에 종속되지 않는 범용 포워

딩 요소만 사용하도록 데이터 평면의 로직을 간소화한 것이다. 이 방식에 의하면 데이터 평면에서는 패킷을 구성하는 블록에 대한 오프셋이나 길이를 기준으로 매칭을 처리하고, 해당 패킷 포맷에 대한 구체적인 작업은 제어 평면에서 처리한다.

노스바운드 인터페이스

노스바운드 인터페이스Northbound interface를 이용하면 애플리케이션이 네트워크 스위치에 대한 세부 사항을 모르더라도 제어 평면의 기능과 서비스를 사용할 수 있다. 노스바운드 인터페이스는 프로토콜이라기보다는 소프트웨어 API에 가깝다.

사우스바운드 인터페이스나 이스트/웨스트바운드 인터페이스와 달리 노스바운드 인터페이스는 다양한 형태로 정의돼 있으며, 이에 대한 표준은 아직 정립돼 있지 않다. 각 컨트롤러마다 고유한 API를 정의했기 때문인데, 이로 인해 SDN 애플리케이션을 개발하는 작업이 좀 복잡해졌다. 이러한 문제를 해결하기 위해 2013년에 ONFOpen Networking Foundation에서 노스바운드 인터페이스 워킹 그룹NBI-WG을 결성해 다양한 노스바운드 API에 대한 표준화 작업을 진행하고 있다. 이 책이 출간되는 시점에는 ONF에서 제정된 NBI 표준 중에서 2015년 3월에 발표된 실시간 미디어에 대한 규격(Real Time Media NBI REST Specification 1.0, https://www.opennetworking.org/technical-communities/areas/services)이 유일하다.

NBI-WG 활동을 통해 배울 수 있는 중요한 사실은, 하나의 SDN 컨트롤러 인스턴스 안에서만 API를 정의하더라도 다양한 수준으로 정의해야 한다는 것이다. 다시 말해 어떤 API는 다른 것보다 훨씬 상위 단계로 정의해 한 개 또는 여러 개의 다른 API를 호출하도록 정의해야 한다.

그림 5.4는 2013년 10월에 작성한 NBI-WG의 선언문charter document에서 인용한 것으로, 다양한 수준으로 API를 제공한다는 개념을 엿볼 수 있다. 예를 들어 애플리케이션에서 네트워크 도메인을 관리할 때는 컨트롤러의 기능을 직접적으로 제공하는 API가 필요하고, 네트워크에 대한 분석 작업을 수행할 때는 컨트롤러에서 실행되는 분석 및 리포팅 서비스를 호출하는 API가 필요할 것이다.

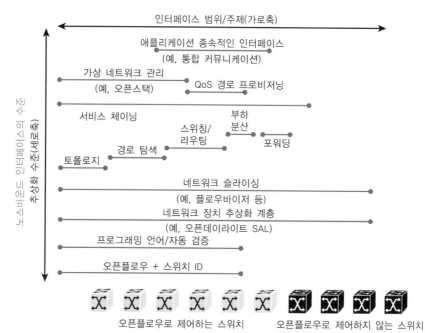

그림 5.4 다양한 수준으로 구성되는 노스바운드 인터페이스

그림 5.5는 다양한 수준으로 제공되는 노스바운드 API에 대한 구조를 간단히 예를 들어 보여준다. 각 수준에 대한 설명은 다음과 같다.

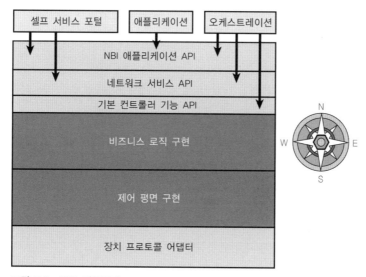

그림 5.5 SDN 컨트롤러 API

- **기본 컨트롤러 기능 API** 컨트롤러의 기본 기능에 대한 API로, 네트워크 서비스를 만드는 개발자가 사용한다.
- **네트워크 서비스 API** 상위 계층에 제공하는 API
- **노스바운드 인터페이스 애플리케이션 API** 네트워크 서비스를 기반으로 제공되는 애플리케이션 관련 서비스에 대한 API

노스바운드 API는 주로 REST^{REpresentational State Transfer} 방식으로 정의한다.

→ 5.4절, 'REST' 참조 REST에 대해서는 5.4절에서 자세히 설명한다.

라우팅

→ 2.4절, '라우팅' 참조 다른 네트워크나 인터넷과 마찬가지로, SDN 네트워크에서도 라우팅 기능이 필요하다. 일반적으로 라우팅 기능은 네트워크의 토폴로지와 트래픽 상태에 대한 정보를 수집하는 프로토콜과, 이러한 네트워크에서 경로를 결정하는 알고리즘으로 구성된다. 2장, '요구 조건과 기술적 배경'에서 설명한 바와 같이 라우팅 프로토콜은 크게 두 종류로 구분되는데, 하나는 AS 내부에 대해 작동하는 '내부 라우터 프로토콜^{IRP}'이고, 다른 하나는 AS 사이에 대해 작동하는 '외부 라우터 프로토콜^{ERP}'이다.

IRP는 AS 내부에 있는 라우터의 토폴로지를 발견해서 다양한 메트릭을 기준으로 각각의 목적지에 대한 최적의 경로를 결정한다. IRP로 가장 널리 사용되는 두 가지 프로토콜로 OSPF^{Open Shortest Path First}와 EIGRP^{Enhanced Interior Gateway Routing Protocol}가 있다. ERP는 트래픽 정보에 대해 구체적으로 수집하지 않아도 된다. ERP의 주된 목적은 AS 외부에 있는 네트워크와 단말 시스템에 대한 도달 가능성을 결정하는 것이다. 따라서 ERP는 대부분 다른 AS를 연결하는 에지 노드에서만 실행된다. ERP의 대표적인 프로토콜로 BGP^{Border Gateway Protocol}가 있다.

전통적으로 라우팅 기능은 네트워크에 존재하는 여러 라우터에 대해 분산된 형태로 작동한다. 각각의 라우터마다 네트워크에 대한 토폴로지 이미지를 구축한다. 내부 라우팅의 경우 각 라우터는 연결성과 지연 시간에 대한 정보도 수집해서 각각의 목적지 IP 주소에 대한 최적의 경로를 계산해야 한다. 그러나 SDN으로 제어하는 네트워크에서 라우팅 기능은 SDN 컨트롤러를 통해 중앙 집중적인 방식으로 처리해야 한다. 컨트롤러는 최단 경로를 계산하기 위해 네트워크 상태에 대한 일관성 있는 뷰를 유지해야 하며, 애플리케이션에 따라 적절한 라우팅 정책을 구현할 수도 있다. 따라서 데이터 평면 스위치는 라우팅에 관련된 처리 작업과 저장 공간에 대한 부담을 갖지 않기 때문에 더욱 성능을 향상시킬 수 있다.

중앙 집중적인 방식으로 작동하는 라우팅 애플리케이션은 링크 탐색^{link discovery}과 토폴로지 관리자^{topology manager}라는 두 가지 기능을 수행한다.

링크 탐색을 위해 라우팅 기능은 데이터 평면의 스위치 사이에 연결된 모든 링크를 알아내야 한다. 인터넷의 경우 라우터 사이의 링크는 네트워크며, 이더넷 스위치와 같은 L2 스위치에서 링크는 스위치를 직접 연결하는 물리 링크가 된다. 또한 링크 탐색 작업은 라우터와 호스트 시스템 사이와, 현재 컨트롤러의 도메인에 있는 라우터와 이웃 도메인의 라우터 사이에 대해 수행해야 한다. 그래서 컨트롤러의 네트워크 도메인에 연결된 호스트나 이웃 라우터로부터 트래픽이 들어올 때 새로운 링크가 발견된다.

토폴로지 관리자는 네트워크에 대한 토폴로지 정보를 수집하고, 네트워크 내부의 경로를 계산한다. 경로 계산을 위해 두 개의 데이터 평면 노드 사이 또는 데이터 평면 노드와 호스트 사이의 최단 거리를 알아낸다.

5.2 ITU-T 모델

SDN 컨트롤러에 대해 본격적으로 살펴보기 전에 ITU-T Y.3300 문서에서 정의한 SDN의 전반적인 구조를 살펴보면 도움이 될 것이다(그림 5.6). 그림 3.3에서 이미 소개한 바와 같이 Y.3300 모델은 애플리케이션, 제어, 리소스라는 세 개의 계층 또는 평면으로 구성된다. Y.3300에서 말하는 애플리케이션 계층^{application layer}은 네트워크 리소스에 대한 서비스 동작을 정의하는 영역으로, SDN에서 네트워크 서비스나 비즈니스 애플리케이션을 표현한다. 이러한 애플리케이션은 애플리케이션 제어 인터페이스를 제공하는 API를 통해 SDN 제어 계층과 상호 작용한다. 또한 애플리케이션은 네트워크 리소스에 대한 정보와 데이터 모델로 표현한 추상화된 뷰를 활용하는데, 이러한 정보는 SDN 제어 계층에서 API를 통해 제공한다.

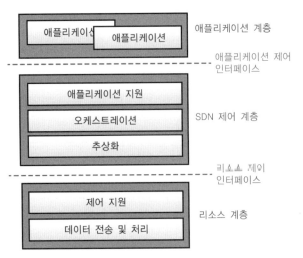

그림 5.6 SDN의 전반적인 구조(ITU-T Y.3300)

제어 계층은 애플리케이션 계층에서 지시한 네트워크 리소스에 대한 동작을 동적으로 제어하기 위한 수단을 제공한다. 제어 계층은 다시 다음과 같은 세부 계층으로 구분할 수 있다.

- **애플리케이션 지원**　네트워크 정보에 접근하고 애플리케이션에 종속적인 네트워크 동작을 프로그래밍하기 위한 API를 SDN 애플리케이션에게 제공한다.
- **오케스트레이션**　네트워크 리소스에 대한 자동 제어 및 관리 기능을 제공하고, 애플리케이션 계층에서 전달된 네트워크 리소스에 대한 요청을 조율한다. 이때 물리적인 네트워크뿐만 아니라 가상 네트워크에 대한 토폴로지와 네트워크 요소, 트래픽 제어 등을 비롯한 다양한 네트워크 관련 사항을 총괄한다.
- **추상화**　네트워크의 처리 능력과 특성을 비롯한 여러 가지 네트워크 리소스에 대해 상호 작용하거나 추상화하는 역할을 담당해 물리 및 가상 네트워크 리소스에 대한 관리 및 오케스트레이션 기능을 지원한다. 이러한 추상화는 표준 정보와 데이터 모델을 기반으로 제공되며, 하위 전송 계층의 인프라스트럭처와는 독립적인 형태로 제공된다.

리소스 계층^{resource layer}은 데이터 평면의 포워딩 요소(스위치)들이 서로 연결된 집합으로 구성된다. 이러한 스위치를 한데 엮어 데이터 패킷에 대한 전송과 처리 작업을 수행한다. 이때 작업은 SDN 제어 계층에서 리소스 제어 인터페이스를 통해 리소스 계층으로 전달된 결정 사항에 따라 진행된다. 이러한 제어 작업은 대부분 애플리케이션을 대신해 수행한다. 그러나 SDN 제어 계층은 성능을 위해 자체적으로 리소스 계층에 대한 제어 작업(예. 트래픽 엔지니어링)을 수행하기도 한다. 리소스 계층은 다시 다음과 같은 세부 계층으로 구분할 수 있다.

- **제어 지원** 리소스 제어 인터페이스를 통해 리소스 계층의 기능에 대한 프로그래밍 기능을 지원한다.

- **데이터 전송 및 처리** 데이터 포워딩 및 데이터 라우팅 기능을 제공한다.

SDN의 설계 철학에 따르면 데이터 스위치에 대한 복잡도와 처리 부담을 최소화하는 것을 추구한다. 그래서 전부는 아니더라도 대다수의 상용 SDN 스위치는 구현과 설정의 간결함을 위해 오픈플로우와 같은 하나의 사우스바운드 인터페이스만 제공할 가능성이 높다. 물론 컨트롤러에게 다양한 사우스바운드 인터페이스를 제공하는 스위치도 얼마든지 나올 수 있다. 따라서 SDN 컨트롤러는 데이터 평면에 대한 다양한 프로토콜과 인터페이스를 지원하고, 이러한 인터페이스에 대해 추상화해 단일 네트워크 모델로 표현해서 애플리케이션 계층이 이를 사용할 수 있게 해줘야 한다.

5.3 오픈데이라이트

오픈데이라이트^{OpenDaylight}(이하 ODL) 프로젝트는 리눅스 재단^{Linux Foundation}의 후원으로 진행되는 오픈소스 프로젝트로, SDN 기술을 사용하는 이와 SDN 제품을 판매하는 회사를 비롯한 거의 모든 네트워킹 관련 단체가 참여하고 있다. 이 프로젝트에서는 새로운 표준을 계속 만들어내기보다는 오픈플로우^{OpenFlow}를 비롯한 기존 표준을 바탕으로 확장 가능한 오픈소스 기반의 가상 네트워킹 플랫폼을 만드는 것을 추구한다. 이러한 접근 방식은 업계로부터 큰 호응을 불러 일으켜 많은 이들이 핵심 모듈을 오픈소스 형태로 서로 협력하며 만들어가고 있으며, 이를 통해 참여자도 나름대로의 가치를 얻고 있다. 프로젝트의 궁극적인 목표는 모든 개발자가 활용할 수 있고, 또 프로젝트에 기여할 수도 있고,

오픈데이라이트

이를 이용해 상용 제품이나 다른 기술을 개발할 수 있는 하나의 공통된 개방형 SDN 플랫폼을 만드는 것이다.

ODL에 대해 좀 더 깊이 살펴보면 SDN 컨트롤러가 갖는 대표적인 기능과 역할의 범위를 이해하는 데 도움이 될 것이다.

ODL 아키텍처

그림 5.7은 ODL의 아키텍처를 개략적으로 표현한 것이다. 크게 다섯 가지의 논리적인 계층으로 구성돼 있으며, 각각에 대해 간략히 소개하면 다음과 같다.

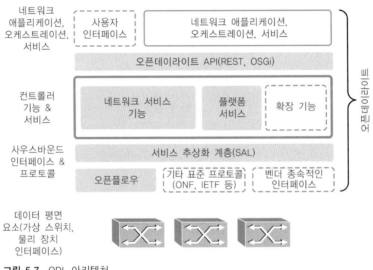

그림 5.7 ODL 아키텍처

- **네트워크 애플리케이션, 오케스트레이션, 서비스** 비즈니스 및 네트워크 로 직에 대한 애플리케이션이 위치하는 계층으로, 네트워크 동작을 제어하거 나 모니터링한다. 이 계층에 있는 애플리케이션은 네트워크에 대한 정보를 수집하고, 특정한 알고리즘을 통해 분석하거나, 전체 네트워크에 새로운 룰을 적용해야 하는 작업을 컨트롤러를 통해 처리한다.

- **API** ODL 컨트롤러에서 제공하는 기능에 대한 공통 인터페이스. ODL은 OSGi^{Open Service Gateway Initiative} 프레임워크와 양방향 REST 기반의 노스바 운드 API를 제공한다. OSGi 프레임워크는 컨트롤러와 동일한 주소 공간 에서 실행되는 애플리케이션을 대상으로 하는 반면, 웹 기반인 REST API

OSGi
자바 기반의 동적 컴포 넌트를 정의하는 규격으 로, 모듈 기반 아키텍처 를 제공하며, 대규모 분 산 시스템뿐만 아니라 소규모 임베디드 애플리 케이션에도 적용할 수 있다.

는 컨트롤러와 다른 주소 공간에서(심지어 다른 머신에서) 실행되는 애플리케이션에서도 활용할 수 있다.

- **컨트롤러 기능 및 서비스** SDN의 제어 평면에 해당하는 기능과 서비스
- **서비스 추상화 계층(SAL, Service Abstraction Layer)** 데이터 평면의 리소스에 대한 일관된 뷰를 제공함으로써 특정한 사우스바운드 인터페이스나 프로토콜에 독립적인 방식으로 제어 평면의 기능을 구현할 수 있다.
- **사우스바운드 인터페이스 및 프로토콜** 오픈플로우를 비롯한 여러 가지 사우스바운드 프로토콜뿐만 아니라, 벤더 종속적인 인터페이스도 지원한다.

여기서 몇 가지 중요한 부분에 주목할 필요가 있다.

첫째, ODL은 단순히 제어 평면을 위한 SDN 컨트롤러만 구현한 것이 아니라, 데이터 평면의 기능까지 다루고 있다는 점이다. 따라서 엔터프라이즈 및 통신 네트워크의 관리자는 별도의 서버에 ODL을 탑재해 자신이 관리하는 네트워크에 대한 SDN 설정 작업을 수행할 수 있다. 장비 벤더도 ODL을 활용해 자사 제품에 다양한 애플리케이션 평면 기능과 서비스를 제공해 상품 가치를 더욱 높일 수 있다.

둘째, 오픈플로우를 비롯한 특정한 사우스바운드 인터페이스에 종속적이지 않다는 점이다. 이를 통해 SDN 네트워크를 구성하는 데 엄청난 유연성을 가져올 수 있다. SAL은 이를 가능하게 해주는 핵심 요소로, 컨트롤러에서 사우스바운드 인터페이스를 위한 프로토콜을 다양하게 제공해줄 수 있을 뿐만 아니라, 컨트롤러의 기능이나 SDN 애플리케이션 입장에서 항상 일관된 형태로 서비스를 제공할 수 있다. 그림 5.8은 이러한 SAL의 작동 과정을 보여준다. 여기서 서비스 관리자는 레지스트리를 통해 서비스 요청과 기능 요청에 대한 매핑 정보를 관리한다. 이렇게 서비스 요청이 들어올 때마다 SAL에서는 적합한 플러그인을 알아내 해당 네트워크 장치에 가장 적합한 사우스바운드 프로토콜로 통신할 수 있게 해준다.

ODL 프로젝트에서는 소프트웨어를 플러그인 방식으로 유연하게 구성하도록 모듈화할 수 있다는 점을 대표적인 장점으로 내세우고 있다. 컨트롤러를 비롯한 모든 코드는 자바로 구현되며, JVM^{Java Virtual Machine, 자바 가상 머신}에서 실행된

다. 따라서 자바를 지원하는 OS나 하드웨어라면 거의 모든 장치에 설치해서 실행할 수 있다.

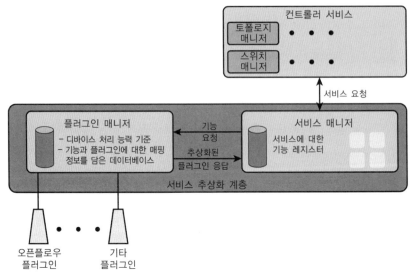

그림 5.8 서비스 추상화 계층 모델

ODL 헬륨 버전

이 책을 집필하던 당시에는 헬륨Helium 버전이 ODL의 가장 최신 버전이었다. 참고로 그 후 2015년 중반에 리튬Lithium 버전이 나왔으며, 2016년 5월에는 베릴륨Beryllium이, 하반기에는 보론Boron이 출시됐다. 컨트롤러에서 실행되는 애플리케이션을 제외한 순수 컨트롤러 플랫폼만 봐도 동적 플러그인 가능한 모듈의 숫자가 지속적으로 증가하고 있으며, 각각의 모듈은 하나 혹은 여러 가지의 SDN 관련 기능과 서비스를 제공한다. 그중에서 기본 네트워크 서비스 기능Base Network Service Functions으로 분류되는 모듈은 다음과 같다.

- **토폴로지 프로세싱(프레임워크)** 노드를 추가하거나 삭제하는 등의 연결 관계에 대한 이벤트를 구독해서 현재 네트워크의 구성을 파악하는 서비스. 네트워크 뷰를 이용하려는 애플리케이션에서 이 서비스를 활용한다.

- **(오픈플로우) 통계 관리자** 스위치 관련 통계 정보를 수집하는 모듈로, 플로우 통계나 노드 연결 정보, 큐 사용량 등을 관리한다.

- **(오픈플로우) 스위치 관리자** 데이터 평면의 장치에 대한 세부 정보를 관리하는 모듈. 새로운 스위치를 발견하면 그 스위치의 특성, 예를 들어 그 장치가 어떤 스위치 또는 라우터인지, 소프트웨어 버전은 뭔지, 장치가 가진 기능은 어떤 것이 있는지 등에 대한 정보를 데이터베이스에 저장한다.

- **(오픈플로우) 포워딩 룰 관리자** 경로를 설정하고, 플로우나 패킷에 대한 다음 홉에 대한 정보를 관리한다. 스위치 관리자와 토폴로지 관리자를 함께 활용해 네트워크의 플로우 상태를 관리한다. 애플리케이션의 입장에서는 네트워크 장치에 대한 세부 사항에 대해 모르더라도 이 서비스를 활용할 수 있다.

- **호스트 트래커** 연결된 호스트에 대한 정보를 관리한다.

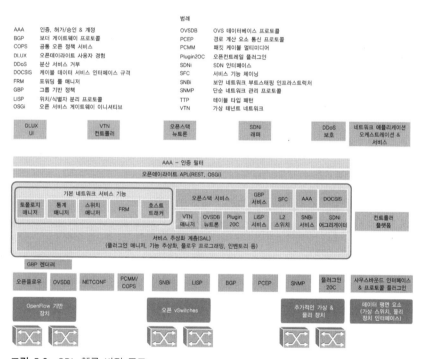

그림 5.9 ODL 헬륨 버전 구조

이러한 기본 서비스와 더불어 컨트롤러에서 좀 더 정교하고 풍부한 기능을 제공할 수 있도록 다양한 모듈이 개발됐다(표 5.1).

표 5.1 ODL 모듈

기능	설명
사우스바운드 인터페이스 및 프로토콜 플러그인	
오픈플로우(OpenFlow)	오픈플로우 프로토콜
OVSDB(Open vSwitch DataBase Protocol)	가상 스위치(OVS)를 위한 네트워크 설정 프로토콜
NETCONF	IETF에서 개발한 네트워크 관리 프로토콜. 네트워크 장치/디바이스에 대한 설정 사항을 설치하거나, 수정하거나, 삭제하기 위한 메커니즘을 제공한다.
PCMM(Packet Cable MultiMedia)	케이블 모뎀 장치에 대한 서비스 플로우를 관리하는 인터페이스
SNBi(Secure Network Bootstrapping Infrastructure)	다른 애플리케이션에서 다양한 장비를 안전하게 연결하기 위한 보안 채널을 제공한다.
LISP(Location/Identifier Separation Protocol)	IETF에 제안된 표준으로, 기존 IP 주소를 두 개의 네임스페이스로 분리해 IP의 위치와 식별자를 별개로 보여준다.
BGP	다양한 캐리어 네트워크를 연결하기 위한 라우팅 서비스를 제공하는 프로토콜로, BGP-LS(BGP-Link State) 프로토콜이 컨트롤러에서 실행된다. BGP-LS는 인접한 AS로부터 경로 정보를 파악해 적합한 경로에 대한 데이터베이스를 구축한다.
PCEP(Path Computation Element Communication Protocol)	가상 사설 네트워크(VPN)를 설정할 때 사용된다.
SNMP(Simple Network Management Protocol)	네트워크 관리를 위한 규격을 모은 것으로, 프로토콜에 대한 규격뿐만 아니라 데이터베이스와 관련 개념에 대한 정의로 구성돼 있다. SNMP를 사용하면 별도의 관리 스테이션에서 장치들이 연결된 네트워크를 모니터링하고 관리할 수 있다.
Plugin 2OC	오픈콘트레일 플랫폼에 대한 플러그인. 오픈컨트레일(OpenContrail)은 클라우드 인프라스트럭처를 위한 네트워크 플랫폼에 대한 오픈소스 프로젝트다.
컨트롤러 모듈	
오픈스택 서비스	오픈스택OpenStack은 대규모로 확장 가능한 클라우드 운영체제 플랫폼을 개발하는 오픈소스 프로젝트다. 오픈스택은 SDN 아키텍처의 가상 네트워크 기능에 대한 대표적인 응용 분야로 손꼽힌다.
GBP(Group Based Policy) 서비스	ODL을 위한 애플리케이션 관점의 정책 모델로, 애플리케이션의 연결 관련 요구 사항과 하위의 네트워크 인프라스트럭처에 대한 세부 사항을 분리시켜준다.

(이어짐)

기능	설명
SFC(Service Function Chaining, 서비스 기능 체이닝)	IETF에 제안된 표준으로, 다양한 서비스 기능을 조합하기 위한 방법과 기술을 다룬다. SFC 모델을 적용하면 서비스 기능의 형태가 가상이거나 물리적이라는 여부에 관계없이 데이터 평면의 장치에 직접 설치될 필요가 없으며, 트래픽에 필요한 서비스 기능에 맞게 트래픽의 흐름을 서비스 기능이 있는 위치에 관계없이 조정할 수 있다.
AAA(Authentication, Authorization, and Accounting)	기본적인 세 가지 보안 기능을 제공하는 모듈이다. 인증(Authentication)이란 사용자(사람 또는 기계)가 바인딩 형태(직접 또는 연합)에 관계없이 진짜 본인이 맞는지 확인하는 기능을 의미한다. 허가/승인(Authorization)이란 사용자(사람 또는 기계)가 RPC나 알림 구독, 데이터의 일부분 등과 같은 특정한 리소스에 접근할 수 있는지 여부를 승인하는 기능이다. 계정(Accounting)이란 사용자(사람 또는 기계)가 RPC나 알림 구독, 데이터의 일부분 등과 같은 특정한 리소스에 접근할 수 있는지에 대한 기록을 저장하거나 이러한 기록에 접근하는 권한을 관리하는 기능이다.
DOCSIS(Data Over Cable Service Interface Specification)	디지털 네트워크에 대한 케이블 모뎀 인터페이스를 위한 표준 프로토콜 스택
VTN(Virtual Tenant Network 관리자)	VTN이란 SDN 컨트롤러에서 멀티테넌트 가상 네트워크를 제공하는 애플리케이션이다.
뉴트론(Neutron)을 위한 OVSDB 프로토콜	OVSDB에 대한 뉴트론 인터페이스
Plugin2OC	Plugin2OC 플러그인에 대한 서비스 인터페이스
LISP 서비스	LISP 플러그인에 대한 서비스 인터페이스
L2Switch	OSI 2계층의 스위치 라우팅 기능. 기본 개념은 컨트롤러가 가진 지능을 활용해 이더넷 스위치 기반의 네트워크에서 목적지를 모를 때 브로드캐스팅하지 않고도 경로 정보를 제공하는 것을 목적으로 한다.
SNBi 서비스	SNBi 플러그인에 대한 서비스 인터페이스
SDNi 어그리게이터	ODL의 SDN Interface Application 프로젝트로 진행되고 있으며, 애플리케이션 형태(ODL-SDNi App)로 SDNi(Software-Defined Networking Interface)를 개발해 SDN 컨트롤러끼리 서로 통신할 수 있도록 만드는 것을 목적으로 한다. 이 서비스는 일종의 어그리게이터처럼 동작해 토폴로지나 통계, 호스트 ID, 위치 같은 네트워크 정보를 수집한다.
AAA 인증 필터	컨트롤러로 들어오거나 컨트롤러에서 나가는 요청 및 응답 메시지를 가로채서 토큰 값이 올바른지 검사한다.

(이어짐)

기능	설명
네트워크 애플리케이션, 오케스트레이션, 서비스	
DLUX UI	자바스크립트 기반의 무상태(stateless) 방식의 사용자 인터페이스로, 다양한 ODL 프로젝트와 기본 컨트롤러가 서로 일관된 형태의 사용자 친화적인 인터페이스로 상호 작용할 수 있는 기능을 제공한다. DLUX는 웹 기반 인터페이스로 제작돼 ODL 컨트롤러에서 제어하는 네트워크에 대한 모델에 쉽게 접근할 수 있다.
VTN 컨트롤러	VTN 사용자를 위한 API를 제공한다.
오픈스택 뉴트론	뉴트론(Neutron)이란 오픈스택의 서브시스템으로, API를 이용해 네트워크를 모델 기반으로 통합할 수 있다(코어 기능인 IaaS에서 지원한다).
SDNi 래퍼	연합된 컨트롤러 사이에서 정보를 주고받는 기능을 제공한다.
DDoS(Distributed Denial-of-Service) 보호	오픈플로우 컨트롤러를 통해 가상 또는 물리 스위치가 오픈플로우 카운터로 동작하게 설정해 네트워크 트래픽에 대한 통계 정보를 수집하는 기능을 제공한다. 이 애플리케이션은 먼저 베이스라인 트래픽 패턴을 파악한 뒤에 네트워크 차원의 DDoS 공격처럼 이상한 트래픽 패턴이 발생하는지 감시한다. 애플리케이션에서 공격을 감지하면 악의적인 트래픽을 걸러내는 특수한 기능을 수행하는 플로우를 보내도록 오픈플로우 컨트롤러에서 요청한다.

노트

ODL 베릴륨 버전과 보론 버전

리듐과 베릴륨 버전에서는 네트워크 서비스 및 주상화 관련 모듈을 리팩토링했지만, 기본적인 구조와 개념은 비슷하다. 또한 몇 가지 모듈이 추가되기도 했다. 예를 들어 기본 네트워크 서비스 기능에 L2 스위치 기능을 제공하는 모듈이 추가되고, 고급 네트워크 서비스에 센티널 스트리밍 데이터 핸들러(Centinel-Streaming Data Handler), 컨트롤러 쉴드(Controller Shield), NetIDE, Messaging4Transport, 사용자 네트워크 인터페이스 관리자(User Network Interface Manager) 등이 추가됐다. 네트워크 추상화와 관련해 서비스형 패브릭(Fabric as a Service), NEMO 등이 추가됐으며, 사우스바운드 인터페이스에 OF-Config가 추가됐다.

2016년 하반기에는 보론 버전이 출시됐으며, 베릴륨 버전에 다음과 같은 기능이 추가됐다 (https://www.opendaylight.org/odlboron).

- **공통 SDN 툴 체인** SFC를 위한 애플리케이션 조합 파이프라인인 지니어스(Genius) 프로젝트가 추가됐고, 오픈스택 관련 통합 개발 환경도 확장성과 성능을 더욱 높이도록 구조를 개선했다. 또한 오픈스택 뉴트론과 ODL 컨트롤러 사이의 제어 기능과 IPv6, 보안 그룹, VLAN 등과 같은 기능을 향상시키기 위한 NetVirt 프로젝트도 추가됐다.

- **운영 도구** 컨트롤러 자체와 네트워크의 헬스 모니터링 및 분석을 위한 카디널(Cardinal) 프로젝트, 성능 모니터링 및 대역폭 관리를 위한 종단 간 데이터 수집 및 머신 러닝 기능을 제공하는 센티넬(Centinel) 분석 엔진, IETF EMAN 규격 기반의 에너지 관리 플러그인인 EMAN, 원격 라디오 헤드 장비를 위한 제어 및 관리 프로토콜을 지원하는 OCP 플러그인 등이 추가됐다.
- **애플리케이션 개발 도구** 양(Yang) 모델 편집 환경인 YangIDE, 오픈 소스 SDN 컨트롤러 사이의 상호 호환성을 제공하는 NetIDE 등이 추가됐다.

5.4 REST

REST^{REpresentational State Transfer}란 API를 정의하는 데 사용되는 아키텍처 스타일로, 현재 SDN 컨트롤러의 노스바운드 API를 구성하기 위한 표준 구현 방식으로 자리 잡았다. REST 방식으로 구성된 API(줄여서 REST API)는 프로토콜이나 언어나 표준을 가리키는 용어가 아니다. REST 방식에서는 API가 따라야 할 여섯 가지 제약 조건을 제시하고 있다. 이렇게 제약 조건을 내세우는 목적은 소프트웨어끼리 상호 작용하는 방식의 독립성 또는 상호 운용성과 확장성을 극대화하고, API를 간결하게 구성하기 위해서다.

REST 제약 사항

REST에서는 애플리케이션이나 서비스가 상대방과 API를 통해 상호 작용할 , 웹 기반으로 통신한다고 가정한다. REST 자체에는 API에 대한 세부 사항에 대해 별도로 정의하고 있지 않지만, 애플리케이션과 서비스끼리 서로 상호 작용하는 속성에 대한 몇 가지 제약 사항을 정해두고 있다. 이러한 REST 제약 사항으로는 다음과 같은 여섯 가지가 있다.

- 클라이언트-서버
- 무상태
- 캐시
- 일관된 인터페이스
- 계층화된 시스템

■ 코드 온디맨드

이 절에서는 이러한 제약 사항에 대해 하나씩 살펴본다.

클라이언트-서버

애플리케이션이나 서비스끼리 상호 작용하는 과정을 클라이언트/서버 사이의 요청/응답 방식으로 처리한다. 이 제약 사항의 밑바탕이 되는 원칙은 사용자 인터페이스와 데이터 저장에 관련된 부분을 분리하는 것이다. 이렇게 두 영역을 분리함으로써 클라이언트와 서버는 서로 독립적인 방식으로 발전해나갈 수 있으며, 서버 쪽에 있는 기능을 다양한 플랫폼에 이식하기 좋다.

무상태

무상태stateless 제약 사항이란, 클라이언트가 서버로 요청을 보낼 때마다 해당 요청을 이해하는 데 필요한 모든 정보를 담아서 서버에 저장된 문맥을 이용하지 않고도 처리할 수 있어야 한다는 것을 의미한다. 서버에서 응답을 보낼 때도 마찬가지로 요청에서 원하는 모든 정보를 응답에 담아서 보내야 한다. 이렇게 하면 모든 트랜잭션에 필요한 '메모리/저장 공간'에 대한 세션 상태를 전적으로 클라이언트에서 관리해야 한다.

이처럼 서버는 클라이언트 상태에 대한 정보를 아무 것도 남겨두지 않기 때문에 SDN 컨트롤러를 더욱 효율적으로 구현힐 수 있다. 이 제약 사항을 적용함으로써 얻게 되는 또 다른 효과로, 클라이언트와 서버가 다른 머신에 있어서 서로 통신해야 할 때 별도로 연결을 유지하는 프로토콜을 사용하지 않아도 된다.

REST는 대부분 무상태 프로토콜인 HTTPHyperText Transfer Protocol를 기반으로 구현한다.

캐시

캐시cache 제약 사항에 의하면 요청에 대해 응답할 때 보내는 데이터에 대해 캐시에 저장할 수 있는지 여부를 암묵적으로 표시하거나 레이블을 이용해 명시적으로 표현해야 한다. 응답을 캐시에 저장할 수 있다면 클라이언트 캐시에 이를 저장했다가 나중에 비슷한 요청을 보낼 때 재활용할 수 있다. 이 말은 클라이언트에서 이러한 데이터를 기억할 수 있는 권한이 있다는 뜻인데, 서버에서 데이터가 변하는 일이 적기 때문이다. 그래서 나중에 동일한 데이터에 대해 요청을 보내기 전에 캐시를 확인해서 데이터가 이미 저장돼 있다면 이 값을 그대로 활용할 수 있다. 이를 통해 클라이언트와 서버 사이에서 발생하는 통신 오버헤드를 줄일 수 있고, 서버에서 처리하는 작업의 양도 최소화할 수 있다.

일관된 인터페이스

REST에서는 서버와 클라이언트에 대한 애플리케이션 API의 구현 방식에 관계없이 모든 구성 요소가 일정한 인터페이스를 사용해야 한다. 이렇게 인터페이스만 일정하면 컨트롤러의 서비스가 독자적으로 발전할 수 있으며, SDN 컨트롤러 공급자 입장에서 다양한 벤더에서 제작된 소프트웨어 컴포넌트를 활용해 컨트롤러를 구현할 수 있게 된다.

REST에서는 일관된 인터페이스를 제공하도록 다음과 같이 네 가지 인터페이스 관련 제약 사항을 정해두고 있다.

- **리소스 식별** 리소스마다 URI 등으로 ID를 부여한다.

- **표현 양식을 통한 리소스 조작** 모든 리소스를 JSON, XML, HTML과 같은 포맷으로 표현한다.

- **쉽게 이해할 수 있는 메시지** 메시지마다 이를 처리하는 방법에 대한 정보가 충분히 담겨 있어야 한다.

- **하이퍼미디어를 이용한 애플리케이션 상태 엔진** 서버에서 제공하는 API는 형태가 고정돼 있지 않고 수시로 변경될 수 있기 때문에 서버와 통신하는 방법에 대해 클라이언트가 모르더라도 통신할 수 있어야 한다.

REST 스타일에서는 제한된 횟수의 연산(동사)만으로 클라이언트와 서버 사이의 상호 작용을 향상시킬 수 있다고 강조한다. 그리고 리소스(명사)마다 고유한 URI$^{Uniform\ Resource\ Identifier}$를 부여해 통신 과정의 유연성을 높일 수 있다. REST 스타일에서는 모호함을 피하기 위해 각각의 동사마다 의미가 명확히 드러나게 정의하고 있다(GET, POST, PUT, DELETE 등).

URI
추상적이거나 물리적인 리소스를 식별하기 위한 간결한 문자열이다. URI에 대해서는 RFC 3986에서 정의하고 있다. 이 문서에서는 이름이나 주소 체계를 인코딩하기 위한 문법을 정의하고 있으며, 여러 가지 주소 체계에 대한 목록도 제공하고 있다. URL(Uniform Resource Locator)은 일종의 URI로, 리소스에 접근하는 데 사용할 프로토콜과 리소스에 대한 인터넷상의 주소를 표현한다.

이러한 제약 사항을 SDN 환경에 적용하면 애플리케이션의 종류와 구현 언어에 관계없이 REST API만 사용해도 컨트롤러에서 제공하는 모든 서비스를 사용할 수 있다.

계층화된 시스템

이 제약 사항은 모든 기능을 계층화된 형태로 구성해야 한다는 것을 의미한다. 이때 각 계층은 바로 위나 바로 아래에 있는 계층하고만 직접 상호 작용할 수 있다. 이 방식은 프로토콜이나 OS, 시스템 서비스를 설계할 때 널리 적용되는 표준 아키텍처 스타일이기도 하다.

코드 온디맨드

REST 방식에서는 애플릿이나 스크립트 형태로 된 코드를 다운로드해서 실행하는 것만으로 클라이언트의 기능을 확장할 수 있어야 한다는 것을 의미한다. 이렇게 하면 클라이언트에서 구현해야 하는 기능의 수를 줄일 수 있기 때문에 클라이언트를 간결하게 만들 수 있다. 또한 시스템을 배포한 뒤에도 필요한 기능을 다운로드할 수 있기 때문에 시스템의 확장성을 크게 높일 수 있다.

REST API의 예

REST API의 구조에 대한 이해를 돕기 위해 구체적인 예를 살펴보기로 하자. 이 절에서는 SDN 컨트롤러(네트워크 OS, NOS)인 류^{Ryu}의 노스바운드 API를 소개한다. 류에서는 스위치 관리자 API를 통해 오픈플로우 스위치에 접근할 수 있는 기능을 제공하고 있다.

애플리케이션을 대신해서 스위치 관리자가 수행할 수 있는 모든 기능마다 URI가 할당돼 있다. 예를 들어 특정한 스위치에 있는 그룹 테이블의 모든 엔트리에 대한 정보를 가져오는 함수는 다음과 같은 URI로 표현한다.

```
/stats/group/<dpid>
```

여기서 stats는 통계^{statistic}의 줄임말로, 스위치의 통계 정보나 파라미터를 가져오거나 업데이트하는 API들을 가리킨다. group은 함수의 이름이며, <dpid>(데이터 패스 ID)는 스위치에 대한 고유 ID다. 따라서 애플리케이션에서 1번 스위치

애 대해 group 함수를 호출하려면 다음과 같은 형태로 명령을 구성해 스위치 관리자로 전달하면 스위치 관리자는 REST API를 통해 해당 함수를 호출한다.

```
GET http://localhost:8080/stats/groupdesc/1
```

이 명령에서 localhost라고 표현한 것은 애플리케이션이 실행되는 서버가 류 컨트롤러가 실행되는 서버와 같다는 것을 의미한다. 애플리케이션이 원격에 있다면 URI는 HTTP를 통해 원격 서버에 접근할 수 있는 URL 형태로 지정해야 한다. 스위치 관리자는 이 명령을 받으면 메시지 본문에 dpid와 해당 스위치 (dpid)에 정의된 각 그룹에 대한 값을 일련의 블록에 담아서 응답한다. 값은 다음과 같다.

- **type** All, select, fast failover, indirect 중 하나(4.2절 참조)
- **group_id** 그룹 테이블에 있는 엔트리의 ID
- **buckets** 다음과 같은 필드로 구성된 구조체
  - **weight** 버킷에 대한 상대적인 가중치(select 타입에만 적용)
  - **watch_port** 현재 버킷의 상태에 영향을 주는 포트(fast failover 타입에만 적용)
  - **watch_group** 현재 버킷의 상태에 영향을 주는 그룹(fast failover 타입에만 적용)
  - **actions** 액션 리스트(null일 수도 있음)

하나의 그룹 테이블 엔트리마다 메시지 본문에 버킷 부분은 여러 개가 담겨 있을 수 있다.

표 5.2는 GET 방식으로 스위치의 통계와 파라미터를 가져오는 API를 보여준다. 이러한 API 중 일부는 POST 방식으로도 제공하고 있으며, 이를 통해 요청할 API에 조건을 지정할 수 있도록 메시지의 본문에 파라미터 리스트를 담을 수 있다.

표 5.2 류의 REST API: GET 방식으로 스위치 통계 정보를 가져오는 함수

요청 타입	응답 메시지로 전달되는 값
모든 스위치 가져오기	데이터 경로 ID
스위치 설명 가져오기	데이터 경로 ID, 제조사 정보, 하드웨어 설명, 소프트웨어 설명, 시리얼 넘버, 사람이 읽을 수 있는 형태의 데이터 경로
스위치의 모든 플로우 상태 가져오기	데이터 경로 ID, 항목의 길이, 플로우가 살아 있는 시간에 대한 초 단위 값, 플로우가 살아 있는 시간에 대한 나노 초 단위 값, 우선순위, 만료되기 전까지 남은 시간에 대한 초 단위 값, 플래그, 쿠키, 패킷 수, 바이트 수, 매치 필드, 액션
스위치의 묶음(aggregate) 플로우 상태 가져오기	데이터 경로 ID, 패킷 수, 바이트 수, 플로우 수
포트 상태 가져오기	수신 패킷 수, 송신 패킷 수, 수신 바이트 수, 송신 바이트 수, 폐기한 수신 패킷 수, 폐기한 송신 패킷 수, 수신 에러 수, 송신 에러 수, 프레임 정렬 에러 수, 송신 패킷 오버런 수, CRC 에러 수, 충돌 수, 포트가 살아 있는 시간에 대한 초 단위 값, 포트가 살아 있는 시간에 대한 나노 초 단위 값
포트 설명 가져오기	데이터 경로 ID, 포트 수, 이더넷 주소, 포트 이름, 설정 플래그, 상태 플래그, 현재 기능, 외부 노출 속성, 지원 속성, 피어에 의해 노출된 속성, 현재 비트 레이트, 최대 비트 레이트
큐 상태 가져오기	데이터 경로 ID, 포트 수, 큐 ID, 송신 바이트 수, 송신 패킷 수, 패킷 오버런 수, 큐가 살아 있는 시간에 대한 초 단위 값, 큐가 살아 있는 시간에 대한 나노초 단위 값
그룹 상태 가져오기	데이터 경로 ID, 항목의 길이, 그룹 ID, 이 그룹으로 포워드하는 그룹 또는 플로우의 수, 패킷 수, 바이트 수
그룹 설명 가져오기	데이터 경로 ID, 타입, 그룹 ID, 버킷(weight, watch_port, watch_group, actions)
그룹 속성 가져오기	데이터 경로 ID, 타입, 기능, 최대 그룹 수, 지원되는 액션
미터 상태 가져오기	데이터 경로 ID, 미터 ID, 항목의 길이, 플로우 수, 입력 패킷 수, 입력 바이트 수, 미터가 살아 있는 시간에 대한 초 단위 값, 미터가 살아 있는 시간에 대한 나노초 단위 값, 미터 밴드 (패킷 수, 바이트 수)
미터 설정 가져오기	데이터 경로 ID, 미터 ID, 밴드(타입, 속도, 버스트 크기)
미터 속성 가져오기	데이터 경로 ID, 최대 미터 수, 밴드 타입, 기능, 미터당 최대 밴드 수, 최대 컬러 값

스위치 관리자 API에서는 스위치 파라미터를 업데이트하는 기능도 제공한다. 이러한 기능은 모두 POST 메시지 타입을 사용하며, 요청 메시지 본문에

업데이트할 파라미터의 종류와 값을 넣는다. 표 5.3은 업데이트 API 함수를 보여준다.

표 5.3 필드 값으로 필터링한 스위치 통계 정보를 업데이트하기 위한 POST 방식으로 API

요청 타입	요청 메시지에 지정할 수 있는 속성
플로우 엔트리 추가	데이터 경로 ID, 쿠키, 쿠키 마스크, 테이블 ID, 아이들 타임아웃, 하드 타임아웃, 우선순위, 버퍼 ID, 플래그, 매치 필드, 액션
매치 플로우 엔트리 수정	데이터 경로 ID, 쿠키, 쿠키 마스크, 테이블 ID, 아이들 타임아웃, 하드 타임아웃, 우선순위, 버퍼 ID, 플래그, 매치 필드, 액션
매치 플로우 엔트리 삭제	데이터 경로 ID, 쿠키, 쿠키 마스크, 테이블 ID, 아이들 타임아웃, 하드 타임아웃, 우선순위, 버퍼 ID, 플래그, 매치 필드, 액션
모든 플로우 엔트리 삭제	데이터 경로 ID
그룹 엔트리 추가	데이터 경로 ID, 타입, 그룹 ID, 버킷(weight, watch_port, watch_group, actions)
그룹 엔트리 수정	데이터 경로 ID, 타입, 그룹 ID, 버킷(weight, watch_port, watch_group, actions)
그룹 엔트리 삭제	데이터 경로 ID, 그룹 ID
미터 엔트리 추가	데이터 경로 ID, 플래그, 미터 ID, 밴드(타입, 속도, 버스트 크기)
미터 엔트리 수정	데이터 경로 ID, 플래그, 미터 ID, 밴드(타입, 속도, 버스트 크기)
미터 엔트리 삭제	데이터 경로 ID, 미터 ID

5.5 다른 컨트롤러와 연동

SDN 컨트롤러는 앞에서 설명한 노스바운드와 사우스바운드 인터페이스뿐만 아니라 다른 SDN 컨트롤러나 네트워크와 통신할 수 있도록 이스트/웨스트 인터페이스를 갖춰야 한다. 다만 아직 오픈소스 구현이나 표준 규격 중에서 여기에 대한 프로토콜이나 인터페이스가 정립돼 있지 않다. 이 절에서는 이스트/웨스트 인터페이스에 관련된 주요 설계 이슈를 중심으로 살펴본다.

중앙 집중형 컨트롤러와 분산형 컨트롤러

아키텍처를 설계할 때 결정해야 할 가장 중요한 사항 중 하나는 데이터 평면의 스위치들을 제어할 때 하나의 중앙 집중적인 형태의 컨트롤러만 사용할지, 여러 개의 분산형 컨트롤러를 사용할지 결정하는 것이다. 중앙 집중형 컨트롤러는 단일 서버 형태로 구성되며, 네트워크에 존재하는 데이터 평면 스위치를 모두 관리한다.

대형 엔터프라이즈 네트워크 환경에서는 하나의 컨트롤러만으로 모든 네트워크 장비를 관리하는 것은 바람직하지 않다. 대형 엔터프라이즈 네트워크나 캐리어 네트워크를 운영하는 실제 환경에서는 네트워크를 여러 개의 독립적인 SDN 도메인(SDN 아일랜드)으로 분할해서 각 도메인마다 설치된 컨트롤러가 서로 협업하는 분산형 컨트롤러로 관리한다(그림 5.10). 이렇게 SDN 도메인으로 구분하는 이유는 다음과 같다.

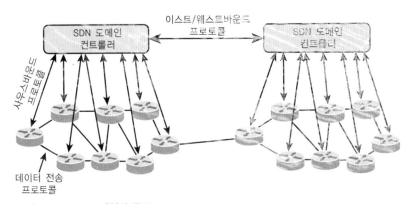

그림 5.10 SDN 도메인의 구조

- **확장성(scalability)** 하나의 SDN 컨트롤러에서 관리할 수 있는 장치의 수에는 한계가 있다. 따라서 어느 정도 규모가 큰 네트워크는 여러 개의 SDN 컨트롤러로 관리할 수 밖에 없다.

- **안정성(reliability)** 컨트롤러를 여러 개 사용하면 단일 실패점^{SPOF, Single} _{Point of Failure}의 위험을 방지할 수 있다.

- **프라이버시(privacy)** 통신 사업자는 SDN 도메인마다 프라이버시 정책을 다르게 설정할 수 있다. 예를 들어 특정한 SDN 도메인에는 별도로 정의한

높은 수준의 프라이버시 정책을 적용하길 원하는 고객만 전담해 처리할 수 있는데, 이러한 도메인에 대한 네트워크 정보(예. 토폴로지)는 외부에 공개되면 안 된다.

- 점진적인 배치(incremental deployment) 캐리어 네트워크는 레거시 인프라와 최신 인프라가 혼재돼 있을 수 있다. 따라서 네트워크를 관리하기 좋은 크기의 SDN 도메인으로 나누면 점진적인 배치 작업을 할 수 있는 여지가 높아진다.

분산형 컨트롤러는 좁은 영역에 모아둘 수도 있고, 넓은 영역에 고르게 퍼져 있게 설치할 수도 있고, 두 경우를 적절히 조합한 형태로 배치할 수도 있다. 컨트롤러들을 서로 가까이 놓아두면 처리량throughput을 높일 수 있어서 데이터 센터와 같은 환경에 적합한 반면, 고르게 펼쳐 두면 넓은 네트워크를 관리할 수 있다는 장점이 있다.

일반적으로 컨트롤러를 수평적으로 분산 배치한다. 이 말은 각 컨트롤러마다 다른 네트워크와 교차되지 않은 독립적인 영역의 데이터 평면 스위치를 관리한다는 뜻이다. 물론 장치를 관리하는 작업을 네트워크 속성 또는 지역성locality 요구 사항에 따라 여러 컨트롤러로 분산하는 수직적인 방식으로 구성할 수도 있다.

분산 구조로 구성할 때는 컨트롤러끼리 통신하기 위한 프로토콜이 필요하다. 이를 위해 상용 프로토콜을 사용할 수도 있지만, 가능하면 공개된 표준 프로토콜을 활용하는 것이 상호 운용성을 보장하는 측면에서 훨씬 좋다.

이러한 분산 구조에서 이스트/웨스트바운드 인터페이스를 제공하려면 네트워크 토폴로지와 파라미터에 대한 데이터베이스를 분할하거나 복제된 형태로 관리할 수 있어야 하며, 네트워크를 모니터링하거나 네트워크에서 발생한 이벤트를 알려주는 기능도 필요하다. 후자에 해당하는 기능을 구현하려면 컨트롤러가 살아 있는지 확인하는 기능과, 컨트롤러에 할당된 스위치에 변경될 때 이를 조율하는 기능이 필요하다.

고가용성 클러스터

고가용성 클러스터
서비스에 장애가 발생하는 상황에 대비해 보조 또는 백업 서비스를 제공할 수 있게 중복된 네트워크 노드를 추가로 구성하는 다중 컴퓨터 아키텍처를 의미한다. 이렇게 구성된 클러스터를 통해 중복된 컴퓨팅 환경을 제공함으로써 단일 실패점(SPOF)을 제거할 수 있으며, 여러 네트워크와 연동하거나, 데이터 저장 장치를 중복해서 배치하거나, 전원 공급 장치를 두 배로 증설하거나, 별도 백업 기능을 추가하는 방식으로 구성한다.

한 도메인 안에서도 컨트롤러를 고가용성 클러스터High-Availability cluster로 구현할 수 있다. 일반적으로 외부 시스템이 (노스바운드뿐만 아니라 사우스바운드 API를 통해) 클러스터에 접근할 때 사용하는 IP를 설정할 때 여러 노드가 하나의 IP 주소를 공유하도록 구성한다. 대표적인 예로 IBM에서 제공하는 가상 환경을 위한 SDN 제품을 들 수 있다. 이 제품은 두 개의 노드를 사용하는데, 각 노드는 클러스터 안에서 다른 노드의 피어peer로 동작해 데이터를 중복해서 관리하며, 외부 IP 주소를 공유한다. HA 기능이 작동할 때는 클러스터의 외부 IP 주소로 들어온 모든 트래픽에 대한 응답은 기본 노드에서 처리하고, 설정 데이터에 대한 읽기/쓰기 복사본을 보관한다. 한편 다른 보조 노드는 대기 상태로 작동하며, 기본 노드의 현재 복사본에 담긴 설정 데이터에 대한 읽기 전용 복사본만 갖고 있다. 보조 노드는 외부 IP의 상태를 모니터링하고 있다가 기본 노드에서 외부 IP에 대한 요청을 처리할 수 없다고 판단하면 장애 극복failover 이벤트를 발생시켜서 기본 노드와 역할을 바꿔 외부 IP에 대해 들어온 요청에 응답하고, 설정 데이터의 복사본에 대한 권한을 읽기/쓰기로 전환한다. 기본 노드가 다시 연결되면 자동으로 회복 프로세스를 실행해 다시 기본 노드와 보조 노드의 상태를 전환함으로써 장애 극복 기간 동안 변경된 설정 데이터를 잃지 않도록 보장해준다.

ODL의 헬륨Helium 버전부터 이러한 HA 기능이 내장돼 있으며, 시스코의 XNC와 오픈 네트워크 컨트롤러에서도 HA 기능을 지원한다(한 클러스터에 최대 다섯 개까지 설정할 수 있다).

SDN 네트워크 연합

앞에서 설명한 분산형 SDN 아키텍처에서는 하나의 엔터프라이즈 네트워크를 여러 개의 SDN 도메인으로 분할하는 방식으로 구성했다. 이때 도메인은 같은 위치에 모아두거나 여러 지점에 분산해 둘 수 있다. 어떤 경우라도 전체 네트워크를 구성하는 모든 데이터 평면 스위치에 대한 관리는 하나의 네트워크 관리 기능을 통해 제어해야 한다.

한편으로는 서로 다른 기관에서 소유하고 관리하는 여러 개의 SDN 네트워크가 이스트/웨스트바운드 프로토콜을 통해 서로 연동하는 연합federation 방식으로 구축할 수도 있다. 그림 5.11은 SDN 컨트롤러가 연합하는 방식으로 구성된 구조를 보여준다.

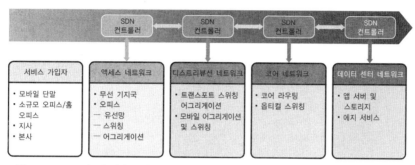

그림 5.11 SDN 컨트롤러가 연합해 동작하는 구조[GUPT14]

이렇게 구성하면 다양한 가입자에게 클라우드 기반의 서비스를 제공하게 된다. 그림 1.3에서 설명한 바와 같이 일반적으로 가입자는 액세스 네트워크와 분배 네트워크와 코어 네트워크가 계층적으로 구성된 서비스 네트워크에 연결된다. 이 과정에서 하나의 데이터 센터 네트워크만 거쳐 갈 수도 있고, 여러 기관에서 별도로 관리하는 네트워크를 여러 군데 거쳐 갈 수도 있다. 후자와 같은 상황에서 모든 네트워크가 SDN을 지원한다면 QoS나 정책, 라우팅과 같은 제어 평면에 대한 정보를 공유하기 위한 공통 규약이 필요하다.

BGP

SDN 네트워크를 연합하는 방법에 대해 자세히 살펴보기 전에 잠시 BGPBorder Gateway Protocol에 대해 살펴보고 넘어가자. BGP는 TCP/IP 기반의 인터넷을 위해 개발된 프로토콜이지만, 개념 자체는 TCP/IP가 아닌 다른 기술 기반의 인터네트워크에도 똑같이 적용할 수 있다. 현재 BGP는 인터넷을 위한 대표적인 ERPExternal Router Protocol, 외부 라우터 프로토콜로 자리 잡았다.

BGP에서는 각각의 ASAutonomous System에 존재하는 게이트웨이gateway라 부르는 라우터끼리 라우팅 정보를 서로 주고받는다. 이러한 메시지를 주고받을 때 TCP 연결을 사용한다. 현재는 BGP-4 버전을 사용한다.

ERP

AS를 연결하는 협력 라우터에게 라우팅 관련 정보를 배포하는 프로토콜을 통칭하는 용어

BGP는 기본적으로 다음과 같은 세 가지 기능을 제공한다.

- 이웃 인식neighbor acquisition
- 이웃 도달 가능성neighbor reachability
- 네트워크 도달 가능성network reachability

두 개의 라우터가 동일한 네트워크에 속해 있거나 서로 통신 링크로 연결돼 있을 때 두 라우터는 이웃 관계에 있다고 표현한다. 두 라우터가 동일한 네트워크에 연결돼 있다면 이웃 라우터에 도달하는 경로는 해당 네트워크 안에서 찾으면 된다. 반면 각 라우터가 서로 다른 AS에 있다면 라우팅 정보를 주고받아야 한다. 이때 가장 먼저 이웃 인식neighbor acquisition 작업을 수행한다. 여기서 이웃neighbor이란 용어는 같은 네트워크를 공유하는 두 개의 라우터를 의미한다. 실제로 이웃 인식 작업은 서로 다른 AS에 속한 두 개의 이웃 라우터가 주기적으로 라우팅 정보를 주고받기로 약속했을 때 발생한다. 이때 공식적인 인식 절차가 필요한데, 어떤 라우터는 이러한 작업에 참여하고 싶지 않을 수 있기 때문이다. 예를 들어 라우터 자체적으로 처리해야 할 작업이 너무 많아서 외부 AS에서 들어오는 트래픽을 처리하고 싶지 않을 수도 있다. 이웃 인식 절차를 진행하는 과정에서 한 라우터에서 다른 라우터로 요청 메시지를 보내는데, 이러한 요청을 받은 라우터는 이를 받아들일지 여부를 선택할 수 있다. BGP에서는 상대방 라우터의 주소를 알아내거나 다른 라우터가 존재하는지 여부를 알아내는 방법에 대해서는 따로 정의하지 않고 있다. 또한 특정한 라우터와 라우팅 정보를 주고받을지를 결정하는 방법도 명시하지 않고 있다. 이러한 이슈는 설정 단계에서 결정하거나 네트워크 관리자가 그때그때 해결해야 한다.

이웃 인식 과정을 수행하기 위해서 라우터는 다른 라우터에게 Open 메시지를 보낸다. 상대방 라우터가 해당 요청을 받아들이면 Keepalive 메시지를 응답으로 보낸다.

이렇게 이웃 관계가 성립됐다면 이 관계를 유지하게 이웃 도달 가능성neighbor reachability 작업을 수행한다. 이웃 관계에 있는 라우터는 상대방 라우터가 존재하며 이웃 관계에 놓여 있는지를 지속적으로 확인해야 한다. 이를 위해 라우터끼리 Keepalive 메시지를 주기적으로 주고받는다.

마지막으로 네트워크 도달 가능성network reachability 작업을 수행한다. 라우터마다 네트워크에 대한 데이터베이스를 유지하면서 다른 네트워크에 도달할 수 있는지, 그리고 그 네트워크에 도달하기 위한 가장 좋은 경로는 어디인지에 대한 정보를 기록해둬야 한다. 이러한 데이터베이스에 값이 변경되면 라우터는 이웃 관계에 있는 모든 라우터에게 Update 메시지를 브로드캐스팅 방식으로 보낸다. 이렇게 Update 메시지는 브로드캐스트 방식으로 전달되기 때문에 모든 BGP 라우터는 자체적으로 관리하는 라우팅 정보를 업데이트할 수 있다.

도메인 사이의 라우팅과 QoS

컨트롤러는 자신이 관리하는 도메인을 벗어난 영역에 대한 라우팅 작업을 처리할 수 있도록 이웃 관계에 있는 라우터와 BGP로 연결한다. 그림 5.12는 두 개의 SDN 도메인이 하나의 SDN을 사용하지 않는 AS에 연결된 환경을 보여준다.

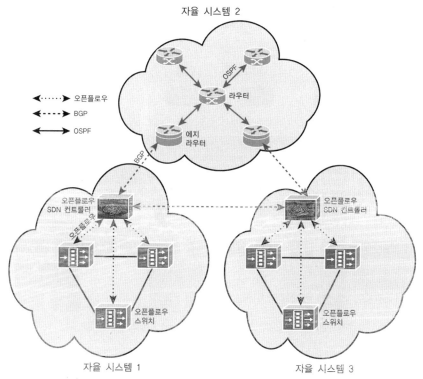

그림 5.12 오픈플로우 도메인과 비오픈플로우 도메인이 혼재된 AS 구성도

비SDN AS 안에서는 내부 라우팅을 OSPF로 처리한다. SDN 도메인에서는 OSPF를 사용할 필요가 없다. 각 데이터 평면 스위치마다 사우스바운드 프로토콜(그림 5.12의 경우 오픈플로우)을 통해 라우팅 정보를 중앙 컨트롤러에게 알려주면 된다. SDN 도메인과 AS 사이는 BGP를 이용해 다음과 같은 정보를 교환한다.

- **도달 가능성 정보 업데이트** 도달 가능성 정보의 교환을 통해 SDN 도메인 사이를 라우팅할 수 있다. 이렇게 되면 하나의 플로우로 여러 SDN 도메인을 거쳐 갈 수 있으며, 각 컨트롤러마다 해당 네트워크에서 가장 적합한 경로를 선택할 수 있다.

- **플로우 설정, QoS, 요청 갱신** 컨트롤러는 여러 SDN 도메인 사이에서 발생하는 QoS나 경로에 대한 요구 사항과 같은 정보를 담은 플로우 설정 요청을 조율해야 한다.

- **기능 업데이트** 컨트롤러는 도메인 안에 존재하는 시스템이나 소프트웨어 기능뿐만 아니라 대역폭이나 QoS와 같은 네트워크 관련 기능에 대한 정보도 교환해야 한다.

지금까지 설명한 부분뿐만 아니라 그림 5.12에서 표현한 부분 중에서 다음과 같은 사항에 대해서도 주목할 필요가 있다.

- 그림을 보면 구름으로 표시된 AS들은 여러 라우터가 서로 연결된 형태로 구성돼 있다. 이때 AS가 SDN 도메인이라면 라우터 기능은 컨트롤러가 담당한다. 구름으로 표시한 것은 인터네트워크를 의미하며, 그 안에 있는 라우터끼리 연결된 선은 해당 인터네트워크 내부에 존재하는 또 하나의 네트워크인 셈이다. 마찬가지로 AS끼리 연결된 선도 하나의 네트워크를 구성하는데, 이 네트워크는 두 AS 중 어느 한 곳에 속해 있을 수도 있고, 두 AS와는 별도의 네트워크로 구성될 수도 있다.

- SDN 도메인에서는 BGP 기능을 데이터 평면의 라우터가 아닌 SDN 컨트롤러에서 구현한다. 따라서 해당 도메인에 대한 토폴로지와 라우팅 결정은 컨트롤러가 처리해야 한다.

- 그림을 보면 AS1과 AS3이 BGP로 연결돼 있는데, 두 AS는 하나의 네트워크를 통해 직접 연결되지 않을 수도 있다. 반면 두 개의 SDN 도메인이

하나의 SDN 시스템의 일부로 들어가거나, 두 도메인이 서로 연합^{federated}
돼 있다면 SDN에 관련된 부가 정보를 서로 주고받아야 한다.

QoS 관리에 BGP 활용

AS끼리 연결할 때는 대부분 최선형^{best-effort} 방식으로만 연결한다. 이 말은 AS
사이에서 트래픽을 전달할 때 트래픽 클래스를 따로 구분하지 않고, 전송에 관
련된 어떠한 보장도 하지 않는다는 것을 의미한다. 일반적으로 네트워크 사업
자는 AS 인그레스 라우터에 트래픽 클래스를 0으로 지정(최선형으로 마킹)해 트래
픽을 구분하지 않도록 설정한다. 간혹 인그레스에서 포워딩 요구 사항을 알아
내거나 AS 내부의 QoS 포워딩 정책을 따르기 위해 상위 계층의 분류 작업을
수행하기도 한다. 이렇게 도메인 사이를 오가는 트래픽을 분류하는 방법이나
마킹 방법, 포워딩 동작 등에 대해서는 따로 제정된 표준이 없다. 다만 RFC
4594(Configuration Guidelines for DiffServ Service Classes, August 2006)에서 몇 가지 참고할
만한 대표적인 적용 사례를 제시하고 있을 뿐이다. 일반적으로 QoS 정책에 관
련된 결정은 다른 네트워크와 조율하지 않고 네트워크 사업자마다 자체적으로
처리한다. 그래서 이 문서에서는 QoS를 엄격히 보장하도록 개별적으로 합의하
는 과정과 방법에 대해서는 다루지 않고 있다. 이러한 서비스 수준 협약^{SLA,}
^{Service Level Agreement} 사항은 쌍방 혹은 다자 간 합의할 사항이기 때문에 '최선형
보다 더 좋게' 연결하기 위한 범용적인 수단은 제공하지 않는다.

현재 IETF에서는 BGP를 이용한 QoS 마킹 방법에 대한 표준 작업을 수행하
고 있다(BGP Extended Community for QoS Marking, draft-knoll-idr-qos-attribute-12, July 10,
2015). 한편 SDN 사업자는 BGP가 가진 확장성을 응용해 자체적인 QoS 기능을
구현했다. 어느 방법을 사용하더라도 BGP를 통해 서로 다른 도메인에 있는
SDN 컨트롤러가 QoS 보장을 하려면 그림 5.13과 그 아래 나온 단계를 따라
처리하게 된다.

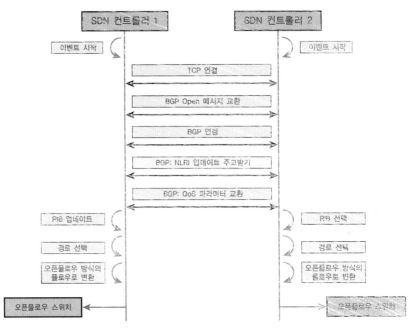

그림 5.13 이스트-웨스트 연결과 경로, 플로우 설정 과정

1. SDN 컨트롤러는 반드시 BGP 기능을 사용하게 설정하고, 이웃 BGP 개체에 대한 위치 정보를 알고 있어야 한다.

2. 컨트롤러에 이벤트가 발생하면 BGP가 시작된다.

3. 컨트롤러에 있는 BGP 개체가 이웃 BGP 개체와 TCP 연결을 맺으려고 시도한다.

4. TCP 연결이 맺어지면 컨트롤러에 있는 BGP 개체는 이웃과 Open 메시지를 주고받는다. 이러한 Open 메시지를 통해 각자가 가진 기능에 대한 정보도 주고받는다.

5. 메시지 교환이 끝나면 BGP 연결이 성립된다.

6. NLRI^{Network Layer Reachability Information}를 교환하기 위해 Update 메시지를 주고받는다. NLRI에는 해당 개체를 통해 어떤 네트워크에 도달할 수 있는지에 대한 정보를 담고 있다. 이러한 도달 가능성에 대한 정보는 SDN 컨트롤러 사이에 존재하는 데이터 경로 중에서 가장 적합한 경로를 선택할 때 사용된다. NLRI 파라미터를 통해 알아낸 정보로 컨트롤러의 RIB_{Routing Information Base}를 업데이트한다. 그러면 컨트롤러는 이 값에 맞게 데

이더 평면 스위치에 플로우를 적절히 설정한다.

7. Update 메시지는 현재 가용 용량과 같은 QoS 정보를 주고받을 때도 사용된다.

8. BGP 프로세스의 결과로 여러 경로가 존재한다면 경로 선택 과정을 거친다. 이렇게 경로가 결정했다면 두 SDN 도메인 사이에 패킷이 제대로 전달될 수 있게 된다.

IETF SDNi

IETF에서는 SDNi(SDNi: A Message Exchange Protocol for Software Defined Networks across Multiple Domains, draft-yin-sdn-sdni-00.txt, June 27, 2012)라는 드래프트 규격을 통해 여러 도메인이 플로우 설정을 조율하고 도달 가능성 정보를 주고받기 위한 공통 요구 사항을 정의했다. SDNi 규격에서는 SDN을 위한 이스트/웨스트바운드 프로토콜을 직접 정의하지 않고, 이러한 프로토콜을 개발하기 위한 기본적인 원칙만 제시하고 있다.

SDNi 문서에서는 다음과 같은 기능을 정의하고 있다.

- 여러 애플리케이션을 통해 발생한 플로우 설정 작업들을 조율한다. 각각의 플로우 설정 작업마다 경로 요구 사항, QoS, 여러 SDN 도메인에 적용할 SLA 등과 같은 정보를 담고 있다.
- SDN 도메인 사이의 라우팅을 위해 도달 가능성 정보를 교환한다. 이를 통해 하나의 플로우가 여러 SDN 도메인 사이를 거쳐 갈 수 있으며, 각 도메인에 있는 컨트롤러에 여러 개의 경로가 존재한다면 그중에서 가장 적합한 경로를 결정한다.

SDNi의 동작 방식은 각 도메인에 존재하는 다양한 컨트롤러에서 사용 가능한 리소스나 기능의 종류에 따라 달라진다. 따라서 최대한 자세한 설명과 함께 공개적인 방식으로 SDNi를 구현해야만 다양한 컨트롤러에서 제공하는 새로운 기능을 지원할 수 있다. SDN은 본질적으로 혁신을 추구하기 때문에 컨트롤러가 주고받는 데이터도 동적인 측면이 강하다. 따라서 SDNi에서 기존에 모르던 기능에 대한 정보를 교환할 수 있도록 메타데이터를 주고받는 기능이 제공돼야 한다.

현재 제안된 SDNi 메시지의 종류는 다음과 같다.

- 도달 가능성 정보 업데이트

- 플로우 설정/제거/업데이트 요청(QoS, 데이터 레이트, 지연 시간 등과 같은 애플리케이션 처리 능력 관련 요구 사항 포함)

- 처리 능력 업데이트(해당 도메인에서 사용할 수 있는 시스템 및 소프트웨어 기능, 데이터 레이트, QoS 등과 같은 네트워크 관련 처리 능력 포함)

오픈데이라이트 SDNi

ODL 아키텍처를 보면 IETF에서 제시한 SDNi 기능에 따라서 한 네트워크에 있는 여러 개의 ODL 컨트롤러를 연합해 서로 토폴로지 정보를 공유하게 구성된 것을 볼 수 있다. ODL 컨트롤러에 설치할 수 있게 작성된 SDNi 애플리케이션은 그림 5.14와 그 아래의 목록에 나온 것처럼 세 가지 컴포넌트로 구성된다.

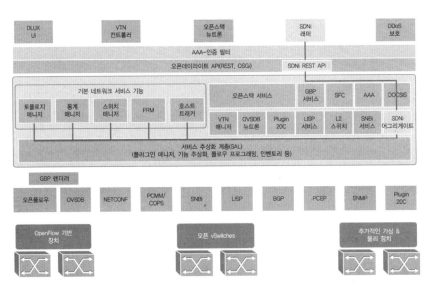

그림 5.14 ODL(헬륨) 구조상의 SDNi 컴포넌트 위치

- **SDNi 어그리게이터** 노스바운드 SDNi 플러그인으로, 토폴로지나 통계, 호스트 ID와 같은 네트워크 관련 정보를 수집한다. 연합된 SDN 컨트롤러끼리 서로 공유하는 네트워크 데이터에 대한 요구 사항이 변하면 이 플러그인을 수정해야 한다.

- **SDNi REST API** 앞에 나온 노스바운드 플러그인(SDNi 어그리게이터)을 통해 수집된 정보를 가져오는 인터페이스
- **SDNi 래퍼** 연합된 컨트롤러로부터 정보를 가져오거나 제공하는 역할을 하는 SDNi BGP 래퍼

그림 5.15는 앞에서 설명한 컴포넌트 사이의 상호 관계를 표현한 것으로, SDNi 래퍼 부분을 좀 더 자세히 보여준다. SDNi 어그리게이터는 REST API를 이용해 기본 네트워크 서비스 기능^{base network service function}이 제공하는 통계 정보와 파라미터를 수집한다. SDNi 래퍼에서 가장 핵심적인 부분은 BGP를 구현한 부분이다. BGP는 SDN 도메인을 연결하는 라우터끼리 라우팅 정보를 교환하기 위한 대표적인 ERP다.

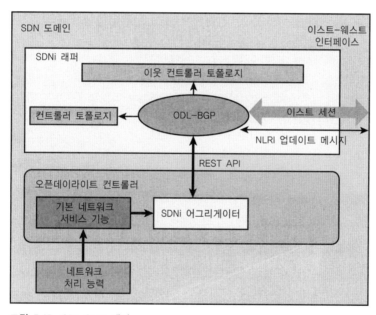

그림 5.15 ODL SDNi 래퍼

5.6 핵심 용어

5장을 통해 다음과 같은 용어를 배웠다.

BGP	중앙 집중형 컨트롤러	분산형 컨트롤러
이스트/웨스트바운드 인터페이스	오픈데이라이트	오픈플로우 이웃 인식
이웃 도달 가능성	네트워크 운영체제	네트워크 도달 가능성
노스바운드 인터페이스	OSGi	REST
REST 방식	라우팅	류(ryu)
SDN 제어 평면	SAL(서비스 추상화 계층)	
사우스바운드 인터페이스	URI	

5.7 참고 문헌

GUPT14 Gupta, D., and Jahan, R. Inter-SDN Controller Communication: Using Border Gateway Protocol. Tata Consultancy Services White Paper, 2014. http://www.tcs.com

KREU15 Kreutz, D., et al. "Software-Defined Networking: A Comprehensive Survey." Proceedings of the IEEE, January 2015.

Chapter 6

SDN 애플리케이션 평면

현대 사회에서 통신을 위한 기술적인 수단에 대한 의존도가 갈수록 높아지고 있다. 이러한 기술적인 도움이 없다면 무역과 비즈니스가 이뤄질 수 없으며, 따라서 현재의 도시 국가는 존재할 수 없을 것이다. 이러한 수단을 통해 상품과 서비스를 적재적소에 제공할 수 있고, 철도가 제시간에 운행될 수 있으며, 법과 질서를 유지할 수 있고, 교육도 이뤄질 수 있는 것이다.

> – 인간 커뮤니케이션에 대해(On Human Communication),
> 콜린 체리(Colin Cherry)

6장에서 다루는 내용

6장을 읽고 나면 다음과 같은 것을 할 수 있다.

- SDN 애플리케이션 평면의 구조를 설명할 수 있다.
- 네트워크 서비스 추상화 계층을 정의할 수 있다.
- SDN 추상화에 대한 세 가지 형태에 대해 설명할 수 있다.
- SDN의 여섯 가지 주요 응용 분야에 대해 설명할 수 있다.

SDN 방식의 네트워킹이 갖는 강점은, 네트워크 애플리케이션이 네트워크 동작을 모니터링하고 관리할 수 있게 지원한다는 점이다. SDN 제어 평면에서는 이러한 네트워크 애플리케이션을 빠르게 개발하고 배치하는 데 필요한 여러 가지 기능과 서비스를 제공한다.

SDN에서 데이터 평면과 제어 평면에 대해서는 잘 정의돼 있지만, 아직 애플리케이션 평면의 속성과 범위에 대해서는 확실히 정립되지 않았다. 단지 네트워크의 제어와 관리에 특화된 여러 가지의 네트워크 애플리케이션을 갖춰야 한다는 정도만 합의된 상태다. 구체적으로 어떤 애플리케이션으로 구성되는지,

아니면 이러한 애플리케이션을 어떻게 분류할지에 대해서는 정해진 바가 없다. 게다가 범용 네트워크 추상화 도구나 서비스를 애플리케이션 계층에서 제공하기도 하는데, 이 기능은 제어 평면의 일부분으로 분류하기도 한다.

6장에서는 앞에서 언급한 제약 사항을 염두에 두면서 SDN에서 말하는 애플리케이션 평면에 대해 개략적으로 알아본다. 6.1절에서는 SDN 애플리케이션 평면의 구조를 살펴본다. 6.2절에서는 이 구조의 핵심 구성 요소인 네트워크 서비스 추상화 계층에 대해 집중적으로 살펴본다. 나머지 절에서는 SDN에서 제공하는 대표적인 여섯 가지 애플리케이션 분야에 대해 소개한다. 이 과정에서 다양한 응용 사례에 대해 구체적으로 살펴본다. 독자들은 이러한 사례를 통해 SDN 인프라가 제공하는 장점을 애플리케이션에서 어떻게 활용하는지에 대해 감을 잡을 수 있을 것이다.

6.1 SDN 애플리케이션 평면 구조

애플리케이션 평면을 구성하는 애플리케이션들은 네트워크 리소스와 동작을 정의하거나, 모니터링하거나, 제어한다. 이러한 애플리케이션은 SDN 제어 계층에서 네트워크 리소스에 대한 동작과 속성을 자동으로 커스터마이즈할 수 있도록 애플리케이션 제어 인터페이스를 통해 SDN 제어 평면과 상호 작용한다. SDN 애플리케이션을 작성할 때는 SDN 제어 계층에서 제공하는 네트워크 리소스에 대한 추상화 뷰를 활용하는데, 이러한 뷰는 SDN 제어 계층에서 애플리케이션 제어 인터페이스를 통해 외부에 제공하는 정보와 데이터 모델로 구성된다.

이 절에서는 애플리케이션 평면에서 제공하는 기능에 대해 전반적으로 소개한다(그림 6.1). 이 그림에 나온 요소들은 상향식bottom-up 관점에서 분석해 도출한 것으로, 각 애플리케이션 영역에 대한 세부 사항은 이어지는 절에서 하나씩 설명한다.

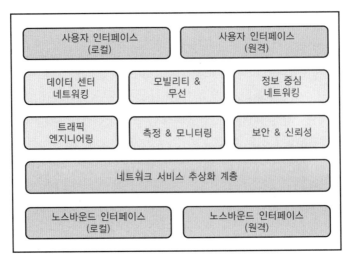

그림 6.1 SDN 애플리케이션 평면의 기능과 인터페이스

노스바운드 인터페이스

5장, 'SDN 제어 평면'에서 설명한 바와 같이 노스바운드 인터페이스를 사용하면 애플리케이션이 네트워크 스위치에 대한 세부 사항을 모르더라도 제어 평면의 기능이나 서비스를 사용할 수 있다. 일반적으로 노스바운드 인터페이스는 SDN 제어 평면에서 제어하는 네트워크 자원에 대한 추상화된 뷰를 제공한다.

그림 6.1을 보면 노스바운드 인터페이스는 로컬에 대해 제공할 수도 있고, 원격에 대해 제공할 수도 있다는 것을 알 수 있다. SDN 애플리케이션이 컨트롤러(NOS)와 동일한 서버에서 실행될 때는 로컬 인터페이스를 사용한다. 또한 애플리케이션은 원격 시스템에서 실행될 수도 있는데, 이 경우에 노스바운드 인터페이스는 중앙 서버에서 실행되는 컨트롤러와 애플리케이션을 연결해주는 프로토콜이나 애플리케이션 프로그래밍 인터페이스^{API, Application Programming Interface} 형태로 제공된다. 일반적으로 노스바운드 인터페이스를 구현할 때는 두 가지 방식 모두 지원한다.

5.4절에서는 노스바운드 인터페이스에 대한 구체적인 예를 살펴보기 위해 SDN 컨트롤러 중 하나인 류^{Ryu}에서 구현한 REST API 형태의 인터페이스를 소개한다.

네트워크 서비스 추상화 계층

RFC 7426에서는 제어 평면과 애플리케이션 평면 사이에 존재하는 네트워크 서비스 추상화 계층Network Service Abstraction Layer을 정의하고 있다. 이 계층은 서비스나 애플리케이션을 위한 서비스 추상화를 제공한다. SDN 아키텍처 입장에서 이 계층을 통해 제공할 수 있는 기능으로 여러 가지가 제안된 바 있다.

- 내부 데이터 평면 장치에 대한 세부 사항을 숨겨주는 네트워크 리소스에 대한 추상화 뷰를 제공할 수 있다.
- 제어 평면 기능에 대한 일반화된 뷰를 제공함으로써 다양한 컨트롤러에 걸쳐 작동하는 애플리케이션을 작성할 수 있다.
- 이 계층은 하이퍼바이저hypervisor나 가상 머신 모니터virtual machine monitor처럼 OS 및 하드웨어와 애플리케이션을 분리하는 기능을 제공할 수 있다.
- 하위 데이터 평면 인프라에 대해 다양한 뷰를 제공해 네트워크 가상화network virtualization 기능을 제공할 수도 있다.

이런 관점에서 보면 네트워크 서비스 추상화 계층은 제어 평면이나 애플리케이션 평면에서 제공하는 기능을 갖춘 노스바운드 인터페이스의 구성 요소로 볼 수도 있다.

지금까지 네트워크 서비스 추상화 계층으로 분류할 수 있는 개념과 기술이 다양하게 개발됐지만, 이 책에서는 자세히 다루지 않는다. 대신 6.2절에서 소개하는 예제를 참고하면 네트워크 서비스 추상화 계층이 어떻게 제공되고 있는지 살펴볼 수 있을 것이다.

네트워크 애플리케이션

SDN에서 구현할 수 있는 네트워크 애플리케이션의 종류는 다양하다. SDN에 대한 여러 가지 분석 자료를 살펴보면 굉장히 다양한 종류의 애플리케이션이 나와 있다는 것을 알 수 있다. 그림 6.1에서는 SDN 애플리케이션에 대한 여섯 가지 카테고리를 보여주는데, 대다수의 애플리케이션을 이 기준으로 분류할 수 있다. 각 카테고리에 대해서는 이어지는 절에서 자세히 소개한다.

사용자 인터페이스

사용자 인터페이스는 사용자가 SDN 애플리케이션의 파라미터를 설정하고 애플리케이션과 상호 작용을 하는 데 필요한 기능을 제공한다. 사용자가 SDN 애플리케이션이 구동하는 서버와 같은 위치에 존재한다면 서버에 연결된 키보드와 디스플레이를 사용할 수 있다(이때 애플리케이션 서버는 제어 평면에 포함돼 있을 수도 있고, 아닐 수도 있다). 하지만 대부분의 경우 애플리케이션이 있는 서버에 원격으로 접속하는 방식으로 접속한다.

6.2 네트워크 서비스 추상화 계층

여기서 언급하는 추상화^{abstraction}란 모델에 대한 저수준의 세부 사항을 걸러서 고수준으로 보여주는 것을 의미한다. 추상화를 좀 더 할수록 세부 사항은 더 가려지고, 반대로 추상화를 덜 할수록 세부 사항은 더 많이 드러난다. 추상화 계층^{abstraction layer}이란 고수준의 요구 사항을 실제로 처리할 수 있도록 저수준의 명령으로 변환하는 메커니즘이다. API도 이러한 추상화 메커니즘의 한 예로, 구현에 관련된 저수준의 세부 사항을 고수준의 소프트웨어가 볼 수 없게 가려준다. 네트워크에 대한 추상화는 구체적인 작동 방식을 네트워크 프로그램에 직접 작성하지 않고 원하는 기능에만 집중할 수 있도록 네트워크에 존재하는 개체(스위치, 링크, 포트, 플로우 등)에 대한 기본적인 속성과 특징만 표현한다.

SDN의 추상화

ONF^{Open Networking Foundation}의 이사회 멤버이자 오픈플로우 연구에 큰 공헌을 한 스콧 셴커^{Scott Shenker} 교수는 SDN을 포워딩^{forwarding} 추상화, 분산^{distribution} 추상화, 규격^{specification} 추상화라는 세 가지 기본적인 추상화로 정의했다[SHEN11]. 이를 그림으로 표현하면 그림 6.2와 같다. 세부 사항에 대해서는 다음 절에서 설명한다.

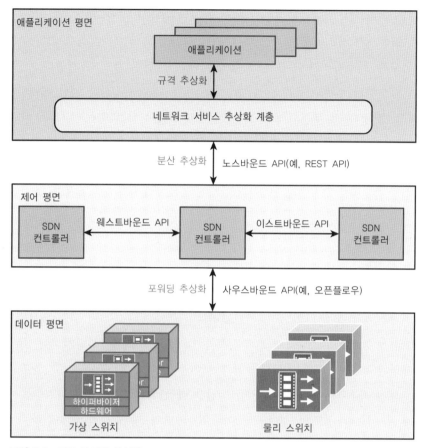

그림 6.2 SDN 구조와 추상화

포워딩 추상화

포워딩 추상화forwarding abstraction란 제어 프로그램이 하위 스위치 하드웨어의 세
부 사항을 가리면서 데이터 평면의 포워딩 동작을 지정할 수 있게 하는 것을
의미한다. 이 추상화는 데이터 평면의 포워딩 기능을 담당한다. 포워딩 하드웨
어의 세부 사항을 추상화함으로써 유연성과 벤더 중립성을 확보할 수 있다.
　오픈플로우 API는 포워딩 추상화의 대표적인 예다.

➜ 4.1절, 'SDN 데이터
평면', 4.2절 '오픈
플로우의 논리적 네
트워크 장치' 참조

분산 추상화

분산 추상화distribution abstraction는 분산 컨트롤러에 대한 것이다. 분산 컨트롤러
는 일련의 컨트롤러들이 서로 협업하는 방식으로 작동하는데, 이 과정에서 전체
네트워크에 대한 상태와 경로 정보를 유지한다. 이러한 네트워크에 대한 분산

상태는 여러 개의 데이터 집합을 서로 격리된 형태로 구성되며, 각각의 컨트롤러 인스턴스가 서로 라우팅 정보나 데이터 집합에 대한 복사본을 교환하는 방식으로 모든 컨트롤러가 전체 네트워크에 대해 일관된 뷰를 유지한다.

이 추상화의 주된 기능은 (현재 네트워크에서 널리 사용되는) 복잡한 분산 메커니즘을 숨기고, 상태 관리 부분과 프로토콜 설계 및 구현을 분리하는 것이다. 이러한 분산 추상화를 통해 네트워크를 하나의 주석 달린 네트워크 그래프로 표현하고 API를 통해 이를 제어함으로써 전체 네트워크에 대해 하나의 일관된 뷰를 제공할 수 있다. 분산 추상화에 대한 구현 사례는 오픈데이라이트나 류와 같은 NOS를 통해 살펴볼 수 있다.

규격 추상화

분산 추상화는 실제로 여러 개의 컨트롤러가 서로 협업하는 방식으로 구동하고 있더라도 마치 단 하나의 중앙 컨트롤러로만 존재하는 것처럼 전체 네트워크에 대한 뷰를 제공하는 반면, 규격 추상화specification abstraction는 이렇게 분산 추상화로 표현된 뷰를 또 다른 추상화를 통해 보여준다. 다시 말해 규격 추상화로 제공되는 뷰는 라우팅이나 보안 정책 등과 같은 애플리케이션이 원하는 기능을 수행하는 데 필요한 정도의 정보만 보여주고, 나머지 세부 사항은 숨긴다.

지금까지 설명한 세 가지 추상화에 대해 셴커 교수의 발표 자료[SHEN11]에서는 다음과 같이 정리하고 있다.

- **포워딩 인터페이스** 상위 계층에게 포워딩 하드웨어의 세부 사항을 숨기는 추상화된 포워딩 모델
- **분산 인터페이스** 상위 계층에게 상태 전파 및 수집에 대한 정보를 가려주는 전체 네트워크 뷰
- **규격 인터페이스** 애플리케이션 프로그램에게 물리 네트워크에 대한 세부 사항을 가려주게 추상화된 네트워크 뷰

그림 6.3은 규격 추상화에 대한 간단한 예를 보여준다. 실제로 네트워크는 여러 개의 SDN 데이터 평면 스위치가 서로 연결된 형태로 구성돼 있는데, 추상 뷰에 의하면 이러한 물리 스위치들이 하나의 가상 스위치인 것처럼 보인다. 물리 네트워크는 하나의 SDN 도메인으로 구성될 수도 있다. 다른 도메인이나

호스트를 연결하는 에지 스위치에 있는 포트들은 이러한 가상 스위치의 포트에 매핑된다. 애플리케이션 관점에서 보면 하나의 모듈이 실행돼 호스트의 MAC 주소를 학습한다. 예전에는 몰랐던 호스트에서 패킷을 보내면 애플리케이션 모듈에서 이 패킷에 해당하는 주소를 입력 포트와 연결하고, 나중에 이 호스트에 대한 트래픽이 들어오면 해당 포트로 전달한다. 마찬가지로 처음 보는 목적지 주소를 가진 패킷이 가상 스위치의 포트 중 하나로 전달되면 이 모듈은 해당 패킷을 모든 출력 포트로 전달한다(flood). 추상화 계층은 이러한 동작을 전체 물리 네트워크에 대한 동작으로 변환해 해당 도메인에 대한 내부 포워딩 동작을 수행한다.

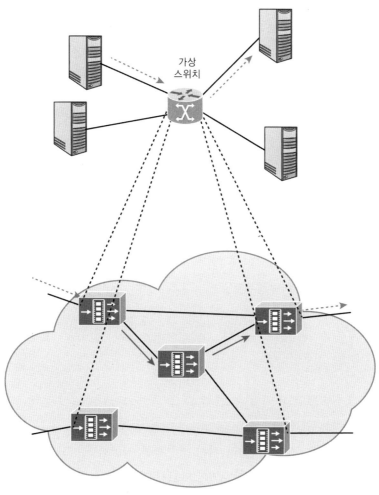

그림 6.3 MAC 러닝을 수행하는 가상화된 스위치 패브릭

프리네틱

네트워크 서비스 추상화 계층에 대한 대표적인 예로 프리네틱^{Frenetic}이란 프로그래밍 언어를 들 수 있다. 프리네틱 언어를 사용하면 네트워크 관리자가 각각의 네트워크 구성 요소를 직접 설정하지 않고, 전체 네트워크의 동작을 하나의 프로그램으로 작성할 수 있다. 프리네틱은 오픈플로우 기반의 모델을 사용할 때 겪는 불편함을 해결하기 위한 목적으로 설계된 언어다. 네트워크 구성 요소들 직접 다루는 오픈플로우와 달리 프리네틱은 네트워크에 대한 추상화된 모델을 다룬다.

프리네틱은 네트워크 상태를 수집하는 과정을 추상화하기 위해 별도의 쿼리 언어를 제공한다. 이 언어는 SQL과 비슷한 형태를 갖고 있으며, 패킷 스트림을 선택하고, 필터링하고, 쪼개고, 합치는 기능을 제공한다. 이 언어가 제공하는 또 다른 기능 중 하나는 포워딩 정책을 쿼리 형태로 구성할 수 있다는 것이다. 컴파일러는 쿼리에 필요한 제어 메시지를 생성하고, 스위치에 대한 카운터들을 테이블로 만든다.

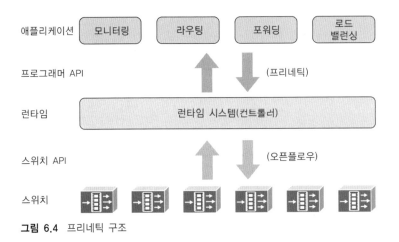

그림 6.4 프리네틱 구조

그림 6.4에서 보는 바와 같이 프리네틱은 두 가지 단계로 추상화한다. 상위 단계의 추상화는 프리네틱 소스 레벨 API를 통해 제공하는데, 네트워크 트래픽의 스트림을 조작하기 위한 여러 가지 연산자를 제공한다. 그리고 네트워크의 상태를 읽거나, 여러 쿼리를 합치거나, 네트워크를 돌아다니는 패킷 스트림을 분류하고, 필터링하고, 변환하고, 취합하는 작업을 고수준의 명제 함수^{predicate}

형태로 표현할 수 있게 쿼리 언어를 제공한다. 하위 단계의 추상화는 SDN 컨트롤러를 구동하는 런타임 시스템을 통해 제공된다. 여기에서는 고수준의 정책과 쿼리를 저수준의 플로우 규칙flow rule으로 변환한 뒤, 이러한 규칙을 스위치에 설치하기 위한 오픈플로우 명령을 실행한다.

프리네틱에서 제공하는 두 단계의 추상화가 구체적으로 어떻게 작동하는지 살펴보기 위해 2013년 2월 IEEE Communications Magazine에 게재된 네이트 포스터Nate Foster 교수의 논문[FOST13]에 나온 예제를 살펴보자. 먼저 포워딩 기능과 웹 트래픽 모니터링 기능이 뒤섞여 있는 파이썬으로 작성된 코드를 살펴보자. 여기서 런타임을 통해 오픈플로우 스위치를 제어하는 부분은 다음과 같이 작성돼 있다.

```
def switch_join(s):
    pat1 = {inport:1}
    pat2web = {inport:2, srcport:80}
    pat2 = {inport:2}
    install(s, pat1, DEFAULT, [fwd(2)])
    install(s, pat2web, HIGH, [fwd(1)])
    install(s, pat2, DEFAULT, [fwd(1)])
    query_stats(s, pat2web)
def stats_in(s, xid, pat, pkts, bytes):
    print bytes
    sleep(30)
    query_stats(s, pat)
```

이 프로그램은 새로운 스위치가 네트워크에 참여할 때마다 세 가지 종류의 트래픽을 표현하는 세 개의 포워딩 규칙을 스위치에 설치한다. 하나는 1번 포트에 도달하는 트래픽에 대한 것이고, 다른 하나는 2번 포트에 도달하는 웹 트래픽에 대한 것이고, 마지막 세 번째는 2번 포트에 도달하는 나머지 트래픽에 대한 것이다. 두 번째 규칙의 우선순위를 HIGH로 지정했기 때문에 우선순위가 기본 값으로 설정된 세 번째 규칙보다 먼저 적용된다. query_stats를 호출하면 pat2web 규칙에 관련된 카운터를 요청한다. 이 요청에 대해 컨트롤러가 응답을 받으면 stats_in 핸들러를 호출한다. 이 함수는 앞에 나온 루프문을 반복적으로 수행하면서 수집한 통계 정보를 화면에 출력하고, 30초간 멈춘 후 스위치에게 동일한 규칙에 대한 통계 정보를 다시 요청한다.

이 프로그램은 포워딩 로직과 웹 모니터링 로직이 서로 뒤엉켜 있다. 이는 오픈플로우 특성을 그대로 표현했기 때문인데, 이렇게 하면 두 함수 중 어느 하나를 변경하거나 새로운 코드를 추가하기가 쉽지 않다.

프리네틱을 사용하면 앞에 나온 두 함수를 다음과 같이 분리할 수 있다.

```
def repeater():
    rules=[Rule(inport:1, [fwd(2)])
        Rule(inport:2, [fwd(1)])]
    register(rules)
def monitor():
    q = (Select(bytes) *
        Where(inport=2 & srcport=80) *
        Every(30))
    q >> Print()
def main():
    repeater()
    monitor()
```

이 코드를 보면 repeater 함수를 건드리지 않고도 monitor 함수를 수정하거나 다른 함수로 교체하는 작업을 쉽게 처리할 수 있다. 마찬가지로 repeater 코드를 수정하거나 교체할 때도 monitor 함수에 영향을 미치지 않는다. 여기서 중요한 부분은 두 함수를 동시에 실행하기 위해 관련 오픈플로우 규칙을 설치하는 기능을 런타임 시스템에게 맡겼다는 점이다. 프리네틱에서는 앞에서 본 파이썬 예제의 switch_join 함수처럼 오픈플로우 규칙을 코드에 구체적으로 명시하지 않고 런타임 시스템을 통해 자동으로 생성한다.

6.3 트래픽 엔지니어링

트래픽 엔지니어링
운영 네트워크의 성능 평가 및 최적화에 관련된 이슈를 다루는 네트워크 엔지니어링 분야. 트래픽 엔지니어링에서는 네트워크 트래픽을 측정하고, 분류하고, 모델링하고, 제어할 때 과학 및 기술적인 원칙을 적용한다.

트래픽 엔지니어링Traffic Engineering이란 서비스 수준 협약SLA, Service Level Agreement에 명시된 수준으로 성능을 최적화하기 위해 네트워크의 데이터 흐름을 동적으로 분석하고, 제어하고, 예측하는 기법이다. 트래픽 엔지니어링은 QoSQuality of Service 요구 사항을 만족하도록 정책을 전달하고 경로를 설정하는 작업을 수행한다. SDN 네트워크에 대한 트래픽 엔지니어링 작업은 SDN 기반이 아닌 기존 네트워크에서 수행할 때보다 훨씬 간결하다. SDN에서는 네트워크가 다양한 종류의 장비로 구성되더라도 일관된 뷰를 제공할 뿐만 아니라, 네트워크 스위치를 설정하고 관리하기 위한 강력한 도구를 제공하기 때문이다.

따라서 트래픽 엔지니어링은 SDN 애플리케이션 분야 중에서도 가장 활발하게 작업이 진행 중인 분야다. 2015년 Proceedings of the IEEE에 Kreutz가 발표한 SDN 서베이 논문[KREU15]에 따르면 다음과 같은 트래픽 엔지니어링 기능이 SDN 애플리케이션으로 개발됐다.

- 온디맨드 가상 사설 네트워크

- 부하 분산

- 에너지 인지 라우팅

- 광대역 접속망broadband access network를 위한 QoS

- 스케줄링/최적화

- 오버헤드를 최소화한 트래픽 엔지니어링

- 멀티미디어 응용을 위한 동적 QoS 라우팅

- 빠른 장애 극복 그룹fast-failover group을 통한 신속한 장애 복구

- QoS 정책 관리 프레임워크

- QoS 적용

- 이종heterogeneous 네트워크에 대한 QoS

- 다중 패킷 스케줄러

- QoS 적용을 위한 큐 관리

- 포워딩 테이블의 분할 및 전파

PolicyCop

트래픽 엔지니어링을 위한 SDN 애플리케이션의 대표적인 예로, 자동화된 QoS 정책 적용 프레임워크를 제공하는 PolicyCop[BARI13]을 들 수 있다. 이 애플리케이션은 SDN과 오픈플로우에서 제공하는 프로그래밍 기능을 최대한 활용해 다음과 같은 기능을 수행한다.

- 동적 트래픽 스티어링
- 플로우 단위의 유연한 제어

PolicyCop의 핵심 기능은 네트워크를 모니터링하다가 (QoS SLA에 기반을 둔) 정책을 위반하는 동작을 감지하면 해당 정책이 제대로 적용되도록 네트워크를 다시 설정한다.

그림 6.5에서 보는 바와 같이 PolicyCop은 11개의 소프트웨어 모듈과 두 개의 데이터베이스로 구성되며, 각 모듈은 애플리케이션 평면과 제어 평면에 설치된다. PolicyCop은 SDN의 제어 평면을 통해 QoS 정책의 위배 여부를 모니터링하고, 동적 네트워크 트래픽 통계 정보를 기반으로 데이터 평면에 있는 플로우 테이블과 제어 평면 규칙을 자동으로 조절한다.

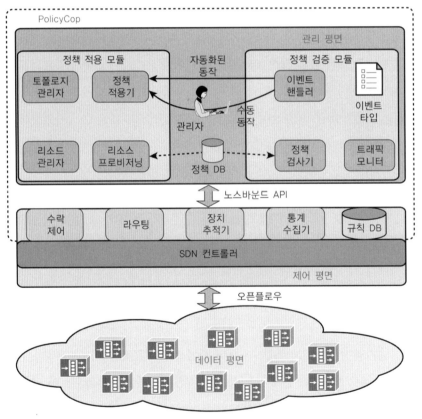

그림 6.5 PolicyCop 구조

PolicyCop은 다음과 같은 네 가지의 제어 평면 모듈과 제어 규칙을 저장하는 데이터베이스를 활용한다.

- **수락 제어(Admission Control)** 큐나 플로우 테이블 엔트리, 가용량 등과 같은 네트워크 리소스를 예약하기 위해 리소스 프로비저닝 모듈이 보낸 요청을 수락하거나 거부하는 모듈

- **라우팅(Routing)** 규칙 데이터베이스에 저장된 제어 규칙을 만족하는 경로 중 사용 가능한 경로를 결정하는 모듈

- **장치 추적기(Device Tracker)** 네트워크 스위치 및 포트의 업/다운 상태를 추적하는 모듈

- **통계 수집기(Statistics Collector)** 수동 및 능동 모니터링 기법을 혼용해 다양한 네트워크 수치를 측정하는 모듈

- **규칙 데이터베이스(Rule Database)** 애플리케이션 평면은 네트워크 전체에 대한 고수준의 정책을 제어 규칙으로 변환해서 규칙 데이터베이스에 저장한다.

여기에 나온 제어 평면 모듈은 REST 방식 노스바운드 인터페이스를 통해 애플리케이션 평면에 있는 정책 검증기와 정책 적용기라는 두 모듈과 결합한다. 정책 검증기policy validator는 네트워크를 모니터링하면서 정책에 위배되는 동작을 감지하고, 정책 적용기policy enforcer는 네트워크 조건과 고수준의 정책에 맞게 제어 평면의 규칙을 조절한다. 두 모듈 모두 정책 데이터베이스를 활용하는데, 이 데이터베이스에는 네트워크 관리자가 입력한 QoS 정책 규칙이 저장돼 있다. 애플리케이션(및 관리) 평면에 속한 모듈은 다음과 같다.

- **트래픽 모니터(Traffic Monitor)** 정책 DB로부터 현재 적용 중인 정책을 수집하고, 모니터링 주기와 네트워크 세그먼트, 모니터링 할 수치 등을 적절히 결정한다.

- **정책 검사기(Policy Checker)** 정책 DB와 트래픽 모니터로부터 받은 입력 값을 토대로 정책 위반 여부를 검사한다.

- **이벤트 핸들러(Event Handler)** 정책을 위반했을 때 발생하는 이벤트를 감지해서 이벤트 종류에 따라 자동으로 정책 적용 모듈로 전달하거나 네트

워크 관리자에게 특정한 액션을 요청한다.

- **토폴로지 관리자(Topology Manager)** 장치 추적기로부터 받은 입력 값을 이용해 전체 네트워크에 대한 뷰를 유지한다.

- **리소스 관리자(Resource Manager)** 수락 제어기와 통계 수집기를 이용해 현재 할당된 리소스를 추적한다.

- **정책 적용기(Policy Adaptation)** 정책 위배 사항의 종류마다 수행할 동작을 정의하고 있다. 표 6.1은 정책 적용 동작에 대한 대표적인 기능을 보여준다. 여기에 나온 동작들은 네트워크 관리자가 넣고 뺄 수 있는 형태의 컴포넌트로 구성된다.

- **리소스 프로비저닝(Resource Provisioning)** 이 모듈은 정책 위배 이벤트에 따라 리소스를 좀 더 할당하거나 기존에 할당된 것 중 일부를 해제하거나 두 가지 동작 모두를 수행한다.

표 6.1 정책 적용 동작(PAA)을 위한 기능의 예

SLA 매개변수	PAA 기능
패킷 손실	큐 설정을 수정하거나 더 나은 경로를 찾는다.
처리량	의도하지 않은 플로우의 양을 조절하도록 레이트 리미터(rate limiter)를 수정한다.
지연 시간	혼잡도가 낮고 원하는 지연 시간을 만족할 수 있는 새로운 경로를 찾는다.
지터	덜 혼잡한 경로로 플로우의 경로를 재설정한다
장치 장애	장애가 발생한 지점을 우회하도록 플로우에 대한 대체 경로를 설정한다.

그림 6.6은 PolicyCop의 작업 흐름을 보여준다.

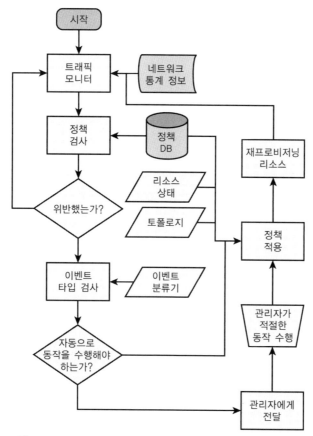

그림 6.6 PolicyCop의 작업 흐름

6.4 측정과 모니터링

측정과 모니터링에 관련된 애플리케이션은 크게 두 가지 종류로 구분할 수 있다. 하나는 다른 네트워킹 서비스에게 새로운 기능을 제공하는 것이고, 또 하나는 오픈플로우 기반 SDN의 효율성을 높여주는 것이다.

첫 번째 분류에 해당하는 애플리케이션의 예로 광대역 홈 네트워크를 들 수 있다. 이 네트워크가 SDN 기반으로 구성됐다면 홈 네트워크의 트래픽과 요구 사항을 측정하는 데 필요한 새로운 기능을 추가해서 네트워크의 상황이 변할 때 적절히 반응하게 할 수 있다. 두 번째 분류에 해당하는 애플리케이션은 다양한 샘플링과 예측 기법을 사용해 데이터 평면의 통계 정보를 수집하는 제어 평면의 부담을 줄이는 용도로 활용된다.

6.5 보안

보안을 위한 애플리케이션은 다음과 같은 두 가지 목적 중 하나를 갖는다.

- **SDN을 사용하는 과정에 발생하는 보안 이슈를 해결하기** SDN의 구조는 세 개의 계층(애플리케이션, 제어, 데이터)으로 구성돼 있으며, 분산 제어와 데이터 캡슐화에 대한 새로운 접근 방식을 사용한다. 이렇게 새롭게 도입된 특성은 모두 잠재적인 공격의 대상이 될 수 있다. 보안의 위협은 세 개의 계층에 모두 존재할 수 있으며, 각 계층 사이에서 발생하는 통신 과정에서도 나타날 수 있다. 따라서 SDN 애플리케이션은 SDN을 안전하게 사용할 수 있는 기능이 절실하다.

- **네트워크 보안 향상을 위해 SDN 기능 활용하기** SDN은 네트워크 설계자와 관리자에게 새로운 보안 이슈를 제기하기도 하지만, 동시에 네트워크를 일관성 있고 중앙 집중적으로 관리할 수 있는 보안 정책과 메커니즘을 제공하기도 한다. SDN을 이용하면 보안 서비스와 메커니즘을 제공하고 통제할 수 있는 SDN 보안 컨트롤러와 보안 애플리케이션을 개발할 수 있다.

이 절에서는 두 번째 목적을 만족하기 위한 SDN 보안 애플리케이션에 대한 예를 살펴볼 것이다. 보안에 대한 상세한 논의는 16장, '보안'에서 다룬다.

오픈데이라이트 DDoS 애플리케이션

2014년, 애플리케이션 딜리버리 및 클라우드 데이터 센터용 애플리케이션 보안 솔루션 업체인 라드웨어^{Radware}는 오픈데이라이트 컨트롤러를 위한 SDN 보안 애플리케이션을 제작하는 Defense4All이라는 오픈데이라이트 프로젝트를 시작한다고 발표했다. Defense4All 프로젝트를 활용하면 캐리어 및 네트워크 사업자는 분산 서비스 거부^{DDoS, Distributed Denial of Service} 공격을 감지하고 대응하기 위한 기능을 기본 네트워크 서비스로 제공할 수 있다. SDN 네트워크를 프로그래밍하고 관리하는 오픈데이라이트 SDN 컨트롤러 수준에서 DoS/DDoS 방어 서비스를 제공하기 때문에, 가상 네트워크 세그먼트나 사용자 단위로 DoS/DDoS 방어 서비스를 제공할 수 있다.

분산 서비스 거부 공격 여러 대의 시스템을 통해 서버나 네트워크 장치나 링크에서 사용할 수 있는 리소스(대역폭, 메모리, 프로세싱 파워 등)에서 감당할 수 없을 정도로 엄청난 트래픽을 발생해 사용자에 대한 응답을 할 수 없게 만드는 공격의 일종

Defense4All은 DDoS 공격을 방어하기 위해 널리 알려진 기법을 사용하는데, 이를 구성하는 요소들은 다음과 같다.

- 트래픽 통계 정보를 수집하고, 공격이 없는 정상적인 시간 동안 방어할 대상의 동작에 대한 통계 결과를 학습한다. 이렇게 수집한 통계 정보를 활용해 보호할 대상에 대한 정상적인 트래픽의 기준치를 설정한다.

- 정상적인 트래픽의 기준치를 벗어나는 비정상적인 DDoS 공격 패턴을 감지한다.

- 정상적인 트래픽 경로에서 의심스러운 트래픽을 걸러내서 공격 차단 시스템AMS, Attack Mitigation System에게 보낸 뒤에 트래픽 여과traffic scrubbing, 선택적 소스 차단selective source blockage 등과 같은 작업을 수행한다. 이러한 여과 센터scrubbing center를 통해 걸러진 트래픽은 다시 패킷의 원래 목적지에게 전달한다.

그림 6.7은 Defense4All 애플리케이션의 전반적인 동작 과정을 보여준다. 하부에 있는 SDN 네트워크는 여러 개의 데이터 평면 스위치로 구성돼 있는데, 각각은 클라이언트와 서버 장치 사이의 트래픽을 처리하는 역할을 담당한다. Defense4All은 애플리케이션 형태로 작동하면서 오픈데이라이트 컨트롤러ODC의 노스바운드 API를 통해 컨트롤러와 상호 작용한다. Defense4All은 네트워크 관리자를 위한 커맨드라인 인터페이스와 REST 방식 API 형태의 사용자 인터페이스도 제공한다. 또한 Defense4All에서는 여러 개의 AMS와 통신하기 위한 API도 제공한다.

관리자는 특정한 네트워크와 서버를 보호하도록 Defense4All을 설정할 수 있다. 이렇게 보호하는 대상을 PNprotected network과 POprotected object라 부른다. 보호 대상을 설정했다면 Defense4All 애플리케이션은 타겟 PO에 관련된 트래픽이 지나가는 네트워크상의 모든 지점에 PO가 사용하는 모든 프로토콜에 대해 트래픽 카운팅 플로우를 설치하더럭 컨트롤러에게 지시한다. 그리고 해당 PO에서 사용하는 모든 프로토콜(TCP, UDP, ICMP 등)에 대한 트래픽 패턴이 기존에 학습한 정상 트래픽에서 벗어나는 것을 감지하면 해당 PO에 대한 공격으로 판단한다. 좀 더 구체적으로 설명하면 Defense4All은 오픈플로우로 측정한 실시간 트래픽에 대한 평균값을 지속적으로 계산하는데, 실시간 트래픽이 이러한 평균값으로부터 80% 정도 벗어나면 공격으로 간주한다.

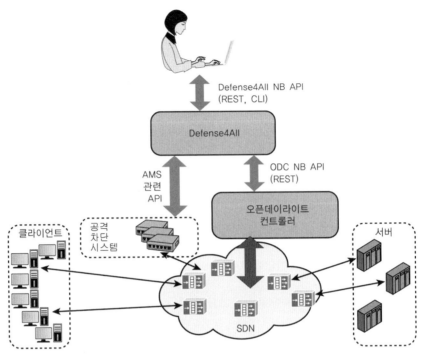

그림 6.7 오픈데이라이트 DDoS 애플리케이션

이렇게 규정된 공격에 대해 Defense4All은 다음과 같은 절차에 따라 방어 작
업을 수행한다.

1. AMS 장치가 살아 있는지 확인하고, 여기에 연결된 경로 중 살아있는 것을
   하나 선택한다. 현재 Defense4All의 구현에서는 DefensePro라고 부르는
   라드웨어의 AMS를 사용하게 설정돼 있다.

2. AMS에 보안 정책과 공격받은 트래픽에 대한 정상 속도를 설정한다. 이렇
   게 하면 AMS는 트래픽이 정상 속도로 돌아갈 때까지 방어 정책을 적용하
   는 데 필요한 정보를 수집한다.

3. 대상 트래픽에 대해 AMS로부터 전달되는 syslog를 모니터링하고 기록한
   다. Defense4All이 AMS로부터 syslog 공격 알림을 계속 받는 한 계속해
   서 공격 트래픽을 걸러내 AMS로 전달한다. 해당 PO에 대한 플로우 카운
   터에 더 이상 공격이 없다고 표시되더라도 이 작업은 지속된다.

4. 선택된 AMS에 대한 물리적인 연결을 관련된 PO 링크에 매핑한다. 이 작업은 주로 오픈플로우를 이용해 가상 네트워크에 대한 링크 정의를 변경하는 방식으로 처리한다.

5. 공격 트래픽 플로우를 AMS로 전달하고, AMS로 처리한 트래픽을 정상 트래픽 플로우 경로로 다시 보내는 플로우를 설치한다. 이때 관련 플로우 테이블에 높은 우선순위로 설치한다. Defense4All에서 공격이 끝났다고 판단하면(플로우 테이블 카운터나 AMS로부터 공격 표시가 나타나지 않는다면) 대상 트래픽에 대한 syslog 모니터링을 중단하고, 트래픽을 걸러내는 플로우 테이블 엔트리를 삭제하고, AMS에 지정한 보안 설정을 삭제해 기존의 정상적인 모니터링 상태로 되돌아간다.

그림 6.8은 Defense4All의 주요 소프트웨어 구성 요소를 보여준다. 전반적인 애플리케이션 프레임워크는 다음과 같은 모듈로 구성된다.

- **웹(REST) 서버** 네트워크 관리자를 위한 인터페이스

- **프레임워크 메인** 프레임워크를 시작하고, 멈추고, 리셋하기 위한 메커니즘

- **프레임워크 REST 서비스** 웹(REST) 서버를 통해 전달된 사용자 요청에 응답하는 모듈

- **프레임워크 관리 포인트** 제어 및 설정 명령을 실행하고 조율하는 모듈

- **Defense4All 애플리케이션** 아래에서 자세히 설명함

- **공통 클래스 및 유틸리티** 프레임워크 전체 또는 다른 SDN 애플리케이션 모듈에서 공통적으로 사용하는 편의 기능을 제공하는 클래스와 유틸리티에 대한 라이브러리

- **저장소 서비스** 프레임워크에서 가장 핵심적인 원칙 중 하나는 연산 상태와 로직을 분리하는 것이다. 연산 로직(프레임워크 또는 애플리케이션)과 독립적으로 복사하고, 캐싱하고, 분산할 수 있도록 모든 지속적인 상태를 저장소 repository에 저장한다.

- **로깅 및 플라이트 레코더 서비스** 로깅Logging 서비스는 에러와 경고, 추적, 참고 메시지에 대한 로그를 기록한다. 이러한 로그 정보는 주로 Defense4All 개발자가 활용한다. 플라이트 레코더Flight Recorder는 자바 애플

리케이션의 실행 시간 동안 발생한 이벤트와 측정값을 기록한다.

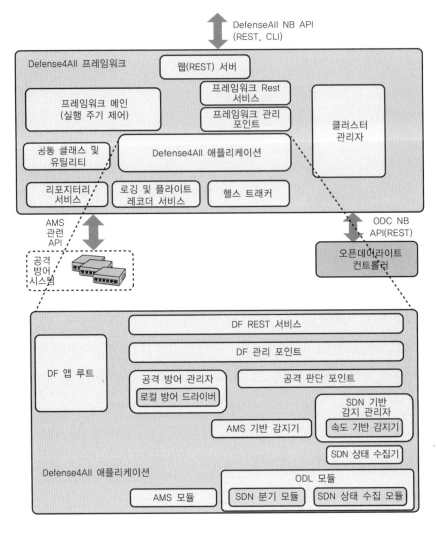

그림 6.8 Defense4All 소프트웨어 구조 세부 사항

■ **헬스 추적기** Defense4All의 운영 상태(헬스^{health})에 대한 통합된 런타임 인디케이터를 기록하면서 심각한 기능 및 성능 저하가 발생하면 적절히 반응한다.

■ **클러스터 관리자** 클러스터 모드로 동작하는 다른 Defense4All 개체와 조율하는 기능을 담당한다.

그중에서 Defense4All 애플리케이션 모듈은 다음과 같은 구성 요소로 이뤄진다.

- **DF 앱 루트** 애플리케이션의 루트 모듈

- **DF REST 서비스** Defense4All 애플리케이션의 REST 요청에 응답한다.

- **DF 관리 포인트** 제어 및 설정 명령을 실행하는 지점으로, DFMgmtPoint는 명령을 수행하는 데 필요한 여러 가지 모듈을 올바른 순서로 호출한다.

- **ODL 모듈** 다양한 ODC 버전에 대한 플러그인 방식 모듈의 집합으로, 관련 트래픽에 대한 상태를 수집하는 기능과 트래픽 분리 기능을 제공하는 두 개의 하위 모듈로 구성된다.

- **SDN 통계 수집기** 지정한 (물리적 또는 논리적) 네트워크 지점에 있는 모든 PN에 대한 카운터를 설정하는 모듈. 카운터란 ODC 기반의 네트워크 스위치와 라우터에 있는 오픈플로우 룰 엔트리의 집합이다. 이 모듈은 이러한 카운터로부터 주기적으로 통계 정보를 수집해서 SDN 기반 감지 관리자(SDNBasedDetectionMgr)로 전달한다. 이 모듈은 SDN 통계 수집 모듈(SDNStats CollectionRep)을 통해 카운터를 설정하고 이러한 카운터로부터 수집된 최신 통계 정보를 읽는다. 통계 리포트는 읽은 시각, 카운터 설정, PN 레이블, 트래픽 데이터(trafficData) 정보 리스트 등을 담고 있으며, 각각의 트래픽 데이터 항목은 카운터 위치의 〈프로토콜, 포트, 방향〉에 대해 설정된 플로우 엔트리의 최근 바이트와 패킷 값을 담고 있다. 프로토콜은 {tcp, udp,icmp, other ip} 중 하나를 가지며, 포트는 모든 4계층 포트를 지정할 수 있고, 방향은 {inbound, outbound} 중 하나를 갖는다.

- **SDN 기반 감지 관리자** 플러그인 형태의 SDN 기반 감지기에 대한 컨테이너로, SDN 통계 수집기(SDNStatsCollector)로부터 전달받은 통계 정보를 플러그인된 SDN 기반 감지기로 전달한다. 또한 공격이 더 이상 들어오지 않는다면 감지 메커니즘을 리셋할 수 있도록 공격 판단 포인트(AttackDecisionPoint)로부터 전달받은 (종료된 공격에 대한) 모든 SDN 기반 감지기 알림 메시지도 함께 전달한다.

- **공격 판단 포인트** 새로 들어온 공격을 선언하는 것부터 공격이 끝났을 때 트래픽을 분기하는 작업을 종료할 때까지의 전체 공격 주기를 관리하는 모듈

- **방어 관리자** 플러그인 형태의 방어 드라이버에 대한 컨테이너로, AMS에 의해 실행되는 각각의 방어 기능에 대한 수명 주기를 관리한다. 각각의 방어 드라이버mitigation driver는 자신의 관리 평면에 있는 AMS를 이용해 공격에 대한 방어 작업을 수행한다.

- **AMS 기반 감지기** AMS를 통해 공격에 대한 방어 작업을 모니터링하고 질의하는 기능을 담당하는 모듈이다.

- **AMS 모듈** AMS에 대한 인터페이스를 제어한다.

그림 6.8은 지금까지 설명한 Defense4All 애플리케이션의 구조를 보여준다. 다소 직관적으로 표현했지만, 상당히 복잡하게 구성된 것을 알 수 있다.

마지막으로 한 가지 더 언급하자면 라드웨어는 Defense4All에 대한 상용 버전인 DefenseFlow란 제품도 함께 개발했다. DefenseFlow는 퍼지 로직을 이용해 공격 감지를 위한 알고리즘을 정교하게 구현했다. DefenseFlow의 가장 큰 장점은 적법하지만 비정상적인 대량의 트래픽 중에서 공격 트래픽을 굉장히 잘 구분한다는 점이다.

6.6 데이터 센터 네트워킹

지금까지 SDN의 대표적인 응용 분야인 트래픽 엔지니어링과 측정 및 모니터링, 보안에 대한 애플리케이션을 살펴봤다. 이 과정에서 여러 가지 예제들을 통해 각각의 애플리케이션을 다양한 종류의 네트워크에서 광범위하게 적용할 수 있다는 것을 알 수 있었다. 지금부터 6장을 마칠 때까지 또 다른 세 가지 응용 분야인 데이터 센터 네트워킹, 모빌리티 및 무선, 정보 중심 네트워킹에 대한 적용 사례를 살펴본다.

데이터 센터의 확장성과 효율성은 클라우드 컴퓨팅, 빅데이터, 엔터프라이즈 환경을 위한 대규모 네트워크뿐만 아니라, 소규모 엔터프라이즈 네트워크에서도 중요하다. [KREU15]에서는 데이터 센터에 대한 핵심 요구 사항으로, 높고 유연한 **횡단면 대역폭**cross-section bandwidth, 낮은 지연 시간low latency, 애플리케이션 요구 사항 기반의 QoS, 높은 수준의 회복력resilience, 에너지 소비 감소 및 전반적인 효율성 향상을 위한 지능형 리소스 활용, (컴퓨팅 및 스토리지에 대한 오케스트

횡단면 대역폭
네트워크를 정확히 반으로 나눌 때 두 영역 사이를 양방향으로 흐르는 데이터의 최대 속도를 의미한다. 이등분 대역폭(bisection bandwidth)이라고도 부른다.

레이션과 네트워크 가상화 같은 기법을 활용한) 네트워크 리소스 프로비저닝에 대한 기민성^{agility} 등을 제시하고 있다.

기존 네트워크 구조에서는 복잡도가 높고 유연성이 떨어졌기 때문에 이러한 요구 사항 중 대부분을 만족시키기 힘들었다. SDN이 등장하면서 데이터 센터 네트워크의 설정을 굉장히 빠르게 수정하고, 사용자의 요구에 유연하게 대처하며, 네트워크 운영의 효율성을 보장할 수 있는 능력이 상당히 향상됐다.

다음 절에서는 데이터 센터를 위한 SDN 애플리케이션에 대한 두 가지 예제를 살펴본다.

SDN 기반 빅데이터

HotSDN'12에서 발표된 논문 중에서 [WANG12]는 빅데이터 애플리케이션을 운영하는 데이터 센터 네트워킹을 최적화하기 위해 SDN을 활용하는 방법이 소개된 바 있다. 이 방법에 따르면 애플리케이션을 인지하는 네트워킹을 제공하는데 SDN 기능을 이용하고 있다. 또한 구조화된 빅데이터의 특성과 동적 재설정식 광회선$^{\text{reconfigurable optical circuit}}$에 대한 최신 기술도 활용하고 있다. 구조화된 빅데이터를 사용하는 애플리케이션은 대부분 잘 정의된 계산^{computation} 패턴에 따라 데이터를 처리하며, 애플리케이션 수준의 정보를 활용해 네트워크를 최적화할 수 있도록 중앙집중식 관리 구조로 구성돼 있다. 따라서 빅데이터 애플리케이션에서 예상되는 계산 패턴을 알고 있다면 데이터를 여러 빅데이터 서버에 자동으로 배포할 수 있을 뿐만 아니라, SDN을 이용해 애플리케이션의 패턴 변동에 따라 네트워크의 플로우를 다시 설정할 수 있다.

전자식 스위치와 달리 광 스위치는 회선 복잡도가 낮으며, 적은 에너지 소비량으로 데이터를 훨씬 빠르게 전송할 수 있다는 장점이 있다. 여러 프로젝트를 통해 네트워크에서 수집한 트래픽 데이터를 토대로 (상단 스위치$^{\text{ToR, Top-of-Rack}}$ 등과 같은) 종단 사이에 광 회선을 할당해 애플리케이션의 성능을 높이는 방법도 제시된 바 있다. 그러나 애플리케이션 관점의 트래픽 요구 사항과 의존성을 정확히 알지 못하면 회선의 이용률^{utilization}과 애플리케이션의 성능을 높일 수 없다. 따라서 빅데이터 처리와 관련해 지속적으로 늘어나고 있는 요구 사항을 제대로 지원하려면 빅데이터 계산 패턴과 SDN의 동적 기능을 잘 활용해서 데이터 센터를 효율적으로 설정해야 한다.

그림 6.9는 간단히 전기와 광을 혼용하는 데이터 센터 네트워크의 구조를 보여준다. 여기서 오픈플로우 기반의 ToR 스위치는 두 개의 통합 스위치aggregation switch(이더넷 스위치와 광회선 스위치OCS)에 연결돼 있다. 모든 스위치는 SDN 컨트롤러로 제어하며, 컨트롤러는 광 스위치를 설정해 광회선으로 연결된 ToR 스위치 사이의 물리적인 연결을 관리한다. 컨트롤러는 오픈플로우 룰을 통해 ToR 스위치의 포워딩 동작도 관리한다.

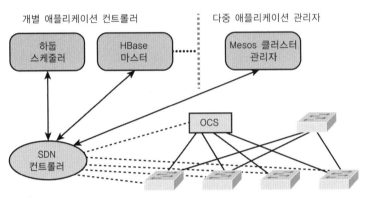

그림 6.9 빅데이터 애플리케이션을 위한 통합 네트워크 제어 구조[WANG12]

SDN 컨트롤러는 스케줄링할 작업을 큐에 저장해 관리하는 하둡 스케줄러와 빅데이터 애플리케이션의 데이터를 저장하는 관계형 데이터베이스에 대한 HBase 마스터 컨트롤러에도 연결돼 있다. 또한 SDN 컨트롤러는 현재 가용한 네트워크 토폴로지와 트래픽 정보를 추출해 Mesos 클러스터 관리자에게 제공하고, Mesos 관리자로부터 요청받은 트래픽 요구 사항을 받게 된다.

그림 6.8에 나온 구조에 따르면 빅데이터 애플리케이션으로부터 트래픽 요구 사항을 받아 SDN 컨트롤러가 이 작업을 관리하게 함으로써 네트워크를 동적으로 관리하게 만들 수 있다.

SDN 기반 클라우드 네트워킹

서비스형 클라우드 네트워크CloudNaaS, Cloud Network as a Service란 오픈플로우 및 SDN 의 기능을 활용해 클라우드 고객이 클라우드 네트워크의 기능을 훨씬 높은 수준으로 제공할 수 있게 해주는 클라우드 네트워킹 시스템이다[BENS11]. CloudNaaS 를 이용하면 사용자가 가상 네트워크 격리나 커스텀 어드레싱, 서비스 차별화,

여러 가지 미들박스의 유연한 배치 등과 같은 다양한 네트워크 기능을 제공하는 애플리케이션을 구축할 수 있다. CloudNaaS의 기본 요소는 고속 프로그래머블 네트워크 구성 요소를 사용해 클라우드 인프라를 직접 구현하기 때문에 굉장히 효율적으로 동작한다.

그림 6.10은 CloudNaaS를 다루기 위한 과정을 단계별로 보여준다. 그림 바로 뒤에 이어서 각 단계에 대해 설명한다.

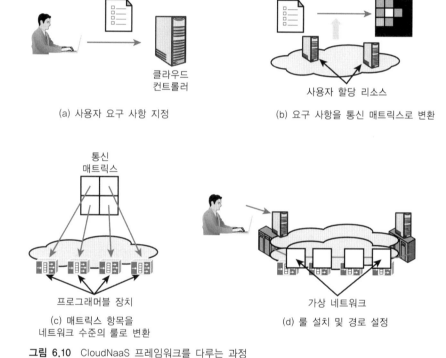

(a) 사용자 요구 사항 지정

(b) 요구 사항을 통신 매트릭스로 변환

(c) 매트릭스 항목을 네트워크 수준의 룰로 변환

(d) 룰 설치 및 경로 설정

그림 6.10 CloudNaaS 프레임워크를 다루는 과정

a. 클라우드 고객은 간단한 정책 언어를 사용해 고객 애플리케이션에 필요한 네트워크 서비스를 지정한다. 이렇게 표현한 정책은 클라우드 서비스 사업자가 운영하는 클라우드 컨트롤러 서버로 전달한다.

b. 클라우드 컨트롤러는 네트워크 정책을 받아서 이에 적합한 통신 패턴과 네트워크 서비스로 구성된 통신 매트릭스로 변환한다. 이 매트릭스는 클라우드 전체에 적용되는 정책을 최대한 많이 만족하면서 효율적으로 동작하게 가상 머신^{VM}을 클라우드 서버의 최적의 위치에 배치하는 데 활용한

다. 이 과정은 다른 고객의 요구 사항과 현재 활동 수준에 대한 정보를 토대로 처리한다.

c. 논리적인 통신 매트릭스를 데이터 평면의 포워딩 요소가 이해할 수 있는 네트워크 수준의 명령으로 변환한다. 그리고 지정한 수만큼의 VM을 생성해 고객의 VM 인스턴스들을 배치한다.

d. 네트워크 수준의 명령을 오픈플로우를 통해 네트워크 장치에 설치한다.

고객의 관점에서 본 추상 네트워크 모델은 VM과 이들을 서로 연결하는 가상 네트워크 세그먼트로 구성된다. 정책 언어로 작성한 구문을 통해 애플리케이션을 구성하는 VM 집합을 식별하고, 가상 네트워크 세그먼트에 추가할 다양한 기능을 정의한다. 정책 언어의 주요 구성 요소는 다음과 같다.

- **주소(address)** 고객에게 보여주는 VM의 커스텀 주소를 지정한다.

- **그룹(group)** 한 개 이상의 VM을 논리적인 그룹으로 묶는다. 비슷한 기능을 제공하는 VM끼리 그룹으로 묶으면 개별 VM마다 서비스를 변경하지 않고도 전체 그룹에 대해 한꺼번에 수정할 수 있다.

- **미들박스(middlebox)** 새로운 가상 미들박스에 대해 타입과 설정 파일을 지정해 이름을 정하고 초기화한다. 현재 사용할 수 있는 미들박스에 대한 리스트와 각각의 설정 문법은 클라우드 사업자가 제공한다. 미들박스의 예로는 침입 탐지 시스템과 적합성 감사 시스템audit compliance system 등이 있다.

- **네트워크 서비스(networkservice)** 가상 네트워크 세그먼트에 추가할 기능을 지정한다. 예를 들어 2계층 브로드캐스트 도메인과 링크 QoS, 거쳐 가야 할 미들박스 리스트 등이 있다.

- **가상 네트워크(virtualnet)** 가상 네트워크 세그먼트는 VM 그룹과 네트워크 서비스에 연결된다. 가상 네트워크는 한 개 또는 두 개의 그룹으로 구성할 수 있다. 단일 그룹으로 구성할 경우에는 해당 그룹에 속한 VM에 대한 모든 쌍에 대해 흐르는 트래픽에 서비스가 적용된다. 두 개의 그룹으로 구성할 경우에는 첫 번째 그룹에 속한 모든 VM 과 두 번째 그룹에 속한 모든 VM 사이의 트래픽에 대해 서비스가 적용된다. 가상 네트워크는 일

부 미리 지정한 그룹에 대해 연결할 수도 있다. 예를 들어 EXTERNAL 그룹의 경우 모든 종단이 클라우드의 외부에 있다.

그림 6.11은 CloudNaaS에 대한 전반적인 구조를 보여준다. 여기서 핵심 구성 요소는 클라우드 컨트롤러와 네트워크 컨트롤러다. 클라우드 컨트롤러는 VM 인스턴스를 관리하기 위한 기본적인 서비스형 인프라스트럭처^{IaaS,} Infrastructure as a Service를 제공한다. 사용자는 VM이나 스토리지를 설정하는 것과 같은 표준 IaaS 요청을 보낼 수 있다. 또한 네트워크 정책 구문을 통해 VM에 대한 가상 네트워크 기능을 사용자가 직접 정의할 수 있다. 클라우드 컨트롤러는 클라우드에 있는 모든 물리 서버에서 구동되는 소프트웨어로 구현된 프로그래머블 가상 스위치를 관리한다. 이러한 소프트웨어 스위치를 통해 사용자 정의 가상 네트워크 세그먼트에 대한 관리 서비스와 같은 테넌트 애플리케이션을 위한 네트워크 서비스를 제공한다. 클라우드 컨트롤러는 통신 매트릭스를 구성해서 네트워크 컨트롤러로 보낸다.

서비스형 인프라스트럭처

고객이 내부의 클라우드 인프라스트럭처에 접근할 수 있게 해주는 클라우드 서비스. IaaS는 고객에게 가상 머신과 스토리지, 네트워크 등과 같은 핵심 컴퓨팅 리소스를 제공해 고객이 원하는 OS나 애플리케이션을 비롯한 다양한 소프트웨어를 직접 배치하고 구동할 수 있게 해준다.

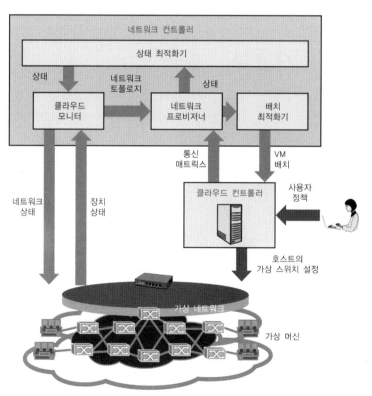

그림 6.11 CloudNaaS 구조

네트워크 컨트롤러는 통신 매트릭스를 사용해 데이터 평면의 물리 및 가상 스위치를 설정한다. 네트워크 컨트롤러는 VM 사이의 가상 네트워크를 생성하고 VM을 배치하는 명령을 클라우드 컨트롤러에게 보낸다. 그리고 클라우드에서 데이터 평면 스위치의 트래픽과 성능을 모니터링하고, 필요에 따라 테넌트의 요구 사항을 만족하도록 리소스 사용을 최적화하게 네트워크를 변경한다. 컨트롤러는 배치 최적화기placement optimizer를 호출해 클라우드 안에서 VM들이 놓일 최적의 위치를 선정한다(그리고 이러한 사실을 클라우드 컨트롤러에 알려서 프로비저닝한다). 그런 다음 네트워크 프로비저너network provisioner 모듈을 사용해 네트워크에 있는 모든 프로그래머블 장치에 대한 설정 명령을 생성하고 적용해 테넌트의 가상 네트워크 세그먼트를 생성한다.

이처럼 CloudNaaS는 클라우드 고객이 단순히 프로세싱 및 스토리지 리소스를 요청하는 것뿐만 아니라 VM에 대한 가상 네트워크를 정의하고, 이러한 가상 네트워크에 대한 서비스와 QoS 요구 사항을 제어하는 등의 다양한 작업을 수행할 수 있게 해준다.

6.7 모빌리티와 무선

예전부터 사용해오던 유선 네트워크에 대한 성능과 보안과 신뢰성뿐만 아니라 무선 네트워크와 관련된 요구 사항과 이슈가 다양하게 제기되고 있다. 모바일 사용자는 어디서나 뛰어난 품질로 콘텐츠를 제공 받을 수 있게 새로운 서비스를 끊임없이 요구하고 있다. 네트워크 사업자는 현재 사용 가능한 스펙트럼을 관리하고, 핸드오버 메커니즘을 구현하고, 효율적인 부하 분산을 수행하고, QoS 및 QoE 요구 사항을 만족하고, 보안도 제공하는 데 필요한 다양한 문제들을 해결해야 한다.

SDN은 모바일 네트워크 사업자가 가장 필요로 하는 도구를 제공한다. 최근 몇 년 사이에 무선 네트워크 공급자를 위한 SDN 기반 애플리케이션이 다양하게 개발됐다. 이와 관련해 [KREU15]에서는 효율적인 핸드오버를 이용한 심리스 모빌리티, 온디맨드 가상 액세스 포인트 생성, 부하 분산, 다운링크 스케줄링, 동적 스펙트럼 사용, 향상된 셀 간 간섭 조율, 클라이언트/베이스 스테이션 단위의 리소스 블록 할당, 간소화된 관리, 이종 네트워크 기술의 쉬운 관리, 다양한 네트워크 사이의 상호 운용성, 공유 무선 인프라스트럭처, QoS 관리 및 접근 제어 정책 등과 같은 다양한 SDN 애플리케이션 분야를 소개한 바 있다.

무선 네트워크 사업자를 위한 SDN 기술은 현재 활발히 개발되고 있으며, 조만간 다양한 종류의 애플리케이션이 등장할 것이다.

6.8 정보 중심 네트워킹

최근 몇 년 사이에 콘텐츠 중심 네트워킹CCN, Content-Centric Networking으로도 알려진 정보 중심 네트워킹ICN, Information-Centric Networking이 큰 주목을 끌었다. 이 기술은 현재 인터넷에서 가장 핵심적인 기능 중 하나가 정보를 배포하고 조작하는 것이라는 점에 착안한 것이다. 전통적인 호스트 중심 네트워킹 패러다임에서는 별도로 이름이 정해진 호스트에 접속해 정보를 획득했지만, ICN에서는 정보를 표현하는 대상에 직접 이름을 지정하고 연산을 수행함으로써 좀 더 효율적으로 정보를 검색할 수 있게 여기에 필요한 프리미티브를 기본으로 제공한다.

ICN에서는 위치와 식별자를 명확히 구분하기 때문에 정보의 소스와 정보 자체가 분리돼 있다. 이 방식의 핵심은 정보 자체에 이름과 주소를 부여하고, 위치와 관계없이 매치를 수행하기 때문에 네트워크에 존재하는 모든 정보를 사용자가 찾을 수 있고 정보의 소스에 할당할 수 있다는 점이다. ICN에서는 통신을 위해 호스트에 대한 출발지와 목적지 쌍을 지정하지 않고, 정보를 표현하는 부분에 직접 이름을 정한다. 그래서 특정한 정보에 대한 요청을 보내면 그 정보에 대한 최적의 위치를 네트워크에서 찾아준다. 따라서 정보 요청에 대한 라우팅 작업은 위치와 독립적인 이름을 이용해 해당 정보에 대한 최적의 소스를 찾는 것이다.

기존 네트워크에 ICN을 적용하는 것은 쉽지 않다. 현재 사용하는 라우팅 장비를 업데이트하거나 ICN을 지원하는 장비로 교체해야 하기 때문이다. 게다가 기존 호스트에서 사용자로 전달하는 기존 배포 모델을 콘텐츠에서 사용자로 전달하게 변경해야 한다. 이러한 작업을 수행하려면 정보의 요구와 공급에 대한 작업과 포워딩하는 작업을 명확히 구분해야 한다. SDN은 포워딩 요소에 대한 프로그래머빌리티를 제공할 뿐만 아니라 제어 평면과 데이터 평면을 구분하기 때문에 ICN을 적용하는 데 필요한 기술을 제공할 기반이 될 수 있다.

지금까지 SDN을 이용해 ICN을 구현하기 위한 다양한 프로젝트가 제안됐다. 그러나 SDN과 ICN을 결합하는 구체적인 방식에 대해서는 어느 한 가지 형태로 정립된 것은 없다. 그동안 제안된 방법으로는 오픈플로우 프로토콜을 상당 부분 수정하거나 개선하는 것도 있고, 해시 함수를 이용해 이름과 IP 주소를 매핑하는 기법도 있고, IP의 옵션 헤더를 네임 필드로 활용하는 방법도 있고, 오픈플로우OF 스위치와 ICN 라우터 사이에 추상화 계층을 추가해 이 계층에서 OF 스위치와 ICN 라우터 기능을 하나의 프로그래머블 ICN 라우터처럼 동작하게 만드는 방법 등이 있다.

이 절의 나머지 부분에서는 방금 언급한 것 중에서 마지막 방법[NGUY13, NGUY14]에 대해 간략히 소개한다. 이 방법은 OF 스위치를 수정하지 않고도 OF 스위치에 ICN 기능을 추가하게 설계됐다. 그리고 CCNx라 부르는 ICN의 소프트웨어 참조 구현과 오픈 프로토콜 규격을 기반으로 만들었다. 추상화 계층을 이용한 접근 방법에 대해 살펴보기 전에 CCNx의 배경에 대해 간략히 짚고 넘어가자.

CCNx

CCNx

CCNx는 PARCPalo Alto Research Center에서 오픈소스 프로젝트로 개발된 것으로, 여러 개의 구현물이 실험적으로 설치된 바 있다.

CCN은 인터레스트Interest 패킷과 콘텐트Content 패킷이라는 두 가지 타입의 패킷으로 통신한다. 소비자는 원하는 콘텐츠를 인터레스드 패킷을 보내는 방식으로 요청한다. 그러면 이러한 인터레스트 패킷을 받고 이에 해당하는 이름이 붙은 데이터named data를 갖고 있는 모든 CCN 노드는 콘텐트 패킷(줄여서 Content)으로 응답한다. 인터레스트 패킷에 담긴 이름이 콘텐트 오브젝트Content Object 패킷에 있는 이름과 일치할 때 콘텐트는 인터레스트를 만족한다고 판단한다. CCN 노드가 인터레스트 패킷을 받았는데, 기존 요청된 콘텐트에 대한 복사본을 갖고 있지 않으면 해당 인터레스트를 콘텐트 소스로 전달한다. CCN 노드는 인터레스트를 보낼 방향을 결정하는 포워딩 테이블을 갖고 있다. 인터레스트를 받은 공급자가 이에 매칭되는 콘텐트의 이름을 갖고 있다면 콘텐트 패킷으로 응답을 보낸다. 소비자와 공급자 사이에 거쳐 가는 중단 노드는 해당 콘텐트 오브젝트를 캐시에 저장해둘 수 있으며, 다음번에 동일한 이름에 대한 인터레스트 패킷을 받으면 캐시에 저장된 복사본을 응답으로 보낸다.

CCN 노드에서 사용하는 기본 연산은 IP 노드와 비슷하다. CCN 노드는 페이스를 통해 패킷을 주고받는다. 페이스face란 애플리케이션에 대한 연결 지점이거나, 다른 CCN 노드거나, 다른 종류의 채널을 가리킨다. 페이스는 예상 지연 시간 및 대역폭, 브로드캐스트 및 멀티캐스트 기능 등과 같은 여러 가지 유용한 속성을 갖고 있을 수도 있다. CCN 노드는 크게 다음과 같은 세 가지 자료 구조를 갖고 있다.

- **콘텐트 스토어(Content Store)** 이전에 본 적이 있는 (옵션으로 캐시에도 저장돼 있는) 콘텐트 패킷에 대한 테이블

- **포워딩 정보 베이스(FIB, Forwarding Information Base)** 잠재적인 데이터 소스로 인터레스트 패킷을 포워딩할 때 참조하는 테이블

- **펜딩 인터레스트 테이블(PIT, Pending Interest Table)** CCN 노드가 콘텐트 소스로 포워딩한 인터레스트를 기록한 테이블로, 나중에 콘텐트 패킷을 받게 되면 이를 요청한 측에 돌려보내기 위한 용도로 참조한다.

콘텐트 소스를 찾는 방법과 CCN 네트워크에서 경로를 설정하는 방법에 대한 자세한 설명은 이 책에서 다루지 않는다. 이 과정을 간략히 표현하면 콘텐츠 공급자는 자신이 가진 콘텐트에 대한 이름을 외부에 알려주고, 여러 CCN 노드가 서로 협업해 CCN 네트워크상의 경로를 설정하는 방식을 사용한다.

ICN은 네트워크의 캐싱 기능에 크게 의존한다. 구체적으로 표현하면 콘텐츠 제공자에서 요청자에 이르는 경로에 대한 콘텐트를 캐시에 저장한다. 이를 **온패스 캐싱**on-path caching이라 부르며, 전반적인 성능은 향상시킬 수 있지만 콘텐트가 라우터에 복제돼 있을 수 있기 때문에 최적의 성능을 제공하지는 않고, 캐시에 저장할 수 있는 전체 콘텐츠의 양이 제한된다. 이러한 한계를 극복하기 위해 **오프패스 캐싱**off-path caching을 사용하는데, 이 기법은 콘텐트를 네트워크 내부에 있는 기존에 알려진 오프패스 캐시에 저장한 뒤 트래픽이 최적의 경로에서 벗어나서 네트워크에 널리 퍼져있는 이러한 캐시를 향하도록 트래픽의 방향을 바꾼다. 오프패스 캐싱을 사용하면 네트워크 전체의 가용 캐시 용량을 효율적으로 활용해 이그레스 링크의 대역폭 사용량을 줄일 수 있기 때문에 전체 캐시에 대한 히트율을 높일 수 있다.

추상화 계층을 활용하는 방법

SDN 스위치(특히 OF 스위치)를 ICN 라우터로 사용하게 설계할 때 고려해야 할 핵심 이슈는 IP 패킷의 필드, 그중에서 주로 목적지 IP 주소를 토대로 포워딩을 수행하는 OF 스위치와 콘텐트 이름을 기반으로 포워딩을 수행하는 ICN 라우터를 잘 결합하는 것이다. 추상화 계층을 이용한 기법의 핵심은 콘텐트 이름으로 만든 해시 값을 IP 필드에 넣어 OF 스위치에서 처리할 수 있게 만드는 데 있다.

그림 6.12는 이러한 기법에 대한 전반적인 구조를 보여준다. CCNx 노드의 소프트웨어 모듈을 OF 스위치와 연결할 때 래퍼^{wrapper}라 부르는 추상화 계층을 사용한다. 래퍼는 스위치 인터페이스를 CCNx 페이스에 연결해서 CCN 메시지에 담긴 콘텐트 이름을 해석하고 해시 값을 만들어 OF 스위치가 처리할 수 있게 (IP 주소나 포트 등과 같은) 필드에 넣는다. 이러한 필드를 통해 이름을 표현할 수 있는 공간이 클수록 서로 다른 콘텐트 이름끼리 충돌할 확률이 낮아진다. OF 스위치에 있는 포워딩 테이블은 해시된 필드 값을 기반으로 포워딩하게 설정한다. 스위치는 이러한 필드에 IP 주소나 TCP 포트 등과 같은 원래 값이 아닌 값이 들어간다는 사실을 모른 채 단지 들어오는 IP 패킷에서 해당 필드에 적힌 값을 토대로 똑같이 포워딩 동작을 수행한다.

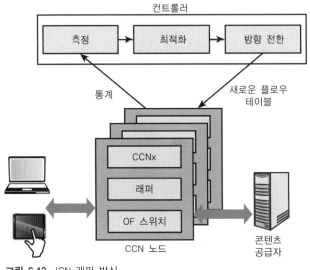

그림 6.12 ICN 래퍼 방식

추상화 계층을 이용하면 현재 나온 OF 스위치로 CCN 기능을 제공할 수 있다. 이보다 효율성을 높이려면 콘텐트의 인기popularity를 정확하고 효율적으로 측정하는 방법과 방향 전환을 수행하기 위한 라우팅 테이블을 구성하고 최적화하기 위한 방법을 찾아야 한다. 이러한 문제를 해결하려면 SDN 컨트롤러에 다음과 같은 세 가지 모듈을 추가해야 한다.

- **측정(Measurement)** 콘텐트의 인기는 OF 플로우에 대한 통계 정보를 통해 직접 도출할 수 있다. 측정 모듈은 인그레스 OF 스위치에게 이러한 통계 정보를 주기적으로 물어보고 가장 인기 있는 콘텐트 리스트를 작성해 반환한다.

- **최적화(Optimization)** 최적화 알고리즘의 입력 값으로 가장 인기 있는 콘텐트 리스트를 활용한다. 최적화의 목적은 방향이 전환된 콘텐츠에 대한 총 지연 시간을 최소화하는 것으로, 다음과 같은 제약 사항을 만족해야 한다. (1) 각각의 인기 있는 콘텐트는 정확히 하나의 노드에 캐시한다. (2) 하나의 노드에 저장된 캐시는 노드에서 제공하는 공간을 초과하지 않아야 한다. (3) 캐싱으로 인해 링크 혼잡이 발생하지 않아야 한다.

- **방향 전환(Deflection)** 최적화 결과를 토대로 모든 콘텐트에 대해 (콘텐트 이름에 대한 해시 값으로 결정된 주소와 포트 값을 이용해) 콘텐트 이름과 콘텐트가 캐시된 노드를 향하는 외부 인터페이스 사이에 대한 매핑 정보를 만든다(예, ip.destination = hash(콘텐트 이름), action = 1번 인터페이스로 포워딩).

마지막으로 이러한 매핑 정보를 OF 프로토콜을 이용해 스위치의 플로우 테이블에 설치한다. 그러면 뒤에 들어오는 인터레스트 패킷을 적절한 캐시로 포워딩하게 된다.

그림 6.13은 패킷이 전달되는 과정을 보여준다. 오픈플로우 스위치는 포트로 들어오는 모든 패킷을 래퍼로 보내고, 이를 받은 래퍼는 패킷을 CCNx 모듈로 전달한다. 오픈플로우 스위치는 래퍼가 패킷의 스위치 소스 포트를 식별할 수 있게 도와줘야 하는데, 이를 위해 OF 스위치가 받은 모든 패킷의 ToS 값을 해당 입력 포트 값으로 지정해서 래퍼의 포트로 전달되도록 스위치를 설정한다.

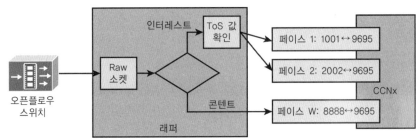

(a) 오픈플로우 스위치에서 CCNx로 향하는 패킷 흐름

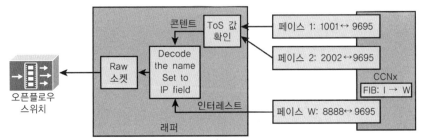

(b) CCNx에서 오픈플로우 스위치로 향하는 패킷 흐름

그림 6.13 CCNx와 오픈플로우 스위치 사이의 패킷 흐름

래퍼는 ToS 값을 이용해 CCNx의 페이스를 오픈플로우 스위치의 인터페이스(포트)로 매핑한다. 페이스 W는 래퍼와 CCNx 모듈 사이에서 특수한 용도로 사용되는 페이스다. W는 래퍼로부터 모든 콘텐트 패킷을 받으며, CCNx에서 래퍼로 모든 인터레스트 패킷을 전달할 때 사용한다.

그림 6.13의 (a) 부분은 OF 스위치로부터 들어오는 패킷을 래퍼에서 처리하는 과정을 보여준다. 인터레스트 패킷을 받으면 ToS 필드에서 페이스 값을 추출해 패킷을 알맞은 CCNx 페이스로 전달한다. CCNx 노드에 요청된 콘텐트에 대한 복사본이 있다면 곧바로 콘텐트 패킷을 작성해 입력 페이스로 반환한다. 복사본이 없다면 인터레스트를 W 페이스로 보내고 PIT도 알맞게 업데이트한다. OF 스위치로부터 콘텐트 패킷이 도착하면 래퍼는 W 페이스로 곧바로 전달한다.

그림 6.13의 (b) 부분은 CCNx 모듈로부터 전달받은 패킷을 래퍼에서 처리하는 과정을 보여준다. 콘텐트 패킷에 대해서는 ToS 필드 값을 적절히 설정하고, 출력 포트를 지정한다. 그러면 모든 패킷에 대해 해당 패킷에 관련된 콘텐트 이름을 추출하고, 이를 해시 값으로 만들어서 패킷의 출발지 IP 주소로 지정한

다. 마지막으로 래퍼는 해당 패킷을 OF 스위치로 전달한다. 콘텐트 패킷은 적절한 입력 페이스로 반환된다. 그리고 인터레스트 패킷은 OF 스위치에서 다음 홉으로 전달되도록 ToS 값을 0으로 설정한다.

이처럼 래퍼 추상화 계층을 사용하면 CCNx 모듈이나 오픈플로우 스위치를 수정하지 않고도 기본적인 ICN 기능뿐만 아니라 방향 전환 기능도 제공할 수 있다.

6.9 핵심 용어

6장을 통해 다음과 같은 용어를 배웠다.

추상화	추상화 계층	CloudNaaS
콘텐트 중심 네트워킹	횡단면(이등분) 대역폭	분산 서비스 거부(DDoS)
분산 추상화	포워딩 추상화	프리네틱
정보 중심 네트워킹(ICN)	서비스형 인프라스트럭처(IaaS)	측정과 모니터링
오프패스 캐싱	온패스 캐싱	PolicyCop
규격 추상화	트래픽 엔지니어링	

PART III

가상화

기본적인 개념은 복잡한 시스템의 여러 구성 요소들이 특정한 하위 기능을 수행해 전체 기능에 기여하는 것이다.

– 『인공과학의 이해(The Sciences of the Artificial)』, 허버트 사이먼(Herbert Simon)

7장   네트워크 기능 가상화: 개념과 구조
8장   NFV 기능
9장   네트워크 가상화

NFV에 대한 관심과 작업은 SDN보다 늦게 시작됐다. 하지만 현대 네트워킹에서 NFV와 좀 더 넓은 개념의 가상 네트워크는 SDN이 차지하는 만큼 중요성이 커졌다. 3부는 네트워크 기능 가상화^{NFV}의 개념, 기술, 애플리케이션과 네트워크 가상화에 대해 폭넓고 깊게 설명한다. 7장에서는 가상 머신의 개념을 소개하고, NFV 기반의 네트워크 환경에 적용된 가상 머신 기술에 대해 살펴본다. 8장에서는 각 NFV 구성 요소의 기능을 자세히 설명하고 NFV와 SDN의 관계를 설명한다. 9장은 전통적인 가상 네트워크의 개념을 살펴보고, 네트워크 가상화의 최신 접근법을 설명한 다음, 마지막으로 소프트웨어 정의 인프라스트럭처의 개념을 소개한다.

Chapter | 7

네트워크 기능 가상화: 개념과 구조

운영체제를 사용해 하나의 물리 하드웨어 위에 여러 개의 머신이 존재하는 것처럼 시뮬레이션하는 것이 많은 경우 유용한 것으로 밝혀졌다. IBM VM/370 운영체제가 그 예다. 이 기술은 서로 다른 운영체제들(또는 동일한 운영체제의 여러 버전들)을 동일한 물리 머신 위에서 멀티프로그래밍할 수 있게 한다. 이러한 시뮬레이터가 실제 환경에서도 사용될 수 있을 만큼 효율적인 것은 동적 주소 변환 하드웨어 때문이다.

- IBM 시스템/370의 아키텍처(Architecture of the IBM System/370),
ACM 통신(Communications of the ACM), 1978년 1월,
리처드 케이스(Richard Case)와 안드리스 파덱스(Andris Padegs)

7장에서 다루는 내용

7장을 읽고 나면 다음과 같은 것을 할 수 있다.

- 가상 머신의 개념을 이해할 수 있다.
- 하이퍼바이저 타입 1과 타입 2의 차이점을 설명할 수 있다.
- NFV의 핵심 이점을 나열하고 설명할 수 있다.
- NFV의 핵심 요구 사항을 나열하고 설명할 수 있다.
- NFV 아키텍처의 개요를 개략적으로 설명할 수 있다.

7장에서 9장까지는 현대 네트워킹에서 **가상화**^{virtualization} 기술의 응용에 대해 집중적으로 설명한다. 가상화는 소프트웨어와 물리적 하드웨어 사이에 추상화 계층이라고도 하는 소프트웨어 변환 계층을 제공해 컴퓨팅 자원을 관리하는 다양한 기술을 포괄하는 개념이다. 가상화는 물리 자원을 논리적 또는 가상 자원으로 매핑한다. 가상화는 사용자, 애플리케이션, 추상화 계층 위에서 동작하는 관리 소프트웨어가 실제 자원의 물리적 세부 사항을 파악하지 않고도 자원을 관리하고 사용할 수 있게 한다. 7장과 8장에서는 NFV 개념의 기반인 가상 머신^{VM,} Virtual Machine 기술의 활용을 집중적으로 설명한다. 9장, '네트워크 가상화'에서는 가상 네트워크와 네트워크 가상화의 개념을 다룬다.

가상화

소프트웨어와 물리적 하드웨어 사이에 추상화 계층을 제공해 컴퓨팅 자원을 관리하는 다양한 기술. 가상화 기술은 사실상 서버, 저장 장치, 네트워크 자원 등의 하드웨어 플랫폼을 소프트웨어로 에뮬레이션 또는 시뮬레이션한다고 볼 수 있다.

7.1 NFV의 배경과 동기

NFV는 주요 네트워크 사업자와 통신 사업자들이 대용량 멀티미디어 시대에 네트워크 운영을 개선할 방안을 논의하던 중에 탄생했다. 그 결과, 최초의 NFV 백서인 『Network Functions Virtualization: An Introduction, Benefits, Enablers, Challenges & Call for Action』이 출간됐다[ISGN12]. 이 백서에서 네트워크 사업자들 주도의 ETSI ISG는 NFV의 목적이 표준 IT 가상화 기술을 활용해 많은 종류의 네트워크 장비를 데이터 센터, 네트워크 노드, 최종 사용자 구내에 위치한 산업 표준 대용량 서버, 스위치, 저장 장치로 통합하는 것이라고 명시했다.

이 백서는 수많은 전용 하드웨어 장비들로 이뤄진 네트워크가 다음과 같은 부정적인 결과를 초래했기 때문에 새로운 접근 방법이 필요하다고 강조했다.

- 새로운 네트워크 서비스는 새로운 종류의 하드웨어 장비를 필요로 할 것이며, 이 장비들을 위한 공간과 전력을 확보하는 것이 갈수록 어려워지고 있다.
- 새 하드웨어는 추가적인 자본 지출을 의미한다.
- 새로운 종류의 하드웨어 장비를 도입하면 운영자는 갈수록 복잡한 하드웨어 장비를 통합하고 운영할 기술이 부족하다는 문제에 직면하게 된다.
- 하드웨어 장비는 빠르게 수명이 다하고, 소모적인 구입-설계-통합-배포 사이클의 반복이 필요해진다.

- 점차 네트워크 중심이 돼가는 IT 환경의 요구를 만족시키기 위해 기술과 서비스 혁신이 빨라지는 환경에서 갈수록 다양해지는 하드웨어 플랫폼은 새로운 네트워크 서비스의 도입을 막고 있다.

NFV 접근법은 네트워크 기능의 구현에 가상화 기술을 활용해서 전용 하드웨어 플랫폼의 종속성을 탈피해 소수의 표준 플랫폼을 사용하려는 시도다. 앞의 백서에서 ETSI ISG는 NFV 접근법을 유무선 네트워크 인프라스트럭처의 모든 데이터 평면 패킷 처리와 모든 제어 평면 기능에 적용할 수 있다는 믿음을 피력했다.

앞에 나열한 문제들을 해결하는 것뿐 아니라 NFV는 몇 가지 추가적인 이점을 제공한다. 그에 대해서는 먼저 7.2절과 7.3절에서 가상 머신과 NFV의 개념을 각각 소개한 다음, 7.4절에서 자세히 설명한다.

7.2 가상 머신

전통적으로 애플리케이션은 PC 또는 서버의 운영체제^{OS} 위에서 직접 실행됐다. 개별 PC/서버는 한 번에 하나의 OS만 실행할 수 있었다. 즉, 애플리케이션 제조사는 지원할 각 OS 및 플랫폼마다 애플리케이션의 일부를 수정해야만 했다. 그 결과로 새로운 기능에 대한 출시 시기가 늦어졌고, 결함 가능성은 높아졌으며, 품질 테스트 역시 어려워졌고, 대개는 가격 상승으로까지 이어졌다. 복수의 OS를 지원하기 위해 애플리케이션 제조사는 다양한 하드웨어와 OS 인프라스트럭처를 설계, 관리, 지원해야 했는데, 이는 비용과 자원이 많이 필요한 작업이었다. 이 문제를 다루는 한 가지 효과적인 전략은 하드웨어 가상화^{hardware virtualization}다. 가상화 기술은 단일 PC 또는 서버에서 동시에 여러 OS 또는 한 OS의 여러 세션을 실행할 수 있게 한다. 가상화 소프트웨어를 실행하는 컴퓨터는 하나의 하드웨어 플랫폼 위에서 (OS가 서로 다를 수도 있는) 다수의 애플리케이션을 호스트할 수 있다. 호스트 OS는 복수의 가상 머신^{VM, Virtual Machine}을 지원할 수 있는데, 각각의 VM은 특정 OS의 특성(과 가상화 기술에 따라서는 하드웨어 플랫폼의 특성도) 갖는다.

가상화는 새로운 기술이 아니다. 1970년대 IBM 메인프레임 시스템은 프로그

<aside>
하드웨어 가상화

소프트웨어를 사용해서 한 컴퓨터의 자원을 가상 머신이라는 별도의 격리된 개체로 분할하는 것. 하드웨어 가상화는 한 컴퓨터에서 다수의 같거나 다른 운영체제를 실행할 수 있게 하고, 각 VM의 애플리케이션끼리 서로 충돌하는 것을 방지한다.

가상 머신

격리된 파티션에서 (하나 이상의) 애플리케이션과 함께 실행되는 하나의 운영체제 인스턴스
</aside>

램이 시스템 자원의 일부만을 사용할 수 있는 최초의 기능을 제공했다. 그 이후 다양한 형태의 가상화 기술이 여러 플랫폼에서 등장했다. 가상화 기술이 주류 컴퓨팅 시장에 진입한 것은 x86 서버에서 상용화된 2000년대 초반이다. 기업들은 마이크로소프트 윈도우에 종속돼 애플리케이션마다 서버를 구입해야 하는 문제로 고통 받고 있었다. 무어의 법칙에 따라 하드웨어는 소프트웨어의 발전 속도보다 훨씬 빨리 발전했는데, 대부분의 서버는 활용도가 매우 낮아서 개별 서버의 리소스 사용률은 5%도 안 되는 경우가 종종 있었다. 또한 데이터 센터의 공간을 가득 차지한 많은 서버들은 엄청난 규모의 전력과 냉방을 소모했고, 각 기업은 인프라스트럭처 유지 관리에 많은 부담을 느끼고 있었다. 가상화 기술이 이와 같은 부담을 완화시켰다.

가상 머신 모니터

가상화를 가능하게 하는 솔루션은 오늘날 흔히 하이퍼바이저라고 부르는 가상 머신 모니터$^{VMM, Virtual Machine Monitor}$다. 가상 머신 모니터는 하드웨어와 VM 사이에 위치해 자원 브로커의 역할을 한다(그림 7.1). 간단히 말해서 하이퍼바이저는 하나의 물리 서버 호스트 위에서 복수의 VM이 평화롭게 공존하고 호스트의 리소스를 공유할 수 있게 한다. 하나의 호스트에 존재할 수 있는 게스트 VM의 숫자는 **통합 비율**$^{consolidation ratio}$로 측정된다. 예를 들어 6개의 VM을 지원하는 호스트는 통합 비율이 6:1이다(그림 7.2). 초기의 상용 하이퍼바이저는 4:1에서 12:1에 달하는 통합 비율을 제공할 수 있었다. 저사양 시스템을 가진 기업에서도 모든 서버를 가상화하면 데이터 센터에서 무려 75%의 서버를 제거할 수 있었다. 더 중요한 것은 해마다 수백만에서 수천만 달러에 이르는 비용도 절감할 수 있었다는 점이다. 물리적 서버가 감소하면 전력과 냉각도 적게 필요하다. 또한 케이블, 네트워크 스위치, 바닥 면적까지 덜 필요하다. 서버 통합은 비용이 많이 들고 낭비적인 문제를 해결하는 대단히 중요한 방법이 됐다. 오늘날 물리적 서버보다 더 많은 수의 가상 서버가 도입되고 있으며, 가상 서버 도입의 경향은 가속화되고 있다.

가상 머신 모니터
VM 환경을 제공하는 시스템 프로그램. 하이퍼바이저라고도 부른다.

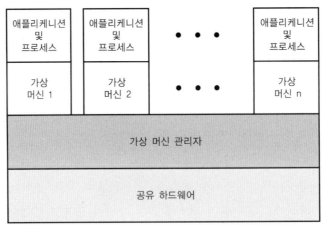

그림 7.1 가상 머신 개념

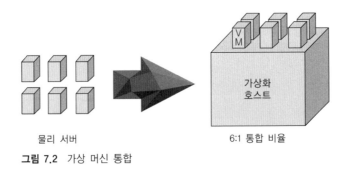

물리 서버   6:1 통합 비율

그림 7.2 가상 머신 통합

　기업이나 개인이 하나의 컴퓨터로 최대한 많은 애플리케이션들을 실행해서 레거시 애플리케이션을 처리하거나 하드웨어 사용률을 최적화할 때 VM을 사용하는 것이 일반적이다. VMware와 마이크로소프트 등의 상용 하이퍼바이저 제품은 수백만 카피가 판매될 정도로 폭넓게 사용되고 있다. 하나의 컴퓨터에서 복수의 VM을 실행하는 기능뿐만 아니라, 서버 가상화에서 또 한 가지 중요한 측면은 VM을 네트워크 자원으로 볼 수도 있다는 점이다. 서버 가상화는 개별 물리 서버, 프로세서, 운영체제의 수량과 정보 등 서버 자원을 서버 사용자에게 감춘다. 그 결과, 하나의 호스트를 복수의 독립적인 서버로 파티션해 하드웨어 자원을 절약할 수 있다. 또한 부하 분산 또는 장애 시 동적 전환을 위해서 한 서버에서 다른 서버로 빠른 VM 이동이 가능하다. 서버 가상화는 최근 빅데이터 애플리케이션과 클라우드 컴퓨팅 인프라스트럭처의 구현에서도 핵심적인 요소가 됐다.

아키텍처 접근법

가상화의 핵심은 추상화다. 운영체제가 프로그램 계층과 인터페이스를 통해 사용자로부터 디스크 I/O 명령어를 추상화하는 것처럼 가상화는 VM으로부터 물리 하드웨어를 추상화한다. 앞에서 말한 것처럼 가상 머신 모니터, 즉 하이퍼바이저가 이 추상화를 제공하는 소프트웨어다. 하이퍼바이저는 게스트 VM이 물리 호스트의 자원을 요구하고 사용할 때 대리인으로 동작하는 브로커 또는 교통경찰의 역할을 한다.

VM은 물리 서버의 특징을 모방하는 소프트웨어 구조다. VM은 프로세서 개수, RAM 용량, 스토리지 자원, 네트워크 포트의 연결성 등으로 설정된다. 일단 VM이 생성되면 마치 물리 서버인 것처럼 전원을 켜고 운영체제와 애플리케이션을 로딩해 사용할 수 있다. 모든 자원을 볼 수 있는 물리 서버와 달리 가상 서버는 미리 설정된 자원만을 볼 수 있다. 이처럼 자원을 격리할 수 있기 때문에 호스트 컴퓨터는 RAM, 스토리지, 네트워크 대역폭을 공유하며, 동종 또는 이종의 운영체제를 각각 실행하는 여러 VM들을 문제없이 실행할 수 있다. VM의 운영체제는 하이퍼바이저가 제공하는 자원에 액세스한다. 하이퍼바이저는 VM에서 물리 서버의 장치로, 또한 그 반대 방향으로 I/O를 매핑할 수 있게 한다. 이를 위해 운영체제가 호스트 하드웨어에서 특정한 특권 명령어를 실행하려고 하면 하드웨어 트랩이 발생하고, 하이퍼바이저가 VM 대신 이 명령어들을 실행한다. 그 결과, 가상화 과정에서 약간의 성능 저하가 발생하지만, 앞으로 하드웨어와 소프트웨어가 발전함에 따라 이와 같은 오버헤드는 최소화될 것이다.

VM은 파일들로 이뤄진다. 일반적인 VM은 파일 몇 개로 구성된다. 그중에는 VM의 속성을 기술하는 설정 파일이 있다. 이 파일은 서버 정의, 얼마나 많은 가상 프로세서(vCPU)가 이 VM에 할당됐는지, 얼마나 많은 RAM이 할당됐는지, 어떤 I/O 장치에 VM이 액세스하는지, 가상 서버에 네트워크 인터페이스 카드NIC, Network Interface Card가 몇 개 있는지 등의 정보를 담고 있다. 또한 VM이 액세스하는 스토리지 정보를 기술한다. 대개 스토리지는 물리적 파일 시스템에 파일 형태로 존재하는 가상 디스크 형태로 나타난다. VM이 커지면 다시 말해서 VM 인스턴스가 생성되면 로그 기록, 메모리 페이징 등을 위해 새로운 파일들이 생성된다. VM이 파일들로 구성돼 있기 때문에 가상 환경에서 일부 기능은 물리적 환경에서보다 훨씬 단순하고 빠르다. 예를 들어 데이터 백업은 컴퓨터 역사의 초기부터 매우 중요한 기능이었다. 앞서 말했듯 VM이 파일이기 때문에 파일을 복사하는 것만으로도 데이터 백업은 물론이고 운영체제, 애플리케이션, 하드웨어 설정을 비롯한 서버 전체를 복제할 수 있다.

물리 서버의 복제본을 만든다면 새로운 하드웨어를 입수해 설치 및 설정하고, 운영체제, 애플리케이션의 설치와 데이터 복사를 거쳐 최신 버전 패치를 적용하고 나서야 사용자에게 전달할 수 있는 상태가 된다. 이와 같은 프로비저닝 작업은 실제 프로세스에 따라 몇 주에서 몇 개월까지 걸릴 수도 있다. VM이 파일들로 이뤄져 있기 때문에 이 파일들만 복제하면 몇 분 만에 완벽한 서버의 복제본을 가상화 환경에서 얻을 수 있다. 서버 이름과 IP 주소 등 몇 가지 설정의 변경이 필요하지만, 일상적으로 관리자가 새 VM을 준비하는 데 몇 개월이 아니라 몇 분에서 몇 시간이면 충분하다.

템플릿을 사용하는 것도 새 VM을 빠르게 프로비저닝하는 방법이다. 템플릿은 신규 VM 생성 시 적용할 수 있는 표준화된 하드웨어와 소프트웨어 설정을 제공한다. 템플릿으로부터 VM을 생성하는 과정은 신규 VM에 고유 식별자^{ID}를 부여하고, 프로비저닝 소프트웨어를 사용해 템플릿으로부터 VM을 생성한 다음, 배포 과정 중에 필요한 설정을 변경하는 것으로 이뤄진다.

통합 및 빠른 프로비저닝뿐 아니라 여러 가지 이유로 가상화 환경은 데이터 센터 인프라스트럭처의 새로운 모델로 부상했다. 그중 한 가지는 가용성의 개선이다. VM을 호스팅하는 서버들은 클러스터링돼 컴퓨팅 자원의 풀을 구성한다. 물리 서버는 각각 복수의 VM을 호스팅하는데, 운용 중 물리 서버에 장애가 발생하면 해당 서버의 VM들은 클러스터의 다른 호스트에서 신속하게 자동으로 재시작될 수 있다. 물리 서버에서 이와 같은 가용성을 제공할 때와 비교하면 가상화 환경은 훨씬 낮은 비용과 복잡도로도 더 높은 가용성을 제공할 수 있다. 더 높은 가용성이 필요한 서버에서는 물리적 서버 장애 시 손실되는 트랜잭션이 없게 정확히 동기화된 섀도 VM을 사용하는 솔루션으로 시스템 복잡도를 높이지 않고 내결함성을 확보하기도 한다. 가상화 환경에서 가장 흥미로운 기능은 실행 중단, 성능 저하, VM 사용자에 영향 없이 실행 중인 VM을 한 물리 호스트에서 다른 호스트로 옮기는 기능이다. vMware 환경에서 vMotion, 다른 곳에서 라이브 마이그레이션^{Live Migration}이라고 하는 이 기능은 중요성이 높은 작업들에서 사용된다. 가용성의 관점에서 VM을 가동 중지 시간 없이 한 호스트에서 다른 호스트로 옮기면 관리자가 서버 운영에 영향을 미치지 않고 물리 호스트에 작업할 수 있다. 유지 보수 작업을 주말에 예약된 가동 중지 시간 대신 주중 아침에 수행할 수도 있다. 애플리케이션에 영향을 끼치지 않고 인프라스트럭처 환경에 새 서버를 추가하고 오래된 서버를 제거할 수도 있다. 이처럼 수동으로 실행하는 마이그레이션 외에도 리소스 사용량에 따라 마이그레이션을 자동화할 수도 있다. 어떤 VM 하나가 평소보다 더 많은 리소스를 소비하기 시작하면 다른 VM들을 리소스 여유가 있는 같은 클러스터의 다른 호스트로 자동으로 옮겨 모든 개별 VM의 성능과 전체적인 시스템 성능을 보장할 수 있다. 이와 같은 단순한 예들은 가상화 환경에서 가능한 것의 극히 일부에 지나지 않는다.

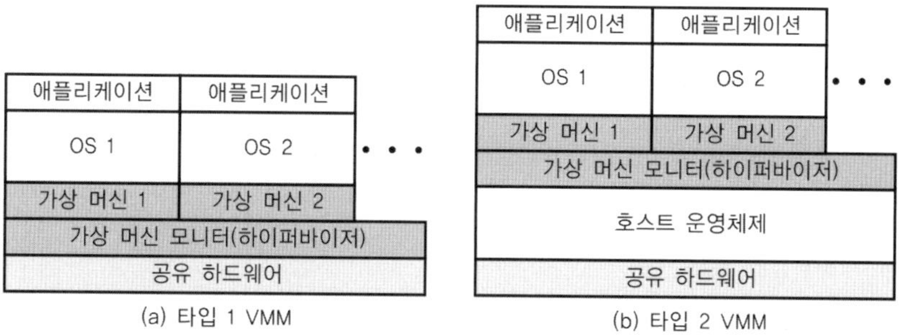

그림 7.3 타입 1과 타입 2 가상 머신 모니터

앞에서 말한 것처럼 하이퍼바이저는 하드웨어와 VM 사이에 위치한다. 하이퍼바이저와 호스트 사이에 다른 운영체제가 위치하는지의 여부에 따라 두 종류의 하이퍼바이저가 존재한다. 타입 1 하이퍼바이저는 마치 운영체제처럼 물리 서버 위에 직접 올라가는 소프트웨어 계층이다(그림 7.3). 몇 분 안 걸리는 타입 1 하이퍼바이저의 설치와 설정 과정이 끝나고 나면 서버에 게스트 VM을 올릴 수 있다. 가상화 호스트들이 가용성과 부하 분산을 위해 클러스터링을 이루게 잘 갖춰진 환경에서는 새 호스트에 하이퍼바이저를 설치하고, 클러스터의 멤버로 등록하고, 새 호스트로 VM을 옮기는 과정이 서비스 중단 없이 실행될 수 있다. 타입 1 하이퍼바이저의 몇 가지 예로는 VMware ESXi, 마이크로소프트 Hyper-V, 그리고 다양한 오픈소스 Xen 계열의 변종들이 있다. 하이퍼바이저가 서버의 '베어메탈'에 올라간다는 점은 대부분의 사람들이 이해하기 어려운 개념이다. 마이크로소프트 윈도우나 유닉스, 리눅스 운영체제 환경 위에서 돌아

가는 전통적인 애플리케이션 형태가 더 이해하기 쉽다. 타입 2 하이퍼바이저(그림 7.3의 (b))가 바로 그런 모습이다. 타입 2 하이퍼바이저의 예로는 VMware 워크스테이션Workstation과 오라클Oracle VM 버추얼박스VirtualBox가 있다.

타입 1과 타입 2 하이퍼바이저에는 몇 가지 중요한 차이점이 있다. 타입 1 하이퍼바이저는 물리 호스트에 설치되고 해당 호스트의 물리 리소스를 직접 제어할 수 있다. 반면 타입 2 하이퍼바이저의 경우에는 물리 리소스 바로 위에 운영체제가 존재하기 때문에 모든 하드웨어 상호 작용을 운영체제에 의존한다. 일반적으로 타입 1 하이퍼바이저는 물리 리소스 위에 운영체제 계층이 없기 때문에 타입 2 하이퍼바이저보다 성능이 우수하다. 타입 1 하이퍼바이저는 운영체제와 리소스 경쟁을 할 필요가 없기 때문에 더 많은 리소스를 호스트에서 사용할 수 있으며, 더 나아가 더 많은 VM을 가상화 서버에 호스팅할 수 있다. 타입 1 하이퍼바이저는 또한 타입 2 하이퍼바이저보다 보안성이 더 우수하다고 여겨진다. 타입 1 하이퍼바이저의 VM이 외부의 리소스를 요청하는 경우 다른 VM이나 하이퍼바이저에 영향을 미칠 수 없다. 타입 2 하이퍼바이저의 VM 경우 반드시 그렇지는 않으며, 악의적인 게스트는 더 큰 영향을 미칠 가능성이 있다. 타입 1 하이퍼바이저로 구현하는 경우 호스트 운영체제의 비용이 필요 없지만, 비용 관점에서의 정확한 비교는 더 복잡하다. 타입 2 하이퍼바이저는 가상화 기능을 위해 전용으로 서버를 할당할 필요가 없다. PC 운영체제가 제공하는 개인 작업 공간뿐 아니라 다양한 환경이 필요한 개발자라면 데스크톱에 타입 2 하이퍼바이저를 애플리케이션으로 설치해 두 가지를 다 할 수 있다. 한 하이퍼바이저 환경에서 다른 하이퍼바이저 환경으로 생성했거나 사용 중인 VM을 마이그레이션하거나 복사할 수 있기 때문에 배포 시간이 줄어들고 정확성이 향상되며, 프로젝트 완료까지 걸리는 시간을 줄이는 효과가 있다.

컨테이너 가상화

컨테이너 가상화
애플리케이션 운영 환경을 가상화하는 기술. 일반적으로 운영체제의 커널에 해당하며, 그 결과 애플리케이션이 실행될 수 있는 독립된 컨테이너가 생성된다.

컨테이너
소프트웨어 실행 환경을 제공해주는 하드웨어 또는 소프트웨어

컨테이너 가상화container virtualization는 비교적 최근에 등장한 가상화 기법이다. 컨테이너 가상화는 호스트 OS 커널 위에서 실행되는 가상화 **컨테이너**container라는 소프트웨어가 애플리케이션 실행 환경을 제공한다(그림 7.4). 하이퍼바이저의 VM과 달리 컨테이너는 물리 서버를 에뮬레이션하려고 하지 않는다. 대신 모든 컨테이너의 애플리케이션들은 하나의 호스트에서 공통의 OS 커널을 공유한다.

그 결과, 각 애플리케이션마다 개별적으로 OS를 실행할 리소스가 필요 없고 가상화 오버헤드가 크게 줄어든다.

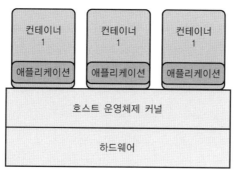

그림 7.4 컨테이너 가상화

컨테이너들은 같은 커널에서 실행돼 기반 OS의 대부분을 공유하기 때문에 하이퍼바이저와 게스트 OS VM으로 이뤄진 구성보다 훨씬 작고 가볍다. 따라서 지원할 수 있는 하이퍼바이저와 게스트 OS의 숫자가 제한적인 것과 달리 훨씬 많은 컨테이너를 하나의 OS 위에서 실행할 수 있다.

7.3 NFV의 개념

2장, '요구 조건과 기술적 배경'에서는 소프트웨어로 구현해서 VM에서 실행하는 네트워크 기능의 가상화로 NFV를 정의했다. NFV는 네트워크 서비스의 전통적인 설계, 배포, 관리 기법으로부터의 결별을 의미한다. NFV는 네트워크 주소 변환^{NAT, Network Address Translation}, 방화벽, 침입 탐지, 도메인 이름 서비스^{DNS,} ^{Domain Name Service}, 캐싱 등의 네트워크 기능을 전용 하드웨어 장치로부터 분리해 VM의 소프트웨어에서 실행한다. NFV는 표준 VM 기술을 기반으로 네트워크 영역까지 그 활용 범위를 넓히고 있다.

7.2절에서 설명한 것처럼 가상 머신 기술은 전용 애플리케이션과 데이터베이스 서버를 **상용 제품**^{COTS, Commercial Off-The-Shelf}인 x86 서버로 옮길 수 있게 한다. 같은 기술을 다음과 같은 네트워크 장비에도 적용할 수 있다.

- **네트워크 기능 장비** 스위치, 라우터, 네트워크 액세스 포인트, 고객 구내

상용 제품
상업적으로 시판, 임대, 허가되거나 일반 대중에게 판매되고, 조달 기관의 요구를 만족시키기 위해 제품의 수명 주기 동안 특별한 변형이나 유지 관리가 필요 없는 물품

심층 패킷 분석

데이터를 보낸 애플리케이션의 유형을 파악하기 위해 네트워크 트래픽을 분석하는 것. 트래픽의 우선순위를 정하거나 원치 않는 데이터를 제외하기 위해 심층 패킷 분석은 비디오, 오디오, 채팅, VoIP, 이메일, 웹 등의 데이터를 구분한다. 심층 패킷 분석은 애플리케이션 계층까지 패킷을 살펴봄으로써 암호화되지 않은 패킷 내부의 분석에 활용된다. 예를 들면 패킷이 웹 페이지의 콘텐츠를 담고 있는지는 물론 해당 웹 페이지의 출처까지 밝혀낼 수 있다.

장비^{CPE, Customer Premises Equipment}, 심층 패킷 분석^{DPI, Deep Packet Inspection} 장비

- **네트워크 관련 컴퓨팅 장비**　방화벽, 침해 탐지 시스템^{IDS}, 네트워크 관리 시스템^{NMS}

- **네트워크 결합 스토리지(NAS, Network-attached storage)**　네트워크에 연결된 파일과 데이터베이스 서버

전통적인 네트워크에서 모든 장비는 폐쇄적인 전용 플랫폼을 사용했다. 모든 네트워크 구성 요소는 밀폐된 상자 형태였고, 하드웨어는 공유될 수 없었다. 개별 장비의 용량을 늘리려면 추가적인 하드웨어가 필요했지만, 용량이 그만큼 필요하지 않게 되면 그 하드웨어는 하는 일이 없었다. 하지만 NFV에서는 네트워크 구성 요소가 일반 서버, 스토리지 장치, 스위치로 구성된 통합 플랫폼에 유연하게 배포할 수 있는 독립적인 애플리케이션이 된다. 이처럼 소프트웨어와 하드웨어가 분리됨에 따라 가상 리소스를 늘리거나 줄여서 각 애플리케이션의 처리 용량을 늘리거나 줄일 수 있게 됐다(그림 7.5).

폭넓은 공감대에 따라 유럽전기통신표준협회^{ETSI, European Telecommunications Standards Institute} 산하에 만들어진 네트워크 가상화 기능 산업 규격 그룹^{ISG NFV}은 NFV 표준 제정을 주도하고 있다. ISG NFV는 2012년에 7개 주요 통신 네트워크 사업자들에 의해 설립됐다. 이후 네트워크 장비 제조사, 네트워크 기술 기업, 기타 IT 기업, 클라우드 서비스 사업자 등 서비스 제공자까지 회원으로 받아들이며 성장했다.

ISG NFV는 최초의 규격을 2013년 10월에 발표했으며, 2014년 말과 2015년 초에 대부분의 규격을 업데이트했다. 표 7.1은 2015년 초를 기준으로 전체 규격의 목록을 보여준다. 표 7.2는 ISG NFV 문서와 NFV 문헌에서 전반적으로 사용된 용어들의 정의를 소개한다.

NFV ISG

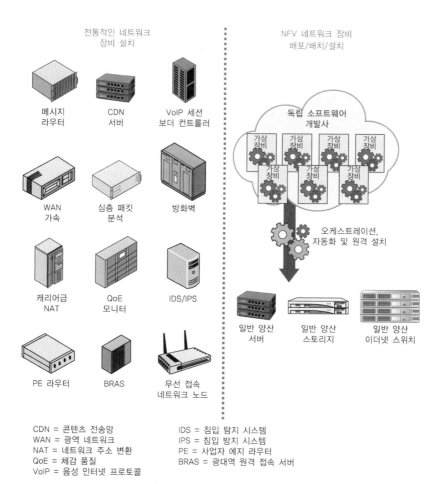

전통적인 네트워크
장비 설치

메시지
라우터

CDN
서버

VoIP 세션
보더 컨트롤러

WAN
가속

심층 패킷
분석

방화벽

캐리어급
NAT

QoE
모니터

IDS/IPS

PE 라우터

BRAS

무선 접속
네트워크 노드

NFV 네트워크 장비
배포/배치/설치

독립 소프트웨어
개발사

가상
장비

가상
장비

가상
장비

가상
장비

가상
장비

가상
장비

가상
장비

오케스트레이션,
자동화 및 원격 설치

일반 양산
서버

일반 양산
스토리지

일반 양산
이더넷 스위치

CDN = 콘텐츠 전송망
WAN = 광역 네트워크
NAT = 네트워크 주소 변환
QoE = 체감 품질
VoIP = 음성 인터넷 프로토콜

IDS = 침입 탐지 시스템
IPS = 침입 방지 시스템
PE = 사업자 에지 라우터
BRAS = 광대역 원격 접속 서버

그림 7.5 네트워크 기능 가상화의 비전

표 7.1 ISG NFV 규격

표준 번호	표준 제목
GS NFV 002	Architectural Framework
GS NFV-INF 001	Infrastructure Overview
GS NFV-INF 003	Infrastructure; Computer Domain
GS NFV-INF 004	Infrastructure; Hypervisor Domain
GS NFV-INF 005	Infrastructure; Network Domain
GS NFV-INF 007	Infrastructure; Methodology to Describe Interfaces and Abstractions
GS NFV-MAN 001	Management and Orchestration

(이어짐)

표준 번호	표준 제목
GS NFV-SEC 001	NFV Security; Problem Statement
GS NFV-SEC 003	NFV Security; Security and Trust Guidance
GS NFV-PER 001	NFV Performance & Portability Best Practices
GS NFV-PER 002	Proofs of Concept; Framework
GS NFV-REL 001	Resiliency Requirements
GS NFV-INF 010	Service Quality Metrics
GS NFV 003	Terminology for Main Concepts in NFV
GS NFV 001	Use Cases
GS NFV-SWA 001	Virtual Network Functions Architecture
GS NFV 004	Virtualization Requirements

표 7.2 NFV 용어

용어	정의
컴퓨트 도메인	NFVI 중에서 서버와 스토리지에 해당하는 도메인
인프라스트럭처 네트워크 도메인(IND)	NFVI 중에서 컴퓨트와 스토리지 인프라스트럭처를 연결하는 모든 네트워크 구성 요소를 포함하는 도메인
네트워크 기능(NF)	잘 정의된 외부 인터페이스와 기능적 동작을 가진 네트워크 인프라스트럭처의 기능 블록. 일반적으로 물리 네트워크 노드 또는 다른 물리 장비다.
네트워크 기능 가상화(NFV)	가상 하드웨어 추상화를 통해 네트워크 기능을 하드웨어로부터 분리하는 원칙
네트워크 기능 가상화 인프라스트럭처(NFVI)	가상 네트워크 기능(VNF) 설치 환경을 구성하는 모든 하드웨어와 소프트웨어 요소의 집합. NVFI는 여러 지점(즉, 복수의 네트워크 접속 거점(N-PoPs))에 걸쳐 존재할 수 있다. 이들 지점 간의 연결 네트워크는 NFVI의 일부로 간주된다.
NFVI 노드	독립된 개체로 설치 관리되며, VNF 실행 환경을 지원하기 위한 NFVI 기능을 제공하는 물리 장비
NFVI-PoP	네트워크 기능이 VNF 형태로 설치돼 있거나 될 수 있는 N-PoP
네트워크 포워딩 경로	NF 체인을 이루는 연결점들의 정렬된 목록과 관련 정책

(이어짐)

용어	정의
네트워크 접속 거점(N-PoP)	네트워크 기능이 물리 네트워크 기능(PNF) 또는 VNF로 구현돼 있는 장소
네트워크 서비스	기능과 동작 규격으로 정의되는 네트워크 기능의 조합
물리 네트워크 기능(PNF)	밀결합된 소프트웨어와 하드웨어 시스템으로 NF를 구현한 것. 일반적으로 전용 시스템이다.
가상 머신(VM)	물리 컴퓨터/서버와 매우 유사한 방식으로 동작하는 가상화 컴퓨팅 환경
가상 네트워크	특정한 정보의 경로에 영향을 미치는 위상학적 요소. 가상 네트워크는 허용되는 네트워크 인터페이스들로 제약을 받는다. 가상 네트워크는 NFVI 아키텍처에서 VM 인스턴스와 물리 네트워크의 인터페이스로 정보를 라우팅해 필요한 연결성을 제공한다.
가상 네트워크 기능(VNF)	NFVI에 설치될 수 있는 NF의 구현체
VNF 포워딩 그래프(VNF FG)	네트워크 기능 사이의 트래픽 흐름을 나타내는 VNF 노드들의 논리적 연결 그래프
VNF 집합	상호간 연결을 명시하지 않은 VNF들의 모음

단순 NFV 적용 사례

이번 절에서는 NFV 아키텍처 프레임워크 문서에 실린 간단한 예제를 살펴본다. 그림 7.6의 (a)는 네트워크 서비스의 물리적 구현 사례를 보여준다. 상위 수준에서 보면 네트워크 서비스는 네트워크 기능NF, Network Function이라고 하는 네트워크 기능 블록들이 포워딩 그래프로 연결된 끝점들로 구성된다. NF의 예로는 방화벽, 부하 분산기, 무선 네트워크 액세스 포인트 등이 있다. 아키텍처 프레임워크에서 NF는 구분되는 각각의 물리 노드로 표현된다. 끝점은 그 자체로 NFV 규격의 범위를 벗어나며, 모든 고객 소유의 장치를 포함한다. 즉, 이 그림에서 끝점 A는 스마트폰, 끝점 B는 콘텐츠 전송망CDN 서버일 수도 있다.

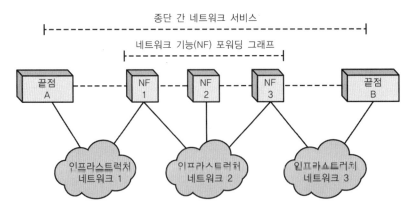

(a) 종단 간 네트워크 서비스의 그래프 표현

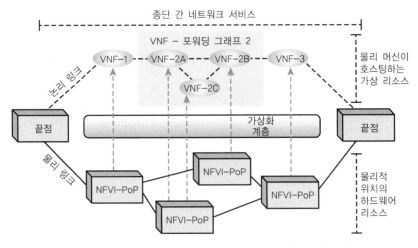

(b) VNF와 중첩 포워딩 그래프가 있는 종단 간 네트워크 서비스 예

그림 7.6 단순 NFV 구성 사례

그림 7.6의 (a)는 서비스 공급자와 고객에 관련된 네트워크 기능을 강조한다. NF들과 끝점 간의 연결은 논리 링크를 표현하는 점선으로 나타나 있다. 논리 링크는 유무선 인프라스트럭처 네트워크를 지나는 물리 경로의 지원을 받는다.

그림 7.6의 (b)는 그림 7.6 (a)의 물리 구성에 구현할 수 있는 가상 네트워크 서비스 구성의 예를 보여준다. VNF-1은 끝점 A에 대한 네트워크 액세스를 제공하고, VNF-2는 끝점 B에 대한 네트워크 액세스를 제공한다. 이 그림은 또한 VNF들(VNF-2A, VNF-2B, VNF-2C)로 구성된 중첩된 VNF 포워딩 그래프 (VNF-FG-2)를 보여준다. 이 모든 VNF는 인터넷 접속 거점^{PoP, Point Of Presence}이 라고 하는 물리 머신 위에서 VM으로 실행된다. 이 구성은 몇 가지 중요한 점을

설명하고 있다. 첫째, 궁극적으로 VNF-FG-2를 지나는 모든 트래픽이 VNF-1과 VNF-3 사이를 지나가지만 VNF-FG-2은 3개의 VNF로 구성된다. 그 이유는 세 가지 분리된 별개의 네트워크 기능이 처리되기 때문이다. 예를 들어 어떤 트래픽 흐름에 트래픽 정책 처리 또는 셰이핑 기능이 필요하다면 VNF-2C가 처리할 수 있다. 즉, 어떤 트래픽 흐름은 VNF-2C를 통과하게 경로가 정해지고, 다른 흐름은 VNF-2C를 우회하도록 경로가 정해진다.

둘째, VNF-FG-2의 VM 중 2개가 같은 물리 머신에 호스트되고 있다는 점이다. 이 두 VM은 서로 다른 기능을 실행하기 때문에 가상 리소스 수준에서는 구분될 필요가 있지만, 같은 물리 머신에서 동작할 수도 있다. 그러나 꼭 그래야만 하는 것은 아니며, 성능을 고려해 특정 시점에서 네트워크 관리 기능이 VM 중 하나를 다른 물리 머신으로 옮길 수도 있다. 이와 같은 VM 이전은 가상 리소스 수준에서 보이지 않는다.

NFV의 원칙

그림 7.6에서 본 것과 같이 VNF는 종단 간 네트워크 서비스를 생성하기 위한 구성 요소다. 실제 네트워크 서비스를 생성할 때 고려할 세 가지 핵심 NFV 원칙은 다음과 같다.

- **서비스 체이닝(service chaining)** VNF는 모듈 방식이며, 각 VNF 그 자체로는 제한된 기능을 제공한다. 서비스 공급자는 애플리케이션의 특정 트래픽 흐름이 원하는 네트워크 기능을 구현할 수 있도록 VNF들을 통과하는 트래픽의 경로를 설정한다. 이와 같은 기술을 서비스 체이닝이라고 부른다.

- **관리와 오케스트레이션(MANO)** MANO는 VNF 인스턴스의 배포와 수명주기 관리를 포함한다. 그 예로는 VNF 인스턴스 생성, VNF 서비스 체이닝, 모니터링, 재배치, 종료, 과금 등이 있다. MANO는 또한 NFV 인프라스트럭처의 구성 요소들을 관리한다.

- **분산 아키텍처** 하나의 VNF는 하나 이상의 VNF 구성 요소VNFC, VNF Component로 이뤄지며, 각 VNFC는 해당 VNF 기능의 일부를 구현한다. 각 VNFC는 하나 이상의 인스턴스로 배포될 수 있다. 확장성과 다중화 지원

을 위해 각 인스턴스는 분산된 별도의 호스트에 배포될 수도 있다.

상위 수준 NFV 프레임워크

그림 7.7은 ISG NFV가 정의한 NFV 프레임워크를 상위 수준에서 보여준다.
이 프레임워크에서는 네트워크 기능을 VNF 소프트웨어로만 구현한다. 아래에
서 이 프레임워크를 기반으로 NFV 아키텍처의 개요를 설명하며, 더 자세한 설
명은 8장, 'NFV 기능'에서 다룬다.

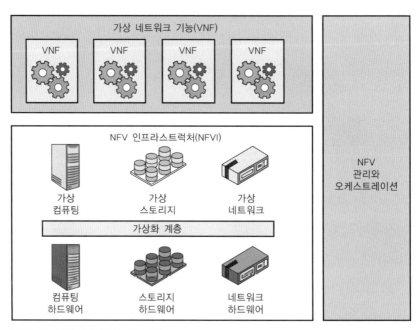

그림 7.7 상위 수준 NFV 프레임워크

NFV 프레임워크는 다음과 같던 3가지 도메인으로 구성된다.

- **가상 네트워크 기능** 소프트웨어로 구현되고 NFVI 위에서 동작하는 VNF
  의 모음

- **NFV 인프라스트럭처(NFVI)** NFV는 네트워크 서비스 환경의 3가지 장비
  유형(컴퓨터 장비, 스토리지 장비, 네트워크 장비)에 대해 가상화 기능을 수행한다.

- **NFV 관리와 오케스트레이션** 인프라스트럭처 가상화를 지원하는 물리 또
  는 소프트웨어 리소스의 오케스트레이션, 수명 주기 관리와 VNF의 수명

주기 관리를 포괄한다. NFV 관리와 오케스트레이션은 NFV 프레임워크에서 필요한 가상화 특유의 모든 관리 작업에 초점을 맞춘다.

ISG NFV 아키텍처 프레임워크 문서에 따르면 VNF의 배포, 운영, 관리, 오케스트레이션 과정에서 VNF들 사이의 관계로 두 가지 유형이 가능하다.

- **VNF 포워딩 그래프(VNF FG)** 예를 들면 웹 서버 계층까지의 경로상에 존재하는 VNF 체인(방화벽, 네트워크 주소 변환기, 부하 분산기 등).
- **VNF 집합** VNF 사이의 네트워크 연결이 지정되지 않은 경우. 예를 들면 웹 서버 풀

7.4 NFV 이점과 요구 조건

앞에서 NFV 개념의 개요를 살펴봤고, 이제 NFV의 핵심 이점과 성공적인 구현을 위한 요구 조건을 알아본다.

NFV의 이점

NFV가 효율적이고 효과적으로 구현된다면 전통적인 네트워크 기술과 비교했을 때 얻는 몇 가지 이점이 있다. 가장 중요한 이점은 아마도 다음과 같은 것들이 될 것이다.

- **설비 투자 비용(CapEx) 감소** 상용 서버와 스위치를 사용하고, 장비를 통합해 규모의 경제를 실현하고, 과도한 프로비저닝의 낭비를 제거하기 위해 증설이 필요한 시점에 비용을 지불하는 모델을 따름으로써 설비 투자 비용을 감소시킨다. 아마도 이것이 NFV로 이끄는 주요 원인일 것이다.
- **운영 비용(OpEx) 감소** 상용 서버와 스위치를 사용하고 장비를 통합해 규모의 경제를 실현하고 네트워크 관리와 제어 비용을 감소시킴으로써 전력 소모와 공간 사용량의 관점에서 운영 비용을 감소시킨다. 설비 투자 비용과 운영 비용의 감소는 NFV의 주요 동인일 것이다.
- **빠르게 혁신하고 서비스를 출시하는 능력** 신규 네트워크 서비스를 내놓기까지 걸리는 시간을 줄여 변화하는 비즈니스 요구 조건을 만족시키고 새로

설비 투자 비용
미래의 이윤을 창출하기 위해 지출된 비용. 설비 투자 비용은 기업이 고정 자산을 구입하거나 유효 수명이 당회계년도를 초과하는 기존 자산의 가치를 늘리기 위해 비용을 지출할 때 발생한다.

운영 비용
장비 운영 및 유지 보수 등 통상적인 기업 영업 활동 중에 지출된 비용

운 시장의 기회를 포착해 신규 서비스의 투자 수익률을 개선한다. 또한 고객의 수요를 가장 잘 만족시키는 서비스를 위해 사업자가 쉽게 시험하고 개선할 수 있으므로, 신규 서비스 출시에 따른 위험이 낮아진다.

- 표준화되고 개방된 인터페이스로 인한 상호 운용성의 확보
- **서로 다른 애플리케이션, 사용자, 테넌트에 대해 단일 플랫폼 적용** 네트워크 사업자는 다양한 서비스와 고객층에 대해 리소스를 공유할 수 있다.
- **민첩성과 유연성 제공** 수요 변화에 따라 신속히 스케일 업/다운할 수 있게 한다.
- **지역 또는 고객군에 기반을 둔 타겟 서비스의 도입 가능성** 필요에 따라 서비스를 신속히 스케일 업/다운 가능하다.
- **광범위한 생태계 조성 및 개방화 촉진** 가상화 장비 시장을 순수 소프트웨어 업체, 소규모 플레이어 및 학계에 개방해 신규 서비스와 수익원의 도입 시 속도는 높이고 위험성은 낮춰 혁신을 고취시킨다.

NFV 요구 조건

위와 같은 이점들을 얻기 위해 NFV는 여러 요구 조건과 기술적 문제를 만족시키도록 설계 및 구현돼야만 한다[ISGN12].

- **이식성/상호 운용성** 나양한 표준 하드웨이 플랫폼에서 서로 다른 제조사의 VNF를 적재하고 실행할 수 있는 능력. VM과 하이퍼바이저가 표현하는 하드웨어로부터 소프트웨어 인스턴스를 명확히 분리하는 단일한 인터페이스를 정의하는 것이 어려운 점이다.
- **성능 절충** NFV 접근법은 산업 표준 하드웨어에 기반을 두고 (즉, 가속 엔진 등 전용 하드웨어 사용을 피하고) 있기 때문에 성능이 감소한다는 점이 고려돼야 한다. 대기 시간, 처리율, 처리 오버헤드를 최소화하기 위해 적절한 하이퍼바이저와 최신 소프트웨어 기술을 활용해 성능 저하를 줄이는 것이 어려운 점이다.
- **기존 장비의 이전과 공존** NFV 아키텍처는 현재의 전용 물리 네트워크 장비 기반 솔루션으로부터 더 개방적인 표준 기반 가상 네트워크 솔루션으

로의 이전 방안을 지원해야 한다. 다시 말하면 NFV는 고전적인 물리 네트워크 장비들과 가상 네트워크 장비들로 이뤄진 하이브리드 네트워크에서 동작해야만 한다. 따라서 가상화 장비는 반드시 관리와 제어를 위한 기존의 노스바운드 인터페이스를 사용하고, 동일 기능을 구현한 물리 장비와 연동할 수 있어야 한다.

- **관리와 오케스트레이션** 일관된 관리와 오케스트레이션 아키텍처가 필요하다. 개방된 표준 인프라스트럭처에서 동작하는 소프트웨어 네트워크 장비의 유연성을 통해 NFV의 관리와 오케스트레이션 노스바운드 인터페이스는 잘 정의된 표준 및 추상화 규격을 빠르게 따라갈 수 있다.

- **자동화** NFV는 모든 기능이 자동화돼야만 스케일 가능할 것이다. 프로세스 자동화야말로 성공에 가장 중요한 요소다.

- **보안성과 회복성** VNF를 도입했을 때 네트워크의 보안성, 회복성, 가용성이 더 나빠져서는 안 된다.

- **네트워크 안정성** 여러 하드웨어 제조사들과 하이퍼바이저들로 이뤄진 다수의 가상 장비를 관리하고 오케스트레이션할 때 네트워크의 안정성이 영향을 받아서는 안 된다. 이와 같은 점은 예를 들어 가상 장비의 이동이나 재구성 이벤트(하드웨어나 소프트웨어의 장애 등), 또는 사이버 공격의 경우 특히 중요하다.

- **단순성** 가상화 네트워크 플랫폼을 운영하는 것이 현재보다 단순해야 한다. 중요한 기존 수익 창출 서비스를 계속 지원하면서도 지난 수십년 간 네트워크 기술의 발전과 함께 진화해온 복잡한 네트워크 플랫폼과 지원 시스템을 단순화하는 것은 네트워크 사업자의 중요한 관심 사항이다.

- **통합** 네트워크 사업자는 과도한 통합 비용과 종속성 문제없이 서로 다른 제조사의 서버와 하이퍼바이저, 가상 장비들을 조합해 사용할 수 있어야 한다. 생태계는 통합 서비스, 유지 관리, 제3자 지원을 제공하고, 여러 당사자 간의 통합 이슈를 해결할 수 있어야 한다. 또한 생태계는 새로운 NFV 제품을 검증할 메커니즘을 필요로 할 것이다.

7.5 NFV 참조 아키텍처

그림 7.7은 NFV 프레임워크에 대한 상위 수준의 개요를 보여준다. 그림 7.8은 ISG NFV 레퍼런스 아키텍처 프레임워크를 좀 더 상세히 설명한다. 이 아키텍처는 4개의 큰 블록으로 구성돼 있다.

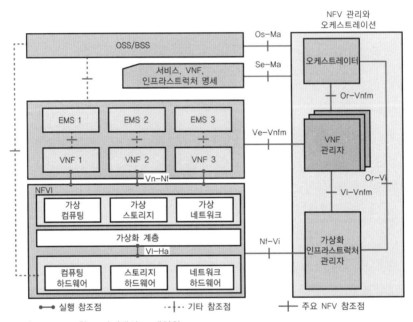

그림 7.8 NFV 참조 아키텍처 프레임워크

- **NFV 인프라스트럭처(NFVI)** VNF가 설치될 환경을 꾸미는 하드웨어와 소프트웨어 리소스들로 구성된다. NFVI는 물리 컴퓨팅, 스토리지, 네트워크를 가상화해 리소스 풀을 구성한다.

- **VNF/EMS** VNF를 관리하는 구성 요소 관리 시스템EMS, Element Management System과 함께 가상 컴퓨팅, 스토리지, 네트워크 리소스 위에서 실행될 소프트웨어 VNF들의 모음

- **NFV 관리와 오케스트레이션(NFV-MANO)** NFV 환경의 모든 리소스를 관리하고 오케스트레이션하는 프레임워크. 컴퓨팅, 네트워크, 스토리지, VM 리소스를 포함한다.

- **OSS/BSS** VNF 서비스 제공자가 구현하는 운용 지원 시스템과 업무 지원 시스템

아키텍처를 3계층으로 보는 관점도 유용하다. NFVI와 가상화 인프라스트럭처 관리자 계층은 가상 리소스 환경과 기반 물리 리소스를 제공하고 관리한다. VNF 계층은 소프트웨어로 구현된 네트워크 기능과 구성 요소 관리 시스템, 하나 이상의 VNF 관리자를 제공한다. 마지막으로 관리, 오케스트레이션 및 제어 계층은 OSS/BSS와 NFV 오케스트레이터로 구성된다.

NFV 관리와 오케스트레이션

NFV 관리와 오케스트레이션은 다음과 같은 기능 블록들을 포함한다.

- **NFV 오케스트레이터** 신규 네트워크 서비스[NS]와 가상 네트워크 기능[VNF] 패키지의 설치와 구성, NS 수명 주기 관리, 전역 리소스 관리, NFVI 리소스 요청의 검증과 인증을 책임진다.
- **VNF 관리자** VNF 인스턴스의 수명 주기 관리를 감독한다.
- **가상화 인프라스트럭처 관리자** VNF 가상화뿐 아니라, VNF와 컴퓨팅, 스토리지, 네트워크 리소스 사이의 상호 작용을 제어하고 관리한다.

참조점

그림 7.8은 또한 기능 블록 간의 인터페이스를 구성하는 참조점들을 정의한다. 실선으로 표시된 주요 참조점과 실행 참조점은 NFV 범위에 포함되며, 표준화 대상이 될 가능성도 있다. 파선 참조점은 현재 구성에 존재하지만, 향후 네트워크 기능 가상화를 위해 확장이 필요할 수도 있다. 점선은 현재 NFV의 초점이 아니다.

주요 참조점들에 대한 고려 사항은 다음과 같다.

- **Vi-Ha** 물리 하드웨어의 인터페이스를 나타낸다. 잘 정의된 인터페이스 규격을 통해 운영자는 물리적 리소스를 여러 용도로 공유하고, 리소스를 다른 목적으로 재할당하며, 소프트웨어와 하드웨어를 독립적으로 발전시키고, 소프트웨어와 하드웨어 구성 요소를 다양한 제조사에서 얻을 수 있다.

- **Vn-Nf** 이 인터페이스는 VNF가 가상 인프라스트럭처에서 실행될 때 사용하는 API다. 기존의 네트워크 기능을 전환하거나 새로운 VNF를 개발하는 애플리케이션 개발자는 기능적인 측면은 물론, 성능, 신뢰성, 확장성 요구 조건을 명시할 수 있는 일관된 인터페이스가 필요하다.

- **Nf-Vi** NFVI와 가상화 인프라스트럭처 관리자^{VIM} 사이의 인터페이스를 나타낸다. 이 인터페이스는 NFVI가 VIM에 제공하는 기능의 명세를 담당한다. VIM은 모든 NFVI 가상 리소스의 할낭, 시스템 이봉뉼 모니터링, 장애 관리를 관리할 수 있어야 한다.

- **Or-Vnfm** 이 참조점은 VNF 관리자에게 설정 정보를 전달하고, 네트워크 서비스 수명 주기 관리를 위해 필요한 VNF 상태 정보를 수집하기 위해 사용된다.

- **Vi-Vnfm** VNF 관리자의 리소스 할당 요청과 리소스 설정 및 상태 정보의 교환에 사용된다.

- **Or-Vi** NFV 오케스트레이터의 리소스 할당 요청과 리소스 설정 및 상태 정보의 교환에 사용된다.

- **Os-Ma** 오케스트레이터와 OSS/BSS 시스템 간의 상호 작용에 사용된다.

- **Ve-Vnfm** VNF 수명 주기 관리의 요청과 설정 및 상태 정보의 교환에 사용된다.

- **Se-Ma** 오케스트레이터와 VNF 배치 템플릿, VNF 포워딩 그래프, 서비스 관련 정보, NFV 인프라스트럭처 정보 모델에 대한 정보를 제공하는 데이터 집합 간의 인터페이스다.

구현

SDN과 마찬가지로 NFV가 성공하려면 적절한 인터페이스 참조점의 표준 규격과 흔히 사용되는 기능들을 구현한 오픈소스 소프트웨어가 필요하다. 지난 수년간 ISG NFV는 다양한 NFV 인터페이스와 구성 요소의 표준 규격을 작성하고 있다. 2014년 9월, 리눅스 재단은 OPNFV^{Open Platform for NFV} 프로젝트를 발표했다. OPNFV는 새로운 제품과 서비스를 빠르게 도입할 수 있는 캐리어급 통합 플랫폼을 목표로 한다. OPNFV의 주요 목표는 다음과 같다.

- 핵심 NFV 기능의 연구와 실증에 사용할 수 있는 검증된 통합 오픈소스 플랫폼을 개발한다.
- OPNFV 릴리스가 참여 사업자의 필요를 만족시키는지 검증할 수 있게 선두 실수요업체의 적극적인 참여를 확보한다.
- OPNFV 참조 플랫폼에 포함될 관련 오픈소스 프로젝트에 영향을 미치고 기여한다.
- 개방형 표준과 오픈소스 소프트웨어에 기반을 둔 NFV 솔루션의 개방형 생태계를 구축한다.
- 불필요하고 값비싼 수고를 반복하지 않게 우선적인 개방형 참조 플랫폼으로 OPNFV를 홍보한다.

Open Platform for NFV
(OPNFV)

OPNFV와 ISG NFV는 독립적인 단체들이지만, ISG NFV가 정의한 표준 환경을 OPNFV의 구현체가 준수하도록 두 단체가 밀접하게 협력할 가능성이 높다.

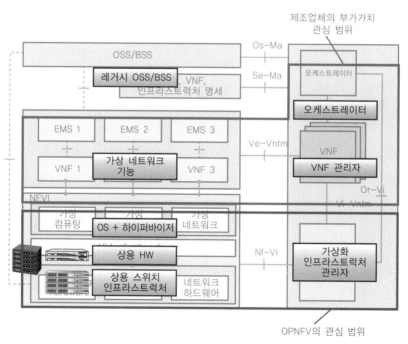

그림 7.9 NFV 구현체

OPNFV의 초기 범위는 NFVI 및 VIM의 구축과, VNF와 MANO에 필수적인 기본 인프라스트럭처를 구성할 다른 NFV 요소와의 API 구현을 포함한다. 그림 7.9에 NFVI와 VIM으로 구성된 OPNFV의 초기 범위가 강조돼 있다. OPNFV 플랫폼을 공통 기반으로, 제조업체들이 VNF 소프트웨어 패키지와 VNF 관리자, 오케스트레이터를 개발해 가치를 더할 수 있을 것이다.

7.6 핵심 용어

7장을 통해 다음과 같은 용어를 배웠다.

업무지원 시스템(BSS)	설비 투자 비용(CapEx)	상용 제품(COTS)
통합 비율	하드웨어 가상화	하이퍼바이저
하이퍼바이저 도메인	인프라스트럭처 기반 가상 네트워크	
L2 가상 네트워크	네트워크 기능 가상화(NFV)	
NFV 개방형 플랫폼(OPNFV)	운영 비용(OpEx)	인터넷 접속 거점(PoP)
스케일 다운	스케일 인	타입 1 하이퍼바이저
타입 2 하이퍼바이저	가상 머신(VM)	가상 머신 모니터(VMM)

7.7 참고 문헌

ISGN12 ISG NFV. Network Functions Virtualization: An Introduction, Benefits, Enablers, Challenges & Call for Action. ISG NFV White Paper, October 2012.

Chapter | 8

NFV 기능

세상은 저렴하고 복잡하며 신뢰성이 뛰어난 기기의 시대에 이르렀다. 이제 뭔가 대단한 것이 나올 것이다.

> – '우리가 생각하는 대로(As We May Think)',
> 버니바 부시(Vannevar Bush),
> 더 애틀란틱(The Atlantic), 1945년 7월호

8장에서 다루는 내용

8장을 읽고 나면 다음과 같은 것을 할 수 있다.

- NFV 인프라스트럭처의 구성 요소들과 그들 간의 상호관계를 설명할 수 있다.
- 가상 네트워크 기능의 주요 설계 이슈를 이해할 수 있다.
- NFV 관리와 오케스트레이션의 목적과 운영에 대해 설명할 수 있다.
- 중요한 NFV 사용 사례들의 개요를 제시할 수 있다.
- SDN과 NFV의 관계를 설명할 수 있다.

8장에서는 네트워크 기능 가상화[NFV]에 대한 설명을 마무리한다.

8.1 NFV 인프라스트럭처(NFVI)

NFV 아키텍처의 핵심은 NFV 인프라스트럭처[NFVI]라고 하는 리소스와 기능들의 모음이다. NFVI는 그림 8.1에 표현된 것처럼 다음 목록의 3가지 도메인을 포괄한다.

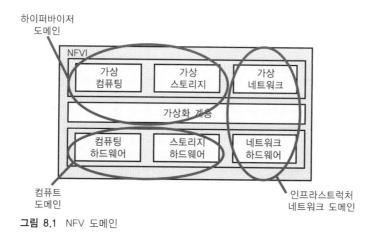

그림 8.1 NFV 도메인

- **컴퓨트 도메인** 상용 제품[COTS] 서버와 스토리지를 제공한다.

- **하이퍼바이저 도메인** 컴퓨트 도메인의 리소스를 소프트웨어 장비의 VM에 중재해 하드웨어 추상화 기능을 제공한다.

- **인프라스트럭처 네트워크 도메인(IND)** 인프라스트럭처 네트워크 서비스를 구성하는 네트워크에 연결된 모든 일반적인 양산 스위치들로 이뤄진다.

컨테이너 인터페이스

NFVI를 설명하기 전에 ISG NFV 문서에 사용된 컨테이너 인터페이스의 개념을 명확히 할 필요가 있다. ETSI 문서에서는 컨테이너라는 용어를 컨테이너 가상화와 다른 의미로 사용한다. NFV 인프라스트럭처 문서에는 컨테이너 인터페이스를 VM의 대체 기술인 컨테이너 가상화의 컨테이너와 혼동하지 말라고 기술돼 있다. 또한 NFV 인프라스트럭처 문서에 어떤 VNF는 하이퍼바이저 가상화용으로 설계되고, 또 어떤 VNF는 컨테이너 가상화용으로 설계될 수 있다고 나와 있다. 이와 같은 맥락에서 컨테이너 인터페이스의 개념에 대해 살펴보자.

ETSI 문서는 기능 블록 인터페이스와 컨테이너 인터페이스를 다음과 같이 구분하고 있다.

- **기능 블록 인터페이스** 개별 기능을 실행하는 두 개의 소프트웨어 블록 사이의 인터페이스. 이 인터페이스는 두 블록 간의 통신을 가능하게 한다. 두 개의 기능 블록은 동일한 물리 호스트에 위치할 수도, 그렇지 않을 수도 있다.

- **컨테이너 인터페이스** 기능 블록이 실행되는 호스트 시스템의 실행 환경. 기능 블록은 컨테이너 인터페이스를 제공하는 컨테이너와 동일한 물리 호스트에 존재한다.

NFV 아키텍처의 VM과 VNF, 기능 블록들의 상호 작용을 설명할 때 모든 가상 기능들이 실제 물리 호스트에서 실행돼야 한다는 사실을 잊기 쉽기 때문에 컨테이너 인터페이스의 개념이 중요하다.

그림 8.2는 컨테이너 인터페이스와 기능 블록 인터페이스를 NFVI 도메인 구조와 연관 지어 보여준다.

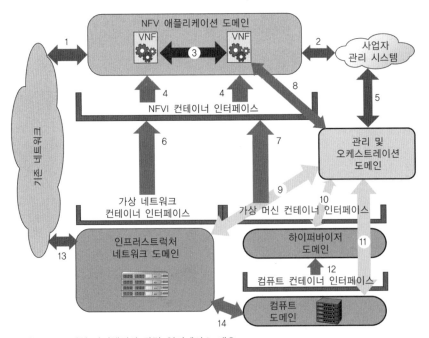

그림 8.2 도메인 아키텍처와 관련 인터페이스 개요

ETSI NFVI 아키텍처 개요 문서는 이 그림에 대해 다음과 같은 내용을 강조했다.

- VNF 아키텍처는 VNF를 호스트하는 아키텍처(즉, NFVI)와 분리돼 있다.
- VNF 아키텍처는 NFVI를 비롯한 몇 개의 도메인으로 나눠질 수 있다.
- 현재의 기술 및 산업 구조를 감안하면 컴퓨트(와 스토리지), 하이퍼바이저, 인프라스트럭처 네트워킹은 분리된 도메인으로 볼 수 있으며, 각각 NFVI 내에서 별도의 도메인으로 유지 관리된다.
- 관리와 오케스트레이션은 독자적인 도메인으로 정의되기 충분할 만큼 NFVI와 뚜렷하게 구분된다. 하지만 관리와 오케스트레이션 간의 경계는 종종 엄밀하지 않게 정의돼 있어서 구성 요소 관리[EM]와 같은 기능은 겹치는 영역에 존재한다.
- VNF 도메인과 NFVI 간의 인터페이스는 기능 블록 인터페이스가 아니라 컨테이너 인터페이스다.
- 관리 및 오케스트레이션 기능은 NFVI에서 VM으로 호스팅될 수 있고, 따라서 컨테이너 인터페이스에 올라갈 수 있다.

그림 8.2는 NFV 배치에 대한 통찰을 제시한다. 사용자의 관점에서 VNF들이 연결된 네트워크는 물리 수준 및 저수준의 논리적 세부 정보가 보이지 않는 가상 네트워크다. 그러나 VNF들과 그들 간의 논리적 링크는 NFVI 컨테이너에서 호스트되며, NFVI 컨테이너는 결국 물리적 호스트에서 실행되는 VM과 VM 컨테이너에서 호스트된다. 따라서 VNF 아키텍처를 3계층(물리 리소스, 가상화, 애플리케이션) 구조로 본다면 세 계층 모두 단일 물리 호스트 위에 존재한다. 물론 네트워크 기능들이 복수의 컴퓨터와 스위치 호스트에 분산될 수는 있지만, 모든 애플리케이션 소프트웨어는 궁극적으로 가상화 소프트웨어와 동일한 물리 호스트에서 실행된다. 이와 같은 점은 데이터 평면 기능과 제어 평면 기능이 별개의 물리 호스트에 존재하는 소프트웨어 정의 네트워크[SDN]와 대조적이다. 애플리케이션 평면의 SDN 기능은 제어 평면 기능과 같은 호스트에서 실행될 수도, 원격지의 다른 호스트에서 실행될 수도 있다.

표 8.1은 그림 8.2에서 번호가 붙은 인터페이스를 설명한다. 표에서 두 번째

열의 숫자들은 그림의 화살표 번호에 해당한다. 인터페이스 4, 6, 7, 12는 컨테이너 인터페이스이므로, 인터페이스 양쪽의 구성 요소들은 동일한 호스트에서 실행된다. 인터페이스 3, 8, 9, 10, 11, 14는 기능 블록 인터페이스이며, 대부분의 경우 인터페이스 양쪽의 기능 블록들은 다른 호스트에서 실행된다. 하지만 관리와 오케스트레이션 소프트웨어가 다른 NFVI 구성 요소와 같은 시스템에서 호스트되는 경우도 있을 수 있다. 그림 8.2는 또한 인터페이스 1, 2, 5, 13이 NFV로 구현되지 않은 기존 네트워크로 연결되는 것을 보여준다. ETSI NFV 문서들은 시간이 흐르면 NFV가 기업 시장에 도입될 것으로 예측하고 있으므로, NFV가 적용되지 않은 네트워크와의 연동이 필요하다.

표 8.1 도메인 아키텍처의 도메인 간 인터페이스

인터페이스 유형	#	설명
NFVI 컨테이너 인터페이스	4	VNF를 호스트하기 위해 인프라스트럭처가 제공하는 주 인터페이스. 애플리케이션은 분산될 수 있으며, 인프라스트럭처는 애플리케이션의 분산 구성 요소들을 연결하는 가상의 연결을 제공한다.
VNF 연결 인터페이스	3	VNF간 인터페이스. 이 인터페이스의 규격은 인프라스트럭처가 제공하는 기능 블록 간 연결 서비스를 포함하지 않는다.
VNF 관리와 오케스트레이션 인터페이스	8	VNF가 인프라스트럭처의 여러 리소스를 요청하는 인터페이스(예를 들면 새로운 인프라스트럭처 연결 서비스를 요청하거나, 컴퓨트 리소스를 더 할당하거나, 애플리케이션의 다른 VM 구성 요소를 활성화/비활성화 시키는 등)
인프라스트럭처 컨테이너 인터페이스	6	가상 네트워크 컨테이너 인터페이스: 인프라스트럭처가 제공하는 연결 서비스의 인터페이스. 이 컨테이너 인터페이스는 NFV 애플리케이션들에게 인프라스트럭처가 연결 서비스의 인스턴스로 보이게 한다.
	7	가상 머신 컨테이너 인터페이스: VNF VM이 실행되는 주 호스팅 인터페이스
	12	컴퓨트 컨테이너 인터페이스: 하이퍼바이저가 실행되는 주 호스팅 인터페이스
인프라스트럭처 연결 인터페이스	9	인프라스트럭처 네트워크 도메인의 관리와 오케스트레이션 인터페이스
	10	하이퍼바이저 도메인의 관리와 오케스트레이션 인터페이스
	11	컴퓨트 도메인의 관리와 오케스트레이션 인터페이스
	14	컴퓨트 장비와 인프라스트럭처 네트워크 장비간의 네트워크 연결

(이어짐)

인터페이스 유형	#	설명
레거시 연결 인터페이스	1	VNF와 기존 네트워크 간의 인터페이스. 인프라스트럭처가 제공하는 모든 프로토콜은 VNF에 보이지 않기 때문에 이 인터페이스는 상위 계층의 프로토콜일 뿐이다.
	2	기존 관리 시스템의 VNF 관리
	5	기존 관리 시스템의 NFV 인프라스트럭처 관리
	13	인프라스트럭처 네트워크와 기존 네트워크 간의 인터페이스. VNF가 제공하는 모든 프로토콜은 인프라스트럭처에 보이지 않기 때문에 이 인터페이스는 하위 계층의 프로토콜일 뿐이다.

NFVI 컨테이너의 배치

하나의 컴퓨트 또는 네트워크 호스트는 복수의 가상 머신^{VM}을 호스트할 수 있으며, 각 VM은 하나의 VNF를 호스트한다. VM이 호스트하는 하나의 VNF를 VNF 구성 요소$^{VNFC, VNF Component}$라고 한다. 네트워크 기능을 하나의 VNFC로 가상화할 수도 있고, 복수의 VNFC를 조합해 하나의 VNF로 만들 수도 있다. 그림 8.3의 (a)는 단일 컴퓨트 노드 위에서 VNFC들의 구성을 보여준다. 컴퓨트 컨테이너 인터페이스는 하이퍼바이저를 호스트하고, 하이퍼바이저는 각각 VNFC를 호스팅하는 복수의 VM을 호스트할 수 있다.

VNF가 복수의 VNFC로 구성될 때 모든 VNFC가 같은 호스트에서 실행될 필요는 없다. 그림 8.3의 (b)에서 보는 것처럼 VNFC는 (인프라스트럭처 네트워크 도메인을 구성한 네트워크 호스트들이 연결하는) 복수의 컴퓨트 노드에 분산될 수 있다.

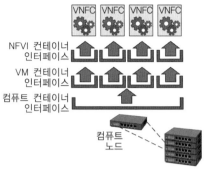

(a) 복수의 VNFC를 지원하는 단일 컴퓨트 플랫폼

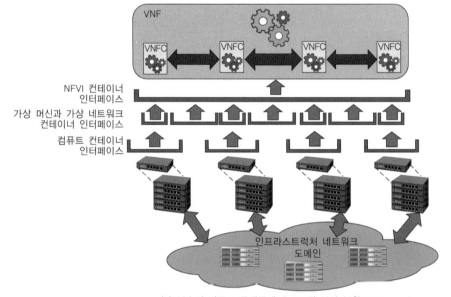

(b) 복수의 컴퓨트 플랫폼에 호스트된 분산 복합 VNF

그림 8.3 NFVI 컨테이너의 배치

NFVI 도메인의 논리적 구조

ISG NFV 표준 문서는 NFVI 도메인과 상호 간 연결의 논리적 구조를 제시하고
있다. 이 아키텍처를 구성하는 요소들의 실제 상세 구현은 오픈소스와 제조업
체의 구현 시도들을 통해서 발전할 것이다. 그림 8.4에 보여주는 것과 같이
NFVI 도메인의 논리적 구조는 개발을 위한 프레임워크를 제공하고, 주요 구성
요소들 간의 인터페이스를 식별한다.

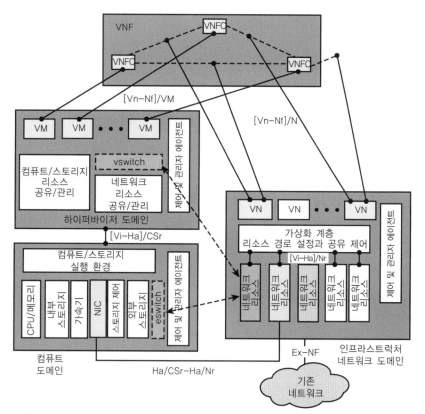

그림 8.4 NFVI 도메인의 논리적 구조

컴퓨트 도메인

일반적인 컴퓨트 도메인의 주요 구성 요소는 다음과 같다.

- **CPU/메모리** VNFC의 코드를 실행하는 COTS 프로세서와 주 메모리

- **내부 스토리지** 플래시 메모리 등 프로세서와 동일한 물리 구조에 패키징된 비휘발성 스토리지

- **가속기** 보안, 네트워크, 패킷 처리 등의 가속화 기능 제공

- **외부 스토리지와 스토리지 컨트롤러** 2차 메모리 장치 액세스 제공

- **네트워크 인터페이스 카드(NIC)** 그림 8.2의 인터페이스 14에 해당하는 인프라스트럭처 네트워크 도메인과의 물리적 연결(Ha/CSr-Ha/Nr)을 제공

- **제어 및 관리자 에이전트** 가상화 인프라스트럭처 관리자[VIM]에 연결. VIM에 대해서는 7장, '네트워크 기능 가상화: 개념과 구조'의 그림 7.8을 참고한다.

네트워크 인터페이스 카드

컴퓨터에 설치돼 물리적 네트워크 접속 기능을 제공하는 어댑터 회로 기판

- **Eswitch** 서버 임베디드 스위치. 다음 절에서 설명할 eswitch 기능은 컴퓨트 도메인에서 구현된다. 하지만 기능적으로는 인프라스트럭처 네트워크 도메인의 핵심적인 부분을 담당한다.
- **컴퓨트/스토리지 실행 환경** 서버 또는 스토리지 장치가 하이퍼바이저 소프트웨어에게 제공하는 실행 환경([VI-Ha]/CSr, 그림 8.2의 인터페이스 12)

Eswitch

Eswitch의 기능을 이해하기 위해 먼저 VNF는 대략적으로 두 가지 종류의 서로 다른 작업을 처리한다는 점에 유의한다.

- **제어 평면 작업** BGP 등 신호와 제어 평면 프로토콜에 연관된다. 일반적으로 이 작업은 I/O보다 프로세서 집약적이며, I/O 시스템에 큰 부담을 주지 않는다.
- **데이터 평면 작업** 네트워크 트래픽 페이로드의 라우팅, 스위칭, 중계 및 처리에 연관된다. 이 작업은 높은 I/O 처리율을 요구한다.

NFV 가상화 환경에서 모든 VNF 네트워크 트래픽은 가상화된 VNF 소프트웨어와 호스트 네트워크 하드웨어 사이의 소프트웨어 계층인 하이퍼바이저 도메인의 가상 스위치를 통과한다. 이 과정은 심각한 성능 저하를 초래할 수 있다. Eswitch의 목적은 가상화 소프트웨어를 우회해 VNF가 NIC를 직접 메모리 액세스^{DMA, Direct Memory Access}할 수 있는 경로를 제공한다. Eswitch는 아무 프로세서 오버헤드 없이 패킷 처리를 가속하는 기술이다.

컴퓨트 도메인 노드를 사용한 NFVI 구현

그림 8.3에 표현된 것처럼, VNF는 논리적으로 연결된 하나 이상의 VNFC로 구성된다. VNFC는 하이퍼바이저 도메인 컨테이너 위에서 소프트웨어 형태로 실행되고, 하이퍼바이저 도메인 컨테이너는 컴퓨트 도메인의 하드웨어 위에서 실행된다. 가상 링크와 네트워크는 인프라스트럭처 네트워크 도메인을 통해 정의돼 있지만, 네트워크 기능의 실제 VNF 구현은 컴퓨트 도메인 노드들 위에서 소프트웨어로 이뤄진다. 인프라스트럭처 네트워크 도메인은 컴퓨트 도메인과 인터페이스하며, 하이퍼바이저 도메인 또는 VNF와 직접 연결되지 않는다. 이

내용도 그림 8.3에 표현돼 있다.

더 설명하기 전에 ISG NFV 문서에서 종종 사용되는 노드^{node}라는 용어를
먼저 정의할 필요가 있다. ISG NFV 문서에서 NFVI-node는 VNF 실행 환경을
지원하기 위해 필요한 NFVI 기능을 제공하는 단일 개체로 배치 및 관리되는
물리 장치의 모음으로 정의되고 있다. NFVI 노드는 컴퓨트 도메인에 존재하며,
다음과 같은 컴퓨트 도메인 노드들을 포괄한다.

- **컴퓨트 노드** 일반적인 (각 명령어가 원자성과 결정성을 갖는) 컴퓨터 명령어 집합
  을 상태에 무관하게 수십 나노초 단위의 사이클 시간 만에 실행할 수 있는
  기능 개체. 현실적으로 말하면 이것은 메모리 액세스 시간의 관점으로 정
  의한 컴퓨트 노드다. 분산 시스템의 경우에는 원격 메모리에 저장된 상태
  정보에 액세스하는 시간 때문이 이와 같은 요구 조건을 만족시킬 수 없다.

- **게이트웨이 노드** NFVI 노드 내부에서 게이트웨이 기능을 구현하는 식별
  과 관리가 가능하고 주소를 부여할 수 있는 하나의 구성 요소. 게이트웨이
  기능은 NFVI-PoP와 전송 네트워크 사이의 연결을 제공한다. 또한 게이트
  웨이 기능은 가상 네트워크를 기존 네트워크 구성 요소들과 연결한다. 게
  이트웨이는 헤더를 추가하거나 삭제하는 등 서로 다른 네트워크 사이를
  오가는 패킷을 처리할 수도 있다. 게이트웨이는 IP와 데이터 링크 계층을
  처리하는 전송 수준 또는 애플리케이션 수준에서 동작할 수 있다.

- **스토리지 노드** 컴퓨트, 스토리지, 네트워크 기능을 활용해 NFVI 노드 내
  부에서 스토리지 리소스를 제공하는 식별과 관리가 가능하고 주소를 부여
  할 수 있는 하나의 구성 요소. 스토리지를 물리적으로 구현하는 방법은
  매우 다양하다. 예를 들면 컴퓨트 노드 내부의 구성 요소로 구현할 수 있
  다. 또 다른 방법으로 스토리지 노드를 컴퓨트 노드로부터 독립된 NFVI
  노드 내부의 물리 노드로 구현할 수도 있다. 그와 같은 스토리지 노드의
  예로 네트워크 파일 시스템^{NFS, Network File System}과 파이버 채널 등의 원격
  스토리지 기술로 액세스할 수 있는 물리적 장치가 있다.

- **네트워크 노드** 컴퓨트, 스토리지, 네트워크 포워딩 기능을 활용해 NFVI
  노드 내부에서 네트워크(스위칭/라우팅) 리소스를 제공하는 식별과 관리가 가
  능하고 주소를 부여할 수 있는 하나의 구성 요소

NFVI 노드의 컴퓨트 도메인은 종종 여러 개의 연결된 물리 장치로 구성되기도 한다. 물리 컴퓨트 도메인 노드는 멀티코어 프로세서, 메모리 서브시스템, NIC등의 물리 리소스를 포함한다. 이와 같은 노드들을 연결해 각각의 NFVI 노드와 NFVI-PoP^{NFVI Point of Presence}를 구성한다. NFV 사업자는 분산된 위치에 다수의 NFVI-PoP를 운영해 여러 사용자에게 서비스를 제공하고, 각 사용자는 다양한 NFVI-PoP 위치의 컴퓨트 도메인 노드 위에 자신의 VNF 소프트웨어를 구현할 수 있다.

표 8.2는 ISG NFV 컴퓨트 도메인 문서에 제시된 일부 배치 시나리오를 보여준다.

- **단일 운영자** 단일 조직이 하드웨어 장비를 소유 및 보관하며, VNF와 하이퍼바이저를 배치하고 운영한다. 이 배치 모델의 예로는 사설 클라우드와 데이터 센터가 있다.

- **가상 네트워크 운영자를 호스팅하는 네트워크 운영자** 단일 운영자 시나리오를 기반으로 동일 시설 내에 다른 가상 네트워크 운영자들을 호스팅하는 모델을 추가한다. 이 배치 모델의 예로는 하이브리드 클라우드가 있다.

- **호스팅 받는 단일 네트워크 운영자** IT 서비스 조직(예를 들면 HP, Fujitsu 등)이 운영하는 컴퓨트 하드웨어, 인프라스트럭처 네트워크, 하이퍼바이저 위에 별도의 네트워크 운영자(예를 들면 BT, Verizon등)가 VNF를 운영한다. 이 시설에 대한 물리적 보안은 IT 서비스 조직이 제공한다.

- **호스팅 받는 복수 통신 사업자** 호스팅 받는 단일 네트워크 운영자 시나리오와 유사하지만, 이번에는 복수의 통신 사업자가 호스팅 받는다. 이 배치 모델의 예로는 커뮤니티 클라우드가 있다.

- **호스팅 받는 복수의 통신 및 애플리케이션 사업자** 위의 시나리오와 유사하지만, 추가로 데이터 센터 시설의 서버가 가상화 애플리케이션을 배치하기 위해 공용으로 제공된다. 이 배치 모델의 예로는 공용 클라우드가 있다.

- **고객 구내 네트워크 관리 서비스** 단일 운영자 시나리오와 유사하지만 이 경우 NFV 공급자의 장비가 고객 구내에 보관된다. 이 모델의 한 예로는 가정 또는 기업에 위치한 원격 관리 게이트웨이가 있다. 또 다른 예로는 방화벽이나 VPN 게이트웨이 등 원격에서 관리되는 네트워크 장비를 들 수 있다.

- **고객 장비 네트워크 관리 서비스** 단일 운영자 시나리오와 유사하지만 이 경우 고객 구내의 고객 장비를 사용한다. 이 시나리오를 기업 네트워크 관리에 적용할 수 있다. 사설 클라우드 역시 이와 같은 형태로 배치 가능하다.

표 8.2 몇 가지 현실적 배치 시나리오

배치 시나리오	건물	호스트 하드웨어	하이퍼바이저	게스트 VNF
단일 운영자	N	N	N	N
가상 네트워크 운영자를 호스팅하는 네트워크 운영자	N	N	N	N, N1, N2
호스팅 받는 단일 네트워크 운영자	H	H	H	N
호스팅 받는 복수 통신 사업자	H	H	H	N1, N2, N3
호스팅 받는 복수의 통신 및 애플리케이션 사업자	H	H	H	N1, N2, N3, P
고객 구내 네트워크 관리 서비스	C	N	N	N
고객 장비 네트워크 관리 서비스	C	C	N	N

> **노트**
>
> 각 글자는 회사나 조직을 나타내며, 각기 다른 역할을 표시한다(H = 호스팅 제공자, N = 네트워크 운영자, P = 공용, C = 고객). N1, N2 등 네트워크 운영자에 붙은 숫자는 복수의 호스팅 받는 네트워크 운영자를 나타낸다.

앞에서 언급된 네 가지 클라우드 유형의 정의에 대해서는 미국표준기술연구소NIST, National Institute of Standards and Technology의 클라우드 컴퓨팅 모델에 대한 설명을 참조한다.

→ 13장. '클라우드 컴퓨팅' 참조

하이퍼바이저 도메인

하이퍼바이저 도메인은 하드웨어를 추상화하고 VM 시작 및 종료, 정책 적용, 스케일링, 실시간 마이그레이션, 고가용성 등의 서비스를 구현하는 소프트웨어 환경이다. 하이퍼바이저 도메인의 주요 구성 요소는 다음과 같다.

- **컴퓨트/스토리지 리소스 공유/관리** 컴퓨트/스토리지 리소스를 관리하고

VM에 가상화된 자원의 액세스를 제공한다.

- **네트워크 리소스 공유/관리** 네트워크 리소스를 관리하고 VM에 가상화된 자원의 액세스를 제공한다.

- **가상 머신 관리 및 API** 단일 VNFC 인스턴스의 실행 환경을 제공한다 ([Vn-Nf]/VM, 그림 8.2의 인터페이스 7).

- **제어 및 관리자 에이전트** 가상화 인프라스트럭처 관리자^{VIM}에 연결한다(그림 7.8 참조).

- **Vswitch** 바로 아래에서 설명할 vswitch 기능은 하이퍼바이저 도메인에서 구현된다. 하지만 기능적으로 vswitch는 인프라스트럭처 네트워크 도메인의 핵심적인 부분이다.

Vswitch는 하이퍼바이저가 구현하는 이더넷 스위치다. Vswitch는 VM들의 가상 NIC을 서로 연결하거나 다른 컴퓨트 노드의 NIC과 연결한다. 두 VNF가 같은 물리 서버에 위치한다면 하나의 vswitch를 통해 연결된다. 두 VNF가 다른 물리 서버에 있다면 첫 번째 vswitch를 지나 NIC을 거쳐 외부의 스위치로 연결된다. 외부 스위치는 목적지 서버의 NIC으로 연결한다. 마지막으로 이 NIC이 목적지 서버 내부의 vswitch를 거쳐 목적지 VNF로 연결한다.

인프라스트럭처 네트워크 도메인

인프라스트럭처 네트워크 도메인^{IND}이 수행하는 역할들은 다음과 같다.

- 분산된 VNF의 VNFC 간 통신 채널 제공
- 서로 다른 VNF간 통신 채널 제공
- VNF와 관리 및 오케스트레이션 사이 통신 채널 제공
- NFVI 구성 요소와 관리 및 오케스트레이션 사이 통신 채널 제공
- VNFC 원격 설치 수단 제공
- 기존 통신사 네트워크와 연결 수단 제공

그림 8.2는 IND의 주요 참조점을 보여준다. 앞에서 언급한 것처럼 Ha/CSr-Ha/Nr은 컴퓨트 도메인의 NIC을 인프라스트럭처 네트워크 도메인의 네트워크

리소스와 연결하는 IND와 컴퓨트 도메인의 서버/스토리지 사이 인터페이스를 정의한다. Ex-Nf는 기존의 비가상화 네트워크와의 연결을 위한 참조점이다(그림 8.2의 인터페이스 13). [VI-HA]/Nr 참조점은 IND의 하드웨어 네트워크 리소스와 가상화 계층 간의 인터페이스다. 가상화 계층은 가상 네트워크 개체를 위한 컨테이너 인터페이스를 제공한다. [Vn-Nf]/N 참조점(그림 8.2의 인터페이스 7)은 VNFC 인스턴스 간 통신을 위한 가상 네트워크VN, Virtual Network 컨테이너 인터페이스(링크 또는 LAN)다. 하나의 VN으로 하나 이상의 VNFC 인스턴스 연결(LAN 등)을 지원할 수 있음에 유의한다.

하이퍼바이저 도메인의 가상화 기능과 인프라스트럭처 네트워크 도메인의 가상화 기능 사이에는 중요한 차이점이 존재한다. 하이퍼바이저 도메인의 가상화는 VM 기술을 사용해서 개별 VNFC의 실행 환경을 생성한다. IND의 가상화는 VNFC들끼리의 연결과 NFV 생태계 밖의 네트워크 노드로의 연결을 위한 가상 네트워크를 생성한다. NFV 생태계 밖의 노드를 물리 네트워크 기능PNF, Physical Network Function이라고 부른다.

가상 네트워크(VN)

먼저 ISG NFV 문서에서 가상 네트워크라는 용어가 어떻게 사용되는지 명확히 할 필요가 있다. 일반적으로 말해서 가상 네트워크는 상위 소프트웨어 계층이 바라보는 물리 네트워크 리소스의 추상화다. 네트워크 사업자는 가상 네트워크 기술을 사용해 서로 격리된 복수의 가상 네트워크를 동시에 지원할 수 있다. 가상 네트워크의 사용자는 기반 물리 네트워크, 또는 물리 네트워크 리소스를 공유하는 다른 가상 네트워크 트래픽에 대해 잘 알지 못한다. 가상 네트워크를 생성하는 두 가지 일반적인 접근법은 (1) 프로토콜 헤더의 필드로 가상 네트워크를 정의하는 프로토콜 기반 방법과 (2) 하이퍼바이저가 VM들 사이에 네트워크를 생성하는 가상 머신 기반 방법이다. NFVI 네트워크 가상화는 이 두 가지를 조합한 형태이다.

L2 및 L3 가상 네트워크

프로토콜 기반 가상 네트워크는 정의된 위치에 따라 2계층(L2) 프로토콜(일반적으로 LAN 매체 접근 제어MAC 계층), 또는 3계층(L3) 프로토콜(일반적으로 인터넷 프로토콜IP 계층)로 분류할 수 있다. L2 VN에서 가상 LAN^{VLAN, Virtual LAN}은 MAC 주소 또는 VLAN ID 필드 등 MAC 헤더의 필드로 식별된다. 예를 들어 데이터 센터에서 하나의 이더넷 스위치에 연결된 모든 서버와 종단 시스템은 그들 사이에 VLAN 을 지원할 수 있다. 그림 8.5에서 보는 것처럼 데이터 센터 내의 구간들을 연결 하는 IP 라우터가 있다고 가정해보자. 일반적으로 패킷을 다음 네트워크로 포 워딩할 때 IP 라우터는 들어오는 이더넷 프레임의 MAC 헤더를 제거하고 새 MAC 헤더를 삽입한다. 나가는 MAC 프레임에 VLAN ID를 다시 삽입하는 등 라우터가 L2 VN을 지원해야만 라우터를 넘어 L2 VN을 확장할 수 있다. 마찬가지로 어떤 기업에 라우터와 전용선으로 연결된 두 개의 데이터 센터가 있다면 VN을 확장하기 위해 라우터에 L2 VN 기능이 필요하다.

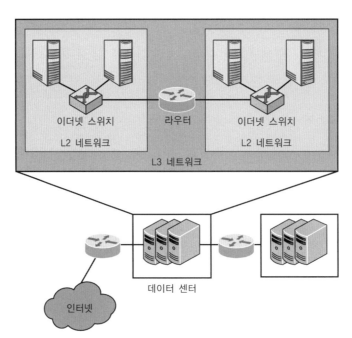

그림 8.5 네트워크 가상화 단계

L3 VN은 IP 헤더의 필드들을 사용한다. 그 한 가지 예로 IPsec을 적용한 VPN^{Virtual Private Network, 가상 사설 네트워크}이 있다. VPN을 지나는 패킷은 새 IP 헤더 를 덧붙여 캡슐화되고, VPN 데이터는 트래픽이 인터넷과 같은 제3자의 네트워 크를 거치는 동안 격리되고 보호받을 수 있게 암호화된다.

VLAN과 VPN에 대한 더 자세한 내용은 9장, '네트워크 가상화'에서 다룬다.

NFVI 가상 네트워크의 후보 기술

ISG NFV는 가상 네트워크를 NFVI 위에서 호스트되는 VNF들 사이에 연결을 제공하는 네트워크 구조로 정의하고 있다. 즉, NFVI를 넘어서 확장되는 가상 네트워크의 개념은 아직 다뤄지지 않고 있다. NFV에서 가상 네트워크는 VNF 사이의 네트워크다.

ISG NFV의 네트워크 도메인 문서에 따르면 가상 네트워크 서비스 제공을 위해 세 가지 방법이 구상되고 있다.

- 인프라스트럭처 기반 VN

- 가상 오버레이 기반 계층화 VN

- 가상 파티셔닝 기반 계층화 VN

이 방법들을 단독으로, 또는 조합해서 사용할 수 있다.

인프라스트럭처 기반 VN은 NFVI 컴퓨트와 네트워크 구성 요소의 기본 네트워크 기능을 사용한다. 주소 공간을 파티션해 VN 내부에서 VNF의 회원 자격을 IP 주소로 정의한다. ETSI NFV IND 문서는 L3 인프라스트럭처 기반 VN으로 다음과 같은 사례를 들고 있다.

- 각 VNF에 NFVI의 다른 어떤 구성 요소와도 겹치지 않도록 고유의 IP 주소를 할당한다.

- VNF들을 VN으로 논리적 파티셔닝하기 위해 각 컴퓨트 노드에서 L3 포워딩 기능의 접근 제어 목록[ACL]을 관리한다.

- VNF와 물리 패브릭 간의 L3 포워딩은 호스트하는 컴퓨트 노드의 L3 포워딩 정보 데이터베이스로 처리한다.

- VNF의 도달 가능성을 다른 컴퓨트 호스트에 알리기 위해 BGP[Border Gateway Protocol, 경계 경로 프로토콜] 등의 제어 평면 솔루션을 사용할 수 있다.

나머지 두 가지 방법은 계층화 VN 접근법이라고 할 수 있다. 이 방법들은 주소 공간의 중첩을 허용한다. 즉, VNF가 하나 이상의 VN에 동일한 IP 주소를 사용해 참여할 수 있다. IND의 가상화 계층은 가상 오버레이 또는 가상 파티셔닝을 사용해 기반 NFVI 네트워크 패브릭 위에 사설 토폴리지를 생성한다.

가상 오버레이 기반 계층화 VN은 오버레이 네트워크의 개념을 사용한다. 본질적으로 오버레이 네트워크는 다른 네트워크 위에 만들어진 논리 네트워크다. 오버레이 네트워크의 노드들은 각각 많은 물리 링크를 통과하는 경로에 해당하는 가상 링크 또는 논리 링크로 연결된 것으로 간주할 수 있다. 하지만 오버레이 네트워크는 두 오버레이 네트워크 노드 사이의 라우팅을 제어할 능력이 없다. NFV에서 오버레이 네트워크는 VNF들이 사용하는 VN이고, 언더레이 네트워크는 인프라스트럭처 네트워크 리소스들로 이뤄져 있다. 오버레이 네트워크는 일반적으로 가상 네트워크의 생성에 참여하면서 인프라스트럭처 네트워크 리소스의 역할도 하는 에지 노드가 생성한다. 이와 대조적으로 인프라스트럭처 네트워크의 코어 노드는 인프라스트럭처 네트워크에 참여만 할 뿐 오버레이를 인식하지 못한다. 앞에서 설명한 L2 및 L3 가상 네트워크가 이 범주에 해당한다.

가상 파티셔닝 기반 계층화 VN은 문맥상 가상 네트워크 파티션이라고 부르는 VN을 종단 간 기준의 인프라스트럭처 네트워크로 통합한다. 각 가상 네트워크마다 인프라스트럭처 네트워크의 에지와 코어 노드에 별개의 가상 토폴로지가 만들어진다. 가상 파티셔닝 기반 계층화 VN은 개별 가상 네트워크 포워딩 테이블, 논리 링크, 인프라스트럭처 네트워크를 거치는 종단 간 기준의 제어 평면으로 구성된다.

8.2 가상 네트워크 기능

가상 네트워크 기능[VNF]는 전통적인 네트워크 기능의 가상화 구현이다. 표 8.3은 가상화 가능한 네트워크 기능의 예를 보여준다.

표 8.3 가상화 가능한 네트워크 기능

네트워크 구성 요소	기능
스위칭 구성 요소	광대역 네트워크 게이트웨이, 캐리어급 NAT, 라우터
모바일 네트워크 노드	홈 위치 레지스터(HLR, Home Location Register)/홈 가입자 서버(HSS, Home Subscriber Server), 게이트웨이, GPRS 프로토콜 지원 노드, 무선망 제어기(RNC, Radio Network Controller), 각종 노드 B 기능
고객 구내 장비(CPE)	가정용 라우터, 셋톱박스

(이어짐)

네트워크 구성 요소	기능
터널링 게이트웨이 구성 요소	IPsec/SSL(Secure Sockets Layer, 보안 소켓 계층) VPN 게이트웨이
트래픽 분석	DPI(심층 패킷 분석), QoE(체감 품질) 측정
보증	서비스 보증, 서비스 수준 협약(SLA) 모니터링, 테스트 및 진단
신호(Signaling)	세션 보더 컨트롤러(SBC), IP 멀티미디어 시스템(IMS) 구성 요소
제어 평면/액세스 기능	AAA(인증, 인가, 과금) 서버, 정책 제어 및 과금 플랫폼, DHCP 서버
애플리케이션 최적화	콘텐츠 전송망, 캐시 서버, 부하 분산기, 가속기
보안	방화벽, 바이러스 스캐너, 침입 탐지 시스템(IDS), SPAM 방지

VNF 인터페이스

앞에서 설명한 것처럼 VNF는 하나 이상의 VNFC로 구성된다. 하나의 VNF에 속하는 VNFC들은 VNF 내부에서 연결된다. VNF의 내부 구조는 다른 VNF 또는 VNF 사용자들이 볼 수 없다.

그림 8.6은 VNF 설명에 관련된 인터페이스를 보여준다.

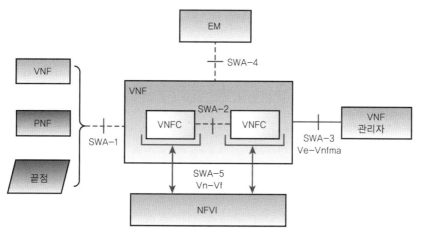

그림 8.6 VNF 기능적 뷰

- **SWA-1** SWA-1은 VNF와 다른 VNF, PNF, 끝점과의 통신을 위한 인터페이스다. 이 인터페이스는 VNF 전체에 대한 것이며, 각 VNFC에 대한 것이 아님에 유의한다. SWA-1 인터페이스는 SWA-5 인터페이스가 제공하는

네트워크 연결 서비스를 주로 활용하는 논리적 인터페이스다.

- **SWA-2** SWA-2는 VNF 내부에서 VNFC들 사이의 통신을 위한 인터페이스다. 이 인터페이스는 제조업체 고유의 것이며, 표준화 대상에도 해당되지 않는다. 이 인터페이스 역시 SWA-5 인터페이스가 제공하는 네트워크 연결 서비스를 활용한다. 하지만 어느 VNF 내부의 두 VNFC가 같은 호스트에 배치된다면 지연 시간을 최소화하고 처리율을 개선하기 위해 아래에 설명한 것과 같은 다른 기술을 사용할 수도 있다.

- **SWA-3** SWA-3은 NFV 관리와 오케스트레이션 모듈의 VNF 관리자로 연결되는 인터페이스다. VNF 관리자는 수명 주기 관리(생성, 스케일링, 종료 등)를 책임진다. 이 인터페이스는 일반적으로 IP 네트워크 연결로 구현된다.

- **SWA-4** SWA-4는 구성 요소 관리자EM, Element Management가 VNF를 실시간 관리하기 위한 인터페이스다.

- **SWA-5** SWA-5는 VNF 인스턴스를 위한 NFVI 실행 환경을 설명하는 인터페이스다. 각 VNFC는 VM의 가상화 컨테이너 인터페이스에 매핑된다.

VNFC 간 통신

앞에서 언급한 것처럼 복수의 VNFC로 구성된 VNF의 내부 구조는 외부로 드러나지 않는다. VNF는 네트워크상에서 하나의 기능 시스템으로 보인다. 하지만 동일 VNF 내부의 VNFC 간 또는 동일한 호스트에 위치한 VNF 간 내부 연결에는 VNF 공급자가 제공한 명세가 필요하고, NFVI의 지원과 VNF 관리자의 관리가 필요하다. ETSI VNF 아키텍처 문서는 (예를 들어 스토리지/컴퓨트 리소스를 액세스하는 경우의) 목표 성능과 서비스 품질QoS을 제공할 목적으로 몇 가지 아키텍처 설계 모델을 설명한다. 이 설계 모델들에서 가장 중요한 것은 VNFC 간 통신에 관련된 부분들이다.

ETSI VNF 아키텍처 문서에서 인용한 그림 8.7은 VNFC 간 통신을 위해 서로 다른 네트워크 기술을 적용하는 6가지 시나리오를 보여준다.

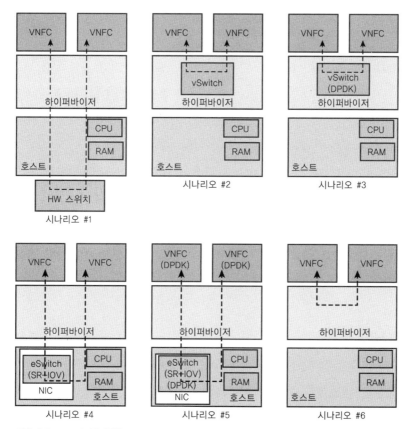

그림 8.7 VNFC 간 통신

1. **하드웨어 스위치를 통한 통신** 이 경우 VNFC들의 VM은 하이퍼바이저를 우회해 물리 NIC을 직접 액세스한다. 특히 VNFC들이 서로 다른 물리 호스트에 위치했을 때 성능이 개선된다.

2. **하이퍼바이저의 vswitch를 통한 통신** 이 경우는 동일한 호스트에 위치한 VNFC들 사이의 기본 통신 방법이지만, VNF의 QoS나 성능 요구 조건을 만족시키지 못할 수도 있다.

3. CPU에 호환되는 적절한 데이터 처리 가속 라이브러리와 드라이버를 적용하면 더 높은 성능을 얻을 수 있다. 해당 라이브러리는 vswitch가 호출하며, 상용 제품으로 DPDK가 있다. DPDK는 인텔 아키텍처 플랫폼에서 고속 패킷 처리를 위한 데이터 평면 라이브러리와 네트워크 인터페이스 컨트롤러 드라이버의 모음이다. 이 시나리오는 타입 1 하이퍼바이저를 가정한다(그림 7.3 참조).

4. SR-IOV를 지원하는 NIC의 임베디드 스위치(eswitch)를 통한 통신 SR-IOV는 장비를 복수의 PCI express 가상 기능으로 분할하는 방법을 정의한 PCI-SIG 규격이다. 서로 다른 트래픽 스트림이 직접 해당 VM으로 전달되고 비특권 트래픽 흐름이 다른 VM에 영향을 미치지 않도록 I/O 메모리 관리 장치[MMU, Memory Management Unit]가 트래픽 스트림을 구분하고 메모리와 인터럽트를 변환한다.

5. SR-IOV를 지원하는 NIC 하드웨어에 eswitch를, VNFC에 데이터 평면 가속 소프트웨어를 각각 적용한다.

6. **작업이 매우 많거나 매우 낮은 대기 시간 요구 조건이 있는 경우 두 VNFC를 직접 연결하는 직렬 버스** 직렬 버스는 사실 NIC이라기보다 I/O 채널 수단이다.

VNF 스케일링

스케일 업
하나의 물리 또는 가상 머신의 용량을 확장한다.

스케일 아웃
물리 또는 가상 머신을 추가해 용량을 확장한다.

VNF의 한 가지 중요한 특성은 탄력성이며, 스케일 업[scale up]/다운[down] 또는 스케일 아웃[scale out]/인[in] 할 수 있는 능력을 의미한다. 모든 VNF는 탄력성 파라미터 값을 갖고 있다. 탄력성 파라미터 값으로는 탄력성 미지원, 스케일 업/다운만 지원, 스케일 아웃/인만 지원, 스케일 업/다운 및 아웃/인 모두 지원 등이 가능하다. VNF는 자신을 구성하는 VNFC들을 확장하는 방법으로 스케일한다. 스케일 아웃/인은 해당 VNF에 속한 VNFC 인스턴스를 추가/삭제해 구현한다. 스케일 업/다운은 해당 VNF에 속한 기존 VNFC 인스턴스들에 리소스를 추가/삭제해 구현한다.

8.3 NFV 관리와 오케스트레이션[1]

NFV MANO[Management and Orchestration]의 주요 기능은 NFV 환경의 관리와 오케스트레이션이다. 물론 그 자체만으로도 복잡한 작업이다. 뿐만 아니라 MANO 기능을 더 복잡하게 만드는 점은 물리와 가상 요소가 혼합된 네트워크 환경을 가진 고객에게 관리 기능을 제공하기 위해 기존의 OSS/BSS와 연계하고 협력해

---

1. 이 절의 일부 자료는 [KHAN15]에 근거를 둔다.

야 하는 것이다.

ETSI MANO 문서에서 인용한 그림 8.8은 NFV-MANO의 기본 구조와 핵심 인터페이스를 보여준다. 그림에서 보는 것처럼 NFV-MANO 내부의 3개, VNF에 관계된 EMS, 그리고 OSS/BSS 등 총 5개의 관리 블록이 존재한다. 여기서 EMS와 OSS/BSS 블록은 MANO의 일부는 아니지만 고객 네트워크 환경의 전반적인 관리를 위해 MANO와 정보를 교환한다.

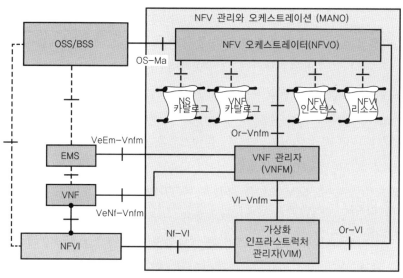

그림 8.8 NFV-MANO 아키텍처 프레임워크와 참조점

가상화 인프라스트럭처 관리자

가상화 인프라스트럭처 관리자[VIM]는 컴퓨팅, 스토리지, 네트워크 리소스의 가상화는 물론, VNF와의 상호 작용을 직접 지휘하기 위한 제어 및 관리 기능들로 구성된다. 하나의 VIM 인스턴스는 대개 특정 사업자의 인프라스트럭처 도메인 내부에서 NFVI 컴퓨트, 스토리지, 네트워크 리소스의 제어와 관리를 책임진다. 이 도메인은 특정 NFVI-PoP 내의 모든 리소스, 복수의 NFVI-PoP의 리소스들, 또는 특정 NFVI-PoP 내의 일부 리소스로 이뤄진다. 전체 네트워크 환경을 다루기 위해 하나의 MANO에 복수의 VIM이 필요할 수도 있다.

VIM은 다음과 같은 기능을 수행한다.

- **리소스 관리 기능**
  - NFV 인프라스트럭처 전용의 소프트웨어(하이퍼바이저 등), 컴퓨팅, 스토리지, 네트워크 리소스 인벤토리 관리
  - 가상화 도구 할당. 예를 들어 하이퍼바이저, 컴퓨트 리소스 및 스토리지에 VM 할당과 관련 네트워크 연결
  - 인프라스트럭처 리소스의 관리와 할당. 예를 들면 VM에 리소스 추가 할당, 에너지 효율 향상, 리소스 재활용 등
- **운영 기능**
  - NFV 인프라스트럭처의 가시성 확보 및 관리
  - NFV 인프라스트럭처 관점의 성능 이슈 원인 분석
  - 인프라스트럭처 장애 정보 수집
  - 용량 계획, 모니터링, 최적화를 위한 정보 수집

VNF 관리자

VNF 관리자^{VNFM, VNF Manager}는 VNF를 책임지며, 복수의 VNFM을 배치할 수도 있다. 즉, 각 VNF마다 VNFM을 배치할 수도 있고, 하나의 VNFM이 여러 VNF을 담당할 수도 있다. VNFM은 다음과 같은 기능을 수행한다.

- VNF 배치 템플릿이 요구하는 VNF 설정을 포함한 VNF 인스턴스 생성 (예, VNF 인스턴스 생성 작업 종료 전 VNF IP 주소의 초기 설정)
- VNF 인스턴스 생성 적합성 확인
- VNF 인스턴스 소프트웨어 업데이트/업그레이드
- VNF 인스턴스 수정
- VNF 인스턴스 스케일 아웃/인 및 업/다운
- VNF 인스턴스에 관련된 NFVI 성능 측정 결과 수집, 장애/이벤트 정보 수집 및 연계
- VNF 인스턴스 자동/수동 복구
- VNF 인스턴스 종료

- VNF 수명 주기 관리 변경 통지
- VNF 인스턴스의 수명 주기 동안 무결성 관리
- VIM과 EM에 설정 및 이벤트 보고를 위한 전반적 조율과 조정 역할

NFV 오케스트레이터

NFV 오케스트레이터[NFVO, NFV Orchestrator]는 리소스와 네트워크 서비스의 오케스트레이션을 담당한다.

리소스 오케스트레이션은 서로 다른 VIM이 관리하는 리소스들을 관리하고 조율하는 것이다. NFVO는 복수의 PoP 또는 단일 PoP 내부의 NFVI 리소스를 조율, 허가, 해제, 예약한다. 이를 위해 NFVO는 NFVI 리소스를 직접 다루는 대신, VIM에 노스바운드 API를 통해 접근한다.

네트워크 서비스 오케스트레이션은 서로 다른 VNFM 도메인에 속한 VNF들을 포함한 종단 간 서비스 생성을 관리/조율한다. 서비스 오케스트레이션은 다음과 같은 방식으로 동작한다.

- 서로 다른 VNF 사이의 종단 간 서비스를 생성한다. 이를 위해 VNF를 직접 다루는 대신, 개별 VNFM을 조율한다. 예를 들면 한 제조업체의 기지국 VNF와 다른 제조업체의 코어 노드 VNF 사이에 서비스를 생성한다.
- 가능한 경우 VNFM의 인스턴스를 생성할 수 있다.
- 네트워크 서비스 인스턴스들의 토폴로지(VNF 포워딩 그래프라고도 부르는)를 관리한다.

리포지터리

관리와 오케스트레이션 기능을 위해 NFVO와 관련 있는 네 가지 정보 리포지토리가 존재한다.

- **네트워크 서비스 카탈로그** 사용 가능한 네트워크 서비스의 목록. VNF와 가상 링크의 연결로 설명한 네트워크 서비스 배치 템플릿이 후일의 사용을 위해 NS 카탈로그에 보관된다.
- **VNF 카탈로그** 모든 사용 가능한 VNF 명세[VNFD, VNF Descriptor]의 데이터베이

스. VNFD는 VNF의 설치와 운용 요구 조건을 기술한다. VNFD는 주로 VNFM이 VNF 인스턴스의 생성과 수명 주기 관리 과정에서 사용한다. VNFD가 제공하는 정보는 NFVO가 네트워크 서비스와 NFVI의 가상 리소스를 관리 및 오케스트레이션하는 목적으로도 사용된다.

- **NFV 인스턴스** 네트워크 서비스 인스턴스와 관련 VNF 인스턴스의 상세 정보를 담은 목록
- **NFVI 리소스** NFV 서비스를 설정하기 위해 사용되는 NFVI 리소스의 목록

구성 요소 관리

구성 요소 관리^{EM, Element Management}는 VNF의 장애, 구성, 계정, 성능, 보안^{FCAPS} 관리 기능을 담당한다. 이와 같은 관리 기능은 VNFM의 책임이기도 하다. 그러나 VNFM와 달리 EM은 VNF의 전용 인터페이스를 사용할 수 있다. EM은 VNFM과 개방된 참조점(VeEm-Vnfm)을 통해 정보를 교환해야 한다. EM은 가상화를 인식하고 VNFM와 협력해 VNF와 관련된 NFVI 리소스의 정보가 필요한 기능들을 실행할 수 있다. EM의 기능은 다음과 같다.

- VNF 제공 기능의 구성 관리
- VNF 제공 기능의 장애 관리
- VNF 제공 기능 사용의 계정 관리
- VNF 제공 기능의 성능 측정 결과 수집
- VNF 제공 기능의 보안 관리

OSS/BSS

OSS/BSS는 현재의 아키텍처 프레임워크에 명시적으로 구현되지 않았으나 NFV-MANO 아키텍처 프레임워크의 기능 블록들과 정보 교환이 예상되는 운영자의 운용 및 업무 지원 기능들의 조합이다. OSS/BSS 기능은 레거시 시스템의 관리와 오케스트레이션을 제공하고, 운영자 네트워크에서 레거시 네트워크 기능이 제공하는 서비스들의 전체 종단 간 가시성을 제공할 수도 있다.

이론상으로는 기존 OSS/BSS의 기능을 VNF와 NFVI까지 직접 다루게 확장

할 수도 있지만, 그렇게 하면 특정 제조업체에 독점적인 구현이 될 것이다. NFV는 개방형 플랫폼이기 때문에 (MANO에 있는) 개방형 인터페이스를 통해 NFV 개체를 관리하는 것이 더 좋은 방법이다. 하지만 기존 OSS/BSS도 특정 NFV MANO 구현체가 지원하지 않는 부가 기능들을 제공함으로써 NFV MANO에 기여할 수 있다. 이런 기능은 NFV MANO와 기존 OSS/BSS 사이의 개방 참조점(Os-Ma)을 통해 구현된다.

8.4 NFV 사용 사례

ISG NFV는 NFV를 적용할 대표적인 서비스 모델과 고급 사용 사례를 개발했다. 이 사용 사례들은 네트워크 전체의 NFV 구현을 위해 표준과 제품의 추가적인 개발을 이끌기 위한 것이다. ISG NFV의 사용 사례 문서는 회원사들이 관심 있는 서비스 모델, NFV 초기 적용 분야, 기술적 문제 등 최초의 서비스 모델과 고급 사용 사례들을 설명한다.

현재 9개의 사용 사례가 있으며, 표 8.4에서 보는 것처럼 아키텍처 사용 사례와 서비스 중심 사용 사례의 유형으로 크게 나눌 수 있다.

표 8.4 ETSI NFV 사용 사례

사용 사례	설명
아키텍처 사용 사례	
서비스형 NFVI(NFVIaaS)	서비스형 인프라스트럭처(IaaS), 서비스형 네트워크(NaaS) 등의 클라우드 컴퓨팅 서비스 모델을 서비스형으로 제공되는 NFVI 구성 요소에 매핑하는 방법을 제공
서비스형 VNF(VNFaaS)	가상화 기술을 적용해 운영자가 서비스를 제공하고 필요한 자원을 기업이 사용하는 저비용 모델을 기업에 제공
서비스형 가상 네트워크 플랫폼(VNPaaS)	VNFaaS와 유사하지만, 기업이 자체적으로 VNF 인스턴스를 호스트해 도입할 수 있는 점이 다름
VNF 포워딩 그래프	종단 간 서비스의 조합 구현

(이어짐)

사용 사례	설명
서비스 중심 사용 사례	
모바일 코어 네트워크 및 IMS 가상화	모바일 패킷 코어와 IMS의 가상화
모바일 기지국 가상화	표준 서버에서 모바일 RAN의 가상화
홈 환경 가상화	셋톱박스, 가정용 게이트웨이 등 CPE의 가상화
CDN 가상화(vCDN)	확장성 개선 및 비수기 저비용 운영 모델을 위해 콘텐츠 전송망 (CDN)을 가상화
유선 액세스 NFV	도입 비용을 최적화하고 무선 액세스 노드와 동일 장소에 배치할 수 있도록 유선 액세스 네트워크 인프라스트럭처를 가상화

아키텍처 사용 사례

아래에 설명하는 네 가지의 아키텍처 사용 사례는 NFVI 아키텍처에 기반을 둔 범용 서비스와 애플리케이션 제공에 초점을 맞춘다.

서비스형 NFVI

서비스형 NFVI[NFVIaaS, NFVI as a Service]는 VNF를 지원할 NFVI를 서비스 공급자가 NFVIaaS 공급자와 다른 네트워크 서비스 공급자를 활용해서 구현하고 도입하는 시나리오다. NFVIaaS 공급사의 측면에서 이와 같은 서비스는 규모의 경제를 제공한다. NFVIaaS 공급자는 VNF 설치를 위해 자신이 필요한 용량과 다른 공급자에게 판매할 추가 용량을 고려해 전체 인프라스트럭처의 규모를 결정한다. NFVIaaS 고객은 다른 서비스 공급자의 NFVI를 활용해서 서비스를 제공할 수 있다. 즉, NFVIaaS 고객은 신규 서비스나 기존 서비스의 확장을 위해 빠르게 VNF를 도입할 수 있는 유연성을 얻는다. 클라우드 컴퓨팅 사업자에게는 NFVIaaS 서비스가 특별히 매력적일 것이다.

그림 8.9에 NFVIaaS의 한 가지 예를 보여준다[ONF14]. 가상화 부하 분산 서비스를 제공하는 서비스 공급자 X가 있다. X사의 어느 고객이 X사의 NFVI가 없지만, Z사의 NFVI는 있는 위치에서 부하 분산 서비스를 필요로 한다. NFVIaaS는 Z사가 NFVI 인프라스트럭처(컴퓨터, 네트워크, 하이퍼바이저 등)를 X사에게 임대할 방법을 제공한다. 해당 위치에 새 인프라스트럭처를 X사가 직접 구

축한다면 엄청난 비용이 들 수도 있지만, 그 대신 Z사의 인프라스트럭처를 X사가 액세스할 수 있게 된다. X사는 임대하는 방법으로, 요청에 따라 용량을 확보하고 필요시 확장할 수 있다.

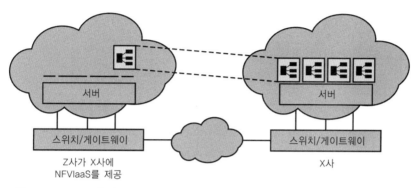

Z사가 X사에
NFVIaaS를 제공

X사

그림 8.9 NFVIaaS의 예

서비스형 VNF

앞에서 설명한 NFVIaaS는 서비스형 인프라스트럭처^{IaaS, Infrastructure as a Service}의 클라우드 모델과 유사하다. 반면 VNFaaS는 서비스형 소프트웨어^{SaaS, Software as a Service}의 클라우드 모델에 해당한다고 할 수 있다. 네트워크 서비스 공급자가 직접 NFVI와 VNF 모두를 구현하는 경우와 비교했을 때 NFVIaaS는 좀 더 적은 비용과 시간으로도 VNF를 개발/도입할 수 있는 가상화 인프라스트럭처를 제공한다. VNFaaS에서는 네트워크 서비스 공급자가 고객이 바로 사용할 수 있는 VNF를 개발한다. 이 모델은 라우터, 방화벽 등 고객 구내 장비^{CPE}의 가상화에 적합하다.

서비스형 가상 네트워크 플랫폼

VNPaaS^{Virtual Network Platform as a Service}는 가상 네트워크 인프라스트럭처의 구성 요소로 VNF를 갖는 NFVIaaS와 유사하다. VNPaaS의 주된 차이점은 서비스 제공자가 제공하는 VNF 목록에 없는 고객 맞춤형의 ETSI NFV 호환 VNF를 가입자가 직접 개발하고 설정할 수 있도록 프로그램 가능하다는 점과 개발 도구를 제공한다는 점이다. 이런 점을 활용하면 다른 서드파티 VNF와 맞춤형 VNF까지도 VNF 포워딩 그래프로 오케스트레이션할 수 있다.

VNF 포워딩 그래프

VNF 포워딩 그래프[VNF FG]는 가상화 장비들이 유연하게 체이닝 연결될 수 있게 한다. 이와 같은 기술을 서비스 체이닝이라고 한다. 예를 들어 어떤 플로우가 한쪽 끝점에서 다른 끝점으로 가기 위해 네트워크 모니터링 VNF, 부하 분산 VNF, 그리고 마지막으로 방화벽 VNF를 차례로 거치는 경우 등이 있다. VNF 포워딩 그래프의 사용 사례는 서비스 공급자의 관리/오케스트레이션 시스템에 VNF와 불리 개체들의 명세를 전달하는 정보 모델에 기반을 둔다. 이 정보 모델은 각 VNF, 모든 VNF 간 연결, IaaS 서비스에 포함된 물리 네트워크의 NFV 인프라스트럭처 요구 조건 등 각 개체의 특성을 기술한다. 또한 종단 간 서비스에 필요한 성능과 회복성을 보장하기 위해, VNF 포워딩 그래프 상의 각 VNF들의 용량, 성능, 회복성 요구 조건이 정보 모델에 명시돼야 한다. SLA를 만족시키기 위해, 관리와 오케스트레이션 시스템은 서비스의 VNF 포워딩 그래프 위에 있는 노드와 링크들을 모니터링할 필요가 있다. 이론적으로, VNF 포워딩 그래프는 복수의 네트워크 서비스 공급자들의 인프라스트럭처 설비에 걸칠 수도 있다.

서비스 중심 사용 사례

서비스 중심 사용 사례들은 기반 인프라스트럭처에 무관하게 최종 사용지에게 서비스를 제공하는 데 초점을 맞춘다.

모바일 코어 네트워크와 IMS 가상화

이동통신 네트워크는 수많은 전용 하드웨어 장비들을 포함한 네트워크 기능 요소들이 다양하게 연결된 형태로 발전해 왔다. NFV는 표준 IT 가상화 기술을 이용해 다양한 유형의 네트워크 장비들을 NFVI-PoP에 위치한 산업 표준 양산형 서버, 스위치, 스토리지에 통합하고, 네트워크의 복잡성과 관련된 운영 문제를 줄이고자 한다.

모바일 기지국 가상화

이 사용 사례의 초점은 이동통신망의 RAN[Radio Access Network, 무선 접속망] 장비다. RAN은 통신 시스템의 일부분으로, 이동통신망 사업자의 코어 네트워크를 액세스하는 무선 기술을 구현한다. 최소 구성의 RAN은 고객 구내의 하드웨어 또는 무선망을 액세스하는 이동통신 기지국 장치로 구성된다. 다양한 RAN 기능들이 산업 표준 인프라스트럭처에서 실행되는 VNF로 가상화될 가능성이 있다.

홈 환경 가상화

이 사용 사례는 가정에 배치되는 네트워크 사업자의 CPE 장비를 다룬다. CPE 장비는 고객의 가정 내에서 통신 사업자의 존재를 드러낸다. 일반적으로 CPE 에는 인터넷과 VoIP 서비스용 가정용 게이트웨이RGW, Residential Gateway(예를 들면 DSLDigital Subscriber Line, 디지털 가입자 회선 및 케이블 모뎀/라우터)와 미디어 서비스 및 개인용 비디오 녹화PVR, Personal Video Recording 서비스용 셋톱박스STB, Set-Top Box가 포함된다. NFV는 이와 같이 계산양이 많이 필요하고 지금까지 분산됐던 기능들을 최소의 비용과 빠른 출시 시기를 만족시키며 지원하는 이상적인 후보 기술이다. 새로운 서비스를 필요할 때마다 추가하는 형태로 도입할 수 있기 때문이다. 뿐만 아니라 VNF를 네트워크 사업자의 PoP에 위치한 서비스로 구현할 수도 있다. 이 방법은 고객 가정에 설치하는 전자적 장치를 단순화하고, 고객과 사업자의 CapEx를 줄이는 효과가 있다.

CDN 가상화(vCDN)

콘텐츠, 특히 동영상의 전송은 최종 사용자에게 전달될 방대한 양의 트래픽 때문에 모든 사업자 네트워크에서 공통적으로 문제가 되는 부분이다. 동영상 트래픽의 성장은 브로드캐스트에서 IP 유니캐스트 전송으로의 전환, 다양한 동영상 재생 장비의 등장, IP 네트워크로 전송되는 동영상 품질(해상도 및 프레임률)의 향상에 기인한다.

오늘날 동영상 트래픽의 성장에 발맞춰 품질 요구 조건도 진화하고 있다. 즉, 전통적인 TV 방송과 유사한 품질의 생방송과, 주문형 동영상 서비스를 제공하는 인터넷 영화 서비스가 점차 등장하고 있다.

일부 인터넷 서비스 사업자ISP는 동영상 전송과 기타 높은 대역폭의 서비스를 위해 전용 CDN 캐시 노드를 배치하고 있다. CDN 캐시 노드는 일반적으로 맞춤형 전용 장비 또는 산업 표준의 서버 플랫폼 위에서 동작한다. CDN 캐시 노드와 CDN 제어 노드는 모두 가상화 가능성이 있다. CDN 가상화의 이점은

VNFaaS 등 다른 NFV 사용 사례에서 얻는 것과 유사하다.

유선 액세스 네트워크 기능 가상화

NFV는 하이브리드 광섬유/구리선 액세스 네트워크, PON^{Passive Optical Network, 패}
^{시브 광 네트워크} 댁내 광 가입자망^{FTTH, Fiber To The Home}, 하이브리드 광/무선 액세스
네트워크의 원격 기능을 가상화할 수 있다. 이 사용 사례에서는 복잡한 처리
과정을 네트워크 쪽으로 옮겨 비용을 절약할 수 있다. 또 다른 이점은 가상 액세
스 노드의 전용 파티션 하나를 고객에게 할당하거나 직접 제어권을 주는 멀티
테넌시를 지원하는 점이다. 마지막으로 광대역 액세스를 가상화하고 무선 액세
스 노드와 공통의 NFV 플랫폼 프레임워크^{NFVI-PoP}에 위치시키면 수익성을 개선
하고 전체 에너지 소비량을 감소시키는 등의 시너지 효과를 얻을 수 있다.

각 사용 사례의 상대적인 중요성은 다양한 산업계 네트워크 전문가들 176명
을 대상으로 2014년 말에 설문 조사한 보고서인 '2015 Guide to SDN and
NFV'[METZ14]에서 찾을 수 있다. 설문 응답자들은 향후 2년간 시장에서 가장 관
심을 끌 것 같은 2개의 사용 사례를 고르게 요청받았다. 그 결과를 표 8.5에
보였다. IT 기관들은 ETSI가 정의한 다양한 사용 사례들에 골고루 관심이 있지
만, 특히 NFVIaaS 사용 사례에 가장 관심이 큰 것을 표 8.5의 데이터에서 알
수 있다.

표 8.5 ETSI NFV 사용 사례에 대한 관심

사용 사례	응답자 비율
서비스형 NFVI(NFVIaaS)	51%
서비스형 VNF(VNFaaS)	37%
모바일 코어 네트워크 및 IMS 가상화	32%
서비스형 가상 네트워크 플랫폼(VNPaaS)	22%
유선 액세스 네트워크 기능 가상화	13%
CDN 가상화(vCDN)	12%
모바일 기지국 가상화	11%
홈 환경 가상화	4%
VNF 포워딩 그래프	1%

8.5 SDN과 NFV

지난 수년간 네트워크 분야에서 가장 인기 있는 주제는 SDN과 NFV였다. 이 두 기술은 독립적인 표준화 단체에서 각각 표준화를 진행 중이고, 수많은 사업자들이 관련 제품을 발표하고 개발하고 있다. SDN과 NFV는 개별적으로 구현과 도입이 가능하지만, 두 기술을 함께 사용해 많은 이점을 얻을 가능성이 분명히 있다. 시간이 지나면 SDN과 NFV가 밀접하게 연계해 네트워크 장비와 네트워크 리소스를 추상화하고 프로그램으로 제어하는 광범위한 통합 소프트웨어 정의 네트워크 접근법을 제공할 것으로 보인다.

SDN과 NFV의 관계는 SDN 기능이 NFV를 지원하는 것으로 볼 수 있을 것이다. NFV에서 한 가지 중요한 문제는 서버 위의 VNF가 네트워크의 적절한 위치에 접속되고, 다른 VNF와 연결되고, 요구되는 QoS를 제공하게 사용자가 네트워크를 가장 잘 설정할 수 있게 하는 것이다. SDN을 활용하면 사용자 또는 오케스트레이션 소프트웨어가 네트워크 설정과 VNF 분배/연결 설정을 동적으로 할 수 있다. SDN을 적용하지 않는 경우에 NFVI 범위 밖의 리소스를 사용하는 환경에서 NFV는 좀 더 많은 수작업이 필요하다.

부하 분산 서비스가 VNF로 구현된 예제들을 'Kemp Technologies Blog' [MCMU14]에서 볼 수 있다. 부하 분산 용량에 대한 요구가 늘어나면 네트워크 오케스트레이션 계층은 재빠르게 새 부하 분산 인스턴스를 띄우고 변경되는 트래픽 경로를 반영해 네트워크 스위칭 인프라스트럭처를 조절한다. 또한 부하 분산 VNF는 SDN 컨트롤러와 함께 네트워크의 성능과 용량을 평가하고, 이를 바탕으로 부하 분산을 더 잘하거나 새로운 VNF 리소스의 준비를 요구할 수도 있다.

ETSI가 제시하는 NFV와 SDN이 상호 보완하는 몇 가지 예는 다음과 같다.

- SDN 컨트롤러는 NFVI 네트워크 도메인에서 넓은 범위의 네트워크 컨트롤러 개념에 잘 들어맞는다.

- SDN은 프로비저닝, 네트워크 연결 설정, 대역폭 할당, 운영 자동화, 모니터링, 보안, 정책 제어 등의 기능을 통해 물리 및 가상 NFVI 리소스의 오케스트레이션에 중요한 역할을 할 수 있다.

- SDN은 멀티테넌트 NFVI 지원에 필요한 네트워크 가상화를 제공할 수 있다.

- SDN 컨트롤러는 자동화된 서비스 체인의 프로비저닝을 통해 포워딩 그래프를 구현하고, 보안과 기타 정책을 강력하고 일관되게 구현할 수 있다.

- SDN 컨트롤러는 VNF 형태로 실행 가능하며, 다른 VNF와 서비스 체인을 구성할 수도 있다. 예를 들어 SDN 컨트롤러 위에서 실행할 애플리케이션과 서비스를 각각 독립적인 VNF로 구현하는 것도 가능하다.

ETSI VNF 아키텍처 문서에서 인용한 그림 8.10은 SDN과 NFV의 관계를 보여준다. 그림의 화살표들에 대한 설명은 다음과 같다.

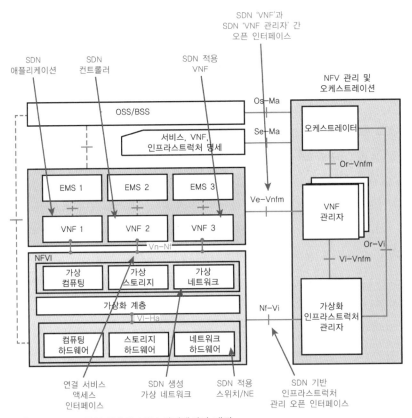

그림 8.10 SDN 구성 요소와 NFV 아키텍처의 매핑

- SDN 적용 스위치/NE는 물리 스위치, 하이퍼바이저 가상 스위치, NIC의 임베디드 스위치를 포함한다.

- 인프라스트럭처 네트워크의 SDN 컨트롤러로 생성한 가상 네트워크는 VNFC 인스턴스 간 연결 서비스를 제공한다.

- SDN 컨트롤러는 가상화돼 EM과 VNF 관리자를 거느린 VNF 형태로 실행될 수 있다. 물리 인프라스트럭처, 가상 인프라스트럭처, 가상 및 물리 네트워크 기능을 위한 SDN 컨트롤러가 존재할 수도 있음에 유의한다. 일부 SDN 컨트롤러는 NFVI에 존재하거나 (그림에 나타나지 않은) MANO 기능 블록에 존재할 수도 있다.

- SDN 적용 VNF는 SDN 컨트롤러가 제어하는 모든 VNF(가상 라우터, 가상 방화벽 등)를 포함한다.

- 예를 들어 서비스 체이닝 등 SDN 애플리케이션은 VNF 그 자체일 수도 있다.

- Nf-Vi 인터페이스를 통해 SDN 적용 인프라스트럭처를 관리할 수 있다.

- Ve-Vnfm 인터페이스는 SDN VNF(SDN 컨트롤러 VNF, SDN 네트워크 기능 VNF, SDN 애플리케이션 VNF)와 해당 VNF 관리자 사이에 수명 주기 관리를 위해 사용된다.

- Vn-Nf를 통해 SDN VNF는 VNFC 인터페이스 간 연결 서비스에 액세스할 수 있다.

8.6 핵심 용어

8장을 통해 다음과 같은 용어를 배웠다.

컴퓨트 도메인	컴퓨트 노드
컨테이너	컨테이너 인터페이스
콘텐츠 전송망(CDN)	심층 패킷 분석(DPI)
구성 요소 관리	구성 요소 관리 시스템(EMS)
포워딩 그래프(FG)	기능 블록 인터페이스
게이트웨이 노드	하이퍼바이저
하이퍼바이저 도메인	인프라스트럭처 네트워크 도메인(IND)
L3 가상 네트워크	계층화 가상 네트워크
네트워크 인터페이스 카드	네트워크 노드
NFV 관리와 오케스트레이션(MANO)	NFV 인프라스트럭처(NFVI)

NFV 오케스트레이터   NFVI 도메인

운용 지원 시스템   참조점

스케일 아웃   스케일 업

서비스 체이닝   스토리지 노드

가상 네트워크   가상 오버레이

가상 파티션   가상화 인프라스트럭처 관리자(VIM)

가상화   가상화 컨테이너

가상 네트워크 기능(VNF)   VNF 관리자

vswitch

8.7 참고 문헌

KHAN15 Khan, F. A Beginner's Guide to NFV Management & Orchestration (MANO). Telecom Lighthouse. April 9, 2015. http://www.telecomlighthouse.com.

MCMU14 McMullin, M. "SDN is from Mars, NFV is from Venus." Kemp Technologies Blog, November 20, 2014. http://kemptechnologies.com/blog/sdn-mars-nfv-venus.

METZ14a Metzler, J. The 2015 Guide to SDN and NFV. Webtorials, December 2014.

ONF14 Open Networking Foundation. OpenFlow-Enabled SDN and Network Functions Virtualization. ONF white paper, February 17, 2014.

Chapter | 9

네트워크 가상화

최근 몇 년간 컴퓨터와 통신 시스템 사이에 강력하고 중요한 제휴 관계가 자라나고 있다. 한편으로는 컴퓨터가 통신 시스템을 엄청나게 개선하기 위해 사용되고, 다른 한편으로는 통신 시스템이 컴퓨터의 유용성을 증가시키고 확장하는 데 사용되고 있다.

– 무엇을 자동화할 수 있는가?(What Can Be Automated?)
컴퓨터 과학 및 공학 조사 연구(The Computer Science and Engineering Research Study),
미국 국립과학재단, 1980

9장에서 다루는 내용

9장을 읽고 나면 다음과 같은 것을 할 수 있다.

- 가상 LAN의 개념과 VLAN을 정의하는 3가지 방법을 이해할 수 있다.
- IEEE 802.1Q 표준의 개요를 실명할 수 있다.
- 오픈플로우의 VLAN 지원을 설명할 수 있다.
- 가상 사설 네트워크의 개념을 이해할 수 있다.
- 네트워크 가상화를 정의할 수 있다.
- 오픈데이라이트 가상 테넌트 네트워크의 동작을 이해할 수 있다.
- 소프트웨어 정의 인프라스트럭처의 개념을 요약할 수 있다.
- 소프트웨어 정의 스토리지를 설명할 수 있다.

가상 네트워크를 정의하는 메커니즘들은 오래 전부터 사용돼 왔다. 가상 네트워크는 두 가지 중요한 이점을 가진다.

- 가상 네트워크를 통해 기반 물리 네트워크로부터 독립적이고, 동일 물리 네트워크 위의 다른 가상 네트워크로부터 격리가 보장되는 네트워크를 사용자가 구성하고 관리할 수 있다.
- 네트워크 사업자는 넓은 범위의 사용자 요구 조건을 지원하도록 네트워크 리소스를 효율적으로 사용할 수 있다.

9장은 널리 사용되는 두 가지 가상 네트워크 기술인 가상 LAN^{VLAN}과 가상 사설 네트워크^{VPN}에 대한 설명으로 시작한다. 다음으로는 더 일반적이고 넓은 네트워크 가상화의 개념을 소개한다. 간단한 예제를 살펴본 다음, 네트워크 가상화의 아키텍처와 이 기술의 이점에 대해 배운다. 9장에서는 또한 VLAN 기반으로 가상 네트워크의 여러 특징을 가진 오픈데이라이트의 가상 테넌트 네트워크를 살펴본다. 마지막으로 소프트웨어 정의 네트워크^{SDN}, 네트워크 기능 가상화^{NFV}와 네트워크 가상화를 포괄하는 개념인 소프트웨어 정의 인프라스트럭처에 대해 소개한다.

9.1 가상 LAN

그림 9.1은 비교적 흔한 유형인 계층 구조의 LAN 구성을 보여준다. 이 그림에서 장비들은 각각 별도의 LAN 스위치에 연결된 4개의 세그먼트로 편성돼 있다. LAN 스위치는 축적 전송^{store-and-forward} 방식의 패킷 전달 장치로, 단말 시스템들을 연결해 LAN 세그먼트를 구성하는 데 사용된다. LAN 스위치는 출발지 장치에서 목적지 장치로 MAC 프레임을 전달한다. 또한 출발지 장치에서 다른 모든 장치로 브로드캐스트 프레임을 전달할 수도 있다. 스위치들로 여러 LAN 세그먼트들을 연결해 더 큰 LAN을 구성할 수도 있으며, LAN 스위치를 전송 링크, 라우터, 또는 다른 네트워크 장치와 연결해 인터넷 또는 기타 WAN 연결을 제공할 수 있다.

전통적인 LAN 스위치는 오직 MAC 계층에서만 동작했다. 최근의 LAN 스위치들은 일반적으로 다계층 인식(L3, L4, 애플리케이션), QoS 지원, WAN 트렁크 등의 더 많은 기능을 제공한다.

그림 9.1에서 아래쪽에 위치한 그룹 3개는 물리적으로 분리된 서로 다른 부

LAN 스위치
(1) 로컬 영역에서 단말 시스템들을 연결하거나 (2) 더 큰 LAN을 구성하기 위해 다른 LAN 스위치와 연결하거나 (3) 광역 네트워크(WAN) 연결을 위해 라우터 등 다른 네트워크 장비에 연결하는 네트워크 패킷 포워딩 장치

MAC 프레임
출발지와 목적지 주소, 기타 프로토콜 제어 정보, 데이터(옵션)를 포함하는 비트들의 모음이다. MAC 프레임은 이더넷과 와이파이 LAN 구간에서 기본 전송 단위다.

서에, 맨 위의 그룹은 모든 부서의 공통 중앙 서버 팜에 각각 해당할 수 있다.

워크스테이션 X에서 출발하는 어느 MAC 프레임의 전송 과정을 살펴보자. 목적지 MAC 주소는 워크스테이션 Y라고 가정한다. 이 프레임은 X에서 로컬 스위치로 전송되고, 로컬 스위치는 링크를 따라 Y로 전송한다. X가 Z나 W의 주소가 달린 MAC 프레임을 대신 전송한다면 로컬 스위치가 해당하는 스위치를 통해 각각 목적지로 전달한다. 이상은 모두 유니캐스트 주소의 예다. 유니캐스트에서 MAC 프레임의 목적지 주소는 고유의 목적지를 지정한다. 목적지 MAC 주소가 브로드캐스트 주소일 수도 있는데, 이 경우 LAN 위의 모든 장치가 현재 프레임의 복사본을 받음을 의미한다. 따라서 X가 브로드캐스트 목적지 주소를 가진 프레임을 전송하면 그림 9.1에 보이는 모든 스위치에 연결된 모든 장치들이 해당 프레임의 복사본을 수신한다. 서로의 브로드캐스트 프레임을 수신하는 장치들 전체의 집합을 브로드캐스트 도메인이라고 부른다.

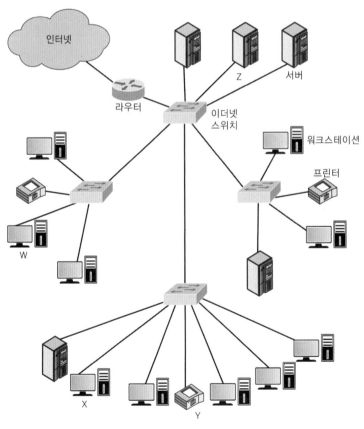

그림 9.1 LAN 구성의 예

대개의 경우 브로드캐스트 프레임은 네트워크 관리나 특정 알림 전송 등 로컬 영역에서 의미 있는 목적을 위해 사용된다. 즉, 그림 9.1에서 어떤 브로드캐스트 프레임이 특정 부서에만 유용한 정보를 갖고 있다면 LAN상의 다른 구간과 다른 스위치에서는 전송 용량을 불필요하게 사용한 것으로 볼 수 있다.

효율성을 개선하기 위한 한 가지 방법은 LAN을 분리된 브로드캐스트 도메인으로 파티션하는 것이다. 그 결과, 그림 9.2에 보는 것처럼 분리된 4개의 LAN이 라우터로 연결된 형상이 된다. 이 경우 X에서 출발한 브로드캐스트 프레임은 X와 동일한 스위치에 직접 연결된 장치들로만 전송된다. X에서 Z로 가려는 IP 패킷은 이제 다음과 같이 처리된다. X의 IP 계층이 목적지로 향하는 다음 홉^{hop}이 라우터 V를 통과하게 결정한다. 이 정보는 X의 MAC 계층으로 전달되고, X의 MAC 계층은 라우터 V의 MAC 주소를 MAC 프레임의 목적지 주소로 준비한다. V가 이 MAC 프레임을 수신하면 MAC 헤더를 제거하고 목적지를 확인한 다음 (MAC 헤더를 제거하고 얻은) IP 패킷을 Z의 MAC 주소가 목적지인 MAC 프레임으로 캡슐화한다. 캡슐화한 프레임은 전송을 위해 적절한 이더넷 스위치로 전송된다.

이 방법의 단점은 트래픽 패턴이 장치들의 물리적 분포와 일치하지 않을 수 있다는 것이다. 예를 들면 어느 부서의 워크스테이션이 특정 중앙 서버와 엄청난 트래픽을 생성할 수 있다. 또한 네트워크가 확장함에 따라 브로드캐스트 도메인으로 사용자들을 분리하고, 브로드케스트 도메인 사이의 연결을 제공하기 위해 더 많은 라우터들이 필요하게 된다. 라우터는 목적지를 결정하고 마지막 노드까지 데이터 경로를 지정하는 데 더 많은 처리가 필요하기 때문에 패킷 통과에 스위치보다 더 긴 시간이 걸린다.

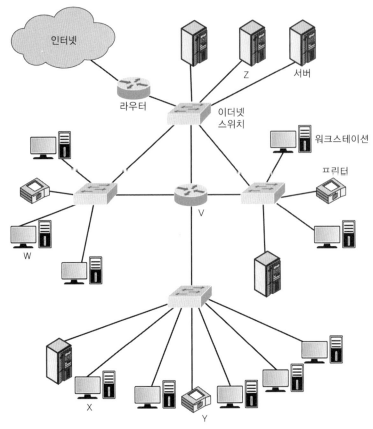

그림 9.2 파티션된 LAN의 예

가상 LAN 적용

가상 로컬 영역 네트워크

물리 패킷 스위치 네트워크 위에 추상화한 가상의 네트워크. VLAN은 실질적으로 특정 스위치 집합에 대한 브로드캐스트 도메인이다. 해당 스위치들은 동일 VLAN에 속하는 장치들 사이의 패킷 교환을 위해 VLAN의 존재를 인식하고 적절히 설정돼야 한다.

더 효과적인 대안은 가상 로컬 영역 네트워크^{VLAN, Virtual Local-Area Network}를 생성하는 것이다. VLAN은 물리적으로 장비를 분리하는 대신, 논리적으로 LAN 안에 소프트웨어로 생성한 그룹이다. VLAN은 사용자의 네트워크 장비들을 물리적인 LAN 세그먼트와 관계없이 단일 브로드캐스트 도메인으로 통합해 트래픽이 장비들 사이에서 더 효율적으로 흐를 수 있게 한다. VLAN의 로직은 LAN 스위치 내부에 구현되고, MAC 계층에서 동작한다. VLAN의 목적이 트래픽을 분리하기 위한 것인 만큼 하나의 VLAN을 다른 VLAN과 연결하려면 라우터가 필요하다. 라우터를 다른 VLAN으로 가는 트래픽이 거쳐 가는 분리된 장치로 구현할 수도 있고, 라우터 로직을 그림 9.3에 보이는 것처럼 LAN 스위치의 일부로 구현할 수도 있다.

VLAN을 활용하면 특정 부서가 자신들의 독자성을 유지하면서도 사내에 물리적으로 분산될 수 있다. 예를 들면 회계 팀 직원들이 매장의 각 층, 연구소, 법인 사무실 등에 위치하면서도 모두가 동일한 가상 네트워크를 통해 트래픽을 공유하는 경우가 있을 수 있다.

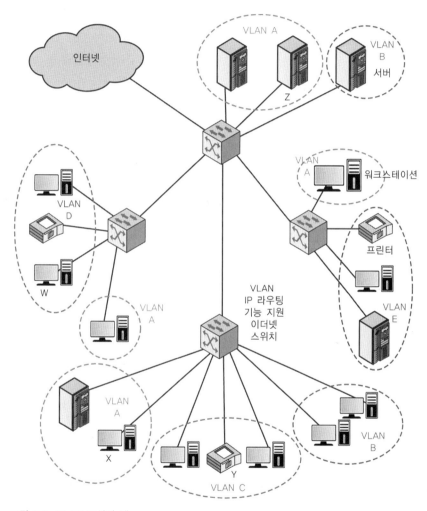

그림 9.3 VLAN 구성의 예

그림 9.3은 5개의 VLAN 구성을 보여준다. 워크스테이션 X에서 서버 Z로의 전송은 동일한 VLAN에 속하므로 MAC 계층에서 효율적으로 스위치된다. X가 보내는 브로드캐스트 MAC 프레임은 동일 VLAN에 속한 모든 장비로 전송된다. 그러나 X가 프린터 Y로 전송한다면 다른 VLAN으로 나가야 한다. 따라

서 IP 패킷을 X에서 Y로 보내기 위해 IP 계층의 라우터 로직이 필요하다. 그림 9.3에서는 라우터 로직이 스위치에 통합돼 있어 MAC 프레임이 같은 VLAN 위의 다른 장치로 향하는지 여부를 스위치가 확인한다. 그렇지 않다면 스위치는 캡슐화된 IP 패킷의 경로를 IP 계층에서 결정한다.

VLAN의 정의

VLAN은 단말 장치들의 그룹으로 구성된 브로드캐스트 도메인이며, 이 단말 장치들은 복수의 물리 LAN 세그먼트에 위치할 수도 있다. 해당 물리 LAN 세그먼트들은 물리적인 위치로 제약받지 않고, 마치 같은 LAN에 속한 것처럼 통신할 수 있다. 따라서 VLAN의 멤버 자격을 정의할 방법이 필요하다. VLAN 멤버 자격을 정의하기 위해 다음과 같이 다양한 방법이 사용돼 왔다.

- **포트 그룹 기반 멤버 자격** LAN 구성의 각 스위치는 두 종류의 포트를 가진다. 두 개의 스위치를 연결하는 트렁크 포트trunk port와 스위치를 단말 장치와 연결하는 종단 포트end port가 그것이다. 종단 포트를 특정 VLAN에 할당하면 VLAN이 생성된다. 이 방법은 비교적 구성하기 쉽다는 장점이 있다. 반면 단말 장치가 포트를 옮기면 네트워크 관리자가 VLAN 멤버 자격을 다시 구성해야 한다는 단점이 있다.

- **MAC 주소 기반 멤버 자격** MAC 주소는 네트워크 인터페이스 카드NIC마다 부착된 고유 식별자이므로, MAC 주소 기반 VLAN을 사용하면 네트워크 관리자가 워크스테이션을 물리적으로 다른 위치로 이동하더라도 자동으로 VLAN 멤버 자격이 유지된다. 이 방법은 VLAN 멤버 자격이 초기에 지정돼야만 한다는 문제가 있다. 수천 명 규모의 네트워크에서라면 쉬운 작업이 아닐 것이다. 또한 노트북 PC를 사용하는 환경에서는 MAC 주소가 노트북 PC 자체가 아니라 도킹 스테이션에 할당된다. 결과적으로 노트북 PC가 다른 도킹 스테이션으로 옮겨가면 VLAN 멤버 자격을 다시 구성해야만 한다.

- **프로토콜 정보 기반 멤버 자격** VLAN 멤버 자격을 IP 주소, 전송 계층 프로토콜 정보, 또는 그 이상의 계층 정보에 기반을 두고 할당할 수 있다. 이 방법은 매우 유연한 반면 스위치가 MAC 이상의 상위 계층들까지 검사

해야 하므로 성능에 영향이 있을 수 있다.

VLAN 멤버 자격 전달

스위치는 다른 스위치로부터의 트래픽에 대해서 VLAN 멤버 자격(즉, 어떤 단말이 어느 VLAN에 속하는지)을 확인할 수 있어야만 한다. 그렇지 않다면 VLAN의 범위가 하나의 스위치로 국한될 것이다. 한 가지 방법은 적절한 VLAN 정보를 수동으로 설정하거나 네트워크 관리 프로토콜을 사용하는 것이다.

더 일반적인 방법은 프레임 태깅frame tagging으로, 특정 MAC 프레임이 어떤 VLAN에 속하는지 고유하게 식별하는 헤더를 각각의 프레임마다 삽입하는 방식이다. IEEE 802 위원회는 프레임 태깅의 기술 표준인 IEEE 802.1Q를 제정했다. IEEE 802.1Q에 대해서는 다음 절에서 설명한다.

IEEE 802.1Q VLAN 기술 표준

IEEE 802.1Q 표준은 2014년에 마지막으로 갱신됐으며, VLAN 브리지와 스위치의 동작을 정의해 브리지/스위치로 구성된 LAN 인프라스트럭처에서 VLAN 토폴로지의 정의, 운영, 관리를 하게 한다. 이번 절에서는 IEEE 802.1Q 표준의 802.3 LAN 적용을 집중적으로 살펴본다.

VLAN은 관리자가 설정한 브로드캐스트 도메인이며, LAN에 속한 단말들의 일부로 구성됨을 기억하자. VLAN은 하나의 스위치로 국한되지 않고, 여러 스위치들이 연결된 범위로 존재할 수 있다. 이 경우 스위치 간의 트래픽은 VLAN 멤버 자격을 명시해야만 한다. 802.1Q에서는 이를 위해 1에서 4094까지의 값을 가지는 VLAN 식별자VID 태그를 삽입한다. 개별 VLAN은 고유한 VID 값을 할당받는다. 동일한 VID를 스위치들에 연결된 단말 장치에 할당함으로써, VLAN 브로드캐스트 도메인을 대규모 네트워크 규모로 확장할 수 있다.

그림 9.4는 태그 제어 정보TCI, Tag Control Information로 불리는 802.1 태그의 위치와 내용을 보여준다. 8진수 옥텟 두 자리인 TCI 필드의 존재 여부는 802.3 MAC 프레임의 길이/타입Length/Type 필드의 16진수 값 8100으로 알 수 있다. TCI는 다음과 같이 3개의 하위 필드로 구성된다.

IEEE 802

LAN과 MAN 기술 표준 개발을 책임지는 미국 전기전자기술자협회(IEEE, Institute of Electrical and Electronic Engineers) 위원회

IEEE 802.1

다음 영역의 기술 표준 개발을 맡고 있는 IEEE 802 워킹 그룹: 802 LAN/MAN 아키텍처, 802 LAN, MAN 및 기타 WAN 간의 인터네트워킹, 802 보안, 802 네트워크 관리 전반

IEEE 802.3

이더넷 LAN의 기술 표준 개발을 맡고 있는 IEEE 802 워킹 그룹

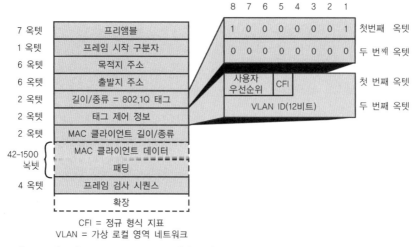

그림 9.4 태그된 IEEE 802.3 MAC 프레임 포맷

- **User priority(사용자 우선순위)(3비트)** 이 프레임의 우선순위 값

- **CFI(Canonical Format Indicator, 정규 형식 지표)(1비트)** 이더넷 스위치 에서는 항상 0으로 설정된다. CFI는 이더넷과 토큰 링 네트워크 사이의 호환성을 위해 사용된다. CFI가 1인 프레임이 이더넷 포트에서 수신되는 경우 태그 없는 포트로 전달해서는 안 된다.

- **VID(VLAN Identifier, VLAN 식별자)(12비트)** VLAN의 고유 식별자로, 4096개의 가능한 VID 중에서 VID 0은 우선순위 값만 가진 TCI가 사용하 고 VID 4095(0xFFF)는 예약돼 있다. 따라서 VLAN 구성에서 가능한 최대 개수는 4094개다.

그림 9.5는 802.1Q를 구현한 3개의 스위치와 그렇지 않은 1개의 레거시 스위 치의 LAN 구성을 보여준다. 이 경우 레거시 스위치에 연결된 모든 단말 장치는 동일한 VLAN에 속해야만 한다. VLAN을 인식하는 스위치 간의 트렁크를 지 나는 MAC 프레임은 802.1Q TCI 태그를 가진다. 태그는 레거시 스위치로 프레 임을 전달하기 직전에 제거된다. VLAN 인식 스위치에 연결된 단말로 갈 때 구현 방법에 따라 MAC 프레임에 TCI 태그가 있을 수도 없을 수도 있다. 핵심 은 VLAN을 인식하는 스위치들 사이에서 적절한 라우팅과 프레임 처리를 수행 하기 위해 TCI 태그가 사용된다는 것이다.

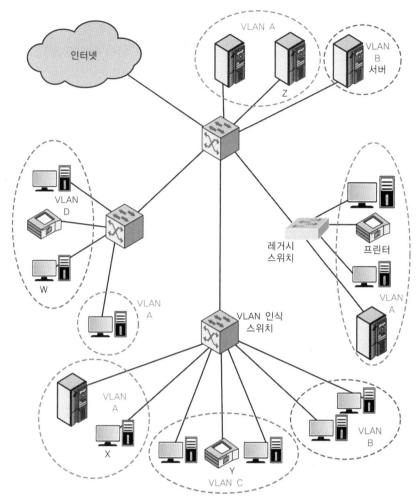

그림 9.5 802.1Q 스위치와 레거시 스위치의 VLAN 구성 예

중첩 VLAN

최초의 802.1Q 규격은 이더넷 MAC 프레임에 하나의 VLAN 태그 필드가 삽입되는 것을 허용했다. 최근 규격에서는 두 개의 VLAN 태그 필드를 삽입하는 것이 허용돼 하나의 VLAN 내부에 여러 개의 하위 VLAN을 정의할 수 있다. 복잡한 구성에서는 이와 같은 유연성이 필요할 수도 있다.

예를 들어 단일 건물에서 하나의 VLAN 계층으로 이더넷을 구성해도 충분할 수 있다. 하지만 기업에서 다수의 LAN 구간을 네트워크 서비스 사용자의 이더넷 MAN 링크를 거쳐 연결하는 경우가 종종 있다. 즉, 서비스 공급자의 고객들이 서비스 공급자 네트워크^{SPN, Service Provider Network} 위에서 802.1Q VLAN 태깅 기능을 원할 가능성이 있다.

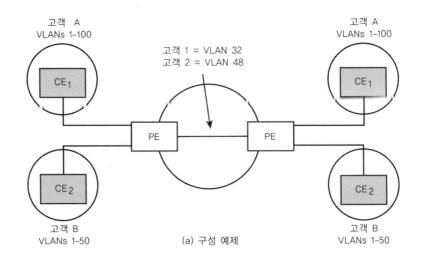

고객 A
VLANs 1-100

고객 1 = VLAN 32
고객 2 = VLAN 48

고객 A
VLANs 1-100

CE₁

CE₁

PE

PE

CE₂

CE₂

고객 B
VLANs 1-50

(a) 구성 예제

고객 B
VLANs 1-50

원본 이더넷 프레임

프리앰블/SFD	목적지 MAC 주소	출발지 MAC 주소	T/L	데이터/ 패딩	FCS

단일 802.1Q 태그

프리앰블/SFD	목적지 MAC 주소	출발지 MAC 주소	VLAN 태그	T/L	데이터/ 패딩	FCS

이중 Q-in-Q 태그

프리앰블/SFD	목적지 MAC 주소	출발지 MAC 주소	VLAN 태그	VLAN 태그	T/L	데이터/ 패딩	FCS

(b) 이더넷 프레임 내 VLAN 태그의 위치

그림 9.6 중첩 VLAN 태그의 사용

한 가지 방법은 고객의 VLAN 구성을 서비스 공급자가 볼 수 있게 하는 것이다. 이 경우 서비스 공급자는 모든 고객을 통틀어 4094개의 VLAN만을 지원할 수 있다. 그 대신 서비스 공급자가 두 번째 VLAN 태그를 이더넷 프레임에 삽입하는 방법도 있다. 예를 들어 복수의 부지를 동일한 SPN을 거쳐 연결하는 두 고객사가 있다고 생각해보자(그림 9.6의 (a)). 고객 A는 자체적으로 VLAN을 1에서 100까지 구성했고, 마찬가지로 고객 B는 VLAN을 1에서 50까지 구성했다. 서비스 공급자의 네트워크를 통과하는 동안 고객들의 데이터 프레임은 서로 분리돼야만 한다. 고객의 데이터 프레임을 식별하고 격리하기 위해 VLAN

을 중복 적용할 수 있다. 그 결과 SPN을 통과하는 동안 태그 달린 고객의 데이터 프레임에 다시 한 번 VLAN 태그가 붙게 된다(그림 9.6의 (b)). 두 번째 태그는 데이터가 개별 고객사의 네트워크로 다시 진입하는 SPN 에지에서 제거된다. VLAN 중첩 태깅은 VLAN 스태킹 또는 Q-in-Q라고 부른다.

9.2 오픈플로우의 VLAN 지원

802.1Q VLAN에서 각 네트워크 스위치들은 전체 VLAN 매핑 정보를 파악하고 있어야만 한다. VLAN 매핑 정보는 수동으로 설정할 수도 있고 자동으로 수집할 수도 있다. 또 한 가지 단점은 그룹 멤버 자격을 정의하는 세 가지 방법(포트 그룹, MAC 주소, 프로토콜 정보)의 선택에 관한 것이다. 네트워크 관리자는 구성하고자 하는 네트워크의 유형에 따라 장단점을 분석하고, 그중 한 가지 방법을 선택해야 한다. 전통적인 네트워크 장비에서는 VLAN을 더 유연하게, 또는 고객 맞춤형으로(예를 들면 IP 주소와 포트의 조합으로) 정의하는 것이 어려울 수 있다. 네트워크 관리자의 입장에서도 VLAN의 재구성은 쉽지 않은 작업이다. VM의 위치가 달라질 때마다 많은 스위치와 라우터들을 다시 설정해야만 하기 때문이다.

SDN 기술, 특히 오픈플로우를 통해 훨씬 더 유연하게 VLAN을 관리하고 제어할 수 있다. VLAN 태그를 보고 포워딩하기 위해 오픈플로우로 플로우 테이블 엔트리를 구성하는 방법과 태그를 추가, 수정, 제거하는 방법에 대해서는 여기에서 다시 설명하지 않는다.

9.3 가상 사설 네트워크

최근의 분산 컴퓨팅 환경에서 VPN^{Virtual Private Network, 가상 사설 네트워크}은 네트워크 관리자에게 매력적인 해결책을 제시한다. VPN은 대규모 네트워크가 갖는 규모의 경제와 관리 도구의 이점을 활용하기 위해 공용 네트워크(통신 사업자 네트워크 또는 인터넷) 내부에 구성되는 사설 네트워크다. VPN은 넓은 지역을 가로지르는 WAN을 생성하거나 지점 간 연결을 제공할 때, 또는 모바일 사용자들이 회사 LAN에 접속하는 등의 용도로 기업에서 다양하게 활용되고 있다. 많은 고객들이 네트워크 공급자의 공용 네트워크 시설을 공유하는 한편, 개별 고객의 트래픽은 다른 트래픽으로부터 격리된다. VPN 트래픽으로 지정된 패킷은 출발지와 동일한 VPN에 속한 목적지로만 갈 수 있다. 많은 경우 VPN을 위해 암호화와 인증 장비를 설치하기도 한다.

기업에서 VPN을 사용하는 일반적인 시나리오는 다음과 같다. 기업의 각 지점마다 LAN으로 워크스테이션, 서버, 데이터베이스를 연결한다. LAN은 기업이 제어권을 갖고 있으므로, 비용 대비 효과적인 성능을 위해 세부적으로 설정할 수 있다. 인터넷이나 다른 공용 네트워크 위에 구성한 VPN을 지점들 사이의 연결에 적용하면 사설 네트워크 구축과 대비해 비용을 절감하고 공용 네트워크 사업자에게 WAN 관리를 맡기는 효과를 얻을 수 있다. 즉, 공용 네트워크를 통해 출퇴근이나 이동 중인 직원들이 원격지에서 회사 시스템에 로그온할 수 있다.

VPN이라는 주제는 매우 복잡하기 때문에 이번 절에서는 VPN 구성을 위해 가장 흔히 사용되는 두 가지 기술인 IPSec^IP security와 MPLS^Multiprotocol Label Switching, 다중 프로토콜 라벨 스위칭에 대해서만 간략하게 설명한다.

IPsec
개별 IP 패킷마다 인증과 암호화를 통해 네트워크 계층의 IP 통신에 보안성을 제공하는 프로토콜들의 모음. 또한 IPsec은 암호화 키 관리를 위한 프로토콜을 제공한다.

IPsec VPN

기업 네트워크 아키텍처의 일부로 인터넷, 공용 네트워크 등 공유된 네트워크를 사용하는 경우 기업의 트래픽이 도청과 인가되지 않은 사용자가 진입할 위험에 고스란히 노출된다. 이와 같은 문제를 해결하기 위해 VPN 구성에 IPsec을 사용한다. IPsec의 핵심 기능은 IP 수준에서 트래픽을 암호화 및 인증하는 것이다. 따라서 원격 로그온, 클라이언트/서버, 이메일, 파일 전송, 웹 접근 등 모든 분산 애플리케이션에서 보안을 강화할 수 있다.

그림 9.7의 (a)는 터널 모드^Tunnel Mode IPsec의 패킷 포맷을 보여준다. 터널 모드는 ESP^Encapsulating Security Payload, 캡슐화된 보안 페이로드라는 인증/암호화 기능과 키 교환 기능을 사용한다. 일반적으로 VPN에서 인증과 암호화 기능이 모두 필요하다. (1) 인가받지 않은 사용자가 VPN에 침투하는 것을 막고, (2) 인터넷 상의 도감청자들이 VPN으로 전송되는 메시지를 읽지 못하게 하는 것이 모두 중요하기 때문이다.

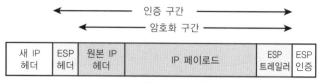

(a) 터널 모드 포맷

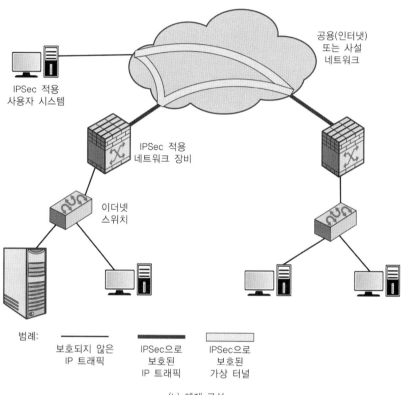

(b) 예제 구성

그림 9.7 IPsec VPN 시나리오

그림 9.7의 (b)는 일반적인 IPsec의 활용 시나리오다. 예를 들어 분산된 여러 장소에서 LAN을 운영 중인 기업이 있다면 각 LAN에서는 보안 기능 없이 IP 트래픽을 사용하지만, WAN을 통해 밖으로 나가는 트래픽에 대해서는 IPsec 프로토콜을 적용한다.

IPsec 프로토콜은 라우터, 방화벽 등 LAN을 외부로 연결하는 네트워크 장비에서 동작한다. IPsec 네트워크 장비는 일반적으로 WAN으로 나가는 모든 트래픽을 암호화하고, WAN에서 들어오는 모든 트래픽을 복호화 및 인증한다. 이 과정은 LAN에 속한 워크스테이션과 서버들에게 보이지 않는다. WAN으로 접속하는 개별 사용자들도 보안 전송이 가능하다. 이와 같은 보안 기능을 제공하기 위해 사용자의 워크스테이션이 IPsec 프로토콜을 구현해야만 한다.

VPN 구축에 IPsec를 적용하는 것의 이점은 다음과 같다.

- 방화벽 또는 라우터에 IPsec을 구현하면 주변부를 통과하는 모든 트래픽에 강력한 보안 기능을 제공할 수 있다. 기업/작업 그룹 내부의 트래픽에 대해서는 보안 관련 처리를 위한 오버헤드가 들지 않는다.

- 외부로부터의 모든 트래픽이 IP를 사용하고 그 유일한 경로가 방화벽이라면 방화벽에 구현된 IPsec은 우회하기 어렵다.

- IPsec은 전송 계층(TCP, UDP) 아래에 구현이 돼 있기 때문에 애플리케이션에 보이지 않는다. IPsec이 방화벽이나 라우터에 구현되면 사용자 또는 서버 시스템의 소프트웨어를 변경할 필요가 없다. IPsec이 단말 시스템에서 구현된 경우에도 애플리케이션을 비롯한 상위 계층 소프트웨어는 영향을 받지 않는다.

- IPsec을 최종 사용자에게 보이지 않게 할 수 있다. 즉, 사용자에게 보안 메커니즘을 교육하거나, 사용자마다 키 관련 자료를 발급하거나 폐기할 필요가 없다.

- IPsec은 필요한 경우 개별 사용자마다 보안 기능을 제공할 수 있다. 이 기능은 외부 작업자를 지원하거나, 민감한 애플리케이션을 위해 기관 내부에 안전한 가상 네트워크를 구축할 때 유용하다.

MPLS VPN

VPN을 구축하는 또 다른 방법은 MPLS를 사용하는 것이다. 이번 절에서는 MPLS에 대한 짧은 설명에 이어 MPLS로 VPN을 구현하는 가장 일반적인 두 가지 기술인 2계층 VPN(L2VPN)과 3계층 VPN(L3VPN)을 설명한다.

MPLS의 개요

MPLS^Multiprotocol Label Switching, 다중 프로토콜 라벨 스위칭는 라우팅과 트래픽 엔지니어링 정보를 패킷에 포함하기 위한 IETF^Internet Engineering Task Force, 국제 인터넷 기술 위원회 기술 규격이다. MPLS는 다수의 연관된 프로토콜로 구성돼 있으며, 이를 MPLS

프로토콜 스위트^{protocol suite}라고 부른다. MPLS는 IP 네트워크뿐 아니라 다른 패킷 교환 방식의 네트워크에서도 사용될 수 있다. MPLS는 특정 플로우에 속한 모든 패킷이 백본 네트워크에서 동일한 경로를 갖게 보장하기 위해 사용될 수 있다. MPLS는 많은 통신사와 서비스 공급자들이 적용하고 있으며, 대역폭 보장 SLA는 물론 실시간 음성과 동영상을 위해 필요한 QoS를 지원한다.

본질적으로 MPLS는 패킷을 포워딩하고 라우팅하는 효과적인 기법이다. MPLS는 IP 네트워크를 염두에 두고 설계됐지만, IP 계층 없이 어떠한 링크 수준 프로토콜로 네트워크를 구축하는 데에도 사용될 수 있다. 일반적인 패킷 교환 네트워크에서 패킷 스위치는 목적지, 경로, QoS 및 기타 트래픽 관리 기능(폐기 또는 지연 등)을 확인하기 위해 패킷 헤더의 여러 필드를 검사해야만 한다. 마찬가지 이유로 IP 기반 네트워크에서 라우터는 IP 헤더 내부의 필드들을 검사한다. MPLS 네트워크에서는 고정 길이의 라벨이 IP 패킷 또는 데이터 링크 프레임을 캡슐화한다. MPLS 라벨은 MPLS 지원 라우터가 라우팅, 전송, QoS, 트래픽 관리를 하기 위해 필요한 모든 정보를 포함한다. IP와 달리 MPLS는 연결 지향 프로토콜이다.

MPLS 네트워크는 패킷마다 달린 라벨 정보를 기반으로 패킷을 스위칭, 라우팅할 수 있는 LSR^{Label Switching Router, 라벨 스위칭 라우터}이라는 노드들로 구성된다. 라벨은 두 종점 사이, 또는 멀티캐스트의 경우 출발지와 목적지 멀티캐스트 그룹 사이의 패킷 플로우를 정의한다. FEC^{Forwarding Equivalence Class, 동일 포워딩 클래스}라고 부르는 개별 플로우마다 LSR 네트워크를 통과하는 경로가 정의되며, 이를 LSP^{Label Switched Path, 라벨 스위치 경로}라고 한다. 기본적으로 FEC는 동일한 전송 요구 조건을 공유하는 패킷들의 그룹을 의미한다. 같은 FEC에 속한 모든 패킷은 목적지로 향하는 중에 동일한 처리를 받는다. 이 패킷들은 동일한 경로를 갖고, 각 홉마다 동일한 QoS 처리를 받는다. 일반적인 IP 네트워크에서의 포워딩과는 대조적으로 패킷을 특정 FEC로 지정하는 작업은 패킷이 MPLS 라우터 네트워크로 진입할 때 한 번뿐이다.

다음 목록은 RFC 4026, 'Provider Provisioned Virtual Private Network Terminology(서비스 공급자 기반 가상 사설 네트워크 용어집)'에 따라 다음에 설명할 핵심 VPN 용어들을 정의한다.

- **AC(Attachment Circuit, 접속 회선)** 2계층 VPN에서 CE는 AC를 통해 PE에 접속된다. AC는 물리 링크 또는 논리 링크일 수 있다.

- **CE(Customer Edge, 고객 에지)** 사업자가 공급하는 VPN에 연결되는 고객 구내 장비(들)

- **L2VPN(2계층 VPN)** 2계층 주소에 따라 호스트와 라우터를 연결한다.

- **L3VPN(3계층 VPN)** 3계층 주소에 따라 호스트와 라우터를 연결한다.

- **PSN(Packet-Switched Network, 패킷 교환 네트워크)** VPN 서비스를 지원하는 터널이 구성될 네트워크

- **PE(Provider Edge, 사업자 에지)** 고객사 인터페이스 기능을 가지고 사업자 네트워크 에지에 위치한 장치(들)

- **터널** PSN을 통해 한 PE에서 다른 PE로 트래픽을 전송하기 위해 사용되는 연결. 터널은 한 PE에서 다른 PE로 패킷을 전송할 수단을 제공한다. 고객들의 트래픽을 분리하는 것은 터널 멀티플렉서 기반으로 이뤄진다.

- **터널 멀티플렉서** 패킷이 속한 서비스 인스턴스, 패킷 송신자 등을 확인할 수 있도록 터널을 통과하는 패킷에 함께 오는 정보. MPLS 네트워크에서 터널 멀티플렉서는 MPLS 라벨의 형식을 가진다.

- **VC(Virtual channel, 가상 채널)** VC는 터널을 통해 전송되며, 터널 멀티플렉서로 식별된다. MPLS를 지원하는 IP 네트워크에서 VC 라벨은 특정 VPN에 속한 터널 내부의 트래픽을 식별하기 위해 사용되는 MPLS 라벨이다. 즉, VC 라벨은 MPLS 라벨을 사용하는 네트워크의 터널 멀티플렉서다.

- **VPN(Virtual Private Network, 가상 사설 네트워크)** 다른 네트워크 사용자로부터 격리된 사용자 그룹을 생성하고, 그들 간에 마치 사설 네트워크에 속한 것처럼 서로 통신할 수 있게 공용 또는 사설 네트워크를 사용하는 기술을 포괄하는 일반적 용어다.

2계층 MPLS VPN

2계층 MPLS VPN에서 고객 네트워크와 사업자 네트워크 사이에는 상호 투명성이 존재한다. 고객은 사업자 네트워크에 연결된 고객 스위치들 사이의 유니캐스트 LSP 망을 요청한다. 각 LSP는 고객 입장에서 2계층 회선으로 볼 수

있다. L2VPN에서 사업자의 장비는 이더넷 MAC 주소 등의 2계층 헤더 정보에 기반을 두고 고객 데이터를 포워딩한다.

그림 9.8은 L2VPN의 핵심 요소를 설명한다. 고객은 이더넷 스위치와 같은 2계층 장비를 통해 사업자에 연결한다. MPLS 네트워크로 연결하는 고객 장비를 일반적으로 CE 장비라고 부른다. MPLS 에지 라우터는 PE 장비라고 불린다. CE와 PE 사이의 링크를 AC라고 하며, 이더넷 등의 링크 계층에서 동작한다. MPLS 네트워크가 설정하는 LSP는 기업 네트워크의 두 지점으로 각각 연결된 에지 라우터들(PE) 사이의 터널이 된다. 이 터널은 라벨 스태킹을 통해서 여러 VC를 전송할 수 있다. MPLS 라벨 스태킹을 통해 VC를 VLAN 스태킹과 매우 비슷한 방식으로 중첩할 수 있다.

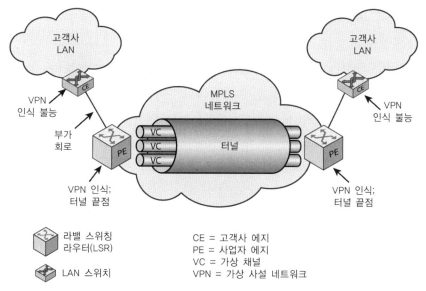

그림 9.8 MPLS 2계층 VPN 개념

링크 계층 프레임이 CE로부터 PE에 도착하면 PE는 MPLS 패킷을 생성한다. PE는 이 프레임에 할당된 VC에 해당하는 라벨을 붙인다. 그런 다음, PE는 이 VC의 출발지 PE와 목적지 PE 사이 터널에 해당하는 두 번째 라벨을 이 패킷의 라벨 스택에 붙인다. 이제 이 패킷은 터널의 LSP를 따라 터널 라벨(두 번째 라벨) 기반의 라벨 교환 라우팅을 거쳐 전송된다. 목적지 에지에서 PE는 VC 라벨(첫 번째 라벨)을 꺼내 확인한다. 이를 통해 목적지 PE는 목적지 CE까지 페이로드를 전송하기 위해 링크 계층 프레임을 생성할 정보를 얻는다.

MPLS 패킷의 페이로드가 이더넷 프레임이면 목적지 PE는 VC 라벨로부터 출력 인터페이스와 VLAN 식별자를 알 수 있다. 이 과정은 단방향이며, 양방향 동작을 위해서는 이 과정을 독립적으로 반복한다.

터널 내의 VC들이 모두 한 기업에 속할 수도 있고, 하나의 터널로 여러 기업의 VC들을 관리할 수도 있다. 어떤 경우에나 고객 입장에서 보면 VC는 두 지점 간 전용 링크 계층 채널이다. 여러 VC들이 어느 PE에서 CE로 같은 경로로 연결된다면 이는 고객과 사업자 사이에서 복수의 링크 계층 채널을 논리적으로 다중화하는 것이다.

3계층 MPLS VPN

L2VPN이 링크 계층 주소(MAC 주소 등)에 기반을 두는 것과 달리 L3VPN은 IP 주소에 기반을 두고 CE 간 VPN 경로를 생성한다.

L2VPN과 마찬가지로 MPLS 기반 L3VPN도 일반적으로 이중 라벨 스태킹을 사용한다. 안쪽 라벨(VPN 라벨)은 특정 VPN 인스턴스를 식별하고, 바깥쪽 라벨(터널 라벨)은 MPLS 사업자 네트워크를 통과하는 터널 또는 경로를 식별한다. 터널 라벨은 LSP와 연관되고, 라벨 교환과 포워딩에 사용된다. 목적지 PE에서 터널 라벨을 벗기고, VPL 라벨을 사용해 목적지 CE까지의 경로와 해당 CE에서의 논리적 플로우를 지정한다.

L3VPN에서는 CE가 IP 계층을 구현하는 라우터다. CE 라우터는 CE 네트워크를 사업자에게 알린다. 사업자 네트워크는 개량된 BGP 버전을 사용해 CE 간 VPN을 설정한다. 사업자 네트워크 내부에서는 VPN을 지원하는 에지 PE들 간의 경로를 설정하기 위해 MPLS 도구를 사용한다. 즉, 사업자의 라우터들이 고객사의 L3 라우팅 기능에 참여한다.

9.4 네트워크 가상화

이번 절은 중요한 네트워크 가상화에 대해 살펴본다. 네트워크 가상화에서 우선 어려운 점은 학계 및 산업계의 문헌들이 서로 다 다르게 정의한다는 점이다. 따라서 이번 절에서는 ITU-T Y.3011(Framework of Network Virtualization for Future

Networks(미래 네트워크를 위한 네트워크 가상화 프레임워크), 2012년 1월)을 근거로 몇 가지 용어들을 정의하는 것으로 시작한다.

- **물리 리소스** 네트워크 관점에서 물리 리소스는 라우터, 스위치, 방화벽 등의 네트워크 장비와 유/무선통신 링크를 포함한다. 클라우드 서버 등의 호스트 역시 물리 네트워크 리소스로 간주될 수 있다.

- **논리 리소스** 독립적으로 관리 가능한 특정 물리 리소스의 일부분으로, 해당 물리 리소스와 동일한 특성을 계승하며 물리 리소스의 기능에 의해 자신의 기능이 제약된다. 한 예로는 디스크 메모리의 명명된[named] 파티션이 있다.

- **가상 리소스** 물리 또는 논리 리소스의 추상화로, 물리/논리 리소스와 다른 특성을 가질 수 있으며 기능 또한 물리/논리 리소스의 기능으로 제약되지 않는다. 이에 대한 몇 가지 예를 들면 먼저 가상 머신[VM]은 동적으로 이동할 수 있다. VPN 토폴로지도 동적으로 변경할 수 있고, 리소스에 대한 접근 제어 제한을 설정할 수도 있다.

- **가상 네트워크** 다른 가상 네트워크와 논리적으로 분리된 복수의 가상 리소스(가상 노드 및 가상 링크)로 구성된 네트워크다. Y.3011에서는 가상 네트워크를 LINP[Logically Isolated Network Partition, 논리적 분리 네트워크 파티션]라고 한다.

- **네트워크 가상화(NV, Network Virtualization)** 공유된 물리 네트워크 위에서 복수의 이종 가상 네트워크들이 동시에 공존할 수 있도록 논리적으로 분리된 가상 네트워크를 생성하는 기술이다. 네트워크 가상화는 사업자의 여러 리소스들을 통합해 하나의 리소스로 보이게 한다.

NV는 트래픽 분리만을 제공하는 VPN, 또는 기본적인 형태의 토폴로지 관리만 제공하는 VLAN보다 훨씬 광범위한 개념이다. NV는 가상 네트워크를 커스터마이징하기 위해 사용된 물리 리소스와 가상 네트워크의 기능을 관리자가 전면적으로 제어할 수 있음을 의미한다.

가상 네트워크는 물리 네트워크와 유사한 서비스를 가상 리소스가 제공하는 추상화된 네트워크의 관점을 제공한다. 가상 리소스는 소프트웨어로 정의되기 때문에 가상 네트워크의 관리자는 매우 유연하게 토폴로지를 변경하고, 리소스를 이동하고, 리소스 속성과 서비스를 변경할 수 있다. 또한 가상 네트워크의 사용자에는 서비스 또는 애플리케이션 사용자뿐만 아니라 서비스 사업자까지 포함된다. 예를 들어 클라우드 서비스 사업자가 필요에 따라 가상 네트워크를 임대해 재빠르게 신규 서비스를 추가하거나 서비스 범위를 확장할 수 있다.

간단한 예제

네트워크 가상화의 개념들을 이해하기 위해 한 가지 간단한 예제를 제시한다. 이북^{ebook} 'Software Defined Networking - A Definitive Guide'[KUMA13]에서 가져온 그림 9.9는 서버 3대와 스위치 5대로 구성된 네트워크를 보여준다. 그중 서버 한 대는 방화벽 소프트웨어가 올라간 보안 운영체제 플랫폼이다. 모든 서버에는 VM을 지원할 수 있는 하이퍼바이저가 실행된다. 어떤 기업(기업 1)의 리소스들이 서버 3대에 걸쳐 호스팅되고 있는데, 이 리소스들은 물리 서버 1 위의 VM 3개(VM1a, VM1b, VM1c), 물리 서버 2 위의 VM 2개(VM1d, VM1e), 물리 서버 3 위의 방화벽 1로 구성된다. 가상 스위치는 물리 스위치를 거쳐 다른 서버에 위치한 VM과의 연결을 제공하기 위해 사용된다. 물리 스위치는 물리 서버들 사이의 연결을 제공한다. 각 기업의 네트워크는 물리 네트워크 위에 분리된 가상 네트워크로 계층을 이룬다. 그림 9.9에서 기업 1의 가상 네트워크는 VN1 부분으로 확인된다. VN2은 또 다른 가상 네트워크를 가리킨다.

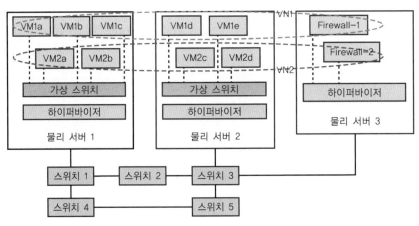

그림 9.9 서로 다른 관리 그룹에 속한 가상 머신들의 네트워크 구성 예

이 예는 네트워크 가상화의 추상화 3계층을 설명한다(그림 9.10 참조). 맨 아래 층에는 하나 이상의 관리 도메인에서 관리되는 물리 리소스들이 존재한다. 서

버들은 복수의 VM을 지원하기 위해 논리적으로 파티션된다. 이를 위해 메모리가 파티션되는 것은 물론, I/O 및 통신 포트, 서버의 프로세서/코어들까지도 파티션될 수 있다. 그 다음으로 물리와 논리 리소스를 가상 리소스로 매핑하는 사우스바운드 추상화 기능이 존재한다. 사우스바운드 추상화 기능은 SDN 또는 NFV로 활성화할 수 있고, 가상 리소스 수준에서 소프트웨어로 관리된다.

분리된 가상 네트워크들로 구성된 네트워크 조감도를 생성하기 위해 또 하나의 추상화 기능(노스바운드 추상화 기능)이 사용된다. 각각의 가상 네트워크는 독립된 가상 네트워크 관리 기능이 관리한다.

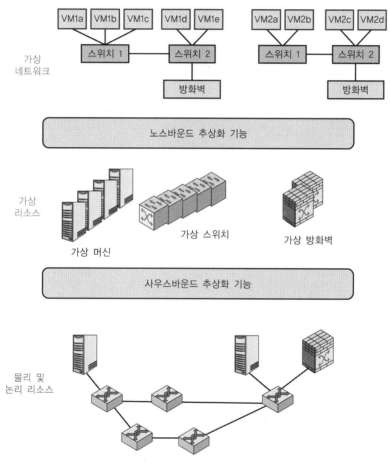

그림 9.10 네트워크 가상화의 추상화 계층

이 예제에서 보는 것처럼 네트워크 가상화는 리소스들이 소프트웨어로 정의돼 있기 때문에 뛰어난 유연성을 제공할 수 있다. VN1 관리자는 스위치 1에 연결된 VM과 스위치 3에 연결된 VM 사이의 트래픽에 특정한 QoS 요구 조건을 설정할 수 있고, 가상 네트워크 밖으로의 트래픽에 대해 방화벽 규칙을 설정할 수도 있다. 이와 같은 설정들은 궁극적으로 물리 스위치의 포워딩 규칙과 물리 방화벽의 필터링 규칙으로 변환돼야만 한다. 모든 작업이 소프트웨어로 이뤄지고, 가상 네트워크 관리자가 물리 토폴로지와 물리 서버들에 대해 알 필요가 없기 때문에 변경 작업이 매우 쉽다.

네트워크 가상화 아키텍처

Y.3011에서 인용한 네트워크 가상화의 개념적 아키텍처(그림 9.11)는 여러 구성요소를 개괄적으로 보여준다. 이 아키텍처는 네트워크 가상화를 4개의 계층으로 설명한다.

- 물리 리소스
- 가상 리소스
- 가상 네트워크
- 서비스

하나의 물리 리소스는 복수의 가상 리소스들 사이에서 공유될 수 있다. 각 LINP(가상 네트워크)는 복수의 가상 리소스들로 이뤄지며, 사용자에게 일련의 서비스를 제공한다.

각 단계마다 다양한 관리 및 제어 기능이 실행되며 반드시 동일한 사업자에 의한 것일 필요는 없다. 각각의 물리 네트워크와 관련 리소스마다 연관된 관리 기능이 존재한다. 가상 리소스 관리자VRM, Virtual Resource Manager가 물리 리소스들로부터 생성된 가상 리소스의 풀을 관리한다. VRM은 리소스를 예약하기 위해 물리 네트워크 관리자PNM, Physical Network Manager와 연동한다. VRM은 LINP를 구성하고 각 LINP마다 LINP 관리자가 지정된다.

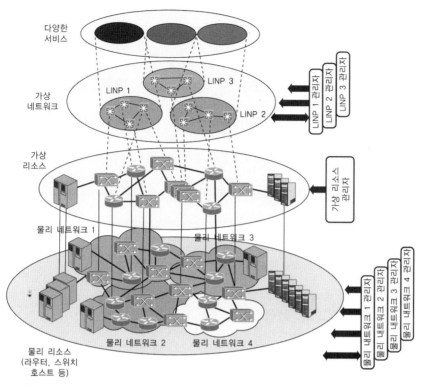

그림 9.11 네트워크 가상화의 개념적 구조(Y.3011)

그림 9.12는 네트워크 가상화의 구성 요소들에 대한 또 다른 그림을 제시한다. 그림에 보이는 물리 리소스 관리 기능은 물리 리소스를 관리하고 물리 리소스와 동일한 특성을 가진 복수의 논리 리소스들을 생성할 수 있다. 가상 리소스 관리 기능은 물리 계층과 가상 계층 사이의 인터페이스에서 물리 및 논리 리소스를 이용할 수 있다. 가상 리소스 관리 기능은 물리 리소스와 논리 리소스를 추상화해 가상 리소스를 생성한다. 또한 다른 가상 리소스들을 병합해 새로운 가상 리소스를 생성할 수도 있다. 가상 네트워크 관리 기능은 가상 리소스 관리 기능이 제공하는 가상 리소스들 위에 VN을 생성할 수 있다. 일단 VN이 생성되면 VN 관리 기능이 자신의 VN을 관리하기 시작한다.

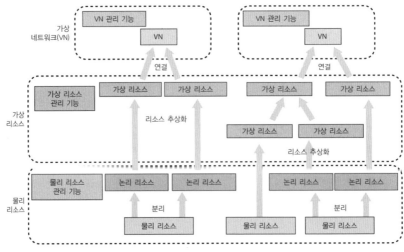

그림 9.12 네트워크 가상화 리소스 계층 구조

네트워크 가상화의 이점

네트워크 서비스 사업자, 중소기업(SMB), 대기업, 클라우드 서비스 사업자 등 220개 기관이 참여한 SDxCentral의 2014년 조사[SDNC14]에 따르면 네트워크 가상화의 이점은 다음과 같다(그림 9.13).

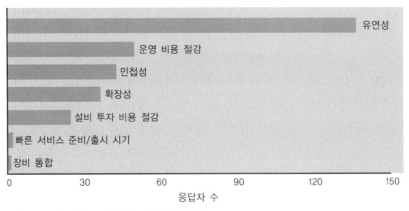

그림 9.13 네트워크 가상화의 이점 설문 결과

- **유연성** 네트워크 가상화를 통해 끊임없이 변하는 가상화된 컴퓨트/스토리지 인프라스트럭처의 요구 사항을 만족시키기 위해 네트워크를 빠르게 이전, 준비, 확장할 수 있다.

- **운영 비용(OpEx) 절감** 인프라스트럭처 가상화는 운영 비용과 네트워크 관리에 필요한 장비를 간소화한다. 통합된 서비스 관리 인프라스트럭처를 통해 기반 소프트웨어가 일원화되고 지원이 쉬워진다. 또한 통합된 인프라스트럭처는 서로 다른 서비스와 구성 요소들을 자동화하고 오케스트레이션할 수 있게 한다. 관리자는 리소스의 가용성을 조율하고 서비스 출시에 필요한 과정을 자동화해서 직접 프로세스를 관리할 필요성과 잠재적인 오류를 줄일 수 있다.

- **민첩성** 기존 물리 네트워크를 변경할 필요 없이 네트워크 토폴로지나 트래픽 처리 방법을 다양하게 시도해볼 수 있다.

- **확장성** 수요 변화에 대응하기 위해 가용한 리소스 풀에 물리 리소스를 추가/제거해 가상 네트워크를 빠르게 확장할 수 있다.

- **설비 투자 비용(CapEx) 절감** 가상화 설치는 필요한 장비의 수를 감소시키므로, 운영 비용뿐 아니라 설비 투자 비용까지 절감할 수 있다.

- **신속한 서비스 공급/출시 시기** 필요에 따라 물리 리소스를 가상 네트워크에 할당할 수 있기 때문에 사용자/애플리케이션의 요구가 달라짐에 따라 기업 내의 리소스를 재빠르게 전환할 수 있다. 사용자의 관점에서 보면 시스템 이용률을 최소화하게 리소스를 획득/해제할 수 있다. 신규 서비스에는 최소한의 교육만 필요하고, 서비스 도입 시 네트워크 인프라스트럭처의 중단을 최소화할 수 있다.

- **장비 통합** 네트워크 가상화를 통해 네트워크 리소스를 더 효율적으로 사용하게 되면 장비 구매를 더 적은 수의 상용 제품으로 통합할 수 있다.

9.5 오픈데이라이트의 가상 테넌트 네트워크

VTN^Virtual Tenant Network, 가상 테넌트 네트워크은 NEC가 개발한 오픈데이라이트^ODL, OpenDaylight 플러그인이다. VTN은 VLAN 기술을 활용해 SDN 위에 멀티테넌트 가상 네트워크를 제공한다. 사용자는 VTN 추상화 기능을 통해 물리 네트워크의 토폴로지, 대역폭 제한 등을 알지 못하더라도 가상 네트워크를 설계하고 도입할 수 있다. VTN을 사용하면 일반적인 L2/L3(LAN 스위치/IP 라우터) 네트워크인 것처럼 네트워크를 정의할 수 있다. 네트워크가 VTN 위에 설계되면 자동으로 기반 물리 네트워크에 매핑되고, SDN 제어 프로토콜을 통해 개별 스위치에 설정된다.

VTN은 2개의 구성 요소로 이뤄진다(5장, 'SDN 제어 평면'의 그림 5.6 참조).

- **VTN 관리자** VTN 모델의 구성 요소들을 구현하기 위해 다른 모듈과 연동하는 ODL 컨트롤러 플러그인이다. 또한 VTN 관리자는 ODL 컨트롤러의 VTN 구성 요소를 설정하는 REST 인터페이스를 제공한다.
- **VTN 코디네이터** VTN 가상화를 위해 사용자에게 REST 인터페이스를 제공하는 외부 애플리케이션이다. 사용자 설정을 구현하기 위해 VTN 관리자 플러그인과 연동한다. 여러 컨트롤러의 오케스트레이션도 가능하다.

표 9.1은 VTN으로 가상 네트워크를 구축하기 위한 구성 요소들을 보여준다. 가상 네트워크는 가상 노드(vBridge, vRouter)와 가상 인터페이스, 가상 링크로 구성된다. 가상 노드 위에 만들어진 가상 인터페이스를 가상 링크로 연결해 L2/L3 전송 기능을 가진 네트워크를 설정할 수 있다.

표 9.1 가상 테넌트 네트워크 구성 요소

구성 요소 명칭		설명
가상 노드	vBridge	L2 스위치 기능의 논리적 표현
	vRouter	L3 라우터 기능의 논리적 표현. 하나의 VTN 내부에서 오직 하나의 vRouter만 정의돼 vBridge로 연결될 수 있다.
	vTerminal	플로우 필터 redirect 섹션 속성의 출발지/목적지 물리 포트 매핑 인터페이스로 연결된 가상 노드의 논리적 표현
	vTunnel	(vTep과 vBypass들로 구성된) 터널의 논리적 표현
	vTep	터널 끝점(TEP, Tunnel Endpoint)의 논리적 표현
	vBypass	통제된 네트워크 간 연결의 논리적 표현
가상 인터페이스	Interface	가상 노드(VM, 서버, vBridge, vRouter 등) 위 끝점의 표현
가상 링크	vLink	가상 인터페이스 간 L1 연결의 논리적 표현

그림 9.14의 위쪽 부분이 가상 네트워크의 예다. VRT는 vRouter로 정의되고, BR1과 BR2는 vBridge로 각각 정의된다. vRouter와 vBridge의 인터페이스

들이 vLink로 연결된다. VTN 관리자의 사용자가 가상 네트워크를 정의하면
VTN 코디네이터가 물리 네트워크 리소스를 가상 네트워크로 매핑한다. 매핑
과정에서 오픈플로우 스위치의 어떤 인터페이스로 각 패킷을 송수신하는지와
어느 가상 네트워크에 속한 오픈플로우 스위치가 패킷을 송수신하는지를 확인
한다. 매핑에는 두 가지 방법이 있다.

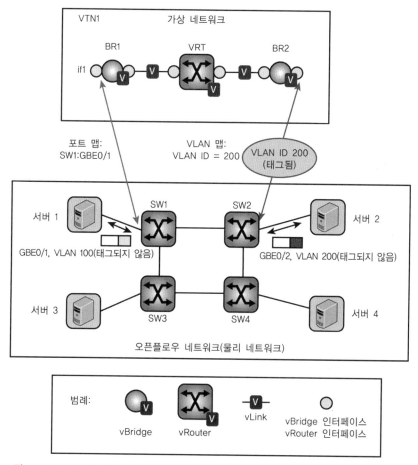

그림 9.14 VTN 매핑 예제

■ **포트 매핑(port-map)** 물리 포트를 가상 노드(vBridge/vTerminal)의 인터페이
스로 매핑할 때 사용되는 방법이다. 네트워크 토폴로지를 미리 알고 있을
때 활성화된다.

■ **VLAN 매핑(vlan-map)** 수신된 2계층 프레임의 VLAN 태그에서 VLAN

ID를 vBridge에 매핑할 때 사용되는 방법이다. 이 방법은 연관된 네트워크의 VLAN 태그를 알고 있을 때 사용된다. 이 매핑 방법을 사용하면 설정할 명령어가 줄어든다.

그림 9.14는 매핑의 한 예를 보여준다. BR1 인터페이스는 오픈플로우 스위치 SW1의 포트에 매핑된다. SW1 포트에서 수신된 패킷은 BR1의 해당 포트에서 온 것으로 간주된다. vBridge BR1의 인터페이스 if1은 포트 매핑port-map에 따라 SW1의 GBE0/1 포트에 매핑된다. SW1의 GBE0/1 포트에서 송수신된 패킷은 vBridge의 if1에서 송수신된 것으로 간주된다. vBridge BR2는 VLAN 매핑vlan-map에 따라 VLAN 200에 매핑된다. 네트워크 위의 어떤 스위치 포트에서 송수신했더라도 VLAN ID가 200인 패킷은 vBridge BR2에 매핑된다.

VTN은 가상 네트워크를 거치는 트래픽 플로우를 정의하고 관리하는 기능을 제공한다. 오픈플로우에서와 마찬가지로 트래픽 플로우는 패킷 내부의 여러 필드 값들에 기반을 두고 정의된다. 개별 플로우는 다음과 같은 필드들의 조합으로 정의된다.

- 출발지 MAC 주소
- 목적지 MAC 주소
- 이더넷 유형
- VLAN 우선순위
- 출발지 IP 주소
- 목적지 IP 주소
- IP 버전
- DSCPDifferentiated Services Codepoint, 차등 서비스 코드
- TCP/UDP 출발지 포트
- TCP/UDP 목적지 포트
- ICMP 유형
- ICMP 코드

DSCP
DiffServ(QoS 트래픽 관리의 한 형태)를 위해 패킷 분류에 사용되는 IP 헤더 안의 6비트 필드

표 9.2는 플로우 필터 조건에 일치하는 패킷에 적용 가능한 액션들의 유형을 요약한다.

표 9.2 가상 테넌트 플로우 필터 액션

액션	설명
Pass	명시된 조건에 일치하는 패킷을 패스한다.
Drop	명시된 조건에 일치하는 패킷을 폐기한다.
Redirect	명시된 가상 인터페이스로 패킷을 재전송한다. (MAC 주소가 유지되는) 투명한 재전송과 (MAC 주소가 변경되는) 라우터 재전송 모두 지원된다.
Priority	IP DSCP 필드를 사용해 패킷의 우선순위를 설정한다.
Bandwidth	정책 파라미터를 설정하고, 데이터 속도 통계 값에 기반을 두고 액션을 설정한다. 액션에는 통과(pass), 폐기(drop), 우선순위 낮춤 등이 포함된다.
Statistics	통계 정보를 수집한다.

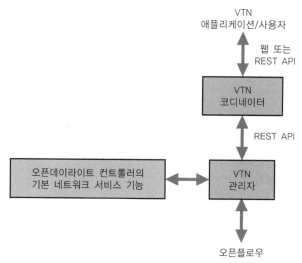

그림 9.15 오픈데이라이트 VTN 아키텍처

그림 9.15는 VTN의 전체 아키텍처를 보여준다. VTN 관리자는 ODL 컨트롤러의 일부로, 기반 네트워크의 토폴로지와 통계 정보를 얻기 위해 기본 네트워크 서비스 기능을 사용한다. 사용자 또는 애플리케이션은 웹/REST API를 통해 가상 네트워크를 생성하고, VTN 코디네이터에 네트워크의 동작을 지정할 수 있다. VTN 코디네이터는 이를 구체적인 명령어로 변환해 VTN 관리자에게 전

달하고, VTN 관리자는 오픈플로우를 통해 가상 네트워크를 물리 네트워크 인프라스트럭처로 매핑한다.

9.6 소프트웨어 정의 인프라스트럭처

최근 수년간 기업과 통신사의 데이터 센터, 클라우드 컴퓨팅 설비, 네트워크 인프라스트럭처의 복잡도가 폭발적으로 증가했다. 이와 같은 문제를 위해 최근 떠오르는 설계 철학이 SDI^{Software-Defined Infrastructure, 소프트웨어 정의 인프라스트럭처}다. SDI에서는 데이터 센터 또는 네트워크의 인프라스트럭처가 애플리케이션/비즈니스의 요구 조건과 운영자의 제약 조건에 기반을 두고 런타임에 스스로를 재구성할 수 있다. SDI의 자동화 기능은 인프라스트럭처 운영자로 하여금 SLA를 더 잘 만족시키고, 지나친 준비를 방지하고, 보안과 기타 네트워크 관련 기능을 자동화할 수 있게 한다.

SDI의 또 다른 특성은 매우 애플리케이션 중심적이라는 점이다. 애플리케이션은 지원 생태계(하드웨어, 시스템 소프트웨어, 네트워크)보다 매우 천천히 변화하는 경향이 있다. 개인과 기업이 한 번 선택한 애플리케이션을 오랫동안 고수하는 반면, 하드웨어와 기타 인프라스트럭처 요소는 빠른 속도로 교체한다. 따라서 전체 인프라스트럭처를 소프트웨어로 정의해서 인프라스트럭처 기술의 빠른 변화에 대응할 수 있다면 사업자들에게 큰 이득이 될 수 있다.

SDN과 NFV는 SDI를 가능하게 하는 핵심 기술이다. SDN은 네트워크 제어 시스템이 유연하게 네트워크 리소스를 동적으로 조정하고 공급할 수 있게 한다. NFV는 네트워크 기능을 클라우드 또는 네트워크 인프라스트럭처 환경에 쉽게 설치할 수 있는 미리 패키지화된 소프트웨어 서비스 형태로 가상화한다. 즉, 서비스 설치와 네트워크 설정을 하드 코딩하는 대신 동적으로 구성할 수 있게 돼 서비스 도입 시 민첩성이 크게 향상된다. SDN과 NFV는 SDI의 필수 요소지만, 그 자체로 필요한 설정을 자동 생성하거나 추천할 정도의 지능적 처리를 하지 못한다. 따라서 SDN과 NFV는 SDI를 구현하는 소프트웨어의 도입 플랫폼을 제공하는 것으로 볼 수 있다.

최근 Pott의 기고[POTT14]에 따르면 SDI가 제공하는 핵심 기능은 다음과 같다.

- 인라인으로 데이터 중복 제거^{data deduplication}와 압축이 완전 지원되는 분산 스토리지 리소스

■ 인라인으로 데이터 중복 제거^{data deduplication}와 압축이 완전 지원되는 분산 스토리지 리소스

■ 애플리케이션 인식과 자동 설정/자동 테스트가 지원되는 완전 자동화된 통합 백업. 이와 같은 신개념의 기능은 '제로 터치' 개념에 최대한 가깝게 될 것이다.

■ 애플리케이션 인식과 자동 설정/자동 테스트가 지원되는 완전 자동화된 통합 재난 복구. 이와 같은 신개념의 기능은 '제로 터치' 개념에 최대한 가깝게 될 것이다.

■ 공용 클라우드의 리소스를 로컬에 있는 것처럼 쉽게 사용할 수 있는 완전히 통합된 하이브리드 클라우드 컴퓨팅

. 비용, 데이터 소유권 요구 조건, 지연 시간 및 지역성의 필요에 따라 클라우드 사업자들 사이를 이동할 수 있는 능력이다. 하이브리드 클라우드 부분을 담당할 사업자는 사생활과 보안을 고려해 구축하고, 관리자는 지역 사업자뿐만 아니라 해외의 법적 공격 우려가 없는 사업자들까지 쉽게 선택할 수 있게 된다. 이와 같은 점에서 사업자들은 명백히 차별화될 것이다.

■ WAN 최적화 기술

■ 베어메탈 위에서 실행되는 하이퍼바이저 또는 하이브리드 하이퍼바이저/컨테이너 기술

■ 시스템 관리자가 하드웨어와 하이퍼바이저를 관리하기 위한 소프트웨어

■ 새 애플리케이션과 운영체제를 탐지해서 자동으로 모니터링하는 적응적 모니터링 소프트웨어. 적응적 모니터링에는 수동 설정이 필요 없다.

■ 리소스의 용량 초과 시점, 하드웨어 장애 발생 시점, 라이선스 계약을 더 이상 피할 수 없는 시점을 알아낼 예측 분석 소프트웨어

■ 주어진 하드웨어 및 라이선스 계약의 한도 내에서 하드웨어 및 소프트웨어들이 최대한 활용될 것을 보장하는 자동화 및 부하 최대화 소프트웨어

■ 주문형으로 또는 필요에 따라 애플리케이션을 실행할 뿐만 아니라, '앱 스토어'처럼 몇 번의 클릭만으로 새로운 작업을 로컬 인프라스트럭처 위에서 실행할 수 있는 오케스트레이션 소프트웨어

데이터 중복 제거
중복된 데이터의 제거. (1) 변경된 데이터만 저장해 데이터를 압축하고, (2) 데이터/파일의 중복된 복사본을 단일 복사본으로의 포인터로 교체하는 것을 포함한다.

- 오케스트레이션의 부속 개념인 오토버스팅autobursting은 레거시 작업의 용량 증설(CPU, RAM 등)과 확장형 애플리케이션의 새 인스턴스 실행 중에서 지능적으로 결정한다.

- 사설 인프라스트럭처와 공용 클라우드 공간에 걸쳐 동작하는 하이브리드 ID 서비스. 신원 관리뿐만 아니라 어느 곳에서나 완전한 사용자 경험 관리 솔루션을 제공한다.

- 공용/사설 클라우드뿐 아니라 데이터 센터 사이의 2계층 확장을 포함한 전체 소프트웨어 정의 네트워크 스택. 이는 작업 시작 시 자동으로 네트워크, 방화벽, 침입 탐지, 애플리케이션 계층 게이트웨이, 미러링, 부하 분산, 콘텐츠 전송망 등록, 인증서를 설정함을 의미한다.

- 레거시가 아닌 모든 작업과 인프라스트럭처 구성 요소의 장애에 대해 네트워크가 여전히 요구 조건을 만족하는지 알기 위한 자동화 무작위 테스트 형태의 카오스 생성 기법

소프트웨어 정의 스토리지

앞에서 언급한 것처럼 SDN과 NFV는 SDI의 핵심 요소들이다. 이와 마찬가지로 중요한 SDI의 세 번째 요소는 SDS^{Software-Defined Storage, 소프트웨어 정의 스토리지}라는 새로운 기술이다. SDS는 전통적으로 통합되지 못했던 데이터 센터 내부의 다양한 스토리지 시스템을 관리하기 위한 프레임워크다. SDS는 주어진 SLA를 만족시키고 다양한 애플리케이션을 지원하기 위해 스토리지 자산들의 관리 기능을 제공한다. SDS의 물리 아키텍처는 대부분 네트워크 위에 스토리지 장치들이 퍼져있는 분산 스토리지에 기반을 둔다.

그림 9.16은 일반적인 SDS 아키텍처의 구성 요소들을 보여준다. 물리 스토리지는 여러 제조업체들의 자기 디스크와 SSD 어레이로 구성된다. 통합된 제어 소프트웨어들의 모음인 스토리지 제어 평면은 물리 스토리지 평면과 분리돼 있다. 스토리지 제어 평면은 다양한 제조업체의 장비들과 인터페이스하고 제어, 모니터링하는 스토리지 시스템 적응 로직을 포함한다. 스토리지 시스템 적응 로직 계층의 위쪽에는 기본적인 스토리지 서비스들이 위치한다. 애플리케이션 인터페이스는 애플리케이션이 개별 스토리지 시스템의 위치, 속성, 용량에 신경

쓸 필요가 없도록 데이터 스토리지의 추상화된 관점을 제공한다. 또한 SDS 관리자가 분산된 스토리지들을 관리하기 위한 관리자 인터페이스가 존재한다.

SDS는 스토리지 하드웨어 대신 스토리지 서비스에 중점을 둔다. 스토리지 제어 소프트웨어를 하드웨어로부터 분리함으로써 스토리지 자원을 더 효율적으로 사용하고 간편하게 관리할 수 있다. 예를 들어 스토리지 관리자는 스토리지 프로비저닝 방법을 결정할 때 일일이 특정 하드웨어의 속성을 고려할 필요 없이 SLA를 활용할 수 있게 된다. 본질적으로 리소스들은 사용자에게 할당된 스토리지 풀로 통합된다. 사용자 또는 애플리케이션의 요구 조건을 만족시키기 위해 데이터 서비스를 적용하고, 서비스 수준을 관리한다. 애플리케이션에 의해 추가적인 리소스가 필요하게 되면 스토리지 제어 소프트웨어는 자동으로 리소스를 추가하고 사용하지 않는 리소스는 해제한다. 스토리지 제어 소프트웨어는 자동으로 장애가 발생한 구성 요소와 시스템을 제거한다.

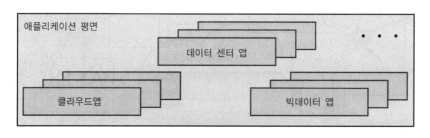

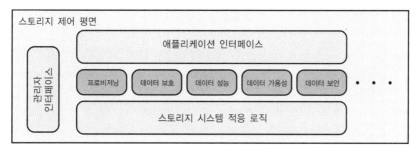

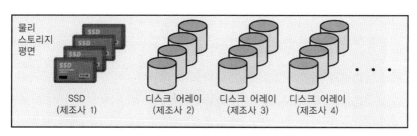

그림 9.16 소프트웨어 정의 스토리지 아키텍처

SDI 아키텍처

IBM, 시스코Cisco, 인텔Intel, HP 등 많은 회사들이 SDI 제품을 이미 개발했거나 현재 개발 중이다. SDI에 대한 표준 규격은 아직 존재하지 않으며, 주도권을 가진 단체에 따라 많은 차이점들이 있다. 그럼에도 불구하고 여러 제조업체들의 전체 SDI 아키텍처는 매우 유사하다. 한 가지 예로 인텔이 정의한 SDI 아키텍처를 들 수 있다. 인텔의 SDI 아키텍처는 그림 9.17에서 보는 것처럼 3계층으로 구성돼 있으며, 이에 대한 설명은 다음과 같다.

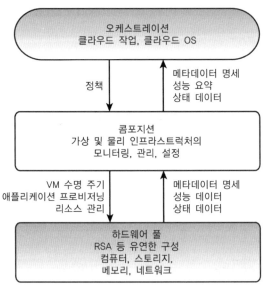

그림 9.17 인텔의 3계층 SDI 모델

- **오케스트레이션(Orchestration)** 진행 중인 작업을 방해하지 않고 상위 수준 프레임워크가 동적으로 콤포지션을 관리할 수 있게 하는 정책 엔진
- **콤포지션(Composition)** 하드웨어 리소스 풀을 끊임없이 자동으로 관리하는 저수준 시스템 소프트웨어 계층
- **하드웨어 풀(Hardware Pool)** 모듈 방식 하드웨어 리소스들의 추상화된 풀

오케스트레이션 계층은 전체 아키텍처를 주관한다. 이 계층은 효율적인 구성 및 리소스 활용과 동시에 애플리케이션 서비스의 요구 조건을 만족시키는 데 관심이 있다. 인텔의 초기 관심은 클라우드 사업자를 향한 것처럼 보이지만,

빅데이터와 기타 데이터 센터 애플리케이션 등의 다른 분야들도 SDI 접근 방법에 적합하다. 오케스트레이션 계층은 서비스 이슈를 더 빠르게 해결하고 하드웨어 자원 할당을 지속적으로 최적화하기 위해 끊임없이 상태 데이터를 모니터링한다.

콤포지션 계층은 VM, 스토리지, 네트워크 자산을 관리하는 제어 계층이다. 인텔의 아키텍처에서 VM은 애플리케이션 인스턴스를 실행하기 위해 결합된 컴퓨트, 스토리지, 네트워크 리소스의 동적인 그룹으로 간주된다. 현재의 VM 기술이 비가상화 서버 대비 어느 정도의 유연성과 비용 절감을 제공하고는 있지만, 비효율적인 부분도 여전히 존재한다. 공급자들은 서비스를 보장하기 위해 VM의 최대 수요에 맞춰 시스템 규모를 정하기 때문에 과도하게 프로비저닝하는 경향이 있다. 자원 할당에 소프트웨어 정의 접근법을 적용하면 VM 생성, 프로비저닝, 관리, 이동, 사용 중지 등의 작업이 훨씬 유연해진다. 따라서 SDS는 스토리지를 더 효율적으로 사용할 수 있는 기회를 제공할 수 있다.

콤포지션은 컴퓨트, 네트워크, 스토리지 리소스를 논리적으로 분리해 특정 애플리케이션이 꼭 필요한 만큼의 리소스만 해당 VM이 제공하게 한다. 하드웨어 수준에서 이 기능을 제공하는 것이 인텔의 RSA^{Rack Scale Architecture, 랙 스케일 아키텍처}다. RSA는 극도로 높은 데이터 속도의 광 연결 부품을 활용해서 다시 설계한 컴퓨터 랙 시스템의 구현 기술이다. RSA 설계에서 사용된 광-실리콘^{silicon photonics} 연결 기술의 높은 속도 때문에 개별 구성 요소들(프로세서, 메모리, 스토리지, 네트워크)이 더 이상 같은 상자 안에 위치할 필요가 없다. 특정 유형의 구성 요소만을 위한 개별 랙을 할당할 수도 있고, 각 랙을 데이터 센터의 수요에 따라 확장할 수도 있다.

그림 9.18은 인텔 SDI 아키텍처를 일반적인 SDI 아키텍처의 용어들로 다시 설명한다. 리소스 풀은 스토리지, 네트워크, 컴퓨트 리소스로 구성된다. 리소스 풀의 리소스들은 하드웨어의 측면에서 RSA를 구성한다. 제어 측면에서 보면 전체 SDI 프레임워크는 SDS, SDN, NFV 기술을 통해 하드웨어 리소스들을 관리한다.

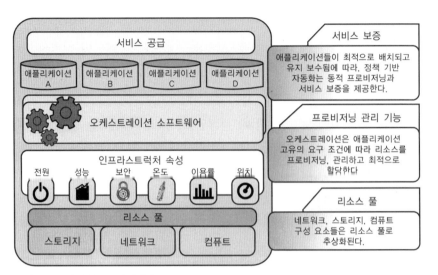

그림 9.18 인텔의 SDI 아키텍처

9.7 핵심 용어

9장을 통해 다음과 같은 용어를 배웠다.

브로드캐스트 주소	브로드캐스트 도메인
데이터 중복 제거	차등 서비스 코드(DSCP)
IEEE 802.3	IP 보안(IPsec)
LAN 스위치	논리 리소스
MAC 프레임	네트워크 가상화
물리 리소스	소프트웨어 정의 인프라스트럭처(SDI)
소프트웨어 정의 스토리지(SDS)	유니캐스트 주소
가상 LAN	가상 네트워크
가상 사설 네트워크(VPN)	가상 리소스
가상 테넌트 네트워크(VTN)	

9.8 참고 문헌

KUMA13 Kumar, R. Software Defined Networking - a Definitive Guide. Smashwords.com, 2013.

POTT14 Pott, T. "SDI Wars: WTF Is Software Defined Center Infrastructure?" The Register, October 17, 2014. http://www.theregister.co.uk/ 2014/10/17/sdi_wars_what_is_software_defined_infrastructure/

SDNC14 SDNCentral. SDNCentral Network Virtualization Report, 2014 Edition, 2014.

PART IV

사용자 요구 사항 정의와 지원

중요도가 다르게 매겨진 사용자들이 서로 경쟁하는 상황을 통신 시스템이 처리하는 과정에서 발생하는 시간 지연과 과부하 현상에 대해 알아보자. 미래에 언젠가는 자동화된 형태의 매우 정교한 우선순위 시스템이 등장할 것이다. 이러한 시스템은 운영과 관련해 숙련된 판단을 내릴 정도로 굉장히 효과적일 수도 있다.

– 『세계의 위기(The World Crisis)』, 윈스턴 처칠(Winston Churchill), 1923년

– 『분산 통신에 대해: 분산 통신 네트워크의 소개』, 랜드(Rand) 리포트 RM-3420-PR,
폴 바란(Paul Baran), 1964년 8월

공유를 기반으로 정교하게 구축된 네트워킹 구조 중에서 성공적으로 정착된 것으로 평가되는 것들은 하나같이 성능에 대한 사용자의 기대를 충족한다는 공통점을 갖고 있다. 이처럼 기대하는 성능을 정의하고, 측정하고, 제공하고, 이러한 성능의 보장에 대한 계약을 체결하는 과정을 서비스 품질QoS, Quality of Service이라 부른다. QoS는 네트워크 설계 과정에서 핵심적인 요소를 차지하고 있다. 10장에서는 QoS에 대한 전반적인 개념과 표준을 소개한다. 최근 들어 QoS와 더불어 체감 품질QoE, Quality of Experience이란 개념도 함께 적용하고 있다. 체감 품질은 특히 인터랙티브 비디오나 멀티미디어 네트워크 트래픽에 밀접하게 관련돼 있다. 11장에서는 QoE의 개요를 소개하고 QoE 메커니즘 구현에 관련된 현실적인 이슈를 살펴본다. 12장에서는 좀 더 깊이 들어가서 QoS와 QoE를 모두 감안해 네트워크를 설계할 때 고려해야 할 사항에 대해 살펴본다.

Chapter | 10

QoS: 서비스 품질

매 순간마다 네트워크의 모든 트래픽에 대해 자동으로 우선권이 결정된다. 우선권은 다음과 같은 요소에 대한 합성 함수로 계산한다. (1) 네트워크에서 추가 트래픽을 수용하는 능력, (2) 사용자의 '중요도'와 그 사용자에 대한 트래픽의 '유용성', (3) 입력 전송 매체 또는 사용하고 있는 변환기의 데이터 속도, (4) 트래픽 전송에 대해 감내할 수 있는 수준의 지연 시간

– 분산 통신에 대해: 우선권, 우선순위, 과부하,

랜드(Rand) 리포트 RM-3420-PR,

폴 바란(Paul Baran), 1964년 8월

10장에서 다루는 내용

10장을 읽고 나면 다음과 같은 것을 할 수 있다.

- ITU-T QoS 아키텍처 프레임워크를 설명할 수 있다.
- 통합 서비스 아키텍처의 핵심 개념을 요약할 수 있다.
- 탄력적인 트래픽과 비탄력적인 트래픽을 비교하고 대조할 수 있다.
- 차등 서비스의 개념을 설명할 수 있다.
- 서비스 수준 협약의 활용 방법을 이해할 수 있다.
- IP 성능 메트릭을 설명할 수 있다.
- 오픈플로우에서 제공하는 QoS 지원 기능에 대해 개략적으로 설명할 수 있다.

인터넷과 IP 기반의 엔터프라이즈 네트워크에 흐르는 데이터 트래픽의 양과 종류는 지속적으로 늘어나고 있다. 클라우드 컴퓨팅, 빅데이터, 엔터프라이즈 네트워크에서 모바일 기기를 사용하는 일이 많아지고, 비디오 스트리밍의 사용량

도 늘어남으로써 만족할 만한 수준의 네트워크 성능을 보장하기가 점점 힘들어지고 있다. 엔터프라이즈 환경에서 네트워크의 성능을 측정하는 데 사용되는 두 가지 핵심 속성으로 서비스 품질QoS, Quality of Service과 체감 품질QoE, Quality of Experience이 있다. 2장, '요구 조건과 기술적 배경'에서 설명한 바와 같이 QoS는 네트워크 서비스에 대해 측정 가능한 종단 간end-to-end 성능 속성으로, 사용자와 서비스 제공자 사이에서 원하는 성능 기준에 대해 서비스 수준 협약SLA, Service Level Agreement을 체결함으로써 구체적인 고객 애플리케이션의 요구 사항에 맞게 성능을 보장할 수 있다. QoE는 사용자에 의해 평가되는 성능에 대한 주관적인 측정 지표다. 특정한 값으로 정확히 측정할 수 있는 QoS와 달리 QoE는 사람의 주관으로 판단한다.

네트워크 관리자는 QoS와 QoE를 통해 현재 네트워크가 사용자의 요구를 충족하는지를 판단하고, 네트워크 관리와 트래픽 제어 방식을 조절해야 할 문제 영역을 진단할 수 있다. 10장에서는 먼저 QoS에 대해 자세히 살펴본다. QoE에 대해서는 11장, 'QoE: 사용자의 체감 품질'과 12장, 'QoS와 QoE를 위한 네트워크 설계 고려 사항'을 통해 QoS와 QoE의 관계를 분석하고, QoE/QoS 아키텍처를 설계하기 위해 고려해야 할 사항에 대해 자세히 알아본다.

IP 기반 네트워크에서는 다양한 QoS 요구 사항과 트래픽을 지원해야 한다. 10장에서는 먼저 이러한 요구를 충족하는 데 필요한 네트워크 기능과 서비스를 제시하는 QoS 아키텍처에 대해 살펴본다. 그런 다음, 현재와 미래의 인터넷 서비스를 위한 프레임워크를 제공하는 통합 서비스 아키텍처ISA, Integrated Services Architecture를 소개한다. 그리고 나서 차등 서비스의 핵심 개념에 대해 살펴본다. 마지막으로 SLA와 IP 성능 메트릭에 관련된 여러 가지 주제를 소개하는 것으로 10장을 마무리한다.

10장을 읽기 전에 다양한 트래픽 유형과 각각에 대한 QoS 요구 사항을 소개하는 2.1절, '네트워크 트래픽의 유형'을 다시 한 번 읽어보면 도움이 될 것이다.

10.1 배경

최선형

데이터 전송을 보장하지
않고 모든 패킷을 동등
하게 취급하는 네트워크
및 인터넷 전달 기법이
다. 모든 패킷은 먼저 도
착한 순서대로 전달한다.
우선수위와 같은 별도의
기준에 따라 특정한 패
킷을 먼저 처리하지 않
는다.

인터넷을 비롯한 IP 기반 네트워크는 기본적으로 **최선형**^{best effort} 전달 서비스를
제공한다. 여기서 **최선형**이란 애플리케이션의 우선순위나 트래픽 패턴 및 부하,
고객 요구 사항 등을 고려하지 않고 모든 트래픽 플로우를 동등하게 취급해 리
소스를 네트워크에서 제공하는 가용 범위 내에서 리소스를 동등하게 할당한다
는 것을 의미한다. 그리고 네트워크에 트래픽이 몰려 장애가 발생하거나, 특정
한 플로우가 다른 플로우를 침범하는 것을 방지하기 위해 리소스를 과도하게
사용하는 트래픽을 억제하는 혼잡 제어 메커니즘을 도입했다.

초창기부터 도입돼 지금까지 사용하고 있는 대표적인 혼잡 제어 기법으로
TCP 혼잡 제어 메커니즘이 있다. 구체적인 메커니즘은 갈수록 복잡하고 정교
해지고 있어서 자세히 설명하지 않고, 여기에 적용된 원칙만 간략히 짚고 넘어
가자. 네트워크로 연결된 두 개의 종단 시스템 사이를 TCP로 연결할 때 각 방향
마다 슬라이딩 윈도우^{Sliding Window}라는 개념을 적용하고 있다. 하나의 연결에
흐르는 TCP 세그먼트는 순차적으로 번호가 매겨진다. TCP로 송신하거나 수신
하는 측에서는 윈도우라는 버퍼를 유지하고 있는데, 이를 통해 전송될 수 있는
세그먼트에 대해 순차적으로 매겨진 번호의 범위를 정의한다. 세그먼트가 수신
자에게 도착해서 이를 처리하기 전에 수신자는 해당 세그먼트를 잘 받았다는
확인 메시지를 반환하는데, 이때 순차적으로 매겨진 번호에 대한 윈도우를 증가
해서 더 많은 세그먼트를 보내도 된다는 것을 송신자에게 일러준다. 송신자는
다양한 알고리즘을 사용해 해당 연결에 대한 혼잡량을 계산한다. 이때 확인 메
시지의 왕복 시간과 특정 세그먼트에 대한 확인 메시지를 받았는지 여부 등을
고려한다.

혼잡을 감지하면 TCP 수신자는 네트워크의 혼잡도를 낮추도록 세그먼트 전
송량을 줄인다.

인터넷에 생성된 모든 TCP 연결이 이러한 혼잡 제어 메커니즘을 따른다면
TCP는 정상적으로 작동할 수 있다. 하지만 '이기적인' 애플리케이션이 일부
연결에 대해 혼잡 제어 규칙을 무시하고 세그먼트를 최대한 빠르게 전송하려고
한다면 이 메커니즘의 효과는 낮아지게 된다.

TCP 혼잡 제어를 비롯한 네트워크 혼잡 제어 기법을 사용하면 과도한 혼잡이

발생하는 위험을 줄일 수는 있지만, QoS 요구 사항을 보장할 수는 없다. 트래픽의 양과 종류가 증가함에 따라 통합 서비스 아키텍처ISA, Integrated Services Architecture와 차등 서비스DiffServ, Differentiated Services 등과 같은 다양한 QoS 메커니즘이 개발됐는데, 이러한 메커니즘은 서비스 수준 협약SLA, Service Level Agreement과 연계해 고객의 요구 사항에 맞게 성능을 조율하고 어느 정도 보장해줄 수 있다. 이러한 메커니즘과 서비스는 다음과 같은 두 가지 목적을 가진다.

- 유효 용량effective capacity을 극대화하게 네트워크 리소스를 효율적으로 할당한다.
- 고객의 요구 사항에 따라 네트워크에서 QoS를 다양한 수준으로 제공할 수 있게 한다.

이렇게 QoS를 고려하는 정교한 환경에서는, 최선형이란 용어는 전체 네트워크에 대한 속성을 의미하는 것이 아니라, 다양한 속성을 가진 트래픽 중에서도 최선형으로 제공되는 트래픽의 종류를 표현하는 용어라고 볼 수 있다. 최선형 트래픽 클래스에 속하는 모든 패킷은 수신자에게 전달될 때 속도에 대해 아무런 보장을 하지 않으며, 심지어 데이터 전체가 제대로 전달되는지도 보장하지 않는다. 일반적으로 다양한 수준의 서비스를 제공하는 네트워크에서 최선형이란 표현은 가장 낮은 순위의 트래픽을 표현할 때 사용한다. 하지만 일부 애플리케이션에서는 최선형보다 더 낮은 우선순위를 갖는 LELower Effort라는 트래픽 분류도 사용한다. 네트워크 운영자는 정상(최선형) 트래픽이나 다른 모든 네트워크 트래픽에 아무런 영향을 미치지 않아야 할 트래픽을 분류할 때 LE 트래픽을 사용할 수 있다. LE 클래스는 파일 공유나 업데이트 가져오기와 같이 백그라운드에서 데이터를 전송하는 애플리케이션이나, 작업을 비수기 시간대off-peak로 미뤄도 되는 트래픽에 적합하다.

10.2 QoS 아키텍처 프레임워크

QoS를 제공하는 데 필요한 다양한 요소를 제시하는 아키텍처 프레임워크부터 살펴보면 뒤에서 설명하는 인터넷 및 사설 인터네트워크를 위한 QoS 관련 표준을 이해하는 데 도움이 될 것이다. 여기서는 ITU-T국제전기통신연합 전기통신표준화부문에서 Y 시리즈 권고안^{Recommendation}으로 개발하고 있는 아키텍처 프레임워크에 대해 소개한다.[1]

Y.1291, An Architectural Framework for Support of Quality of Service in Packet Networks 권고안에서는 QoS를 제공하기 위한 메커니즘과 서비스에 대한 거시적인 관점을 제시하고 있다.

Y.1291 프레임워크는 네트워크 서비스 요청에 대한 응답을 제어하기 위한 범용 네트워크 메커니즘들로 구성돼 있는데, 이를 네트워크 요소에 특화시킬 수도 있고, 네트워크 요소 사이의 시그널링에 적용될 수도 있고, 네트워크 전반의 트래픽을 제어하고 관리하는 데 활용할 수도 있다. 그림 10.1은 이러한 요소 사이의 관계를 보여주는데, 크게 세 가지 평면(데이터, 제어, 관리 평면)으로 구성돼 있다. 이러한 아키텍처 프레임워크는 QoS 기능과 이러한 기능 사이의 관계에 대한 전반적인 구성을 잘 표현하고 있으며, QoS를 위한 유용한 기반을 제공하기도 한다.

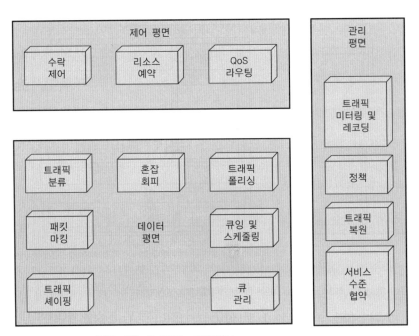

그림 10.1 QoS 지원을 위한 아키텍처 프레임워크

---

1. Y 시리즈 문서는 Global Information Infrastructure, Internet Protocol Aspects and Next-Generation Networks라는 타이틀로 작성되고 있으며, QoS, 혼잡 제어, 트래픽 관리 등을 다루는 굉장히 유용한 문서들로 구성돼 있다.

데이터 평면

데이터 평면은 데이터 플로우를 직접 조작하는 메커니즘으로 구성된다. 각각의 메커니즘에 대해 간략히 소개하면 다음과 같다.

트래픽 분류(Traffic Classification) 네트워크의 에지에 있는 인그레스 라우터에 의해 일련의 패킷을 특정한 트래픽 클래스에 할당하는 것을 의미한다. 일반적으로 이러한 분류 작업을 수행하는 개체는 패킷에 있는 출발지 주소, 목적지 주소, 애플리케이션 페이로드, QoS 마킹 등과 같은 여러 가지 필드를 살펴보고, 패킷이 속하는 그룹을 결정한다. 이러한 분류를 통해 네트워크 구성 요소는 클래스의 종류에 따라 패킷에 대한 상대적인 중요도를 결정할 수 있다. 동일한 플로우나 그룹에 할당된 트래픽은 모두 비슷한 방식으로 처리한다. 이렇게 트래픽 분류 작업을 수행할 때 IPv6 헤더에 있는 플로우 레이블을 활용할 수도 있다. 패킷이 지나가는 경로에 존재하는 다른 라우터에서도 분류 기능을 수행할 수도 있지만, 패킷이 네트워크를 돌아다니는 동안에 처음 분류했던 결과가 바뀌지는 않는다.

패킷 마킹(Packet marking) 크게 두 가지 역할을 한다. 하나는 네트워크의 인그레스 에지 노드에서 패킷에 적용할 QoS 정보를 일정한 형태로 패킷에 표시한다. 이러한 예로 IPv4와 IPv6 패킷의 DiffServ^{Differentiated Services}, 차등 서비스 필드와 MPLS 레이블의 TC^{Traffic Class} 필드가 있다. 인그레스 에지 노드는 이러한 필드에 원하는 QoS를 표시하는 값을 설정할 수 있다. 이렇게 마킹한 정보는 중간 노드에서 다른 패킷과 차별화된 처리를 수행하는 데 활용될 수 있다. 또 다른 기능으로 인그레스 노드나 중간 노드에서 패킷 마킹을 통해 특정한 패킷을 비정상^{non-conformant}이라고 표시할 수 있다. 그래서 혼잡이 발생하면 이렇게 마킹된 패킷을 버린다.

트래픽 셰이핑(Traffic shaping) 네트워크에 들어오거나 거쳐 가는 트래픽의 속도와 양을 플로우 단위로 제어하는 기술이다. 트래픽 셰이핑을 담당하는 개체는 플로우에 대해 제한된 수준을 넘어서는 패킷들을 버퍼에 저장해둔다. 이렇게 조절하면 트래픽이 한꺼번에 몰리지 않고 좀 더 예측 가능한 상태로 만들 수 있다. 예를 들어 Y.1221에서는 토큰 버킷^{Token bucket}을 활용해 트래픽 셰이핑을 수행하도록 권고하고 있다. 일반적으로 이 기능은 인그레스 에지에서 수행한다.

혼잡 회피(Congestion avoidance) 네트워크의 성능을 적절한 수준으로 유지할 수 있도록 네트워크 부하가 네트워크의 용량을 초과하지 않게 유지하는 기술이다. 눈에 띄는 수준의 큐잉 지연과 혼잡 붕괴^{congestion collapse}가 발생하는 것을 방지할 목적으로 주로 활용하고 있다. 흔히 사용되는 혼잡 회피 기법에 의하면 네트워크 혼잡이 발생하면(또는 발생하기 직전에) 네트워크로 들어가는 트래픽의 양을 송신자가 줄인다. 별도의 설정 사항이 없다면 패킷 손실이나 타이머가 만료되는 것을 네트워크 혼잡이 발생했다는 신호로 여긴다.

트래픽 폴리싱(Traffic policing) 홉 단위^{hop-by-hop}로 측정한 현재 트래픽이 미리 합의된 정책이나 계약에 따르는지를 판단한다. 기준을 벗어난 패킷은 버리거나, 지연시키거나, 별도의 레이블을 붙인다. 참고로 ITU-T 권고안인 Y.1221, Traffic Control and Congestion Control in IP-Based Networks에서는 트래픽 폴리싱을 위해 트래픽을 분류할 때 토큰 버킷을 사용하도록 권고하고 있다.

큐잉과 스케줄링 알고리즘(Queueing and scheduling algorithm), 또는 큐잉 정책 알고리즘(Queuing discipline algorithm) 다음번에 어느 패킷을 보낼지 결정한다. 이 알고리즘은 플로우들에 대한 전송량 할당을 관리하기 위한 용도로 주로 사용된다. 큐잉 정책에 대해서는 9.3절에서 자세히 다룬다.

큐 관리(Queue management) 알고리즘 필요에 따라 패킷을 버리는 방식으로, 패킷에 대한 큐의 길이를 관리한다. 적극적인 큐 관리 기법은 혼잡 회피를 위해 많이 활용하고 있다. 인터넷이 등장한 초창기에는 큐가 차면 들어오는 패킷을 모두 버리는 테일 드롭^{tail drop} 기법을 적용했다. RFC 2309, Recommendations on Queue Management and Congestion Avoidance in the Internet에서 지적한 바와 같이 테일 드롭 기법은 다음과 같은 단점을 갖고 있다.

1. 패킷을 버려야 할 시점이 될 때까지 혼잡에 아무런 대응을 할 수 없다. 이보다는 좀 더 적극적인 혼잡 회피 기법을 사용하는 것이 전반적인 네트워크 성능을 향상시킬 가능성이 높다.

2. 대부분의 경우 큐는 가득 차 있게 된다. 이러한 현상은 네트워크 전반의

패킷 지연 시간을 증가시키며, 트래픽이 몰려올 때 대량의 패킷을 버리게 돼 상당수의 패킷을 다시 전송해야 하는 결과를 초래한다.

3. 테일 드롭을 적용하면 하나의 연결 또는 몇 개의 플로우가 큐 공간을 독점해서 다른 연결이 큐에 들어올 수 없게 만들어버릴 수 있다.

대표적인 큐 관리 기법으로 RFC 2309에서 정의한 RED^{Random Early Detection}가 있다. RED는 측정한 평균 큐 크기를 기반으로 결정된 확률에 따라 폐기할 패킷을 결정한다. 평균 큐 크기가 커질수록 버릴 확률도 증가한다. 이러한 RED 기법을 다양하게 변형한 기법이 많이 나왔다. 이러한 변형된 버전은 처음 나온 버전보다 더 많이 활용되고 있는데, 그중에서도 WRED^{Weighted RED}를 가장 많이 사용하고 있다. WRED는 혼잡이 발생하기 전에 플로우를 감지해서 (서비스 클래스에 따라) 속도를 늦추는 방식으로 네트워크 혼잡을 방지한다. WRED에서는 선택된 패킷을 버리는 방식으로 TCP 송신자에게 전송 속도를 늦추게 알려준다. 서비스 클래스마다 가중치를 적용해서 높은 우선순위의 플로우보다 낮은 우선순위 플로우의 속도를 좀 더 적극적으로 늦춘다.

제어 평면

제어 평면은 사용자의 데이터 플로우가 흐르는 경로를 생성하고 관리하며, 수락 제어, QoS 라우팅, 리소스 예약 등과 같은 작업을 처리한다.

수락 제어(admission control) 네트워크에 들어올 수 있는 사용자 트래픽을 결정하는 것을 의미한다. 이러한 결정을 내릴 때 현재 네트워크에서 사용하고 있는 리소스와 데이터 플로우의 QoS 요구 사항을 비교한 결과를 활용한다. 이렇게 주어진 요청에 대한 수락 여부를 결정하기 위해 QoS 요청과 현재 사용 가능한 리소스의 양을 조율하는 것 외에도 다양한 점을 고려해야 한다. 네트워크 관리자와 서비스 제공자는 사용자 및 애플리케이션의 식별자, 트래픽/대역폭 요구 사항, 보안 고려 사항, 날짜/주 단위의 시간 등과 같은 기준을 토대로 정해진 정책에 따라 네트워크 리소스와 서비스의 사용 현황을 모니터링하고, 제어할 수 있어야 한다. RFC 2753, A Framewor for Policy-Based Admission Control 에서 이러한 정책 관련 이슈를 다루고 있다.

QoS 라우팅 플로우에 대해 요청된 QoS를 만족할 가능성이 높은 네트워크 경로를 결정한다. 이는 네트워크의 최소 비용 경로를 찾는 것을 추구하는 기존 라우팅 프로토콜과 상반된다. RFC 2386, A Framework for QoS-Based Routing in the Internet에서는 QoS 라우팅에 관련된 여러 가지 이슈를 전반적으로 다루고 있다. QoS 라우팅에 대한 연구는 현재도 계속 진행되고 있다. QoS 라우팅에 대한 구현 예로 시스코의 PfR^{Performance Routing}이 있다. PfR은 네트워크 성능을 모니터링하면서 도달 가능성^{reachability}, 지연 시간^{delay}, 지터^{jitter}, 손실^{loss} 등과 같은 기준을 토대로 각 애플리케이션에 대한 최적의 경로를 선택한다. PfR은 링크 이용률을 동등한 수준으로 유지하도록 고급 부하 분산 기법을 사용해 트래픽을 고르게 분산한다.

리소스 예약(resource reservation) 요청한 플로우에 대해 적절한 수준의 네트워크 성능을 보장하도록 네트워크 리소스를 온디맨드 방식으로 예약하는 메커니즘이다. 이 기능을 사용하는 프로토콜의 예로 RSVP^{Resource Reservation Protocol}가 있지만, 확장성이 떨어져 현재는 거의 사용되지 않고 있다.

관리 평면

관리 평면^{management plane}은 제어 평면과 데이터 평면 메커니즘 모두에 영향을 미치는 메커니즘으로 구성되며, 네트워크에 대한 운영, 관리에 관련된 작업을 담당한다. 이러한 작업을 위해 SLA, 트래픽 복원, 트래픽 미터링 및 레코딩, 정책 등을 수행한다.

SLA(Service Level Agreement, 서비스 수준 협약) 가용성, 서비스 사용성, 성능, 운영 등을 비롯한 서비스에 관련된 여러 가지 속성에 대해 고객과 서비스 제공자가 합의한 사항을 표현한 것이다. SLA에 대해서는 10.5절에서 자세히 설명한다.

트래픽 미터링 및 레코딩(traffic metering and recording) 데이터 속도나 패킷 손실률 등과 같은 트래픽 스트림의 동적 속성을 모니터링한다. 특정한 네트워크 지점에 대한 트래픽의 속성을 관찰하고, 분석 및 향후 수행할 동작을 위해 트래픽 정보를 수집하고 저장한다. 지정한 기준에 따라 미터는 패킷 스트림을 다루는 데 필요한 작업(패킷 버리기 또는 셰이핑^{shaping} 등)을 수행한다. 10.6절에서는 이 기능에서 사용되는 다양한 메트릭의 종류를 소개한다.

트래픽 복원(traffic restoration) 장애에 대처하기 위한 네트워크 동작으로, 다양한 프로토콜 계층과 기법을 포괄하고 있다.

정책(policy) 네트워크 리소스에 대한 접근을 제어하고 관리하기 위한 일련의 규칙이다. 서비스 제공자의 요구 사항에 맞게 구체적으로 표현하기도 하고, 고객과 서비스 제공자 사이의 합의 사항을 반영하기도 한다. 정책으로 표현되는 사항으로는 특정한 기간에 대한 신뢰성, 가용성에 대한 요구 사항과 QoS 요구 사항 등이 있다.

10.3 통합 서비스 아키텍처

IETF에서는 QoS 기반 서비스의 요구 사항을 정의하기 위해 통합 서비스 아키텍처^{ISA, Integrated Service Architecture}라는 이름으로 여러 가지 표준을 개발했다. ISA는 IP 기반 인터넷에서 QoS 전송을 제공하기 위한 목적으로 개발된 것으로, 전반적인 개념과 용어는 RFC 1633에서 정의하고, 세부적인 기술에 대해서는 별도의 문서에서 다루고 있다. 이처럼 ISA는 개념과 관련 기술만 제시된 것이기 때문에 구체적인 제품 형태로 구현된 것은 없지만, 여기서 제시하는 아키텍처 원칙은 널리 적용되고 있으며, 다양한 QoS 메커니즘을 논의하는 데 유용한 토대로서 ISA를 활용하고 있다.

ISA 접근 방식

ISA는 IP 기반 인터넷에서 QoS를 제공하는 것을 목적으로 하고 있다. ISA에서 가장 핵심적인 설계 이슈는 혼잡이 발생한 시점에 현재 사용할 수 있는 리소스를 어떻게 공유하는가에 대한 것이다.

최선형^{best effort} 서비스만 제공하는 IP 기반 인터넷에서 혼잡을 제어하고 서비스를 제공하기 위해 활용할 수 있는 도구는 많지 않다. 기본적으로 라우터는 다음과 같은 두 가지 메커니즘을 제공한다.

- **라우팅 알고리즘** 인터넷에서 사용하고 있는 라우팅 프로토콜 중에서 어떤 것은 지연 시간을 최소화하는 경로를 선택한다. 라우터는 인터넷 전반에 대한 지연 시간을 파악하기 위해 다른 라우터와 정보를 교환한다. 최소 지연 시간 라우팅을 사용하면 부하를 분산하는 데 도움이 되기 때문에 로컬 혼잡을 줄이고, 개별 TCP 연결에 나타난 지연 현상을 줄이는 데 도움이 된다. 인터페이스 데이터 속도도 메트릭으로 활용할 수 있다.

- **패킷 폐기** 라우터에서 버퍼가 넘치면 패킷을 폐기한다. 일반적으로 가장 최근에 도착한 패킷을 버린다. TCP 연결에서 패킷이 버려지면 TCP 송신자는 잠시 뒤로 물러나서 전송량을 줄이기 때문에 인터넷 혼잡을 회피하는 데 도움을 줄 수 있다.

이러한 도구는 지금까지 만족할 만한 효과를 보여줬다. 하지만 2.1절, '네트워크 트래픽의 유형'에서 설명한 바와 같이 인터넷에 들어오는 트래픽의 종류가 다양해진 현재 시점에서는 그리 적합하지 않다.

ISA에서 모든 IP 패킷은 특정한 플로우에 속하게 된다. 플로우^{flow}란 한 사용자의 활동 결과로 발생한 IP 패킷에 대한 스트림으로, 같은 플로우에 속하는 패킷은 모두 동일한 QoS 조건을 갖는다. 예를 들어 하나의 전송 계층 연결에서 한 방향으로 흐르거나 ISA에서 구분하는 하나의 비디오 스트림에서 발생하는 것 등을 플로우로 볼 수 있다. 플로우는 두 가지 관점에서 TCP 연결과 구분된다. 먼저 플로우는 단방향이며, 하나의 플로우를 수신하는 측이 여러 개가 될 수 있다(멀티캐스트). 일반적으로 IP 패킷의 출발지 주소와 목적지 주소, 포트 번호, 프로토콜 타입 등과 같은 값을 토대로 플로우를 식별한다. IPv6 헤더에 있는 플로우 식별자는 ISA 플로우와 일치하지 않을 수도 있지만, 나중에 IPv6의 플로우 식별자를 ISA에서 활용할 가능성은 있다.

ISA는 혼잡을 관리하고 QoS 전송을 제공하기 위해 다음과 같은 기능을 이용한다.

- **수락 제어** QoS 전송(기본적인 최선형 전송이 아닌 다른 방식의 전송)을 위해 ISA는 새로운 플로우를 예약해야 한다. 라우터는 요청된 QoS를 보장하는 데 필요한 리소스가 충분하지 않다고 판단되면 해당 플로우를 수락하지 않는다. 리소스를 예약할 때는 RSVP 프로토콜을 사용한다.

- **라우팅 알고리즘** 라우팅은 최소 지연 시간을 비롯한 다양한 QoS 파라미터를 토대로 결정한다.

- **큐잉 원칙** ISA의 가장 핵심적인 기능 중 하나는 플로우마다 다양하게 요구하는 사항을 고려해 큐잉 정책을 효과적으로 수행하는 것이다.

- **폐기 정책** 버퍼가 꽉 찬 상태에서 새로운 패킷이 들어올 때 어떤 패킷을 버릴지를 결정하는 정책이다. 폐기 정책은 혼잡을 제어하고 QoS를 보장하는 데 중요한 요소로 사용되기도 한다.

ISA 구성 요소

그림 10.2는 ISA를 라우터에 구현하기 위한 전반적인 아키텍처를 보여준다. 굵은 수평선 아래에는 라우터의 포워딩 기능이 차지하고 있는데, 이들은 패킷 단위로 실행되기 때문에 높은 수준으로 최적화해야 한다. 수평선 위에 있는 나머지 기능들은 백그라운드 기능으로, 포워딩 기능에 필요한 데이터 구조를 생성한다. 그림 10.2의 아래쪽에 나온 부분은 그림 10.1의 데이터 평면에 해당하며, 그림 10.2의 상단 부분은 제어 평면에 해당한다.

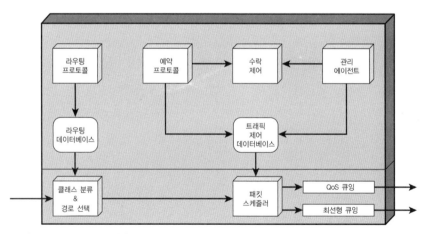

그림 10.2 라우터에 구현한 ISA 구조

주요 백그라운드 기능은 다음과 같다.

- **예약 프로토콜** 새로 들어온 플로우마다 요청된 QoS 수준에 맞게 리소스를 예약하는 프로토콜로, 라우터 사이 또는 라우터와 종단 시스템 사이에서

사용된다. 예약 프로토콜은 플로우에 관련된 상태 정보를 종단 시스템과 플로우가 거치는 경로에 존재하는 라우터에 유지하는 기능을 수행하며, RSVP도 이러한 역할을 담당한다. 예약 프로토콜은 각 플로우에 속하는 패킷에 대해 제공할 서비스를 결정할 수 있도록 패킷 스케줄러가 사용하는 트래픽 제어 데이터베이스를 업데이트한다.

- **수락 제어** 예약 프로토콜은 새로운 플로우가 요청될 때 수락 제어 기능을 호출해서 플로우에 요청된 QoS를 만족하는 데 충분한 리소스가 남아 있는지 판단한다. 이를 위해 현재 다른 예약에 할당된 리소스 양이나 현재 네트워크의 부하를 참고한다.

- **관리 에이전트** 네트워크 관리 에이전트는 트래픽 제어 데이터베이스를 수정하거나 수락 제어 모듈을 통해 수락 제어 정책을 설정한다.

- **라우팅 프로토콜** 라우팅 프로토콜은 목적지 주소나 플로우마다 다음 홉을 알려주는 라우팅 데이터베이스를 유지한다.

이러한 백그라운드 기능은 라우터의 핵심 기능인 패킷 포워딩을 지원한다. 포워딩에 사용되는 두 가지 주요 기능은 다음과 같다.

- **클래스 분류 및 경로 설정** 포워딩과 트래픽 제어를 위해 들어온 패킷은 반드시 특정한 클래스로 분류해야 한다. 이때 클래스는 하나의 플로우만 가리킬 수도 있고, 동일한 QoS 요구 사항을 가진 여러 플로우가 될 수도 있다. 예를 들어 모든 종류의 비디오 플로우에 대한 패킷이나 특정한 기관에 속한 모든 플로우에 대한 패킷은 리소스 할당과 큐잉 원칙 관점에서 하나로 묶어 처리할 수 있다. 클래스는 IP 헤더의 필드 값을 기준으로 결정한다. 이렇게 결정된 패킷의 클래스와 그 패킷의 목적지 IP 주소에 따라 패킷의 다음 홉 주소를 결정한다.

- **패킷 스케줄러** 각각의 출력 포트에 대해 한 개 이상의 큐를 관리한다. 또한 큐에 저장된 패킷의 전송 순서를 결정하고, 필요에 따라 폐기할 패킷도 선택한다. 이러한 결정은 패킷의 클래스와 트래픽 제어 데이터베이스의 내용, 그리고 해당 출력 포트에 대한 현재 및 과거의 활동을 참조해 내린다. 패킷 스케줄러는 폴리싱을 위한 작업도 수행한다. 폴리싱^{policing}이란 플로우에 대한 패킷 트래픽을 검사해서 요청된 용량을 초과할 경우 넘친

패킷을 처리할 방법을 결정하는 기능이다.

ISA 서비스

패킷 플로우에 대한 ISA 서비스는 두 단계로 정의한다. 첫 단계는 서비스에 대한 여러 가지 범용 카테고리를 정하고, 각 카테고리마다 일정한 형태의 서비스 보장의 유형을 제시한다. 두 번째 단계는 각 카테고리에 대해 특정한 플로우에 대한 서비스를 구체적인 파라미터 값으로 지정한다. 이러한 값들을 한데 합쳐 TSpec[Traffic Specification]이라 부른다. 서비스는 다음과 같이 세 가지 카테고리로 나눈다.

- 보장[guaranteed] 서비스
- 부하 제어[controlled load] 서비스
- 최선형 서비스

애플리케이션은 보장 또는 부하 제어 QoS로 지정된 플로우에 대해 예약을 요청할 수 있다. 이때 서비스에 필요한 구체적인 양은 TSpec에 지정한다. 예약이 접수되면 TSpec은 데이터 플로우와 서비스 사이의 협약의 일부로 포함된다. 플로우에 대한 데이터 트래픽이 TSpec에 정확히 표현되는 한 요청된 QoS를 제공한다. 예약된 플로우에 속하지 않은 패킷은 기본적으로 최선형 전달 서비스가 적용된다.

보장 서비스

보장 서비스의 핵심 요소는 다음과 같다.

- 서비스는 보장된 용량 또는 데이터 속도를 제공한다.
- 네트워크 전반의 큐잉 지연 시간에 대한 구체적인 상한선이 있다. 이 값을 전파 지연[propagation delay] 시간 또는 대기 시간에 더해야 전체 네트워크의 총 지연 시간이 결정된다.
- 큐잉 손실은 없다. 다시 말해 버퍼 오버플로우에 의해 손실되는 패킷은 없다. 네트워크에 장애가 발생하거나 라우팅 경로가 변경되면 패킷 손실이 발생할 수 있다.

이 서비스에서는 애플리케이션이 기대하는 트래픽 프로파일의 속성을 제공하며, 서비스는 보장해 줄 종단 간 지연 시간을 결정한다.

이 서비스는 지연 시간에 대한 상한선을 설정하고, 지연 버퍼를 사용해서 입력된 데이터를 실시간으로 처리하고 출력의 품질 저하로 패킷 손실이 발생하지 않아야 하는 애플리케이션에 적합하다. 또 다른 예로 하드 리얼타임[hard real-time], 경성 실시간 데드라인을 사용하는 애플리케이션을 들 수 있다.

보장 서비스는 ISA에서 제공하는 서비스 중에서 가장 수준이 높은 것이다. 지연 시간에 대한 기준이 엄격하기 때문에 간간히 발생하는 최대 큐잉 지연 시간을 포용할 수 있도록 지연 시간을 충분히 큰 값으로 지정해야 한다.

부하 제어 서비스

부하 제어 서비스의 핵심 요소는 다음과 같다.

- 부하가 없는 상태에서 최선형 서비스를 받는 애플리케이션에게 보여주는 동작에 대한 근사치를 구한다.

- 네트워크 전체에 큐잉 지연 시간에 대한 상한선을 지정하지 않는다. 하지만 대부분의 패킷이 최소 전송 지연 시간(큐잉 지연이 없는 상태에서 전파 시간과 라우터 처리 시간을 합한 지연 시간)을 크게 초과하지 않게 서비스가 보장한다.

- 전송된 패킷의 대부분이 성공적으로 전달된다(큐잉 손실이 없다).

앞에서 언급한 바와 같이 실시간 애플리케이션에 대한 QoS를 제공하는 인터넷에서는 최선형 트래픽이 너무 몰려서 손실이 발생할 수 있다는 위험이 존재한다. 이는 최선형 서비스가 적용된 애플리케이션이 낮은 우선순위를 할당받기 때문에 혼잡이나 지연이 발생할 때 이러한 애플리케이션에서 발생한 트래픽이 막히기 때문이다. 부하 제어 서비스는 이러한 애플리케이션을 위한 리소스를 따로 할당해둬서 마치 네트워크에 실시간 애플리케이션이 없고, 이들과 리소스를 경쟁하지 않는 것처럼 동작하게 보장한다.

부하 제어 서비스는 적응형[adaptive] 실시간 애플리케이션에 적합하다. 이러한 애플리케이션은 네트워크 전반에 대한 지연 시간의 상한선을 미리 지정하지 않아도 된다. 대신 수신자는 들어온 패킷에 발생한 지터를 측정하고, 손실률이 충분히 낮은 수준으로 유지할 수 있는 최소 지연 시간으로 플레이백 포인트를 설정한다(예를 들어 비디오는 프레임을 버리거나 출력 스트림을 약간 늦추는 방식으로 적응형 동작을 수행한다. 음성도 침묵 시간^{silence period}을 조절하는 방식으로 적응형 동작을 수행한다).

큐잉 원칙

라우터에서 사용하는 큐잉 원칙은 ISA 구현에서 중요한 요소 중 하나다. 가장 간단한 방법은 각 출력 포트에 대해 FIFO^{First In, First Out} 큐잉 원칙을 적용하는 것이다. 각 출력 포트마다 하나의 큐를 유지하다가 출력 포트로 전달할 패킷 중에서 가장 최근에 도착한 것을 큐의 가장 마지막에 둔다. 큐가 비어 있지 않는 한 라우터는 큐에 있는 패킷 중에서 가장 오래 담겨 있던 것을 나중에 전송한다.

FIFO 큐잉 원칙은 다음과 같은 단점이 있다.

■ 우선순위가 높은 플로우나 지연 시간에 좀 더 민감한 플로우에 속한 패킷을 특별히 처리할 수 없다. 빨리 처리해야 할 패킷이 있더라도 철저히 FIFO 순서로 처리한다.

■ FIFO 큐잉에서는 여러 개의 작은 패킷이 하나의 큰 패킷 뒤에 저장돼 있으면 큰 패킷이 뒤에 있을 때보다 패킷당 평균 지연 시간이 높아지게 된다. 일반적으로 큰 패킷으로 구성된 플로우에 대해 더 빨리 처리된다.

■ TCP 혼잡 제어 규칙을 무시하는 이기적인 TCP 연결이 다른 연결을 밀어낼 수 있다. 혼잡이 발생할 때 하나의 TCP 연결이 물러나지 않으면 동일한 경로 세그먼트에 있는 다른 연결들이 필요 이상으로 물러나야 된다.

FIFO 큐잉이 갖는 이러한 단점을 극복하기 위해 여러 가지 복잡한 라우팅 알고리즘이 구현됐다. 이러한 알고리즘은 각 출력 포트마다 여러 개의 큐를 사용하며, 트래픽에 우선순위를 적용해 서비스 품질을 높이고 있다. 네트워크 업계에서 흔히 볼 수 있는 시스코 라우터에서는 FIFO에 다음과 같은 큐잉 기법을 적용하고 있다. 자세한 사항은 시스코 Internetworking Technology Handbook [CISC15]에 나와 있다.

■ PQ^{Priority Queuing, 우선순위 큐잉}

■ CQ^{Custom Queuing, 커스텀 큐잉}

■ 플로우 단위 WFQ^{Weighted Fair Queuing, 가중치 기반 공정 큐잉}

■ 클래스 단위 WFQ^{CBWFQ, Class-Based Weighted Fair Queuing}

PQ^{Priority Queuing}는 패킷마다 우선순위를 지정하고, 그 값에 따라 큐를 할당한다. 시스코에서는 네 개의 우선순위(high, medium, normal, low)로 구분하게 구현했다. 별도로 분류하지 않은 패킷은 normal 우선순위로 할당된다. PQ는 네트워크 프로토콜, 입력 인터페이스, 패킷 크기, 출발지/목적지 주소 등과 같은 여러 파라미터에 따라 우선순위를 유연하게 조절할 수 있다. 그리고 우선순위가 높은 것을 먼저 처리하는 큐잉 원칙을 적용한다. 따라서 대기하는 패킷이 여러 큐에 존재할 때 라우터는 비어 있지 않은 큐 중에서 우선순위가 가장 높은 것부터 FIFO 방식으로 패킷을 처리한다. 우선순위가 가장 높은 큐를 다 처리한 뒤에 다음으로 높은 순위를 가진 큐를 처리한다. 이 과정에서 우선순위가 높은 큐에 새로운 패킷이 들어오면 즉시 순서를 바꿔서 높은 우선순위 큐를 처리한다. PQ는 중요한 작업을 수행하는 애플리케이션^{mission critical application}의 트래픽을 최대한 먼저 처리하게 보장해줄 때 유용하다. 하지만 낮은 순위의 트래픽을 굉장히 오랜 시간 동안 밀쳐내는 단점도 있다.

CQ^{Custom Queuing}는 애플리케이션이나 기관마다 최소 처리량이나 지연 시간에 대한 요구 사항을 구체적으로 지정된 애플리케이션끼리 네트워크를 공유할 수 있게 고안된 것이다. CQ에서도 여러 개의 큐를 사용하는데, 각 큐마다 바이트 수를 미리 지정해둔다. 큐는 라운드 로빈^{round-robin} 방식으로 처리한다. 각각의 큐에 차례가 돌아올 때마다 미리 지정된 바이트 수만큼 패킷을 처리한다. 큐마다 바이트 수를 다르게 설정함으로써 각 큐에 담긴 트래픽에 대한 최소한의 처리량을 보장할 수 있다. 이런 상태에서 애플리케이션이나 프로토콜 트래픽은 원하는 큐에 할당할 수 있다.

WFQ와 CBWFQ는 공정 큐잉^{fair queuing}이라 부르는 메커니즘에 기반을 두고 있다. 가장 간단한 방식은 패킷이 들어올 때마다 해당 플로우에 대한 큐에 할당하는 것이다. 큐는 라운드 로빈 방식으로 처리되고, 차례대로 돌아가며 큐에서 패킷을 하나씩 처리한다. 빈 패킷은 건너뛴다. 이 방식을 사용하면 플로우마다 정확히 한 번에 하나의 패킷만 공정하게 보낼 수 있다. 이는 다양한 플로우에 대한 일종의 부하 분산으로 볼 수도 있다. 탐욕스러운 플로우에게 기회를 더 주지 않는다. 이러한 플로우에 할당된 큐가 길어져서 지연 시간이 증가하더라도 다른 플로우는 여기에 영향을 받지 않는다.

WFQ^{Weighted Fair Queuing, 가중치 기반 공정 큐잉}란 여러 개의 큐를 사용해 용량 할당과 지연 상한선을 보장하는 스케줄링 알고리즘이다. 어떤 WFQ 기법은 각 큐를 거치는 트래픽 양도 고려해서 덜 바쁜 큐가 밀려나서 완전히 작업을 멈추지 않게 하는 동시에 바쁜 큐에게 더 많은 용량을 제공하기도 한다. WFQ는 각 트래픽 플로우에서 요청한 서비스의 양에 따라 큐잉 원칙을 적절히 조절할 수도 있다.

플로우 기반 WFQ(시스코에서는 그냥 WFQ라 부름)는 출발지 및 목적지 주소, 소켓 번호, 세션 식별자 등과 같은 패킷의 여러 가지 속성을 기반으로 플로우를 생성한다. 플로우마다 가중치를 다르게 지정하며, 특정한 큐가 더 나은 서비스를 받게 할 수 있다.

클래스 기반 WFQ^{CBWFQ}를 사용하면 네트워크 관리자가 최소 보장 대역폭 클래스를 생성할 수 있다. 각각의 플로우마다 큐를 제공하는 대신, 한 개 이상의 플로우로 구성된 클래스를 정의한다. 각 클래스마다 최소 대역폭을 보장한다.

10.4 차등 서비스

차등 서비스^{DiffServ, Differentiated Services} 구조는 RFC 2475에서 정의하고 있으며, 성능을 기반으로 차별화하는 다양한 종류의 네트워크 서비스를 지원하기 위한 간결하고, 구현하기 쉽고, 오버헤드가 적은 도구를 제공하기 위해 설계한 것이다.

DiffServ의 핵심 속성을 보면 효율성과 배포의 용이성을 추구한다는 것을 알 수 있다.

- 다양한 QoS 처리를 하도록 기존 IPv4 및 IPv6의 DSField를 이용해 IP 패킷에 레이블을 붙인다. 따라서 IP 규격을 변경할 필요가 없다.

- 서비스 제공자(인터넷 도메인)와 고객은 DiffServ를 적용하기 전에 서비스 수준 규격^{SLS, Service Level Specification}을 정해두기 때문에 애플리케이션에 DiffServ 메커니즘을 추가하지 않아도 된다. 따라서 기존 애플리케이션을 수정하지 않고도 DiffServ를 적용할 수 있다. SLS는 일련의 파라미터와 값을 조합해 DiffServ 도메인의 트래픽 스트림에 제공되는 서비스를 정의한다.

- SLS의 일부분인 트래픽 컨디셔닝 규격^{TCS, Traffic Conditioning Specification}은 트래픽 분류 규칙과 이와 관련된 트래픽 프로파일, 미터링, 마킹, 그리고 트래픽 스트림에 적용할 폐기^{discarding}/셰이핑^{shaping} 규칙 등을 명시한다.

- DiffServ는 자체적으로 통합^{aggregation} 메커니즘을 제공한다. 네트워크 서비스는 동일한 DiffServ 옥텟^{octet}에 속한 트래픽을 모두 같은 것으로 취급한다. 예를 들어 다중 음성 연결을 개별적으로 처리하지 않고 하나로 묶어서 처리한다. 이러한 기능으로 인해 더 큰 네트워크나 트래픽 부하에 대해 뛰어난 확장성을 제공한다.

- DiffServ는 개별 라우터마다 DiffServ 옥텟을 기반으로 큐잉하거나 패킷을 전달하는 방식으로 구현한다. 라우터는 각각의 패킷을 개별적으로 처리하며, 패킷 흐름에 대한 상태 정보를 저장하지 않아도 된다.

DiffServ는 현재 엔터프라이즈 네트워크에서 가장 널리 사용되는 QoS 메커니즘이다.

DiffServ는 간결한 메커니즘을 이용해 간단한 서비스를 제공하기 위한 목적으로 개발된 것이지만, DiffServ에 관련된 RFC 문서들을 보면 꽤 복잡하게 구성돼 있다. 이러한 규격에서 사용되는 핵심 용어를 정리하면 표 10.1과 같다.

표 10.1 DiffServ 관련 용어

용어	정의
동작 묶음(Behavior aggregate)	특정한 방향의 링크를 지나가는 동일한 DiffServ 코드포인트를 가진 패킷의 집합
분류자(Classifier, 클래시파이어)	BA 분류자는 DSField를 기준으로 패킷을 선택하고, MF 분류자는 패킷 헤더에 있는 여러 가지 필드를 기준으로 패킷을 선택한다.
DiffServ 경계 노드(boundary node)	다른 도메인의 노드와 연결하는 DiffServ 노드
DSField	(기존의) IPv4 TOS 옥텟 또는 (기존의) IPv6 트래픽 클래스(TC) 옥텟의 최상위 6비트
DiffServ 코드포인트 (codepoint)	DSField에 인코딩된 값
DiffServ 도메인(domain)	연속된(연결된) 노드의 집합으로, 차등 서비스를 구현할 수 있으며, 서비스 프로비저닝 정책과 홉 단위 동작 정의에 따라 운영된다.

(이어짐)

용어	정의
DiffServ 내부 노드 (interior node)	DiffServ 경계 노드가 아닌 DiffServ 노드
DiffServ 노드	차등 서비스를 제공하는 노드로서 대부분 라우터지만, 호스트에 있는 애플리케이션에 대해 차등 서비스를 제공하는 호스트 시스템도 DiffServ 노드가 될 수 있다.
드롭핑(dropping)	정책으로 지정된 규칙에 따라 패킷을 폐기하는 프로세스
마킹(marking)	패킷에 DiffServ 코드포인트를 설정하는 프로세스. 패킷은 초기화 단계에 마킹될 수도 있고, 경로상에 있는 DiffServ 노드에 의해 마킹되기도 한다.
미터링(metering)	분류자가 선택한 패킷 스트림의 시간적인 속성(예, 속도)을 측정하는 프로세스. 이 과정에서 일시적으로 나타나는 상태는 마킹, 셰이핑, 드롭핑 기능에 영향을 미칠 수 있다.
홉 단위 동작(PHB, Per-Hop Behavior)	노드에서 특정한 동작 묶음에 대해 적용하는 외부에서 관찰할 수 있는 포워딩 동작
SLA(서비스 수준 협약)	고객에게 제공되는 포워딩 서비스를 명시하는 고객과 서비스 제공자 사이의 서비스 협약
셰이핑(shaping)	미리 정의된 특정한 트래픽 프로파일에 맞게 패킷 스트림에 속한 패킷들을 지연시키는 과정
트래픽 컨디셔닝(traffic conditioning)	TCA에 명시된 규칙을 적용하기 위해 수행하는 제어 기능으로, 미터링, 마킹, 셰이핑, 드롭핑 등으로 구성된다.
트래픽 컨디셔닝 협약 (TCA, traffic conditioning aggrement)	분류자가 선택한 패킷에 적용할 분류 규칙과 트래픽 컨디셔닝 규칙을 명시하는 협약

서비스

DiffServ 타입의 서비스는 DiffServ 도메인 안에서 제공된다. DiffServ 도메인이란 인터넷에서 특정한 DiffServ 정책이 적용되는 연속적인 영역이다. 일반적으로 하나의 DiffServ 도메인은 하나의 관리 주체가 제어한다. DiffServ 도메인에 제공되는 서비스는 SLA에 정의한다. SLA란 다양한 종류의 패킷에 대해 고객이 제공받을 포워딩 서비스를 명시해 고객과 서비스 제공자가 체결하는 서비스 협약이다. 고객은 사용자 기관이 될 수도 있고, 다른 DiffServ 도메인이될 수도 있다. 일단 SLA를 체결하고 나면 고객은 패킷에 클래스를 표시하게

DiffServ 옥텟을 붙여서 보낸다. 서비스 제공자는 각각의 패킷 클래스에 대해 고객과 합의한 QoS를 보장해줘야 한다. QoS를 보장하려면 서비스 제공자는 (DiffServ 옥텟 값에 따라) 각 라우터에 적절한 포워딩 정책을 설정해야 하며, 운영 과정에서 각 클래스에 대한 성능도 측정해야 한다.

고객이 DiffServ 도메인에 속하는 목적지로 패킷을 보내면 해당 DiffServ 도메인은 협약된 서비스를 제공한다. 패킷의 목적지가 고객의 DiffServ 도메인 밖에 있다면 DiffServ 도메인에서는 이 패킷을 다른 도메인으로 전달하게 되는데, 이때 요청된 서비스 수준과 가장 유사한 서비스를 요청한다.

DiffServ 프레임워크 문서에서는 SLA에 명시해야 할 성능 파라미터로 다음과 같이 것들을 제시하고 있다.

- 예상 처리량, 폐기 확률, 지연 시간 등과 같은 구체적인 서비스 성능 파라미터
- 서비스가 제공되는 지점의 인그레스 및 이그레스 포인트에서 서비스의 범위를 명시하기 위해 적용해야 할 제약 사항
- 요청된 서비스를 제공할 때 반드시 지켜야 할 트래픽 프로파일(예, 토큰 버킷 파라미터)
- 프로파일에 명시된 사항을 넘어서는 트래픽에 대한 배치

프레임워크 문서에서는 서비스 사례에 대해 다음과 같은 예제도 제공한다.

- 서비스 레벨 A에 대해 제공되는 트래픽은 낮은 지연 시간으로 전달한다.
- 서비스 레벨 B에 대해 제공되는 트래픽은 낮은 손실률로 전달한다.
- 서비스 레벨 C에 대해 제공되는 트래픽의 90%는 지연 시간을 50ms 이하로 보장한다.
- 서비스 레벨 D에 대해 제공되는 트래픽의 95%는 정상적으로 전달된다.
- 서비스 레벨 E에 대해 제공되는 트래픽은 서비스 레벨 F로 제공되는 트래픽보다 두 배의 대역폭을 제공한다.
- 폐기 우선순위가 X인 트래픽이 정상적으로 전달될 확률은 폐기 우선순위가 Y인 트래픽보다 높다.

첫 번째와 두 번째 예제는 질적인 기준을 적용한 예로, 최선형 서비스를 받는 디폴트 트래픽을 비롯한 다른 트래픽과 비교해봐야 기준을 만족하는지 알 수 있다. 세 번째와 네 번째 예제는 양적인 기준을 적용한 예서, 동일한 시간대에 제공되는 다른 서비스와 비교하지 않고도 해당 서비스에 대해 측정하는 것만으로도 지정된 기준을 만족하는지 확인할 수 있다. 마지막 두 예제는 양적인 기준과 질적인 기준을 모두 적용한 것이다.

DiffServ 필드

차등 서비스에 따라 처리할 패킷에 대한 레이블을 표시할 때 IPv4 또는 IPv6 헤더에 있는 6비트 DSField를 활용한다(그림 10.3). DSField 값은 차등 서비스를 적용하기 위해 패킷을 분류할 때 사용되는 레이블로, DSCP^{DiffServ codepoint}라고도 부른다.

코드포인트는 6비트로 구성돼 있어서 이론적으로 64 종류의 트래픽 클래스를 정의할 수 있다. 이러한 64개의 코드포인트는 다음과 같은 세 가지 코드포인트 풀에 할당된다.

- xxxxx0 타입의 코드포인트는 표준에 의해 별도로 예약돼 있다. 여기서 x는 0이나 1이 될 수 있다.
- xxxx11 타입의 코드포인트는 실험 또는 로컬 용도로 예약돼 있다.
- xxxx01 타입의 코드포인트도 실험이나 로컬 용도로 예약돼 있지만, 향후 표준에서 필요한 동작을 정의하는 데 사용될 수 있다.

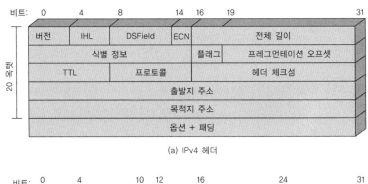

(a) IPv4 헤더

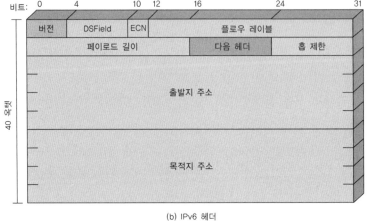

(b) IPv6 헤더

DSField = 차등 서비스 필드
ECN = 명시적 혼잡 알림 필드

참고: 예전에는 8비트로 구성된 DSField와
ECN에 해당하는 필드를, IPv4에서는
서비스 타입(Type of Service, TOS) 필드로,
IPv6에서는 트래픽 클래스(Traffic Class, TC)
필드로 불렀다.

그림 10.3 IP 헤더

DiffServ 설정 및 운영

그림 10.4는 DiffServ 문서에서 제시하는 설정의 유형을 보여준다. DiffServ 도메인은 일련의 연속된 라우터로 구성된다. 여기서 연속된 라우터란 한 도메인에 속한 모든 라우터는 현재 도메인을 벗어나는 라우터를 포함하지 않는 경로를 통해 서로 도달할 수 있다는 것을 의미한다. 하나의 도메인 안에서 DS 코드 포인트의 의미가 일정하기 때문에 일관성 있는 서비스를 제공하게 된다.

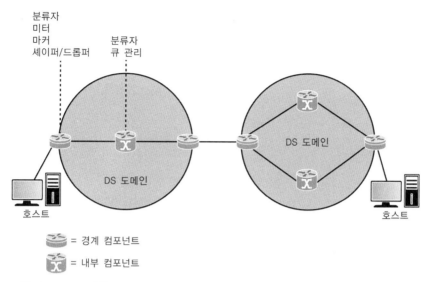

분류자
미터
마커
셰이퍼/드롭퍼

분류자
큐 관리

DS 도메인

DS 도메인

호스트

호스트

= 경계 컴포넌트

= 내부 컴포넌트

그림 10.4 DS 도메인

DiffServ 도메인에 있는 라우터들은 경계 노드와 내부 노드로 구분할 수 있다. 일반적으로 내부 노드는 DS 코드포인트 값에 따라 패킷 처리하는 단순한 메커니즘으로 구현한다. 이 과정에서 코드포인트 값에 따라 우선순위를 달리하는 큐잉 정책과 버퍼가 다 찼을 때 어느 패킷부터 버려야 할지를 결정하는 패킷 폐기 규칙을 적용한다. DiffServ 규격에서는 라우터에서 제공하는 포워딩 처리 과정을 홉 단위 동작[PHB]으로 취급한다. 이러한 PHB는 반드시 모든 라우터에서 제공할 수 있어야 하며, 일반적으로 내부 라우터는 DiffServ를 위해 이 부분만 구현한다.

경계 노드는 PHB 메커니즘뿐만 아니라 원하는 서비스를 제공하기 위한 정교한 트래픽 컨디셔닝 메커니즘도 사용한다. 따라서 내부 라우터는 DiffServ 서비스를 제공하기 위한 최소한의 기능과 오버헤드만 부담하고, 복잡한 처리는 대부분 경계 노드에서 처리한다. 경계 노드에서 제공하는 기능은 도메인에 연결된 호스트 시스템에서 제공할 수도 있다. 이러한 호스트 시스템은 해당 시스템의 애플리케이션을 대신해 처리한다.

트래픽 컨디셔닝 기능은 다음과 같은 다섯 가지 요소로 구성된다.

- **분류자(classifier)** 전달 받은 패킷을 여러 가지 클래스로 분류한다. 이 부분은 차등 서비스의 가장 기본이다. 분류자는 오직 DS 코드포인트만 보

고 트래픽을 분류할 수도 있고(동작 묶음 분류자), 패킷 헤더에 있는 여러 가지 필드를 조합하거나 페이로드까지 보고 분류할 수도 있다(멀티필드 분류자).

- **미터(meter)** 트래픽이 프로파일에 맞게 전달되는지를 측정한다. 미터는 패킷 스트림 클래스가 해당 클래스에 대한 서비스 수준을 만족하는지 아니면 이를 넘어서는지를 판단한다.

- **마커(marker)** 필요에 따라 패킷의 코드포인트 값을 수정한다. 프로파일을 벗어나는 패킷에 대해 이렇게 처리할 수 있다. 예를 들어 특정한 서비스 클래스에 대해 지정된 처리량을 보장해야 할 경우 해당 클래스에 속한 패킷 중에서 일정한 시간 간격 동안 지정된 처리량을 초과하는 패킷에 최선형 방식으로 처리하게 다시 마킹할 수 있다. 또한 두 개의 DiffServ 도메인 사이에 있는 경계에서도 마킹을 수정할 수 있다. 예를 들어 가장 높은 우선순위로 처리되는 트래픽 클래스가 현재 도메인에서는 3이란 값으로 표현하고, 다음 도메인에서는 7로 표현해야 한다면 이전 도메인에서 우선순위가 3으로 마킹된 패킷이 다음 도메인으로 넘어갈 때 7로 변경한다.

- **셰이퍼(shaper)** 필요에 따라 패킷을 지연시켜 패킷 스트림이 속한 클래스에 대해 프로파일에 명시된 트래픽 속도를 넘어서지 않게 한다.

- **드롭퍼(dropper)** 해당 클래스에 속한 패킷의 속도가 프로파일에 지정된 속도를 넘어서면 패킷을 버린다.

그림 10.5는 트래픽 컨디셔닝 요소들의 관계를 보여준다. 플로우를 분류한 뒤에는 그 플로우가 사용할 자원의 양을 측정해야 한다. 미터링 기능은 특정한 시간 간격 동안의 패킷 양을 측정해서 그 플로우가 협약된 트래픽 기준에 맞는지를 판단한다. 호스트가 감당할 수 없는 상태라면 데이터 속도 또는 패킷 속도만으로 정확한 트래픽 속성을 알아낼 수 없다. 패킷 속도와 트래픽 프로파일을 정의하는 데 사용되는 대표적인 기법으로 **토큰 버킷**^{Token Bucket}이 있다.

트래픽 흐름이 프로파일을 벗어날 때 처리하는 방식은 다양하다. 프로파일을 벗어난 패킷마다 낮은 품질로 처리하도록 마킹을 수정해서 DiffServ 도메인을 통과하게 할 수 있다. 트래픽 셰이퍼를 통해 버퍼에 넘치는 패킷이 좀 더 긴 주기로 전달되게 속도를 조절할 수도 있다. 아니면 드롭퍼를 이용해 속도 조절에 사용된 버퍼에 넘치는 패킷을 폐기할 수도 있다.

토큰 버킷

주기적인 시간 간격마다 토큰을 버퍼(버킷)에 추가해서 버킷에 있는 토큰의 수가 데이터 패킷의 길이만큼 많아질 때만 송신자를 떠나게 하는 데이터 플로우 제어 메커니즘. 이렇게 하면 네트워크에서 두 개의 데이터 패킷 사이의 시간 간격을 정확히 조절할 수 있다.

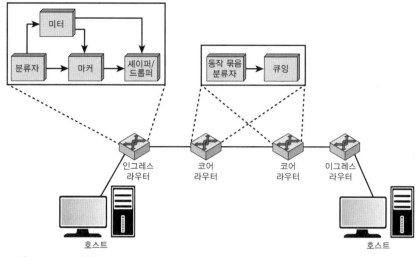

그림 10.5 DS 기능

홉 단위 동작

DiffServ는 일종의 범용 아키텍처로서 다양한 서비스를 구현하는 데 적용할 수 있다. DS 표준화의 일부분으로, 특정한 차등 서비스와 연계하려면 PHB에 대한 구체적인 유형을 정의해야 한다. 이를 위해 범용적인 세 가지 기본적인 포워딩 동작을 정의하고, 여기에 '레거시' 포워딩 동작 클래스도 추가했다. 총 네 가지로 정의한 동작 클래스는 다음과 같다.

- 탄력적인[elastic] 트래픽을 위한 디폴트 포워딩[DF, default forwarding]
- 범용 QoS 요구 사항을 위한 보장된 포워딩[AF, assured forwarding]
- 실시간 트래픽을 위한 신속한 포워딩[EF, expedited forwarding]
- 예전 버전에 대한 코드포인트 정의와 PHB 요구 사항을 위한 클래스 셀렉터[class selector]

그림 10.6은 이러한 네 가지 클래스에 대한 DSCP 인코딩을 보여준다. 이 절의 마지막 부분에서는 각 클래스에 대해 하나씩 살펴본다.

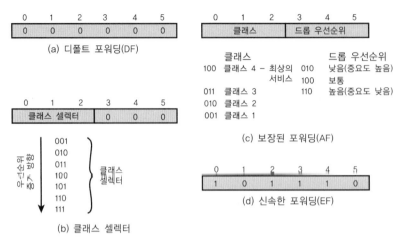

그림 10.6 DiffServ 포워딩 동작 클래스와 각각의 DSField 인코딩

DF PHB

DF^{Default Forwarding, 디폴트 포워딩}은 기존 라우터에서 사용하는 최선형 포워딩 방식으로, 디폴트로 지정하는 클래스다. 링크 용량에 여유가 있으면 패킷이 도착한 순서대로 즉시 전달한다. 높은 우선순위를 가진 DiffServ 클래스에 속한 패킷이 도착하면 최선형 방식의 디폴트 패킷보다 먼저 보낸다. 디폴트 포워딩 방식으로 인터넷에 흐르는 애플리케이션 트래픽은 본질적으로 탄력적인 특성을 띠고 있다. 트래픽을 보내는 측은 속도와 손실, 지연 시간 등에 대한 현재 상태에 따라 전송 속도가 적절히 변할 것이라고 예상한다.

EF PHB

RFC 3246은 DiffServ 도메인을 거쳐 가는 손실이 적고, 지연 시간이 짧고, 지터가 적은 종단 간^{end-to-end} 서비스의 기본 구성 요소로서 EF^{Expedited Forwarding, 신속한 포워딩} PHB를 정의하고 있다. 본질적으로 이러한 서비스는 점대점 연결이나 리스한^{leased} 라인에 가까운 성능을 제공하기 때문에 끝점^{endpoint}처럼 나타나야 한다.

인터넷과 같은 패킷 스위칭 네트워크에서 손실이 적고, 지연 시간이 짧고, 지터가 적은 서비스를 구현하기란 쉽지 않다. 인터넷은 구조적으로 각 노드나 라우터마다 큐가 있어서 공유된 출력 링크를 사용하기 위해 패킷들이 버퍼에서 기다리게 된다. 각 노드의 큐잉 동작으로 인해 손실과 지터와 지연 시간이 발생하는 것이다. 따라서 인터넷의 규모가 엄청나게 커서 큐잉 효과가 거의 없어지지 않는 한 EF PHB 방식의 트래픽을 처리할 때 큐잉 효과로 인해 손실이나 지연 시간이나 지터가 기준보다 높게 나타나지 않도록 각별히 신경 써야 한다. RFC 3246에서는 적절히 마킹된 패킷이 대체로 짧거나 빈 큐를 거쳐 가게 PHB를 제공하는 것이 EF PHB의 목적이라고 명시하고 있다. 이렇게 큐잉 효과를 어느 정도 줄임으로써 지연 시간과 지터를 최소화할 수 있다.

뿐만 아니라 큐가 버퍼의 여유 공간에 비해 상대적으로 짧으면 패킷 손실도 최소로 유지할 수 있다.

EF PHB는 트래픽 묶음[2]에 대해 최소 출발departure 속도가 명확하게 노드를 설정하기 위해 설계됐다(여기서 명확하다는 표현은 '노드의 동적인 상태와 무관하다'는 의미다. 특히 해당 노드에 흐르는 다른 트래픽의 양과 독립적이라는 뜻이다). RFC 3246에서는 전반적인 개념을 다음과 같이 제시하고 있다. 경계 노드는 트래픽 묶음의 속성(속도나 버스트 등)이 일정한 수준을 넘어서지 않게 조절한다. 내부 노드는 들어오는 트래픽에 큐잉 효과가 나타나지 않게 처리해야 한다. 일반적으로 트래픽 묶음의 최대 도달 속도가 최소 출발 속도보다 낮게 유지하도록 내부 노드에게 요구한다.

RFC 3246에서는 EF PHB를 구현하기 위해 내부 노드에 적용할 큐잉 정책을 세부적으로 정하지 않고 있다. RFC에서는 EF 트래픽이 다른 트래픽에 비해 절대적으로 높은 우선순위를 갖고 있다면 단순한 우선순위 스킴으로도 원하는 효과를 줄 수 있다고 언급하고 있다. EF 트래픽이 내부 노드가 감당할 수 있는 수준을 넘어서지 않는 한 이 방식으로도 EF PHB에 적합한 수준의 큐잉 지연 시간을 유지할 수 있다. 하지만 단순한 우선순위 스킴을 사용하면 다른 PHB 트래픽에 대한 패킷 흐름에 좋지 않은 영향을 줄 위험도 있다. 따라서 좀 더 정교한 큐잉 정책을 적용하는 것이 좋다.

AF PHB

AFAssured Forwarding, 보장된 포워딩 PHB는 인터넷에 자원을 예약하거나 패킷 흐름을 사용자별로 구체적으로 구분하지 않고도 최선형 방식보다 나은 서비스를 제공하게 설계된 것이다. AF PHB의 기반이 되는 개념은 데이빗 클락David Clark과

---

2. 여기서 트래픽 묶음(traffic aggregate)이란 용어는 특정한 사용자를 위한 특정한 서비스에 관련된 패킷의 흐름을 의미한다.

웬지아 팡[Wenjia Fang]이 발표한 논문에서 처음으로 소개됐으며, 명시적 할당[explicit allocation]이라고도 부른다[CLAR98]. AF PHB는 명시적 할당보다는 좀 더 복잡하지만, 명시적 할당 스킴의 핵심 요소를 파악할 때 유용하다.

- 트래픽에 적용할 수 있는 여러 가지 서비스 클래스에 대한 선택권을 사용자에게 제공한다. 각 클래스마다 묶음 데이터 속도와 버스트 정도에 대해 트래픽 프로파일을 다양하게 명시한다.

- 특정한 클래스에 속하는 사용자로부터 나온 트래픽은 경계 노드에서 모니터링한다. 특정한 트래픽 흐름에 속한 모든 패킷마다 해당 트래픽 프로파일의 만족 여부를 검사해서 적절히 마킹한다.

- 네트워크 내부에서는 트래픽을 사용자나 클래스에 따라 구분하지 않는다. 대신 모든 트래픽을 패킷에 대한 단일 풀로서 처리하며, 패킷에 대한 마킹 여부만 구분한다.

- 혼잡이 발생하면 내부 노드는 드롭핑 스킴을 적용해 들어올 패킷보다 내보낼 패킷을 우선적으로 버린다.

- 사용자마다 서비스 큐에 들어오는 패킷의 양이 서로 다르기 때문에 사용자마다 경험하는 서비스의 수준도 다르다.

이 방식의 장점은 간결하다는 것이다. 내부 노드에 따로 해줄 것이 거의 없다. 경계 노드는 클래스마다 서비스 수준을 다르게 제공하도록 트래픽 프로파일에 따라 트래픽을 적절히 마킹한다.

RFC 2597에서 정의하는 AF PHB는 앞에서 소개한 방식을 다음과 같이 확장한다.

- 네 개의 AF 클래스를 정의해서 각각에 대한 트래픽 프로파일을 별도로 정의할 수 있다. 사용자는 요구 사항을 만족시키기 위해 이 중에서 한 개 이상을 선택할 수 있다.

- 고객 또는 서비스 프로바이더는 특정한 클래스에 속하는 패킷에 세 가지 드롭 우선순위 값 중 하나의 값으로 마킹한다. 혼잡이 발생하면 패킷에 대한 드롭 우선순위에 따라 AF 클래스에 속하는 패킷 중 상대적으로 중요한 것을 선별한다. 혼잡이 발생한 DiffServ 노드는 드롭 우선순위가 낮은

패킷을 최대한 보호하도록 드롭 우선순위가 높은 패킷을 먼저 버린다.

이 방식도 자원 예약을 사용하는 방식에 비하면 여전히 간결하면서 상당한 수준의 유연성을 제공한다. 내부 DiffServ 노드에서 트래픽을 네 가지 클래스로 구분해서 각각에 대해 자원(버퍼 크기, 데이터 속도 등)의 양을 다르게 지정해서 처리할 수 있다. 특정한 클래스에 속한 패킷은 드롭 우선순위에 따라 처리한다. 따라서 RFC 2597에서 지적하는 바와 같이 IP 패킷에 대한 포워딩 보장의 수준은 다음과 같은 사항에 따라 결정된다.

- 패킷이 속한 AF 클래스에 할당된 포워딩 자원의 양

- AF 클래스에 대한 현재 부하

- 특정 클래스에 혼잡이 발생할 경우 적용될 패킷의 드롭 우선순위

RFC 2597은 내부 노드에서 AF 트래픽을 관리하는 데 적용할 메커니즘에 대해 구체적으로 명시하지 않고 있다. 혼잡을 처리하기 위한 방법 중에 RED 알고리즘을 참조하고 있을 뿐이다.

그림 10.6의 (c) 부분을 보면 AF PHB를 위해 DSField에 지정할 수 있는 코드포인트 값을 보여준다.

클래스 셀렉터 PHB

xxx000 타입의 코드포인트는 예전에 사용하던 IPv4 우선순위 서비스^{precedence} ^{service}에 대한 하위 호환성을 제공하기 위해 별도로 예약된 값이다. IPv4의 TOS$^{type\ of\ service}$ 필드는 두 개의 필드로 구성된다(참고로 현재는 TOS 필드가 DSField와 ECN 필드(그림 10.3a)로 대체됐다). 하나는 3비트로 구성된 우선순위^{precedence} 필드고, 다른 하나는 4비트로 구성된 TOS 필드다. 이러한 두 필드는 상호 보완적인 기능을 제공한다. TOS 필드는 IP 개체(출발지 또는 라우터)에게 해당 데이터그램에 대한 다음 홉을 선택하기 위한 가이드를 제공하고, 우선순위 필드는 라우터 자원을 할당하기 위한 가이드를 제공한다.

우선순위 필드는 긴급한 정도 또는 데이터그램에 대한 우선순위를 표시한다. 라우터에서 이 필드를 지원한다면 다음과 같은 세 가지 방식으로 처리할 수 있다.

- **라우터 선택** 해당 경로에 대해 라우터의 큐가 작거나 해당 경로에 대한 다음 홉에서 네트워크 선호도나 우선순위를 지원할 경우 특정한 라우터를 선택할 수 있다(예를 들어 토큰 링 네트워크는 우선순위를 지원한다).

- **네트워크 서비스** 다음 홉이 속한 네트워크에서 우선순위를 지원하면 해당 서비스를 호출한다.

- **큐잉 정책** 라우터는 우선순위를 이용해 큐를 처리하는 방식에 영향을 미칠 수 있다. 예를 들어 높은 우선순위를 가진 데이터그램에 대한 큐를 먼저 처리하게 할 수 있다.

RFC 1812, Requirements for IP Version 4 Routers에서는 다음과 같은 두 개의 카테고리로 구분한 큐잉 정책을 권장하고 있다.

- **큐 서비스** 라우터는 반드시 우선순위 정렬 큐 서비스를 구현해야 한다. 우선순위 정렬 큐 서비스란 (논리적인) 링크에서 나갈 패킷을 선택할 때 큐에 있는 패킷 중에서 가장 높은 우선순위를 가진 것을 내보내야 한다는 것을 의미한다.

  모든 라우터는 경우에 따라 우선순위를 기준으로 엄격하게 정렬하지 않는 다른 종류의 정책 기반 처리량 관리 프로시저를 구현할 수도 있지만, 반드시 이를 사용하지 않게(다시 말해 우선순위 정렬을 사용할 수 있게) 설정할 수 있어야 한다.

- **혼잡 제어** 라우터가 저장 공간을 초과하는 패킷을 받으면 반드시 그 패킷 또는 다른 패킷을 버려야 한다.

  라우터는 경우에 따라 방금 도착한 패킷을 버릴 수 있다. 가장 간단하지만 가장 좋은 정책은 아니다.

  이상적으로 라우터는 QoS 정책에서 허용하는 한 링크를 가장 남용하는 세션 중에서 패킷을 골라야 한다. FIFO 큐를 사용하는 데이터그램 환경에서는 큐에서 무작위로 선택한 패킷을 버리는 정책을 권장한다. 공정 큐^{fair queue}를 사용하는 라우터에서는 이와 비슷한 방식으로 가장 긴 큐에 있는 패킷을 버린다. 라우터는 경우에 따라 이러한 알고리즘을 적용해 버릴 패킷을 결정할 수 있다.

우선순위 정렬 큐 서비스를 구현해서 사용할 수 있는 상태에 있다면 라우터는 반드시 버리지 말아야 할 패킷보다 IP 우선순위가 높은 패킷을 버려서는 안 된다.

라우터는 경우에 따라 기존 규칙을 위배하지 않는 범위에서, IP 헤더에서 TOS를 최대로 사용하게 요청하는 패킷을 보호할 수 있다.

라우터는 경우에 따라 단편화된^{fragmented} IP 패킷을 보호할 수 있다. 이론적으로 데이터그램의 일부를 버리면 그 데이터그램을 구성하는 모든 패킷을 다시 전송하기 때문에 혼잡도가 높아진다.

라우팅에 변화가 발생하거나 관리 기능이 망가지는 현상을 방지하기 위해 라우터는 라우팅 제어나 링크 제어, 네트워크 관리에 사용되는 패킷을 버리지 않도록 보호할 수 있다. 전용 라우터(범용 호스트나 터미널 서버 등과 같은 기능을 겸하지 않는 라우터)는 출발지나 목적지가 라우터 자신인 패킷을 보호하는 방식으로 이러한 보호 메커니즘을 구현할 수 있다.

클래스 셀렉터 PHB는 최소한 IPv4의 우선순위 기능과 동등한 수준의 서비스를 제공해야 한다.

10.5 서비스 수준 협약

서비스 수준 협약^{SLA}이란 네트워크 제공자와 고객이 맺는 계약으로, 고객이 제공받는 서비스에 대한 구체적인 속성을 정의한다. 이러한 사항은 공식적으로 정의하며, 일반적으로 양적인 기준을 명시한다. SLA는 보통 다음과 같은 정보를 담고 있다.

- **제공되는 서비스의 속성에 대한 설명** 기본적으로 회사의 사무실과 인터넷을 연결하는 IP 기반 네트워크 서비스를 제공한다. 여기에 웹 호스팅, 도메인 네임 서버 관리, 운영 및 유지 보수 업무 등과 같은 부가 기능도 추가할 수 있다.

- **서비스에 기대하는 성능의 수준** SLA는 지연 시간, 신뢰성, 가용성, 한계치 등과 같은 다양한 메트릭을 정의한다.

- **서비스 수준의 모니터링과 리포팅에 대한 프로세스** 성능 측정 및 리포팅 방법 등을 서술한다.

그림 10.7은 SLA에서 흔히 표현하는 설정을 보여준다. 여기서 네트워크 서비스 제공자는 IP 기반 네트워크를 관리한다. 고객은 여러 개의 사설 네트워크(예, LAN)를 다양한 지점에 보유하고 있다. 고객의 네트워크는 각각의 액세스 포인트에 있는 액세스 라우터를 통해 서비스 제공자에 연결된다. SLA에서는 서비스 제공자의 네트워크를 연결하는 액세스 라우터 사이의 트래픽에 대한 서비스 및 성능 수준을 명시한다. 또한 서비스 제공자 네트워크는 인터넷에 연결돼 있어서 기업에서 인터넷에 접근할 수 있게 해준다. 예를 들어 코젠트 커뮤니케이션즈^{Cogent Communications}에서 백본 네트워크를 위해 제공하는 표준 SLA는 다음과 같이 구성돼 있다.

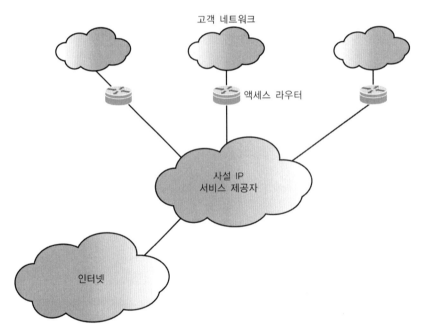

그림 10.7 SLA에서 표현하는 전형적인 네트워크 구조

- **가용성(availability)** 100% 가용성
- **지연 시간(latency, delay)** 코젠트 네트워크에서 백본 허브와 다음의 지점 사이에 흐르는 패킷에 대한 월간 평균 네트워크 지연 시간

북미 지역 45ms 이하

유럽 지역 35ms 이하

뉴욕과 런던 사이(대서양 구간) 85ms 이하

LA와 도쿄 사이(태평양 구간) 120ms 이하

네트워크 지연 시간(왕복 시간)은 IP 패킷이 앞에 나온 코젠트 네트워크의 각 지역 내부의 백본 허브 사이를 왕복하는 데 걸리는 평균 시간으로 정의한다. 회사에서는 임의로 선택한 백본 허브 사이를 왕복하는 데 걸리는 시간을 지속적으로 측정하는 방식으로 코젠트 네트워크의 총 지연 시간을 모니터링한다.

- **네트워크 패킷 전달(신뢰성)** 0.1% 이하의 월간 평균 패킷 손실률(또는 99.9% 의 패킷 전달 성공률). 패킷 손실은 코젠트 네트워크의 백본 허브 사이에서 버려지는 패킷의 비율로 정의한다.

SLA는 전체 네트워크 서비스에 대해 정의할 수 있다. 또한 SLA는 캐리어 네트워크에서 제공되는 가상 사설 네트워크^{VPN}나 차등 서비스 같은 특정한 종단 간 서비스에 대해 구체적으로 정의할 수도 있다.

10.6 IP 성능 메트릭

IETF의 IPPM 워킹 그룹^{IP Performance Metrics Working Group}은 인터넷 데이터 전달의 품질, 성능, 신뢰성에 관련된 표준 메트릭을 개발하기 위해 결성됐다. 다음과 같은 두 가지 트렌드로 인해 이러한 표준 측정 스킴에 대한 필요성이 제기됐다.

- 지금까지 성장해 온 인터넷은 계속해서 엄청난 속도로 증가하고 있다. 인터넷의 토폴로지는 갈수록 복잡해지고 있다. 인터넷이 처리할 수 있는 양이 증가함에 따라 부하도 더욱 빠른 속도로 늘어나고 있다. 마찬가지로 기업 인트라넷과 같은 사설 인터넷도 이와 비슷한 수준의 복잡도와 용량, 부하를 보여준다. 이러한 네트워크의 확장성만 보더라도 품질과 성능, 신뢰성을 측정하기가 굉장히 힘들다.

- 인터넷은 지속적으로 증가하는 수많은 상용 및 개인 사용자에게 서비스를

제공하고 있으며, 이 과정에서 제공되는 애플리케이션의 범위도 지속적으로 늘어나고 있다. 마찬가지로 사설 네트워크도 사용자의 수나 애플리케이션의 종류가 지속적으로 증가하고 있다. 일부 애플리케이션은 특정한 QoS 파라미터에 민감하기 때문에 사용자들은 정확하고 이해하기 쉬운 성능 메트릭을 요구하고 있다.

표준 기반의 효과적인 메트릭을 사용하면 사용자나 서비스 제공자는 인터넷과 사설 인터넷의 성능을 정확히 파악할 수 있다. 측정 데이터는 다음과 같은 다양한 목적에 활용할 수 있다.

- 복잡한 대규모 인터넷의 용량 계획이나 장애 해결에 활용
- 다양한 서비스 제공자에 대해 일관된 기준으로 비교함으로써 사업자 간 경쟁 촉진
- 프로토콜 설계, 혼잡 제어, QoS 등과 같은 인터넷 연구에 활용
- SLA 검증

표 10.2는 이 책을 집필하는 시점에 RFC에서 정의한 메트릭을 보여준다. 표 10.2의 (a)는 샘플링 기법으로 측정한 메트릭을 보여준다.

표 10.2 IP 성능 메트릭

(a) 샘플링한 메트릭

메트릭 이름	단일 정의	통계적 정의
단방향 지연 시간 (one-way delay)	지연 시간 = dT. Src(출발지 호스트의 IP 주소)는 패킷의 첫 번째 비트를 T 시간에 전송하고, Dst(목적지 호스트의 IP 주소)는 패킷의 마지막 비트를 T + dT 시간에 받는다.	백분위수, 중간 값, 최솟값, 역백분위수
왕복 지연 시간 (round-trip delay)	지연 시간 = dT. Src는 패킷의 첫 번째 비트를 T 시간에 전송하고, Src는 Dst에서 패킷을 반환한 패킷의 마지막 비트를 T + dT 시간에 받는다.	백분위수, 중간 값, 최솟값, 역백분위수
단방향 손실 (one-way loss)	패킷 손실 = 0(패킷의 성공적인 전송) 패킷 손실 = 1(패킷 손실)	평균

(이어짐)

단방향 손실 패턴	손실 거리(loss distance): 일련의 패킷에 대해 연속된 패킷 손실 사이의 거리를 보여주는 패턴 손실 기간(loss period): 버스티(bursty) 손실(연속된 패킷의 손실)의 수를 보여주는 패턴	지정된 기준 이하의 손실 거리의 비율 및 숫자, 손실 기간의 수, 기간 길이의 패턴, 기간 길이 사이의 패턴
패킷 지연 시간 변형	패킷 스트림에 있는 한 쌍의 패킷에 대한 지연 시간 변형(pdv, packet delay variation) = 선택된 패킷의 단방향 지연 시간 사이의 차	백분위수, 역백분위수, 지터, 피크 대 피크(peak-to-peak pdv)

(b) 기타 메트릭

메트릭	일반 정의	관련 메트릭
연결성 (connectivity)	트랜스포트 연결을 통해 패킷을 전달하는 능력	단방향 순간 연결성(one-way instantaneous connectivity), 양방향(two-way) 순간 연결성, 단방향 구간 연결성(one-way interval connectivity), 양방향two-way 구간 연결성, 양방향 일시적 연결성 (two-way temporal connectivity)
대량 전송량 (bulk transfer capacity)	하나의 혼잡 인지 트랜스포트 연결에 대한 장기 평균 데이터 속도(long-term average data rate(bps))	BTC = (보낸 데이터) / (경과 시간)

Src = 호스트의 IP 주소

Dst = 호스트의 IP 주소

이러한 메트릭은 다음과 같이 세 단계로 정의한다.

- **단일 메트릭(singleton metric)** 주어진 성능 메트릭에 대해 측정할 수 있는 가장 기본적인 양. 예를 들어 지연 시간 메트릭에 대한 단일 메트릭은 하나의 패킷에서 나타나는 지연 시간이다.

- **샘플 메트릭(sample metric)** 일정한 기간 동안 수집한 단일 측정값의 묶음. 예를 들어 지연 시간 메트릭에 대한 샘플 메트릭은 한 시간 동안 측정한 지연 시간의 집합이다.

- **통계 메트릭(statistical metric)** 샘플 메트릭을 구성하는 단일 메트릭 값에 특정한 통계 연산을 적용해 도출한 값. 예를 들어 하나의 샘플에 있는 모든 단방향 지연 시간에 대한 평균은 통계 메트릭으로 정의할 수 있다.

측정 방법은 능동형 기법과 수동형 기법으로 나눌 수 있다. **능동형 기법**^{active} ^{technique}은 순전히 측정 목적으로 네트워크에 패킷을 주입한다. 이 방식은 몇 가지 단점을 갖고 있다. 네트워크의 부하가 증가해 결과에 영향을 미칠 수 있다. 예를 들어 부하가 굉장히 많은 네트워크에 측정용 패킷을 주입하면 네트워크 지연 시간이 증가해서 실제 측정한 지연 시간이 측정용 트래픽이 없을 때보다 더 커지게 된다. 뿐만 아니라 정상적인 측정 활동처럼 가장해서 능동형 측정 정책을 서비스 거부 공격의 수단으로 악용할 위험도 있다. **수동형 기법**^{passive} ^{technique}은 기존 트래픽을 관찰해서 메트릭을 도출한다. 이 방식을 사용하면 다른 수신자에게 인터넷 트래픽의 내용이 노출될 수 있어서 보안과 프라이버시 문제가 발생할 수 있다. 지금까지 IPPM 워킹 그룹에서 정의한 메트릭은 모두 능동형 방식이다.

샘플 메트릭은 가장 간단한 기법으로, 고정된 시간 간격 동안 측정한다(주기적 샘플링^{periodic sampling}). 이 방식에는 몇 가지 문제가 있다. 첫째, 네트워크를 흐르는 트래픽은 주기적인 동작을 나타내는데, 이때 주기는 샘플링 주기에 정수를 곱한 값으로서 간섭 효과로 인해 부정확한 값이 나타날 수 있다.

또한 측정 활동 과정에서 측정 대상에 일정하지 않은 영향을 미칠 수도 있다(예를 들어 측정 트래픽을 네트워크에 주입하면 네트워크의 혼잡도가 달라진다). 그래서 불규칙한 현상이 주기적으로 반복되면서 네트워크가 동기화 상태에 도달하면 개별적으로는 미미한 효과가 엄청나게 확대되는 현상을 초래하게 된다. 그래서 RFC 2330, Framework for IP Performance Metrics에서는 푸아송^{Poisson} 샘플링을 권장하고 있다. 이 기법에서는 푸아송 분포를 통해 원하는 평균값에 대한 랜덤 시간 간격을 생성한다.

표 10.2의 (b)에 나열한 통계적 메트릭의 대부분은 쉽게 이해할 수 있을 것이다. 백분위수 메트릭은 다음과 같이 정의한다. x번째 %는 y값인데, 측정한 x% 는 y보다 같거나 크다. 일련의 측정값에 대한 x의 역백분위수는 x보다 같거나 작은 모든 값에 대한 %다.

그림 10.8은 패킷 지연 시간 변형 메트릭을 보여준다. 이 메트릭은 네트워크를 돌아다니는 패킷의 지연 시간에 대한 지터나 변화량을 측정할 때 활용된다. 단일 메트릭은 두 개의 패킷 측정값을 선택해서 각각에 대한 지연 시간의 차를 구한 값으로 정의한다. 통계 메트릭은 이렇게 구한 지연 시간의 절댓값을 활용해 측정한다.

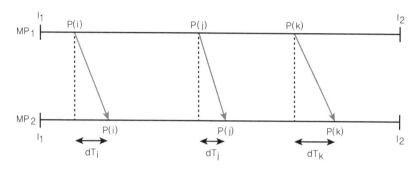

I_1, I_2 = 단일 측정을 수행하는 패킷 스트림 구간의 시작과 끝을 가리키는 시각
MP_1, MP_2 = 측정 지점의 출발지와 목적지
$P(i)$ = 패킷 스트림에서 i번째 측정된 패킷
dT_i = $P(i)$에 대한 단방향 지연 시간

그림 10.8 패킷 지연 시간 변형을 정의하는 모델

표 10.2의 (b)는 통계적으로 정의하지 않는 두 가지 메트릭을 보여준다. 연결성은 네트워크의 전송 계층에서 연결이 유지되는지를 표현한다. 현재 규격(RFC 2678)에서는 구체적인 샘플 및 통계 메트릭을 명시하지 않고 있지만, 이러한 메트릭을 정의하기 위한 프레임워크는 제공하고 있다. 연결성은 지정된 제한 시간 내에 패킷을 전달할 수 있는 능력으로 결정한다. 대량 전송량 메트릭도 이와 마찬가지로 샘플 및 통계 메트릭에 대해 명시하지 않고 있지만(RFC 3148), 다양한 혼잡 제어 메커니즘에 대해 네트워크 서비스의 전송량을 측정하는 문제에 대해 다루기 시작했다.

10.7 오픈플로우의 QoS 지원

오픈플로우는 데이터 평면 스위치에서 QoS를 구현할 수 있게 두 가지 도구를 제공한다. 이 절에서는 각각에 대해 차례대로 소개한다.

큐 구조

오픈플로우 스위치는 간단한 큐잉 메커니즘을 이용하는 제한된 형태의 QoS 기능을 제공한다. 한 포트에 한 개 이상의 큐를 연결할 수 있는데, 큐를 통해 최소 데이터 속도와 최대 데이터 속도를 제한할 수 있다. 큐는 오픈플로우 프로토콜을 통하지 않고 별도로 설정하는데, 커맨드 라인 도구로 설정할 수도 있고 외부의 전용 설정 프로토콜로 할 수도 있다.

각각의 큐에 대해 데이터 구조를 정의한다. 이 데이터 구조는 고유 식별자와 큐에 연결된 포트, 최소 보장 데이터 속도와 최대 데이터 속도 등을 표현한다.

각 큐마다 카운터가 달려 있어서 전송된 바이트와 패킷 수, 부하로 인해 버린 패킷 수 등을 측정할 수 있으며, 스위치에 큐를 설치한 후 경과 시간도 측정할 수 있다.

기존에 석정된 포트와 플로우 엔트리를 매핑할 때는 오픈플로우의 Set-Queue 액션을 사용한다. 즉, 도착한 패킷이 특정한 플로우 테이블 엔트리에 매칭되면 해당 패킷을 지정된 포트와 큐로 보낸다.

큐의 동작은 오픈플로우에서 제어하지 않는다. 오픈플로우에서 큐를 정의하고, 패킷 플로우를 특정한 큐로 보내고, 각 큐에 흐르는 트래픽을 모니터링하는 기능은 제공하지만, 본격적인 QoS 기능은 오픈플로우 외부에서 제공해야 한다.

미터

미터^{meter}는 스위치의 구성 요소로, 패킷이나 바이트의 속도를 측정하고 제어할 수 있다. 각 미터마다 한 개 이상의 밴드^{band} 집합이 연결돼 있다. 패킷이나 바이트 속도가 미리 정해둔 기준을 넘어서면 미터는 밴드를 호출한다. 밴드는 패킷을 버릴 수도 있는데, 이렇게 동작하는 것을 레이트 리미터^{rate limiter, 속도 제한기}라 부른다. 미터 밴드를 이용해 다른 QoS 및 정책 메커니즘을 설계할 수도 있다. 각각의 미터는 스위치의 미터 테이블에 있는 엔트리로 정의한다. 각 미터마다 고유 식별자가 부여된다. 미터는 큐나 포트에 종속되지 않고, 플로우 테이블 엔트리에서 인스트럭션을 통해 호출할 수 있다. 여러 개의 플로우 엔트리가 하나의 미터를 가리킬 수 있다.

지금까지 간략히 소개한 개념을 토대로 미터에 대해 좀 더 자세히 살펴보기로 하자. 미터는 미터에 할당된 패킷의 속도를 측정한다. 그리고 이러한 패킷의 속도를 조절할 수도 있다. 미터는 미터에 연결된 모든 플로우 엔트리 묶음에 대한 속도를 측정하거나 제어할 수 있다. 하나의 테이블에서 여러 개의 미터를 사용할 수 있지만, 플로우 엔트리가 중복될 수는 없다. 여러 개의 미터는 연속된 플로우 테이블을 거쳐 가는 동일한 패킷 집합에 대해 사용할 수 있다.

그림 10.9는 미터 테이블 엔트리의 구조와 플로우 테이블 엔트리와의 관계를 보여준다.

플로우 테이블 엔트리는 meter 인스트럭션을 가질 수 있다. 이때 인자로 meter_id를 지정한다. 플로우 엔트리에 매칭되는 모든 패킷은 해당 미터로 전달된다. 미터 테이블에 있는 각각의 엔트리는 다음과 같이 세 개의 필드로 구성된다.

- **미터 식별자(meter identifier)** 32비트 부호 없는 정수로 된 미터에 대한 고유 식별자
- **미터 밴드(meter band)** 한 개 이상의 미터 밴드에 대한 정렬되지 않은 리스트로, 각각의 미터 밴드는 밴드의 속도와 패킷 처리 방식을 지정한다.
- **카운터(counter)** 미터에서 패킷을 처리할 때마다 값을 증가한다. 통합 카운터aggregate counter이기 때문에 플로우 단위로 트래픽을 나누지 않고 모든 플로우의 전체 트래픽을 계산한다.

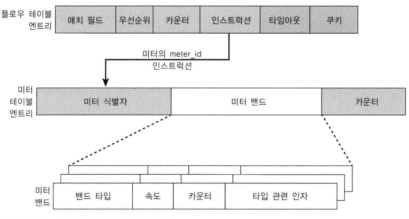

그림 10.9 오픈플로우 QoS 관련 포맷

각 밴드마다 다음과 같은 구조체를 갖고 있다.

- **밴드 타입(band type)** drop 또는 dscp remark
- **속도(rate)** 미터에서 미터 밴드를 선택할 때 사용하는 값으로, 해당 밴드에 적용할 수 있는 최저 속도를 정의한다.
- **카운터(counter)** 미터 밴드에서 패킷을 처리할 때마다 증가한다.

- **타입 관련 인자**(type specific arguments) 어떤 밴드 타입은 옵션으로 인자를 가질 수 있다. 현재는 dscp remark 밴드 타입에 대한 옵션 인자(드롭 우선순위를 지정하는 인자)만 정의돼 있다.

미터는 미터를 거쳐 가는 패킷이나 바이트 속도가 미리 정의한 기준치를 벗어나면 미터 밴드를 호출한다. drop 타입 밴드는 밴드의 속도 기준을 초과하면 패킷을 버린다. 이러한 밴드를 레이트 리미터로 활용할 수 있다. dscp remark 타입 밴드는 패킷의 IP 헤더에 있는 DS 코드포인트 필드의 드롭 우선순위 값을 증가한다. 이를 이용해 간단한 DiffServ 폴리서를 정의할 수 있다.

그림 10.10은 오픈플로우 스위치 규격(1.5.1 버전, 2015년 3월)에 나온 오픈플로우로 DSCP 값을 매칭하고 설정하고 수정하는 과정을 보여준다. 이 그림에서는 하나의 스위치에서 세 개의 플로우 테이블을 사용하고 있다. 하나의 플로우 테이블에 있는 여러 개의 플로우 엔트리가 동일한 미터를 사용할 수도 있고, 같은 플로우 테이블에 있는 엔트리마다 서로 다른 미터를 가리킬 수도 있으며, 어떤 플로우 엔트리는 미터를 사용하지 않을 수도 있다. 하나의 플로우 테이블에서 서로 다른 미터를 사용함으로써 서로 중복되지 않은 플로우 엔트리 집합들을 독립적으로 측정할 수 있다. 연속적으로 연결된 플로우 테이블에서 미터를 사용하면 패킷이 여러 개의 미터를 통과하게 되며, 각각의 플로우 테이블마다 매칭되는 플로우 엔트리는 특정한 미터로 패킷을 보낼 수 있다. 검은색 화살표로 표시한 선은 플로우 테이블을 거칠 때 하나의 플로우가 지나가는 경로를 보여준다. 그림 10.10을 통해 특정한 플로우가 네트워크를 통과할 때 여러 개의 미터를 활용하는 예를 볼 수 있다. 이때 DSCP 값은 미터를 통해 관찰된 트래픽 조건에 따라 변하게 된다.

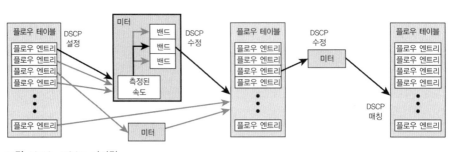

그림 10.10 DSCP 미터링

10.8 핵심 용어

10장을 통해 다음과 같은 용어를 배웠다.

최선형	차등 서비스	DS 코드포인트
탄력적 트래픽	비탄력적 트래픽	통합 서비스 아키텍처
IP 성능 메트릭	지터	오픈플로우 미터
서비스 품질(QoS)	서비스 수준 협약(SLA)	

10.9 참고 문헌

CISC15 Cisco Systems. Internetworking Technology Handbook. July 2015. http://docwiki.cisco.com/wiki/Internetworking_Technology_Handbook

CLAR98 Clark, D., and Fang, W. "Explicit Allocation of Best-Effort Packet Delivery Service." IEEE/ACM Transactions on Networking, August 1998.

Chapter | 11

QoE: 사용자 체감 품질

플로렌스 애그보마

영국 스카이 방송사(BSkyB)

물론 객관적인 관점과 주관적인 관점을 구분하는 것은 중요하다. 하지만 주관적인 관점에 완전히 관심을 끊기는 불가능하다. 과학적으로 적절하지 않다는 이유로 주관적인 부분을 완전히 배제하는 것은 객관성에 대한 과도한 열정에서 비롯되는 것이다. 객관적인 관점은 물리학과 행동주의 심리학에서 특히 두드러지는데, 관찰자가 세상에 '속해' 있다고 취급하는 데서 출발해 모든 것은 관찰자 주변에 있어서 두 눈을 '통해' 볼 수 있다고 본다. 주관적인 관점은 세상이 관찰자의 마음에 있다는 데서 출발하며, 현실은 정신적인 경험으로 간주한다.

― 인간 커뮤니케이션에 대해, 콜린 체리, 1957

11장에서 다루는 내용

11장을 읽고 나면 다음과 같은 것을 할 수 있다.

- QoE의 취지에 대해 설명할 수 있다.
- QoE를 정의할 수 있다.
- QoE에 영향을 미치는 요인을 설명할 수 있다.
- QoE를 측정하는 방법에 대해 개괄적으로 설명할 수 있고, 주관적인 평가와 객관적인 평가의 차이점을 설명할 수 있다.
- QoE에 관련된 다양한 응용 분야에 대해 토론할 수 있다.

11장에서는 체감 품질QoE, Quality of Experience에 대해 살펴본다. 이를 위해 QoE가 등장하고 적용하게 된 동기와 이에 관련된 배경 지식을 소개한다. 또한 QoE의 주요 특징을 살펴보고, 여기에 미치는 요인에 대해 알아본다. 특히 네트워크의 성능 저하가 사용자 경험에 크게 영향을 미치는 멀티미디어 통신 시스템의 관점에서 QoE를 살펴본다.

11.1 QoE의 등장 배경

공용 인터넷이 등장하기 전에 비디오 콘텐츠의 배급은 콘텐츠 제작자가 독점하고 있었다. 이러한 콘텐츠는 케이블과 위성 TV 사업자가 구축하고 관리하는 폐쇄적인 비디오 배포 시스템을 통해 제공됐다. 이러한 사업자는 배포망 전체를 소유하고 운영했을 뿐만 아니라 가정에 비치될 비디오 수신 장치(셋톱박스)까지 소유하고 있었다. 이러한 폐쇄적인 네트워크와 장치는 사업자가 완전히 제어하고 있었으며, 소비자에게 고품질의 비디오를 제공하게 설계되고, 배치되고, 최적화됐다.

그림 11.1은 위성 TV의 종단 간, 단대단 전달망의 대표적인 구성을 개략적으로 표현한 것이다. 그러나 실제 콘텐츠 전달 및 배포망은 여러 애플리케이션과 시스템이 굉장히 복잡하게 구성돼 있다.

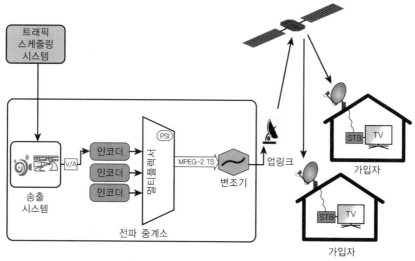

그림 11.1 위성 TV 네트워크에서 흔히 사용하는 콘텐츠 전송 네트워크의 구조

그림에서 보는 바와 같이 트래픽(방송 용어로 '프로그램 소재') 스케줄링 시스템은 오디오와 비디오A/V 콘텐츠를 송출 시스템play-out system을 통해 제공하며, 이러

한 콘텐츠를 인코딩해서 하나의 MPEG 전송 스트림^{TS, transport stream}으로 묶는다. 이러한 전송 스트림은 프로그램에 종속적인 정보^{PSI, program specific information}와 함께 위성을 통해 가입자의 셋톱박스^{STB}로 전송된다.

온라인 비디오 콘텐츠 전송

인터넷을 통해 비디오를 전송할 때는 좀 다른 방식을 사용한다. 인터넷을 구성하는 서브네트워크와 장치들이 지리적으로 다양한 시점에 놓여 있기 때문에 그림 11.2에 나온 것처럼 비디오 스트림은 사전에 알 수 없는 영역을 거쳐서 사용자에게 전달된다. 이러한 구조에서 뛰어난 네트워크 성능을 보장하는 것은 굉장히 어려운 일이다.

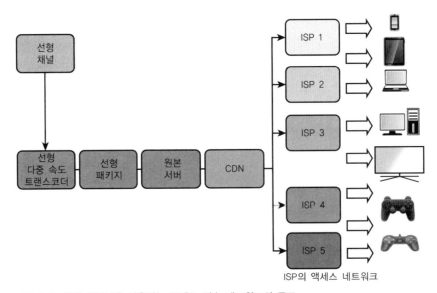

그림 11.2 공용 인터넷을 이용하는 콘텐츠 전송 네트워크의 구조

인터넷 서비스 프로바이더^{ISP}는 콘텐츠 전송 네트워크 전체를 소유하지 않고 있으며, 품질이 저하될 가능성이 높다. 액세스 네트워크는 동축 케이블^{coax}, 구리선, 광섬유, 무선(고정 및 이동형) 기술로 구성할 수 있다. 이러한 네트워크에서는 패킷 지연 시간, 지터, 손실 등과 같은 문제가 흔히 발생한다.

지난 20년간 인터넷이 급속도로 성장하고 팽창하면서 네트워크를 통해 비디오를 스트리밍하는 서비스도 크게 늘어났다. 관련 기술도 비약적으로 발전하면서 네트워크 접속 장치로 개선됐다.

현재 이러한 네트워크 기반 서비스들이 큰 인기를 얻고 있기 때문에 서비스 제공자는 사용자의 참조 기준에 가까운 사용자 경험을 보장해줄 필요가 생겼다. 사용자는 주로 케이블이나 위성 TV와 같은 예전 기술 기반으로 제공되던 고품질 비디오에서 얻은 경험을 기준으로 삼고 있다. 또한 사용자는 현재 공중파 TV에서만 제공될 수 있는 기능에 영향을 받기도 한다. 이러한 기능으로는 다음과 같은 것들이 있다.

- **트릭 모드(trick mode) 기능** 앞이나 뒤로 빠르게 감을 때 나타나는 시각적인 피드백을 비디오 스트리밍 시스템이 흉내 내는 기능
- **다중 스크린을 이용한 문맥(contextual) 경험** 한 화면을 일시적으로 멈추고 다른 화면으로 전환하는 기능. 이를 통해 사용자는 비디오 경험을 끊김 없이 이어나갈 수 있다.

온라인 서비스에 대한 사용자 경험을 관리하기 위해 QoS 프레임워크를 도입했다. QoS 프레임워크는 이러한 서비스를 제공하는 전송 시스템의 네트워크 트래픽을 관리하기 위한 기술과 도구를 제공한다. QoS의 목적은 네트워크의 성능을 관리하고 네트워크 트래픽에 대한 일정한 수준의 성능을 보장하는 것이다. QoS는 자원 관리와 우선순위 기반의 트래픽 처리와 같은 안정화 전략을 구현하기 위한 목적으로 네트워크 파라미터를 측정하고, 네트워크 상태의 변화(혼잡, 대역폭 가용성 등)를 감지한다.

하지만 최근 들어 QoS만으로는 충분한 수준으로 성능을 보장할 수 없다는 것을 깨닫게 됐다. QoS는 네트워크 성능과 서비스 품질에 대한 사용자의 인식을 고려하지 않았기 때문이다. 따라서 QoE라는 분야가 새롭게 떠오르게 됐다.

다양한 종류의 접속 장치가 확산되면서 QoE 프레임워크의 중요성은 더욱 부각됐다. PDA에서 뉴스를 보는 사용자에 대한 QoE는 3G 기반의 모바일 폰으로 뉴스를 시청하는 사용자의 QoE와 다를 가능성이 많다. 두 단말은 화면의 크기, 대역폭, 프레임 속도, 코덱, 프로세싱 파워 등이 다르기 때문이다. 따라서 이러한 두 가지 종류의 단말에 멀티미디어 콘텐츠나 서비스를 전송할 때 사용자의 기대 품질이나 단말 종류에 따른 요구 사항에 대해 신중하게 고려하지 않으면 서비스를 과도하게 제공하거나 네트워크 리소스를 낭비하게 될 수도 있다.

트릭 모드

오디오/비디오 콘텐츠의 레코딩 속도(1x)로 재생(포워드 플레이백)하는 경우를 제외한 다른 모드에 대한 재생 기능. 예를 들어 앞으로 빠르게 감기(패스트 포워드), 슬로우 모션, 뒤로 감기, 랜덤 액세스 등이 있다.

문맥

최종 사용자의 환경을 물리적, 시간적, 사회적, 경제적, 기술적 특징 관점에서 표현하는 모든 상황에 대한 속성. 물리적 문맥은 각 지점 사이를 이동하거나 전환하는 것과 같은 위치와 공간의 특성을 표현한다. 시간적 문맥은 날짜, 기간, 시스템이나 서비스 사용 빈도 등을 표현한다. 사회적 문맥은 서비스 활용 특성을 표현한다. 다시 말해 최종 사용자 혼자서 보거나 다른 사람과 함께 보는 것과 같은 정보를 표현한다. 경제적 문맥은 비용과 구독 종류를 의미한다.

→ 11.4절. 'QoE의 정의' 참조

쉽게 표현하면 QoE는 특정한 서비스에 대한 사용자의 인식을 의미한다. QoE는 콘텐츠 전송 시스템이나 네트워크를 비롯한 다양한 엔지니어링 프로세스를 설계하고 관리할 때 핵심적으로 고려해야 할 메트릭 중 하나로 취급해야 한다. 서비스 수준의 종단 간 성능을 최종 사용자의 단말기에서 사용자의 관점에 따라 측정한 것이기 때문이다.

11.2 QoE에 대한 부적절한 고려로 인한 서비스 실패

형편없는 QoE로 인해 상업적으로 크게 실패한 서비스의 대표적인 예로 입체적인 화면을 보여주는 3D TV 서비스를 들 수 있다.

2010년 디즈니, 폭스텔, BBC, Sky를 비롯한 여러 방송사들은 고객들에게 3D 콘텐츠 전송 서비스를 프리미엄 서비스로 제공하기 시작했다. 실제로 방송사들은 자체적으로 3D TV 전용 채널을 제공했다. 하지만 Sky를 제외한 대부분의 방송사들은 5년이 채 지나지 못해 이러한 서비스를 중단했다.

이러한 서비스가 실패한 데에는 여러 가지 원인이 있다. 첫째는 '와우 비디오 콘텐츠'(대다수의 사용자가 흥미와 관심을 크게 가질 만한 콘텐츠)가 부족했다. 둘째로 가정에서 시청할 때도 특수한 3D 안경을 착용해야 했기 때문이다. 세 번째 이유는 방송사들이 3D TV 기술을 서둘러 도입했기 때문에 경험이 부족한 이들에 의해 부적절한 시스템과 도구로 콘텐츠를 만들었기 때문이다. 따라서 어설프게 제작된 3D 콘텐츠만 양산해 초기 가입자의 대부분이 떠나게 됐다.

11.3 QoE 관련 표준

QoE 분야가 급격히 성장하고 있기 때문에 이를 실현하기 위한 방법과 표준에 관련된 이슈를 다루는 프로젝트가 다양하게 진행되고 있다. 이러한 프로젝트는 11.2절에서 설명한 상업적인 실패를 사전에 방지하기 위한 목적으로 시작됐다. 표 11.1은 그중에서도 대표적인 프로젝트를 정리한 것이다. 이 중에서 두 개는 나중에 자세히 소개한다.

표 11.1 QoE 이니셔티브와 프로젝트

기관	목표	QoE 관련 활동
QUALINET	QoE 연구를 위한 다양한 학제 간(multi-disciplinary) 컨소시엄 결	QoE 프레임워크를 위한 공통 용어
유레카 셀틱 (Eureka Celtic)	유럽의 산업체 주도의 연구 협력	범용 서비스에 대한 QoE 측정을 위한 QuEEN(Quality of Experience Estimators in Networks) 에이전트
ITU-T	세계 공통의 통신 표준을 위한 권고안을 제작하는 국제 연합(UN) 산하 기관	QoE 표준, IPTV QoE 요구 사항
IEEE-SA	IEEE 산하의 표준 제정 기구로, 산업체와 광범위한 관련 커뮤니티가 한데 모여 개방형 프로세스를 통해 합의된 표준을 개발한다.	네트워크 적응형 QoE 표준

현재 VQEG^{Video Quality Experts Group}에서 가정용 엔터테인먼트 시스템을 위한 3D 비디오 품질 평가 권고안에 대한 드래프트 문서를 작성하고 있다(http://www.its.bldrdoc.gov/vqeg/projects/3dtv/3dtv.aspx). 또한 VQEG에서는 3D TV 시청 경험에 영향을 주는 특성과, 이러한 요인을 최소화하기 위한 방법에 대한 참조 문서도 작성하고 있다. 이러한 특성에 대한 예로 혼선, 시각적인 불편함, 시각적인 피로감 등이 있다.

Video Quality Experts Group(VQEG)

또 다른 조직으로 QuEEN^{Quality of Experience Estimators in Networks} 프로젝트가 있다 [ETSI14]. 이 프로젝트는 여러 기관과 여러 국가의 조직이 함께 참여해 비디오, 음성, IPTV 등과 같은 온라인 서비스에 관련된 이슈를 해결하기 위한 목적으로 시작됐다. 서비스 및 네트워크 제공자가 경쟁사에 비해 자사의 서비스를 QoE, 낮은 고객 이탈률 관점에서 차별화하는 데 필요한 문제를 다루고 있다.

QuEEN 프로젝트에서는 QoE에 영향을 미치는 요인을 잘 정의된 계층으로 분류해 운영 프레임워크를 개발했다. 이를 통해 각 계층마다 품질 값이 어떻게 결정되는지를 엿볼 수 있다. QoE 측정 프로세스는 각 계층에 통합돼 있는 소프트웨어 에이전트를 사용한다. 또한 이러한 파라미터 값에 따라 사용자의 호응도를 결정하는 모델을 만드는 소프트웨어 시스템도 활용한다. 소프트웨어 에이전트는 네트워크에 걸쳐 관찰되는 다양한 데이터를 통합하는 기능을 갖고 있다.

QuEEN 에이전트는 계층형 모델에서 가장 핵심적인 영역을 차지한다. 이를 통해 QoE 측정기를 대규모 분산 환경에 유연하게 배치할 수 있다. QuEEN 프로젝트는 3년짜리 프로젝트로서 2014년에 종료됐는데, 상당히 인상적인 결과를 도출했다. 소프트웨어 QoE 에이전트를 활용하는 QuEEN의 접근 방식은 다양한 ETSI와 ITU 표준 형태로 표준화됐다. 이를 통해 QoE를 이용하거나 관리하는 새로운 방법도 개발될 것으로 예상된다.

11.4 QoE의 정의

QoE는 다양한 방식으로 정의하고 있는데, 개념은 서로 비슷하다. QoE는 본질적으로 사람마다 다르게 느껴지기 때문에, 정량적으로 표현하기 쉽지 않다. 또한 QoE는 품질에 대한 사용자의 인식을 이해하기 위해, 통신 네트워크, 인지 과정, 멀티미디어 신호 처리, 사회 심리학 등을 비롯한 여러 분야에 대한 학제적 접근이 필요하다.

이러한 분야에 종사하는 연구원들은 동일한 개념을 각자 나름대로의 전문 언어와 용어로 표현하고 있다. 그래서 다른 분야에 나온 문헌을 연구하고 이해하기가 쉽지 않은 경우가 많다. 이러한 이유로 QoE를 표현하고 측정하는 방법과, 이에 영향을 미치는 다양한 요인에 대해 아직까지 제대로 정리돼 있지 않다.

QoE에 대한 학제적 접근을 위한 첫 번째 단계는 용어에 대한 공통 프레임워크를 만드는 것이다.

이러한 공통 프레임워크에 대한 작업은 2012년 QUALINET(European Network on Quality of Experience in Multimedia Systems and Services)에서 처음 시작됐다[MOLL12]. QUALINET은 QoE에 대한 공식적인 정의와 관련 개념에 대한 논의를 장려하기 위한 것을 목적으로 여러 연구원과 산업계 전문가의 모임이다.

11장에서 소개하는 품질, 체감, 사용자의 체감 품질에 대한 정의는 모두 QUALINET의 백서[MOLL12]를 인용한 것이다.

품질의 정의

품질Quality이란 사용자가 관찰한 현상이나 사건에 대해 '비교하고 판단하는' 과정을 거쳐 도출한 결과다.

이 과정은 다음과 같이 순차적인 주요 단계로 구성된다.

- 사건의 인식perception

- 인식한 사건에 대한 회고

- 인식한 대상에 대한 묘사

- 평가 및 결과 표현

인식
사람의 감각 기관을 통해 감지한 정보에 대한 의식적인 처리 과정

따라서 품질은 발생한 이벤트에 대해 사용자의 요구 사항이 충족된 정도를 기준으로 평가한다. 이렇게 평가한 결과는 일정한 범위를 기준에 따라 품질 점수로 표현한다.

체감의 정의

체감experience이란 개인이 인식한 한 개 이상의 이벤트에 대해 해석하고 표현한 것이다. 시스템이나 서비스를 비롯한 여러 가지 대상을 직접 겪어본 결과로 도출되는 것이다.

한 가지 주목할 점은, 체감은 반드시 품질에 대한 판단 결과를 반영할 필요가 없다는 점이다.

품질 형성 과정

그림 11.3에서 보여주는 것처럼 품질 점수는 인식 경로와 참조 경로라는 두 가지 하위 프로세스를 거쳐 도출된다.

참조 경로는 품질 형성 과정의 시간적, 문맥적 속성을 반영한다. 이 경로는 경험한 품질에서 참조 경로로 화살표로 표현한 것처럼 예전에 겪은 품질에 대한 기억이 반영된다.

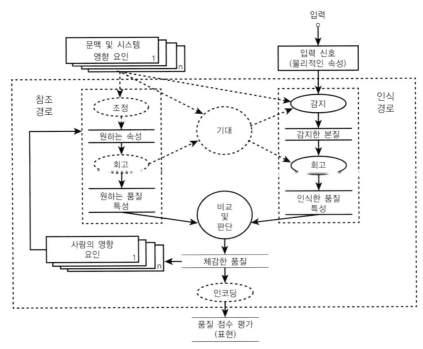

그림 11.3 개인의 관점에서 본 품질 형성 과정에 대한 개념도[MOLL12]

인식 경로는 물리적인 입력 신호에 의해 결정된다. 이러한 신호는 관찰자의 감각 기관을 통해 평가한다. 이렇게 발생한 물리적인 이벤트는 저수준의 인식 과정을 거쳐 참조 경로의 제약 사항을 벗어나지 않는 범위에서 인식한 특성으로 변환한다. 이렇게 인식한 특징은 회고 과정을 거치는데, 이러한 감각적인 특성은 **인지**cognitive 처리 과정을 통해 해석한다. 이 시점에 이르면 인식한 개념을 묘사하고 양적으로 표현할 수 있어서 인식한 품질 특성으로 도출할 수 있다.

참조 경로와 인식 경로를 통해 도출된 품질 특성은 비교 및 판단 과정을 통해 경험 품질로 변환된다. 이러한 경험 품질은 시간과 공간, 성격에 따라 제한되며, 품질 **사건**event이라 부른다. 이러한 사건에 관련된 정보는 사용자의 묘사를 통해서만 얻을 수 있다.

품질 형성의 마지막 단계는 기대한 특성과 체감한 특성을 비교하는 것이다. 이때 품질 형성 과정의 결과는 체감한 품질을 반영한다.

인지
인식, 기억, 판단, 추론에 대한 정식적인 처리 과정

사건
관찰할 수 있는 현상

체감 품질의 정의

앞 절에서 소개한 개념과 정의를 토대로 산업계와 학계에서 통용되는 QoE를 정의하면 다음과 같다.

체감 품질^{QoE, Quality of Experience}이란 사용자가 애플리케이션이나 서비스를 사용하면서 기뻐하거나 짜증내는 정도다. 체감 품질은 애플리케이션이나 서비스를 사용할 때 사용자의 성격이나 현재 상태를 기준으로 자신의 기대를 충족시킨 정도를 표현한다.

11.5 실전을 위한 QoE 전략

QoE에 관련된 여러 프로젝트로부터 핵심적인 사항을 도출해보면 여러 서비스에서 사용하는 다양한 QoS 파라미터가 사용자의 품질에 대한 전반적인 인식에 영향을 미친다는 것을 알 수 있다. 이로 인해 QoE/QoS에 대해 계층적으로 접근하는 개념이 등장했으며, 사용자의 요구 사항에 따라 네트워크 평가 전략이 달라진다.

QoE/QoS 계층 모델

QoE/QoS 계층 모델은 그림 11.4에서 보여주는 것처럼 네트워크의 QoS 측면을 무시하지 않고, 사용자와 서비스 관점과 함께 고려한다.

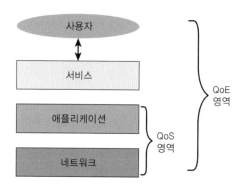

QoE와 QoS 영역이 서로 겹치는 부분이 있기 때문에 두 프레임워크 사이에 상당 양의 정보를 서로 공유하고 피드백을 준다.

그림 11.4 프레임워크의 관심 영역별로 구분한 QoE/QoS 계층 모델

이 모델에서 각 계층은 다음과 같이 구성된다.

- **사용자** 사용자는 서비스와 상호 작용한다. 이러한 서비스를 사용하는 과정에서 사용자가 기뻐하거나 짜증내는 정도를 측정한다. 기본적으로 사람의 인식을 다루는 것이고, 이러한 인식 정도는 사람마다 다르기 때문에 QoE를 양적으로 표현하는 것은 쉽지 않다. 사용자 개인마다 성향이 다르기 때문에 사용자 수준에서 나타나는 QoE는 근본적으로 복잡하다. 어떤 성향은 시간에 따라 달라지고, 또 어떤 성향은 이에 비해 안정적인 분포를 보인다. 이러한 성향의 예로 성별, 나이, 사고방식, 사전 경험, 기대치, 사회 경제적 지위, 문화적 배경, 교육 수준 등을 들 수 있다. 따라서 모든 사용자와 문맥에 대한 하나의 통일된 QoE 메트릭을 개발하기란 굉장히 어려운 문제다. 현재는 사용자에 대해 상대적으로 일관되게 나타나는 특징을 밝혀내고 이를 제어하는 방식으로 QoE를 측정하는데, 이는 잠재적인 사용자 그룹에 대해 대체로 만족스러운 결과를 보여준다.

- **서비스** 서비스 계층은 서비스의 전반적인 성능에 대한 사용자의 경험을 측정하기 위한 가상의 단계를 제공한다. 사용자와 서비스가 상호 작용하는 인터페이스(예를 들어 사용자에게 제공되는 시각적인 디스플레이)가 이 계층에 속한다. 여기서는 인내심의 한계를 측정할 수도 있다. 예를 들어 스트리밍 애플리케이션에 대한 사용자 관점의 QoE를 측정할 때 시작 시간, 음성/영상 품질, 채널 변경 지연 시간, 버퍼링 산섭 등을 측징할 수 있다. 빈면 웹 브라우징 애플리케이션에 대한 QoE를 측정할 때는 페이지 로딩 대기 시간을 측정할 수 있다.

- **애플리케이션 수준의 QoS(AQoS)** AQoS는 콘텐츠의 해상도, 비트 레이트, 프레임 레이트, 컬러 뎁스, 코덱 타입, 레이어링 전략, 샘플링 레이트 등을 비롯한 애플리케이션에 종속적인 파라미터를 고려한다. 일반적으로 서비스를 전송하는 데 할당된 대역폭은 네트워크 용량에 의해 결정된다. 내부적으로 사용할 수 있는 자원은 한정돼 있기 때문에 애플리케이션 단계의 파라미터를 조절해 원하는 품질을 얻을 수 있다. 예를 들어 오디오 서비스의 경우 샘플링 레이트를 96kHz로 지정하면 48kHz보다 많은 정보를 전달할 수 있다. 하지만 샘플링 레이트를 이렇게 높이면 오디오 파일의 크기가

커지게 된다. 샘플링 레이트란 아날로그 음성 신호에 대한 초당 측정 횟수이기 때문이다. 매번 측정(샘플링)한 값은 디지털 값의 형태로 저장하거나 전송한다.

또 다른 예로 비디오 서비스는 장치마다 화면의 크기가 다르다(장치마다 종횡비가 다르다). 이러한 장치들은 비디오 이미지의 크기를 재조정할 수 있는 기능을 제공하고 있다. 지정된 비트 레이트를 맞추기 위해 이미지의 해상도를 낮추면 시각적인 이상 현상은 줄일 수 있지만 화면은 약간 흐려지게 된다. 반대로 높은 해상도를 유지하면 이미지는 선명하지만 시각적인 이상 현상은 더 많이 나타나게 된다. 일반적으로 비트 레이트는 비디오나 오디오 파일의 품질을 의미한다. 파일의 초당 인코딩된 비트 수를 표현한 것이기 때문이다. 이러한 파일에 사용되는 압축 표준의 대다수는 블록 기반으로 움직임을 보상하는 코딩 방식을 사용하기 때문에 압축으로 인해 발생한 이상 현상이 비디오를 재생할 때 나타나게 된다.

- **네트워크 수준의 QoS(NQoS)** 이 단계에서는 서비스 커버리지, 대역폭, 지연 시간, 처리량, 패킷 손실 등과 같은 저수준의 네트워크 파라미터를 다룬다. 네트워크 수준의 QoS 파라미터는 다양한 방식으로 QoE에 영향을 미친다. 예를 들어 네트워크 지연 시간은 사용자와 상호 작용하는 서비스에 대한 QoE에 큰 영향을 미친다. 또한 웹 브라우징은 일정한 시간 동안 요청과 응답이 여러 차례 발생하는데, 네트워크 지연 시간으로 인해 사용자와 상호 작용하는 횟수가 달라질 수 있다. VoIP^{Voice over IP} 서비스는 응답 시간에 대한 제한이 엄격한 편인 반면, 이메일 서비스는 지연 시간이 길어도 큰 영향을 받지 않는다.

네트워크를 통한 비디오 스트리밍에 적용되는 분산 기법의 종류도 QoE에 영향을 미친다. 예를 들어 HTTP 기반의 적응형 스트리밍은 TCP를 사용하기 때문에 대역폭 제한과 CPU 용량에 따라 다음과 같이 영향을 받게 된다.

- 현재 사용할 수 있는 자원의 양에 따라 비트 레이트를 전환해야 한다.
- 재생기의 버퍼에 새로 들어온 패킷이 없어서 프레임이 멈추는 현상(버퍼링 현상)이 발생할 수 있다.

비트 레이트 전환과 버퍼링 현상은 QoE에 나쁜 영향을 미친다.

UDP 방식으로 스트리밍할 때는 멀티캐스트 방식을 사용하기 때문에 스트림을 여러 개로 복제해 네트워크에 분산한다. 그리고 네트워크 상태가 나빠지더라도 일정한 수준의 체감을 유지하도록 플로우 제어 메커니즘과 탄력적인 코딩 스킴을 사용해야 하는 경우가 많다.

QoE/QoS 계층 정리 및 통합

앞 절에서는 QoE의 결과가 애플리케이션 계층의 특성만으로 결정될 수도 있고, 애플리케이션과 네트워크 계층의 요인이 서로 결합돼 나타날 수도 있다고 설명했다. 네트워크 용량과 서비스의 품질 사이의 트레이드 오프$^{trade-off}$ 관계는 애플리케이션 수준의 QoS 단계에서 결정해도 되지만, (QoE 측정치를 바탕으로) 사용자가 기대하는 서비스 수준을 이해하면 네트워크 수준의 QoS 파라미터에 대응되는 애플리케이션 수준의 QoS 파라미터를 더 잘 선택할 수 있다. QoS 파라미터로 QoE를 제어하는 방법에 대해서는 11.8절에서 자세히 설명한다.

11.6 QoE에 영향을 미치는 요인

QoE를 분석하고 이에 관련된 문제를 해결할 때는 반드시 기술적인 요인뿐만 아니라 기술 외적인 요인도 함께 고려해야 한다. 좋은 QoE를 결정하기 위해서는 여러 가지 요인을 고려해야 하는데, 그중에서도 핵심적인 요인을 나열하면 다음과 같다.

- **사용자의 통계학적 분포** 여기서 통계학적 분포란 품질의 인식에 간접적으로 영향을 미치거나, QoE를 결정하는 기술적인 요인에 직접적인 영향을 미치는 사용자의 특성 중에서 대체로 일정하게 드러나는 특성을 의미한다. HD 음성 통화의 도입에 대한 연구 프로젝트[QUIN12]에서 밝혀진 결과에 따르면 사용자 그룹에 따라 품질에 대한 평가가 크게 달라진다고 한다. 이 프로젝트에서는 새로운 기술의 도입에 대한 태도나 사회 통계적 정보, 사회 경제적 지위, 배경 지식 등과 같은 통계학적 특성에 따라 사용자를 여러 그룹으로 나눴다. 문화적인 배경에 따라 품질에 대한 기준이 다를 수 있기

때문에 서비스 품질에 대한 인식에 영향을 미치는 사용자의 통계학적 요인으로 문화적인 배경도 고려할 수 있다.

- **장치의 종류** 장치의 종류에 따라 QoE에 미치는 요인이 달라질 수 있다. 로쿠^{Roku}와 같은 커넥티드 TV 장치나 아이폰과 같은 iOS 장치처럼 여러 장치에서 구동하게 설계된 애플리케이션은 이를 실행하는 장치에 따라 QoE가 달라질 수 있다.

- **콘텐츠** 콘텐츠는 개인의 관심사에 따라 특별히 제작된 인터랙티브 콘텐츠부터 TV 전송을 목적으로 제작된 콘텐츠에 이르기까지 그 종류가 다양하다. 조사 결과에 따르면 사람들은 일방적으로 제공되는 TV 콘텐츠보다 VoD$^{Video On-Demand}$ 방식의 콘텐츠를 훨씬 선호한다고 한다. 이는 아마도 시청할 콘텐츠의 종류와 재생 방식을 적극적으로 결정할 수 있어서 좀 더 집중할 수 있기 때문이다. 이러한 점을 통해 VoD 사용자는 품질 저하에 더욱 민감하다는 사실을 추론할 수 있다.

- **연결 방식** 서비스를 제공하는 데 사용하는 통신 연결 방식도 QoE에 대한 사용자의 기대치에 영향을 미친다. 기술적으로 동일한 조건으로 유선과 3G 방식의 연결을 제공할 때 사용자의 품질에 대한 기대치는 유선으로 연결할 때보다 3G로 연결할 때 더 낮은 경향이 있다고 한다. 또한 소형 장치를 통해 콘텐츠를 재생할 때 사용자는 기대치를 크게 낮추고 시각적으로 불쾌한 현상에 대해 좀 더 너그럽게 대하는 경향이 있다.

- **미디어(음성/영상) 품질** 서비스를 제공할 때 사용자에게 가장 크게 눈에 띄는 부분이므로, QoE에 크게 영향을 미치는 요인이다. 음성과 영상에 대한 전반적인 품질은 콘텐츠에 따라 달라진다. (얼굴과 어깨까지만 표현하는 콘텐츠처럼) 간단히 구성된 장면에서는 영상보다는 음성의 품질이 좀 더 중요한 반면 복잡한 동작을 표현하는 콘텐츠에서는 음성 품질보다는 영상 품질에 좀 더 영향을 받는 경향이 있다.

- **네트워크** 인터넷을 통해 콘텐츠를 제공할 때는 지연 시간과 지터, 패킷 손실, 가용 대역폭 등에 영향을 많이 받는다. 지연 시간이 일정하지 않으면 사용자는 화면이 멈추거나 음성과 영상이 서로 일치하지 않는 현상을 겪게 된다. 비디오 콘텐츠는 다양한 인터넷 프로토콜로 제공될 수 있지만, 모든

프로토콜이 콘텐츠를 안정적으로 제공해주는 것은 아니다. TCP/IP를 사용하면 콘텐츠를 어느 정도 안정적으로 제공할 수 있지만, 네트워크 상태가 나빠지면 버퍼링과 끊김 현상이 자주 발생해 QoE가 낮아지게 된다. IP 비디오 재생 중 버퍼링 현상이 나타나면 사용자의 QoE가 크게 낮아지므로, 처음 화면이 재생될 때까지 지연 시간이 길어지더라도 버퍼링 현상이 발생하는 것을 최대한 막는 것이 좋다. 마찬가지로 재생을 시작할 때까지의 지연 시간에 대한 QoE는 애플리케이션의 종류와 사용자의 기대치에 따라 크게 달라진다. 네트워크에 관련된 QoE 요인은 굉장히 다양하지만, TV와 같은 형태의 서비스에서는 안정성과 강한 무선 신호가 무엇보다도 중요하다.

- **사용성** QoE에 대한 또 다른 요인으로 서비스를 사용하기 위해 어느 정도의 노력이 필요한가도 고려해야 한다. 사용자가 특별히 기술적인 노력을 기울이지 않아도 좋은 품질의 서비스를 제공하게 설계해야 한다.

- **비용** 오래전부터 가격을 기준으로 품질을 평가해왔다. 이는 사용자의 기대는 가격에 비례한다는 것을 의미한다. 특정한 서비스 품질에 대해 지불하는 가격이 높을수록 품질 저하에 더욱 민감한 경향이 있다.

11.7 QoE 측정

QoE를 측정하는 기법은 초창기 TV 시스템이 등장했을 당시에 이용했던 정신물리학적인 기법을 기반으로 발전해왔다. 이 절에서는 QoE를 측정하기 위한 세 가지 기법인 주관적 평가, 객관적 평가, 최종 사용자 장치 분석을 소개한다.

주관적 평가

주관적 평가 기법으로 QoE를 측정하려면 실험자는 결과의 안정성과 진위성을 보장할 수 있도록 주의를 기울여 고도로 통제된 환경(통제된 실험실, 필드 테스트, 크라우드소싱 환경 등)을 구축해야 한다. 실험 설계, 실험 수행, 통계 분석 등과 같은 작업은 상당히 복잡하기 때문에 주관적인 실험을 구축하는 초기 단계에는 전문가의 조언을 참고하는 것도 좋다. 일반적으로 주관적인 QoE 데이터를 수집하는 기법은 다음과 같은 단계로 구성된다.

- **서비스 특징 파악** 이 단계에서는 사용자 경험에 가장 큰 영향을 미치는 QoE 척도를 선택한다. 예를 들어 멀티미디어 컨퍼런싱 서비스의 경우 영상의 품질보다 음성의 품질이 더 중요하다. 게다가 이러한 애플리케이션에서는 오디오와 비디오의 동기화만 보장된다면 비디오의 품질이 높지 않아도 된다. 그래서 다른 비디오 스트리밍 서비스에 비해 개별 프레임에 대한 해상도를 크게 낮출 수 있다. 특히 모바일 폰과 같이 화면의 크기가 작은 경우에는 더욱 줄일 수 있다. 따라서 멀티미디어 컨퍼런싱 서비스에서 QoE에 대한 척도는 음성 품질, 오디오-비디오 동기화, 이미지 품질 순으로 우선순위를 정할 수 있다.

- **테스트 매트릭스 설계 및 정의** 서비스의 특징을 파악했다면 QoE 척도에 미치는 QoS 요인을 파악해야 한다. 예를 들어 스트리밍 서비스에서 비디오의 품질은 프레임 레이트나 해상도, 코덱을 비롯한 인코딩 파라미터와, 대역폭, 패킷 손실 등과 같은 네트워크 파라미터에 직접적으로 영향을 받는다. 화면의 크기와 프로세싱 파워 등의 관점에서 볼 때 렌더링 장치의 성능도 큰 영향을 미친다. 하지만 모든 파라미터를 조합해 테스트하기가 힘들 수도 있다. 그래서 QoE에 미치는 효과가 비슷한 조합은 제거해 좀 더 현실적인 테스트 조건으로 구성되게 매트릭스를 작성하는 것이 좋다.

- **테스트 장비와 재료 명시** 주관적 테스트를 설계할 때는 통제된 환경에서 테스트 매트릭스를 적용할 수 있도록 테스트 장비를 명시해야 한다. 예를 들어 스트리밍 애플리케이션에서 인식된 QoE와 NQoS 파라미터의 상관관계를 평가하려면 에뮬레이션된 네트워크 환경에서 최소한 하나의 클라이언트 장치와 하나의 스트리밍 서버를 별도로 구축해야 한다. 장치의 성능이 QoE에 미치는 영향을 측정하려면 테스트하려는 클라이언트 장치에서 구동하는 포맷으로 제작된 비디오 콘텐츠를 선택한다.

- **표본 추출** 대표적인 표본을 추출한다. 가능하면 실험하려는 사용자 범위 중에서 통계학적으로 다양한 계층을 표현하도록 표본을 추출한다. 주관적 테스트를 수행하는 타겟 환경에 따라 (실험실과 같은) 통제된 환경에서는 최소한 24개 이상, 공개된 환경이라면 최소한 35개 이상의 테스트 대상을 선정

하는 것이 좋다. 성향을 파악하기 위한 파일럿 분석용이라면 이보다 적은 수로 선정해도 된다. 주관적 평가에 크라우드소싱을 활용하는 기법은 아직 정립돼 있지 않지만, 표본 집단의 크기를 더욱 키울 수 있는 잠재력이 있으며, 주관적 테스트의 완료 시간을 단축할 수 있을 것으로 기대하고 있다.

- **주관적 기법** 산업계에서 추천하는 주관적 평가 기법은 여러 가지가 있다. 하지만 대다수의 기법들은 테스트 조건을 엄격히 검사해서 테스트 대상을 표현하고, 실제로 테스트하는 QoS 조건과 이에 대한 사용자 반응의 상관 관계를 표현할 수 있도록 평가 점수의 범위를 구성하게 권장하고 있다. 평가 점수의 범위는 실험의 설계 방식별로 다양하게 나와 있다.

- **결과 분석** 모든 QoS 테스트 조건에 대해 테스트 대상을 검사했다면 에러가 있는 데이터를 제거하는 후처리 과정을 수행한다. 실험의 설계 방식에 따라 결과를 분석할 때 다양한 통계 기법을 적용할 수 있다. 가장 간단하면서 흔히 사용되는 측정 기법은 MOS^{Mean Opinion Score}다. 이 기법은 특정한 QoS 테스트 조건에 대해 수집한 의견에 대한 평균을 구한다. 주관적 평가의 결과는 QoE를 측정하고 QoS 요인이 미치는 영향을 모델링할 때 활용한다. 주관적인 실험을 수행하려면 굉장히 신중하게 계획하고 설계해야 한다. 그래야 신뢰할 수 있는 주관적인 MOS 평가 결과를 도출할 수 있다. 하지만 제대로 하려면 상당한 시간이 소요되며 비용도 많이 들기 때문에 서비스에서 실시간 모니터링하는 데는 적합하지 않다. 이럴 때는 객관적 평가를 수행하는 것이 좋다.

객관적 평가

QoE에 대한 객관적 평가 기법이란 알고리즘을 이용해 사용자가 인식하는 오디오와 비디오의 품질을 측정하는 방법을 말한다. 서비스의 종류마다 다양한 객관적인 모델이 나와 있는데, 주관적인 실험을 통해 추출한 데이터와 가장 상관관계가 높은 최적의 조합을 찾아야 한다. 객관적인 QoE 데이터를 추출하는 과정은 다음과 같다. 여기에서 소개하는 단계들은 객관적인 QoE 데이터를 추출하는 과정을 보여주기 위한 목적일 뿐 모든 단계를 빠짐없이 고려할 필요는 없다.

- **주관적인 데이터에 대한 데이터베이스** 가장 먼저 시작할 부분은 객관적인 모델의 성능을 검증하기 위한 벤치마크 역할을 할 주관적인 데이터 그룹을 정해야 한다. 이러한 데이터에 대한 대표적인 예로, 잘 정의된 주관적인 테스팅 절차를 따라 생성된 주관적인 QoE 데이터를 들 수 있다. 주관적인 데이터는 객관적인 모델의 활용 사례를 잘 반영하는 것을 선정한다.

- **객관적인 데이터 준비** 일반적으로 객관적인 모델을 위한 데이터는 주관적인 데이터에 나타난 것과 동일한 QoS 테스트 조건뿐만 아니라 여러 가지 복잡한 QoS 조건도 함께 고려한다. 알고리즘을 개선하거나 트레이닝하기 전에 비디오 데이터에 다양한 전처리 과정을 거치게 할 수도 있다.

- **객관적인 기법** 사용자가 인식하는 오디오나 비디오의 품질을 측정하기 위한 알고리즘은 다양하게 나와 있다. 어떤 알고리즘은 품질의 저하를 인식하는 데 특화돼 있는 반면, 어떤 알고리즘은 다양한 품질 저하 요인을 측정할 수 있다. 인식된 품질 저하에 대한 예로 흐려짐, 불규칙적인 흐름, 부자연스러운 움직임, 일시적인 멈춤, 건너뜀, 버퍼링, 전송 에러가 발생한 후 불완전한 에러 숨김 처리 등이 있다.

- **결과 검증** 모든 QoS 테스트 조건을 객관적인 알고리즘으로 처리한 뒤에는 후처리 과정을 통해 평균을 벗어나는 값들을 제거하면 좀 더 정확한 예측 값을 구할 수 있다. 이 과정은 주관적인 데이터에 적용할 때와 개념이 같다. 객관적인 알고리즘을 통해 구한 예측 값은 주관적인 QoE 데이터와 범위가 다를 수 있다. 동등하게 비교할 수 있게 주관적인 실험(MOS 등)에서 구한 것과 동일한 범위로 변환할 수 있으며, 이를 통해 예측된 QoE 값과 주관적인 QoE 데이터 사이의 최적의 조합을 구할 수도 있다.

- **객관적인 모델의 검증** 객관적인 데이터의 분석 결과는 다양한 주관적인 데이터를 이용해 예측 값의 정확도, 일관성, 선형성 등을 기준으로 평가할 수 있다. 이때 주의할 점은 모델의 성능은 트레이닝 데이터 집합과 검증 절차에 따라 달라진다. VQEG^Video Quality Experts Group에서는 TV와 멀티미디어 애플리케이션을 위한 객관적인 품질 모델에 대한 ITU 권고안 또는 표준을 제정하게 객관적인 인식 모델의 성능을 검증한다.

최종 사용자 장치 분석

또 다른 QoE 측정 방법으로 최종 사용자 장치 분석 기법^{end-user device analytics}이 있다. 연결 시간, 보낸 바이트 수, 평균 재생 속도 등과 같은 실시간 데이터는 비디오 플레이어 애플리케이션에서 비디오를 재생할 때마다 수집해서 서버 모듈로 보내서 데이터를 수집한 뒤에 실제로 적용할 수 있는 형태의 QoE 척도로 변환한다. 이렇게 비디오를 재생할 때마다 사용자별로 모은 메트릭으로는 시작 시넌 시산, 버퍼닝 시넌 시간, 평균 비트 레이트, 비트 레이트 전환 빈도 등이 있다.

서비스 운영자들은 이러한 QoE와 사용자의 몰입도 사이의 상관관계를 찾으려는 성향이 있다. QoE가 좋을수록 시청하던 영상을 도중에 끊어버리는 횟수도 적기 때문이다. 사용자의 몰입도는 분석자와 문맥에 따라 의미가 달라질 수 있다. 무엇보다도 운영자는 사용자의 몰입도에 대한 메트릭 중에서 어떤 것이 QoE에 가장 큰 영향을 미치는지 알아내 전송 인프라스트럭처를 설계하는 데 반영하고 싶어 한다. 또한 서비스 장애에 대한 원인과 다른 품질 문제를 재빨리 발견해서 해결하고 싶어 한다. 단 일 분이라도 인코더에 문제가 발생하면 ISP와 다양한 전송 인프라스트럭처에 전파되며, 결국 전체 사용자에게 영향을 미치기 때문이다. 그리고 운영자들은 이러한 영향이 미치는 범위와 사용자의 몰입도에 어떻게 영향을 미치는지 알고 싶어할 수도 있다. 마지막으로 고객에 대한 통계학적 결과(연결 수단, 장치의 종류, 데이터의 비트 레이트 등)를 피악해 자원을 진략직으로 측정하고 배치하고 싶어 한다.

QoE를 적극적으로 옹호하는 이들은 사용자 심리와 사회학, 그리고 인식에 대한 일반적인 법칙을 토대로 현상에 대한 원인을 파악할 수 있게, 학제 간 접근 방식으로 QoE를 측정해야 한다고 주장한다. QoE 측정의 수단으로서 최종 사용자 장치 분석 기법을 활용하면 (사용자가 서비스를 떠나는 이유 등과 같은) 명확히 설명하기 힘든 변수들이 많이 생긴다. QoE가 나쁘지 않더라도 콘텐츠에 흥미를 느끼지 못하기 때문에 서비스를 떠날 수도 있다.

이렇게 설명하기 힘든 변수들을 파악하기 위한 한 가지 기법으로 비디오 시청률을 몰입도의 척도로 사용하는 방법이 있다. 이러한 수치는 객관적으로 측정할 수 있기 때문이다. 그리고 최종 분석 결과에서 초기 이탈자에 관련된 것처럼 보이는 데이터를 시스템적으로 제거하면 QoE가 사용자의 몰입도에 미치는 영향을 좀 더 명확히 파악할 수 있다.

QoE 측정 기법 정리

MOS^{mean opinion score}는 QoE에 대한 실질적인 표준 메트릭으로 자리 잡았다. 아마도 초창기 전화망을 구축할 때부터 오랜 기간 동안 정립된 기법이기 때문이기도 하고, 이러한 메트릭이 이해하기 쉽고 널리 알려졌기 때문이기도 하다. MOS 값의 종류는 다양하며, 이를 도출하기 위한 테스트 방법론도 여러 가지가 나와 있다. ITU-T 권고안인 P 913, Methods for the Subjective Assessment of Video Quality, Audio Quality and Audiovisual Quality of Internet Video and Distribution Quality Television in Any Environment, 2014를 보면 여기에 대해 자세히 설명하고 있다. 표 11.2는 흔히 사용되는 다섯 단계로 구성된 MOS 점수표를 보여준다.

표 11.2 다섯 단계로 구분한 MOS 점수표

점수	레이블
5	뛰어남
4	좋음
3	보통
2	부족
1	나쁨

MOS 값은 주어진 QoS 테스트 조건에 대해 사용자 그룹에서 나온 의견의 평균이다. 반드시 개별 사용자마다 나온 의견을 구할 필요는 없다. 통계적인 불확실성과 같은 부가 정보도 있으면 좋다. MOS는 실험과 테스트 대상의 그룹에 대한 특성을 반영하는 값이다.

MOS는 반드시 문맥 안에서 해석해야 한다. 먼저 주관적인 실험을 통해 특정한 QoS 테스트 조건에서 구한 MOS 값은 실험에 적용된 특정한 QoS 테스트 조건의 범위에 따라 달라질 수 있다. 이는 테스트 대상에서 사용하는 평가 점수의 범위를 실험의 조건에 맞게 재조정하기 때문이다. 실험을 시작하기 전에 일정한 연습 시간을 갖게 실험을 잘 설계하고, 테스트 조건에 최고와 최악의 조건을 포함한다면 앞서 언급한 부작용을 최소화할 수 있다.

독립적으로 구분된 여러 가지 실험들로부터 구한 MOS 점수들을 직접 비교해보는 것은 큰 의미가 없다. 이렇게 비교할 수 있도록 실험을 특별히 설계한 경우에만 의미가 있다. 이렇게 특별히 설계된 실험에서 얻은 결과는 반드시 분석해서 MOS 점수를 비교한 결과가 통계적으로 유효하다는 것을 입증해야 한다. 평가 범위에 대한 해석이 편중될 수도 있다. 테스트 대상의 프로파일(나이와 기술적인 숙련도, 테스트 환경, 테스트 조건을 제시한 순서 등)이 서로 다를 수 있기 때문이다.

다양한 주관적인 문맥을 이용해 트레이닝하고 최적화된 객관적인 모델들은 동일한 QoS 조건에 대해 각각 다른 MOS 값을 예측할 수도 있다. 객관적인 모델은 주로 특정한 품질 특성에 대한 범위에 맞게 개발되고 최적화된다. 따라서 MOS 모델의 문맥에서 경계 값을 지정한 경우에만 MOS 예측 값과 경계 값을 제대로 비교할 수 있다.

객관적인 평가를 통해 실시간으로 QoE를 측정해도 되지만, 최종 사용자 장치 분석 기법을 QoE의 측정 수단으로 활용할 수도 있다. 아직까지는 주관적 평가와 객관적 평가에서 사용하는 MOS에 맞먹는 수준의 QoE 측정용 최종 사용자 장치 분석 기법은 나와 있지 않다.

이러한 기법을 개발하는 것을 힘들게 하는 요인 중 하나는 서비스 제공자가 자사의 데이터베이스를 활용하는 방식을 제어할 수 없기 때문이다. 이 때문에 연구자와 서비스 제공자와 전송 인프라 설계자가 좀 더 나은 전송 인프라스트럭처를 개발하는 데 어려움이 있다.

현재로서는 주관적인 실험이 QoE를 측정하기 위한 가장 정확한 방법이다. 또한 객관적인 QoE 모델을 벤치마킹하는 데 사용할 만한 안정적인 기반 데이터를 도출할 수 있는 유일한 방법이기도 하다.

11.8 QoE의 응용

QoE를 실제로 응용할 수 있는 분야는 다음과 같이 크게 두 가지 영역으로 나눌 수 있다.

- **서비스 QoE 모니터링** 서비스를 모니터링하면 지원 팀(서비스 제공자나 네트워크 운영자)에서 서비스에 대해 최종 사용자가 체감하는 품질을 지속적으로

모니터링할 수 있다. 또한 지정한 기준 아래로 QoE 값이 떨어지면 운영 팀에게 경고 메시지를 보내서 서비스 장애나 기타 QoE 관련 문제를 재빨리 파악하고 해결하게 할 수 있다.

모니터링하는 서비스에 따라 콘텐츠 전송 시스템을 구성하는 모든 노드나 원하는 지점의 노드에 모니터링 도구를 설치할 수도 있다. 이때 모니터링 도구는 데이터가 들어오거나 전송되는 중계 지점과 단말에 둘 수 있다. 이런 식으로 모니터링 시스템을 구축하면 사용자마다 상당한 모니터링 오버헤드가 발생할 수도 있다.

- **QoE 중심 네트워크 관리** QoE 저하 문제가 발생할 때 사용자 경험을 제어하고 최적화하는 능력은 QoE 네트워크 관리에서 가장 핵심적인 부분이다. 전체 QoE에 대한 모든 측면을 고려해서 네트워크나 서비스 제공자에게 실행 가능한 QoE 정보에 대한 피드백을 제공하기란 쉽지 않다.

  QoE 중심 네트워크 관리를 위해 다음과 같은 두 가지 접근 방식을 사용할 수 있다.

  - 하나는 QoS 측정값에 대해 적절히 가정을 세우고 사용자가 기대하는 QoE를 계산한다.

  - 다른 하나는 첫 번째와 반대로 사용자에 대한 목표 QoE에 대해 적절한 가정을 세우고 필요한 QoS 값을 도출한다.

첫 번째 방법은 사용자가 일반적으로 기대하는 QoE에 대한 개략적인 범위 내에서 다양한 QoS 범위를 제공할 수 있는 서비스 제공자에게 적합하다.

두 번째 방법은 고객의 입장에서 자신이 원하는 QoE를 정의하고, 이를 기반으로 서비스의 수준을 결정할 수 있다.

그림 11.5는 원하는 서비스 수준과 서비스의 범위를 사용자가 선택하는 방식을 보여준다. QoS만 고려할 때와 달리 사용자가 SLA를 작성할 때 네트워크 파라미터가 아닌 QoE 타겟을 명시한다. 그러면 서비스 제공자는 여기에 명시된 QoE 타겟과 사용자가 선택한 서비스의 종류에 대응되는 QoS 요구 사항을 선정한다.

예를 들어 멀티미디어 스트리밍 서비스에서 사용자는 단순히 두 가지 QoE

수준(높음과 낮음) 중에서 하나를 고르기만 한다. 그러면 서비스 제공자가 적절한 품질 예측 모델과 관리 전략(예를 들어 네트워크 자원 소비를 최소화하는 전략)을 선택해서 운영자에게 QoS 요청을 전달한다. 경우에 따라 네트워크에서 이러한 QoS 수준을 유지하기 힘들게 돼 요청된 QoE를 제공할 수 없을 수도 있다. 이런 상황이 발생하면 사용자에게 QoE 값을 낮아진다는 사실을 알릴 수 있다.

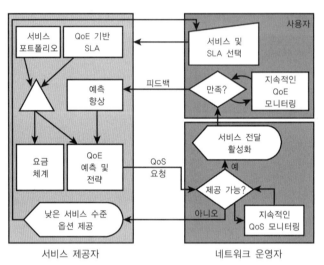

그림 11.5 QoE 중심 네트워크 관리

네트워크에서 이러한 서비스를 제공한다면 전송 서비스를 활성화할 수 있다. 서비스 운영 과정에서 모니터링과 제어를 위한 두 개의 루프가 동시에 수행된다. 하나는 네트워크 수준에서 수행되고, 다른 하나는 서비스 수준에서 실행된다. 서비스 수준에서 실행되는 루프를 통해 사용자는 다양한 QoE로 전환할 수 있다(예를 들어 저렴한 서비스로 전환하거나 고품질 서비스를 요청할 수 있다). 사용자로부터 별다른 피드백을 받지 않는다면 사용자가 서비스의 품질에 만족한다는 것을 의미하며, 품질 예측 모델이 제대로 작동한다는 것을 알 수 있다. 이처럼 품질 예측 모델은 서비스가 제공되는 동안 시간이 흐르면서 사용자의 요구와 장치가 달라질 때마다 모델을 지속적으로 재조정한다.

11.9 핵심 용어

11장을 통해 다음과 같은 용어를 배웠다.

트릭 모드	문맥	체감 품질
인지	인식	사건/이벤트
QoE 측정	주관적 평가	객관적 평가

11.10 참고 문헌

ETSI14 ETSI TS 103 294 V1.1.1 Speech and Multimedia Transmission Quality (STQ); Quality of Experience; A Monitoring Architecture (2014-12).

MOLL12 Moller, S., Callet, P., and Perkis, A. "Qualinet White Paper on Definitions on Quality of Experienced," European Network on Quality of Experience in Multimedia Systems and Services (COST Action IC 1003) (2012).

QUIN12 M.R.Quintero, M., and Raake, A. "Is Taking into Account the Subjects' Degree of Knowledge and Expertise Enough When Rating Quality?" Fourth International Workshop on Quality of Multimedia Experience (QoMEX), pp.194,199, 5[nd]7 July 2012.

Chapter | 12

QoS와 QoE를 위한 네트워크 설계 고려 사항

소핀 젤라시(Sofiene Jelassi)

튀니지 모나스티르 대학 조교수

놀라운 경험을 한 뒤로 그는 타고난 평정심을 유지할 수 없었다. 머리카락이 곤두서고 성난 뺨이 붉어진 채 흥분해서 허둥지둥했다.

– 등나무 집(The Adventure of Wisteria Lodge),
아서 코난 도일 경(Sir Arthur Conan Doyle)

12장에서 다루는 내용

12장을 읽고 나면 다음과 같은 것을 힐 수 있다.

- QoS 도메인의 메트릭을 QoE 도메인으로 변환할 수 있다.
- 주어진 운영 환경에 적합한 QoE/QoS 매핑 모델을 선정할 수 있다.
- 주어진 인프라스트럭처에 QoE 중심 모니터링 솔루션을 설치할 수 있다.
- QoE 중심 인프라스트럭처에 QoE 인식 애플리케이션을 설치할 수 있다.

12장에서는 QoS와 QoE의 개념을 연관시키고 실제 적용 시 고려해야 할 사항에 대해 논의하면서 4부를 마무리한다.

12장은 다음과 같이 구성된다. 12.1절에서는 기존의 QoS/QoE 매핑 모델 mapping model을 실무적인 관점에서 분류한다. 12.2절은 비디오 서비스에 사용되는 일부 IP 중심 QoE/QoS 매핑 모델을 열거한다. 12.3절에서는 네트워크와 서비스에 QoE 기능을 추가할 수 있는 방법을 설명한다. 12.4절과 12.5절은 각각 QoE 중심 모니터링과 관리 솔루션을 설명한다.

12.1 QoE/QoS 매핑 모델의 분류

일반적으로 QoS와 QoE 사이의 경험적 관계를 정의하기 위해 수학적 모델을 사용한다. 이와 같은 모델을 아래에서는 QoE/QoS 매핑 모델 또는 품질 모델이라고 부른다. QoE/QoS 매핑 모델은 회귀 분석, 인공 신경망, 베이즈 네트워크 등 데이터 집합에 맞는 모델을 찾는 고전적인 방법들로부터 도출된다. 오늘날 매우 다양한 QoE/QoS 매핑 모델들이 문헌에 보고되고 있다. 이 모델들은 입력과 동작 모드, 정확도, 응용 분야에 따라 차이가 있다. QoE/QoS 매핑 모델의 응용 분야는 입력에 크게 좌우된다. QoE/QoS 매핑 모델은 입력에 따라 3가지 범주로 분류할 수 있다.

- 블랙박스 미디어 기반 QoS/QoE 매핑 모델
- 글래스박스 파라미터 기반 모델
- 그레이박스 파라미터 기반 모델

다음 절들에서는 이 모델들을 차례로 설명한다.

블랙박스 미디어 기반 QoS/QoE 매핑 모델

블랙박스 미디어 기반 품질 모델은 시스템의 입구와 출구에서 수집한 미디어의 분석에 의존한다. 즉, 이 모델은 대상 미디어 처리 시스템의 특성을 암시적으로 설명한다. 이 모델은 두 유형으로 분류된다.

- **이중 또는 전체 참조 품질 모델** 이 모델은 입력으로 순수clean 자극과 이에 해당하는 열화degraded 자극을 사용한다(그림 12-1의 (a)). 이 모델은 순수 자극과 열화 자극을 인간 감각기관의 정신물리학적 능력을 담당하는 지각 영역

에서 비교한다. 지각 영역은 사용자 지각의 특성에 따라 전통적인 물리적 시간 및 주파수 영역이 변환되는 것이다. 기본적으로 지각적 거리^{perceptual} ^{distance}가 증가할수록 열화 수준이 커진다. 이 모델은 블록 단위로 비교하기 때문에 순수 자극과 열화 자극을 정렬할 필요가 있다. 자극의 정렬은 자극 구조를 기술하는 별도의 제어 정보 추가 없이 자동으로 이뤄져야만 한다.

■ **단일 또는 비침조 매핑 모델** 이 모델은 최종 QoE 값을 추정하기 위해 오로지 열화 자극만을 사용한다. 이 모델은 열화 자극을 분석해 오디오, 이미지, 비디오 등 미디어 유형의 특성에 따른 왜곡을 관찰해 추출한다. 예를 들어 오디오 자극에서 추출된 왜곡으로는 휘파람 소리, 회선 잡음, 에코, 레벨 포화, 박수 소리, 끊김, 침묵 등이 있다(그림 12-1의 (b)). 수집된 왜곡 정보는 적절한 조합과 변환 과정을 거쳐 QoE 값으로 계산된다.

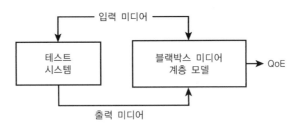

(a): 이중 또는 전체 참조 품질 모델

(b): 단일 또는 비참조 매핑 모델

그림 12.1 블랙박스 미디어 기반 QoS/QoE 매핑 모델

블랙박스 품질 모델의 주된 장점은 주어진 미디어 처리 시스템의 경계에서 수집한 정보를 사용해 QoE 값을 측정할 수 있는 능력이다. 즉, 서로 다른 인프라스트럭처와 기술에 대해서도 포괄적으로 적용할 수 있고, 기반 시스템을 측정하는 복잡한 과정이 필요 없다. 또한 품질 모델을 무조건적으로, 다시 말해서 측정 과정에 관련된 기술적이고 윤리적인 제한과 무관하게 개선할 수 있다.

뿐만 아니라 블랙박스 품질 모델은 사용자별 또는 콘텐츠별로 쉽게 적용할 수 있다.

블랙박스 품질 모델의 가장 큰 단점은 사생활 보호 등의 이유로 종종 접근할 수 없는 자극의 최종 결과물에 접근해야만 한다는 점이다. 또한 전체 참조 품질 모델의 경우 시스템 출력 단에서 접근하기 매우 어려운 순수 자극을 입력으로 사용하는 것도 단점이다. 이 문제는 비참조 품질 모델을 사용하면 회피할 수 있지만, 성능이 증명되지 않고 불안정한 비참조 품질 모델의 효과는 제한적이다.

전체 참조 블랙박스 품질 모델은 순수 자극을 사용할 수 있는 현장 벤치마킹, 진단, 네트워크 장비의 최적화 튜닝 등에 광범위하게 사용된다. 비참조 품질 모델도 같은 목적으로 사용될 수 있지만, 정확도가 제한적이므로 결과물의 신뢰성이 떨어진다. 블랙박스 품질 모델은 코덱, 패킷 손실 은닉 기법PLC, Packet Loss Concealment, 버퍼링 기법 등 애플리케이션 계층 구성 요소의 평가를 위해 오프라인으로 사용된다. 그 외에 비참조 블랙박스 품질 모델은 QoE 모니터링을 위해 온라인 방식으로 사용되기도 한다.

글래스박스 파라미터 기반 QoS/QoE 매핑 모델

글래스박스glass-box 파라미터 기반 품질 모델은 기반 전송 네트워크와 에지 장비의 특성을 완전하게 모델링함으로써 주어진 서비스의 QoE를 정량화한다. 광범위한 주관적 실험과 통계적 분석을 통해 특성 파라미터와 그들 간의 조합 규칙이 도출된다. 글래스박스 파라미터 기반 모델은 주어진 측정 순간에 특성 파라미터가 가용한지의 여부에 따라 오프라인 또는 온라인으로 동작한다. 특성 파라미터에는 노이즈, 패킷 손실, 코딩 기법, 편도 지연 시간, 지연 지터가 포함된다. 글래스박스 파라미터 기반 모델은 일반적으로 블랙박스 미디어 기반 모델보다 정확도와 정밀도가 떨어진다.

잘 알려진 오프라인 글래스박스 파라미터 기반 모델로는 ITU-T G.107에 정의된 E-모델E-Model이 있다. E-모델은 계획된 전송 인프라스트럭처를 통해 전송되는 음성 통화의 QoE 측정을 목적으로 한다(E-모델, 전송 계획 적용을 위한 계산 모델(A Computational Model for Use in Transmission Planning), 2007). E-모델의 가장 대표적인 버전은 21개의 기본 특성 파라미터를 가진다. E-모델은 0(최저 품질)에서 100(최고 품질)까지 값을 갖는 종합 전송 품질률 R 값을 제공한다. 현실적으로 R 값이

60 미만인 전송 설정은 피해야만 한다. 그런 경우 음성 통화의 QoE를 향상시키기 위해 적절한 조치가 필요하다. 기본 특성 파라미터는 동시 손상 인수simultaneous impairment factor I_s, 장비 손상 인수equipment impairment factor I_e, 지연 손상 인수delay impairment factor I_d로 각각 분류된다. I_s는 양자화나 압축 등 음성 신호의 특성에 의한 손상을 정량화한다. I_e는 패킷 손실, 끊김 등 장비에 의한 손상을 정량화한다. I_d는 지연과 에코에 의한 손상을 정량화한다. ITU-T 표준 권고안 G.107는 각 손상 인수를 계산하는 기본 파라미터 값의 범위와 수식을 제공한다. 단순화하기 위해 E-모델은 심리적 척도의 관점에서 각 손상 인수의 영향이 가법적additive으로 인지된다고 가정한다. 종합 전송 품질률 값 R은 $R = R_0 - I_s - I_e - I_d$ 식으로 계산되며, R_0는 왜곡이 없는 환경에서의 사용자 만족도를 나타낸다.

오프라인 글래스박스 파라미터 기반 품질 모델은 계획 목적에 적합하다. 초기 단계에서 음성 전송 시스템의 QoE 값을 대략적으로 파악할 수 있기 때문이다. 하지만 서비스 모니터링과 관리를 위해서는 온라인 모델이 필요하다. 온라인 모델은 가변 모델 파라미터를 런타임에 수집해야 한다. 온라인 모델은 순서 번호sequence number와 타임스탬프 등의 제어 데이터가 각 패킷 헤더에 포함되는 IP 기반 서비스에 특히 적합하다. 이와 같은 환경에서 정적 특성 파라미터는 신호 메시지로부터, 가변 특성 파라미터는 목적지 포트에서 수집한 수신 패킷으로부터 각각 추출할 수 있다. 이는 미디어의 콘텐츠에 접근하지 않고도 파라미터를 수집할 수 있음을 의미하며, 사생활 보호의 관점에서 선호되는 방식이다. IP 중심의 파라미터 기반 QoS/QoE 매핑 모델에 대해서는 12.2절에서 더 자세히 살펴본다.

그레이박스 QoS/QoE 매핑 모델

그레이박스gray-box 품질 모델은 블랙박스 모델과 글래스박스 모델의 장점을 조합한 방식이다. 그레이 박스 품질 모델은 시스템 출력에서 기본 특성 파라미터를 샘플링하면서 이와 동시에 순수 자극의 구조를 기술하는 제어 데이터를 사용한다(그림 12.2). 제어 데이터는 별도의 제어 패킷으로 보내거나 전송되는 미디어 패킷의 내부에 실어 보낸다. 따라서 주어진 콘텐츠에서 지각적으로 중요한 정보를 품질 모델에 반영할 수 있다. 즉, 콘텐츠별로 QoE 값을 측정할 수 있다.

그레이박스 QoS/QoE 매핑 모델은 적용하고 쉽고 상당히 정확하기 때문에 빠르게 확산되고 있다.

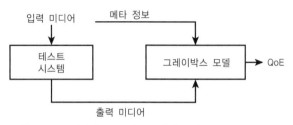

그림 12.2 그레이박스 QoS/QoE 매핑 모델

일반적으로 에릭슨Ericsson, 도이치 텔레콤Deutsche Telekom, 브리티시 텔레콤British Telecom 등의 대규모 통신 사업자는 독자적인 QoS/QoE 매핑 모델과 자신들의 특정 요구 사항에 맞게 값을 수집, 기록, 분석하는 관련 소프트웨어 도구를 직접 개발한다. 하지만 대부분의 통신 사업자는 자신들의 전송 인프라스트럭처, 서비스, 장비를 평가하는 작업을 GL, 옵티콤OPTICOM, 텔케미Telchemy, 헤드 어쿠스틱스HEAD Acoustics 등 전문 업체에 위탁한다. 현실적으로 QoS/QoE 매핑 모델은 새로운 기술이나 사용 환경에 맞게 유지되고 개선돼야 한다.

QoS/QoE 매핑 모델의 선택을 위한 팁

QoS/QoE 매핑 모델을 선정할 때 다음 다섯 개의 체크리스트가 유용하다.

- 어떤 종류의 작업을 고려 중인가?
- 어떤 파라미터를 갖고 있는가? 신호, 콘텐츠, 패킷 페이로드 또는 헤더에 접근할 수 있는가?
- 해당 매핑 모델 적용 시 명세서나 사용 조건이 필요한가?
- 어느 정도의 정밀도가 필요한가?
- 선택한 매핑 모델에 필요한 모든 입력을 갖고 있는가?

12.2 IP 중심 파라미터 기반 QoS/QoE 매핑 모델

IP 네트워크와 애플리케이션의 QoE를 측정하는 분야는 아직 초기 단계다. 하지만 멀티미디어 및 사용자 친화적 IP 기반 서비스의 인기에 힘입어 QoE는 오늘날의 생태계에서 집중적인 관심의 대상이 되고 있다. 공중전화교환망^{PSTN}, 라디오, TV 등 레거시 콘텐츠 중심의 통신 시스템과 대조적으로 IP 네트워크는 순수 미디어 콘텐츠를 헤더와 페이로드로 구성된 미디어 패킷을 사용해 서버에서 목적지까지 전송한다. 즉, 애플리케이션 계층은 물론 네트워크 세션에서 수집한 파라미터에도 사용자 장치에서 런타임에 쉽게 접근할 수 있다. 따라서 런타임에 QoE를 측정하기 위해 온라인 글래스박스 또는 그레이박스 파라미터 기반 품질 모델을 사용할 수 있다. 대개 시불변^{time-invariant}인 통신 네트워크와는 대조적으로 IP 기반 네트워크의 QoE는 시변^{time-varying}이다. 이런 특성으로 인해 순간 QoE와 평균 QoE에 대한 고려가 필요하다. 순간 QoE는 8초에서 20초에 이르는 짧은 시간 간격 동안 측정한 QoE를 가리킨다. 평균 QoE는 1분에서 3분에 이르는 전체 세션 동안 측정한 전체 QoE를 가리킨다. 다음 절에서는 IP 기반 비디오 스트리밍 애플리케이션의 온라인 글래스박스 파라미터 기반 품질 모델들을 예로 보여준다.

비디오 서비스를 위한 네트워크 계층 QoE/QoS 매핑 모델

네트워크 계층 QoE/QoS 매핑 모델은 애플리케이션 계층을 제외한 TCP/IP 스택(즉, 전송, 네트워크, 링크, 물리 계층)에서 수집한 NQoS 메트릭에 전적으로 의존한다. 2010년의 한 논문에서 Ketyko 등은 3G 환경에서 비디오 스트리밍 품질을 측정하는 파라미터 기반 품질 모델을 다음과 같이 제안했다[KETY10].

$$\overline{QoE} = 8.49 - 0.02 \cdot AL - 0.01 \cdot VL - 1.12 \cdot AJ + 0.04 \cdot RSSI \qquad \text{(식 12.1)}$$

여기서 AL과 VL은 오디오 및 비디오 패킷 손실률을, AJ와 VJ는 오디오 및 비디오 패킷 지터를, RSSI는 수신 신호 강도를 각각 의미한다. 2014년 김현종 연구원과 최성곤 교수는 3G 네트워크를 거치는 IPTV의 2단계 QoE/QoS 매핑 모델을 발표했다[KIM14]. 그 첫 단계는 기본 QoS 파라미터를 다음과 같이 하나의 메트릭으로 조합하는 것으로 이뤄진다.

$$QoS(L, U, J, D, B) = K \{W_L \cdot L + W_U \cdot U + W_J \cdot J + W_d \cdot D + W_b \cdot B\} \qquad (식\ 12.2)$$

이때 L, U, J, D, B는 패킷 손실, 버스트 수준, 패킷 지터, 패킷 지연, 대역폭을 각각 의미한다. 상수 K, W_L, W_U, W_J, W_d, W_b는 액세스 네트워크(즉, 유선 또는 무선)에 따라 미리 정의된 가중치 계수들이다. QoE 값을 계산하는 두 번째 단계는 다음과 같다.

$$QoE(QoS(X)) = Q_r (1 - QoS(X))^{QoS(X) \times A/R} \qquad (식\ 12.3)$$

이때 X는 {L, U, J, D, B} 파라미터의 벡터이며, Q는 IPTV QoE의 범위를 제한하는 스칼라 값으로, 화면 크기/해상도의 함수로 계산된다. 또한 A는 가입 서비스 등급을 나타내는 상수이며, R은 비디오 프레임의 구조를 반영하는 상수다.

비디오 서비스를 위한 애플리케이션 계층 QoE/QoS 매핑 모델

애플리케이션 계층 QoE/QoS 매핑 모델은 NQoS 파라미터 외에 애플리케이션 계층에서 수집한 메트릭(AQoS)을 사용한다. 또한 애플리케이션 계층 QoE/QoS 매핑 모델은 비디오 콘텐츠를 다루는 사용자의 행동을 반영한다. 2014년의 한 논문에서 Ma 등은 비디오 스트리밍 애플리케이션의 파라미터 기반 품질 모델을 발표했다[MA14].

$$QoE = 4.23 - 0.0672\,L_x - 0.742\,(N_{QS} + N_{RE}) - 0.106\,T_{mr} \qquad (식\ 12.4)$$

여기서 L_x는 시동 지연, 즉 비디오 시퀀스를 재생하기 전의 대기 시간을 가리키며, N_{QS}는 세션 도중 비디오 비트 레이트의 변경 회수를 나타내는 품질 전환 수, N_{RE}는 리버퍼링rebuffering 이벤트의 수, T_{mr}은 평균 리버퍼링 시간을 나타낸다. 2009년에 Khan 등이 논문으로 발표한 다음의 파라미터 기반 품질 모델은 무선 네트워크상에서 MPEG4 코덱을 사용하는 일반적인 스트리밍 콘텐츠 비디오의 QoE를 추정한다[KHAN14].

$$QoE(FR, SBR, PER) = \frac{a_1 + a_2\ FR + a_3 \cdot \ln(SBR)}{1 + a_4 \cdot PER + a_5 \cdot (PER)^2} \qquad (식\ 12.5)$$

이때 FR, SBR, PER은 각각 애플리케이션 수준에서 샘플링된 프레임률, 송신 비트율, 그리고 네트워크 수준에서 샘플링된 패킷 오류율을 의미한다. a_1에서 a_5까지의 계수는 품질 모델을 보정하기 위해 사용된다. 이 모델은 세 가지 유형의 비디오 콘텐츠(약간의 움직임, 느린 걸음, 빠른 움직임)를 설명하기 위해 개정됐다. 품질 모델은 다음과 같다.

$$QoE(FR, SBR, BLER, CT) = a + \frac{b \cdot e^{FR} + c \cdot \ln(SBR) + CT \cdot (d + e \cdot \ln(SBR))}{1 + f \cdot (BLER) + g \cdot (BLER)^2}$$

(식 12.6)

여기서 a, b, c, d, e, f, g는 상수를, CT는 비디오 콘텐츠의 유형을, SBR과 BLER은 송신 비트율과 비트 손실 오류율을 각각 의미한다. 이 모델은 UMTS 네트워크에서 전송되는 H.264 비디오 스트리밍 서비스를 위해 개발됐다.

Kuipers 등은 IPTV QoE/QoS 매핑 모델을 개발했다. 이 모델은 시동 지연과 재핑zapping 시간을 고려한다[KUIP10]. 재핑 시간은 TV 채널의 전환 빈도로 정의된다. 품질 모델은 다음과 같이 주어진다.

$$QoE_{zapping} = a \cdot \ln(ZT) + b$$

(식 12.7)

이때 $QoE_{zapping}$은 재핑을 반영한 1차원적 QoE 요소, ZT는 초 단위로 표현된 재핑 시간, a와 b는 양 또는 음의 상수다. 마지막으로 Hossfeld 등이 제안한 다음의 파라미터 기반 품질 모델은 렌더링된 비디오 스트림의 의도하지 않은 멈춘 현상으로 정의되는 지연 이벤트stalling event를 반영한다[HOSS13]. 품질 모델은 다음과 같다.

$$QoE = 3.5e^{-(0.15 \cdot L + 0.19)} N + 1.5$$

(식 12.8)

여기서 L은 평균 지연 지속 시간, N은 지연 이벤트의 횟수를 의미한다.

12.3 IP 기반 네트워크상의 액셔너블 QoE

이번 절에서는 QoE 메트릭을 구체적으로 측정하고 활용하기 위한 모든 기법과 메커니즘을 가리키는 액셔너블 QoE를 소개한다. 액셔너블 QoE는 QoE의 정의와 측정을 넘어 QoE의 활용에 가까운 개념이다. 액셔너블 QoE 솔루션은 기반 시스템과 서비스의 특성에 크게 좌우된다. 또한 액셔너블 QoE 솔루션은 데이터, 제어 및 관리 평면을 통합한 멀티플레인 아키텍처에서도 동작한다. 기본적으로 액셔너블 QoE^actionable QoE를 얻기 위해 두 가지 솔루션이 사용된다.

액셔너블 QoE
의사 결정에 활용할 수 있는 QoE의 한 척도

- 시스템 중심 액셔너블 QoE 솔루션
- 서비스 중심 액셔너블 QoE 솔루션

시스템 중심 액셔너블 QoE 솔루션

시스템 중심 액셔너블 QoE 솔루션은 전송 인프라스트럭처 내부에서의 QoE 측정을 고려한다. 전송 인프라스트럭처 내부라는 조건에서 서비스들은 기반 시스템이 완벽하다(즉, 어떠한 열화도 없다)는 가정하에 개발된다. 그림 12.3은 시스템 중심 액셔너블 QoE 솔루션의 표준적인 환경을 보여준다. 그림에서 보는 것과 같이 액셔너블 QoE 솔루션은 (1) 기반 시스템으로부터 기본 핵심 성과 지표^KPI, ^Key Performance Indicator를 수집하는 QoS 측정 모듈, (2) QoE/QoS 매핑 모델, (3) 제어되는 장치들의 리소스 관리 모듈을 필요로 한다. 각 서비스 제공자는 고객에게 제공될 목표 QoE 수준을 명시한다. QoE/QoS 매핑 모델은 (a) 품질 모델의 입력 파라미터들이 이용 가능하고, (b) 서비스 규격과 조건의 준수를 보장하게 선택돼야 한다. 이를 위해 신호 절차가 실행될 수 있고, 서비스 시작 전이나 전송 중에 관리 절차가 실행될 수 있다. 관리 절차는 우선순위, 임계값 마킹^marking, 트래픽 셰이핑 등 주어진 인프라스트럭처가 제공하는 모든 파라미터의 설정을 포함한다. 관리 절차는 관찰된 QoE 측정값을 관리 대상 장치의 동작 지침^course of actions으로 매핑하는 정책을 포함해 자율 결정 시스템으로 구현돼야 한다.

핵심 성과 지표
특정 조직의 핵심 성공 요인을 반영한 사전에 동의되고 정량화 가능한 측정값

이와 같은 동작은 네트워크 경로가 컨트롤러에 의해 관리되는 SDN에 적합하다. SDN의 경우 측정된 QoE 값이 SDN 컨트롤러에게 보고되면 SDN 컨트롤러는 이를 활용해 SDN 스위치의 동작을 정의한다. SDN 컨트롤러는 다음과 같은 기능을 하는 QoE 정책과 규칙 모듈을 포함해야 한다. (1) 계약된 QoE 수준이 사용자별/플로우별로 준수되는지 확인하고, (2) 사용자 플로우 전달에 사용할 SDN 경로를 지정한다. QoE 정책과 규칙 모듈은 서비스가 SDN 지원 영역과 비지원 영역을 넘나드는 환경을 고려해야 한다.

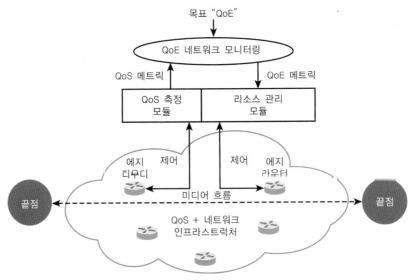

목표 "QoE"

QoE 네트워크 모니터링

QoS 메트릭   QoE 메트릭

QoS 측정
모듈

리소스 관리
모듈

에지
라우터

제어   제어

에지
라우터

끝점   끝점

미디어 흐름

QoS + 네트워크
인프라스트럭처

그림 12.3 QoE 중심 서비스를 제공하기 위한 표준 환경

서비스 중심 액셔너블 QoE 솔루션

서비스 중심 액셔너블 QoE 솔루션은 끝점들과 서비스 수준에서 측정된 QoE 값을 고려한다(그림 12.4). 이때 서비스들은 규정된 QoE 수준에 도달하기 위해 기반 시스템의 결함에 대처하게 개발된다. 서비스의 동작은 현재의 환경과 조건에 따라 바뀔 수 있다. KPI 측정 모듈은 끝점에 설치된다. QoE/QoS 매핑 모델은 끝점 또는 전용 장비에 배치된다. QoE 측정값은 끝점으로 송신돼 송신 장치, 프록시, 수신 장치에서 서로 다른 애플리케이션 모듈들을 설정하는 데 사용된다.

서비스 중심 액셔너블 QoE 솔루션은 많은 장점을 가진다. 첫째, 주어진 QoE 수준을 제공하기 위해 서비스별, 사용자별, 콘텐츠별 QoE 모니터링과 관리 솔루션이 실행된다. 둘째, 각 서비스 구성 요소의 능력과 역할을 명확하게 식별하기 때문에 더 뛰어난 적응성을 제공할 수 있다. 셋째, 통신 오버헤드를 감소시키고 계산 부하를 분산시킨다. 마지막으로, 스트림 단위, 패킷 단위뿐만 아니라 구성 요소 단위의 QoE 처리가 가능하다. 하지만 이 솔루션은 이미 실행되고 있는 서비스에는 적용할 수 없으며, 서비스 설계와 엔지니어링의 복잡도가 높아지는 단점이 있다.

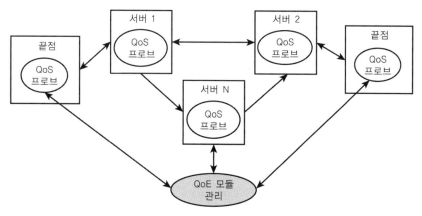

그림 12.4 서비스 인식 QoE 적용 체계

12.4 QoE와 QoS 서비스 모니터링

모니터링은 오늘날의 IT 시스템에서 전략적으로 지원돼야 하는 기능이다. 모니터링에서 얻는 지표들은 시스템 성능과 작업 부하에 대한 단서가 된다. 또한 성능이 낮은 장치와 애플리케이션을 식별하고 시스템 기능 장애와 결함을 탐지해 최선의 동작 지침을 취할 수 있게 한다. 현재 IT 시스템의 모니터링 솔루션은 다음과 같은 네 가지 범주로 분류된다(그림 12.5).

- **네트워크 모니터링** 미디어 단위를 전송하는 경로와 링크의 성능에 대한 측정값을 제공한다. 측정값들은 (라우터, 스위치 등의) 패킷 처리 장치에서 수집되며, 플로우별 또는 패킷별 수집도 가능하다. 패킷 헤더에서 추출된 순서 번호, 타임스탬프 등의 기본 메트릭으로부터 처리율, 패킷 손실, 재정렬, 중복, 지연, 지터 등의 패킷 특성 메트릭이 계산된다.

- **인프라스트럭처 모니터링** 각종 장치들의 성능과 메모리, CPU, IO, 부하 등의 리소스 상태에 대한 측정치를 제공한다.

- **플랫폼 모니터링** 백 엔드 서버들이 있는 데이터 센터의 성능 지표를 제공한다. 플랫폼 모니터링은 비즈니스 애플리케이션 로직이 가상 머신에 올라가는 가상화 인프라스트럭처 위에서 동작할 수 있다.

- **서비스 모니터링** 서비스 성능의 측정치를 제공한다. 메트릭들은 각 애플리케이션에 좌우되며, 기술적 또는 지각적 관점에서 구현할 수 있다.

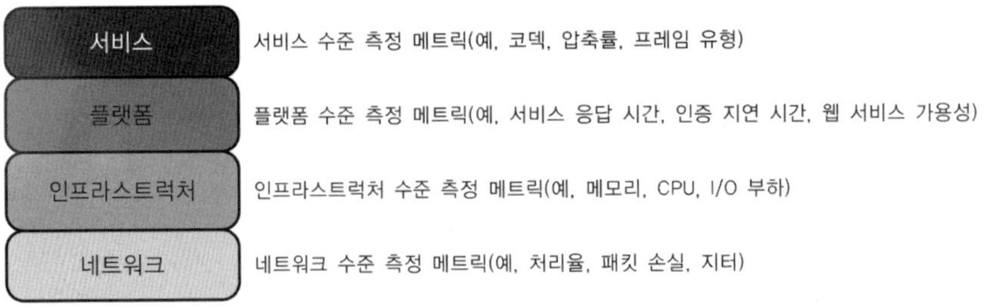

그림 12.5 모니터링 솔루션의 분류

일반적으로 분산 시스템의 모니터링 솔루션은 서비스 전달 체인에 포함된 요소들의 성능을 측정하기 위해 다양한 프로브^{probe}를 사용한다. 프로브는 특정 정책에 따라 시스템 위에 분산돼 배치된다. 또한 프로브는 신뢰성과 확장성이 지원되는 관리자를 포함하며, 이 관리자는 측정 보고서의 빈도와 내용 등 프로브의 동작을 원격에서 설정할 수 있다. 대개 프로브는 관리 대상 장비나 구성 요소(예를 들면 SNMP 에이전트)에 내장돼 있다. 프로브는 특정한 환경 요구 사항에 맞게 네트워크나 시스템 관리자가 설정한다. 일반적으로 프로브는 기초적인 기본 메트릭을 전송하고, 관리자가 이를 사람이 이해할 수 있는 메트릭으로 변환한다. 관리자는 모든 측정값을 특정 형식의 로그로 지정된 위치에 저장한다.

모니터링 솔루션은 관리자와 관리 대상 장비 간의 통신 기능을 제공해야 한다. 관리자와 관리 대상 장비 간의 상호 작용은 전통적으로 비연결 방식의 UDP 포트를 통해 구현됐는데, 최근에는 HTTP 연결 방식으로 발전했다. 프로브는 관리자가 호출하는 RESTful 서비스로 정의된다. 그밖에 보고서 진달은 대역 내^{in band} 또는 대역 외^{out of band} 방식으로 구현될 수 있다. 대역 내 방식은 데이터 전송 리소스를 공유하는 데 반해, 대역 외 방식은 모니터링 작업에 전용 장비와 채널을 사용한다.

그림 12.6은 주문형 모니터링 솔루션의 일반적인 구성을 보여준다. 관리자는 고객으로부터 특정한 문법으로 표현된 모니터링 요청을 받는다. 새로운 모니터링 요청을 접수하면 관리자는 위치와 속성 등 대상 서비스의 정보를 얻기 위해 UDDI 디렉터리를 참조한다. 모니터링 솔루션과 프로브들은 대상 인프라스트럭처에 설치된다. 미리 설정된 등록자^{registrar}에서 모니터링 대상 요소가 활성화되면 프로브들은 자동으로 자신을 등록한다. 등록자는 모든 활성 프로브의 특징과 기록들을 추적한다. 활성 프로브들은 시스템 관리자에 의해 오프라인으로

프로브

프로브는 전송 경로를 구성하는 다양한 요소들의 정보를 수집한다. 대개 이 정보는 성능(예를 들면 네트워크 QoS, 서버 부하)에 관련된 것이지만, 애플리케이션 고유의 인자들(코덱, 해상도), 장비(화면 해상도, 처리 용량) 및 환경(주변 조명, 움직임) 또는 여타 요인들과 관계있을 수도 있다.

설정돼 서비스 중 정해진 방식에 따라 메트릭을 보고한다. 프로브가 생성한 메트릭들은 수집돼 처리된 다음, 데이터 분석 관리자에게 전송된다.

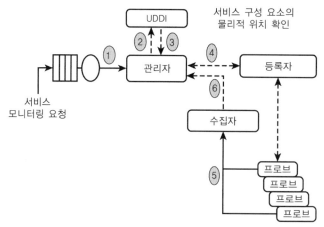

그림 12.6 일반적인 모니터링 솔루션

전통적인 QoS 메트릭은 네트워크, 인프라스트럭처, 플랫폼, 서비스 계층에서 측정될 수 있다. 하지만 QoE 메트릭은 최종 사용자와 상호 작용할 수 있는 서비스 계층에서만 측정될 수 있다. 다음 절에서는 QoS와 QoE 모니터링 솔루션의 최신 기술과 경향을 설명한다.

QoS 모니터링 솔루션

최근 떠오르는 QoS 모니터링 솔루션은 기본적으로 가상화 기술이 지원되는 데이터 센터와 클라우드를 위해 개발됐다. 그림 12.7은 클라우드 기반 IPTV 서비스를 위한 네트워크 수준 및 인프라스트럭처 수준 모니터링 솔루션을 보여준다. 시청각 콘텐츠 서버는 클라우드에 위치해 있다. 콘텐츠 서버에서 IPTV 장비로 전송되는 트래픽은 네트워크 곳곳에 배치된 가상 프로브[VProbe]를 통해 지속적으로 모니터링된다. 가상 프로브는 클라우드 환경에서 서비스 비즈니스 로직을 실행하는 가상 머신들과 하이퍼바이저의 상태를 점검, 기록, 추정하기 위해 사용되는 개방형 탐색 도구다. 비디오 패킷의 흐름은 여러 측정 위치에서 분석된다. 가상 프로브가 수집한 정보는 서비스 수준 상세 레코드[SDR, Service-level Detailed Record]를 재구성하는 데 사용된다. 각 레코드는 출발지(서버)와 목적지(사용

자) 사이의 전체 세션에서 가장 중요한 정보들을 담고 있다. IPTV 세션 관련 메시지의 핵심 파라미터들이 SDR 내부에 저장된다.

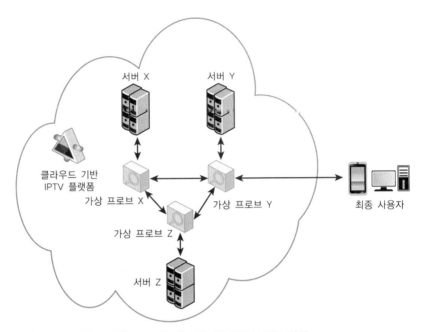

그림 12.7 클라우드 기반 IPTV 네트워크의 가상 프로브 접근 방식

아마존은 아마존 클라우드의 모니터링 솔루션인 클라우드워치^{CloudWatch}를 개발했다(http://aws.amazon.com/cloudwatch/). 클라우드워치는 클라이언트 애플리케이션과 서비스뿐 아니라 CPU, 메모리 사용률 등 클라우드 리소스를 모니터링할 수 있다. 시스템 관리자는 각 애플리케이션에 맞게 커스터마이징된 메트릭들을 수집하고 추적할 수 있다. 아마존 클라우드워치는 클라우드의 상태에 따라 문제해결과 동향 파악, 동작 지침의 자동 실행을 돕기 위해 모니터링한 데이터의 수집, 그래프 출력, 알람 설정 등의 기능을 한다.

QoE 모니터링 솔루션

최근 떠오르는 QoE 모니터링 솔루션은 QoS 모니터링 솔루션을 확장 적용한 것들이다. 앞에서 설명한 것과 같이 QoE 모니터링 솔루션은 QoE/QoS 매핑 모델에 크게 의존한다. 또한 QoS 모니터링 솔루션과는 달리 QoE 모니터링에 보편적으로 적용할 수 있는 솔루션은 없다.

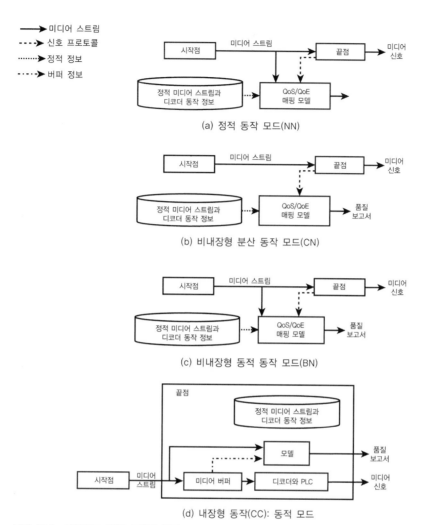

그림 안의 텍스트:

━━▶ 미디어 스트림
┈┈▶ 신호 프로토콜
┈┈┈┈ 정적 정보
┈┈━▶ 버퍼 정보

(a) 정적 동작 모드(NN)

시작점 → 미디어 스트림 → 끝점 → 미디어 신호
정적 미디어 스트림과 디코더 동작 정보 → QoS/QoE 매핑 모델

(b) 비내장형 분산 동작 모드(CN)

시작점 → 미디어 스트림 → 끝점 → 미디어 신호
정적 미디어 스트림과 디코더 동작 정보 → QoS/QoE 매핑 모델 → 품질 보고서

(c) 비내장형 동적 동작 모드(BN)

시작점 → 미디어 스트림 → 끝점 → 미디어 신호
정적 미디어 스트림과 디코더 동작 정보 → QoS/QoE 매핑 모델 → 품질 보고서

(d) 내장형 동작(CC): 동적 모드

끝점
정적 미디어 스트림과 디코더 동작 정보
시작점 → 미디어 스트림 → 미디어 버퍼 → 디코더와 PLC → 미디어 신호
모델 → 품질 보고서

그림 12.8 네트워크 품질 모델의 동작 모드

그림 12.8은 IP 기반 비디오 스트리밍 서비스의 QoE 값을 런타임에 모니터링하는 네 가지의 구성을 보여준다. 이 구성들은 측정 지점과 매핑 모델의 위치가 서로 다르다. 각 구성은 XY 형식으로 표현되며, X는 측정 지점, Y는 품질 모델의 위치를 나타낸다. 아래에서 N은 네트워크, C는 클라이언트, B는 그 두 가지 모두를 의미한다.

A. **정적 동작 모드(NN)** KPI와 QoE의 측정이 모두 네트워크 내부에서 이뤄진다. QoE/QoS 매핑 모델은 서비스 전달 경로를 관찰하는 장비에 설치된다(그림 12.8의 a). 품질 모델은 수집한 KPI, 비디오 코딩 기법에 대한 사전

지식, 끝점 특성을 사용한다. QoE/QoS 매핑 모델의 파라미터는 전송된 미디어 패킷에서 복호화된 정보로부터 추출된다. 끝점의 특성은 폴링polling 하거나 SDP^Session Description Protocol, 세션 기술 프로토콜 메시지를 교환해 얻을 수 있다. QoE 측정 지점에 수신된 스트림을 실제처럼 재구성하는 끝점 에뮬레이션 장비가 있는 경우도 있다.

B. 비내장형 동적 동작 모드(BN) KPI의 측정은 네트워크와 클라이언트 양쪽에서 모두 수행되며, QoE 값은 네트워크 내부에서 측정된다(그림 12.8의 c). 품질 모델은 수집한 KPI, 비디오 코딩 기법에 대한 사전 지식, 맞춤형 신호 프로토콜을 통해 얻은 클라이언트 정보를 사용한다.

C. 비내장형 분산 동작 모드(CN) KPI 측정은 클라이언트 쪽에서 이뤄지며, 주기적으로 네트워크 내부에 위치한 QoE/QoS 매핑 모델로 전달된다(그림 12.8의 b).

D. 내장형 동작(CC) KPI와 QoE의 측정이 클라이언트 쪽에서 실행된다. QoS/QoE 매핑 모델은 클라이언트에 내장된다(그림 12.8의 d). 측정된 QoE 메트릭은 중앙의 모니터링 장비로 보고될 수 있다.

표준화된 다차원 QoE 모니터링 솔루션이 ETSI 기술 규격 TS 103 294(음성 및 멀티미디어 전송 품질^STQ, Speech and Multimedia Transmission Quality, 체감 품질, 모니터링 아키텍처, 2014)에 정의돼 있다. 이 솔루션은 장비에 설치된 QoE 에이전트를 사용하며, 장비들은 서로 또는 데이터 수집기(프로브 등)와 통신한다. QoE 에이선트의 아키텍처는 QoE에 영향을 미치는 다양한 인자를 분류한 API의 계층 정의에 기반을 둔다. 다음과 같이 6개의 계층이 정의돼 있다.

QoE 에이전트
서비스 진달 경로상의 여러 지점에 위치할 수 있는 개체로, (네트워크, 인프라스트럭처 등의) 프로브에서 받은 입력을 대상 서비스의 QoE/QoS 매핑 모델로 처리한다.

- **리소스 계층** 서비스 전송에 사용되는 기술 시스템과 네트워크 리소스의 특성 및 성능을 나타내는 관점들로 구성된다. 이와 같은 인자의 예로는 지연, 지터, 손실, 오류율, 처리율 등으로 표현된 네트워크 QoS가 있다. 뿐만 아니라 서버의 처리 능력, 최종 사용자 장비의 기능(예, 계산 능력, 메모리, 화면 해상도, 사용자 인터페이스, 배터리 지속시간 등)과 같은 시스템 리소스도 포함된다.

- **애플리케이션 계층** 애플리케이션/서비스 설정 인자를 나타내는 관점으로 구성된다. 이와 같은 인자들의 예로는 미디어 인코딩, 해상도, 샘플링 레이트, 프레임률, 버퍼 크기, SNR 등이 있다. 콘텐츠 관련 인자들(특정 시간적

또는 공간적 요구 조건, 2D/3D 콘텐츠, 색상 농도 등) 또한 이 부분에 속한다.

- **인터페이스 계층** 사용자가 애플리케이션과 상호 작용하는 물리적 장비와 인터페이스를 나타낸다(장비 유형, 화면 크기, 마우스 등).

- **환경(Context) 계층** 물리적 환경(지리적 측면 주변 조명과 소음, 하루 중 몇 시인지) 및 사용 환경(이동성 유무, 스트레스 유무), 경제적 환경(사용자가 서비스에 지불하는 비용 등)에 관계된다.

- **인간(Human) 계층** 사용자의 지각 특성에 관계된 모든 인자들을 나타낸다(시청각 자극 민감도, 기간적 지각 등).

- **사용자 계층** 앞의 인간 계층에 나타나지 않은 사용자 인자들로, 이 인자들은 서비스 또는 애플리케이션 사용자의 인간적인 모든 측면을 포함한다(역사적/사회적 특성, 자극, 기대, 전문성 수준 등).

위의 계층 모델을 따른 QoE 모니터링 솔루션은 맞춤형 QoS/QoE 매핑 모델을 통해 어떤 서비스라도 모니터링할 수 있다는 장점이 있다. QoE 에이전트는 다음 설명과 같이 6개의 주요 객체로 구성된다(그림 12.9).

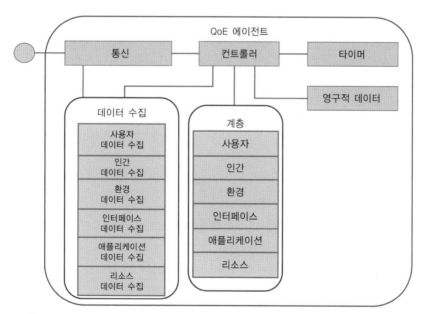

그림 12.9 최대 구성 QoE 에이전트(일반적인 QoE 에이전트)

- **통신** 객체는 QoE 에이전트 간의 통신을 관리한다.

- **데이터 수집** 객체는 모든 데이터 수집에 관련된 하위 계층을 구현한다. 데이터 수집 객체는 주어진 QoE/QoS 매핑 모델의 내부 파라미터 계산에 필요한 기본 정보를 얻는다.

- **컨트롤러** 객체는 전역 QoE/QoS 매핑 모델을 구현하고, 외부 요청과 get, set 등의 명령어를 처리한다.

- **계층** 객제는 애플리케이션 모델, 환경 모델, 사용자 모델 등 다양한 모델 계층을 구현하는 인터페이스 객체다.

- **영구적** 데이터 객체는 모든 계층의 품질 파라미터를 저장한다.

- **타이머** 객체는 QoE 에이전트의 내부 시간으로 사용된다.

QoE 에이전트는 ARCU 모델의 모든 계층을 구현해야만 하지만, 다수의 물리 장비에 분산돼 존재할 수도 있다. 두 가지 유형의 QoE 에이전트를 설명하면 다음과 같다.

- 마스터 QoE 에이전트는 분산되지 않은 독립적 엔티티로, 최소한 사용자 계층을 포함하는 계층 객체를 구현한다. 마스터 QoE 에이전트는 통신 객체, 컨트롤러 객체, 타이머 객체, 영구적 데이터 객체를 반드시 구현해야 한다. 또한 그림 12.10과 같이 데이터 수집 객체도 반드시 구현해야만 한다.

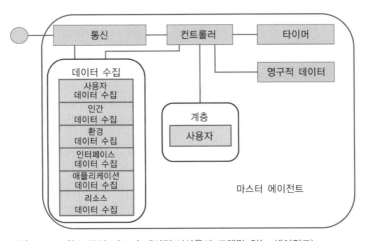

그림 12.10 최소 구성 마스터 에이전트(사용자 모델만 있는 에이전트)

- 슬레이브 QoE 에이전트는 분산되지 않은 독립적 엔티티로, 사용자 계층을 제외한 일부 계층 객체와 데이터 수집 객체를 구현한다. 슬레이브 QoE 에이전트는 통신 객체, 컨트롤러 객체, 타이머 객체도 반드시 구현해야 한다.

최대 및 최소 구성 마스터 QoE 에이전트의 구성도를 그림 12.9와 12.10에서 각각 보여준다. 최대 구성 마스터 QoE 에이전트는 모든 ARCU 계층을 포함하는 반면, 최소 구성 마스터 QoE 에이전트는 사용자 계층만을 구현한다. 그림 12.11은 ARCU 모델에서 사용자 계층이 아닌 다른 계층 하나만을 구현한 슬레이브 QoE 에이전트를 보여준다.

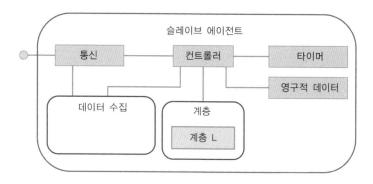

그림 12.11 (사용자 계층 외에) 하나의 계층만을 구현한 슬레이브 QoE 에이전트

데이터 수집 모듈은 다음에서 설명하는 프로브 에이전트의 내부로 캡슐화된다.

- **L 유형(type L)의 프로브 에이전트** 분산되지 않은 독립적 엔티티로, L 유형의 데이터 수집 하위 계층을 갖지만 계층 객체는 구현하지 않는다(그림 12.12). L 유형의 프로브 에이전트는 통신 객체, 컨트롤러 객체, 타이머 객체도 반드시 구현해야 한다.
- **프로브 에이전트** L 유형의 프로브 에이전트가 부적절하거나 서로 다른 유형의 다양한 하위 계층을 구현할 때 사용된다. 프로브 에이전트는 통신 객체, 컨트롤러 객체, 타이머 객체도 반드시 구현해야 한다.

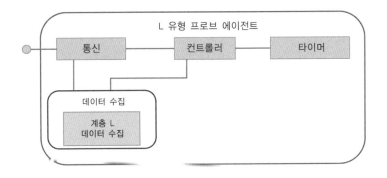

그림 12.12 L 유형의 프로브 에이전트

12.5 QoE 기반 네트워크와 서비스 관리

정량화된 QoE 값을 네트워크와 서비스 관리에 활용해 QoE를 최대화하면서 리소스 소모를 최소화하는 최적의 균형점^{trade-off}을 얻을 수 있다. 이때 어려운 점은 분명하게 QoE를 개선하고 리소스 소모를 감소시키는 동작 지침으로 QoE 메트릭을 변환하는 것이다. 안타깝게도 그 목적을 달성하기 위한 시스템적인 접근법은 아직 존재하지 않는다. 다음 절에서는 측정된 QoE 값의 함수로 동작 지침을 찾으려는 몇 가지 애플리케이션들을 설명한다.

VoIP의 QoE 기반 관리

QoE에 기반을 둔 VoIP 관리 기법은 각종 문헌에서 폭넓게 다뤄져 왔다. 목적은 시변 품질의 IP 네트워크로 전송된 패킷 음성 통화 세션 동안 QoE 수준을 일정히 유지하는 것이다. 일반적으로 글래스박스 파라미터 기반 모델을 따르는 QoE 측정 프로브가 VoIP 끝점에 설치된다. 프로브가 런타임에 수집한 기본 KPI들은 QoE/QoS 매핑 모델의 입력으로 변환된다. QoS 컨트롤러는 새로운 QoE 측정값을 받은 다음, 전송 경로상의 네트워크 파라미터(큐 할당과 혼잡 임계값 등)를 조절한다. QoE 값이 목표 QoE 값보다 낮으면(또는 높으면) 네트워크 리소스를 더 많이(또는 더 적게) 할당하는 방식으로 간단히 정책을 구성할 수 있다.

QoE 기반 호스트 중심 수직 핸드오버

차세대 이동통신의 사용자들은 서로 다른 유형의 여러 무선 네트워크를 동시에 사용할 수 있을 것이다. 이런 경우 이동통신 사용자는 품질이 좋을 것 같은 액세스 네트워크를 선택해야 한다. 네트워크를 선택하거나 전환하는 절차는 서비스 시작 또는 서비스 중간에 실행될 수 있다. 네트워크 간 하드 핸드오버는 사용자와 사업자가 모두 연관된 어떤 이유로, 사용자가 한쪽 네트워크에서 다른 네트워크로 전환할 때 일어난다. 핸드오버는 네트워크 중심 또는 호스트 중심으로 관리할 수 있다. 전통적인 네트워크 중심 접근법에서는 사업자가 모니터링하는 인프라스트럭처가 언제 핸드오버가 필요한지 제어 알고리즘을 통해 결정한다. 하지만 호스트 중심 접근법에서는 최종 노드가 서비스 품질이 불안정하거나 불만족스러울 때 핸드오버를 실행할 수 있다.

그림 12.13은 클라이언트가 와이맥스^WiMAX 시스템 또는 와이파이 시스템에 접속하는 예상 시나리오를 보여준다. 네트워크 핸드오버를 위해서는 옥외기 또는 실내기, 서버, 라우터, 와이파이 및 와이맥스 액세스 포인트 등 적절한 장비들의 설치와 설정이 필요하다. 음성 통화 중에 클라이언트는 와이맥스에서 와이파이로, 또는 그 반대로 전환할 수 있다.

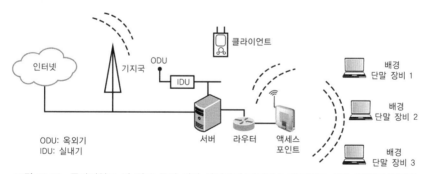

그림 12.13 클라이언트 및 링크 품질 기반 와이파이/와이맥스 네트워크 선택 기법[MURP07]

Murphy 등은 호스트 중심의 네트워크 선택 접근법이 지연에 민감한 서비스에 더 적합하다고 주장했다[MURP07]. 실제로 그런 경우 서비스별 또는 사용자별 맞춤형 요구 조건에 따라 네트워크 간 핸드오버를 실행할 수 있다. 일반적으로 지연에 민감한 서비스에서 끊김 없는 네트워크 전환을 위해 네트워크 선택 컨트롤러를 사용할 수 있다.

이를 위해 메시지 기반 멀티스트리밍^{multistreaming}, 멀티호밍^{multihoming} 특성을 제공하는 신뢰성 프로토콜인 SCTP^{Stream Control Transmission Protocol}, 스트림 제어 전송 프로토콜을 사용할 수 있다. TCP와 대조적으로 SCTP는 순서가 바뀐^{out-of-order} 패킷 전송을 허용하므로 지연에 민감한 애플리케이션에 더 적합하다. SCTP의 멀티호밍 기능은 서로 다른 유형의 무선 네트워크들 사이의 핸드오버를 가능하게 한다. 목적지와 출발지 주소가 명시된 첫 번째 경로는 주 경로^{primary path}의 역할을 한다. 나머지 경로들은 부 경로^{secondary path}의 역할을 한다. SCTP는 런타임에 모든 활성 경로의 지연과 지터를 모니터링하고 애플리케이션이 그 경로들을 사용할 수 있게 한다. 하트비트^{heartbeat} 메시지는 필요한 측정값들을 수집하기 위해 부 경로를 통해 전송된다. 수집한 KPI는 적절한 QoE/QoS 매핑 모델을 통해 QoE 값으로 매핑된다. 클라이언트는 경로 품질을 일정 간격마다 비교하면서 네트워크 전환이 필요한지 내부 정책에 따라 결정한다.

QoE 기반 네트워크 중심 수직 핸드오버

이번 절에서는 QoE에 기반을 둔 네트워크 중심의 네트워크 간 핸드오버 기법을 설명한다. 목표는 무선 랜과 GSM 네트워크 사이에서 핸드오버를 하는 것이다. 이 기법은 상대적으로 대역폭이 큰 무선 랜을 활용해서 GSM 네트워크의 부하와 비용을 절감하는 효과가 있다. 그림 12.14는 이동통신 가입자가 유선 PSTN 가입자에게 음성 통화를 시도할 때 마지막 무선 홉으로 무선 랜을 사용하는 시나리오를 보여준다. 나중에 음성 통화의 QoE 값이 이동이나 혼잡 등의 이유로 주어진 임계치 아래로 떨어지면 핸드오버가 수행된다. 이 경우 이동통신 가입자는 GSM 인프라스트럭처를 통해 유선 가입자와 연결된다. 단말은 무선 랜과 GSM 네트워크에 연결하기 위해 2개의 무선 인터페이스를 가진다. 이동통신 단말기는 적절한 '품질 보고서'를 PBX^{Private Branch Exchange, 사설 구내 교환기}에 전송하고, PBX는 수신한 피드백을 분석한다. 만족스럽지 못한 점수를 발견하면 PBX는 이동통신 단말기에게 핸드오버를 지시한다. 끊김 없는 핸드오버를 위해 새로운 음성 채널이 GSM 인프라스트럭처를 통해 이동통신 단말기와 PBX 사이에 열리고, 수신한 음성 정보를 유선 가입자에게 전달하는 것을 책임진다.

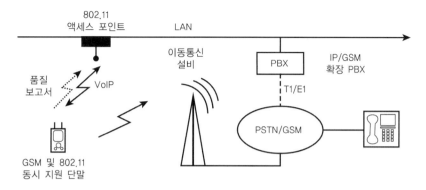

그림 12.14 무선 랜과 GSM 네트워크 간 핸드오버 시나리오[MAES06]

Marsh의 보고서에 따르면 핸드오버는 간단한 덧셈 품질 모델로 PBX에서 제어된다[MARS06].

$$\text{Handover score} = \text{Signal} + \text{Loss} + \text{Jitter} + \text{Report loss} \qquad (식 12.9)$$

여기서 Handover score^{핸드오버 점수} 값은 −100에서 100의 범위를 가진다. 나머지 변수들은 다음과 같이 정의된다.

- **수신 신호 강도(RSSI, Received signal strength indicator)** 신호 대 잡음비는 무선통신 네트워크에서 서비스 품질의 좋은 지표다. 하지만 이 메트릭은 무선 데이터 네트워크에서 부정확할 수도 있다. 사실상 무선통신 네트워크에서 높은 신호 강도는 사용자가 높은 QoE를 얻는 것을 의미한다. 하지만 이 규칙은 무선 데이터 네트워크에서는 부정확하다. 신호 강도가 높게 측정되더라도 혼잡으로 인한 패킷 손실 등의 이유로 QoE가 낮을 수 있기 때문이다. 이동 단말기는 주기적으로 수신 신호 강도를 기록하며, 측정한 수신 신호 강도는 정해진 핸드오버 점수에 따라 조정된다. 측정된 수신 신호 강도는 구체적으로 0에서 +90까지의 값으로 매핑된다(저자는 무선통신(음성 통화) 네트워크와 무선 데이터 네트워크를 구분해서 설명하고 있다 - 옮긴이).

- **지연 지터(Delay jitter)** 지연 지터가 늘어나는 것은 품질이 낮음을 알 수 있는 좋은 지표다. 한 예비 실험적 연구에 따르면 +10점과 0점은 좋은 지터 조건, 무시해도 될 정도로 적은 지터 조건에 각각 할당된다. −10점은 나쁜 지터 조건, −20점은 매우 나쁜 지터 조건을 의미한다.

- **패킷 손실(Packet loss)** 높은 패킷 손실률은 의심할 여지없이 사용자들이 매우 나쁜 품질을 겪고 있다는 뜻이다. 패킷 손실률이 8% 증가할 때마다 점수가 10점씩 낮아진다. 점수가 오랫동안 나쁜 구간은 패킷 손실의 기여를 적절히 증가시키는 것으로 설명할 수 있다.
- **RTCP 손실(Report loss)** 이동 단말기는 모니터링 노드가 RTCP 품질 보고서를 받지 않으면 수신 문제를 겪을 가능성이 높다. RTCP 피드백이 3개 이상 연속으로 손실되는 것은 일반적으로 매우 심각해서 전체 핸드오버 점수가 매우 낮아진다. 연속으로 손실되는 RTCP 보고서마다 점수가 10점씩 낮아진다.

이 점수가 큰 양수이면 QoE가 좋음을 의미한다. 이동통신 사용자는 허용할 수 있는 최저 임계값을 정할 수 있다. 그 결과, 계산된 handover score 값이 정해진 임계값보다 낮을 때만 핸드오버가 일어난다. 임계값을 높이면 음성 통화가 GSM 시스템으로 더 빨리 전환되기 때문에 평균 품질은 향상되지만 통신 비용은 증가한다. 반대로 임계값을 낮추면 낮은 품질의 구간이 길어지지만 통신 비용은 감소한다.

12.6 핵심 용어

12장을 통해 다음과 같은 용어를 배웠다.

QoE/QoS 모델 매핑	블랙박스 매핑 모델	글래스박스 매핑 모델
그레이박스 매핑 모델	QoE 인식 서비스	QoE 기반 모니터링
QoE 기반 관리		

12.7 참고 문헌

HOSS13 Hossfeld, T., et al. "Internet Video Delivery in YouTube: From Traffic Measurements to Quality of Experience." Book chapter in Data Traffic Monitoring and Analysis: From Measurement, Classification, and Anomaly Detection to Quality of Experience, Lecture Notes in Computer

Science, Volume 7754, 2013.

KETY10 Ketyko, I., De Moor, K., Joseph, W., and Martens, L. "Performing QoE-Measurements in an Actual 3G Network," IEEE International Symposium on Broadband Multimedia Systems and Broadcasting, March 2010.

KHAN09 Khan, A., Sun, L., and Ifeachor, E. "Content Clustering Based Video Quality Prediction Model for MPEG4 Video Streaming over Wireless Networks," IEEE International Conference on Communications, 2009.

KIM14 Kim, H., and Choi, S. "QoE Assessment Model for Multimedia Streaming Services Using QoS Parameters," Multimedia Tools and Applications, October 2014.

KUIP10 Kuipers, F. et al. "Techniques for Measuring Quality of Experience," 8th International Conference on Wired/Wireless Internet Communications, 2010.

MA14 Ma, H., Seo, B., and Zimmermann, R. "Dynamic Scheduling on Video Transcoding for MPEG DASH in the Cloud Environment," Proceedings of the 5th ACM Multimedia Systems Conference, March 2014.

MARS06 Marsh, I., Gronvall, B., and Hammer, F. "The Design and Implementation of a Quality-Based Handover Trigger," 5th International IFIP-TC6 Networking Conference, Coimbra, Portugal.

MURP07 Murphy, L. et al. "An Application-Quality-Based Mobility Management Scheme," Proceedings of 9th IFIP/IEEE International Conference on Mobile and Wireless Communications Networks, 2007.

PART V

현대 네트워킹 아키텍처: 클라우드와 포그

지금까지 새로운 형태의 대형 통신 시스템에 대해 살펴봤다. 이 시스템은 개념뿐만 아니라 장비의 구성 측면에서도 기존 시스템과 크게 다르며, 컴퓨터와 통신이라는 두 종류의 기술이 하나로 결합된다는 것을 의미한다.

- 분산 통신에 대해: 요약 개요, 랜드(Rand) 리포트 RM-3767-PR, 폴 바란(Paul Baran), 1964년 8월

13장 클라우드 컴퓨팅
14장 사물 인터넷의 구성 요소
15장 사물 인터넷의 아키텍처와 구현

현재 네트워크에서 가장 두드러지는 분야는 클라우드 컴퓨팅과 사물 인터넷IoT이다. 사물 인터넷과 관련해 포그 컴퓨팅이라는 용어가 등장하기도 했다. 앞의 장들에서 살펴본 여러 가지 기술과 애플리케이션은 모두 클라우드 컴퓨팅과 IoT를 위한 토대를 제공한다. 13장에서는 클라우드 컴퓨팅을 소개한다. 먼저 기본 개념을 정의하고, 클라우드 서비스와 배치 모델, 구조 등을 차례로 다룬다. 그런 다음, 클라우드 컴퓨팅과 소프트웨어 정의 네트워킹SDN 또는 네트워크 기능 가상화NFV의 관계에 대해 살펴본다. 14장과 15장에서는 IoT에 대해 좀 더 자세히 소개한다. 14장에서는 IoT용 기기의 주요 구성 요소에 대해 살펴보고, 15장에서는 IoT 레퍼런스 아키텍처와 세 가지 구현 예를 소개한다.

Chapter | 13

클라우드 컴퓨팅

미래의 연구실에 있는 연구원을 상상해보자. 두 손과 몸은 어느 한 곳에 고정돼 있지 않고 자유롭게 움직인다. 여기 저기 돌아다니면서 관찰하고, 사진을 찍으면서 의견도 말한다. 이러한 두 가지 형태의 기록은 시간과 함께 엮여 자동으로 기록된다. 야외로 나가면 무선을 통해 녹음기에 연결할 수도 있다. 저녁에 자신이 기록한 노트를 읽으며 곰곰이 생각하다가 다시 의견을 녹음기에 기록하기도 한다. 사진뿐만 아니라 활자 형태의 기록된 내용은 모두 축소된 형태로 저장할 수 있으며, 이렇게 기록한 내용을 프로젝트로 쏴서 살펴볼 수 있다.

– '우리가 생각하는 대로',
버니바 부시, 더 애틀란틱, 1945년 7월호

13장에서 다루는 내용

13을 읽고 나면 다음과 같은 것을 할 수 있다.

- 클라우드 컴퓨팅 개념의 개요에 대해 발표할 수 있다.
- 주요 클라우드 서비스를 나열하고 정의할 수 있다.
- 클라우드 배치 모델을 나열하고 정의할 수 있다.
- NIST와 ITU-T에서 제시한 클라우드 컴퓨팅 레퍼런스 아키텍처를 비교할 수 있다.
- SDN과 NFV의 클라우드 컴퓨팅과의 관련성에 대해 설명할 수 있다.

1.6절에서 클라우드 컴퓨팅의 개념에 대해 간략히 소개한 바 있다. 2.2절에서는 클라우드 컴퓨팅으로 인해 새롭게 제기된 네트워킹 관련 요구 사항에 대해 설명했다. 13장에서는 클라우드 컴퓨팅의 기본 개념에 대해 좀 더 자세히 살펴본다. 그리고 클라우드 사업자에서 흔히 제공하는 주요 서비스 종류를 소개한

다. 그런 다음, 클라우드 시스템을 위한 다양한 배치 모델을 살펴보고, NIST와 ITU-T에서 개발한 클라우드 컴퓨팅 레퍼런스 아키텍처에 대해 차례대로 살펴본다. 이러한 두 모델을 비교 분석함으로써 클라우드 컴퓨팅에 대한 본질을 더욱 이해할 수 있을 것이다. 마지막으로 SDN과 NFV가 클라우드 컴퓨팅의 배치와 운영에 어떤 기능을 제공하는지 살펴본다.

13.1 기본 개념

최근에는 IT 운영의 상당 부분 또는 전부를 엔터프라이즈 클라우드 컴퓨팅이라는 인터넷 기반의 인프라스트럭처로 이전하는 기관이나 회사들이 증가하고 있다. 이와 동시에 개인 사용자의 PC나 모바일 기기도 클라우드 컴퓨팅 서비스를 이용해 데이터를 백업하고, 기기를 동기화하고, 공유하는 사례가 늘고 있다. NIST의 문서(The NIST Definition of Cloud Computing, NIST SP-800-145)에 따르면 클라우드 컴퓨팅을 다음과 같이 정의하고 있다.

→ 1.6절, '클라우드 컴퓨팅' 참조

클라우드 컴퓨팅(Cloud Computing) 최소한의 관리 노력과 서비스 사업자와의 상호 작용으로 (네트워크, 서버, 스토리지, 애플리케이션 및 서비스 등과 같은) 설정 가능한 컴퓨팅 리소스에 대한 공유 풀shared pool에 대해 언제 어디서나 원하는 시점에 네트워크를 통해 접근해 빠르게 프로비저닝하고 출시하기 위한 모델

→ 그림 1.7, 클라우드 컴퓨팅 환경 참조

이 정의에서는 다양한 모델과 특성을 언급하고 있는데, 이들의 관계를 그림으로 표현하면 그림 13.1과 같다. 여기 나온 다섯 가지 핵심 특성에 대해서는 1장, '현대 네트워킹의 요소'에서 설명한 바 있다. 13장에서는 세 가지 서비스 모델과 네 가지 배치 모델에 대해 소개한다.

→ 2.2절, '수요: 빅데이터, 클라우드 컴퓨팅, 모바일 트래픽' 참조

기본적으로 클라우드 컴퓨팅은 규모의 경제, 전문적인 네트워크 관리, 전문적인 보안 관리 등을 제공한다. 이러한 기능은 회사나 정부 기관, 개인 PC 및 모바일 사용자에게 상당히 매력적으로 다가온다. 개인이나 회사는 저장 공간과 자신이 사용하는 서비스에 대한 비용만 지불하면 된다. 회사나 개인 모두 데이터베이스 시스템을 설정하거나, 필요한 하드웨어를 조달하거나, 유지 보수 작업을 수행하거나, 데이터를 백업하는 등과 같은 번거로운 작업을 직접 하지 않아도 된다. 이러한 작업은 모두 클라우드 서비스를 통해 제공된다.

→ 그림 2.4, 클라우드 네트워크 모델 참조

클라우드 컴퓨팅을 이용해 자신의 데이터를 저장하고 다른 이와 공유함으로써 얻을 수 있는 가장 큰 장점은 클라우드 사업자가 보안에 신경 써 준다는 점이다. 하지만 고객을 완벽하게 보호할 수는 없다. 클라우드 서비스에 보안 허점이 드러난 사례가 몇 가지 있다. 2013년 초에 에버노트^{Evernote}가 침투 공격을 받아서 이 서비스 사용자의 패스워드가 모두 리셋된 사건이 뉴스의 헤드라인을 장식한 바 있다.

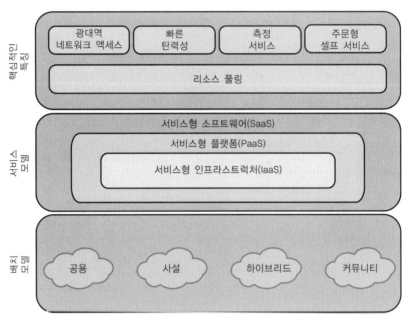

그림 13.1 클라우드 컴퓨팅 요소

클라우드 네트워킹^{cloud networking}이란 클라우드 컴퓨팅을 제공하기 위해 반드시 필요한 네트워크 또는 네트워크 기능을 가리킨다. 클라우드 컴퓨팅 솔루션의 대다수는 인터넷에 의존하고 있는데, 이는 네트워킹 인프라스트럭처의 극히 일부분에 해당한다. 클라우드 네트워킹에 대한 하나의 예로 클라우드 사업자와 구독자 사이의 고성능/고신뢰성 네트워킹 프로비저닝을 들 수 있다. 여기서 회사와 클라우드 사이에 발생하는 트래픽의 일부 또는 대다수는 인터넷을 우회해 클라우드 서비스 사업자가 직접 소유하거나 임대한 전용 사설 네트워크를 거쳐 간다. 좀 더 일반적으로 표현하면 클라우드 네트워킹은 클라우드에 접근하는 데 필요한 모든 네트워크 기능을 의미한다. 이러한 기능에 대한 예로 인터넷을 통해 특수한 서비스를 이용하거나, 회사의 데이터 센터를 클라우드에 연결하거나, 접근 보안 정책을 강화하기 위해 중요한 지점에 방화벽과 같은 네트워크 보안 장치를 사용하는 것 등이 있다.

클라우드 스토리지cloud storage도 클라우드 컴퓨팅의 일부분으로 볼 수 있다. 클라우드 스토리지는 기본적으로 클라우드 서버에서 원격으로 호스팅되는 데이터베이스 스토리지와 데이터베이스 애플리케이션으로 구성된다. 소기업이나 개인 사용자는 클라우드 스토리지를 통해 자신이 원하는 만큼 저장 공간을 늘일 수 있으며, 다양한 데이터베이스 애플리케이션을 따로 구매하거나 관리하지 않고도 쉽게 이용할 수 있다.

13.2 클라우드 서비스

이 절에서는 클라우드 서비스에 대한 대표적인 정의를 소개한다. 먼저 NIST에서 정의한 세 가지 클라우드 서비스 모델부터 살펴보자.

- 서비스형 소프트웨어SaaS
- 서비스형 플랫폼PaaS
- 서비스형 인프라스트럭처IaaS

이러한 세 가지 모델은 그림 13.2와 같이 중첩된 서비스 구조로 표현할 수 있다. 이 모델은 현재 클라우드 컴퓨팅을 위한 기본 서비스 모델로 정립된 상태다.

(a) SaaS

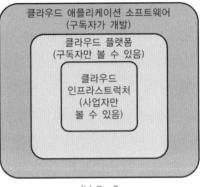

(b) PaaS

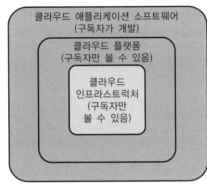

(c) IaaS

그림 13.2 클라우드 서비스 모델

서비스형 소프트웨어(SaaS)

서비스형 소프트웨어
클라우드 컴퓨팅으로 제공되는 일련의 기능으로, 클라우드 서비스 고객은 클라우드 서비스 사업자가 제공하는 애플리케이션을 사용하는 방식으로 해당 기능을 이용한다.

이름이 의미하는 바와 같이 **서비스형 소프트웨어**SaaS, Software as a Service 클라우드는 고객에게 클라우드에서 구동하는 애플리케이션 소프트웨어를 서비스 형태로 제공한다. SaaS에서 사용하는 클라우드 리소스에 대한 모델은 웹 서비스와 유사하다. 애플리케이션은 웹 브라우저와 같은 간편한 인터페이스를 통해 다양한 클라이언트 장치에서 접근할 수 있다. 회사에서 사용하는 소프트웨어 제품에 대해 데스크톱 또는 서버 라이선스를 구매하는 대신, 클라우드 서비스를 통해 동일한 기능을 확보할 수 있다. SaaS를 활용하면 소프트웨어를 설치하고, 관리하고, 업그레이드하고, 패치하는 등의 복잡한 작업을 직접 처리하지 않아도 된다. 이러한 서비스의 예로 구글의 지메일Gmail, 마이크로소프트 365, 세일즈포스, 시트릭스 고투미팅GoToMeeting, 시스코 웹엑스WebEx 등이 있다.

SaaS는 직원들에게 문서 관리나 이메일 등과 같이 흔히 사용하는 오피스 제품군을 제공하려는 기관에서 주로 가입한다. 물론 클라우드 리소스를 활용하려는 개인 사용자도 SaaS 모델의 서비스를 활용할 수 있다. 일반적으로 구독자는 특정한 애플리케이션이 필요할 때마다 요청해서 사용한다. 클라우드 사업자는 자동 백업 또는 구독자 간 데이터 공유 등과 같은 데이터 관련 기능도 함께 제공한다.

오픈크라우드^{OpenCrowd}(http://cloudtaxonomy.opencrowd.com/taxonomy)에서 조사한 자료에 의하면 다음과 같은 SaaS 서비스가 제공되고 있다. 괄호 안에 적힌 숫자는 조사 당시 이런 서비스를 제공하는 벤더의 수를 나타낸다.

Cloud Taxonomy

- **빌링(3)** 제품이나 서비스에 대한 사용량이나 구독 건수를 기반으로 사용자에 대한 과금을 관리하는 애플리케이션 서비스

- **협업(18)** 회사 내 또는 여러 회사 간의 사용자가 작업 그룹 단위로 협업하기 위한 도구를 제공하는 플랫폼

- **콘텐츠 관리(7)** 웹 기반 애플리케이션에 대한 콘텐츠에 접근하고 제품을 관리하기 위한 서비스

- **고객 관계 관리(13)** 콜센터 애플리케이션부터 판매 인력 자동화에 이르는 다양한 CRM 애플리케이션을 위한 플랫폼

- **문서 관리(6)** 문서 및 문서 제작 워크플로우를 관리하고, 그룹 또는 회사 전체 단위로 문서를 검색하고 접근하기 위한 작업 공간을 제공하는 플랫폼

- **교육(4)** 교육자와 교육 기관에게 온라인 서비스를 제공

- **전사적 자원 관리(8)** 전사적 자원 관리^{ERP, Enterprise Resource Planning}란 유형 자산과 금융 자원, 재료, 인력 등과 같은 내부 및 외부 리소스를 관리하는 데 사용되는 컴퓨터 기반의 통합 시스템이다.

- **금융(11)** 비용 및 청구서 처리부터 세금 관리에 이르는, 회사에서 필요로 하는 다양한 금융 프로세스를 관리하는 애플리케이션

- **헬스케어(10)** 사람들의 건강 상태 및 건강 보험을 관리하고 향상시키기 위한 서비스

- **인사 관리(10)** 회사의 인력을 관리하는 소프트웨어

- **IT 서비스 관리(5)** 회사의 IT 서비스를 관리하는 데 도움을 주는 소프트웨어로서 고객에게 서비스를 제공하고 성능 향상을 관리한다.

- **개인 생산성(5)** 비즈니스 사용자가 매일 업무를 수행할 때 사용하는 소프트웨어로서, 소프트웨어 개발 등과 같은 특정한 종류의 프로젝트에서 필요로 하는 기능을 제공한다.

- **판매(7)** 가격 책정, 커미션 관리 등과 같은 판매 업무에 필요한 기능에 특화된 애플리케이션

- **보안(10)** 멀웨어 및 바이러스 스캐닝, 싱글 사인 온 등과 같은 보안 서비스에 관련된 제품

- **소셜 네트워크(4)** 소셜 네트워킹 애플리케이션을 제작하고 커스터마이즈하기 위한 플랫폼

서비스형 플랫폼(PaaS)

서비스형 플랫폼
클라우드 컴퓨팅으로 제공되는 일련의 기능으로, 클라우드 서비스 고객은 고객이 제작하거나 구한 애플리케이션을 클라우드 서비스 사업자가 제공하는 한 가지 이상의 프로그래밍 언어와 실행 환경을 이용해 배치하고, 관리하고, 구동하는 방식으로 사용한다.

서비스형 플랫폼^{PaaS, Platform as a Service} 클라우드는 고객에게 애플리케이션을 구동할 수 있는 플랫폼을 서비스 형태로 제공한다. PaaS를 사용하는 고객은 자신이 직접 만들거나 구한 애플리케이션을 클라우드 인프라스트럭처에 배치할 수 있다. PaaS 클라우드는 여러 가지 유용한 소프트웨어 구성 요소를 제공할 뿐만 아니라 프로그래밍 언어 도구 및 실행 환경과 같은 개발 도구나 애플리케이션을 새로 배치하는 데 도움을 주는 다양한 도구도 함께 제공한다. 기술적으로 보면 PaaS는 일종의 클라우드를 위한 운영체제라고 볼 수 있다. PaaS는 새로운 애플리케이션을 개발하거나 기존 애플리케이션을 커스터마이즈하는 시점에 필요한 만큼의 컴퓨팅 자원을 원하는 기간 동안만 사용하려는 기관에게 유용한 서비스다. PaaS로 제공되는 서비스로는 앱엔진^{AppEngine}, 엔진 야드^{Engine Yard}, 히로쿠^{Heroku}, 마이크로소프트 애저^{Azure}, 포스닷컴^{Force.com}, 아파치 스트라토스^{Stratos} 등이 있다.

PaaS 서비스의 예로 다음과 같은 것들이 있다. 괄호 안에 나온 숫자는 현재 이러한 서비스를 제공하는 벤더의 숫자를 가리킨다.

- **서비스형 빅데이터(19)** 높은 확장성을 필요로 하는 대규모의 복잡한 데이터 분석 기능을 제공하는 클라우드 기반 서비스

- **비즈니스 인텔리전스(18)** 대시보드, 리포팅 시스템, 빅데이터 분석 등과 같은 비즈니스 인텔리전스 애플리케이션을 생성하기 위한 플랫폼

- **데이터베이스(18)** 관계형 데이터베이스 솔루션부터 엄청난 확장성을 제공하는 NoSQL 기반 데이터 스토어까지 다양한 종류의 확장성 높은 데이터베이스 시스템을 제공하는 서비스

- **개발 및 테스팅(18)** 필요에 따라 확장하고 계약할 수 있는 형태로 제공되는 애플리케이션 개발 및 테스팅 플랫폼

- **범용(22)** 범용 애플리케이션 개발에 적합한 플랫폼으로, 데이터베이스와 웹 애플리케이션 실행 환경, 통합을 위한 웹 서비스 등을 제공한다.

- **통합(14)** 클라우드 간의 통합부터 커스텀 애플리케이션 통합에 이르기까지 다양한 종류의 애플리케이션 통합을 지원하는 서비스

서비스형 인프라스트럭처(IaaS)

서비스형 인프라스트럭처^{IaaS, Infrastructure as a Service}는 고객에게 클라우드 인프라스트럭처 내부에 존재하는 리소스를 제공한다. IaaS에서는 가상 머신뿐만 아니라 다양한 추상화된 하드웨어와 운영체제도 제공한다. IaaS에서는 고객에게 프로세싱, 스토리지, 네트워크 등과 같은 기본적인 컴퓨팅 자원을 제공하기 때문에 고객이 애플리케이션이나 운영체제와 같은 모든 종류의 소프트웨어를 배치하고 구동할 수 있다. 고객은 IaaS를 통해 여러 가지 기본적인 컴퓨팅 서비스를 조합해 다양한 환경을 위한 컴퓨터 시스템을 구축할 수 있다.

일반적으로 고객은 전체 환경에 대한 IT 운영 관리 콘솔 역할을 하는 웹 기반의 그래픽 유저 인터페이스를 통해 이러한 인프라스트럭처를 직접 프로비저닝할 수 있다. 인프라스트럭처에 접근하기 위한 API도 함께 제공되기도 한다. 대표적인 IaaS의 예로는 아마존 EC2^{Amazon Elastic Compute Cloud}, 마이크로소프트 윈도우 애저^{Azure}, 구글 컴퓨트 엔진^{GCE}, 랙스페이스^{Rackspace} 등이 있다.

IaaS 서비스의 예로 다음과 같은 것들이 있다. 괄호 안에 나온 숫자는 현재 이러한 서비스를 제공하는 벤더의 숫자를 가리킨다.

- **백업 및 복구(14)** 서버나 데스크톱의 파일 시스템이나 데이터 스토어를 백업하거나 복구하는 서비스를 제공하는 플랫폼

서비스형 인프라스트럭처
클라우드 컴퓨팅으로 제공되는 일련의 기능으로, 클라우드 서비스 고객은 프로세싱, 스토리지, 네트워킹 리소스를 사용하고 프로비저닝할 수 있다.

- **클라우드 브로커(7)** 한 개 이상의 클라우드 인프라스트럭처에서 제공되는 서비스를 관리하는 도구로, 일부는 사설-공용 클라우드 설정 기능도 제공한다.
- **컴퓨트(31)** 클라우드 기반 시스템을 구동하는 데 필요한 서버 리소스를 필요에 따라 동적으로 프로비저닝하고 설정할 수 있게 제공한다.
- **콘텐트 전송망(2)** CDN은 웹 기반 시스템을 위한 콘텐트를 전송하는 데 느는 비봉과 성능을 상상시기기 위해 콘텐트나 파일을 서징안나.
- **서비스 관리(7)** 클라우드 인프라스트럭처 플랫폼을 관리하는 서비스로, 클라우드 사업자가 제공하지 않거나 특정한 애플리케이션 기술을 관리하는 데 특화된 기능을 제공한다.
- **스토리지(12)** 애플리케이션, 백업, 아카이빙, 파일 스토리지 등을 위해 엄청난 확장성을 제공하는 스토리지

그림 13.3은 지금까지 살펴본 세 가지 주요 클라우드 서비스 모델에 대해 클라우드 서비스 사업자에서 제공하는 기능을 비교한 것이다.

그림 13.3 클라우드 운영에 대한 책임의 분리

기타 클라우드 서비스

지금까지 살펴본 것 외에도 다양한 형태의 클라우드 서비스가 제안됐으며, 그중 일부는 특정 벤더 제품을 통해 사용할 수 있다. 이러한 서비스에 대한 리스트는 ITU-T Y.3500(클라우드 컴퓨팅 - 개요와 용어, 2014년 8월) 문서에 나와 있다.

SaaS, PaaS, IaaS 외에도 Y.3500에서는 다음과 같은 클라우스 서비스를 제시하고 있다.

- **서비스형 통신(CaaS, Communications as a Service)** 비즈니스 프로세스의 최적화를 위해 실시간 상호 작용과 협업 서비스를 통합한 서비스로, 다양한 장치에 대한 통합 인터페이스와 일관된 사용자 경험을 제공한다. 대표적인 예로 비디오 텔레컨퍼런싱, 웹 컨퍼런싱, 인스턴트 메시징, VoIP^{Voice over IP} 등이 있다.

- **서비스형 컴퓨트(CompaaS, Compute as a Service)** 소프트웨어를 배치하고 구동하는 데 필요한 프로세싱 리소스을 사용하고 프로비저닝하는 서비스로, CompaaS는 컴퓨팅 기능만 집중적으로 제공하게 간소화된 IaaS라고 볼 수 있다.

- **서비스형 데이터 스토리지(DSaaS, Data Storage as a Service)** 데이터 스토리지와 관련 기능을 사용하고 프로비저닝하게 해주는 서비스로, DSaaS는 클라이언트가 써드파티 사업자로부터 임대한 스토리지 공간에 스토리지 모델을 표현한다. 클라이언트가 인터넷을 통해 데이터를 서비스 사업자에게 전송하면 클라이언트는 저장된 데이터를 스토리지 사업자가 제공하는 소프트웨어를 사용해 접근한다. 이 소프트웨어는 데이터 백업이나 데이터 전송과 같이 스토리지에 관련된 기본적인 작업을 수행할 때 사용한다.

- **서비스형 네트워크(NaaS, Network as a Service)** 트랜스포트 연결 서비스, 클라우드 간 네트워크 연결 서비스 등을 제공한다. NaaS는 자원 할당을 최적화하는 기능도 포함하고 있어서 네트워크와 컴퓨팅 자원을 하나의 통합된 자원으로 취급한다. NaaS는 유연하고 확장 가능한 가상 사설 네트워크^{VPN}, 주문형 대역폭, 커스텀 라우팅, 멀티캐스트 프로토콜, 보안 방화벽, 침입 탐지 및 방어, 원거리 통신망^{WAN}, 콘텐트 모니터링 및 필터링, 안티바이러스 등을 제공한다.

Y.3500에서는 클라우드 기능과 클라우드 서비스를 서로 구분한다. 클라우드 기능으로 애플리케이션, 플랫폼, 인프라스트럭처라는 세 가지 타입이 존재하며, 이들은 세 가지 기본 서비스 타입인 SaaS, PaaS, IaaS에 각각 대응된다. 하나의 클라우드 서비스에서 여러 개의 클라우드 기능을 제공할 수도 있다. 표 13.1은 일곱 개의 클라우드 서비스 카테고리와 세 개의 클라우드 기능 타입의 관계를 보여준다.

표 13.1 클라우드 서비스 카테고리와 클라우드 기능 타입

	클라우드 기능 타입		
클라우드 서비스 카테고리	인프라스트럭처	플랫폼	애플리케이션
CompaaS(서비스형 컴퓨트)	X		
CaaS(서비스형 통신)		· X	X
DSaaS(서비스형 데이터 스토리지)	X	X	X
NaaS(서비스형 네트워크)	X	X	
IaaS(서비스형 인프라스트럭처)	X		
PaaS(서비스형 플랫폼)		X	
SaaS(서비스형 소프트웨어)			X

Y.3500에서는 새롭게 떠오르고 있는 클라우드 서비스로 다음과 같은 것들을 소개하고 있다.

- **서비스형 데이터베이스(Database as a Service)** 데이터베이스 기능을 온 디맨드 방식으로 제공하는 서비스로, 데이터베이스를 설치하고 관리하는 작업은 클라우드 서비스 사업자가 수행한다.

- **서비스형 데스크톱(Desktop as a Service)** 사용자 데스크톱 기능을 원격에서 구축하고, 설정하고, 관리하고, 저장하고, 실행하고, 제공하는 서비스로, 서비스형 데스크톱의 핵심은 공통적인 데스크톱 응용과 데이터를 사용자의 데스크톱이나 노트북 컴퓨터에서 클라우드로 옮기는 데 있다. 원격에서 애플리케이션이나 프로세스, 파일을 사용할 때 안정적이고 일관된 사용자 경험을 제공하게 설계한다.

- **서비스형 이메일(E-mail as a Service)** 완전한 형태의 이메일 서비스로, 저장 공간, 보내기, 받기, 백업, 복구 등과 같은 관련 서비스도 함께 제공한다.

- **서비스형 신원 확인(Identity as a Service)** 신원 확인 및 접근 관리[IAM, Identity and access management] 기능을 제공하는 서비스로, 기존 운영 환경으로 확장하거나 집중할 수 있다. 싱글 사인 온 서비스의 운영, 디렉토리 관리, 프로비저닝 등도 함께 제공한다.

- **서비스형 관리(Management as a Service)** 애플리케이션 관리, 자산 및 변경 관리, 용량 관리, 장애 관리(서비스 데스크), 프로젝트 포트폴리오 관리, 서비스 카탈로그, 서비스 수준 관리 등을 제공하는 서비스

- **서비스형 보안(Security as a Service)** 클라우드 서비스 사업자가 제공하던 기존 운영 환경에 보안 서비스들을 통합하는 서비스로, 인증, 안티바이러스, 멀웨어/스파이웨어 방지, 침입 탐지, 보안 이벤트 관리 등을 제공한다.

XaaS

XaaS는 클라우드 서비스 프로비저닝과 관련해 최근에 등장한 개념이다. XaaS라는 용어는 다음과 같은 세 가지 표현의 약어로 알려져 있는데, 서로 거의 같은 의미를 담고 있다.

- **Anything as a Service** 여기서 Anything은 전통적인 세 가지 서비스를 제외한 나머지 모든 서비스를 가리킨다.

- **Everything as a Service** 용어를 풀어서 쓰는 경우가 많은데, 다소 오해의 소지가 있다. 어떠한 벤더도 모든 종류의 클라우드 서비스를 제공할 수 없기 때문이다. 이 용어는 클라우드 서비스 사업자가 광범위한 서비스를 제공한다는 것을 의미한다.

- **X as a Service** 여기서 X는 가능한 모든 클라우드 서비스를 표현한다.

XaaS는 다음과 같은 세 가지 관점에서 전통적인 세 가지 서비스와 다르다.

- 일부 사업자는 SaaS, PaaS, IaaS를 한꺼번에 제공해 고객이 회사에서 필요

로 하는 기본적인 클라우드 서비스를 한꺼번에 구축할 수 있게 해준다.

- XaaS 사업자는 기존 IT 부서에서 내부 고객에게 전통적으로 제공하던 다양한 서비스를 대체할 서비스를 제공한다. 각 회사의 IT 부서는 이러한 서비스를 통해 다양한 애플리케이션과 서비스를 직접 구매하고, 관리하고, 패치하고, 업그레이드해야 하는 부담을 크게 덜게 됐다.

- XaaS 모델은 대부분 고객과 사업자의 관계를 지속적으로 이어간다. 그래서 정기적으로 상태를 업데이트하고 양방향의 실시간 정보 교환을 제공한다. 일종의 매니지드 서비스managed service로서 고객이 필요한 서비스의 양을 아무 때나 지정하기만 하면 되고, 서비스의 양과 종류는 고객이 늘어나고 제공되는 서비스도 늘어나는 추세에 따라 확장할 수 있다.

XaaS는 다음과 같은 장점으로 인해 인기가 지속적으로 늘고 있다.

- 총 비용을 낮출 수 있다. IT 서비스의 대부분을 자격을 갖춘 전문 파트너에게 아웃소싱을 함으로써 회사는 단기 및 장기 비용 감소 효과를 거둘 수 있다. 직접 소프트웨어와 하드웨어를 직접 구입하는 데 드는 비용이 훨씬 적게 들기 때문에 설비 투자 비용CapEx, Capital Expenditure을 크게 줄일 수 있다. 운용 비용OpEx, Operational Expenditure 역시 낮출 수 있는데, 사용하는 자원의 양을 필요에 맞게 조절할 수 있기 때문이다.

- 위험도 감소한다. XaaS는 합의된 서비스 수준을 준수하며, 이를 통해 내부 프로젝트로 진행할 때 흔히 발생하는 비용 초과의 위험을 제거할 수 있다. 다양한 서비스를 제공하는 단일 사업자와 계약하면 문제를 해결하기 위해 연락해야 할 곳도 하나로 간소화된다.

- 혁신을 가속화할 수 있다. IT 부서는 새로운 하드웨어나 소프트웨어를 다 설치하고 나서야 더 좋은 기능을 갖고 있거나 더 저렴한 제품이 있다는 것을 발견하는 위험을 항상 안고 있다. XaaS를 사용하면 최신 제품을 좀 더 빠르게 사용할 수 있을 뿐만 아니라, 사업자도 고객의 피드백에 빠르게 대응할 수 있다.

13.3 클라우드 배치 모델

많은 회사와 기관에서는 IT 운영의 상당 부분 또는 전부를 기업용 클라우드 컴퓨팅 환경으로 이전하는 사례가 늘고 있다. 이러한 조직에서는 클라우드 소유권과 운영과 관련해 광범위한 선택의 기로에 놓여 있다. 이 절에서는 클라우드 컴퓨팅에 대한 대표적인 배치 모델 네 가지를 소개한다.

공용 클라우드

공용(퍼블릭) 클라우드^{public cloud} 인프라스트럭처는 일반 대중 또는 다수의 업체들에게 제공되는 것으로, 클라우드 서비스를 판매하는 회사가 소유하고 있다. 클라우드 사업자는 클라우드 인프라스트럭처뿐만 아니라, 클라우드 내부의 데이터에 대한 제어와 운영을 책임지고 있다. 공용 클라우드는 회사나 학교, 정부 기관, 또는 이들이 혼합된 조직이 소유하고, 관리하고, 운영할 수 있다. 이러한 형태의 클라우드는 이를 제공하는 클라우드 서비스 사업자가 있어야 가능하다.

공용 클라우드 모델에 의하면 거의 모든 구성 요소가 회사의 방화벽 외부에 있는 멀티테넌트 인프라스트럭처에 존재한다. 애플리케이션과 스토리지는 보안이 강화된 IP로 통신하는 인터넷을 통해 제공되며, 이들은 무료로 제공되기도 하고, 사용량에 따라 과금되기도 한다. 이러한 형태의 클라우드는 사용하기 쉬운 고객 맞춤형 서비스를 제공한다. 대표적인 예로 아마존과 구글의 온디맨드 방식의 웹 애플리케이션 또는 저장 공간과 야후 메일, 그리고 페이스북이나 링크드인과 같은 소셜 미디어에서도 사진에 대한 무료 저장 공간을 제공한다. 공용 클라우드는 비용이 저렴하고 필요한 만큼 확장할 수 있다는 장점이 있지만, 최소한의 서비스 수준 협약^{SLA}만 제공하거나 아예 SLA가 없는 경우가 많고, 사설 클라우드나 하이브리드 클라우드와 달리 데이터 손실과 변형에 대해 책임지지 않는다. 공용 클라우드는 방화벽 내부만큼의 서비스 수준이 보장되지 않아도 되는 소비자에게 적합하다. 또한 공용 IaaS 클라우드는 프라이버시에 관련된 법규나 규정을 준수하지 않아도 되기 때문에 모든 책임은 구독자나 회사의 최종 사용자가 진다. 많은 공용 클라우드에서는 개인 사용자나 기가바이트당 몇 백원 수준의 사용량 기반의 과금을 적용할 수 있는 중소 규모의 사업자를 대상으로 하고 있다. 이러한 서비스의 예로 사진이나 음악 공유 서비스, 노트북 백업 서비스, 파일 공유 서비스 등이 있다.

공용 클라우드의 가장 큰 장점은 저렴한 비용이다. 공용 클라우드를 구독하는 기관은 필요한 서비스와 리소스의 양에 대해서만 비용을 지불하고, 그 양도 필요에 따라 조절할 수 있다. 뿐만 아니라 구독자는 관리 부담을 크게 덜 수 있다. 공용 클라우드에서 가장 신경 써야 하는 부분은 보안이다. 그러나 최근 많은 공용 클라우드 사업자들은 강력한 보안 정책을 적용하고 있다는 것을 증명하고 있으며, 실제로 각 사업자들은 사설 클라이언트 수준으로 보안에 많은 전문가와 리소스를 투입하고 있다.

사설 클라우드

사설(프라이빗) 클라우드private cloud란 조직의 내부 IT 환경에 구현한 클라우드다. 이를 운용하는 기관은 클라우드를 자체적으로 관리할 수도 있고, 써드파티 사업자에게 관리 업무를 위탁할 수도 있다. 또한 클라우드 서버와 스토리지 장치도 회사 내부에 두거나 외부에 둘 수 있다.

사설 클라우드는 직원 또는 사업부 단위로 내부적으로 IaaS, 또는 SaaS나 서비스형 스토리지를 제공할 수 있다. 이때 서비스는 인트라넷을 이용하거나 VPN을 이용한 인터넷을 통해 제공되며, 기존 인프라스트럭처를 최대한 활용하는 수단으로 사설 클라우드를 사용할 수도 있고, 번들 서비스 또는 전체 서비스를 회사의 네트워크 보안 정책에 맞게 제공할 수 있다. 사설 클라우드를 통해 제공되는 서비스의 예로 데이터베이스 온디맨드, 이메일 온디맨드, 스토리지 온디맨드 등이 있다.

사설 클라우드의 가장 큰 매력은 보안이다. 사설 클라우드 인프라스트럭처에 대해서는 데이터 스토리지의 물리적인 위치나 다른 보안 사항에 대해 좀 더 엄격하게 관리할 수 있다. 그 외에도 리소스를 쉽게 공유할 수 있고 내부 조직에 빠르게 배치할 수 있다는 장점도 있다.

커뮤니티 클라우드

커뮤니티 클라우드는 사설 클라우드와 공용 클라우드의 특성을 모두 갖고 있다. 제한된 접근을 제공하는 점은 사설 클라우드와 비슷하고, 여러 독립적인 조직들이 클라우드 리소스를 공유한다는 점에서는 공용 클라우드와 비슷하다. 커뮤니티 클라우드를 공유하는 조직은 서로 비슷한 요구 사항을 갖고 있으며, 특히 서로 데이터를 주고받기 위한 목적으로 사용한다는 점이 같다. 커뮤니티 클라우드 방식을 활용하는 예로 헬스케어 산업체를 들 수 있다. 커뮤니티 클라우드는 정부의 프라이버시 관련 규정을 준수하게 구현한다. 커뮤니티 참여자는 이렇게 통제된 환경에서 데이터를 서로 주고받는다.

클라우드 인프라스트럭처는 참여하는 기관들이 공동으로 관리하거나 써드파티를 통해 관리하기도 한다. 또한 클라우드 인프라스트럭처가 조직 내부에 있을 수도 있고, 외부에 두고 운영할 수도 있다. 커뮤니티 클라우드 모델을 사용하면 (사설 클라우드보다는 많고) 공용 클라우드보다 훨씬 적은 수의 사용자에게 요금이 부과되기 때문에 클라우드 컴퓨팅을 사용함으로써 얻게 되는 비용 감소 효과는 제한적이다.

하이브리드 클라우드

하이브리드 클라우드 인프라스트럭처는 두 개 이상의 (사설 또는 커뮤니티 또는 공용) 클라우드를 합친 것으로, 고유한 개체는 그대로 유지하지만 데이터나 애플리케이션을 이식하는 데 사용되는 기술은 표준 또는 특정 기술에 종속적인 형태로 묶이게 된다(예, 클라우드 사이의 부하 분산을 위한 클라우드 버스팅bursting). 하이브리드 클라우드 방식을 사용하면 민감한 정보는 사설 영역에 두고, 덜 민감한 데이터는 공용 클라우드의 장점을 최대한 활용할 수 있다.

중소업체 입장에서는 공용과 사설이 결합된 하이브리드 클라우드가 매력적인 방안이다. 보안에 덜 민감한 애플리케이션만 공용 클라우드로 옮겨서 비용을 줄이고, 보안에 민감한 데이터나 애플리케이션은 그대로 놔두면 되기 때문이다.

표 13.2는 네 가지 클라우드 배치 모델의 장단점을 보여준다.

표 13.2 클라우드 배치 모델의 비교

	사설	커뮤니티	공용	하이브리드
확장성	제한적임	제한적임	매우 높음	매우 높음
보안	가장 안전함	상당히 안전함	다소 안전	상당히 안전함

(이어짐)

	사설	커뮤니티	공용	하이브리드
성능	매우 좋음	매우 좋음	낮거나 보통	좋음
신뢰성	매우 높음	매우 높음	보통	보통 또는 높음
비용	높음	보통	낮음	보통

13.4 클라우느 구소

클라우드 시스템을 구성하는 요소에 대해 좀 더 이해하기 위해 이 절에서는 두 개의 레퍼런스 아키텍처를 살펴본다.

NIST 클라우드 컴퓨팅 레퍼런스 아키텍처

클라우드 컴퓨팅 레퍼런스 아키텍처에 대한 NIST 문서(NIST SQ 500-292, NIST Cloud Computing Reference Architecture, 2011년 9월)에서는 레퍼런스 아키텍처를 다음과 같이 표현하고 있다.

> NIST 클라우드 컴퓨팅 레퍼런스 아키텍처는 솔루션을 '어떻게' 설계하고 구현하는지가 아닌 '어떤' 클라우드 서비스를 제공해야 하는지에 대한 요구 사항을 중점적으로 다룬다. 레퍼런스 아키텍처는 클라우드 컴퓨팅의 운영에 관련된 복잡한 사항을 좀 더 쉽게 이해하기 위한 의도로 작성된 것이다. 따라서 클라우드 컴퓨팅에 대한 시스템 관점의 구체적인 아키텍처를 표현한 것이 아닌 여기에 제시된 공통 프레임워크를 토대로 시스템 관점의 아키텍처를 표현하고, 논의하고, 개발하기 위한 수단으로 활용할 수 있다.

NIST에서는 다음과 같은 목적을 염두에 두고 레퍼런스 아키텍처를 개발했다.

- 다양한 클라우드 서비스를 전반적인 클라우드 컴퓨팅에 대한 개념 모델의 문맥에서 표현하고 이해하기 위해
- 고객이 클라우드 서비스를 이해하고, 분석하고, 분류하고, 비교하기 위한 기술적인 레퍼런스를 제공하기 위해

- 보안과 상호 운용성, 이식성, 레퍼런스 구현에 대한 관련 표준을 분석하기 위한 토대를 제공하기 위해

클라우드 컴퓨팅 행위자

그림 13.4에 나온 레퍼런스 아키텍처는 역할과 책임에 따라 다섯 가지 행위자로 정의하고 있다.

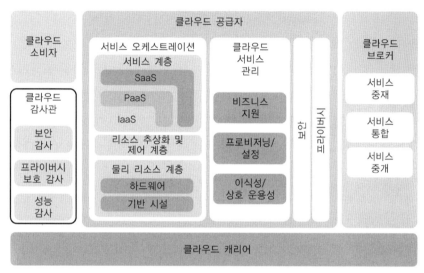

그림 13.4 NIST 클라우드 컴퓨팅 레퍼런스 아키텍처

- **클라우드 소비자(Cloud Consumer)** 클라우드 공급자와 비즈니스 관계를 맺거나 클라우드 공급자가 제공하는 서비스를 사용하는 개인 또는 기관
- **클라우드 공급자(CP, Cloud Provider)** 필요한 이들에게 서비스를 제공하는 개인 또는 기관 또는 개체
- **클라우드 감사관(Cloud Auditor)** 클라우드 구현의 보안, 성능, 정보 시스템 운영, 클라우드 서비스 등을 평가하는 독립적인 조직
- **클라우드 브로커(Cloud Broker)** 클라우드 서비스의 사용, 성능, 제공 등을 관리하고 CP와 클라우드 소비자의 관계를 조율하는 개체
- **클라우드 캐리어(Cloud Carrier)** CP로부터 클라우드 소비자에게 클라우드 서비스를 연결하고 전송하는 기능을 제공하는 중계자

클라우드 소비자와 공급자의 역할에 대해서는 앞에서 설명했다. 정리하면 클라우드 공급자는 클라우드 소비자가 원하는 IT 및 비즈니스 요구 사항에 부합하는 한 개 이상의 클라우드 서비스를 제공한다. CP는 세 가지 서비스 모델(SaaS, PaaS, IaaS)을 지원하기 위해 해당 서비스 모델에 적합한 저장 공간과 프로세싱 기능을 제공하며, 클라우드 서비스 소비자를 위한 클라우드 인터페이스도 함께 제공한다. 예를 들어 SaaS의 경우 CP는 클라우드 소비자가 원하는 수준에 맞게 서비스를 제공하도록 클라우드 인프라스트럭처에 소프트웨어 애플리케이션을 배치하고, 설정하고, 관리하고, 업데이트한다. SaaS 소비자는 조직원에게 소프트웨어 애플리케이션을 제공하려는 기관일 수도 있고, 소프트웨어 애플리케이션을 직접 사용하는 최종 사용자일 수도 있고, 최종 사용자를 위해 애플리케이션을 설정하려는 소프트웨어 애플리케이션 관리자일 수도 있다.

PaaS의 경우 CP는 플랫폼에 필요한 컴퓨팅 인프라스트럭처를 관리하고, 런타임 소프트웨어 실행 환경, 데이터베이스, 그리고 다양한 미들웨어 등과 같은 플랫폼의 구성 요소를 제공하는 클라우드 소프트웨어를 구동한다. PaaS 클라우드 소비자는 CP가 제공하는 도구와 리소스를 이용해 클라우드 환경에서 구동되는 애플리케이션을 개발하고, 테스트하고, 배치하고, 관리할 수 있다.

IaaS의 경우 CP는 서버, 네트워크, 스토리지, 호스팅 인프라스트럭처 등을 비롯한 서비스 하부에 존재하는 물리적인 컴퓨팅 리소스를 확보한다. 그러면 IaaS 클라우드 소비자는 가상 컴퓨터를 비롯한 컴퓨팅 리소스를 활용해 자신이 원하는 기본적인 컴퓨팅 기능을 사용한다.

클라우드 캐리어는 클라우드 소비자와 CP 사이에서 클라우드 서비스를 연결하고 전송하는 기능을 제공하는 네트워킹 시설이다. 일반적으로 CP는 클라우드 캐리어와 SLA를 맺어서 클라우드 소비자에 대한 SLA를 만족하는 수준의 서비스를 제공한다. 이때 CP는 클라우드 소비자와 CP 사이에 전용 라인이나 보안 연결을 제공하도록 클라우드 캐리어에게 요구하기도 한다.

클라우드 서비스가 굉장히 복잡해서 클라우드 소비자가 쉽게 관리하기 힘든 경우에는 클라우드 브로커를 활용하는 것이 좋다. 클라우드 브로커를 통해 제공되는 기능은 다음과 같이 크게 세 가지를 꼽을 수 있다.

- **서비스 중재(Service intermediation)** ID 관리, 성능 리포팅, 고급 보안 기능 등과 같은 부가 서비스에 해당한다.

- **서비스 통합(Service aggregation)** 브로커는 하나의 CP에만 종속되지 않거나, 성능을 향상하거나, 비용을 최소화하는 등의 소비자의 요구에 부응하도록 여러 개의 클라우드 서비스를 엮는다.

- **서비스 중개(Service arbitrage)** 서비스 통합과 비슷하지만 통합된 서비스가 고정되지 않는다는 점이 다르다. 서비스 중개란 브로커가 여러 개의 에이전시를 통해 제공되는 서비스 중에서 필요한 것을 융통성 있게 고를 수 있다. 예를 들어 클라우드 브로커는 신용 점수에 기반을 둔 서비스를 이용해 가장 높은 점수를 받은 에이전시를 측정해서 선택한다.

클라우드 감사관^{Cloud auditor}은 CP가 제공하는 서비스를 보안 통제, 프라이버시 보호, 성능 등과 같은 기준으로 평가한다. 감사관은 독립적인 개체로서 CP가 일정한 표준에 부합하게 보장해준다.

그림 13.5는 지금까지 설명한 각 행위자 사이의 상호 작용 과정을 보여준다. 클라우드 소비자는 클라우드 공급자에게 직접 또는 브로커를 통해서 클라우드 서비스를 요청한다. 클라우드 감사관은 독립적인 감사 활동을 수행하며, 필요에 따라 다른 개체를 통해 관련 정보를 수집한다. 이 그림을 보면 세 가지 타입의 네트워크에 대해 클라우드 네트워킹 이슈가 존재한다는 것을 알 수 있다. 클라우드 공급자의 입장에서 네트워크는 전형적인 대형 데이터 센터의 구조를 갖고 있다. 이러한 데이터 센터는 고성능 서버 랙과 스토리지 장치 등이 초고속 랙 상단^{top-of-rack} 이더넷 스위치를 통해 서로 연결돼 있다. 이러한 환경에서 주로 가상 머신의 배치와 이동, 부하 분산, 가용성 등이 이슈로 부각된다. 엔터프라이즈 네트워크는 이와 다른 구조를 갖고 있는데, 대부분 여러 개의 랜과 서버와 워크스테이션과 PC와 모바일 장치 등으로 구성되며, 네트워크 성능과 보안, 관리 이슈도 굉장히 광범위하게 제기된다. 클라우드 캐리어와 관련해 공급자와 소비자 모두 가상 네트워크를 생성하는 기능과 이러한 가상 네트워크가 적절한 SLA와 보안 요구 사항을 만족하는지가 주요 관심사다.

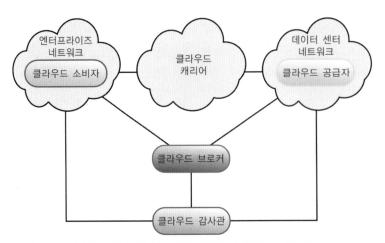

그림 13.5 클라우드 컴퓨팅의 각 행위자 사이에서 일어나는 상호 작용

클라우드 공급자의 아키텍처와 관련된 구성 요소

그림 13.4는 클라우드 공급자의 아키텍처에 대한 네 가지 주요 구성 요소를 보여준다. 서비스 오케스트레이션^{Service orchestration}은 클라우드 공급자가 클라우드 소비자에게 클라우드 서비스를 제공하기 위해 컴퓨팅 리소스를 관리하고, 조율하고, 배치하는 활동을 지원하기 위해 시스템 컴포넌트를 구성하는 것을 가리킨다. 그림을 보면 오케스트레이션이 세 계층으로 구성되는 것을 볼 수 있다. 여기서 리소스 추상화 계층을 통해 물리적인 리소스와 소비자가 볼 수 있는 서비스 사이를 매핑하는 것을 볼 수 있다. 리소스 추상화를 위한 구성 요소로는 하이퍼바이저, 가상 머신, 가상 데이터 스토리지, 그리고 기타 다양한 컴퓨팅 리소스 추상화 등과 같은 소프트웨어가 있다.

클라우드 서비스 관리는 클라우드 소비자가 원하거나 요청하는 서비스에 대한 관리와 운영에 필요한 서비스에 관련된 모든 기능을 의미한다. 크게 다음과 같이 세 가지 영역으로 이뤄진다.

- **비즈니스 지원** 회계, 과금, 리포팅, 감사 등과 같은 고객 대응을 위한 비즈니스 관련 서비스에 해당한다.
- **프로비저닝/설정** 소비자를 위한 클라우드 시스템의 빠른 배치, 설정 변경 및 리소스 할당, 리소스 사용량 모니터링 및 리포팅 등을 지원하는 자동화 도구

- **이식성/상호 운용성** 소비자는 클라우드에서 제공하는 데이터와 시스템 이식성, 서비스 상호 운용성 등과 같은 지원 기능에 관심이 많다. 특히 하이브리드 클라우드 환경에서 이러한 점이 부각되는데, 소비자가 데이터와 애플리케이션에 대한 할당을 내부 장비와 외부 장비 중 원하는 곳으로 변경할 수도 있기 때문이다.

보안과 프라이버시는 클라우드 공급자의 아키텍처에 있는 모든 계층과 구성 요소에 걸쳐 있다.

ITU-T 클라우드 컴퓨팅 레퍼런스 아키텍처

2014년 8월에 발표된 ITU-T의 레퍼런스 아키텍처(ITU-T Y.3502, Cloud Computing Architecture)를 살펴보는 것도 도움이 된다. 이 아키텍처는 NIST 아키텍처에 비해 다소 범위가 넓으며, 계층화된 기능 구조로 표현하고 있다.

클라우드 컴퓨팅 행위자

네 개의 계층으로 구성된 레퍼런스 아키텍처에 대해 살펴보기 전에 NIST와 ITU-T에서 정의하는 클라우드 행위자의 정의에 대한 차이점부터 살펴보자. ITU-T 문서에서는 다음과 같은 세 가지 행위자를 정의하고 있다.

- **클라우드 서비스 소비자 또는 사용자** 클라우드 서비스를 사용할 목적으로 비즈니스 관계를 맺고 있는 당사자로, 여기서 비즈니스 관계는 클라우드 서비스 공급자나 클라우드 서비스 파트너와 맺고 있다. 클라우드 서비스 소비자의 핵심 활동으로는 클라우드 서비스 사용, 경영 활동, 클라우드 서비스 사용 관리 등이 있다.

- **클라우드 서비스 공급자** 클라우드 서비스를 사용할 수 있게 제공하는 당사자로, 클라우드 서비스 공급자는 클라우드 서비스를 제공하는 데 필요한 활동과 이를 클라우드 서비스 소비자에게 제대로 전달되게 보장하고 서비스를 관리하는 활동에 집중한다. 클라우드 서비스 공급자는 (서비스를 제공하고, 배치하고, 모니터링하고, 사업 계획을 관리하고, 감사 데이터를 제공하는 등과 같은) 광범위한 활동을 수행한다. 또한 (비즈니스 관리자, 서비스 관리자, 네트워크 공급자, 보안 및 리스크 관리자 등과 같은) 다양한 세부 역할을 담당한다.

■ **클라우드 서비스 파트너** 클라우드 서비스 공급자나 클라우드 서비스 소비자 중 하나 또는 둘 다를 지원하는 당사자로, 클라우드 서비스 파트너의 활동은 파트너 또는 클라우드 서비스 공급자와 소비자의 관계의 종류에 따라 달라진다. 클라우드 서비스 파트너의 예로는 클라우드 감사관과 클라우드 서비스 브로커 등이 있다.

그림 13.6은 클라우드 생태계에서 각 행위자의 역할을 보여준다.

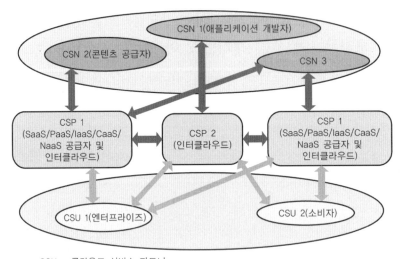

CSN = 클라우드 서비스 파트너
CSP = 클라우드 서비스 공급자
CSU = 클라우드 서비스 사용자

그림 13.6 클라우드 생태계에서 각 행위자가 맡은 역할

계층화된 구조

그림 13.7은 네 개의 계층으로 구성된 ITU-T 클라우드 컴퓨팅 레퍼런스 아키텍처를 보여준다. 사용자 계층은 클라우드 서비스 소비자가 클라우드 서비스 공급자나 클라우드 서비스와 상호 작용하고, 소비자 관련 관리 활동을 수행하고, 클라우드 서비스를 모니터링하는 데 사용되는 사용자 인터페이스를 제공하는 계층이다. 또한 클라우드 서비스의 결과를 다른 리소스 계층의 인스턴스에 제공하기도 한다. 클라우드가 서비스 요청을 받으면 자체 리소스 또는 (인터클라우드 함수로부터 다른 클라우드의 리소스를 전달 받으면) 다른 클라우드의 리소스를 할당하고, 이를 사용자 계층을 통해 클라우드 서비스에게 다시 제공한다. 사용자 계층이란 CSU가 있는 곳이다.

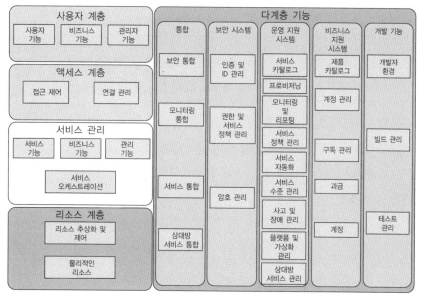

그림 13.7 ITU-T 클라우드 컴퓨팅 레퍼런스 아키텍처

액세스 계층은 서비스 계층에 존재하는 기능에 대한 수동 및 자동 접근을 위한 공통 인터페이스를 제공한다. 이러한 기능은 서비스에서 제공하는 기능뿐만 아니라 관리 및 비즈니스 기능도 포함한다. 액세스 계층은 클라우드 API를 통해 사용자/파트나/다른 공급자로부터 클라우드 서비스 사용 요청을 받아들여서 공급자의 서비스와 자원에 접근한다.

액세스 계층은 클라우드 서비스의 기능을 한 개 이상의 액세스 메커니즘을 통해 제공하는 기능을 담당한다. 이러한 액세스 메커니즘의 예로는 웹 브라우저를 통해 접근할 수 있는 일련의 웹 페이지나, 프로그램을 통해 접근할 수 있는 일련의 웹 서비스 등이 있다. 액세스 계층은 보안과 QoS도 담당한다.

서비스 계층은 클라우드 서비스 공급자(SaaS, PaaS, IaaS)가 제공하는 서비스의 구현을 담당한다. 서비스 계층은 서비스를 구현하는 데 사용되는 소프트웨어 구성 요소로 구성되며, 이를 제어한다(단 하부에 있는 하이퍼바이저나 호스트 운영체제, 디바이스 드라이버 등은 해당되지 않는다). 그리고 이들을 조합해서 액세스 계층을 통해 사용자에게 클라우드 서비스를 제공하는 기능을 담당한다.

리소스 계층은 공급자가 사용하는 물리적인 자원과 적절한 추상화 및 제어 메커니즘으로 구성된다. 예를 들어 하이퍼바이저 소프트웨어는 가상 네트워크와 가상 스토리지, 가상 머신 기능을 제공한다. 또한 공급자와 사용자를 네트워크로 연결하는 데 필요한 클라우드의 핵심 전송 네트워크 기능도 갖추고 있다.

다계층 기능은 여러 가지 기능 구성 요소로 이뤄져 있다. 이러한 구성 요소는 다른 네 계층의 기능 구성 요소와 상호 작용해 관련 기능을 제공한다. 다계층 기능은 다음과 같은 다섯 가지 종류의 기능 구성 요소로 이뤄진다.

- **통합** 아키텍처의 기능 구성 요소를 연결해 통합 아키텍처를 생성하는 역할을 한다. 통합 기능 구성 요소는 클라우드 아키텍처 내부와 각 기능 구성 요소뿐만 아니라 외부 기능 구성 요소에게도 메시지 라우팅과 교환 메커니즘을 제공한다.

- **보안 시스템** 클라우드 컴퓨팅 환경에 대한 보안 공격에 대응하기 위한 보안 관련 제어 기능을 제공한다. 보안 시스템의 기능 구성 요소는 클라우드 서비스를 지원하는 데 필요한 모든 보안 기능을 포함한다.

- **운영 지원 시스템(OSS)** 고객에게 제공되는 클라우드 서비스의 관리 및 제어에 필요한 여러 가지 운영 관련 관리 기능으로 구성된다. OSS는 알람과 이벤트를 비롯한 시스템 모니터링 기능에도 활용된다.

- **비즈니스 지원 시스템(BSS)** 과금과 계정 등과 같은 고객 대응 및 프로세스 지원을 위한 비즈니스 관련 관리 기능으로 구성된다.

- **개발 기능** 클라우드 서비스 개발자의 클라우드 컴퓨팅 활동을 지원한다. 여기에 해당하는 기능으로는 서비스 구현 개발/조합, 빌드 관리, 테스트 관리 등이 있다.

13.5 SDN과 NFV

클라우드 컴퓨팅은 SDN이나 NFV보다 먼저 나온 개념이다. 클라우드 컴퓨팅은 SDN이나 NFV가 없어도 구현할 수 있고 배치하거나 관리할 수 있지만, 사설 클라우드 관리자나 공용 클라우드 서비스 공급자의 입장에서 볼 때 SDN과 NFV는 굉장히 매력적인 기술이다.

쉽고 간단히 표현하면 SDN은 네트워크 리소스와 트래픽 패턴을 중앙 집중적으로 제어할 수 있게 해준다. 하나의 중앙 컨트롤러 또는 여러 개가 서로 협업하는 형태의 분산 컨트롤러를 통해 가상 네트워크를 설정하거나 관리하고, QoS와 보안 서비스를 제공할 수 있다. 이를 통해 각 네트워킹 장치마다 개별적으로 설정하고 프로그램을 작성하지 않아도 되기 때문에 네트워크 관리 부담을 크게 줄일 수 있다.

NFV는 장치를 자동으로 프로비저닝하는 기능을 제공한다. NFV는 스위치나 방화벽과 같은 네트워크 장치뿐만 아니라 컴퓨트 및 스토리지 장치를 가상화하고, 이러한 장치의 양을 확대하거나 필요에 따라 자동으로 배치하는 도구를 제공한다. 따라서 프로젝트 또는 클라우드 고객마다 별도로 장비를 확보하거나, 기존 장비를 다시 프로그래밍하지 않아도 된다. 관련된 장치는 하이퍼바이저 관리 플랫폼을 통해 모두 중앙에 배치되고 규칙과 정책에 따라 설정된다.

서비스 공급자 관점

대형 클라우드 서비스 공급자는 수천만 명의 고객을 상대하며, 트래픽뿐만 아니라 컴퓨트 및 스토리지 리소스의 용량을 동적으로 조절해야 한다. 따라서 공급자는 트래픽 병목 현상에 재빨리 대응하고, 다양한 QoS 요구 사항에 맞게 트래픽 흐름을 차별화해서 제공하고, 정전을 비롯한 다양한 장애에 대처해야 한다. 이 모든 사항은 반드시 보안을 보장하는 형태로 처리해야 한다. SDN은 전체 네트워크에 대한 통합된 뷰를 제공하고, 안전하고 중앙 집중적으로 네트워크를 관리할 수 있게 해준다. 공급자는 가상 스위치와 서버, 스토리지 등을 고객에게 빠르고 투명하게 배치하고, 확장 또는 축소하고, 켜거나 끌 수 있어야 한다. NFV는 이러한 과정을 관리하는 데 필요한 자동화된 도구를 제공한다.

사설 클라우드 관점

대형 또는 중견 기업에서는 네트워크 운영 관련 업무의 상당 부분을 사설 클라우드나 하이브리드 클라우드로 이전함으로써 큰 장점을 얻을 수 있다. 이러한 기업의 고객은 최종 사용자, IT 관리자, 개발자 등으로 구성된다. 개별 부서마다 상당한 양의 IT 리소스를 동적으로 필요로 한다. 이를 위해 일반적으로 기업들은 여러 개의 서버 팜 또는 데이터 센터를 구축해야 한다. 전체 리소스에 대한 수요가 증가함에 따라 모든 장비를 배치하고 관리하는 것이 굉장히 어려워졌다. 게다가 방화벽이나 안티바이러스 설치 등과 같은 보안 요구 사항도 만족해야 한다. 여기에 프로젝트가 증가해 리소스 사용량이 늘어남에 따라 부하 분산도 적용해야 하기 때문에 장치를 빠르게 확장하고 프로비저닝하는 것이 필수 사항으로 자리 잡았다. 가상 네트워킹 장치에 대한 자동화된 프로비저닝은 옵션이 아닌 기본 요구 사항이 됐으며, (특히 기존 물리 장치와 함께 연동되는) 새로운 가상 장치들은 모두 중앙 집중적인 형태로 제어해야만 하게 됐다. SDN과 NFV는 이러한 기업들이 내부적으로 사용할 사설 클라우드 리소스를 성공적으로 개발하고 관리하기 위한 도구를 제공한다.

ITU-T 클라우드 컴퓨팅 기능 레퍼런스 아키텍처

그림 13.7은 Y.3502에서 정의한 네 개의 계층으로 구성된 클라우드 컴퓨팅 레퍼런스 아키텍처를 보여준다. 클라우드 네트워킹과 NFV의 관계를 살펴보기 위해 ITU-T 클라우드 컴퓨팅 포커스 그룹의 기술 문서(ITU-T Focus Group on Cloud Computing Technical Report, Part 2: Functional Requirements and Reference Architecture, February 2012)에서 정의한 이전 버전의 아키텍처를 먼저 살펴보면 도움이 될 것이다(그림 13.8). 이 아키텍처도 Y.3502에 나온 것처럼 네 개의 계층 구조를 갖고 있지만, 리소스 및 네트워크 계층이라고 표현된 하부 계층에 대해 좀 더 구체적으로 표현하고 있다. 이 계층은 다음과 같이 세 개의 하위 계층으로 구성돼 있다.

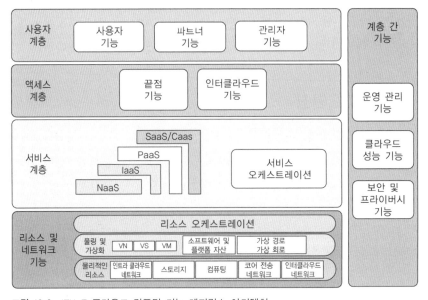

그림 13.8 ITU-T 클라우드 컴퓨팅 기능 레퍼런스 아키텍처

- **리소스 오케스트레이션** 상위 계층 및 사용자에 의해 서비스에서 사용하는 컴퓨팅, 스토리지, 네트워크 리소스에 대한 관리, 모니터링, 스케줄링을 담당한다. 가상화된 리소스의 생성, 수정, 커스터마이즈, 해제 등을 제어한다.

- **풀링 및 가상화** 가상화 기능은 물리적인 리소스를 가상 머신, 가상 스토리지, 가상 네트워크 등으로 변환한다. 이렇게 가상화된 리소스는 다시 사용자의 요구에 따라 리소스 오케스트레이션을 통해 관리하고 제어한다. 풀링 및 가상화 계층에 있는 소프트웨어 및 플랫폼 자산으로는 클라우드 서비스를 구현하고 운영하는 데 사용되는 런타임 환경, 애플리케이션, 기타 소프트웨어 자산 등이 있다.

- **물리적인 리소스** 클라우드 서비스를 제공하는 데 필수적인 컴퓨팅, 스토리지, 네트워크 리소스다. (컴퓨팅 서버, 스토리지 서버, 인트라클라우드 네트워크 등과 같은) 이러한 리소스는 클라우드 데이터 센터의 내부에 존재할 수도 있고, 데이터 센터의 외부에 존재할 수도 있다. 물리적인 리소스는 주로 인터클라우드 네트워크나 코어 전송 네트워크 등과 같은 네트워킹 리소스를 가리킨다.

ITU-T의 아키텍처에 나온 리소스 및 네트워크 계층과 NFV 아키텍처 프레임워크에 나온 리소스 및 네트워크 계층(7장, '네트워크 기능 가상화: 개념과 구조'의 그림 7.7)을 비교해보면 이 계층은 하위 두 계층에 대해서는 네트워크 기능 가상화의 인프라스트럭처^{NFVI}를, 리소스 오케스트레이션 계층에 대해서는 가상화된 인프라스트럭처 관리자^{VIM}를 이용해 구현할 수 있다. 따라서 클라우드 공급자는 오픈소스 형태로 제공되는 범용 도구와 상용 완제품 형태의 물리적인 리소스를 함께 조합하는 방식으로 클라우드 서비스와 리소스를 효과적으로 배치하고 관리할 수 있다. 이는 클라우드 아키텍처상의 다양한 상위 계층 기능을 가상 네트워크 기능이나 SDN 제어 및 애플리케이션 계층의 기능에 매핑할 때도 효과적이다. 따라서 NFV와 SDN은 모두 클라우드 서비스의 배치에 크게 기여한다.

앞에서 설명한 방식은 그림 13.4에서 소개한 NIST 레퍼런스 아키텍처에도 똑같이 적용할 수 있다. 서비스 오케스트레이션은 물리적인 리소스, 리소스 추상화 및 제어, 서비스 등의 세 계층으로 구성된다. 하위 두 계층은 NFV 아키텍처의 NFVI와 잘 들어맞는다.

13.6 핵심 용어

13장을 통해 다음과 같은 용어를 배웠다.

XaaS(서비스형 모든 것)	클라우드 감사관	클라우드 브로커
클라우드 캐리어	클라우드 컴퓨팅	클라우드 소비자
클라우드 네트워킹	클라우드 공급자	클라우드 서비스 고객
클라우드 서비스 관리	클라우드 서비스 파트너	클라우드 서비스 공급자
클라우드 스토리지	CaaS(서비스형 통신)	커뮤니티 클라우드
CompaaS(서비스형 컴퓨트)	DSaaS(서비스형 데이터 스토리지)	
하이브리드 클라우드	IaaS(서비스형 인프라스트럭처)	
NaaS(서비스형 네트워크)	PaaS(서비스형 플랫폼)	사설 클라우드
공용 클라우드	서비스 오케스트레이션	
SaaS(서비스형 소프트웨어)		

사물 인터넷의 구성 요소

우리가 이해하는 바로는 기계로 된 노예 덕분에 여가 시간을 갖게 됐다. 이들 노예는 그리스 시민 한 명당 열다섯에서 스무 명 이상 존재한다. 이러한 기계로 된 노예는 언제든지 필요한 일에 투입할 수 있다. 우리가 방에 들어서는 순간 버튼 하나만 누르면 열두 개의 불이 길을 비춘다. 다른 노예는 하루 24시간 동안 온도계 앞에 앉아서 집 안의 온도를 관리한다. 다른 노예는 밤낮으로 자동화된 냉장고 앞을 지키고 있다. 노예들은 자동차의 시동을 걸거나, 모터를 구동하거나, 구두를 닦거나, 머리를 자른다. 이들의 재빠른 행동으로 시간과 공간은 거의 사라지고 있다.

― 방관자증(Spectatoritis),
제이 내시(Jay B. Nash), 1932

14장에서 다루는 내용

14장을 읽고 나면 다음과 같은 것을 할 수 있다.

- 사물 인터넷의 범위에 대해 설명할 수 있다.
- IoT 기반 사물의 다섯 가지 주요 구성 요소에 대해 설명할 수 있다.

1.7절에서 사물 인터넷IoT, Internet of Things의 개념에 대해 간략히 소개한 바 있다. 14장과 15장에서는 IoT에 대해 좀 더 자세히 살펴본다. 14장에서는 먼저 IoT의 기본 개념과 범위에 대해 설명한다. 14.3절에서는 IoT 기반 사물의 주요 구성 요소에 대해 소개한다. 15장, '사물 인터넷의 아키텍처와 구현'에서는 IoT 구조와 구현에 대해 살펴본다.

14.1 IoT 시대의 시작

미래 인터넷은 표준 통신 아키텍처를 통해 최종 사용자에게 서비스를 제공하는 수많은 오브젝트들로 구성될 것이다. 몇 년 내에 이러한 수백억 개의 장치들이 서로 연결될 것으로 전망하고 있다. 그래서 컴퓨팅, 디지털 콘텐츠, 분석, 애플리케이션, 서비스 등이 물리적인 세계와 새로운 형태로 상호 작용하게 될 것이다. 이러한 네트워킹 패러다임의 변화를 사물 인터넷이라고 부르며, 다양한 영역의 사용자와 제조사, 서비스 공급자들은 지금까지 보지 못했던 다양한 기회를 얻게 될 것이다. IoT 데이터 수집, 분석, 자동화 기능 등으로부터 큰 혜택을 받게 될 분야로는 헬스 및 피트니스, 헬스케어, 홈 모니터링 및 오토메이션, 에너지 절감 및 스마트 그리드, 농장, 운송, 환경 모니터링, 재고 및 제품 관리, 보안, 감시, 교육 등 다양하다.

IoT를 위한 기술은 다양한 영역에서 발전하고 있다. 당연히 무선 네트워킹 연구도 진행되고 있다. 사실 무선 네트워킹에 대한 연구는 꽤 오래전부터 수행됐는데, 예전에는 모바일 컴퓨팅, 편재형pervasive 컴퓨팅, 무선 센서 네트워크, 사이버 물리 시스템CPS, Cyber-Physical Systems 등으로 표현했다. 저전력 프로토콜, 보안 및 프라이버시, 주소 체계, 저비용 라디오, 배터리 사용 시간 연장을 위한 에너지 효율 향상 기법, 불안정하고 간헐적으로 잠드는 노드로 구성된 네트워크의 신뢰성 등에 관련된 프로젝트와 제품들이 많이 등장했다. 이러한 무선 기술의 발달은 IoT 성장에 핵심적인 역할을 한다. 또한 IoT 장치에 소셜 네트워킹 기능을 추가하고, 기기간M2M, machine-to-machine 통신을 최대한 활용하고, 대용량 실시간 데이터를 저장하고 처리하고, 애플리케이션 프로그래밍을 통해 최종 사용자가 이러한 장치와 데이터를 다룰 수 있는 지능적이고 편리한 인터페이스도 개발되고 있다.

지금껏 많은 이들이 IoT의 비전을 제시했다. 2014년 사물 인터넷 저널Internet of Things Journal[STAN14]에 게재된 논문을 보면 일상적인 활동을 디지털화하고, 생체 공학으로 만든 피부를 부탁해 주변 공간과 통신해 건강과 안전 등을 향상시키고, 스마트 워치나 바디 노드를 통해 도시 서비스에 대한 접근을 최적화하는 등의 개인적인 혜택을 볼 수 있다고 한다. 도시 전체로 보면 신호등 없이 효율적이고 지연 시간이 없는 운송 시스템을 구축할 수 있다. 스마트 건물은 에너지와 보안뿐만 아니라, 건강에 관련된 활동도 지원할 수 있다. 스마트폰을 통해 세상에 접근할 수 있는 새로운 방법을 개척했던 것처럼, IoT도 우리가 필요한 정보와 서비스를 지속적으로 사용하는 방법에 대해 새로운 패러다임을 제시할 것이다. IoT에 기대하는 수준과 실제로 얼마나 빨리 이러한 것들이 실현될 것인지에 대한 의견은 다양하지만, 이러한 미래를 기대하고 있다는 것만큼은 모두 일치한다.

14.2 사물 인터넷의 범위

ITU-T Y.2060, 사물 인터넷의 개요(Overview of the Internet of Things , June 2012)에서는 IoT의 개념과 범위에 대해 다음과 같이 정의하고 있다.

- **사물 인터넷(IoT)** 정보 사회를 위한 글로벌 인프라스트럭처로, 기존에 존재하거나 지속적으로 진화하는 상호 운용 가능한 정보 및 통신 기술을 기반으로 작동하는 (물리 및 가상) 사물을 서로 연결해 고급 서비스를 실현할 수 있다.

- **사물(Thing)** IoT에서 말하는 사물이란 물리적인 세계에 있는 대상(물리적인 사물)이나 정보 세계에 존재하는 대상(가상 사물)을 가리키며, 서로 식별할 수 있고 통신 네트워크에 통합될 수 있다.

- **장치(Device)** IoT에서 말하는 장치란 통신에 필요한 필수적인 기능을 갖추고, 여기에 옵션으로 센싱과 액추에이팅, 데이터 캡처, 데이터 스토리지, 데이터 프로세싱 등의 기능도 제공하는 장비를 의미한다.

대다수의 문헌에서 IoT를 서로 통신하는 스마트 오브젝트로 보고 있다. Y.2060은 여기서 더 나아가 가상 사물도 포함하고 있는데, 여기에 대해서는 14.4절에서 자세히 살펴볼 것이다.

Y.2060에서는 '언제', '어디서나' 통신할 수 있게 해주는 기존 정보 및 통신 기술에 '모든 것과 통신'한다는 개념으로 추가한 것을 IoT라고 규정하고 있다.

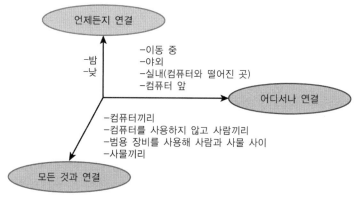

그림 14.1 IoT에 추가된 새로운 축

『사물 인터넷 설계하기(Designing the Internet of Things)』[MCEW13]에서 저자는 IoT의 구성 요소를 다음과 같이 하나의 등식으로 압축해서 표현하고 있다.

물리적인 사물 + 컨트롤러, 센서, 액추에이터 + 인터넷 = IoT

이 등식은 사물 인터넷의 본질을 간결하게 표현하고 있다. IoT는 일련의 물리적인 오브젝트로 이뤄지는데, 각각은 다시 다음과 같이 구성돼 있다.

- 지능을 제공하는 마이크로컨트롤러

- 물리적인 파라미터를 측정하는 센서와 물리적인 파라미터에 대해 동작을 수행하는 액추에이터

- 인터넷 또는 다른 종류의 네트워크를 통해 통신하는 수단

이 등식에는 나오지 않지만, Y.2060에서는 태그tag라는 개별 사물에 대한 식별 장치도 정의하고 있다. 태그에 대해서는 14.3절에서 자세히 소개한다.

여러 문헌에서 사물 인터넷을 하나의 개체로 표현하지만, 정확히 말하면 여러 종류의 사물 인터넷 또는 사물 네트워크를 통틀어 가리키는 개념이다. 스마트 홈의 경우 집 안에 있는 여러 개의 사물로 구성되는데, 이들은 중앙 컨트롤러와 함께 와이파이나 블루투스를 통해 서로 연결된다. 공장이나 농장에서는 엔터프라이즈 애플리케이션으로 환경과 상호 작용하거나, 사물에 대한 네트워크를 활용하기 위한 애플리케이션을 구동할 수 있는 사물에 대한 네트워크 형태로 구성될 수 있다. 이러한 예를 보면 항상 그런 것은 아니지만 대개 인터넷을 통해 원격에 접속한다. 이렇게 인터넷에 연결할 수 있는 기능과, 일련의 스마트 오브

젝트들과, 다른 로컬 컴퓨터 및 스토리지 장치들이 한데 어우러져 하나의 사물 인터넷 또는 네트워크를 구성하게 된다.

표 14.1은 비첨 리서치^{Beechem Research}에서 작성한 그래픽 자료를 바탕으로 IoT의 개략적인 범위를 정리한 것이다.

표 14.1 사물 인터넷

서비스 영역	애플리케이션 그룹	위치	장치 예
IT 및 네트워크	공용	서비스, 전자상거래, 데이터 센터, 모바일 사업자, 고정 통신 사업자	서버, 스토리지, PC, 라우터, 스위치, PBX
	엔터프라이즈	IT/데이터 센터, 오피스, 사설 네트워크	
보안/공공 안전	감시 장비, 추적	레이더/위성, 군사용 보안, 무인 장비, 무기, 자동차, 배, 비행기, 전투 장비	탱크, 전투기, 전장 통신, 지프
	공공 인프라스트럭처	사람, 동물, 우편물, 음식/건강, 패키징, 수하물, 하수 처리, 빌딩 환경, 일반 환경	자동차, 갓길 노동자, 국토 보안, 화재, 환경 모니터링
	응급 서비스	장비와 직원, 경찰, 소방, 단속 기관	앰뷸런스, 공공 경비 차량
소매	특수 제품	주유소, 오락실, 볼링장, 영화관, 디스코, 특별한 이벤트	POS 단말기, 태그, 현금 출납기, 자판기, 사인
	접객업	호텔, 레스토랑, 바, 카페, 클럽	
	상점	슈퍼마켓, 쇼핑센터, 물류센터	
운송	비차량	항공, 철도, 해상	자동차, 가로등, 배, 비행기, 사이니지, 요금소
	차량	개인용, 상업용, 건설, 오프로드	
	대중교통 시스템	요금소, 교통량 관리, 내비게이션	
산업	유통	파이프라인, 재료 처리, 수송	펌프, 밸브, 통, 컨베이어, 파이프라인, 모터, 구동, 변환, 제조, 조립/포장, 선박, 탱크
	변환, 개별 부품	금속, 종이, 고무, 플라스틱, 금속 가공, 전자제품 조립, 테스트	
	유체/프로세스	석유화학, 탄화수소, 음식, 음료	
	리소스 자동화	채굴, 관개, 농업, 삼림	

(이어짐)

서비스 영역	애플리케이션 그룹	위치	장치 예
헬스케어 및 생명 과학	보건	병원, 응급실, 모바일 PoC, 클리닉, 실험실, 진료실	MRI, PDA, 임플란트, 외과 수술 장비, 펌프, 모니터, 원격 의료
	생체, 홈	임플란트, 홈 모니터링 시스템	
	연구	신약 개발, 진단, 실험실	
소비자 및 가정	인프라스트럭처	배선, 네트워크 접근, 에너지 관리	디지털 카메라, 전력 시스템, 식기세척기, 이북 리더, 데스크톱 컴퓨터, 세탁기/건조기, 계량기, 전등, TV, MP3, 게임 콘솔, 조명, 알람
	안전	보안/경보, 소방 안전, 환경 안전, 경로, 아동, 전력 보호	
	편의 및 엔터테인먼트	HVAC/기후, 조명, 가전, 엔터테인먼트	
에너지	공급/수요	발전, 송전 및 배전, 저전압, 전력 품질, 에너지 관리	터빈, 풍차, 보조전원(UPS), 배터리, 발전기, 계량기, 드릴, 연료 전지
	대체 에너지	태양열, 풍력, 열 병합, 전기화학	
	석유/가스	굴착기, 기중기, 갱구, 펌프, 파이프라인	
빌딩	상업, 교육	사무실, 학교, 소매점, 접객업, 헬스케어, 공항, 운동장	HVAC, 운송, 화재 안전, 조명, 보안, 접근성
	산업	프로세스, 무균실, 캠퍼스	

출처: 비첨 리서치

14.3 IoT 기반 사물의 구성 요소

IoT 기반 사물의 핵심 구성 요소로는 센서와 액추에이터, 마이크로컨트롤러, 통신 장비(트랜시버transceiver), 식별 장비(RFIDradio-frequency identification) 등이 있다. 그중에서도 통신 수단은 가장 핵심적인 구성 요소인데, 이것이 없다면 장치가 네트워크에 물릴 수 없기 때문이다. 거의 모든 IoT 기반 사물은 아무리 작더라도 일정한 수준의 컴퓨팅 기능을 갖고 있다. 그리고 장치마다 한 개 이상의 다른 구성 요소를 갖고 있다. 이 절에서는 각각의 구성 요소에 대해 하나씩 살펴보자.

센서

센서
물리적이거나 생물학적
이거나 화학적인 값을
전기 신호로 변환하는
장치

센서^{Sensor}는 물리적이거나 화학적이거나 생물학적인 개체에 대해 관측한 특성을 파라미터 값으로 표현해서 전기 신호로 전송한다. 이러한 신호는 아날로그 전압 수준으로 나타내기도 하고 디지털 신호로 표현하기도 한다. 어떤 형태든지 센서에서 출력하는 결과는 대부분 마이크로컨트롤러나 다른 관리 요소의 입력 값으로 전달된다.

그림 14.2는 'Middleware Architecture with Patterns and Frameworks'[KRAK09]에 나온 그림을 응용한 것으로, 왼쪽 부분은 센서와 그 센서의 컨트롤러 사이 인터페이스를 보여준다. 먼저 센서가 자신이 수집한 데이터를 컨트롤러에게 보내면서 시작할 수 있다. 이때 데이터를 주기적으로 전송할 수도 있고, 일정한 한계점을 넘어설 때만 보내게 할 수도 있다. 이렇게 값을 보내는 상태를 능동^{active} 모드라 부른다. 또는 컨트롤러가 요청할 때만 데이터를 보내는 수동^{passive} 모드로 작동할 수도 있다.

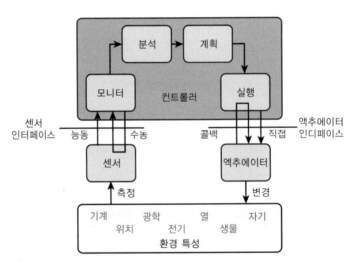

그림 14.2 센서와 액추에이터 인터페이스

센서의 종류

IoT 환경에서 사용할 수 있는 센서의 종류는 방대하다. 나노테크놀로지를 이용해 굉장히 작게 만든 것도 있고, 감시 카메라와 같이 크기가 상당히 큰 것도 있다. 센서는 개별적으로 설치할 수도 있고, 몇 개만 설치할 수도 있고, 많은 양을 설치할 수도 있다. 표 14.2는『발명자를 위한 실제적인 전자 공학』(원서명: Practical Electronics for Inventors)[SCHE13]에서 인용한 것으로, 다양한 센서의 종류를 예와 함께 보여준다.

표 14.2 센서의 종류

카테고리	기능	장치 예
위치 측정 장치	장치의 각도 변화나 직선상의 위치 변화를 감지하고 이러한 변화에 반응	포텐셔미터(potentiometer), 선형 위치 센서(linear position sensor), 홀 효과 위치 센서(hall effect position sensor), 자기 저항 각도 센서, 인코더(직교형, 증분형 로터리, 앱솔루트(절대 위치 로터리, 광학)
근접, 모션(움직임 감지) 센서	센서의 범위 내에서 외부 구성 요소의 움직임을 감지하고 이러한 변화에 반응	초음파 근접, 광반사, 광슬롯, PIR (passive infrared), 유도 근접, 용량 근접, 리드 스위치, 촉각
관성 장치	센서의 물리적인 움직임을 감지하고 이러한 변화에 반응	가속도계, 포텐셔미터, 경사 측정 센서, 자이로스코프(지자기 센서), 진동 센서/스위치, 틸트(기울기) 센서, 피에조 충격(Piezo shock) 센서, LVDT/RVDT
압력/힘	반대로 가해지는 힘을 감지	IC 기압계, 스트레인 게이지, 압력 포텐셔미터, LVDT, 실리콘 트랜스듀서, 피에조 저항 센서, 용량 트랜스듀서
광학 장치	빛의 존재나 빛의 양의 변화를 감지	LDR, 포토 다이오드, 포토 트랜지스터, 포토 인터럽터, 반사 센서, IrDA 트랜시버, 태양 전지, LTV(광 전압) 센서
이미지, 카메라 장치	시각적으로 볼 수 있는 이미지를 감지해서 디지털 신호로 변환	CMOS 이미지 센서
자기식(magnetic) 장치	자기장의 존재를 감지하고 이에 반응	홀 효과 센서, 자기식 스위치, 리니어 콤파스 IC, 리드 센서
미디어 장치	물리적인 물질의 존재 또는 양을 감지하고 이에 반응	가스, 연기, 습도, 수분, 먼지, 플로트 레벨, 유체 흐름 센서
전류 및 전압 장치	전선이나 회로의 전기 흐름을 감지하고 이의 변화에 반응	홀 효과 전류 센서, DC 전류 센서, AC 전류 센서, 전압 트랜스듀서

(이어짐)

카테고리	기능	장치 예
온도	다양한 기법과 매체로 열의 양을 감지	서미스터 NTC, 서미스터 PTC, 저항 온도 감지기(RTD), 서모커플(열전대) 센서, 서모파일(열전퇴) 센서, 디지털 IC, 아날로그 IC, 적외선 온도계/고온계
특수 용도	특수한 조건을 감지, 측정, 반응하며, 여러 조건을 결합할 수 있음	오디오 마이크, 가이거-뮬러 계수관, 화학 센서

정밀도, 정확도, 해상도

센서에 대한 핵심 개념 중에서도 정밀도와 정확도를 명확히 구분할 필요가 있다. 정확도accuracy란 측정값이 사실에 얼마나 가까운지를 가리키는 용어로, 그림 14.3에 나온 과녁으로 표현할 수 있다. 정밀도precision란 동일한 물리량에 대해 다양한 측정값이 서로 얼마나 가까운지를 가리키는 용어다. 센서의 정확도가 낮다면 시스템 오류가 발생할 수 있다. 센서의 정밀도가 낮다면 재현reproducibility 에러가 발생할 수 있다.

정확도

측정 결과와 측정 대상의 실제 값 사이의 가까운 정도. 정확도에 대한 질적인 평가로 표현할 수도 있고, 에러가 없다는 것으로 평가할 수도 있고, 오류의 기대치에 대한 양적인 값으로 표현할 수도 있다.

정밀도

동일한 속성에 대해 반복적으로 측정한 값에 대한 유사성. 연속적으로 측정한 결과를 토대로 구한 표준 오차를 이용해 양적으로 표현한다.

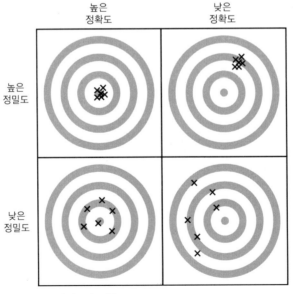

그림 14.3 정밀도와 정확도

정밀도와 관련해 해상도^{resolution}란 개념도 있다. 정밀도가 높은 센서에서 물리적인 양에 대한 변화가 아주 적으면 센서의 측정값 변화도 매우 적다. 이러한 센서의 결과를 디지털로 표현할 때 내부의 물리적인 작은 변화에 대한 측정값을 표현하려면 더 많은 비트를 사용해야 한다.

해상도
측정한 값을 구분할 수 있는 식별 가능한 증가치의 최솟값

액추에이터

액추에이터^{actuator}는 컨트롤러로부터 받은 전기 신호에 따라 물리적, 화학적, 생물학적 개체에 영향을 미치는 효과를 발생해 주변 환경과 상호 작용한다. 그림 14.2의 오른쪽 부분은 액추에이터와 이 액추에이터를 제어하는 컨트롤러 사이의 인터페이스를 보여준다. 직접^{direct} 모드로 작동할 때는 컨트롤러가 신호를 보내서 액추에이터를 작동시킨다. 콜백^{callback} 모드에서는 액추에이터가 작업을 완료하거나, 문제를 해결하거나, 추가 명령을 요청하는 등의 응답을 컨트롤러에게 보내는 방식으로 작동한다.

액추에이터
전기 신호를 받아서 물리적, 화학적, 생물학적 동작으로 변환하는 장치

액추에이터는 일반적으로 다음과 같이 분류한다.

- **유압식(Hydraulic)** 유압식 액추에이터는 물이나 기름과 같은 액체의 힘으로 실린더나 유체 모터를 구동해 기계를 작동한다. 이렇게 작동하는 기계는 선형, 로터리(회전형), 진동형^{oscillatory} 움직임으로 표현할 수 있다.

- **공압식(Pneumatic)** 공압식 액추에이터는 개념상 유압식 액추에이터와 동일한 방식으로 움직이지만, 액체 대신 압축가스를 사용한다는 점이 다르다. 액추에이터의 종류에 따라 압축가스 형태의 에너지를 선형 또는 회전형 움직임으로 변환한다.

- **전기식(Electric)** 전기식 액추에이터란 전기 에너지를 기계적인 토크로 변환하는 모터로 구동하는 장치다.

- **기계식(Mechanical)** 회전 움직임을 선형 움직임으로 변환하는 기능으로, 기어나 레일, 풀리, 체인 등과 같은 장치들을 활용한다.

마이크로컨트롤러

스마트 장치를 '스마트'하게 만드는 것은 장치에 깊숙이 내장된 마이크로컨트롤러 덕분이다. 이 절에서는 마이크로컨트롤러와 관련된 핵심 용어와 기본 개념에 대해 살펴본다.

임베디드 시스템

임베디드 시스템
컴퓨터 칩을 갖고 있지만 워크스테이션, 데스크톱, 노트북 컴퓨터와 같은 범용 컴퓨터가 아닌 모든 장치

임베디드 시스템embedded system이란 노트북이나 데스크톱 컴퓨터와 같은 범용 컴퓨터를 사용하지 않고 특수한 기능만을 수행하기 위해 전자 부품과 소프트웨어를 이용해 제작한 제품이다. 노트북, 개인용 컴퓨터, 워크스테이션, 서버, 메인프레임, 슈퍼컴퓨터 등과 같은 컴퓨터는 매년 수억 대 가량 판매되고 있다. 이와 대조적으로 다른 큰 장치에 내장되는 마이크로컨트롤러는 매년 이보다 훨씬 많은 수백억 개 이상이 생산되고 있다. 오늘날 전기로 구동하는 장치 중 상당수는 임베디드 컴퓨팅 시스템을 갖추고 있다. 머지않아 거의 모든 장치가 이러한 임베디드 컴퓨팅 시스템을 갖출 것으로 전망하고 있다.

임베디드 시스템을 갖춘 장치는 굉장히 다양하다. 휴대 전화기, 디지털 카메라, 비디오카메라, 전자계산기, 전자렌지, 가정용 보안 시스템, 세탁기, 조명 시스템, 온도 조절기, 프린터, 자동차 전장 시스템(변속 제어 장치, 정속 주행 장치, 연료 분사 장치, ABS 브레이크, 현가장치 등), 테니스 라켓, 칫솔뿐만 아니라 자동화 시스템에시 사용하는 수많은 센서와 액추에이터도 임베디드 시스템으로 구성된 것이다.

임베디드 시스템은 대부분 주변 환경과 밀접하게 연결돼 있다. 따라서 이러한 환경과 상호 작용하기 위해서는 실시간 요구 사항을 만족할 필요가 있다. 움직임의 속도, 측정의 정밀도, 지속 시간 등을 비롯한 실시간 요구 사항을 만족하기 위해서는 소프트웨어가 제시간에 맞게 작동해야 한다. 여러 동작을 동시에 관리해야 할 경우에는 이러한 실시간 요구 사항을 만족하는 것이 굉장히 복잡해진다.

그림 14.4는 임베디드 시스템의 구성을 개략적으로 보여준다. 프로세서와 메모리뿐만 아니라, 일반 데스크톱이나 노트북 컴퓨터와는 다른 요소들로 구성된다.

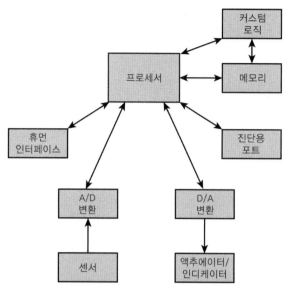

그림 14.4 임베디드 시스템의 구성 예

- 시스템은 다양한 인터페이스를 통해 외부 환경을 측정하거나 조작하고, 이러한 환경과 상호 작용한다. 임베디드 시스템은 흔히 센서와 액추에이터를 통해 외부 세계를 감지하고, 조작하고, 통신하는 방식으로 상호 작용한다. 따라서 대부분 반응형 시스템reactive systems으로 구성된다. 반응형 시스템은 외부 환경과 지속적으로 상호 작용하면서 그 환경에 의해 결정된 주기에 맞게 동작을 수행한다.

- 휴먼 인터페이스는 깜박이는 전구처럼 굉장히 단순하게 구성될 수도 있고, 실시간 로봇 비전처럼 정교하게 구성될 수도 있다. 대부분의 경우 휴먼 인터페이스를 따로 갖추고 있지 않다.

- 현재 제어하고 있는 (컴퓨터뿐만 아니라) 시스템을 진단하기 위한 용도로 진단용 포트를 갖추고 있다.

- 성능과 안정성을 높이기 위해 특수한 용도의 FPGA나 ASIC 뿐만 아니라, 디지털 방식이 아닌 하드웨어를 사용하기도 한다.

- 소프트웨어는 주로 응용 분야에 특화된 고정된 기능을 수행한다.

- 임베디드 시스템에서는 효율성이 굉장히 중요하다. 이러한 시스템은 에너지나 코드 크기, 실행 시간, 무게나 크기, 비용 등에 최적화된다.

또한 다음과 같이 범용 컴퓨터 시스템과 유사한 부분도 있다.

- 소프트웨어의 기능이 고정돼 있긴 하지만, 버그를 수정하거나, 보안을 강화하거나, 기능을 추가하기 위해 업그레이드하는 기능은 가전 기기뿐만 아니라 모든 임베디드 시스템에서 중요하다.
- 상대적으로 최근에 개발된 것 중 하나의 시스템에서 다양한 응용을 지원하는 임베디드 시스템 플랫폼이 있다. 대표적인 예로 스마트폰이나 TV와 같은 음향/영상 장치 등이 있다.

애플리케이션 프로세서와 전용 프로세서

애플리케이션 프로세서^{application processor}는 리눅스나 안드로이드, 크롬 같은 복잡한 운영체제를 실행하기 위한 목적으로 설계된 것이다. 따라서 본질적으로 범용 프로세서의 특성을 갖고 있다. 임베디드 애플리케이션 프로세서를 활용하는 대표적인 예로 스마트폰이 있다. 이러한 임베디드 시스템은 다양한 앱을 지원할 뿐만 아니라 여러 가지 기능을 수행하게 설계됐다.

대다수의 임베디드 시스템은 전용 프로세서^{dedicated processor}를 사용한다. 이름에서 의미하는 바와 같이 호스트 장치에서 필요한 몇 개의 특정한 작업에 특화된 프로세서다. 이러한 임베디드 시스템은 특정한 작업에만 특화돼 있기 때문에 프로세서를 비롯한 관련 부품들은 비용과 크기를 최소화한 형태로 제작한다.

마이크로프로세서

마이크로프로세서
부품의 크기를 축소해 하나 또는 몇 개의 집적 회로에 담은 프로세서

초창기 마이크로프로세서^{microprocessor} 칩들은 레지스터와 ALU^{arithmetic/logic unit}, 그리고 몇 가지 제어 유닛 또는 명령어 처리 로직 등으로 구성됐다. 트랜지스터의 집적도가 높아지면서, 명령어 집합 구조^{instruction set architecture}의 복잡도도 높아졌으며, 최근에는 메모리와 다른 프로세서도 칩에 담게 됐다. 요즘 나오는 마이크로프로세서 칩은 코어라 부르는 프로세서를 여러 개 장착하고 있으며, 캐시 메모리의 양도 상당히 커졌다. 하지만 그림 14.5에 나온 것처럼 마이크로프로세서 칩에는 컴퓨터 시스템을 구성하는 데 필요한 부품 중 일부분만 담고 있다.

스마트폰이나 태블릿에서 사용하는 임베디드 컴퓨터뿐만 아니라, 개인용 컴퓨터, 노트북, 워크스테이션 등과 같은 대다수의 컴퓨터들은 마더보드^{mottherboard}

안에 담는다. 마더보드의 구조에 대해 살펴보기 전에 먼저 몇 가지 용어부터 짚고 넘어가자. **인쇄 회로 기판**PCB, printed circuit board이란 칩들과 여러 가지 전자 부품을 서로 연결해서 담아둔 단단하고 평평한 형태의 보드다. PCB는 두 개에서 열 개 사이의 층으로 구성돼 있으며, 각 층은 보드에 새겨진 구리선을 통해 부품들을 연결한다. 컴퓨터에 있는 PCB 중 메인 보드를 시스템 보드 또는 **마더 보드**라고 부르며, 여기에 달린 슬롯에 끼울 수 있는 작은 보드를 확장 보드라 부른다.

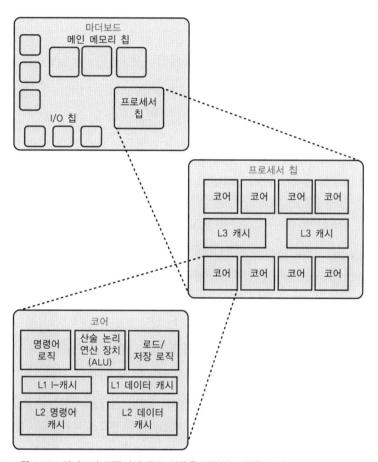

그림 14.5 멀티코어 컴퓨터의 주요 부품을 간략히 표현한 그림

마더보드에서 가장 중요한 부품은 칩이다. **칩**chip이란 실리콘과 같은 반도체 물질로 제작된 단일 부품으로서, 전자 회로와 논리 게이트로 구성된다. 이렇게 제작된 제품을 **집적 회로**IC, integrated circuit라고 부른다.

마더보드에는 프로세서 칩을 장착할 수 있는 소켓 또는 슬롯을 갖고 있다. 프로세서 칩은 일반적으로 여러 개의 독립적인 코어로 구성되는데, 이렇게 구성된 칩을 멀티코어 프로세서^{multicore processor}라고 부른다. 메모리 칩이나 I/O 컨트롤러 칩을 비롯한 다양한 핵심 컴퓨터 부품을 위한 슬롯도 제공하고 있다. 데스크톱 컴퓨터의 경우 확장 보드 형태로 제공되는 다양한 부품을 확장 슬롯을 통해 추가할 수 있다. 최근에 나오는 마더보드는 몇 개의 독립적인 칩 부품만 연결돼 있는데, 각각의 칩은 수천 개에서 수억 개의 트랜지스터를 담고 있다.

마이크로컨트롤러

마이크로컨트롤러
프로세서와 프로그램용 비휘발성 메모리(ROM 또는 플래시), 입출력을 위한 휘발성 메모리(RAM), 클록, I/O 제어 유닛 등을 단일 칩으로 담은 것. 컴퓨터 온 칩(computer on a chip)이라 부르기도 한다.

마이크로컨트롤러^{microcontroller} 칩은 주어진 논리 회로 공간을 상당히 다르게 활용한다. 그림 14.6은 마이크로컨트롤러 칩에서 볼 수 있는 주요 부품에 대한 개략적인 모습을 보여준다. 그림에 나온 것처럼 마이크로컨트롤러는 하나의 칩으로 구성돼 있으며, 여기에 코어와 프로그램을 위한 비휘발성 메모리(ROM), 입출력을 위한 휘발성 메모리(RAM), 클록, I/O 제어 유닛 등이 담겨 있다. 마이크로컨트롤러에서 프로세서는 에너지 효율을 높이기 위해 다른 마이크로프로세서보다 실리콘의 아래층에 놓인다.

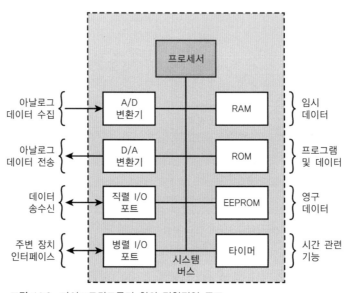

그림 14.6 마이크로컨트롤러 칩의 전형적인 구조

마이크로컨트롤러는 컴퓨터 온 칩computer on a chip이라고도 부르기도 하는데, 매년 수십억 개씩 장난감이나 가전제품부터 자동차에 이르기까지 엄청나게 많은 제품에 내장되고 있다. 예를 들어 자동차 한 대에 장착된 마이크로컨트롤러는 70개가 넘는다. 특히 작고 저렴한 마이크로컨트롤러는 특정한 작업에 특화된 전용 프로세서로 많이 활용한다. 예를 들어 자동화 프로세스에서 이러한 마이크로컨트롤러를 굉장히 많이 사용한다. 입력 값에 간단히 반응하도록 구성함으로써 기계를 제어하고, 팬을 켜거나 끄고, 밸브를 열고 닫는 등의 작업을 수행한다. 마이크로컨트롤러는 현대 산업 기술에서 빠질 수 없는 핵심 부품으로 자리 잡았으며, 굉장히 복잡한 기능을 처리하는 기계를 제작하기 위한 가장 저렴한 수단이기도 하다.

마이크로컨트롤러는 물리적인 크기와 처리 능력에 따라 다양하게 나와 있다. 4비트부터 32비트까지 다양한 구조로 출시됐다. 마이크로컨트롤러는 일반적으로 마이크로프로세서보다 훨씬 속도가 느린데, 마이크로프로세서가 기가헤르츠GHz로 작동하는 데 반해, 마이크로컨트롤러는 메가헤르츠MHz 단위의 속도로 작동한다. 마이크로컨트롤러의 또 다른 특성으로는 휴먼 인터페이스를 제공하지 않는다는 점이다. 마이크로컨트롤러는 장치에 내장된 형태로 특정한 작업에 대해서 필요한 시점에 실행되게 프로그래밍돼 있다.

디플리 임베디드 시스템

임베디드 시스템 중에서도 디플리 임베디드 시스템deeply embedded system이란 특수한 형태의 임베디드 시스템이 있다. 기술적인 문서나 상업적으로 많이 쓰는 용어이긴 하지만, 인터넷에서 검색해보면 정확한 의미를 찾기 쉽지 않다. 이러한 임베디드 시스템은 대부분 하나의 프로세서만 갖고 있으며, 프로그래머나 사용자가 동작을 관찰하기 어렵다. 이 시스템은 마이크로프로세서보다는 마이크로컨트롤러를 사용하며, 장치에 대한 로직을 한 번 ROM에 구워버린 뒤에는 프로그램을 변경할 수 없으며, 사용자와 상호 작용하는 기능도 제공하지 않는다.

디플리 임베디드 시스템은 특정한 작업 하나만을 위해 제작된 장치로, 환경에서 일어나는 현상을 감지하고 이에 대해 기본적인 프로세싱 작업을 처리해 그 결과를 토대로 특정한 작업을 수행한다. 이러한 시스템은 흔히 무선 기능을 갖추고 있어서 공장이나 농장과 같은 넓은 지역에 설치된 센서 네트워크와 같은 네트워크 환경에서 사용되기도 한다. IoT에서는 이러한 디플리 임베디드 시스템을 굉장히 많이 사용하고 있다. 이러한 시스템은 메모리나 프로세서 크기, 시간, 전력 사용량 등과 같은 리소스 사용에 굉장히 많은 제약을 갖고 있다.

트랜시버

트랜시버
신호를 보내고 받을 ✚
있는 기능을 가진 장치

트랜시버transceiver는 데이터를 보내거나 받기 위한 전자 부품으로 구성된다. 대부분의 IoT 장치는 와이파이Wi-Fi나 지그비ZigBee를 비롯한 여러 가지 무선 기술로 통신하기 위한 무선 트랜시버를 장착하고 있다.

그림 14.7은 트랜시버의 기본 구성 요소를 간략히 블록 다이어그램 형태로 표현한 것이다. 그림의 상단은 트랜스미터(송신기)를 표현한 것으로, 아날로그나 디지털 입력 신호를 받는다. 이렇게 받은 신호는 반송 주파수carrier frequency로 변조한다. 이 작업은 변조기modulator를 통해 처리하는데, 입력 신호와 오실레이터oscillator로부터 받은 반송파를 입력으로 받는다. 결과로 나온 신호는 한 개 이상의 증폭기amplifier를 거쳐 안테나로 전송된다.

그림 14.7의 하단은 수신기의 구조를 보여준다. 수신기는 안테나에서 잡은 신호를 입력으로 받는다. LNAlow-noise amplifier, 저잡음 증폭기란 전자 증폭기의 한 종류로, (안테나로 받은 신호처럼) 매우 약한 신호를 증폭한다. LNA는 원하는 신호의 세기로 증폭하게 설계됐으며, 이 과정에서 노이즈나 왜곡을 최소화한다. LNA를 거친 뒤에는 필터로 전달해 원하지 않은 노이즈나 신호 성분을 제거하거나 최소화한다. 이렇게 필터를 거쳐 나온 결과는 복조기demodulator로 전달해 적절한 주파수 대역의 아날로그 또는 디지털 신호로 변환한다.

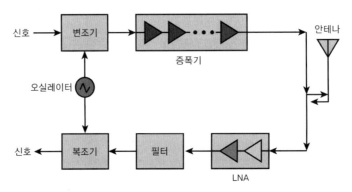

그림 14.7 트랜시버를 간략히 표현한 블록 다이어그램

RFID

RFID^{Radio-frequency identification}란 라디오 주파수를 사용해 사물을 식별하기 위한 기술로, IoT를 실현하기 위한 기술 중 하나로 주목 받고 있다. RFID 시스템의 주요 구성 요소는 태그와 리더다. RFID 태그는 특정한 사물에 부착할 수 있는 조그만 프로그래머블 장치서, 동물이나 사람을 추적하는 데 사용되기도 한다. RFID 태그는 다양한 형태와 크기, 기능, 가격으로 나와 있다. RFID 리더는 (몇 인치에서 몇 피트 정도의) 작동 범위 안에 들어온 RFID 태그에 저장된 정보를 읽고, 경우에 따라 그 정보를 수정하기도 한다. 리더는 대부분 컴퓨터 시스템에 연결돼 있어서 수집한 정보를 나중에 활용할 수 있게 적절한 포맷으로 저장한다.

응용 분야

RFID의 응용 분야는 굉장히 다양하며, 지속적으로 늘어나고 있다. 응용 분야를 추적 및 식별, 결제와 값 저장 시스템, 접근 제어, 위조 방지 등과 같이 크게 네 가지 카테고리로 구분할 수 있다.

RFID를 가장 많이 사용하는 분야는 추적 및 식별 분야다. 초창기 RFID는 열차나 물류 컨테이너 등과 같은 크고 비싼 대상에 대해 주로 사용했다. RFID 장치의 가격이 낮아지고 관련 기술도 발달하면서 응용 분야가 급격히 증가했다. 예를 들어 수백만 마리의 반려 동물에 RFID 장치를 심어서 길 잃은 동물의 신원을 식별해 주인을 찾아줄 수 있다. 또 다른 예로 공급망을 통해 흘러나오는 수백만 개의 상품이나 부품을 직접 추적하고 관리하는 데는 엄청난 노력이 든다. 그래서 이러한 작업을 간소화하고자 물품에 RFID 태그를 장착해왔다. 이러한 작업을 가능한 한 저렴하고 상호 운용성을 보장하는 형태로 처리하기 위해, EPC^{Electronic Product Codes, 전자 상품 코드}라는 표준 식별 체계를 개발했다.

또 다른 응용 분야로 결제 및 선불 시스템이 있다. 고속도로의 요금소에서 사용하는 전자 시스템이 대표적인 예다. 또 다른 예로 사우나나 오락 시설에서 결제할 때 사용하는 전자식 팔찌가 있다.

접근 제어 분야에서도 RFID를 활용하는 사례가 늘고 있다. 여러 회사나 학교에서는 RFID 카드를 통해 건물 출입을 관리하고 있다. 스키장이나 놀이 공원에서도 이 기술을 적극적으로 활용하고 있다.

RFID
어떤 대상에 전자 태그를 부착하고, 원격 시스템으로 그 대상을 추적하거나 식별하기 위한 데이터 수집 기술. 태그는 안테나가 장착된 RFID 칩으로 구성된다.

EPC
RFID 태그에 사용하는 표준 코드서, 64~256비트로 구성되며, 최소한 상품 번호, 시리얼 번호, 회사 ID, EPC 버전을 담고 있다. 이 표준은 GS1, EPCglobal 등과 같은 여러 기관이 참여해 공동으로 제정했다.

RFID는 위조 방지를 위한 도구로도 효과적이다. 카지노에서는 칩에 RFID 태그를 심어서 위조 칩을 사용하지 못하게 막고 있다. 약국에서도 RFID 태그를 이용해 불법 복제된 약이 시장에 돌아다니지 않게 방지하고 있다. 이러한 태그는 공급망을 통해 유통되는 약의 경로를 추적하거나 도난 여부를 감지하는 데 활용된다.

이러한 네 가지 주요 응용 분야에 대한 예를 간략히 정리하면 다음과 같다.

- **추적 및 식별**
  - 대형 및 고가의 자산(예, 철도, 물류 컨테이너 등)
  - 가축
  - 반려 동물
  - EPC 기반 공급망 관리
  - EPC 기반 재고 관리
  - EPC 기반 소매점 계산대
  - 재활용품 및 하수 처리
  - 환자 모니터링
  - 학교의 아동 추적
  - 면허증과 여권
- **결제 및 선불 시스템**
  - 전자식 요금소(하이패스)
  - 비접촉식 신용카드(아메리칸 익스프레스 블루 카드 등)
  - 선불 시스템(엑손 모빌 스피드패스)
  - 지하철 및 버스 패스
  - 카지노 토큰 또는 콘서트 티켓
- **접근 제어**
  - 건물 출입 카드
  - 스키 리프트 패스
  - 콘서트 티켓

- 자동차 시동 시스템

- **위조 방지**

    - 카지노 토큰(예, 라스베가스의 와인 카지노)

    - 고액 지폐

    - 명품(예, 프라다)

    - 약 처방전

태그

그림 14.8은 RFID 시스템의 핵심 구성 요소를 보여준다. 무선통신은 주로 태그 tag와 리더reader 사이에서 사용된다. 리더는 식별 정보를 추출하며, 애플리케이션에 따라 추가 정보를 가져오기도 한다. 이렇게 정보를 가져온 리더는 RFID 관련 데이터베이스와 애플리케이션이 설치된 컴퓨터 시스템과 통신한다.

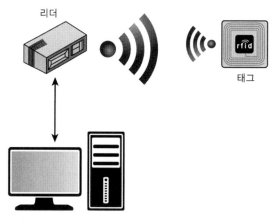

그림 14.8 RFID 시스템의 구성 요소

그림 14.9는 태그의 두 가지 주요 구성 요소를 보여준다. 안테나는 태그에 금속 경로 형태로 박혀 있는데, 모양은 태그의 크기와 형태 또는 작동 주파수에 따라 달라진다. 안테나에는 조그만 마이크로칩이 연결돼 있는데, 처리 능력은 제한적이며 비휘발성 저장 공간만 갖고 있다.

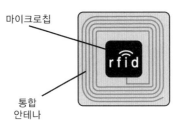

그림 14.9 RFID 태그

RFID 태그는 능동형^{active}, 반수동형^{semi passive}, 수동형^{passive}으로 분류할 수 있다(표 14.3). 능동형 RFID 태그는 자체 배터리를 이용해 신호를 생성한다. 이와 달리 수동형 RFID 태그는 리더로부터 받은 신호를 통해 생성된 에너지로 작동한다. 반수동형 태그는 능동형 태그처럼 배터리를 갖고 있지만 수동형 태그처럼 작동한다.

표 14.3 태그의 종류

	수동형	반수동형	능동형
전원	RF 에너지 수집	배터리	배터리
리더의 신호 세기	높음	낮음	낮음
통신	응답만	응답만	응답 또는 전송
수동형 읽기에 필요한 최대 거리	10m	〉 100m	〉 100m
비용	가장 저렴	다소 비쌈	가장 비쌈
응용 예	EPC 근접 카드	전자식 요금소, 발렛 파킹	대형 자산 추적, 가축 추적

판독 범위
안정적으로 통신할 수 있는 RFID 태그와 리더 사이의 최대 거리

능동형 태그는 수동형 태그에 비해 굉장히 비싸고 크기도 크다. 능동형 태그는 강한 신호를 생성할 수 있기 때문에 판독 범위^{read range}가 훨씬 넓고, 읽는 속도도 훨씬 빠르다. 능동형 RFID에 대한 표준화는 IEEE 802.15.4f에서 집중적으로 다룬다.

자동 ID 및 전자키 용도로는 얇게 제작할 수 있고, 저렴한 수동형 태그를 가장 많이 사용한다. 수동형 태그는 리더로부터 전원을 공급 받아서 데이터를 리더에게 보낸다.

리더

RFID 리더^{reader}는 RF 채널을 통해 태그와 통신한다. 리더는 태그로부터 간단한 식별 정보만 얻을 수도 있고, 복잡하게 구성된 파라미터들을 가져올 수도 있다. 통신 과정은 핑^{ping}을 보내고 응답 받는 것처럼 단순하게 구성될 수도 있지만, 정보를 여러 차례 주고받는 복잡한 방식으로 이뤄지기도 한다.

리더는 기능과 기본 작동 방식에 따라 다양한 종류가 나와 있다. 크게 나누면 다음과 같이 세 가지 종류로 분류할 수 있다.

- **고정형(fixed)** 고정형 리더는 태그가 지나칠 때 자동으로 읽는 동작을 수행하는 포털을 생성한다. 이러한 종류의 리더는 원하는 아이템이 방 안에 들어오거나, 창고 문을 열고 들어오거나, 컨베이어 라인을 따라 이동할 때 태그를 읽는 데 활용한다.

- **이동형(mobile)** 이동형 리더는 손에 들고 다닐 수 있는 형태의 장치로, RFID 안테나와 리더와 약간의 컴퓨팅 기능을 갖고 있다. 이러한 장치는 이동하면서 태그를 수동으로 읽기 위한 용도로 만든 것이다. 재고 관리와 같은 분야에 유용하다.

- **데스크톱** 이 형태의 리더는 주로 PC나 POS^{Point-of-sale} 단말기에 연결돼 쉽게 입력받을 수 있도록 만들어져 있다.

작동 주파수

순수 물리적인 태그의 최대 가독 거리는 개별 RFID 리더와 안테나의 파워, RFID 태그에 사용되는 칩, 태그를 덮고 있는 재료의 종류나 두께, 태그에 붙어 있는 재료의 종류 등에 따라 달라진다. 태그와 리더에서 사용하는 주파수의 범위도 가독 범위에 영향을 준다. 표 14.4는 표준 주파수와 각각에 대한 수동형 가독 거리를 나열하고 있다. 주파수가 높을수록 가독 범위는 넓어지고, 더 많은 양의 데이터를 전송할 수 있다. 이러한 주파수는 능동형 태그에서도 활용된다. 또한 능동형 태그는 433MHz와 2.4GHz 대역을 사용해 수백 미터의 범위에서 읽을 수 있다.

표 14.4 흔히 사용하는 RFID 작동 주파수

주파수 범위	주파수	수동형 가독 거리
저주파(LF)	120-140KHz	10-20cm
고주파(HF)	13.56MHz	10-20cm
초고주파(UHF)	868-928MHz	3m
극초단파(microwave)	2.45 및 5.8GHz	3m
초광대역(UWB, ultra wide band)	0.1 10.0GHz	10m

기능

이름에서 의미하는 바와 같이 RFID의 기본 기능은 태그가 달린 대상을 식별하는 것이다. 태그는 RFID 기술과 시스템에 호환되는 범위에서 다른 여러 가지 기능도 제공할 수 있다. 표 14.5는 표준 그룹인 EPCglobal에서 정의한 여섯 가지 범용 클래스를 보여준다.

표 14.5 태그 기능 클래스

클래스	설명
클래스 0	UHF 읽기 전용, 미리 프로그램된 수동형 태그
클래스 1	UHF 또는 HF, 쓰기는 한 번, 읽기는 여러 번 가능(WORM)
클래스 2	수동형 읽기/쓰기 태그. 공급망의 모든 지점에서 쓸 수 있음
클래스 3	온도나 압력, 움직임 등과 같은 파라미터를 기록할 수 있는 보드에 내장된 센서로 읽기/쓰기 가능. 반수동형 또는 능동형
클래스 4	통합 송신기가 달린 읽기/쓰기 가능한 능동형 태그. 다른 태그나 리더와 통신할 수 있음
클래스 5	클래스 4 태그와 비슷하나 몇 가지 기능을 더 갖고 있음. 다른 태그에 전력을 제공하거나 리더가 아닌 다른 장치와 통신할 수 있음

클래스 0에 속하는 태그는 상품 코드나 고유 식별자와 같은 가장 기본적인 식별 기능을 제공한다. 식별자는 태그를 제조할 때 설정된다. 이러한 태그는 굉장히 간단하고 저렴하다. 클래스 1에 속하는 태그도 이와 비슷하지만, 제조 후에도 최종 사용자가 식별 정보를 설정할 수 있다. 클래스 2 태그는 로깅logging 장치에서 사용할 수 있으며, 시스템에서 태그가 달린 대상을 처음 발견하면 이

를 등록하고, 필요에 따라 식별 정보가 전달된다. 클래스 3 태그는 읽기/쓰기가 가능한 메모리와 온보드 센서가 더 달려 있다. 센서 태그는 리더가 없어도 환경 데이터를 기록할 수 있다. 여러 가지 센서 태그들로 하나의 센서 넷sensor net을 형성해 물리적인 환경에 대한 속성을 모니터링할 수 있다. 이러한 센서 태그는 온도의 변화나 급격한 가속, 방향의 변화, 진동, 생물학적 또는 화학적 에이전트의 존재 여부, 빛, 소리 등을 감지할 수 있다. 이러한 태그는 리더가 없어도 작동할 수 있기 때문에 반드시 반수동형 또는 능동형으로 제작한다.

클래스 4 태그는 모트mote 또는 스마트 더스트smart dust라고도 부르며, 주변 장치와 통신을 하거나 애드혹ad hoc 네트워크를 형성할 수 있다. 이러한 기능은 작고 저렴한 장치에 부착해 제한된 통신 범위에서 굉장히 다양한 분야에서 응용할 수 있다. 모트는 일정한 지역에 심어두거나 흩뿌려 둔 뒤 수집한 데이터를 옆으로 전달하는 방식으로 중앙 수집 지점으로 모을 수 있다. 예를 들어 농부나 와인 농장주, 또는 환경학자는 온도나 습도 등을 감지하는 센서가 장착된 모트를 소형 기상 관측소처럼 활용할 수 있다. 이러한 모트를 들판이나 포도밭이나 숲 등에 흩뿌려 두면 좁은 지역 단위로 기후를 추적할 수 있다. 이러한 종류의 태그는 기본 RFID의 기능을 크게 벗어나지만, EPCglobal에서 확장 기능으로 포함됐다. 클래스 5는 하나의 장치에서 다른 태그에 전력을 공급하거나 리더가 아닌 장치와도 통신할 수 있도록 클래스 4를 확장한 것이다. 이러한 기능을 통해 RFID 태그로 할 수 있는 영역이 더욱 넓어졌다.

14.4 핵심 용어

14장을 통해 다음과 같은 용어를 배웠다.

사물 인터넷(IoT)	정확도	정밀도
해상도	액추에이터	센서
애플리케이션 프로세서	전용 프로세서	마이크로컨트롤러
마이크로프로세서	임베디드 시스템	디플리 임베디드 시스템
EPC(전자 상품 코드)	포그 컴퓨팅	RFID(라디오 주파수 식별)
RFID 리더	가독 범위	RFID 태그
트랜시버		

14.5 참고 문헌

KRAK09 Krakowiak, S. Middleware Architecture with Patterns and Frameworks. 2009. http://sardes.inrialpes.fr/~krakowia/MW-Book/

MCEW13 McEwen, A., and Cassimally, H. Designing the Internet of Things. New York: Wiley, 2013.

SCHE13 Scherz, P., and Monk, S. Practical Electronics for Inventors. New York: McGraw-Hill, 2013.

STAN14 Stankovic, J. "Research Directions for the Internet of Things." Internet of Things Journal, Vol. 1, No. 1, 2014.

Chapter | 15

사물 인터넷의 아키텍처와 구현

논리적인 사고 과정이 적용되는 것이라면 다시 말해 정립된 규칙대로 생각하는 것이라면 기계도 할 수 있다.

- 우리가 생각하는 대로(As We May Think), 버니바 부시(Vannevar Bush),
더 애틀란틱(The Atlantic), 1945년 7월호

15장에서 다루는 내용

15장을 읽고 나면 다음과 같은 것을 할 수 있다.

- ITU-T와 IoT 월드 포럼의 IoT 참조 모델을 비교할 수 있다.
- IoT에 대한 오픈소스 구현인 IoTivity에 대해 설명할 수 있다.
- IoT에 대한 상용 구현인 ioBridge에 대해 설명할 수 있다.

15장에서는 14장부터 이어지는 IoT(사물 인터넷)에 대한 논의를 마무리한다. 먼저 IoT의 아키텍처와 기능에 대한 통찰을 제공하는 두 가지 주요 IoT 참조 모델을 살펴본다. 그런 다음 세 가지 IoT 구현을 소개하는데, 하나는 오픈소스고 나머지 두 개는 상용이다.

15.1 IoT 아키텍처

IoT의 복잡도를 감안하면 주요 구성 요소와 이들의 상호 관계를 명시하는 아키텍처를 정해두는 것이 도움 된다. 이렇게 정해진 IoT 아키텍처는 다음과 같은 점에서 유용하다.

- IT 또는 네트워크 관리자가 벤더의 제품에 대해 기능과 완성도를 평가하기 위한 체크 리스트로 활용할 수 있다.
- IoT에서 필요한 기능을 파악하고, 이러한 기능이 어떻게 동작하는지를 개발자가 파악할 수 있다.
- 표준화의 프레임워크로 활용할 수 있으며, 상호 운용성과 비용 절감을 촉진할 수 있다.

이 절에서는 먼저 ITU-T에서 개발한 IoT 아키텍처에 대해 전반적으로 살펴본다. 그러고 나서 IoT 월드 포럼World Forum에서 개발한 아키텍처도 소개한다. IoT 월드 포럼의 아키텍처는 업체들이 함께 개발한 것으로 IoT의 범위와 기능에 대해 파악하기 위한 또 하나의 유용한 프레임워크로 활용할 수 있다.

ITU-T IoT 참조 모델

ITU-T IoT 참조 모델은 Y.2060(Overview of the Internet of Things, June 2012) 문서에서 정의하고 있다. ITU-T 모델은 다른 IoT 참조 모델 또는 아키텍처 모델과 달리 IoT 생태계를 구성하는 실제 물리적인 요소에 대해서도 상세히 표현하고 있다. IoT 생태계를 구성하는 각 요소를 서로 연결하고, 통합하고, 관리하고, 애플리케이션에게 제공되는 과정이 명확히 드러나기 때문에 다른 모델과 비교할 때 상당히 유용하다. 이렇게 IoT 생태계에 대해 상세히 명시함으로써 IoT에서 할 수 있는 기능에 대한 요구 사항을 더욱 많이 도출할 수 있다.

이 모델을 통해 간파할 수 있는 중요한 사실은, IoT는 물리적인 사물에 대한 네트워크가 아니라 실제로는 물리적인 사물과 상호 작용하는 장치, 그리고 이러한 장치와 상호 작용하는 컴퓨터, 태블릿, 스마트폰 등과 같은 애플리케이션 플랫폼으로 구성된 네트워크라는 점이다. 그럼 지금부터 본격적으로 ITU-T 모델에 대해 살펴보고 관련 장치에 대해서도 논의해보자.

표 15.1은 Y.2060에서 사용하는 핵심 용어에 대한 정의를 보여준다.

표 15.1 Y.2060 IoT 용어

용어	정의
통신 네트워크 (communication network)	장치와 애플리케이션을 연결하는 IP 기반 네트워크나 인터넷과 같은 기반 (인프라스트럭처) 네트워크
사물(thing)	통신 네트워크에서 식별하고 통합될 수 있는 물리 세계의 오브젝트(물리적인 사물) 또는 정보 세계의 오브젝트(가상 사물)
장치(device)	통신에 필요한 핵심 기능과 센싱, 액추에이팅, 데이터 수집, 데이터 저장, 데이터 처리 등의 부가 기능을 제공하는 장비
데이터 전달 장치 (data-carrying device)	물리적인 사물에 부착된 장치로, 물리적인 사물을 통신 네트워크에 간접적으로 연결한다. 클래스 3, 4, 5 RFID 태그가 대표적인 예다.
데이터 수집 장치 (data-capturing device)	물리적인 사물과 상호 작용하는 기능을 갖춘 읽기/쓰기 장치. 사물과는 데이터 전달 장치를 통해 간접적으로 상호 작용하거나 물리적인 사물에 부착된 데이터 캐리어를 통해 직접 상호 작용한다.
데이터 캐리어 (data carrier)	배터리를 사용하지 않는 데이터 전달 오브젝트로서 물리적인 사물에 부착해 데이터 수집 장치에게 정보를 전달한다. 대표적인 예로 물리적인 사물이 부착한 바코드나 QR 코드를 들 수 있다.
센싱 장치 (sensing device)	주변 환경에 대한 정보를 감지하고 측정해서 디지털 전기 신호로 변환한다.
액추에이팅 장치 (actuating device)	정보 네트워크로 전달된 디지털 전기 신호를 동작으로 변환한다.
범용 장치(general device)	프로세싱 및 통신 기능을 내장하고, 유선 및 무선 기술을 이용해 통신 네트워크와 통신할 수 있는 범용 장치. 예를 들어 산업용 기계, 가전 기기, 스마트폰 등과 같은 다양한 IoT 애플리케이션 도메인에서 사용하는 장비와 기기 등이 있다.
게이트웨이(gateway)	IoT 환경에서 통신 네트워크상에 장치를 서로 연결하는 유닛. 통신 네트워크에서 사용하는 프로토콜과 장치에서 사용하는 프로토콜을 서로 변환한다.

장치

당연한 얘기지만 IoT가 다른 네트워크 시스템과 다른 점은 컴퓨팅 또는 데이터처리 장치뿐만 아니라, 여러 개의 물리적인 사물과 장치로 구성된다는 점이다. 그림 15.1은 Y.2060에 ITU-T 모델에서 제시하는 장치의 종류를 보여준다. 이모델에서는 IoT를 사물과 밀접하게 결합된 장치의 네트워크에 대한 기능으로

보고 있다. 센서와 액추에이터는 환경에 존재하는 물리적인 사물과 상호 작용
한다. 데이터 수집 장치는 물리적인 사물에 부착되거나 연결된 데이터 캐리어
나 데이터 전달 장치를 통해 물리적인 사물로부터 데이터를 읽거나, 사물에 데
이터를 쓴다.

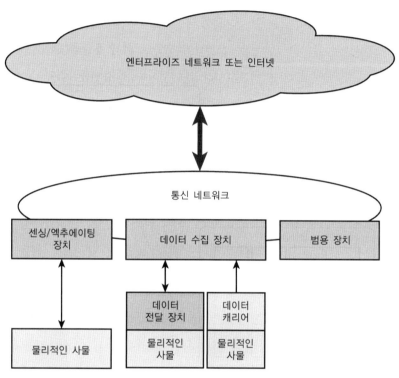

그림 15.1 장치의 종류와 물리적인 사물과의 관계

　이 모델에서는 데이터 전달 장치와 데이터 캐리어를 명확하게 구분하고 있
다. Y.2060의 관점에서 데이터 전달 장치는 일종의 장치device다. 장치는 최소
한 통신 기능을 갖고 있으며, 추가로 다른 전자 기능을 포함하기도 한다. 데이터
전달 장치의 대표적인 예로 RFID 태그를 들 수 있다. 이와 달리 데이터 캐리어
는 사물을 식별하거나 관련 정보를 제공하기 위한 목적으로 물리적인 사물에
부착하는 것이다.

　Y.2060에서는 데이터 수집 장치와 데이터 전달 장치 또는 데이터 캐리어가
상호 작용하는 데 사용하는 기술로 라디오 주파수, 적외선, 광, 갈바닉 드라이빙
등을 언급하고 있다. 각각에 대해 예를 들면 다음과 같다.

- **라디오 주파수** 대표적인 예로 RFID 태그가 있다.

- **적외선** 적외선 배지는 군사 및 의료 용도뿐만 아니라 개인의 위치나 움직임의 변화를 추적해야 하는 모든 환경에서 활용하고 있다. 예를 들어 적외선 반사 패치는 군사용으로 사용되고, 배터리 방식 배지는 식별 정보를 방출한다. 배터리 방식 배지에는 버튼이 하나 달려 있는데, 이를 눌러서 문을 통과하기 위한 수단으로 사용할 수 있으며, 자동으로 신호를 반복적으로 보내는 배지는 개인이 이동 경로를 추적하는 데 활용한다. 가정을 비롯한 다양한 환경에서 전자 장치를 제어하는 데 사용하는 원격 제어 장치도 IoT 환경의 일부분으로 포함할 수 있다.

- **광(optical)** 광학적인 방식으로 읽어서 데이터 캐리어를 식별하는 방식으로 바코드나 QR 코드 등이 있다.

- **갈바닉 드라이빙(galvanic driving)** 이 방식의 예로 몸에 이식해서 인체의 전도성을 이용해 작동하는 의료 장치가 있다[FERG11]. 인체에 이식한 물체와 표면 사이에서 통신할 때 갈바닉 결합galvanic coupling을 이용해 이식한 장치에서 피부의 전극으로 신호를 보낸다. 이 과정에서 발생하는 전력은 굉장히 약하기 때문에 이식한 장치의 크기와 복잡도가 낮다.

그림 15.1의 마지막에 나온 범용 장치는 IoT와 결합될 수 있는 장치로, 프로세싱과 통신 기능을 갖추고 있다. 대표적인 예로 스마트 홈 기술에서 가정에 있는 거의 모든 장치를 네트워크에 연결해 원격 또는 중앙에서 제어하는 것을 들 수 있다.

그림 15.2는 IoT의 주요 구성 요소를 보여준다. 그림의 왼쪽 부분에 나온 것처럼 물리적인 장치는 다양한 방식으로 연결된다. 이때 하나 이상의 네트워크에서 장치 간 통신을 지원해야 한다.

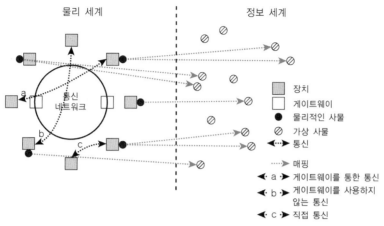

물리 세계　　　　　　　　　　　　　　　　　정보 세계

통신
네트워크

■ 장치
□ 게이트웨이
● 물리적인 사물
⊘ 가상 사물
◀···▶ 통신
····▶ 매핑
◀ a ▶ 게이트웨이를 통한 통신
◀ b ▶ 게이트웨이를 사용하지
　　　　않는 통신
◀ c ▶ 직접 통신

그림 15.2　IoT의 주요 구성 요소와 상호 관계(Y.2060)

그림 15.2를 보면 게이트웨이라는 장치를 사용하고 있다. 게이트웨이의 가장 기본적인 기능은 프로토콜을 변환하는 것이다. IoT를 설계할 때 가장 어려운 부분 중 하나는 기기 사이 또는 기기와 네트워크 사이의 연결성을 제공하는 것인데, 게이트웨이가 이 부분을 담당한다. 스마트 장치는 다양한 무선 및 유선 전송 기술과 네트워킹 프로토콜을 지원한다. 또한 이러한 장치는 대부분 제한적인 처리 능력을 갖추고 있다. Y.2067(Common Requirements and Capabilities of a Gateway for Internet of Things Applications, June 2014)에서는 IoT 게이트웨이의 요구 사항을 다음과 같이 세 가지 카테고리로 나눠 제시하고 있다.

- 게이트웨이는 다양한 장치 접근 기술을 제공해 장치끼리 서로 통신하거나 인터넷 및 엔터프라이즈 네트워크를 통해 IoT 애플리케이션과 통신하는 기능을 제공해야 한다. 이때 활용할 수 있는 기술로는 지그비[ZigBee], 블루투스[Bluetooth], 와이파이[Wi-Fi] 등이 있다.

- 게이트웨이는 근거리 네트워크와 원거리 네트워크 모두에게 필요한 네트워킹 기술을 지원해야 한다. 근거리 네트워크를 위한 기술로는 이더넷[Ethernet], 와이파이 등이 있고, 인터넷 및 광역(원거리) 엔터프라이즈 네트워크를 위한 기술로는 셀룰러[cellular], 이더넷, 디지털 가입자 회선[DSL], 케이블망 등이 있다.

- 게이트웨이는 애플리케이션과 네트워크 관리, 보안 기능 사이의 상호 작용을 지원해야 한다.

첫 번째와 두 번째 요구 사항을 만족하려면 다양한 네트워크 기술과 프로토콜을 서로 변환하는 기능이 필요하다. 세 번째 요구 사항을 만족하기 위해 사용하는 기술을 흔히 IoT 에이전트^{agent}라 부른다. IoT 에이전트는 IoT 장치를 대신해 여러 데이터로부터 수집한 데이터를 정리해서 IoT 애플리케이션에게 전달하거나, 보안 프로토콜 및 기능을 구현하거나, 네트워크 관리 시스템과 상호 작용하는 것과 같은 고차원적인 기능을 제공한다.

여기서 잠시 통신 네트워크^{communication network}란 용어에 대해 짚고 넘어가자. 이 용어는 Y.206x 시리즈의 IoT 표준 문서에 명시적으로 정의하지 않은 용어다. 통신 네트워크란 장치끼리 통신하는 기능을 제공하고, 애플리케이션 플랫폼을 직접 지원하기도 한다. 이러한 네트워크는 스마트 장치가 연결된 홈 네트워크처럼 작은 규모의 IoT를 이룰 수 있다. 일반적으로 장치 네트워크는 엔터프라이즈 네트워크나 인터넷과 연결해 IoT 관련 애플리케이션이나 데이터베이스를 운용하는 시스템과 통신한다.

다시 그림 15.2의 왼쪽 부분으로 돌아가서 장치끼리 통신하기 위한 여러 가지 방법에 대해 살펴보자. 첫 번째 방법은 게이트웨이를 통해 장치끼리 통신하는 것이다. 예를 들어 블루투스 기능을 갖춘 센서나 액추에이터는 게이트웨이를 통해서 와이파이를 사용하는 범용 장치나 데이터 수집 장치와 통신할 수 있다. 두 번째 방법은 게이트웨이를 사용하지 않고 통신 네트워크를 통해 통신하는 것이다. 예를 들어 스마트 홈 네트워크에 있는 장치들이 모두 블루투스를 사용하고 있다면 블루투스를 지원하는 컴퓨터나 태블릿, 스마트폰 등에서 직접 관리할 수 있다. 세 번째 방법은 장치끼리 별도의 지역 네트워크를 통해 직접 통신하는 것이다. 그림에서는 표현하지 않았지만, 이러한 통신 네트워크는 로컬 네트워크 게이트웨이를 통해 서로 통신한다. 예를 들면 다음과 같다. 여러 개의 저전력 센서 장치를 농장이나 공장과 같은 넓은 지역에 배치해둔다. 이러한 센서들은 서로 통신하면서 데이터를 통신 네트워크의 게이트웨이에 연결된 장치로 전달한다.

그림 15.2의 오른쪽 부분은 물리 세계에 있는 IoT 사물들이 정보 세계에서 한 개 이상의 가상 사물로 표현하는 것을 보여준다. 이때 가상 사물은 대응되는 물리적인 사물이 없어도 존재할 수 있다. 물리적인 사물은 데이터베이스나 기타 자료 구조 형태로 저장된 가상 사물에 대응된다. 애플리케이션에서는 이러한 가상 사물을 다룬다.

참조 모델

그림 15.3은 ITU-T의 참조 모델을 보여준다. 이 모델은 네 개의 계층으로 구성
돼 있으며, 전 계층에 걸쳐 관리 기능과 보안 기능을 제공하고 있다. 지금까지는
장치 계층에 대해서만 살펴봤다. 통신 기능의 관점에서 보면 장치 계층은 OSI
모델의 물리 및 데이터 링크 계층에 해당한다. 이제 다른 계층에 대해서 알아보
기로 하자.

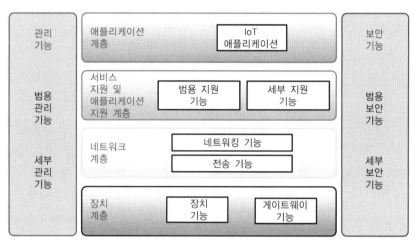

그림 15.3 ITU-T Y.2060 IoT 참조 모델

네트워크 계층network layer은 두 가지 기본 기능을 수행한다. 네트워킹 기능은
기기와 게이트웨이를 연결하는 기능을 가리킨다. 전송 기능은 IoT 서비스와 애
플리케이션에 관련된 정보뿐만 아니라 IoT 관련 제어 및 관리 정보를 전송하는
기능을 의미한다. 넓게 보면 두 기능은 OSI 모델의 네트워크와 전송 계층에
대응된다.

서비스 지원 및 애플리케이션 지원 계층service support and application support layer은
애플리케이션에 필요한 기능을 제공한다. 범용 지원 기능은 여러 애플리케이션
에서 공통적으로 사용하는 기능으로, 범용 데이터 처리와 데이터베이스 관리
기능 등이 있다. 세부 지원 기능은 특정한 IoT 애플리케이션에서 요구하는 부분
을 제공한다.

애플리케이션 계층application layer은 IoT 장치와 상호 작용하는 모든 애플리케이
션이 존재하는 계층이다.

관리 기능 계층^{management capabilities layer}은 장애, 설정, 계정, 성능 관리 등과 같은 전통적인 네트워크 관련 관리 기능에 대한 계층이다. Y.2060에서는 다음과 같은 범용 지원 기능에 대한 예를 제시하고 있다.

- **장치 관리** 장치 발견, 인증, 원격 장치 활성화 및 비활성화, 설정, 진단, 펌웨어/소프트웨어 업데이트, 장치 작동 현황 관리
- **로컬 네트워크 토폴로지 관리** 네트워크 설정 관리 등
- **트래픽 및 혼잡 관리** 네트워크 폭주 상황을 감지하고, 시간에 민감하고 time-critical, 생명에 관련된^{life-critical} 데이터 플로우에 대한 자원을 예약하는 기능

세부 관리 기능은 특정 애플리케이션에 맞게 특화시킬 수 있다. 예를 들어 스마트 그리드 전력 전송 라인 모니터링을 들 수 있다.

보안 기능 계층^{security capabilities layer}는 범용 보안 기능과 세부 보안 기능으로 구성된다. Y.2060에서는 범용 보안 기능에 대한 예로 다음과 같은 것들을 제시하고 있다.

- **애플리케이션 계층** 인증, 권한, 애플리케이션 데이터 보호, 무결성 유지, 프라이버시 보호, 보안 감사, 안티바이러스 등
- **네트워크 계층** 인증, 권한, 사용자 데이터 및 시그널링 데이터 보호, 시그널링 무결성 보장 등
- **장치 계층** 인증, 권한, 장치 무결성 검사, 접근 제어, 데이터 보호, 무결성 유지 등

세부 보안 기능은 모바일 결제 보안 등과 같이 특정 애플리케이션에 특화된 기능을 제공한다.

IoT 월드 포럼의 참조 모델

IoT 월드 포럼^{IWF, IoT World Forum}은 시장의 IoT 도입을 촉진하기 위한 목적으로 회사나 정부, 학교의 대표들이 매년 모이도록 업체의 후원으로 매년 개최되는 행사다. IoT 월드 포럼의 구조 위원회^{Architecture Committee}에는 IBM, 인텔, 시스코

IoT World Forum

등과 같은 유명한 업체들의 대표가 참여하고 있으며, 2014년 10월에는 IoT 참조 모델을 발표한 바 있다. 이 모델은 업계의 IoT 도입을 촉진하기 위한 공통 프레임워크로 활용되고 있다. 이 참조 모델은 협업을 장려하고, 재현 가능한 배치 모델의 개발을 촉진하기 위한 의도로 개발됐다.

IoT 월드 포럼의 참조 모델은 ITU-T 참조 모델을 보완하는 역할을 하고 있다. ITU-T 문서에서는 장치와 게이트웨이 수준에 집중하고 상위 계층에 대해서는 개략적으로만 표현하고 있다. 실제로 Y.2060에서는 애플리케이션 계층에 대해 한 문장으로만 설명하고 있다. ITU-T의 Y.206x 시리즈 문서에서는 IoT 장치와 상호 작용하는 데 관련된 표준을 개발하기 위한 프레임워크를 정의하는 데 주안점을 두고 있다. 반면 IWF는 엔터프라이즈 기반 IoT를 위한 애플리케이션과 미들웨어와 지원 기능을 개발하는 데 관련된 다양한 주제에 대해 좀 더 관심을 갖고 있다.

그림 15.4는 일곱 단계의 모델을 보여준다. 시스코에서 발간한 IWF 모델에 대한 백서[CISC14b]를 보면 이 모델은 다음과 같은 특성을 갖게 설계했다.

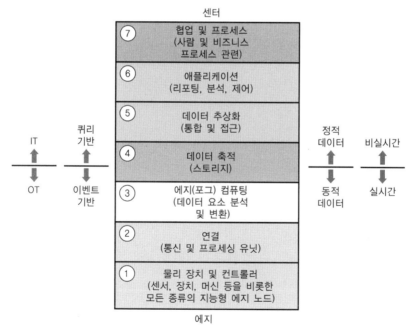

그림 15.4 IWF의 참조 모델

- **간결함** 각 부분을 좀 더 쉽게 이해할 수 있도록 복잡한 시스템을 여러 부분으로 분해한다.
- **명확함** IoT의 수준을 정확히 구분하고 공통 용어를 정립할 수 있도록 부가 정보를 제공한다.
- **식별 가능함** 특정한 종류의 프로세싱을 시스템의 다양한 부분에 최적화하기 위한 지점을 식별한다.
- **표준화** 벤더블이 상호 연동되는 IoI 세품을 개빌하기 위한 칫 딘세를 제공한다.
- **조직화** IoT가 개념으로만 머무르지 않고, 실현 가능하고 직접 사용할 수 있게 한다.

물리 장치 및 컨트롤러 단계

1단계는 물리 장치와 여러 개의 장치를 제어하는 컨트롤러로 구성된다. IWF 모델의 1단계는 ITU-T 모델의 장치 단계와 거의 비슷하다(그림 15.3). ITU-T 모델과 마찬가지로 이 단계에 속한 요소는 물리적인 사물이 아니고 센서나 액추에이터처럼 물리적인 사물과 상호 작용하는 장치다. 장치가 보유하고 있는 기능 중에서 아날로그-디지털 또는 디지털-아날로그 변환이나 데이터 생성, 원격에서 질의하고 제어할 수 있는 기능 등을 갖고 있다.

연결 단계

논리적인 관점에서 보면 연결 단계는 장치끼리 통신하거나 장치와 3단계에 있는 저수준 프로세싱 장치가 서로 통신하는 기능을 제공한다. 물리적인 관점에서 보면 이 단계는 라우터, 스위치, 게이트웨이, 방화벽 등과 같이 로컬 또는 광역 네트워크를 구성하고 인터넷과 연결하는 장치들로 구성된다. 각 장치는 이 단계를 통해 서로 통신하고, 상위 논리적인 단계를 통해 컴퓨터나 원격 제어 장치, 스마트폰 등과 같은 애플리케이션 플랫폼과 통신하게 된다.

IWF 모델의 2단계는 ITU-T 모델의 네트워크 단계와 거의 비슷하다. 가장 큰 차이점은 IWF 모델에서는 게이트웨이가 2단계에 속한 반면 ITU-T 모델에서는 게이트웨이가 1단계에 속해 있다. 게이트웨이는 네트워킹 및 연결 장치기 때문에 2단계에 속하는 것이 좀 더 적절해 보인다.

에지 컴퓨팅 단계

대부분의 IoT 환경에서는 분산 네트워크로 연결된 센서로부터 대량의 데이터가 생성된다. 예를 들어 해저 유전이나 정유 공장에서는 하루에도 테라바이트^{terabyte}급의 데이터를 생성한다. 비행기도 매 시간 수 테라바이트에 달하는 데이터를 생성한다. 이러한 데이터는 IoT 애플리케이션이 사용하는 중앙 스토리지에 영구적으로 (또는 오랜 기간 동안) 저장하지 않고, 최대한 센서 가까이에서 이러한 데이터를 처리하는 것이 좋다. 에지 컴퓨팅 단계는 바로 이러한 목적으로 네트워크 데이터 플로우를 저장하거나 고차원의 프로세싱 작업을 수행하기에 적합한 형태의 정보로 변환한다. 이 단계에 속한 프로세싱 요소는 엄청난 양의 데이터를 다루면서 적은 양의 데이터만 저장할 수 있도록 변환 작업을 수행한다. 시스코의 백서에서 발표한 IWF 모델[CISC14b]에서는 에지 컴퓨팅 연산에 대해 다음과 같은 예를 제시하고 있다.

- **평가** 일정한 기준에 따라 데이터를 상위 계층에서 처리해야 할지 여부를 평가한다.
- **포맷** 데이터를 상위 계층에서 처리할 수 있도록 포맷을 변환한다.
- **확장/디코딩** (출처 등과 같은) 부가적인 문맥에서 암호화된 데이터를 처리한다.
- **정제/축소** 네트워크와 상위 계층에 있는 프로세싱 시스템에 미치는 영향을 최소화하기 위해 데이터를 요약하고 축소한다.
- **판단** 데이터가 한계점을 나타내는지, 아니면 경고를 나타내는지를 결정한다. 이 과정에서 데이터를 다른 목적지로 보낼 수도 있다.

이 단계에 속한 프로세싱 요소는 ITU-T 모델의 범용 장치에 대응된다(그림 15.1, 표 15.1). 일반적으로 이러한 요소들은 물리적으로 IoT 네트워크의 에지, 다시 말해 센서나 기타 데이터 생성 장치 근처에 둔다. 따라서 생성된 대용량의 데이터를 처리하기 위한 작업 중에서도 기본적인 것은 별도로 분리해 중앙에 있는 IoT 애플리케이션 소프트웨어에서 처리하기도 한다.

에지 컴퓨팅 단계에서 수행하는 프로세싱 작업을 흔히 **포그 컴퓨팅**$^{fog\ computing}$이라고 부른다. 포그 컴퓨팅과 포그 서비스는 IoT 문맥에서 성격이 뚜렷하게 구분된다. 그림 15.5는 이러한 개념을 보여준다. 포그 컴퓨팅은 최근 유행하는

포그 컴퓨팅
수많은 이기종 분산 장치들이 제3자의 개입 없이 네트워크에서 서로 통신하면서 데이터를 저장하고 작업을 수행하는 방식의 컴퓨팅

클라우드 컴퓨팅과 정반대의 개념을 갖고 있다. 클라우드 컴퓨팅에서는 대용량의 중앙 스토리지와 프로세싱 리소스를 클라우드 네트워킹 환경에 분산돼 있는 상대적으로 적은 수의 고객에게 제공한다. 반면 포그 컴퓨팅은 수많은 개별 스마트 오브젝트가 포그 네트워킹 환경에 연결돼 IoT의 에지 장치에 가까운 곳에서 프로세싱과 스토리지 자원을 제공한다. 포그 컴퓨팅은 수천 또는 수백만 개의 스마트 장치의 활동으로 발생하는 보안, 프라이버시, 네트워크 용량 제한, 지연 시간 등과 같은 다양한 문제를 해결한다. 포그 컴퓨팅이란 용어는 구름(클라우드)이 하늘 높이 떠 있는 데 반해, 안개(포그)는 지면에 가까이 떠 있는 속성을 본 따 만든 용어다.

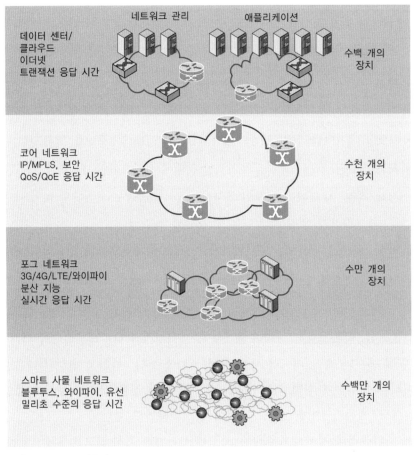

그림 15.5 포그 컴퓨팅

표 15.2는 바케로와 로데로-메리노 공저의 논문[VAQU14]을 바탕으로 클라우드 컴퓨팅과 포그 컴퓨팅을 비교했다.

표 15.2 클라우드와 포그의 속성 비교

	클라우드	포그
프로세싱/스토리지 자원의 위치	센터	에지
지연 시간	높음	낮음
접근 방식	고정 또는 무선	주로 무선
이동성 지원	불가능	가능
제어	중앙 집중적/계층적(완전한 제어)	분산/계층적(부분적 제어)
서비스 접근	코어를 통해	에지/핸드헬드 장치에서
가용성	99.99%	변동이 매우 심하고 중복이 많음
사용자/장치 수	수천만~수억	수백억
주요 데이터 생성자	사람	장치/센서
데이터 생성	중앙	아무데서나
데이터 소비	단말 장치	아무데서나
소프트웨어 가상화 인프라스트럭처	중앙 엔터프라이즈 서버	사용자 장치

데이터 축적 단계

이 단계에서는 수많은 장치로부터 들어온 데이터를 에지 컴퓨팅 단계에서 필터링하고 처리한 뒤 상위 단계에서 접근할 수 있게 스토리지에 저장한다. 하위 단계의 (포그) 컴퓨팅과 상위 단계의 (주로 클라우드) 컴퓨팅의 설계 이슈와 요구사항, 그리고 처리 방법은 바로 이 단계에서 차이가 드러난다.

네트워크를 통해 이동하는 데이터를 동적 데이터data in motion라 부른다. 데이터의 이동 속도와 구조는 데이터를 생성하는 장치에 의해 결정된다. 데이터는 이벤트 방식으로, 주기적으로 또는 주변 환경의 이벤트가 발생할 때 생성된다. 이러한 데이터를 수집하고 적절한 방식으로 처리하기 위해서는, 실시간으로 응답할 수 있어야 한다. 하지만 대다수의 애플리케이션에서 데이터를 처리하는 속도는 네트워크 전송 속도를 따라가지 못한다. 현실적으로 클라우드 네트워크 뿐만 아니라 애플리케이션 플랫폼에서는 수많은 IoT 장치들이 생성하는 대용량의 데이터를 완벽히 처리할 수 없다. 따라서 애플리케이션에서는 스토리지 장치를 통해 쉽게 접근할 수 있는 데이터인 정적 데이터data at rest를 다룬다. 애플리케이션에서는 필요한 시점에 언제든지 데이터에 실시간이 아닌 방식으로 접근한다. 따라서 상위 단계에서는 쿼리나 트랜잭션 방식으로 작업을 수행하고, 하위 세 단계에서는 이벤트 방식으로 처리한다.

IWF 모델에 대한 시스코 백서[CISC14b]에 따르면 데이터 축적 단계에서 다음과 같은 연산을 수행한다.

1. 동적 데이터를 정적 데이터로 변환한다.
2. 네트워크 패킷 형태의 포맷을 데이터베이스의 관계형 테이블 형태로 변환한다.
3. 이벤트 방식에서 쿼리 방식 컴퓨팅으로 전환한다.
4. 필터링과 선별 저장을 통해 데이터의 양을 대폭 축소한다.

데이터 축적 단계는 IT Information Technology, 정보 기술와 OT Operational Technology, 운영 기술의 경계선으로 볼 수도 있다.

데이터 추상화 단계

데이터 축적 단계에서는 방대한 양의 데이터를 흡수해 스토리지에 저장한다. 이 과정에서 특정한 애플리케이션(그룹)에 맞게 데이터를 가공하는 작업을 전혀 수행하지 않거나 조금만 수행한다. 에지 컴퓨팅 단계에서 저장한 데이터는 다양한 프로세서를 통해 생성될 뿐만 아니라 데이터의 종류와 포맷도 제각각이다. 데이터 추상화 단계에서는 애플리케이션이 쉽고 효율적으로 접근할 수 있도록 이러한 데이터를 통합하고 일정한 포맷에 맞추는 작업을 수행한다. 이 단계에서 수행하는 작업은 다음과 같다.

1. 다양한 소스로부터 들어온 데이터를 합친다. 이 과정에서 포맷의 차이를 조율한다.
2. 소스의 종류에 관계없이 데이터가 일정한 의미를 갖게 적절히 변환한다.

IT
정보 처리에 관련된 모든 분야의 기술을 일컫는 용어로, 소프트웨어, 하드웨어, 통신 기술, 관련 서비스 등이 있다. 일반적으로 엔터프라이즈 환경에서 데이터를 생성하지 않는 임베디드 기술은 IT에 포함하지 않는다.

OT
엔터프라이즈 환경에서 물리 장치와 프로세스와 이벤트를 직접 모니터링하거나 제어하는 방식으로 변화를 감지하거나 발생시키는 하드웨어와 소프트웨어

3. 포맷을 변환한 데이터를 적절한 형태의 데이터베이스에 저장한다. 예를 들어 대용량의 반복적인 데이터는 하둡^{Hadoop}과 같은 빅데이터 시스템에 저장한다. 이벤트 데이터는 빠른 쿼리 시간을 보장하고 적절한 인터페이스를 제공하는 관계형 데이터베이스 관리 시스템으로 보낸다.

4. 상위 단계의 애플리케이션에게 데이터 처리가 완료됐거나 지정된 한계에 도달했다는 사실을 알린다.

5. (ETL^{extract, transform, load}, ELT^{extract, load, transfer} 또는 데이터 복제 등으로) 데이터를 한곳에 통합하거나, 데이터 가상화를 통해 다양한 데이터 저장소에 접근할 수 있게 한다.

6. 적절한 인증 및 권한 검사를 통해 데이터를 보호한다.

7. 애플리케이션이 데이터에 빠르게 접근할 수 있게 데이터를 정규화^{normalize}하거나 반정규화^{denormalize}하고 인덱싱한다.

애플리케이션 단계

IoT 장치를 제어하거나 IoT 장치의 입력 값을 사용하는 애플리케이션은 모두 이 단계에 속한다. 대부분의 경우 애플리케이션은 5계층에서 상호 작용하며, 정적 데이터를 다루기 때문에 네트워크 속도로 처리하지 않아도 된다. 애플리케이션이 중간 단계를 건너뛰고 3계층 또는 2계층과 직접 상호 작용할 수도 있어야 한다. 애플리케이션 단계는 IWF 모델에서 다루는 범위를 벗어난다고 판단해 구체적으로 정의하지 않고 있다.

협업 및 프로세스 단계

이 단계에서는 IoT를 잘 활용하기 위해 사람들이 서로 통신하고 협력하는 활동을 표현한다. 이 과정에서 여러 애플리케이션이 인터넷이나 엔터프라이즈 네트워크를 통해 데이터나 제어 정보를 서로 주고받는다.

IoT 참조 모델 요약

IWF에서는 IoT 참조 모델을 IoT와 관련된 개념과 용어에 대한 표준화를 위해 업체들이 합의한 프레임워크로 본다. 이 모델에서 중요한 부분은 업계에서 IoT의 가치를 실현하기 위해 반드시 해결해야 하는 문제나 필요한 기능을 제시한다는 점이다. 이 모델은 기능적인 구성 요소를 개발하는 공급자뿐만 아니라 요구 사항을 정리하고 벤더 제품을 평가하려는 고객에게도 유용하다.

그림 15.6은 IWF 모델에 대한 시스코의 발표 자료[CISC14c]에서 인용한 것으로, 그림 하나에 IWF 모델의 핵심 개념을 모두 담고 있다.

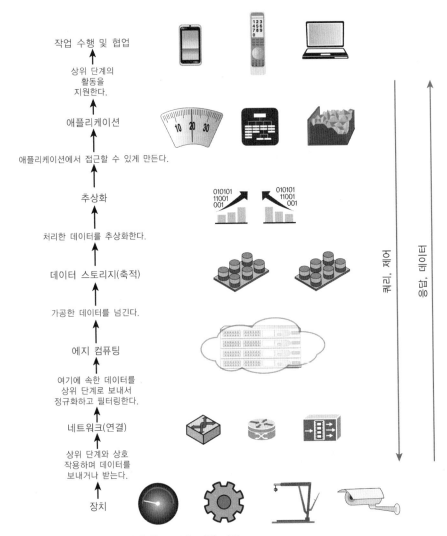

그림 15.6 IoT 월드 포럼의 참조 모델: 기본 가정

15.2 IoT 구현

앞 절에서는 두 가지 참조 모델에 대해 살펴봤다. 이를 통해 IoT에 필요한 주요 기능을 한눈에 파악할 수 있다. 이번 절에서는 IoT 장치와 소프트웨어를 배치할 때 마주치는 현실적인 이슈에 대해 살펴보자. 이를 위해 세 가지 구현 활동을 소개한다. 먼저 오픈소스 소프트웨어 활동부터 알아본 뒤에 두 가지의 벤더 솔루션을 소개한다.

IoTivity

IoTivity는 오픈소스 프로젝트로, 장치나 서비스의 제작자를 비롯한 누구나 서로 협업하기 위한 관련 표준과 오픈소스 구현을 제공하는 것을 목적으로 하고 있다.

IoTivity

IoTivity 프로젝트는 OIC와 리눅스 재단이 큰 역할을 하고 있다. OIC^{Open} Interconnect Consortium는 IoT를 구성하는 수십억 개의 장치들의 상호 운용성을 높이기 위해 오픈소스 구현을 촉진하기 위한 목적으로 결성된 산업체 컨소시엄으로, IoTivity 프로젝트를 후원하고 있다(2016년 2월, OIC와 AllSeen이 통합돼 OCF^{Open Connectivity Foundation}로 명칭이 변경됐다. 기본 구조와 목적은 이전과 동일하다 – 옮긴이). OIC는 이러한 목적을 달성하기 위해 표준도 개발하고, 다양한 버티컬 마켓과 유즈케이스를 포용하는 상호 운용성을 보장할 수 있는 독립 솔루션을 개발하도록 전반적인 프레임워크도 개발하고 있다. IoTivity 프로젝트의 선언문에 의하면 IoTivity는 OIC 최종 규격을 따르고 OIC 인증 테스트를 통과하는 오픈소스 구현을 개발하고 유지하는 것을 목적으로 하고 있다.

OIC

IoTivity 프로젝트는 리눅스 재단에 의해 운영되고 있다. 리눅스 재단^{Linux Foundation}은 리눅스의 성장과 상호 협력을 통한 개발을 장려하는 비영리 단체다. IoTivity는 리눅스 재단 산하의 프로젝트로, 독립적인 운영 그룹에서 OIC와 공동으로 관리하고 있다. IoTivity 프로젝트에 참여하고 싶은 개발자는 REST 방식 API를 이용해 프로젝트 서버에 코드를 제출해 동료 검토를 받을 수 있다. 프로젝트에서는 다양한 프로그래밍 언어, 운영체제, 하드웨어 플랫폼을 지원하고 있다.

리눅스 재단

2015년 12월 23일, OIC 표준 규격 1.0 버전이 발표됐으며, 현재는 1.1 버전의 드래프트 문서가 공개된 상태다. 1.0 버전이 나오기 전에 오픈소스 코드에 대한 초기 버전인 '프리뷰preview'를 발표한 바 있는데, 빌드 파일과 리눅스, 아두이노, 타이젠을 위한 시작 가이드를 함께 제공했다. 코드는 이식 가능한 형태로 설계됐기 때문에 향후 릴리스에는 다른 운영체제에 대한 빌드 파일도 포함될 것이다. 공식 IoTivity 코드는 웹사이트(www.iotivity.org)에서 받을 수 있다.

프로토콜 구조

IoTivity 소프트웨어는 IoT 장치와 애플리케이션 플랫폼에서 구현할 수 있는 여러 가지 범용 쿼리/응답 함수들을 제공한다.

IoTivity에서는 리소스가 제한된 장치constrained device와 리소스가 제한되지 않은 장치unconstrained device를 명확히 구분한다. IoT를 구성하는 장치 중 상당수는 리소스 사용에 제약 사항이 많다. 세갈Seghal 등이 발표한 논문[SEGH12]에서 지적한 바와 같이 무어의 법칙Moore's law에 따라 발전하는 기술로 인해 임베디드 장치들은 갈수록 저렴하고, 작아지고, 에너지 효율성이 높아지지만, 성능은 반드시 그에 비례해 높아지진 않는다. 임베디드 IoT 장치는 대부분 8비트 또는 16비트 마이크로컨트롤러를 장착하고 있으며, 메모리(RAM)와 저장 공간의 크기도 많이 사용하지 않고 있다. 리소스가 제한된 장치들은 전력 사용량도 낮고 데이터 전송 속도도 20에서 250kbps으로 낮고 프레임 크기도 127옥텟octet 정도인 WPAN Wireless Personal-Area Network 기능을 제공하는 IEEE 802.15.4 라디오 장치를 갖추고 있는 경우가 많다.

리소스가 제한되지 않은 장치란 리소스에 제약이 크지 않은 모든 장치를 가리킨다. 이러한 장치에서는 iOS, 안드로이드, 리눅스, 윈도우 등과 같은 범용 운영체제를 기반으로 구동하기도 한다. 리소스가 제한되지 않은 장치는 프로세싱 파워와 메모리 공간이 충분한 IoT 장치나 IoT 애플리케이션을 위한 애플리케이션 플랫폼으로 사용한다.

전반적인 프로토콜 구조(그림 15.7)는 리소스가 제한되지 않은 장치와 리소스가 제한된 장치를 모두 수용할 수 있게 설계됐다. 소프트웨어를 위한 전송 계층은 IPInternet Protocol 위에 프로세싱 파워와 메모리를 적게 사용하는 UDPUser Datagram Protocol로 통신하게 구성했다. 그리고 리소스가 제한된 장치를 위해 UDP 위에

리소스가 제한된 장치
용량이 제한된 휘발성 및 비휘발성 메모리를 갖추고, 프로세싱 파워도 제한적이며, 트랜시버의 데이터 전송 속도도 낮은 IoT 장치

간소화된 쿼리/응답 프로토콜인 CoAP^{Constrained Application Protocol}를 구동한다.
CoAP에 대해서는 다음 절에서 자세히 설명한다. IoTivity 구현은 C 언어로
CoAP을 구현한 libcoap를 사용하며, 이 라이브러리는 리소스가 제한된 장치와
리소스가 제한되지 않은 장치 모두가 사용할 수 있다.

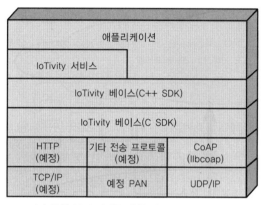

(a) 통합 블록 장치를 위한 리소스 API 스택

CoAP = 제한된 애플리케이션 프로토콜
SDK = 소프트웨어 개발자 킷
PAN = 개인 영역 네트워크

(b) 리소스가 제한된 장치를
위한 리소스 API 스택

그림 15.7 IoTivity 프로토콜 스택

IoTivity 베이스는 IoT 애플리케이션과 서버를 구동하는 IoT 장치인 클라이
언트끼리 서로 통신하는 애플리케이션을 제작하는 데 필요한 소프트웨어 개발
도구를 모아둔 것이다. IoTivity 베이스는 C 언어로 작성됐으며, 디바이스가 제
한되지 않은 장치를 위한 부가 도구는 C++로 작성되기도 했다. 이 소프트웨어
는 IoTivity 패키지의 일부분으로 들어갈 오픈소스 애플리케이션뿐만 아니라,
특별한 기능을 갖춘 벤더 애플리케이션을 개발하기 위한 기반을 제공한다.

CoAP

CoAP는 RFC 7252(The Constrained Application Protocol, June 2014)에서 정의한 프로토
콜로, IoT에서 리소스 사용이 제한된 노드나 네트워크에서 사용하기 위한 특수
한 형태의 웹 기반 전송 프로토콜이다. 이 프로토콜은 원래 스마트 에너지 및
빌딩 자동화 등과 같은 M2M^{machine-to-machine} 애플리케이션을 위해 설계됐다.
CoAP은 애플리케이션 끝점^{endpoint}끼리 요청/응답 방식으로 상호 작용하는 모델

을 기반으로, 서비스와 리소스를 발견하는 기능과 URI나 인터넷 미디어 타입 등과 같은 웹의 핵심 기능을 지원한다. CoAP는 웹과 쉽게 통합할 수 있게 HTTP와 연동되는 구조로 설계됐지만, 리소스가 제한된 환경에서 멀티캐스트와 매우 낮은 오버헤드, 간결성을 보장해야 한다.

CoAP은 리소스가 제한된 장치에서 스트리밍 방식으로 처리할 수 있게 설계 됐지만, RFC 7252 문서의 양이 112페이지에 달할 정도로 전체 프로토콜 구조 는 상당히 복잡하게 구성돼 있다. 따라서 이 절에서는 전반적인 사항만 간략히 소개한다.

처음 프로토콜을 접할 때는 메시지 포맷(그림 15.8)부터 보는 것이 구조를 파악 하는 데 도움된다. 메시지는 크게 요청Request, 응답Response, 공백Empty의 세 종류 로 구분하며, 각각에 대한 포맷은 모두 32비트 고정 헤더로 시작하도록 동일하 게 구성돼 있다.

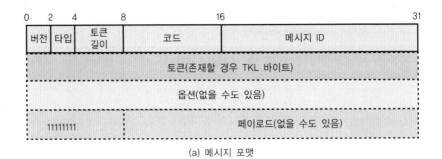

(a) 메시지 포맷

(b) 옵션 포맷

(c) 코드 포맷

그림 15.8 CoAP 포맷

- **버전** 현재 버전은 1이다.

- **타입** 메시지 타입으로 다음과 같이 네 가지가 있다.

- **확인형(Confirmable)** ACK나 리셋Reset 등으로 확인을 해야 하는 메시지다. CoAP은 보통 UDP(5683 포트)를 사용하기 때문에 안정성이 떨어진다. 따라서 안정적으로 전송할 수 있게 확인 메시지를 보내는 기능을 제공한다.

- **비확인형(Nonconfirmable)** 확인 과정이 필요 없는 메시지다. 센서로부터 주기적으로 값을 가져올 때처럼 애플리케이션의 요청에 대해 메시지를 주기적으로 반복해서 보낼 때 이 타입의 메시지를 사용한다.

- **승인형(Acknowledgement)** 특정한 확인형 메시지를 받았다는 것을 승인하는 메시지

- **리셋(Reset)** 특정한 (확인형 또는 비확인형) 메시지를 받았지만 컨텍스트 일부가 빠져있어 정상적으로 처리하기 힘든 경우에 보내는 메시지

- **토큰 길이** 가변 길이 토큰 필드를 사용할 경우 그 길이를 표시한다.

- **코드** 3비트 클래스와 5비트 세부 사항으로 구성된다. 클래스는 요청, 성공적인 응답, 클라이언트 에러 응답, 서버 에러 응답 중 하나를 표시한다. 요청의 경우 세부 사항 비트는 요청 메소드(GET, POST, PUT, DELETE 중 하나)를 표시한다. 응답의 경우 세부 사항 비트는 응답 코드(표 15.3, 15.4)를 표시한다.

- **메시지 ID** 중복된 메시지를 가려내거나 확인형/비확인형 메시지 타입에 승인/리셋 타입의 메시지를 매칭하기 위해 사용한다.

- **토큰(Token)** 내부 메시지와 관계없이 요청에 대한 응답을 매칭하는 데 사용된다. 토큰은 메시지 ID와는 개념이 다르다. 메시지 ID가 승인을 필요로 하는 개별 메시지 수준에서 사용하는 반면 토큰은 동시에 들어오는 요청을 구분하기 위해 클라이언트의 로컬에서 식별자로 사용된다(5.3절 참조). 의미상 요청 ID에 가깝다.

- **옵션** TLV^{Type-Length-Value} 포맷으로 된 0개 이상의 CoAP 옵션의 시퀀스

표 15.3 CoAP 메시지: 클래스, 타입, 코드

메시지 클래스	응답 메시지 코드
요청	생성됨(created)
	삭제됨(deleted)
성공적인 응답	유효함(valid)
클라이언트 에러 응답	변경됨(changed)
	콘텐트(content)
서버 에러 응답	잘못된 요청(bad request)
	권한 없음(unauthorized)
공백	잘못된 옵션(bad option)
메시지 타입	금지됨(forbidden)
	찾을 수 없음(not found)
확인형	허용되지 않은 방법(method not allowed)
비확인형	허용되지 않음(not acceptable)
	사전 조건 실패(precondition failed)
승인형	요청 속성이 너무 큼(request entity too large)
	지원되지 않은 콘텐트 포맷(unsupported content format)
리셋	내부 서버 오류(internal server error)
요청 메시지 메소드 코드	구현되지 않음(not implemented)
	불량 게이트웨이(bad gateway)
GET	서비스를 사용할 수 없음(service unavailable)
POST	게이트웨이 시간 초과(gateway timeout)
	프록시를 지원하지 않음(proxying not supported)
PUT	
DELETE	

표 15.4 CoAP 메시지: 메시지 클래스에 따른 메시지 타입 사용

메시지 클래스	메시지 타입			
	확인형	비확인형	승인형	리셋
요청	✔	✔	–	–
성공적인 응답	✔	✔	✔	–
클라이언트 에러 응답	✔	✔	✔	–
서버 에러 응답	✔	✔	✔	–
공백	*	–	✔	✔

–: 사용하지 않음

*: 정상적인 동작에서는 사용되지 않고, 리셋 메시지('CoAP ping')을 유도할 때만 사용됨

→ 5.4절. 'REST' 참조

CoAP의 동작을 제대로 이해하기 위해서는 메시지 클래스와 메시지 타입, 메시지 메소드를 구분해야 한다. 메시지 메소드는 상위 계층에 있는 소프트웨어에게 REST 방식 API를 제공하기 위해 설계된 것으로, CoAP에서는 다음과 같은 대표적인 REST 함수를 정의하고 있다.

- **GET** 요청한 URI가 가리키는 리소스에 대한 현재 상태 정보를 가져온다. 요청에 허용^{Accept} 옵션이 포함된 경우에는 선호하는 콘텐츠 포맷을 응답에 담아 보낸다. 요청에 ETag 옵션이 포함된 경우에는 ETag을 검사해서 통과되지 않을 경우에만 정보를 전송하게 요청한다. GET이 정상적으로 처리된 경우에는 응답 메시지에 콘텐트 또는 유효한 응답 코드가 표시된다.

- **POST** 요청에 포함된 표현을 처리하게 요청한다. 실제 수행되는 기능은 원래 서버가 결정하고 타겟 리소스에 따라 달라진다. 본질적으로 POST는 지정한 URL로 데이터를 약간 보내 문맥에 따라 일정한 액션을 수행한다.

- **PUT** 요청 URI가 가리키는 리소스를 업데이트하거나 요청에 보낸 표현으로 생성하게 요청한다. 본질적으로 PUT은 페이지를 지정한 URL에 올려둔다. 이미 페이지가 존재할 경우에는 전체 페이지를 교체한다. 현재 해당 URL에 페이지가 없다면 새로운 페이지를 생성한다.

- **DELETE** 요청 URI가 가리키는 리소스를 삭제하게 요청한다.

이러한 API는 간단하지만 강력한 기능을 제공하므로 상위 계층에 있는 소프트웨어는 정보를 표현하는 프로토콜에 대한 세부 사항에 신경 쓰지 않고도 IoT 장치를 읽거나 제어할 수 있다. 이러한 네 개의 메시지 메소드는 요청 메시지 클래스에 표현되며, 정상적으로 처리됐다면 세 가지 응답 메시지 클래스 중 하나로 응답을 표현한다. 요청의 성격에 따라 요청과 응답이 모두 확인형이거나 비확인형으로 구성된다(표 13.8b). 응답은 승인 메시지 타입(피기백 응답^{piggybacked} ^{response}) 형태로 전달될 수도 있다.

그림 15.9는 CoAP 메시지를 주고받는 과정에 대해 RFC 7252에서 소개하는 예를 표현한 것이다. 이 예제에서는 피기백 응답을 발생하는 기본적인 GET 요청 과정을 보여준다. 클라이언트는 coap://server/temperature라는 리소스에 대해 메시지 ID가 0x7d34인 확인형 GET 요청을 서버로 보낸다. 요청에는 하나의 Uri-Path 옵션(델타 0 + 11 = 11, 길이 11, 값 'temperature')을 담고 있으며, 토큰은

비워뒀다. 그러면 확인형 요청을 승인하는 승인 메시지에 A 2.05(콘텐트) 응답이
반환된다. 이때 메시지 ID가 0x7d34고 토큰 값은 공백이다. 응답의 페이로드에
는 '22.3 C'가 담긴다.

여기서 설명한 것 외에도 CoAP에서는 보안과 캐싱, 프록시 등과 같은 다양한
특성과 기능을 제공한다.

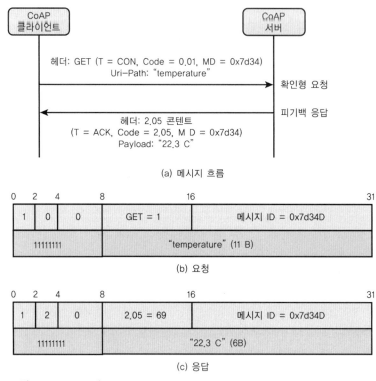

그림 15.9 CoAP 예

IoTivity 베이스 서비스

IoTivity 베이스는 CoAP API를 기반으로 구동하는 소프트웨어로, 클라이언트
와 서버로 구성된 상위 계층을 위한 리소스 모델을 제공한다. 서버에서 관리하
는 리소스는 엔티티entity와 엔티티 핸들러entity handler의 두 종류로 구분한다. 엔
티티는 센서나 액추에이터와 같은 IoT 사물을 가리킨다. 엔티티 핸들러는 한
개 이상의 센서로부터 수집한 데이터를 캐싱하는 장치나 게이트웨이 타입 프로
토콜을 변환하는 프록시 등과 같은 관련 장치를 의미한다. IoTivity 베이스에서
는 상위 계층에게 다음과 같은 서비스를 제공한다.

- **리소스 등록** 나중에 접근할 리소스를 등록할 때 사용된다.

- **리소스 및 장치 발견** 네트워크 서비스에 존재하는 모든 리소스에 대한 식별 정보를 반환한다.

- **리소스 쿼리(GET)** 리소스에 대한 정보를 가져온다.

- **리소스 상태 설정(PUT)** 간단한 리소스에 대한 값을 지정한다.

- **리소스 상태 관찰** 간단한 리소스의 값을 가져오고 이 값에 대한 관찰자(옵저버)로 등록한다. 그러면 애플리케이션에서 정한 스케줄에 따라 클라이언트에게 알림 메시지를 보낸다.

다음은 IoTivity 웹사이트에서 소개하는 리소스에 대해 쿼리를 보내는 예제를 보여준다. 이 예제에서는 조명 장치로부터 상태를 가져오는 과정을 다음과 같이 단계별로 보여준다(그림 15.10).

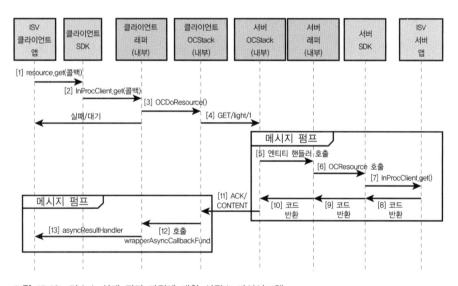

그림 15.10 리소스 상태 쿼리 과정에 대한 시퀀스 다이어그램

1. 클라이언트 애플리케이션에서 리소스의 현재 표현 상태를 가져오도록 `resource.get(...)`을 호출한다.

2. 이러한 호출은 마샬링^{marshaling}을 거쳐 프로세스 또는 데몬^{daemon}으로 실행되는 하위 스택으로 전달된다.

3. 요청을 보내는 C API를 호출한다. 호출 형태는 `OCDoResource(OC_REST_GET,"//192.168.1.11/light/1,0,0,OC_CONFIRMABLE,callback);`과 같이 표현된다.

4. 전송 계층으로 CoAP을 사용할 경우에는 하위 스택에서 타겟 서버로 GET 요청을 보낸다.

5. 서버에서는 `OCProcess()` 함수(메시지 펌프)가 소켓으로부터 요청을 받아서 파싱하고, 이를 요청의 URI에 해당하는 엔티티 핸들러에게 보낸다

6. C++ API를 사용할 경우에는 C++ 엔티티 핸들러가 페이로드를 파싱하고, 서버 스택이 프로세스로 실행되거나 데몬으로 실행될 경우에는 이를 마샬 링해 클라이언트 애플리케이션에게 보낸다.

7. C++ SDK는 이를 `OCResource`에 해당하는 C++ 핸들러로 올려 보낸다.

8. 핸들러는 결과 코드와 결과 표현을 SDK에게 반환한다.

9. SDK는 결과 코드와 표현을 마샬링해 C++ 엔티티 핸들러에게 전달한다.

10. 엔티티 핸들러는 결과 코드와 표현을 CoAP 프로토콜에게 반환한다.

11. CoAP 프로토콜은 결과를 클라이언트 장치로 전송한다.

12. 결과가 `OCDoResource` 콜백으로 반환된다.

13. 결과가 C++ 클라이언트 애플리케이션의 `syncResultCallback`으로 반환된다.

IoTivity 서비스

IoTivity 베이스 서비스는 앞 절에서 소개한 기본적인 기능에 대한 REST 방식 API를 제공한다. 현재 구현에서는 이러한 API 위에 IoTivity 서비스라 부르는 네 종류의 애플리케이션을 제공한다. IoTivity 서비스는 애플리케이션 개발에 공통적으로 필요한 기능을 제공한다. 이러한 기본 서비스는 애플리케이션이나 리소스에 쉽고 확장 가능한 형태로 접근할 수 있게 해줄 뿐만 아니라, 모든 애플리케이션과 리소스를 자체적으로 관리하는 데 필요한 기능을 제공한다. 기본 서비스는 다음과 같이 네 가지가 있다.

- **프로토콜 플러그인 관리자** IoTivity 애플리케이션이 IoTivity를 지원하지 않는 장치와 통신할 수 있게 플러그인 형태의 프로토콜 변환기를 제공한다. 여기에서는 여러 가지 참조 프로토콜 플러그인과 이러한 플러그인을 구동하거나 멈추기 위한 프로토콜 관리자 API를 제공한다.

- **소프트 센서 관리자** 애플리케이션 개발자에게 유용한 IoTivity에 대한 물리 및 가상 센서 데이터를 안정적으로 제공할 수 있게 해준다. 또한 IoTivity의 상위 단계의 가상 센서를 위한 배치 및 실행 환경도 제공한다. 주요 기능으로는 물리적인 센서 데이터 수집, 자체 조합 알고리즘에 기반을 둔 데이터 통합을 이용해 수집한 데이터 조작하기, 애플리케이션에게 데이터 제공하기, 특정한 이벤트나 변경 사항 감지하기 등이 있다.

- **사물 관리자** 그룹을 생성하고, 네트워크에서 적절한 멤버 사물을 검색하고, 멤버의 존재 여부를 관리하고, 그룹 액션을 쉽게 수행하도록 한다. 이 서비스를 이용하면 여러 사물을 하나의 그룹으로 묶어서 하나의 명령과 응답으로 한꺼번에 처리할 수 있기 때문에 애플리케이션 작업을 좀 더 쉽게 처리할 수 있다.

- **제어 관리자** 컨트롤러와 컨트롤러의 제어를 받는 대상과 컨트롤러를 위한 REST 프레임워크를 구현하기 위한 프레임워크나 서비스를 제공한다. 애플리케이션 개발자를 위한 API도 제공한다.

IoTivity에 대한 이해를 돕기 위해 그림 15.11에 나온 여러 서비스 중에서 제어 관리자^{CM, Control Manager}에 대해 좀 더 살펴보자. CM은 IoTivity 베이스 위에서 실행된다. IoTivity 베이스는 클라이언트와 서버 플랫폼 양쪽 모두에 존재한다. CM은 제어 대상인 장치를 찾고, REST 방식의 리소스 연산으로 이들을 제어하기 위한 SDK^{Software Development Kit} API도 제공한다. 또한 CM에서는 장치의 작동과 상태 변화를 모니터링하기 위한 구독/알림 기능도 제공한다.

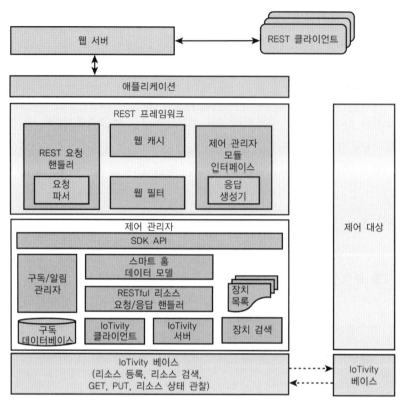

그림 15.11 IoTivity 제어 관리자 구조

현재 버전 관점에서 보면 CM은 스마트 홈 애플리케이션에 가장 적합한 형태를 띠고 있다. CM은 삼성 스마트 홈 프로파일Samsung Smart Home Profile을 사용한다. 삼성에서는 2014년 초반에 삼성 스마트 홈을 소개한 바 있다. 이 서비스를 이용하면 스마트 TV와 홈 어플라이언스나 스마트폰을 서로 연결하고 하나의 통합 플랫폼을 통해 관리할 수 있다. 사용자는 여기서 제공하는 기능을 이용해 자신의 집에 있는 가전 기기와 사용자를 연결해주는 애플리케이션 하나로 모든 기기를 제어하고 관리할 수 있다. 이렇게 연결하고 제어할 수 있는 가전 기기로는 냉장고나 세탁기부터 스마트 TV, 디지털 카메라, 스마트폰, 심지어 웨어러블 장치인 갤럭시 기어Galaxy Gear에 이르기까지 다양하며, 이들은 하나의 통합 플랫폼 및 서버를 통해 연결한다. 삼성 스마트 홈은 삼성 제품들을 제어하기 위한 플랫폼으로 출시되긴 했지만, 여기서 기능을 정의할 때 사용하는 프로파일은 다른 환경에서도 활용할 수 있기 때문에 IoTivity에서는 CM 애플리케이션의 효과적인 기반 기술로 도입했다.

CM은 다음과 같은 요소로 구성된다.

- **SDK API** REST 프레임워크를 위한 REST 방식 인터페이스로, 나중에 자세히 설명한다.

- **스마트 홈 데이터 모델** 사용 가능한 모든 가정용 장치와 가전 기기에 대한 데이터 스키마로, 계층적 리소스 모델과 장치 속성을 정의한다. 공통적인 리소스 집합을 통해 장치에서 제공하는 기능과 장치 설정, 지원되는 리소스에 관련된 정보를 제공한다. 온도계나 조명, 문 등과 같은 장치의 기능에 종속적인 리소스도 제공한다. 데이터 모델을 사용하면 애플리케이션 개발자가 장치 정보와 상태를 컴파일하거나, 장치를 제어하기 쉽다.

- **REST 방식 리소스 요청/응답 핸들러** 컨트롤러가 각 장치에게 요청을 보낼 때 데이터 모델로 표현된 것을 메시지 포맷으로 직렬화^{serialize}하는 기능을 제공한다. 핸들러는 전달받은 응답 메시지를 스마트 홈 데이터 모델로 변환해서 컨트롤러에게 보낸다. 그리고 클라이언트^{client} 모듈을 사용해 요청을 보내거나 응답을 받는다.

- **IoTivity 클라이언트** IoTivity 베이스 프레임워크를 사용해 다른 IoTivity 장치와 IoTivity 프로토콜을 사용해 메시지를 주고받는 클라이언트를 구현한다. (컨트롤러로 제어하는) 다른 IoTivity 장치에게 요청을 보내고, 이들로부터 응답을 받는 기능을 제공한다.

- **IoTivity 서버** IoTivity 베이스 프레임워크를 사용해 다른 IoTivity 장치에게 보낸 요청에 대한 응답을 보내는 서버를 구현한다. CM은 다른 IoTivity 장치에서 보낸 검색 요청에 응답하거나 이들이 보낸 알림 메시지를 받는 서버처럼 작동한다.

- **장치 검색** 다른 IoTivity 장치를 검색하기 위해 베이스 프레임워크에서 제공하는 IoTivity 검색 메커니즘을 이용한다. 초기 장치 검색 단계를 제외하면 CM의 검색 메커니즘은 장치에 대한 정보와 기능을 가져와서 발견한 장치에 대한 정보를 장치 목록에 저장해 관리한다.

- **구독/알림 관리자** 삼성 스마트 홈 프로파일에 정의된 다른 장치로부터 알림을 받거나 다른 장치를 구독하는 기능을 제공한다. REST 방식의 구독/알림 메커니즘으로 구성돼 있으며, CM이 다른 IoTivity 장치의 리소스를

구독할 때 사용한다. 알림을 보내는 장치는 구독 요청을 보낼 때 CM이 지정한 REST URI CM 서버에게 보낸다. 또한 CM은 이미 구독한 장치와 리소스에 대한 구독 정보를 보유하고 있다.

다시 그림 15.11을 보면 CM은 스마트 홈 관리에 특화된 기능을 제공하고, 이러한 기능은 IoTivity 베이스에서 제공하는 기본적인 기능을 토대로 작성된 것을 볼 수 있다. 애플리케이션이 웹 인터페이스를 통해 CM에 접근할 수 있게 IoTivity 소프트웨어 릴리스를 구성할 때 CM 위에 REST 프레임워크 소프트웨어 계층도 함께 포함했다. 이 프레임워크는 다음과 같은 모듈로 구성돼 있다.

- **REST 요청 핸들러** 애플리케이션으로부터 REST 요청을 받아서 파싱하고, 요청의 본문을 검사(스키마만 검증)해서 CM 모듈 인터페이스를 통해 CM 모듈에게 요청을 전달한다. REST 요청 핸들러는 (URI가 잘못되거나 요청 본문이 잘못되는 등과 같이) 요청의 내용이 유효하지 않으면 에러를 반환한다.

- **웹 캐시** 애플리케이션으로부터 받은 REST 요청을 캐시에 저장한다. 이전에 처리했던 것과 동일한 요청에 변경 사항이 없으면 '304 수정되지 않음 (Not Modified)'으로 응답한다.

- **웹 필터** 요청 URI에 있는 필터 파라미터를 파싱한다.

- **CM 모듈 인터페이스** REST 프레임워크와 CM 사이의 인터페이스를 담당한다. 주로 처리된 REST 요청을 CM으로 전달한다. 응답 리스너를 생성해서 CM에 등록하며, CM은 이 리스너를 사용해 비동기적으로 응답한다. 또한 이 과정에서 타임아웃 시간은 30초로 적용돼 이 시간 동안 CM으로부터 아무런 응답을 받지 않으면 애플리케이션에게 에러를 전달한다.

그림 15.11을 보면 세 가지 요소가 더 있는 것을 볼 수 있다. 실행 모델은 클라이언트가 HTTP를 사용하는 웹 서버에 대한 웹 인터페이스를 통해 IoTivity 와 상호 작용하게 구성돼 있다. 이때 웹 서버는 사용자가 스마트 홈 장치를 관리할 수 있게 편리한 인터페이스를 제공한다. 사용자의 요청이 애플리케이션 모듈에 전달되면 HTTP 요청을 파싱해서 (메소드, URI, 요청 본문 등과 같은) 정보를 추출한 다음, 이를 REST 프레임워크의 REST 요청 핸들러에게 전달한다. 이에 대한 응답은 응답 생성기를 통해 생성돼 요청을 보낼 때와 비슷한 방식으로 반환된다.

시스코 IoT 시스템

2015년에 시스코에서는 시스코 IoT 시스템이라는 통합 제품군을 발표했다. 이 제품은 다음과 같은 점을 관찰한 결과를 토대로 정립된 철학을 적용해 개발됐다. 시스코의 전망에 의하면 2020년까지 500억 개의 장치와 오브젝트가 인터넷에 연결될 것으로 내다봤다. 아직은 물리 세계에 있는 사물의 99% 가량이 연결돼 있지 않다. 이러한 디지털화의 물결로 인해 발생하는 엄청난 기회를 극대화하도록 회사나 도시마다 IoT 솔루션을 적용하는 사례가 늘어날 것이다.

하지만 디지털화란 본질적으로 쉬운 일이 아니다. 고객은 이전에는 상상할 수 없을 정도의 규모로 장치나 오브젝트를 연결하거나 다른 네트워크와 통합하려고 한다. 사람들은 이러한 연결을 통해 얻을 수 있는 가치를 고급 데이터 분석 기술을 적용해야만 가능할 수 있을 뿐만 아니라, 새로운 비즈니스 모델의 적용을 가속화하거나 생산성을 높일 수 있는 새로운 종류의 지능형 애플리케이션을 필요로 하게 된다. 이러한 요구는 장치에서 클라우드를 거쳐 데이터 센터에 이르기까지 시스템의 모든 지점에서 보안의 허점이 생기지 않는 방식으로 이뤄져야 한다.

시스코 IoT 시스템에서는 이러한 디지털화의 복잡도에 관련된 문제를 다양한 끝점과 플랫폼, 그리고 이들로부터 폭증하는 데이터로 구성된 대용량 시스템을 관리할 수 있는 인프라스트럭처를 통해 해결하고 있다. 이 시스템은 여섯 가지의 핵심 기술 요소로 구성된다. 이들을 한데 엮은 구조를 적용하면 디지털화의 복잡도를 줄이는 데 도움이 된다. 시스코에서는 이러한 여섯 가지 기반 기술에 속하는 몇 가지 IoT 제품도 발표했으며, 앞으로도 시스코 IoT 시스템의 일부로서 새로운 제품이 지속적으로 출시될 것이다.

그림 15.12는 여섯 가지 IoT 시스템의 여섯 가지 핵심 기술 요소를 보여준다. 각각에 대한 설명은 다음과 같다.

- **네트워크 연결** 외부 충격과 민감한 환경 변화에 잘 견딜 수 있게 제품의 내부와 외부에 보호 장치를 추가하거나 이러한 사항을 설계에 반영해 특수한 환경에서 사용할 수 있는 라우터, 스위칭, 무선 제품을 제공한다.

- **포그 컴퓨팅** 시스코의 포그 컴퓨팅 또는 에지 데이터 프로세싱 플랫폼인 IOx를 제공한다.

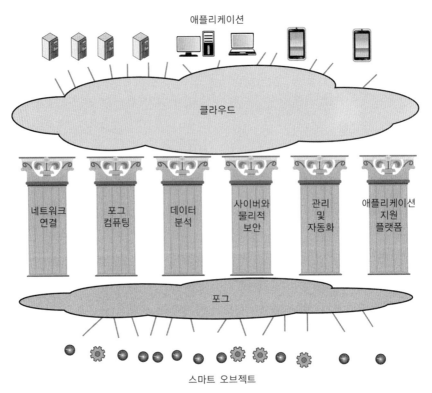

애플리케이션

클라우드

네트워크
연결

포그
컴퓨팅

데이터
분석

사이버와
물리적
보안

관리
및
자동화

애플리케이션
지원
플랫폼

포그

스마트 오브젝트

그림 15.12 시스코 IoT 시스템

- **데이터 분석** 시스코 커텍티드 애널리틱스 포트폴리오^{Cisco Connected Analytics} ^{Portfolio}나 써드파티의 분석 소프트웨어를 통해 여러 가지 분석 기법을 구현하고 실행 가능한 데이터를 다룰 수 있게 최적화 된 인프라스트럭처다.

- **보안** 사이버 보안과 물리 보안을 통합해 운영에 도움을 주고, 물리적인 자산뿐만 아니라 디지털 자산에 대한 보호 수준도 높일 수 있다. 시스코의 IP 감시 포트폴리오, 네트워크와 클라우드/사이버 보안 제품에 내장된 트러스트섹^{TrustSec} 보안 기능은 사용자가 IT와 OT 복합 공격을 모니터링하고 감지해 즉각 대응하게 해준다.

- **관리 및 자동화** 끝점과 애플리케이션을 관리하기 위한 도구다.

- **애플리케이션 지원 플랫폼** 여러 산업체나 지자체, 에코시스템 파트너, 써드파티가 IoT 시스템 역량을 기반으로 애플리케이션을 디자인하고 개발 및 활용할 수 있게 제공하는 일련의 API다.

각각의 핵심 기술 요소에 대해 하나씩 살펴보자. 그림 15.13은 시스코 IoT 시스템 백서[CISC15b]에서 인용한 것이다. 이를 통해 각 기술 요소의 주요 구성 요소를 볼 수 있다.

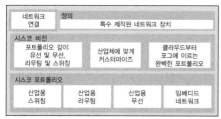
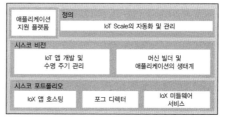

그림 15.13 시스코 IoT 핵심 기술 요소

네트워크 연결

시스코 IoT 시스템의 네트워크 연결 관련 구성 요소는 네트워크 에지를 위한 네트워크 제품군으로 구성된다. 이러한 제품은 스마트 오브젝트와 게이트웨이, 기타 에지 컴퓨팅 장치의 연결을 지원한다. 상당수의 스마트 오브젝트들은 공장이나 농장, 그리고 야외 환경과 같은 가혹한 환경에 배치된다. 이러한 장치는 일반적으로 제한된 송신/수신 범위를 갖는 무선 방식으로 통신한다. 따라서 에지 네트워킹 장치는 다음과 같은 특수한 요구 사항을 만족해야 한다.

- 많은 수의 단말 시스템의 지원
- 가혹한 환경에서 원격으로 운영

■ 지원되는 IoT 오브젝트에 대한 근접성

네트워크 연결을 위한 구성 요소는 여러 가지 기존 기술과 IoT를 위해 특별히 설계된 새로운 제품을 서로 결합한다. 이러한 제품군은 확장성과 신뢰성과 성능이 뛰어난 라우팅, 스위칭, 무선 제품 등과 같은 다양한 포트폴리오의 네트워킹 솔루션을 외부 충격과 민감한 환경 변화에 잘 견딜 수 있게 제작됐을 뿐만 아니라, 써드파티 장치도 수용할 수 있는 순수 소프트웨어 솔루션으로 구성되다 제품 포트폴리오는 다음과 같이 분류할 수 있다.

■ **산업용 스위칭** 산업용 네트워크에 대해 보안 기능을 제공하고, 음성과 비디오 트래픽을 처리할 수 있는 소형의 러기다이즈드^{ruggedized} 이더넷 스위치로 구성된다. 이러한 제품의 가장 두드러진 특징은 모두 시스코 자체 기술인 REP^{Resilient Ethernet Protocol}을 구현한다는 점이다. REP는 네트워크 루프를 제어하고 링크 실패^{link failure} 등을 제어하기 위한 방법을 제공할 뿐만 아니라, 통합 시간을 향상 시켜준다. 또한 세그먼트에 연결된 포트 그룹을 제어해 해당 세그먼트에 브리징 루프가 형성되지 않게 보장하며, 세그먼트 안에서 발생하는 링크 실패에 대응할 수 있게 해준다. REP는 복잡한 네트워크를 구축하기 위한 기반을 제공하고, VLAN 부하 분산을 제공한다.

■ **산업용 라우팅** 이 제품군은 혹독한 환경 기준을 만족하게 인증된 것이다. 이더넷, 시리얼, 셀룰러, 와이맥스^{WiMAX}, RF 메시 등과 같은 다양한 통신 인터페이스를 지원한다.

■ **산업용 무선** 여러 가지 혹독한 환경에 배치될 수 있게 설계된 것으로, 무선 액세스 포인트 기능을 제공하고, 멀티미디어 애플리케이션의 성능을 높이기 위해 멀티캐스트를 유니캐스트에 캡슐화하는 시스코 비디오스트림^{VideoStream}을 구현한다.

■ **임베디드 네트워크** 시스코 임베디드 서비스^{Cisco Embedded Service} 스위치는 혹독한 환경에서 스위치 기능을 제공해야 하는 모바일 및 임베디드 네트워크에 최적화돼 있다. 주요 제품으로 시스코 임베디드 서비스 2020 시리즈의 라우터 제품군이 있다. 이 제품은 다양한 하드웨어 장치에 통합될 수 있게 카드 형태로 구현돼 있다. 또한 시스코에서는 소형, 저전력 리눅스 장치를 위한 소프트웨어 라우터 애플리케이션도 제공한다.

포그 컴퓨팅

IoT 시스템의 포그 컴퓨팅^{fog computing}은 IoT 애플리케이션을 네트워크 에지로
확장하기 위한 소프트웨어와 하드웨어로 구성된다. 이러한 소프트웨어 및 하드
웨어는 데이터가 생성될 때 이를 효율적으로 분석하고 관리할 수 있게 해줘서
지연 시간을 낮추고 대역폭 부담을 줄여준다.

포그 컴퓨팅에 관련된 구성 요소의 목적은 라우터나 게이트웨이, 기타 IoT
장치에 배치될 IoT 관련 앱을 위한 플랫폼을 제공하는 것이다. 새로운 애플리케
이션이나 기존 애플리케이션을 포그 노드에 호스팅하기 위해 시스코에서는 IOx
라는 새로운 소프트웨어 플랫폼과 IOx에 애플리케이션을 배치하기 위한 API를
제공한다. IOx 플랫폼은 시스코 IOS 운영체제와 리눅스가 결합된 형태로 제공
된다(그림 15.14). 현재 IOx는 시스코 라우터에 구현돼 있다.

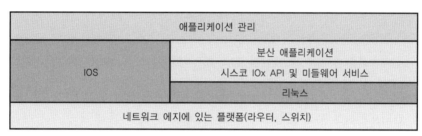

그림 15.14 시스코 IOx

시스코 IOS^{Internetwork Operating System}는 대다수의 시스코 시스템 라우터와 현재
나온 시스코 네트워크 스위치에서 사용하는 소프트웨어다. IOS는 라우팅, 스위
칭, 인터네트워킹, 텔레커뮤니케이션 기능이 패키지 형태로 통합된 멀티태스킹
을 지원하는 운영체제다. 아이폰과 아이패드를 구동하는 애플의 iOS 운영체제
와는 이름이 비슷하지만 엄연히 다른 제품이다.

IOx는 IOS를 기반으로 IoT에 필요한 통신과 컴퓨팅 리소스를 하나의 플랫폼
에 통합해 네트워크 에지에서 애플리케이션을 구동할 수 있게 하고 있다. 그림
15.14에 나온 것처럼 라우터와 같은 IOx 플랫폼은 멀티코어 프로세서의 멀티태
스킹 기능을 활용해 IOS와 리눅스를 동시에 구동한다. 리눅스는 파트너 회사가
IOx 플랫폼을 위한 포그 애플리케이션을 구현하기 위한 API와 미들웨어 서비
스를 제공하는 기반으로 활용하고 있다.

데이터 분석

IoT 시스템의 데이터 분석 관련 구성 요소는 클라우드에서 포그에 이르기까지 전체 네트워크 구조에 걸쳐 비즈니스에 특화된 소프트웨어 분석 패키지를 구동하기 위한 IoT에 특화된 API와 분산 네트워크 인프라스트럭처 요소로 구성되고 있다. 이를 통해 고객은 IoT 데이터를 비즈니스 분석 도구에 효과적으로 제공할 수 있다.

시스코 IoT 분석 인프라스트럭처는 다음과 같이 구성된다.

- **실시간 분석을 위한 인프라스트럭처** 시스코 라우터와 스위치, UCS^{Unified} Communications System 서버, IP 카메라 등에 대한 네트워크, 스토리지, 컴퓨트 기능을 통합함으로써 분석 도구를 포그 노드에서 직접 구동해 네트워크 에지에서 실시간으로 데이터를 수집하고, 저장하고, 분석하게 해준다.

- **클라우드와 포그 사이의 제어** 시스코 포그 데이터 서비스Cisco Fog Data Service 는 비즈니스 규칙을 적용하거나, 실시간 분석을 위해 데이터를 포그에 머물게 하거나, 장기간 저장하거나, 히스토리 분석을 위해 클라우드에 데이터를 보내는 것을 제어하기 위한 API를 제공한다.

- **엔터프라이즈 분석 통합** 회사에서는 IOx API를 사용해 포그 노드에 분석 기능을 수행해 실시간 지능을 갖추게 할 수 있다. 포그 데이터 서비스는 IoT 데이터를 클라우드에 제공하는 기능도 지원한다. IoT 데이터를 통합하면 운영의 효율성과 제품의 품질을 높이고, 비용을 줄일 수 있다.

- **보안을 위한 분석** 저장 공간과 컴퓨팅 기능을 갖춘 시스코 IP 카메라는 네트워크 에지에서 비디오, 오디오, 데이터 분석 작업을 처리할 수 있게 지원하기 때문에 기업에서는 이벤트 처리 및 분류 등을 비롯한 실시간 보안 기능을 수행할 수 있다.

보안

보안 구성 요소는 클라우드에서 포그에 이르는 모든 경로에서 발생하는 공격에 대한 사전 방어와 실시간 조치, 사후 대응을 위한 솔루션을 제공한다. 이를 위해 클라우드 기반 공격 보호, 네트워크 및 경계 보안, 사용자 및 그룹 기반 ID 서비스, 비디오 분석, 물리적 대상에 대한 안전한 접근 등을 제공한다.

보안 포트폴리오는 다음과 같은 요소로 구성돼 있다.

- **클라우드 기반 공격 보호** 시스코의 AMP^{Advanced Malware Protection} 패키지에서 제공하는 기능으로, 다양한 시스코 및 써드파티 플랫폼에 설치할 수 있는 제품들로 구성돼 있다. AMP 제품은 지속적인 멀웨어 방지 및 방어, 지속적 분석^{continuous analysis}, 회귀적 탐지^{retrospective alerting} 등을 잘 수행할 수 있도록 빅데이터 분석, 텔레메트릭 모델, 글로벌 위협 인텔리전스를 활용한다.

- **네트워크 및 경계 보안** 방화벽, 침입 방지 시스템 등과 같은 제품으로 구성된다.

- **사용자 및 그룹 기반 ID 서비스** 네트워크 리소스에 대한 컨텍스트 인지형 보안 접근을 자동화하고 강화하는 보안 정책 관리 플랫폼인 아이덴티티 서비스 엔진^{Identity Service Engine}, 소프트웨어 정의 세그먼테이션을 이용해 네트워크 접근 프로비저닝을 간소화하고, 보안 연산을 가속화하고, 네트워크 전체에 정책을 일관성 있게 적용하는 시스코 트러스트섹^{TrustSec} 같은 제품으로 구성된다.

- **물리적인 보안** 시스코의 물리적인 보안 기법은 보안 관리를 위한 소프트웨어와 하드웨어 장치로 구성된다. 관련 제품으로는 비디오 감시, IP 카메라 기술, 전자식 접근 제어, 사고 대응 등이 있다. 시스코 물리 보안 솔루션은 다른 시스코 및 파트너 기술과 통합해 상황 인식 및 빠른 결정을 수행할 수 있는 통합 인터페이스를 제공한다.

관리 및 자동화

관리 및 자동화 구성 요소는 여러 가지 기능을 사일로^{silo} 형태로 지원해 대형 IoT 네트워크에 대한 관리를 간소화하고, OT 데이터를 IT 네트워크와 통합하는 기능을 제공하기 위해 설계된 것이다. 세부적으로 다음과 같은 요소로 구성돼 있다.

- **IoT 필드 네트워크 디렉터(IoT Field Network Director)** 라우터와 스위치, 끝점^{endpoint} 장치를 관리하기 위한 다양한 도구를 제공하는 소프트웨어 플랫폼이다. 여기서 제공하는 도구로는 장애 관리, 설정 관리, 계정 관리, 성

능 관리, 진단 및 장애 처리, 산업용 애플리케이션을 위한 노스바운드 API 등이 있다.

- **시스코 프라임 관리 포트폴리오(Cisco Prime Management Portfolio)** 원격 관리 및 프로비저닝 솔루션으로, 홈 네트워크에 대한 가시성을 제공해준다. 이 패키지는 현재 집안에 연결된 모든 장치를 세부 정보를 검색해서 원격으로 관리할 수 있게 해준다.

- **시스코 비디오 감시 관리사(Cisco Video Surveillance Manager)** 비디오, 분석, IoT 센서를 통합해 물리적인 보안 관리 기능을 제공한다.

애플리케이션 지원 플랫폼

이 구성 요소는 클라우드 기반 앱 개발 및 클라우드와 포그 사이에 배치를 지원하는 단일 및 대규모 플랫폼을 제공한다. 또한 고객과 파트너와 써드파티에서 사용할 수 있게 오픈 API와 앱 개발 환경도 제공한다. 구체적으로 다음과 같은 요소로 이뤄져 있다.

- **시스코 IOx 앱 호스팅(Cisco IOx App Hosting)** 모든 영역의 고객과 다양한 산업군의 솔루션 프로바이더들은 IOx의 기능을 활용해 소프트웨어 애플리케이션을 개발하고 관리할 수 있고, 라우터나 스위치, IP 비디오카메라 등과 같은 시스코 산업용 네트워크 기반 장치에서 직접 구동할 수 있다.

- **시스코 포그 디렉터(Cisco Fog Director)** 에지에서 실행되는 다양한 애플리케이션을 중앙에서 관리할 수 있게 해준다. 이러한 관리 플랫폼을 통해 관리자는 대규모 IoT 환경에서 운용되는 애플리케이션 설정과 수명 주기를 관리하는 작업에 쉽게 접근하고 시각화해준다.

- **시스코 IOx 미들웨어 서비스(Cisco IOx Middleware Services)** 미들웨어는 '접착제' 역할을 하는 소프트웨어로, (다양한 플랫폼 기반으로 작동하는) 프로그램이나 데이터베이스가 서로 연동될 수 있게 해준다. 가장 핵심적인 기능은 다양한 소프트웨어 부품이 서로 통신할 수 있게 해주는 것이다. 이 제품은 IoT와 클라우드 앱이 서로 통신하는 데 필요한 도구를 제공한다.

ioBridge

ioBridge는 제조사와 전문가, 일반 사용자를 위한 인터넷 기반 장치와 제품을, 간결하고 비용 효율이 높게 만들 수 있게 설계된 웹 서비스와 소프트웨어, 펌웨어 등을 제공한다. 웹 기반 사물에 필요한 모든 구성 요소를 제공함으로써 고객은 다양한 벤더의 솔루션을 한데 엮는 데 수반되는 복잡도와 비용을 줄일 수 있다. ioBridge는 다양한 IoT 사용자를 위한 턴키^{turnkey} 방식의 솔루션을 제공한다.

ioBridge

ioBridge 플랫폼

ioBridge는 DIYDo-It-Yourself 프로젝트부터 상용 제품 및 전문가용 애플리케이션에 이르는 모든 대상을 위한 안전하고, 사적인 용도로 사용할 수 있고 확장 가능한 형태의 완벽한 종단 간 플랫폼을 제공한다. ioBridge는 하드웨어와 클라우드 서비스 사업자로 구성된다. 이러한 IoT 플랫폼을 통해 사용자는 확장성 높은 웹 기술을 사용해 제어 및 모니터링 애플리케이션을 만들 수 있다. ioBridge는 종단 간 보안, 웹 및 모바일 앱을 위한 실시간 I/O 스트리밍을 제공하고 설치와 사용이 간편하다.

그림 15.15는 ioBridge 기술의 주요 특징을 보여준다. 임베디드 장치와 클라우드 서비스가 밀접하게 결합함으로써 기존 웹 서버 기술만으로는 불가능했던 다양한 기능을 실현할 수 있게 해준다. 특히 웹 프로그래머블 제어 또는 '룰과 액션'과 같은 완제품 형태의 ioBridge 임베디드 모듈도 제공한다. 이러한 모듈을 이용하면 ioBridge 클라우드 서버와 연결되지 않은 상태에서도 장치를 제어할 수 있다.

장치 관점에서 제공해주는 주요 기능으로는 펌웨어와 Iota 모듈, 게이트웨이 등이 있다. 펌웨어를 장치에 추가함으로써 ioBridge 서비스와 통신하는 기능을 추가할 수 있다. Iota란 이더넷이나 와이파이 네트워크 연결 기능을 갖춘 조그만 임베디드 펌웨어 또는 하드웨어 모듈이다. 게이트웨이란 IoT 장치와 ioBridge 서비스 사이에서 프로토콜을 변환하고 브리지 역할을 하는 소형 장치다.

본질적으로 IoT 플랫폼은 임베디드 장치를 웹 서비스와 매끄럽게 매시업 ^{mashup}하는 기능을 제공한다. ioBridge는 스마트폰이나 태블릿뿐만 아니라 웹 서비스 플랫폼에서도 구동할 수 있는 앱과 함께 임베디드 장치에 설치할 수 있는 하드웨어 보드와 펌웨어, 소프트웨어를 판매하고 있다.

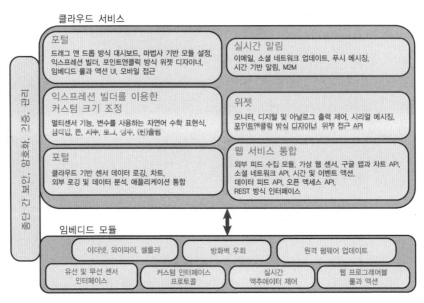

클라우드 서비스

| 포털 | 실시간 알림 |
| 드래그 앤 드롭 방식 대시보드, 마법사 기반 모듈 설정, 익스프레션 빌더, 포인트앤클릭 방식 위젯 디자이너, 임베디드 툴과 액션 UI, 모바일 접근 | 이메일, 소셜 네트워크 업데이트, 푸시 메시징, 시간 기반 알림, M2M |

| 익스프레션 빌더를 이용한 커스텀 크기 조정 | 위젯 |
| 멀티센서 기능, 변수를 사용하는 자연어 수학 표현식, 심딕업, 튼, 시누, 로그, 싱수, (빈)클림 | 모니터, 디지털 및 아날로그 출력 제어, 시리얼 메시징, 포인트앤클릭 방식 디자이너 위젯 접근 API |

| 포털 | 웹 서비스 통합 |
| 클라우드 기반 센서 데이터 로깅, 차트, 외부 로깅 및 데이터 분석, 애플리케이션 통합 | 외부 피드 수집 모듈, 가상 웹 센서, 구글 맵과 차트 API, 소셜 네트워크 API, 시간 및 이벤트 액션, 데이터 피드 API, 오픈 액세스 API, REST 방식 인터페이스 |

임베디드 모듈

| 이더넷, 와이파이, 셀룰라 | 방화벽 우회 | 원격 펌웨어 업데이트 |
| 유선 및 무선 센서 인터페이스 | 커스텀 인터페이스 프로토콜 | 실시간 액추에이터 제어 | 웹 프로그래머블 룰과 액션 |

그림 15.15 ioBridge IoT 플랫폼

싱스픽

ThingSpeak

싱스픽^{ThingSpeak}은 ioBridge에서 개발한 오픈소스 IoT 플랫폼이다. 싱스픽을 이용하면 센서 로깅 애플리케이션과 위치 추적 애플리케이션, 상태 업데이트를 알려주는 사물의 소셜 네트워크 등을 개발할 수 있다. 이 플랫폼은 실시간 데이터 수집, 수집한 데이터의 차트 형태 시각화, 웹 서비스와 연동해 플러그인과 앱을 개발하는 기능, 소셜 네트워크, API 등을 제공한다.

싱스픽에서 가장 핵심적인 요소는 싱스픽 웹사이트에서 호스팅하고 있는 싱스픽 채널이다. 이 채널은 싱스픽으로 전달된 데이터를 저장하며, 다음과 같은 구성 요소로 이뤄져 있다.

- **모든 타입의 데이터를 저장하기 위한 여덟 개의 필드** 센서나 임베디드 장치로부터 전달된 데이터를 저장하는 데 사용한다.

- **세 가지 위치 필드** 위도와 경도, 고도를 저장하는 데 사용된다. 움직이는 장치를 추적할 때 굉장히 유용하다.

- **하나의 상태 필드** 채널에 저장된 데이터를 표현하는 짧은 메시지

ioBridge 기반의 장치와 ioBridge 앱을 갖춘 플랫폼은 채널을 통해 통신한다. 싱스픽 채널은 트위터에 연동하는 기능도 제공해 센서 업데이트나 다른 데이터를 트윗 형태로 전달할 수 있다. 싱스픽은 ioBridge 장치만 지원하지 않고 싱스픽 채널과 통신하는 데 필요한 소프트웨어를 갖춘 장치라면 어떠한 것이라도 상호 연동할 수 있다.

이 기능을 활용하려면 사용자는 먼저 싱스픽 웹사이트에 채널을 정의해야 한다. 이 작업은 굉장히 간단하며 다음과 같은 단계로 구성된다.

1. 고유 ID로 새로운 채널을 생성한다.

2. 채널의 공개 여부(public 또는 private)를 지정한다.

3. 한 개에서 여덟 개 사이의 필드를 생성한다. 각 필드에 이름을 지정해 모든 종류의 데이터를 저장하게 할 수 있다.

4. API 키를 생성한다. 채널마다 하나의 쓰기용 API 키를 가진다. 이 채널로 통신하는 모든 데이터는 API 키를 보유하고 있는 경우에만 한 개 이상의 필드에 쓸 수 있다. 채널을 private으로 지정했다면(외부에 공개하지 않았다면) 읽을 때도 API 키가 필요하다. 사용자는 특정한 데이터 처리 작업이나 명령을 수행할 때 API 키를 사용하게 앱을 정의할 수 있다.

싱스픽에서는 웹 서비스와 소셜 네트워크와 다른 API와 쉽게 연동하기 위한 앱을 제공한다. 싱스픽에서 제공하는 앱 중에서 몇 가지를 소개하면 다음과 같다.

- **ThingTweet** 사용자가 싱스픽을 통해 트위터에 메시지를 게시할 수 있게 해준다. 게시물을 트위터로 리다이렉션하는 트위터 프록시를 구현한 것이다.

- **ThingHTTP** 사용자가 웹 서비스에 연결하는 기능을 제공하며, HTTP 메소드 중 GET, PUT, POST, DELETE를 지원한다.

- **TweetControl** 사용자가 특정한 키워드를 사용하는 트위터 피드를 모니터링하다가 필요한 요청을 처리하는 기능을 제공한다. 트위터 피드에서 해당 키워드를 발견하면 사용자는 ThingHTTP를 이용해 다른 웹 서비스에 연결하거나 특정한 액션을 수행한다.

- **React** 채널이 일정한 기준을 만족할 때 트윗을 보내거나 ThingHTTP 요청을 보낸다.

- **TalkBack** 명령을 큐에 저장하고, 장치가 이러한 큐에 저장된 명령을 실행하게 한다.

- **TimeControl** 미래의 특정한 시점에 ThingTweet, ThingHTTP, TalkBack을 수행하게 한다. 일주일 동안 특정한 시각에 이러한 동작이 수행되게 구성할 때도 활용하기도 한다.

싱스픽에서는 앞에서 소개한 앱을 사용하는 데 그치지 않고, 사용자가 HTML, CSS, 자바스크립트를 이용해 플러그인 형태의 싱스픽 애플리케이션을 만드는 기능도 제공한다. 이렇게 만든 애플리케이션은 웹사이트나 싱스픽 채널에 설치할 수 있다.

RealTime.io

RealTime.io

ioBridge에서는 RealTime.io라는 기술도 제공한다. 이 기술은 싱스픽과 비슷하지만 좀 더 강력하고 정교한 기능을 제공한다. RealTime.io는 클라우드 플랫폼으로, 어떠한 장치이든 클라우드 서비스나 모바일 폰과 연동해 제어, 알림, 데이터 분석, 고객 인사이트, 원격 유지 보수, 기능 선택 등과 같은 기능을 제공할수 있게 해준다. 이 기술은 ioBridge 기술을 활용하는 제조사가 비용을 최소화하면서 빠르고 안전하게 새로운 커넥티드 홈 제품을 시장에 출시할 수 있게 도와주기 위한 목적으로 개발된 것이다.

RealTime.io의 앱 빌더^{App Builder}를 사용하면 사용자가 웹 앱을 RealTime.io 클라우드 플랫폼에 직접 구축할 수 있다. 사용자는 HTML5와 CSS, 자바스크립트 등을 이용해 장치나 소셜 네트워크, 외부 API, ioBridge 웹 서비스 등과 상호작용하는 웹 애플리케이션을 작성할 수 있다. 브라우저 기반의 코드 에디터와 자바스크립트 라이브러리, 앱 업데이트 추적, 장치 관리자, 기존 ioBridge 사용자 계정을 이용한 통합 인증(싱글 사인 온^{SSO, Single-Sign On}) 등도 함께 제공한다. RealTime.io는 ioBridge Iota 기반 장치와 펌웨어와 네이티브 방식으로 연동된다.

RealTime.io는 템플릿 앱 또는 커스텀 앱도 내장된 형태로 제공한다. 템플릿 앱^{Template app}이란 사용자가 원하는 형태로 커스터마이즈하기만 해 곧바로 사용할 수 있게 미리 만들어진 앱이다. 커스텀 앱^{Custom App}이란 사용자가 원하는 파일이나 이미지를 별도의 스타터 템플릿을 사용하지 않고도 업로드할 수 있는 앱이다.

그림 15.16은 전반적인 ioBridge 환경을 보여준다.

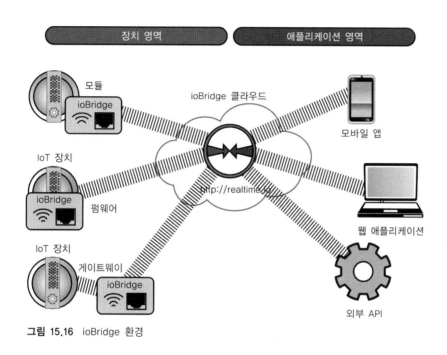

그림 15.16 ioBridge 환경

15.3 핵심 용어

15장을 통해 다음과 같은 용어를 배웠다.

CoAP	리소스가 제한된 장치	
리소스사 제한되지 않은 장치	포그 컴퓨팅	정보 기술(IT)
운영 기술(OT)		

15.4 참고 문헌

CISC14b Cisco Systems. The Internet of Things Reference Model. White paper, 2014. http://www.iotwf.com/.

CISC14c Cisco Systems. Building the Internet of Things. Presentation, 2014. http://www.iotwf.com/.

CISC15b Cisco Systems. Cisco IoT System: Deploy, Accelerate, Innovate. Cisco white paper, 2015.

FERG11 Ferguson, J., and Redish, A. "Wireless Communication with Implanted Medical Devices Using the Conductive Properties of the Body." Expert Review of Medical Devices, Vol. 6, No. 4, 2011. http://www.expert-reviews.com.

SEGH12 Seghal, A., et al. "Management of Resource Constrained Devices in the Internet of Things." IEEE Communications Magazine, December 2012.

VAQU14 Vaquero, L., and Rodero-Merino, L. "Finding Your Way in the Fog: Towards a Comprehensive Definition of Fog Computing." ACM SIGCOMM Computer Communication Review, October 2014.

PART VI

관련 토픽

지금까지 설명한 내용에 대해 인내심을 갖고 읽은 독자들은 예전에 극복했던 어려움과, 예전에 직면했던 위험과, 예전에 저지른 실수와, 지금까지 달성한 일들에 대해 깨달을 수 있을 것이다.
– 『세계의 위기(The World Crisis)』, 윈스턴 처칠(Winston Churchill), 1923년

16장 보안
17장 새로운 네트워킹 기술이 IT 직업에 미치는 영향

16장에서는 현대 네트워킹 기술의 발전으로 인해 제기되는 전반적인 보안 이슈에 대해 소개한다. SDN, NFV, 클라우드, IoT 보안에 대해 각각 별도의 절로 분리해 자세히 살펴본다. 17장에서는 네트워크 전문가를 위한 경력과 직업에 관련된 몇 가지 동향과 조언을 제시하는 것으로 이 책을 마무리한다.

Chapter 16

보안

이방인에게서 뿜어져 나오는 사악한 기운을 막는 것은 원시인들이 지켜야 할 기본적인 규칙이었다.
따라서 이방인이 어떤 지역에 들어가거나 원주민과 마음껏 어울리는 것을 허락하기 전에 그 지역
원주민들은 이방인이 가진 주술의 힘을 없애거나 이들로 인해 오염된 기운을 정화하기 위한 목적으
로 일정한 의식을 거행했다.

– 황금 가지(The Golden Bough),
제임스 조지 프레이저 경(Sir James George Frazer)

16장에서 다루는 내용

16장을 읽고 나면 다음과 같은 것을 할 수 있다.

- 보안의 핵심 요구 사항인 기밀성, 무결성, 가용성, 진정성, 책임성에 대해
  설명할 수 있다.
- SDN 보안에 대해 개략적으로 설명할 수 있다.
- NFV 보안에 대해 개략적으로 설명할 수 있다.
- 클라우드 보안에 대해 개략적으로 설명할 수 있다.
- IoT 보안에 대해 개략적으로 설명할 수 있다.

15장에서는 이 책에서 소개한 주요 네트워킹 기술에 대한 보안 이슈를 소개한
다. 먼저 모든 네트워킹 및 컴퓨터 환경에 공통적으로 적용되는 보안 요구 사항
에 대해 살펴본다. 나머지 네 절에서는 SDN소프트웨어 정의 네트워킹, NFV네트워크 기능
가상화, 클라우드, IoT사물 인터넷 보안에 대해 차례대로 살펴본다.

16.1 보안 요구 사항

16장에서는 컴퓨터나 네트워크 데이터 및 서비스를 보호하기 위해 공통적으로 적용되는 보안 기능에 대해 살펴본다. 대다수의 환경에서 가장 널리 적용되는 기본 보안 기능으로는 그림 16.1과 같이 다섯 가지가 있다.

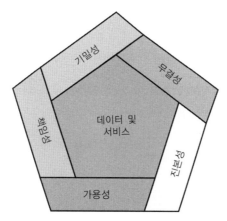

그림 16.1 네트워크 및 컴퓨터 관련 핵심 보안 요구 사항

- **기밀성(confidentiality)** 이 용어는 다음과 같은 두 가지 개념을 포함한다.
  - **데이터 기밀성** 사적인 정보 또는 비밀 정보가 공개되거나 허가받지 않은 이에게 드러나지 않게 보장하는 것
  - **프라이버시(privacy)** 자신에 관련된 정보 중에서 다른 사람에게 공개해서 수집 또는 저장할 수 있는 대상을 제어할 수 있게 보장하는 것
- **무결성(integrity)** 이 용어는 다음과 같은 두 가지 개념을 포함한다.
  - **데이터 무결성** (저장되거나 전송되는 패킷에 담긴) 정보나 프로그램이 특정한 방식과 허가된 경우에만 변경할 수 있게 보장하는 것
  - **시스템 무결성** 의도한 기능을 수행할 때 고의 또는 실수로 허가받지 않은 연산을 수행해 시스템이 손상되지 않게 보장하는 것
- **가용성(availability)** 시스템이 즉시 작동하며 허가받은 사용자에게 서비스를 거부하지 않게 하는 것
- **진본성(authenticity)** 원본 여부를 검증하고 신뢰할 수 있는지를 나타내는

속성으로, 메시지, 메시지 송신자, 전송 과정에 대한 진위 여부를 보장한다.

- **추적성(accountability)** 어떤 대상의 행위만 골라서 추적하기 위한 보안 목표. 부인 방지[nonrepudiation], 억제[deterrence], 결함 격리[fault isolation], 침입 탐지 및 방지[intrusion detection and prevention], 사후 복구[after-action recovery], 법적 조치(소송)[legal action] 등을 지원한다. 보안이 완벽한 시스템을 구현하기란 현실적으로 불가능하기 때문에 공격 및 침입 여부를 추적할 수 있어야 한다. 포렌식[forensic] 분석 과정에서 보안 침입을 추적하거나 거래 관련 분쟁 해결을 위해 활용할 수 있도록 시스템에서 반드시 이러한 활동을 기록해둬야 한다.

방금 설명한 개념은 SDN, NFV, 클라우드, IoT에 대한 구체적인 보안 요구 사항에 대해 설명할 때 다시 언급하므로 잘 기억해두기 바란다. 네트워크 보안에 대해 깊이 살펴보고 싶은 독자는 본 저자의 또 다른 저서인 『암호화와 네트워크 보안(Cryptography and Network Security)』[STAL15b]을 참조하기 바란다.

16.2 SDN 보안

이 절에서는 SDN 보안에 대해 두 가지 관점에서 살펴본다. 하나는 SDN에 대한 보안 위협의 관점이고, 다른 하나는 네트워크 보안을 향상시키기 위해 SDN을 활용하는 관점이다.

SDN에 대한 보안 위협

SDN은 전통적인 네트워크 구조와 상당히 다르기 때문에 기존 네트워크 보안에서 사용하던 접근 방식을 SDN에 적용하기에는 적합하지 않다. SDN은 애플리케이션, 제어, 데이터라는 세 개의 계층 구조로 구성돼 있으며, 네트워크 제어를 위해 새로운 테크닉을 사용한다. 이러한 요소는 모두 잠재적인 공격의 대상이 될 수 있다.

그림 16.2는 2014년 <네트워크 월드[Network World]>에 게재된 기사[HOGG14]에서 인용한 것으로, SDN 구조에서 잠재적인 보안 위협의 지점을 보여준다. 보안 위협은 세 계층 모두에서 발생할 수 있으며, 각 계층 사이에서 통신하는 과정에서도 발생할 수 있다. 그림에서 보는 바와 같이 각 계층을 구성하는 하드웨어나

소프트웨어 플랫폼은 멀웨어나 침입 공격의 잠재적인 대상이 될 수 있다. 또한 SDN에 관련된 프로토콜과 API도 새로운 공격 대상으로 부각되고 있다. 이 절에서는 SDN에 관련된 보안 위협에 대해 자세히 살펴본다.

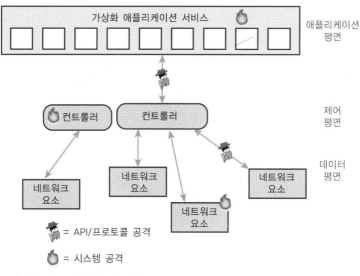

= API/프로토콜 공격

= 시스템 공격

그림 16.2 SDN 보안 공격 표면

데이터 평면

데이터 평면에서 가장 보안에 취약한 부분은 오픈플로우^{OpenFlow}나 OVSDB^{Open vSwitch Database Management Protocol}가 있는 사우스바운드 API다. 이 API는 데이터 평면의 네트워크 요소를 관리하기 위한 강력한 도구를 제공하지만, 현실적으로 네트워크 장비 공급자가 보안을 완벽히 보장할 수 없기 때문에 네트워크 인프라스트럭처의 **공격 표면**^{attack surface}이 예전보다 훨씬 넓어지게 됐다. 즉, 보안을 고려하지 않고 구현된 사우스바운드 프로토콜로 인해 네트워크의 보안이 깨질 수 있다. 공격자는 플로우 테이블에 자신이 작성한 플로우를 추가해 허용되지 않은 네트워크 지점으로 트래픽을 빼낼 수도 있다. 예를 들어 공격자가 방화벽을 우회하는 플로우를 추가해서 비정상적인 트래픽을 발생하거나 도청에 악용할 수 있다. 한 마디로 표현하면 사우스바운드 API를 침투해서 네트워크 전체를 직접 제어할 수도 있다.

보안을 향상하기 위한 한 가지 방법으로, SSL^{Secure Sockets Layer}의 보안 기능을 강화한 TLS^{Transport Layer Security}를 사용하는 방법이 있다. 그림 14.3은 TCP/IP

공격 표면
도달 가능하고 악용할 수 있는 시스템의 취약점

구조에서 TLS가 차지하는 위치를 보여준다. 이 구조에 대해 살펴보기 전에 먼저 소켓socket이란 용어부터 정의할 필요가 있다. 간단히 표현하면 소켓이란 IP 기반 네트워크에서 데이터를 특정한 애플리케이션으로 보내기 위한 수단이다. 소켓 주소는 호스트의 IP 주소와 TCP 또는 UDP 포트 번호를 조합한 형태로 정한다. 애플리케이션 관점에서 보면 소켓 인터페이스는 일종의 API처럼 보인다. 이러한 소켓 인터페이스는 유닉스를 비롯한 많은 시스템에서 범용 통신 프로그래밍 인터페이스로 구현했다. TCP 소켓을 이용한 통신은 두 개의 애플리케이션을 통해 이뤄진다. 한쪽 애플리케이션이 소켓을 열어두고 있다가 원격에 있는 다른 애플리케이션이 TCP로 연결해서 요청한 사항에 응답하는 방식으로 동작한다.

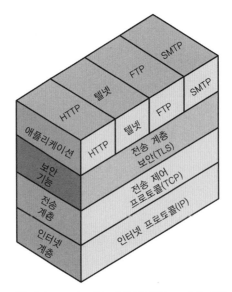

그림 16.3 TCP/IP 구조에서 담당하는 TLS의 역할

TLS를 이용하면 애플리케이션마다 TLS 소켓 주소를 갖게 되며, 원격에 있는 애플리케이션의 TLS 소켓과 통신한다. TLS에서 제공하는 보안 기능은 애플리케이션에게 드러나지 않는다. 따라서 TCP나 애플리케이션을 별도로 수정하지 않고도 TLS에서 제공하는 보안 기능을 사용할 수 있다. 그림 14.3에서 소개한 바와 같이 TLS는 HTTP뿐만 아니라 TCP를 사용하는 모든 애플리케이션을 지원한다.

TLS는 다음과 같은 세 가지 종류의 보안을 제공한다.

- **기밀성(confidentiality)** 두 애플리케이션(예, 두 개의 HTTP 모듈) 사이에 전달되는 모든 데이터는 암호화되기 때문에 도청할 수 없다.

- **메시지 무결성(message integrity)** TLS는 중간에 메시지가 변경되거나 대체되지 않게 보장한다.

- **인증(authentication)** TLS는 공개 키 인증서public-key certificate를 교환해 한쪽 또는 양쪽 파트너의 신원을 검증한다. 이렇게 하면 악의적인 컨트롤러나 공격자가 비정상적인 플로우를 네트워크 장치에 설치하지 않게 방지하는 데 도움이 된다.

TLS는 핸드셰이크handshake와 데이터 전송이라는 두 가지 단계로 구성된다. 핸드셰이크 과정에서 양쪽이 인증 기능을 수행하고 데이터 전송에 사용할 암호 키를 설정한다. 데이터가 전송되는 동안에는 이렇게 설정된 암호화 키를 사용해 모든 데이터를 암호화한다.

오픈플로우 스위치 규격의 최신 버전(저자의 집필 시점에서는 1.5.1, 2015년 3월 26일 버전)에서는 다음과 같이 설명하고 있다.

> 데이터패스와 오픈플로우 채널 사이의 인터페이스는 구현에 따라 다양하지만, 오픈플로우 채널을 거치는 모든 메시지는 반드시 오픈플로우 스위치 프로토콜에서 정한 포맷을 따라야 한다. 오픈플로우 채널은 일반적으로 TLS로 암호화하지만, TCP로 직접 연결할 수도 있다.

하지만 (제어 평면과 데이터 평면을 연결하는) 사우스바운드 통신 채널을 보호하지 않고서 데이터 평면을 보호할 수 없기 때문에 반드시 TLS나 이와 비슷한 기능을 사용하는 것이 좋다.

제어 평면

SDN에서는 전반적인 관리와 오케스트레이션, 라우팅뿐만 아니라 네트워크 트래픽 플로우에 대한 다양한 작업이 하나의 컨트롤러 또는 몇 개의 분산형 컨트롤러에 집중돼 있다. 그래서 공격자가 컨트롤러에 성공적으로 침투하기만 하면 전체 네트워크의 상당 부분을 통제할 수 있게 된다. 따라서 SDN 컨트롤러는 가장 높은 수준으로 보호해야 할 대표적인 대상이다.

컨트롤러를 보호하기 위해서는 다음과 같이 널리 알려진 컴퓨터 보안 테크닉을 적용한다.

- **분산 서비스 거부 공격(DDoS, Distributed Denial of Service) 방지 기법**
  고가용성 컨트롤러 구조라면 특정한 컨트롤러의 손실을 만회하게 보조 컨트롤러를 사용해 DDoS 공격을 최소화하는 기법을 적용할 수 있다.
- **접근 제어 기법** RBAC[Role-Based Access Control]나 ABAC[Attribute-Based Access Control]를 비롯한 여러 가지 표준 접근 제어 기술을 적용할 수 있다.
- 안티바이러스/안티웜 기법
- 방화벽, IDS[Intrusion Detection System, 침입 탐지 시스템], IPS[Intrusion Prevention System, 침입 방지 시스템]

애플리케이션 평면

노스바운드 API와 애플리케이션 프로토콜도 공격의 대상이 될 수 있다. 이 영역이 공격 당하면 공격자가 네트워킹 인프라스트럭처에 대한 제어권을 얻게 된다. 따라서 이 영역에 대한 SDN 보안 기술은 허가받지 않은 사용자나 애플리케이션이 컨트롤러를 악용하지 않게 방지하는 데 초점을 맞추고 있다. 또한 애플리케이션 자체도 공격 포인트가 될 수 있다. 공격자가 제어권을 확보한 애플리케이션이 제어 평면에 인증을 받으면 엄청난 피해를 초래할 수 있다. 다양한 권한을 가진 인증된 애플리케이션은 네트워크의 설정과 운영에 대한 통제권을 상당히 많이 갖게 된다.

이러한 공격에 대처하기 위해서는 두 가지 기법이 필요하다. 하나는 애플리케이션이 제어 평면에 접근하는 권한을 인증하고, 이렇게 인증된 애플리케이션이 해킹 당하지 않게 방지하는 메커니즘이 필요하다. 인증을 위해 애플리케이션과 컨트롤러가 통신하는 과정에서 발생하는 공격에 대응하려면 통신 채널을 TLS나 동급의 보안 기술로 보호해야 한다. 애플리케이션을 보호하려면 보안을 고려해 코드를 작성해야 하고, 애플리케이션 플랫폼도 해킹을 방지하게 보호해야 한다.

소프트웨어 정의 보안

SDN은 네트워크 설계자나 관리자에게 새로운 보안 위협을 안겨주기도 하지만, 한편으로는 일관성 있고 중앙에서 관리할 수 있는 네트워크 보안 정책과 메커니즘을 구현할 수 있는 플랫폼을 제공하기도 한다. SDN에서는 보안 서비스나 메커니즘을 제공하고 운영할 수 있는 SDN 보안 컨트롤러나 SDN 보안 애플리케이션을 개발할 수 있다.

보안 관리를 위해 보안 컨트롤러는 보호할 애플리케이션을 위한 안전한 API를 제공해야 한다. 예를 들어 애플리케이션이 가상 머신^{VM}을 생성하고 트래픽 경로를 설정할 때 가상 컴포넌트에 IDS, IPS, 보안 정보 및 이벤트 관리^{SIEM} 등과 같은 적절한 보안 기능을 적용할 수 있어야 한다.

실제로 보안에 대한 필요성은 SDN 도입을 촉진하는 핵심 요소로 부각되고 있다. 한편으로는 현대 네트워킹 기술로 인해 시스템과 네트워크 관리자에게 다음과 같은 큰 부담을 안겨준다.

- 네트워크 트래픽 증가

- 서버, 스토리지, 네트워킹 장치에서 VM 사용

- 클라우드 컴퓨팅

- 데이터 센터의 규모와 복잡도 증가

- IoT 애플리케이션의 증가

또 다른 면에서 보면 멀웨어^{malware}는 더욱 정교해지고, 기능도 신속하게 보완되고 있다. 따라서 IP 인력이 보안에 대한 주요 걸림돌이 되고 있다. 다시 말해 보안 관리자는 보안 사고나 경고, 그리고 이에 대응하기 위한 정교한 보안 제거의 요구가 증가하는 속도를 따라가지 못하고 있다. SDN은 지능적인 사고 감지와 자동화된 대응을 통해 보안 관리자가 겪는 이러한 문제를 상당 부분 해결해 줄 수 있다.

SDN 기반의 자동화된 도구를 사용하는 것만으로도 큰 장점을 갖지만, SDN을 통해 플로우 단위, 애플리케이션 단위, 사용자 단위 등과 같이, 다양한 수준으로 대응할 수 있는 능력도 함께 갖출 수 있다.

현재까지 굉장히 다양한 종류의 보안 애플리케이션이 개발되고 있다. 대표적인 예로 6장, 'SDN 애플리케이션 평면'에서 설명한 오픈데이라이트의 DDoS 애플리케이션이 있다.

16.3 NFV 보안

NFV로 인해 네트워크의 설계와 구축과 관리 방식이 크게 바뀌고 있다. NFV는 특정한 하드웨어를 중심으로 구축하던 네트워크 관련 기능을 서버의 VM 형태로 변환해 필요한 시점에 물리적인 네트워크 환경에서 원하는 곳으로 배치할 수 있게 해주는 기술이다. 이러한 NFV에서도 공격 표면의 증가와 보안 복잡도의 증가라는 보안 문제가 부각되고 있다.

공격 표면

그림 16.4는 공격 표면의 증가와 관련된 문제를 보여준다. 이 그림은 나키나 시스템Nakina Systems에서 발표한 백서[NAKI15]에서 제시하는 잠재적인 공격 표면을 보여주며, 그림 7.8에서도 소개한 바 있다. 물리적인 하드웨어를 중심으로 구성된 기존 네트워크와 달리 NFV에서는 네트워크 기능 사이의 경계선이 불분명하다. 따라서 보안 역할과 책임, 접근 권한 수준을 정의하거나 관리하는 것이 훨씬 까다롭다.

보안은 다음과 같이 다양한 수준과 도메인, 그리고 이들 사이의 상호 작용에서 발생하는 문제를 해결해야 한다.

- **NFVI(NFV Infrastructure)** 하위 네트워크와 컴퓨트, 스토리지 시스템에 대한 영역으로, 가상 컴퓨팅과 스토리지, 가상 네트워크를 지원한다.
- **VNF(Virtual Network Functions)** NFVI VM 형태로 구동하는 네트워크 기능이다.
- **MANO 및 OSS/BSS** 사용자는 NFV 관리 및 오케스트레이션MANO 기능뿐만 아니라 OSS/BSS도 도입해 네트워크를 관리하고 자원을 제어해야 한다.
- 관리 인터페이스: NFV 배치의 주요 영역 사이에 대한 핵심 인터페이스다.

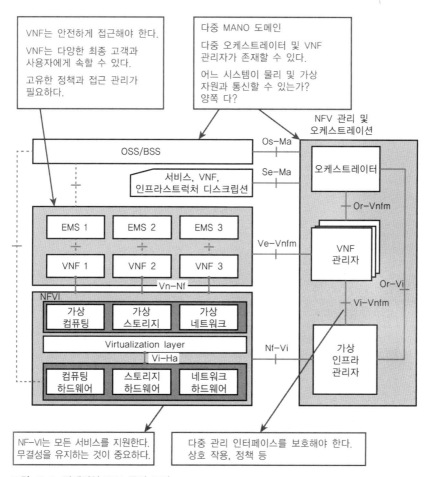

그림 16.4 잠재적인 NFV 공격 표면

여기서 핵심은 설정 파라미터나 네트워크 정책을 보거나, 설정하거나, 변경할 수 있는 사용자 또는 시스템이 누구인지를 시스템 관리자가 제어하는 데 있다. 이는 NFVI와 VNF 사이의 상호 의존성과 전반적인 서비스 성능 및 가용성 관점에서 굉장히 중요하다. 게다가 여러 자동화 소프트웨어 시스템에서 동일한 공유 네트워크 자원에 접근할 때 보안 접근 권한 및 정책이 충돌하지 않게 방지해야 한다. 소프트웨어 기반 프로비저닝 프로세스는 네트워크 설정을 악용하거나 악의적인 의도로 설정하는 것과 같은 오케스트레이션의 취약점을 발생시킬 수 있다.

그림 16.4는 잠재적인 NFV 공격 표면을 논리적인 관점에서 보여준다. 또는 물리 및 소프트웨어 관점에서 바라볼 수도 있다. 특히 다양한 수준의 하드웨어

와 소프트웨어에 걸친 문제뿐만 아니라, 어떤 대상이 제어권을 갖고 각 단계를 구성하는 각각의 요소에 책임을 져야 하는지에 대해서도 신경 써야 한다. 8장, 'NFV 기능'의 표 8.2에서 소개한 바 있는 표 16.1은 다양한 배치 시나리오를 물리적인 위치(건물), 서버 하드웨어, 소프트웨어 가상화를 위한 하이퍼바이저, VNF 등을 기준으로 보여준다.

표 16.1 NFV 배치 시나리오

배치 시나리오	건물	호스트 하드웨어	하이퍼바이저	게스트 VNF
모놀리딕 오퍼레이터	N	N	N	N
가상 네트워크 오퍼레이터를 호스팅하는 네트워크 오퍼레이터	N	N	N	N, N1, N2
호스티드 네트워크 오퍼레이터	H	H	H	N
호스티드 통신 프로바이더	H	H	H	N1, N2, N3
호스티드 통신 및 애플리케이션 프로바이더	H	H	H	N1, N2, N3, P
고객 사이트에서 제공되는 매니지드 네트워크 서비스	C	N	N	N
고객 장비에서 제공되는 매니지드 네트워크 서비스	C	C	N	N

참고: 알파벳마다 서로 다른 회사와 기관을 표현한 것으로, 다양한 역할에 따라 문자를 정했다(예를 들어 H는 호스팅 프로바이더, N은 네트워크 운영지, P는 퍼블릭, C는 고객). 숫자가 붙은 네트워크 운영자 기호(N1, N2 등)는 여러 명으로 구성된 호스티드 네트워크 운영자를 서로 구분하기 위해 사용했다.

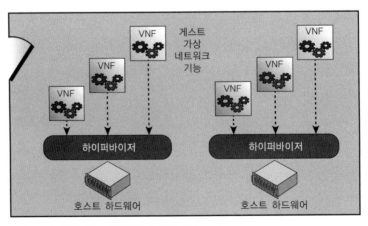

그림 16.5 NFV 배치 시나리오의 구성 요소

그림 16.5에 나온 각 단계(건물, 호스트 하드웨어, 하이퍼바이저, VNF)는 모두 잠재적인 공격 표면을 형성한다. 하지만 적절한 보안 메커니즘과 정책을 설계하는 것은 쉽지 않다. 각 단계에서 다양한 이들이 운영할 수 있기 때문이다. 따라서 보안 요구 사항에서 이러한 점도 함께 감안해야 한다. 뿐만 아니라 저수준의 리소스를 다양한 이들이 공유할 때는 적절한 보호 장치도 제공해야 한다. 예를 들어 다양한 사용자에 대한 VNF들이 동일한 물리 서버에서 동일한 하이퍼바이저를 통해 구동하려면 각각의 사용자에게 할당된 (메인 메모리, 보조 메모리, I/O 포트 등과 같은) 자원을 서로 격리하게 설계해야 한다.

ETSI에서 바라보는 보안

NFV 표준은 ETSI^{European Telecommunications Standards Institute}에서 주도하고 있으며, 현재까지 나온 NFV 표준 중에서 보안과 관련해 네 개의 문서가 발표됐다. ETSI에서는 각 문서의 적용 범위와 분야를 다음과 같이 정의하고 있다.

- **NFV 보안; 문제 정의(NFV-SEC 001)** 보안에 미치는 영향에 대해 충분히 파악할 수 있게 NFV를 정의하고, 배치 시나리오에 대한 참고 문헌 목록을 제공한다. NFV로 인해 야기되는 새로운 보안 취약점을 분석한다.

- **NFV 보안; NFV에 관련된 관리 소프트웨어의 보안 특성 분류(NFV-SEC 002)** NFV에 관련된 관리 소프트웨어에 대한 보안 특성을 분류하기 위해 작성한 문서다. 첫 번째 사례로 오픈스택^{OpenStack}에 대한 보안 특성을 제시하고 있다. 초기 버전에서는 (인증, 권한 검사, 기밀성, 무결성 보호, 로깅, 감사 등과 같은) 보안 서비스를 제공하는 오픈스택 모듈과 암호화 프로토콜 및 알고리즘을 구현하는 하위 모듈의 의존성 관계를 그래프 형태로 나열했다. 의존성 그래프가 완성되면 어떤 옵션을 선택하는 것이 NFV 배치에 적합한지를 파악할 수 있다.

- **NFV 보안; 보안 및 신뢰 가이드(NFV-SEC 003)** 보안과 신뢰 관련 기술, 실행 방법, 프로세스 등이 NFV 방식이 아닌 시스템과 운영과는 다른 요구 사항을 갖는 문제 영역을 정의한다. NFV 시스템과 운영을 지원하고 인터페이스를 제공하는 환경에 대한 가이드를 제공한다. 단 NFV에 직접적으로 관련 없는 보안 고려 사항에 대해서는 별도로 정의하지 않고 있다.

■ **NFV 보안; 프라이버시 및 규제; 합법적인 감청(LIlawful interception)에 미치는 영향에 대한 보고서(NFV-SEC 004)** LI를 지원하기 위해 NFV에서 제공해야 할 기능과 이를 위해 해결해야 하는 문제를 분석한다.

ETSI 문서에서는 VNF를 구성하는 네트워크에 대한 모든 보안 위협을 그림 16.6과 같이 분류하고 있다. 각각에 대한 설명은 다음과 같다.

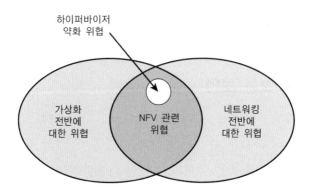

그림 16.6 NFV 네트워킹 환경에서 발생할 수 있는 위협에 대한 분류

■ **가상화 전반에 대한 위협** 게스트 사용자의 격리 실패 등과 같은 모든 가상화 구현이 공통적으로 겪는 위협

■ **네트워킹 전반에 대한 위협** 가상화 이전에도 존재했던 (DDoS, 방화벽 침해 및 우회 등과 같은) 물리적인 네트워크 기능을 제공하는 시스템에 관련된 위협

■ **NFV 관련 위협** 네트워킹에 가상화 기술을 결합하면서 발생한 공격

NFV와 관련된 위협에 대한 예로 다음과 같은 것들이 있다.

■ 하이퍼바이저를 사용함으로써 새로운 보안 취약점이 드러날 수 있다. 하이퍼바이저에 제3자가 인증하는 방식을 적용하면 보안에 도움이 된다. 현재 사용하고 있는 하이퍼바이저의 취약점을 줄이기 위해서는 패치 관리에 대한 최선의 적용 사례를 따르는 것이 중요하다. 하이퍼바이저가 정상적으로 실행되게 보장하려면 하이퍼바이저가 부팅할 때 보안 부팅 메커니즘을 통해 인증해야 한다.

- 공유 스토리지 및 공유 네트워킹을 사용할 때도 다양한 취약점이 드러날 수 있다.

- (하드웨어 리소스나 VNF, 관리 시스템 등과 같은) NFV의 구성 요소들끼리 서로 종단 간으로 연결하는 과정에서 새로운 인터페이스를 외부에 노출하게 되는데, 별다른 보호 장치가 없다면 새로운 보안 위협이 발생할 수 있다.

- NFV 인프라스트럭처에서 다양한 VNF를 실행시킬 때도 보안 이슈가 발생할 수 있다. 특히 VNF끼리 제대로 격리되지 않는 환경에서는 더욱 그렇다.

ETSI에서는 하이퍼바이저 인트로스펙션hybervisor introspection을 비롯한 여러 테크닉을 적용함으로써 가상화를 사용하지 않은 네트워크 기능에 존재하던 위협을 어느 정도 줄이거나 제거할 수 있다고 보고 있다. 하이퍼바이저 인트로스펙션은 가상 환경을 위한 기본적인 보안 테크닉으로 자리 잡았다. 하이퍼바이저 기반의 인트로스펙션을 이용하면 게스트 운영체제가 손상된 상태에서도 VM과 게스트 운영체제에 대한 공격을 감지하는 데 도움이 된다. 인트로스펙션은 메모리와 프로그램 실행, 데이터 파일에 대한 접근, 네트워크 트래픽 등을 모니터링하는 방식으로 작동한다. 특히 커널 수준의 루트킷KLR, kernel-level rootkit 공격을 방지할 수 있다.

보안 테크닉

하윌로Hawilo, et al.의 논문[HAWI14]에서는 보안에 대해 다른 관점으로 접근하고 있다. 이 논문에서는 NFV 환경을 세 가지 기능 영역으로 분류하고, 각각에 대한 위험과 잠재적인 솔루션을 제시하고 있다. 이를 간략히 정리하면 표 16.2와 같다.

표 16.2 NFV 보안 위험

기능 영역	보안 위험	솔루션 및 요구 사항
가상 환경(하이퍼바이저)	허가받지 않은 접근 또는 데이터 유출	인증 제어를 통해 허가된 접근만 허용하는 VM 공간에 대한 격리

(이어짐)

기능 영역	보안 위험	솔루션 및 요구 사항
컴퓨팅	공유 컴퓨팅 리소스(CPU, 메모리 등)	스레드 보호 메모리를 다시 할당하기 전에 기존에 할당된 프라이빗 및 공유 메모리를 지워야 함 데이터는 암호화된 형태로 저장하고 사용해야 하며, VNF만 접근할 수 있게 해야 함
인프라스트럭처	공유 논리적인 네트워킹 계층 공유 물리 네트워크 인터페이스 카드(NIC)	네트워크 보안 기법(TLS, IPsec, SSH) 적용

16.4 클라우드 보안

클라우드 보안과 관련된 문제와 해결 방안은 다양한 관점과 방식으로 접근할 수 있다. NIST에서 제시한 클라우드 보안 가이드라인(SP-800-144, Guidelines on Security and Privacy in Public Cloud Computing, December 2011)을 보면 클라우드 보안과 관련해 어떤 이슈가 있는 지 파악할 수 있다. 표 16.3은 이를 간략히 정리한 것이다. 따라서 클라우드 보안에 대한 모든 이슈는 16장에서 다룰 수 없다. 이 절에서는 그중에서도 이 책의 주제에 관련된 몇 가지 중요한 주제만 골라서 살펴본다.

먼저 주요 클라우드 보안 이슈에 대해 살펴본다. 그런 다음 구체적인 클라우드 보안 위험과 이에 대한 대응 방안을 논의한다. 그리고 클라우드 보안 이슈 중에서도 가장 중요한, 클라우드에 저장된 데이터를 보호하는 문제에 대해 살펴본다. 이 과정에서 서비스형 클라우드 보안cloud security as a service의 개념도 소개한다. 마지막으로 클라우드 보안에 관련된 기술과 운영, 관리 제어 기능에 대해 살펴본다.

표 16.3 클라우드 보안과 프라이버시 이슈에 대한 NIST 가이드라인 및 권고안

클라우드 보안 특성	가이드라인
관리 방식	정책과 절차, 그리고 애플리케이션 개발과 클라우드의 서비스 프로비저닝에 적용되는 표준뿐만 아니라, 배치되거나 제공 중인 서비스에 대한 설계, 구현, 테스팅, 사용, 모니터링에 관련된 조직의 실행 방안을 확대한다.

(이어짐)

클라우드 보안 특성	가이드라인
규정 준수	조직에 보안과 프라이버시 관련 의무를 부여하고, 데이터 위치나 프라이버시, 보안 관제, 기록 관리, 전자 디스커버리(electronic discovery, 전자적 증거 개시) 요구 사항에 관련된 클라우드 컴퓨팅 프로젝트에 잠재적으로 영향을 미치는 다양한 법과 규제를 이해한다. 조직의 요구 사항을 만족하고 계약 조건이 이러한 요구 사항을 만족하게 보장하기 위해 클라우드 사업자가 제공하는 것들을 검토하고 평가한다. 클라우드 사업자의 전자 디스커버리 관련 기능과 절차가 데이터나 애플리케이션의 프라이버시 또는 보안을 해치지 않게 보장한다.
신뢰	서비스의 구성이 클라우드 사업자가 채용한 프라이버시 및 보안 관제나 프로세스에 대한 가시성을 허용하기에 충분하고, 시간이 지나도 성능이 유지되게 보장한다. 데이터에 대한 명확하고 독점적인 소유권을 규정한다. 시스템의 수명 주기에 대해 지속적으로 진화하고 변하는 위험의 형태에 잘 적응할 수 있을 정도로 충분히 유연한 위험 관리 프로그램을 도입한다. 현재 적용된 위험 관리 결정 사항을 지원하게 정보 시스템의 보안 상태를 지속적으로 모니터링한다.
구조	클라우드 사업자가 서비스를 제공하기 위해 시스템을 구성하는 모든 요소와 시스템의 전체 수명 주기에 걸쳐 내부적으로 사용하는 기술에 대해 파악하고, 이들이 시스템의 보안과 프라이버시에 미치는 영향을 다양한 관점에서 파악한다.
식별 및 접근 관리	인증과 권한 검사를 비롯한 식별과 접근 관리 기능을 보호하게 적절한 안전장치가 제공되고, 이들이 조직에 적합한지 확인한다.
소프트웨어 격리	클라우드 사업자가 멀티테넌트 소프트웨어 구조에 도입한 가상화를 비롯한 여러 가지 논리적인 격리 기술을 이해하고, 조직에 관련된 위험을 평가한다.
데이터 보호	클라우드 사업자의 데이터 관리 솔루션이 조직의 데이터에 적합한지, 그리고 데이터에 대한 접근을 제어하고, 데이터를 사용하고 있을 때나 전송하고 있을 때나 사용하지 않을 때도 이를 보호하고 건전하게 유지할 수 있는지를 평가한다. 조직의 데이터를 위협의 가능성이 높거나 상당히 높은 가치를 지닌 다른 조직의 데이터와 함께 수집하고 분석하는 과정에서 발생할 수 있는 위험을 고려한다. 클라우드 환경에서 제공되는 기능과 클라우드 사업자가 정립한 프로세스에 대한 암호화 키 관리에 내재된 위험을 제대로 이해하고 그 정도를 파악한다.
가용성	가용성, 데이터 백업 및 복구, 재난 복구에 대한 계약과 절차를 이해하고, 이들이 조직의 유지와 비상 대책 요구 사항을 만족하게 보장한다. 중기 또는 장기적으로 장애나 심각한 재난이 발생하는 동안 중요한 연산이 즉시 재개되고, 모든 연산이 궁극적으로 제 시간에 체계적인 방식으로 재개되게 보장한다.

(이어짐)

클라우드 보안 특성	가이드라인
사고 대응	사고 대응에 관련된 계약과 절차를 파악하고 이들의 조직의 요구를 만족하게 보장한다.
	사고 발생 동안 또는 사고 발생 후에 정보를 공유하기 위한 적절한 메커니즘과 명확한 대응 절차를 클라우드 사업자가 제공하는지 확인한다.
	사고 발생 시 조직이 클라우드 사업자와 공조해 각자 컴퓨팅 환경에 대해 약속한 역할과 책임을 이행하고 사고에 체계적으로 대응할 수 있게 보장한다.

보안 이슈와 우려 사항

보안은 모든 컴퓨팅 인프라스트럭처에서 중요한 이슈다. 회사마다 컴퓨팅 시스템을 안전하게 보호하기 위해 상당한 노력을 기울이고 있기 때문에 자사의 시스템을 클라우드 서비스로 보완하거나 교체할 때 보안을 최우선으로 고려한다. 또한 조직의 컴퓨팅 환경 일부 또는 전체를 클라우드 기반으로 이전하기 위한 논의를 진행하기 전에 먼저 보안에 대한 우려부터 해소하려고 한다. 또 다른 주요 이슈로는 가용성이 있다. '인터넷에 접근할 수 없는 상황에서 어떻게 운영할 수 있는지, 그리고 고객이 클라우드에 접속할 수 없다면 어떻게 주문할 수 있는지' 등이 주요 우려 사항으로 제기되고 있다.

일반적으로 이러한 우려 사항은 기업체가 ERP^Enterprise Resource Planning나 조직 운영에 핵심적인 애플리케이션과 같은 주요 트랜잭션 처리 기능을 클라우드로 이전할 때만 발생한다. 기업들은 전통적으로 이메일이나 급여 관리 등과 같이 세심한 관리가 필요한 애플리케이션을 클라우드 서비스로 이전하는 일에는 큰 우려를 나타내지 않았다. 이러한 애플리케이션이 민감한 정보를 다루는 경우에도 그랬다.

많은 조직에서는 감사 가능성^auditability에 대해서도 우려하고 있다. 특히 사베인즈-옥슬리^Sarbanes-Oxley 법이나 HIPAA^Health and Human Service Health Insurance Portability and Accountability Act 규제를 따라야 하는 조직은 이러한 감사 가능성은 중요한 이슈로 보고 있다. 따라서 자체 시스템뿐만 아니라 클라우드에 저장하더라도 항상 데이터에 대한 감사 가능성을 보장해야 한다.

핵심 인프라스트럭처를 클라우드로 이전하기 전에 기업들은 반드시 클라우드 내부와 외부에 대해 보안 위협에 대한 실사^due diligence를 수행해야 한다. 외부의 공격으로부터 클라우드를 보호하는 데 관련된 보안 이슈들은 대부분 기존 중앙 집중적인 데이터 센터에서 제기됐던 이슈와 유사하다. 하지만 클라우드에서는 적절한 수준의 보안을 보장해야 할 의무를 사용자, 벤더, 그리고 사용자가 의존하는 보안에 민감한 소프트웨어나 설정을 제공하는 써드파티 회사와 분담하는 경우가 많다. 클라우드 사용자는 애플리케이션 수준의 보안에 책임을 지고, 클라우드 벤더는 물리적인 보안과 외부 방화벽 정책을 제공하는 등의 일부 소프트웨어 보안에 대한 책임을 진다. 소프트웨어 스택의 중간 계층에 대한 보안은 사용자와 벤더가 공동으로 책임을 진다.

클라우드로 이전하려는 기업들은 벤더의 리소스를 다른 클라우드 사용자와 공유하는 과정에서 발생하는 보안 위협을 간과하기 쉽다. 클라우드 사업자는 반드시 사용자에 의한 절도나 서비스 거부^{denial-of-service} 공격을 방지해야 하고, 사용자끼리 서로 보호해야 한다. 가상화는 이러한 잠재적인 위험을 해소하기 위한 강력한 메커니즘이다. 사용자에 의한 다른 사용자나 사업자의 인프라스트럭처에 대한 공격 시도를 차단할 수 있기 때문이다. 하지만 모든 리소스가 가상화된 것이 아니고, 가상 환경에는 버그가 존재할 수 있다. 오류가 있는 가상화 환경에서는 사용자 코드로 사업자의 인프라스트럭처에서 민감한 영역과 다른 사용자의 리소스에 접근할 수 있다. 하지만 이러한 보안 이슈는 클라우드에서만 발생하는 것이 아니다. 다양한 애플리케이션을 서로 보호해야 하는 클라우드 기반이 아닌 데이터 센터를 관리할 때도 이와 유사한 문제가 발생한다.

기업체가 고려해야 할 또 다른 보안 이슈로는 사업자가 가입자를 어느 수준까지 보호해주는지도 고려해야 한다. 특히 의도하지 않은 데이터 손실이 발생하지 않게 해주는 것이 중요하다. 예를 들어 사업자의 인프라스트럭처를 개선하는 과정에서 하드웨어를 교체하거나 제거할 때 하드 디스크에 담긴 가입자의 데이터를 완전히 지우지 않은 채 폐기할 수도 있다. 또한 접근 제어 기능에 버그나 에러가 발생해 가입자의 데이터가 권한 없는 사용자에게 노출될 수도 있다. 가입자 자신을 위한 자체 보호 메커니즘으로 사용자 수준의 암호화를 적용하는 것도 좋은 방법이다. 하지만 의도하지 않은 데이터 손실에 대해 기업에서 다른 형태의 보호 장치를 제공해야 한다.

클라우드 보안 위험 및 대응 방안

일반적으로 클라우드 컴퓨팅에 대한 보안 관제는 다른 IT 환경에 대한 보안 관제와 비슷하다. 하지만 클라우드 서비스에 적용되는 운영 모델과 기술의 특성상, 클라우드 환경만이 갖는 위험이 존재할 수 있다. 그중에서도 핵심은 리소스, 서비스, 애플리케이션 등에 대해 기업이 갖는 제어 범위가 대폭 줄어들지만, 보안과 프라이버시 정책에 대한 책임은 반드시 져야 한다는 점이다.

2013년에 클라우드 보안 협회(CSA, Cloud Security Alliance)에서 발표한 보고서(The Notorious Nine Cloud Computing Top Threats)[CSA13]에서는 클라우드에 관련된 보안 위협 중에서도 다음과 같은 것을 중요하게 꼽고 있다.

- **클라우드 컴퓨팅의 남용과 악용** 많은 클라우드 사업자(CP, cloud provider)들은 클라우드 서비스에 가입해서 처음 사용하는 과정을 상대적으로 쉽게 제공한다. 그중 일부는 일정한 기간 동안 무료로 제공하기도 한다. 공격자는 이러한 점을 이용해 클라우드에 침투해서 스패밍(spamming)이나 악의적인 코드 공격 등과 같은 여러 가지 공격을 수행할 수 있다. 서비스형 플랫폼(PaaS) 공급자는 예전부터 이러한 공격에 시달려왔다. 하지만 최근에 밝혀진 바에 의하면 서비스형 인프라스트럭처(IaaS) 벤더도 이미 공격의 대상이 됐다고 한다. 이러한 공격에 대해 방어하는 것은 CP로서는 굉장히 큰 부담으로 작용하지만, 클라우드 서비스 클라이언트도 모든 악의적인 행위를 감지할 수 있게 자신의 데이터와 리소스를 감시해야 한다.

  이에 대한 대응 방안으로 (1) 초기 등록 및 검증 과정을 좀 더 엄격하게 적용하고, (2) 좀 더 뛰어난 신용카드 사기 모니터링을 적용하고, (3) 고객의 네트워크 트래픽을 포괄적으로 분석하며, (4) 공개된 블랙리스트에 속한 이들이 자신의 네트워크에 들어오지 못하게 모니터링하는 방법이 있다.

- **안전하지 않은 인터페이스와 API** CP는 고객이 클라우드 서비스와 상호작용하거나 이를 관리할 수 있게 여러 가지 소프트웨어 인터페이스나 API를 외부에 공개한다. 범용 클라우드 서비스에 대한 보안과 가용성은 이러한 기본 API에 대한 보안에 크게 영향을 받는다. 인증과 접근 제어부터 암호화와 활동 모니터링 등에 이르기까지 이러한 인터페이스는 서비스 정책을 피해가는 악의적인 공격을 방어하게 설계해야 한다.

이에 대한 대응 방안으로 (1) CP 인터페이스에 대한 보안 모델을 분석하고, (2) 암호화를 적용한 전송을 비롯한 강력한 인증 및 접근 권한을 적용해 구현하고, (3) API와 관련된 의존성 관계를 확실히 파악하는 방법이 있다.

- **악의적인 내부자** 클라우드 컴퓨팅 패러다임에서 조직은 보안의 상당 부분에 대한 직접적인 통제 권한을 내려놓고 CP를 크게 신뢰하는 방식을 사용한다. 이러한 상황에서 내부적으로 발생하는 악의적인 행위에 대한 위험에 노출될 수 있다. 클라우드 구조의 특성상 누군가가 굉장히 큰 부담을 져야 한다. 예를 들어 CP의 시스템 관리자나 매니지드 보안 서비스 공급자가 이런 역할을 맡는다.

- **공유 기술 이슈** IaaS 벤더는 확장 가능한 서비스를 제공할 때 인프라스트럭처를 공유하는 방식을 사용한다. 이러한 인프라스트럭처를 구성하는 내부 구성 요소(CPU 캐시, GPU 등)는 멀티테넌트 구조에 대한 강력한 격리 속성을 보장하게 설계된 것이 아니다. CP들은 주로 각 클라이언트에 대해 격리된 VM을 사용하는 방식으로 이러한 위험을 줄이고 있다. 하지만 이 방법은 내부자나 외부자에 의한 공격을 완벽히 막을 수 없기 때문에 전체 보안 전략을 구성하는 요소 중 일부분으로 사용해야 한다.

  이러한 문제에 대한 대응 방안으로 (1) 설치와 설정에 대해 알려진 가장 뛰어난 보안 기법을 구현하고, (2) 허가 받지 않은 변경 작업과 활동을 모니터링하는 환경을 제공하고, (3) 관리자의 접근과 연산에 대해 강력한 인증과 접근 제어를 적용하고, (4) 취약점 보완과 패치 작업을 수행하게 서비스 수준 협약SLA을 강화하고, (5) 취약점 분석 작업과 설정 감사 활동을 수행하는 방법이 있다.

- **데이터 손실 및 유출** 보안 침해 중에서도 클라이언트들에게 가장 큰 피해를 입힐 수 있는 사고는 데이터를 잃어버리거나 유출되는 것이다. 이러한 이슈에 대해서는 다음 절에서 자세히 설명한다.

  이러한 문제에 대한 대응 방안으로는 (1) 강력한 API 접근 제어를 구현하고, (2) 저장된 상태 또는 전송 중에 데이터를 암호화해 무결성을 보장하고, (3) 설계 단계뿐만 아니라 실행 시간에도 데이터를 보호하게 분석하고, (4) 강력한 키 생성, 저장 및 관리, 폐기 기법을 적용하는 방법이 있다.

- **계정 및 서비스 탈취** 계정 및 서비스 탈취는 주로 도난 당한 신분증/자격 증명으로 인해 발생하며, 항상 보안 위협에서 높은 순위를 차지한다. 공격자는 훔친 자격증명을 이용해 클라우드 컴퓨팅 서비스에서 민감한 영역에 접근해서 서비스의 가용성과 무결성과 기밀성을 해치는 행위를 수행한다. 이에 대한 대응 방안으로 (1) 사용자와 서비스끼리 세션을 공유하지 못하게 막고, (2) 가급적 강력한 두 단계 인증을 적용하며, (3) 허가받지 않은 활동을 감지하게 선제적인 모니터링을 수행하며, (4) CP의 보안 정책과 SLA를 잘 파악하는 방법이 있다.

- **알려지지 않은 위험에 대한 프로파일** 클라우드 인프라스트럭처를 사용하는 과정에서 클라이언트는 어쩔 수 없이 보안에 큰 영향을 미치는 여러 가지 부분에 대한 제어권을 클라우드 사업자에게 넘겨준다. 따라서 클라이언트는 위험 관리에 관련된 역할과 책임에 주의를 기울이고, 이를 명확히 정의해야 한다. 예를 들어 피고용인은 프라이버시와 보안에 대한 정책과 절차를 제대로 인지하지 않고서 CP에 애플리케이션이나 데이터 리소스를 배치할 수 있다.

  이러한 문제를 해결하기 위해 (1) 적용 가능한 로그와 데이터를 공개하고 (2) (패지 수준과 방화벽 등과 같은) 인프라스트럭처의 세부 사항을 부분적으로 또는 완전히 공개하고, (3) 필요한 정보를 모니터링하고 이에 대한 경고 메시지를 제공한다.

ENISA^{European Network and Information Security Agency}와 NIST에서도 이와 비슷한 리스트를 작성한 바 있다.

클라우드의 데이터 보호

데이터의 보안을 해치는 방법에는 여러 가지가 있다. 원본 콘텐츠를 백업하지 않고 삭제하거나 변경하는 것이 가장 대표적인 예다. 기록의 일부를 전체 문맥에 연결하지 않으면 그 기록은 찾을 수 없게 된다. 불안정한 미디어에 저장하는 것도 마찬가지다. 인코딩 키를 잃어버리면 데이터를 삭제하는 것과 동일한 효과를 얻게 된다. 그리고 허가받지 않은 이들이 민감한 데이터에 접근할 수 없게 막아야 한다.

클라우드에 있는 데이터를 해치는 위협은 지속적으로 증가하고 있다. 이는 클라우드에만 존재하는 여러 가지 위험과 이슈, 그리고 이들의 상호 작용 때문이기도 하고, 더 심각한 문제는 클라우드 환경의 구조 및 운영의 특성으로 인해 발생한다는 점이다.

클라우드 컴퓨팅에서 사용하는 데이터베이스 환경은 굉장히 다양하다. 어떤 사업자는 각각의 클라우드 가입자에 대해 고유한 DBMS를 VM에 담아서 구동하는 멀티인스턴스 모델^{multi-instance model}을 사용한다. 이렇게 하면 가입자는 역할 정의와 사용자 권한 검사를 비롯한 다양한 보안에 관련된 관리 작업을 완전히 통제할 수 있다. 또 어떤 사업자는 멀티테넌트 모델^{multitenant model}을 사용하기도 한다. 이 모델은 클라우드 가입자에게 다른 테넌트와 공유하게 미리 정의한 환경을 제공하며, 공유 방법으로는 주로 가입자 식별자에 대한 태깅 데이터를 활용한다. 태깅을 이용하면 특정한 인스턴스만 사용할 수 있다는 것을 표시할 수 있지만, 데이터베이스 환경과 안전하게 연결하고 유지하는 기능은 클라우드 사업자에 의존한다.

데이터는 사용하지 않고 저장돼 있을 때나, 전송하고 있을 때나, 사용하고 있을 때나 항상 데이터를 안전하게 유지해야 하며, 데이터에 대한 접근도 반드시 통제해야 한다. 클라이언트는 데이터 전송 과정의 보안을 위해 암호화 기법을 적용할 수도 있다. 단 이때 CP는 키 관리 기능을 제공해야 한다. 클라이언트는 접근 제어 기법을 적용할 수도 있지만, 이것 역시 사용되는 서비스 모델에 따라 CP가 어느 정도 개입해야 한다.

사용하지 않고 보관돼 있는 상태의 데이터에 대한 가장 이상적인 보안 기법은 클라이언트가 데이터베이스를 암호화하고, 클라우드에는 반드시 암호화된 데이터만 저장하게 하는 것이다. 이때 CP는 암호화 키에 대한 접근을 할 수 없어야 한다. 키만 안전하게 관리한다면 CP는 데이터를 복호화할 수 없지만, 데이터 손상 및 서비스 거부 공격에 대한 위험은 여전히 존재한다.

암호화 기법을 구현하기 위한 방법은 다양하다. 가장 간단한 방법은 다음과 같다. 데이터베이스에 저장된 각 개인의 항목이 별도로 암호화돼 있고, 모두 동일한 암호화 키를 사용한다고 가정하자. 암호화된 데이터베이스는 서버에 저장돼 있지만, 서버는 키를 갖고 있지 않기 때문에 데이터는 서버에 안전하게 보관할 수 있다. 누군가 서버 시스템을 해킹한다 하더라도 암호화된 상태의 데이터에만 접근할 수 있다. 클라이언트 시스템에는 암호화 키에 대한 복사본이 있다. 클라이언트의 사용자는 다음과 같은 절차에 따라 데이터베이스에 저장된 데이터를 가져올 수 있다.

1. 사용자는 특정한 기본 키primary key에 관련된 한 개 이상의 레코드 필드에 대해 SQL 쿼리를 보낸다.

2. 클라이언트에 있는 쿼리 프로세서는 기본 키를 암호화하고, SQL 쿼리도 이에 따라 적절히 수정해서 서버로 변환된 쿼리를 보낸다.

3. 서버는 암호화된 기본 키 값을 이용해 쿼리를 처리하고, 그 결과로 나온 레코드를 반환한다.

4. 쿼리 프로세서는 데이터를 복호화해서 결과를 반환한다.

이보다 효율적이고 유연한 시스템도 구현돼 있다. 자세한 내용은 저자의 또 다른 저서인 『컴퓨터 보안: 원리 및 실습(Computer Security: Principles and Practice)』[STAL15a]을 참조하기 바란다.

서비스형 클라우드 보안

서비스형 보안Security as a Service이란 서비스 공급자가 제공하는 일련의 보안 서비스를 가리키는 용어로, 회사에서는 보안에 대한 책임을 보안 서비스 공급자에게 부담한다. 주로 제공되는 서비스로는 인증, 안티바이러스, 안티멀웨어/스파이웨어, 침입 탐지, 보안 이벤트 관리 등이 있다. 클라우드 컴퓨팅 문맥에서는 CP가 SaaS 형태로 보안을 제공하는 서비스형 클라우드 보안Cloud Service as a Service, 줄여서 SecaaS라는 분야가 있다.

클라우드 보안 협회Cloud Security Alliance에서는 SecaaS를 클라우드를 이용한 보안 애플리케이션 및 서비스를 클라우드 기반 인프라스트럭처 및 소프트웨어 또는 고객 자체 시스템에 제공하는 방법에 대해 정의하고 있다[CSA11]. 클라우드 보안 협회는 여러 가지 SecaaS 서비스를 다음과 같이 분류하고 있다.

- 신원 및 접근 관리

- 데이터 손실 방지

- 웹 보안

- 이메일 보안

- 보안 평가

- 침입 관리

- 보안 정보 및 이벤트 관리

- 암호화

- 비즈니스 지속성 및 재난 복구

- 네트워크 보안

이 절에서는 이러한 종류의 보안 서비스에 대해 클라우드 기반 인프라스트럭처 및 서비스에 대한 보안을 중심으로 살펴본다.

- **신원 및 접근 관리(IAM, Identity and Access Management)** 기업의 리소스에 대한 접근을 관리하는 데 필요한 사람, 프로세스, 시스템으로 구성되며, 특정 개체의 신원을 확인하고 적절한 수준의 접근 권한을 부여한다. 신원 관리는 기본적으로 신원이 파악된 사용자에게 권한을 부여하고 회사에서 해당 사용자가 더 이상 클라우드에 저장된 기업의 리소스에 접근할 수 없게 설정한 사용자가 접근하면 거부한다. 또 다른 방식으로는 클라이언트 기업이 사용하는 연합된^{federated} 방식의 신원 관리 체계에 클라우드가 참여하는 것이다. 어떠한 방식을 적용하더라도 클라우드 서비스 제공자^{CSP}는 반드시 기업이 선택한 신원 제공자와 신원 정보를 주고받을 수 있어야 한다.

  IAM에서 접근 관리에 대한 기능은 인증과 접근 제어 서비스로 구성된다. 예를 들어 CSP는 신뢰할 수 있는 방식으로 사용자를 인증해야 한다. SPI 환경에 대한 접근 제어를 위해서는 신뢰하는 사용자에 대한 프로파일과 정책 정보를 설정하고, 이를 이용해 클라우드 서비스에 대한 접근을 제어하고, 이 모든 과정은 사후 감사가 가능한 방식으로 처리해야 한다.

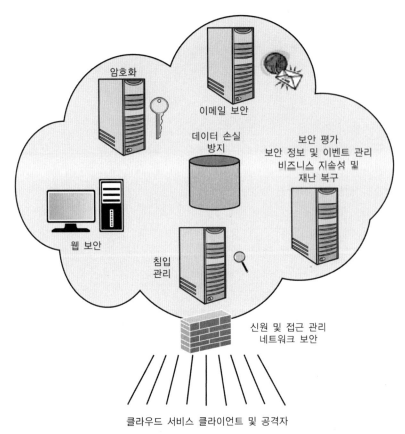

그림 16.7 서비스형 클라우드 보안의 요소

- **데이터 손실 방지(DLP, Data Loss Prevention)** 사용하시 않거나, 이농 중이거나, 사용 중인 데이터를 모니터링하고, 보호하고, 검증하는 것이다. DLP에 관련된 기능의 대부분은 앞 절('클라우드의 데이터 보호')에서 설명한 것처럼 클라우드 클라이언트에서 구현한다. CSP는 다양한 문맥에서 데이터에 대해 어떤 기능을 수행할지 정하는 규칙을 구현하는 DLP 서비스도 제공할 수 있다.

- **웹 보안** 실시간 보호 기능으로, 자사 시스템에 소프트웨어/어플라이언스를 직접 설치하거나 웹 트래픽을 CP로 보내 클라우드에서 처리할 수 있다. 이 기능은 웹 브라우징과 같은 활동으로 인해 기업 내부에 멀웨어가 침투하는 것을 방지하는 안티바이러스와 같은 기능 위에 별도 계층으로 제공된다. 클라우드 기반 웹 보안 서비스는 멀웨어 방지 기능뿐만 아니라 사용

정책 구현, 데이터 백업, 트래픽 제어, 웹 접근 제어 등도 수행한다.

- **이메일 보안** CSP는 웹 기반 이메일 서비스를 제공하기도 하는데, 이에 대한 보안도 필요하다. 이메일 보안 기능은 들어오거나 나가는 이메일을 제어해 피싱 메일이나 악의적인 첨부가 달린 메일로부터 조직을 보호하고, 허용된 메일 및 스팸 방지 등과 같은 회사 정책을 구현한다. CSP는 모든 메일 클라이언트에 전자 서명 기능을 적용하기도 하고, 옵션으로 이메일 암호화 기능을 제공하기도 한다.

- **보안 평가** 제3자에 의해 클라우드 서비스를 감사하는 것으로, 이 서비스는 CSP의 영역을 벗어나지만 다양한 평가 활동에 필요한 도구나 접근 지점에 대한 정보를 제공할 수 있다.

- **침입 관리** 침입 탐지, 침입 방지, 침입 대응 등과 같은 활동을 포함한다. 이 서비스의 핵심은 클라우드와 클라우드 내부의 서버에 대한 진입 지점에 침입 탐지 시스템IDS과 침입 방지 시스템IPS를 구현하는 것이다. IDS는 일련의 자동화된 도구들로서 호스트 시스템에 대해 허가 받지 않은 접근을 감지하게 설계됐다. IPS는 IDS의 기능뿐만 아니라 침입자의 트래픽을 막는 메커니즘도 제공한다.

- **보안 정보 및 이벤트 관리(SIEM, Security Information and Event Management)** (풀pull 또는 푸시push 메커니즘을 이용해) 가상 및 실제 네트워크, 애플리케이션, 시스템으로부터 로그와 이벤트 데이터를 수집한다. 이렇게 수집한 정보는 분류하고 분석해서 실시간 리포팅을 제공하고, 개입이 필요하거나 다른 종류의 대응이 필요한 정보나 이벤트에 대해 경고한다. CSP에서는 주로 클라우드 내부뿐만 아니라 클라이언트 회사 네트워크에서 발생한 다양한 정보를 취합하는 통합 서비스를 제공한다.

- **암호화** 일종의 편재형pervasive 서비스로, 클라우드에 저장된 데이터나 이메일 트래픽, 클라이언트 관련 네트워크 관리 정보, 신원 정보 등에 적용할 수 있다. CP에서 제공하는 암호화 서비스는 키 관리, 클라우드 내부의 가상 사설 네트워크VPN 서비스 구현 방법, 애플리케이션 암호화, 데이터 콘텐츠 접근 등과 같은 광범위한 복잡한 이슈를 다룬다.

- **비즈니스 연속성 및 재난 복구** 모든 종류의 서비스 중단에 대한 운영 회복력을 보장하는 척도와 메커니즘으로 구성된다. CSP는 규모의 경제를 실현하기 때문에 클라우드 서비스 클라이언트에게 확실한 장점을 제공할 수 있는 분야다. CSP는 안정적인 장애 및 재난 복구를 제공하는 백업 서비스를 여러 지점에서 제공할 수 있다. 이 서비스는 반드시 유연한 인프라스트럭처를 보유하고, 기능과 하드웨어를 여유 있게 제공하고, 모니터링 연산, 지리적으로 분산된 데이터 센터, 네트워크 생존성 등을 제공해야 한다.

- **네트워크 보안** 내부 리소스 서비스를 보호하고, 모니터링하고, 분산하고, 이에 대한 접근 권한을 할당하는 보안 서비스로 구성된다. 경계 및 서버 방화벽, 서비스 거부 공격 방지 등과 같은 서비스를 제공한다. 침입 관리, 신원 및 접근 관리, 데이터 손실 방지, 웹 보안 등을 비롯한 이 절에서 소개한 다른 서비스도 네트워크 보안 서비스로 제공될 수 있다.

클라우드 컴퓨터 보안 우려를 해결하는 방법

지금까지 클라우드 컴퓨팅에 관련된 보안 이슈를 고민하는 기업을 위한 가이드를 제공하는 문서가 다양하게 개발됐다. NIST에서는 전반적인 가이드를 제공하는 SP-800-144 외에도 SP-800-146(Cloud Computing Synopsis and Recommendations, May 2012)도 발간한 바 있다. NIST의 권고안에서는 기업에서 활용하는 주요 클라우드 서비스에 대해 서비스형 소프트웨어SaaS, 서비스형 인프라스트럭처IaaS, 서비스형 플랫폼PaaS에 대해 별도로 분석하고 있다. 보안 이슈는 클라우드 서비스의 종류에 따라 다르기 때문에 이에 대한 NIST 권고안도 다양하게 나와 있다. 당연한 말이지만 NIST에서는 강력한 암호화를 제공하고, 적절한 다중화 메커니즘을 제공하고, 인증 메커니즘을 사용하고, 다른 가입자나 사업자로부터 가입자를 보호하는 데 사용되는 메커니즘에 대한 가시성을 충분히 제공하는 클라우드 사업자를 선택하게 권고하고 있다. SP-800-146에서는 클라우드 컴퓨팅 환경에 관련되고, 다양한 클라우드 참여자에 대해 반드시 적용돼야 할 전반적인 보안 제어 기능에 대해 표 16.4와 같이 나열하고 있다.

표 16.4 제어 기능과 종류

기술	운영	관리
접근 제어 감사 및 책임성 신원 확인 및 인증 시스템 및 통신 보안	인지 및 훈련 설정 및 관리 위기 대응 계획 사고 대응 유지 보수 매체 보호 물리 및 환경 보호 직원 보안 시스템 및 정보 무결성	인증, 승인, 보안 평가 위험 평가 계획 시스템 및 서비스 구입

클라우드 서비스를 회사 네트워크 인프라스트럭처에 통합하는 기업이 늘어날수록 클라우드 컴퓨팅에 대한 보안은 중요한 이슈로 남아 있게 될 것이다. 클라우드 컴퓨팅 보안에 제대로 대처하지 못하면 클라우드 서비스에 대한 기업의 관심이 급속도로 낮아지고, 서비스 제공자도 잠재 가입자의 우려를 해소하게 보안 메커니즘을 통합하는 것을 심각하게 고려할 것이다. 일부 서비스 제공자는 가용성과 여분성redundancy에 대한 사용자의 우려를 해소하기 위해 주요 운영 영역을 티어 4 데이터 센터로 이전했다. 많은 기업들이 아직까지도 클라우드 컴퓨팅에 크게 의존하기를 꺼려하기 때문에 클라우드 서비스 사업자는 잠재 고객이 자신의 핵심 비즈니스 프로세스와 필수 애플리케이션을 클라우드에 안전하게 이전할 수 있음을 확신할 수 있게 열심히 노력해야 한다.

16.5 IoT 보안

IoT는 네트워크 보안 분야 중에서도 가장 복잡하면서 가장 덜 개척된 분야다. 그림 16.8은 IoT 보안에 관련된 주요 요소를 보여주는데, 이를 통해 IoT 보안의 범위를 어느 정도 가늠해볼 수 있다. 그림에 나온 네트워크의 가장 중심부는 애플리케이션 플랫폼, 데이터 스토리지 서버, 네트워크 및 보안 관리 시스템으로 구성된다. 이러한 중앙 시스템에서는 센서로부터 데이터를 수집하고, 액추에이터로 제어 신호를 보내고, IoT 장치와 이들 사이의 통신 네트워크를 관리하는 작업을 담당한다. 네트워크의 가장 자리는 IoT 기반 장치로 구성돼 있으며, 이들 중 일부는 아주 간단한 형태의 리소스가 제한되는 장치로 구성되고, 또 다른 일부는 좀 더 지능적인 리소스가 제한되지 않는 장치로 이뤄져 있다. 그리고 여러 게이트웨이들은 IoT 장치를 대신해 프로토콜을 변환하고 여러 가지 네트워킹 서비스를 제공한다.

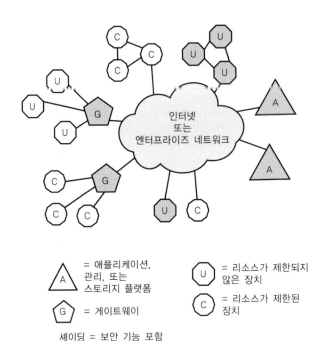

그림 16.8 IoT 보안: 관련 요소

그림 16.8은 진형직인 상호 연결 시나리오와 주요 보안 기능을 보여준다.

그림 16.8에서 짙은 색으로 표현한 부분은 보안 관련 기능을 지원하는 시스템을 표현한 것이다. 일반적으로 게이트웨이에서 TLS나 IPsec 등과 같은 보안 기능을 구현한다. 리소스가 제한되지 않은 장치는 보안 기능을 구현하지 않을 수도 있고, 일부분만 구현하기도 한다. 리소스가 제한된 장치는 보안 기능을 아예 제공하지 않거나 제한된 형태로만 제공한다. 이 그림에서 제시하는 바와 같이 게이트웨이 장치는 애플리케이션 플랫폼이나 관리 플랫폼과 같은 중심 영역에 있는 장치와 게이트웨이 사이의 안전한 통신을 제공한다. 하지만 게이트웨이에 연결된 리소스가 제한된 장치나 리소스가 제한되지 않은 장치는 모두 게이트웨이와 중앙 시스템 사이에 구축된 보안 영역의 외부에 존재한다. 그림에서 보는 바와 같이 리소스가 제한되지 않은 장치는 중앙 시스템과 직접 통신할 수 있고 보안 기능을 지원할 수도 있다. 하지만 게이트웨이에 연결되지 않은

리소스가 제한된 장치는 중앙에 있는 장치와 안전하게 통신할 수 없다.

취약점 보완

보안과 관련해 자주 인용되는 2014년도에 보안 전문가인 브루스 슈나이어가 발표한 글에 따르면 IoT 장치를 비롯한 임베디드 시스템의 보안에 대해 심각한 위협에 처했다고 말한 바 있다. 임베디드 장치는 벌집처럼 수많은 취약점이 존재하며, 이를 보완하기 위한 최선책은 존재하지 않는다고 한다. 칩 제조사는 자사 제품의 펌웨어와 소프트웨어를 가능한 한 빠르고 저렴하게 만들수록 수익이 높아진다. 장치 제조사는 가격과 기능을 중심으로 그 장치에 사용할 칩을 선정하는데, 이 과정에서 칩에서 사용하는 소프트웨어와 펌웨어는 고려하지 않고 오직 장치에서 제공하는 기능에만 초점을 맞추고 있다. 최종 사용자는 이렇게 구성된 시스템에 대해 패치할 방법이 전혀 없고, 언제 어떻게 패치를 해야 할지에 대한 정보도 거의 얻지 못한다. 결과적으로 수억 개의 인터넷에 연결된 IoT 장치들은 수많은 공격에 노출될 수밖에 없다. 이는 분명히 센서에 대해서도 심각한 문제가 발생한다. 공격자는 잘못된 데이터가 네트워크에서 돌아다니게 주입할 수도 있기 때문이다. 액추에이터 입장에서는 잠재적으로 심각한 위협으로 작용한다. 공격자가 기계나 여러 장치의 작동에 영향을 미칠 수 있기 때문이다.

ITU-T에서 정의한 IoT 보안 및 프라이버시 요구 사항

ITU-T 권고안인 Y.2066(Common Requirements of the Internet of Things, June 2014)에서는 IoT에 대한 여러 가지 보안 요구 사항을 제시하고 있다. 이는 IoT 배치에 필요한 보안 구현의 범위를 파악하는 데 좋은 밑바탕으로 삼을 수 있다. 이 요구 사항은 사물의 데이터를 수집하고, 저장하고, 취합하고, 전송하고, 처리하는 과정뿐만 아니라, 사물에 관련된 서비스를 제공하는 과정에 대한 기능상의 요구 사항으로 정의한다. 이러한 요구 사항은 모든 종류의 IoT 행위자에 관련된 것으로 다음과 같이 구성돼 있다.

- **통신 보안** 안전하고, 신뢰할 수 있고, 프라이버시를 보호하는 통신을 위해 IoT에서 데이터를 전송하는 동안 데이터에 대한 허가받지 않은 접근을 막

고, 데이터의 무결성을 보장하고, 데이터에서 프라이버시에 관련된 부분을 보호해야 한다.

■ **데이터 관리 보안** 안전하고, 신뢰할 수 있고, 프라이버시를 보호하는 데이터 관리를 위해 IoT에서 데이터를 저장하거나 처리할 때 데이터에 대한 허가받지 않은 접근을 막고, 데이터의 무결성을 보장하고, 데이터에서 프라이버시에 관련된 부분을 보호해야 한다.

■ **서비스 제공 보안** 안전하고, 신뢰할 수 있고, 프라이버시를 보호하는 서비스 제공을 위해 데이터에 대한 허가받지 않은 접근을 막고, 사기에 악용되는 서비스를 방지하고, IoT 사용자의 프라이버시에 관련된 정보를 보호해야 한다.

■ **보안 정책과 기법의 통합** 다양한 보안 정책과 기법을 통합해서 다양한 IoT 장치와 사용자 네트워크에 대해 일관성 있는 보안 제어를 보장해야 한다.

■ **상호 인증 및 권한 검증** 장치 또는 IoT 사용자가 IoT에 접근하기 전에 장치(또는 IoT 사용자)와 IoT끼리 미리 정의된 보안 정책을 기준으로 상호 인증과 권한 검증을 수행해야 한다.

■ **보안 감사** IoT에 대해 보안 감사를 지원해야 한다. 데이터나 IoT 애플리케이션에 대한 모든 접근을 관련 규정과 법규에 따라 완벽히 투명하게 제공하고, 추적 가능하고, 재현할 수 있어야 한다. 특히 IoT에서는 데이터 전송, 저장, 처리, 애플리케이션 접근에 대한 보안 감사를 지원해야 한다.

IoT 배치 환경에서 보안 기능을 제공하는 핵심 구성 요소는 게이트웨이다. Y.2067(Common Requirements and Capabilities of a Gateway for Internet of Things Applications, June 2014)에서는 게이트웨이에서 구현해야 할 구체적인 보안 기능을 상세히 설명하고 있다. 그림 16.9에서는 이 중 일부를 보여주고 있는데, 간략히 소개하면 다음과 같다.

■ 연결된 장치에 접근할 때마다 신원을 확인하는 기능

■ 장치를 인증하는 기능으로, 애플리케이션 요구 사항과 장치 기능에 따라 장치와 상호 인증 또는 단방향 인증을 수행한다. 단방향 인증은 장치가 게이트웨이에게 자신을 인증하거나, 게이트웨이가 자신을 장치에게 인증

하는 경우 중에서 두 가지 경우가 모두 수행되지 않고, 둘 중 어느 한 가지
만 수행되는 것을 의미한다.

- 애플리케이션에 대해 상호 인증을 지원한다.

- 장치나 게이트에 저장되거나 이들 사이에 전송하는 데이터에 대한 보안
  기능을 제공한다. 또한 이러한 보안은 보안 등급에 따라 차등적으로 제공
  한다.

- 장치나 게이트웨이에 대한 프라이버시를 보호하는 메커니즘을 지원한다.

- 원격 유지 보수뿐만 아니라 자가 진단과 자가 수리도 지원한다.

- 펌웨어 및 소프트웨어 업데이트를 지원한다.

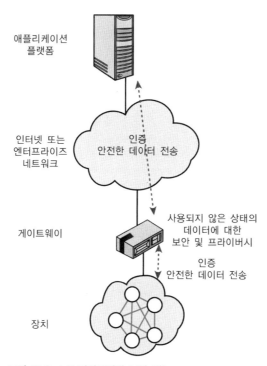

그림 16.9 IoT 게이트웨이 보안 기능

- 자동 설정 또는 애플리케이션에 의한 설정 기능을 제공한다. 게이트웨이는
  여러 가지 설정 모드를 지원해야 한다. 예를 들어 원격 설정, 로컬 설정,
  자동 설정, 수동 설정, 정책 기반의 동적 설정 등이 있다.

이러한 요구 사항 중 일부는 리소스가 제한된 장치에 대한 보안 서비스를 제공할 때 만족하기 힘들다. 예를 들어 게이트웨이에서는 반드시 장치에 저장된 데이터에 대한 보안을 제공해야 한다. 리소스가 제한된 장치에서 암호화 기능을 지원하지 않으면 이를 구현하기란 거의 불가능하다.

Y.2067 요구 사항에서는 프라이버시 요구 사항을 많이 참조하고 있다. IoT 기반 장치가 가정이나 소매점, 자동차, 인체 등에 폭넓게 배치됨에 따라 프라이버시에 대한 관심이 높아지고 있다. 연결되는 사물이 늘어날수록 정부나 사기업에서는 의료 정보, 위치, 이동 정보, 애플리케이션 사용 정보 등과 같은 개인에 대한 방대한 양의 데이터를 수집하게 될 것이다.

IoT 보안 프레임워크

IoT 월드 포럼 레퍼런스 모델(그림 15.4) 개발에 주도적인 역할을 하고 있는 시스코는 월드 포럼의 IoT 레퍼런스 모델을 보완하는 IoT 보안 프레임워크를 개발한 바 있다[FRAH15].

그림 16.10은 IoT의 논리적인 구조에 관련된 보안 환경을 보여준다. 이 IoT 모델은 월드 포럼의 IoT 레퍼런스 모델을 간소화한 것으로, 다음과 같은 단계로 구성돼 있다.

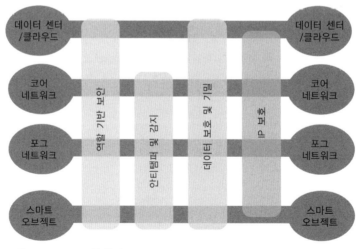

그림 16.10 IoT 보안 환경

- **스마트 오브젝트/임베디드 시스템** 네트워크의 에지에 있는 센서, 액추에이터, 기타 임베디드 시스템으로 구성되며, IoT에서 보안에 가장 취약점이 많은 영역이다. 장치들은 물리적으로 보안에 안전한 환경에 있지 않을 수 있으며, 수년 동안 작동해야 할 수도 있다. 가용성도 중요한 이슈로 부각된다. 또한 네트워크 관리자는 센서에서 생성한 데이터의 진본 유지와 무결성에 신경 써야 하고, 액추에이터나 다른 스마트 오브젝트가 허가 없이 사용되는 것을 막아야 한다. 또한 프라이버시와 감청 방지도 요구된다.

- **포그/에지 네트워크** 이 단계에서는 유선 및 무선으로 IoT 장치를 연결하는 역할을 담당한다. 또한 데이터 프로세싱과 통합에 대한 기능도 일정 부분 담당하고 있다. 여기서 가장 핵심적인 이슈는 다양한 IoT 장치에서 사용하는 네트워크 기술과 프로토콜이 굉장히 다양하며, 일관성 있는 보안 정책을 개발하고 강화해야 한다는 점이다.

- **코어 네트워크** 코어 네트워크 단계에서는 네트워크 센터 플랫폼과 IoT 장치 사이의 데이터 경로를 제공한다. 이 단계에서 발생하는 보안 이슈는 기존 코어 네트워크에서 발생하던 것과 동일하다. 그러나 상호 작용하고 관리해야 할 끝점의 수가 굉장히 많은 점은 보안에 큰 부담으로 작용하고 있다.

- **데이터 센터/클라우드** 이 단계는 애플리케이션, 데이터 스토리지, 네트워크 관리 플랫폼 등으로 구성된다. 이 단계에서는 다뤄야 할 끝점의 수가 방대하다는 점을 제외하면 특별히 IoT로 인해 새롭게 발생하는 보안 이슈는 없다.

시스코 모델에서는 이러한 네 단계의 구조에 대해 다음과 같이 각 단계에 모두 걸쳐 있는 네 가지 범용 보안 기능을 정의하고 있다.

- **역할 기반 보안(Role-based security)** RBAC^{Role-Based Access Control} 시스템은 개인 사용자가 아닌 역할에 따라 접근 권한을 부여한다. 따라서 사용자는 각자의 책임에 따라 정적으로 또는 동적으로 다양한 역할을 할당받는다. RBAC은 클라우드와 엔터프라이즈 보안 분야에서 상업적으로 널리 사용되고 있으며, IoT 장치와 이들이 생성하는 데이터에 대한 접근을 관리하기 위한 용도로 널리 알려진 도구다.

RBAC
사용자가 시스템에서 맡은 역할과 해당 역할을 가진 사용자에게 허용된 접근의 종류를 명시하는 규칙에 따라 접근을 제어한다.

- **안티탬퍼(anti-tamper) 및 감지**　이 기능은 장치와 포그 네트워크 단계에서 특히 중요하며, 코어 네트워크 단계까지 확장할 수 있다. 물리적인 보안 장치에 의해 보호받는 엔터프라이즈 영역을 물리적으로 벗어난 모든 단계의 구성 요소에 영향을 미칠 수 있다.

- **데이터 보호 및 기밀**　이 기능도 IoT 구조의 모든 단계로 확장할 수 있다.

- **인터넷 프로토콜 보호**　전송 중인 데이터를 감청 및 스누핑으로부터 보호하는 것은 모든 단계에서 중요하다.

그림 16.10은 IoT 모델의 네 단계에 걸쳐 있는 구체적인 보안 기능을 보여준다. 2015년 시스코에서 IoT 보안에 대해 발간한 백서(2015 Cisco White Paper on IoT security)[FRAH15]에서도 안전한 IoT 프레임워크를 제시한 바 있는데(그림 16.11), 여기에서도 모든 단계에 걸쳐 있는 IoT를 위한 보안 기능의 여러 가지 구성 요소를 보여준다. 각각에 대해 간략히 소개하면 다음과 같다.

- **인증(authentication)**　최초로 IoT 장치의 신원을 확인해 접근 허용 여부를 결정하는 데 관련된 모든 요소를 가리킨다. (사용자 이름과 패스워드 또는 토큰 등과 같은) 사람에 의한 신원 정보를 사용하는 전형적인 엔터프라이즈 네트워크 장치와 달리 IoT 끝점은 사람의 개입 없이 신원을 확인할 수 있는 수단을 사용해야 한다. 이러한 식별자로는 RFID, x.509 인증서, MAC 주소 등이 있다.

- **권한 검사(authorization)**　전체 네트워크 패브릭에 대한 장치의 접근 권한을 제어한다. 인증 계층과 함께 장치끼리 또는 장치와 애플리케이션이 서로 정보를 주고받기 위한 핵심 파라미터를 구성하며, IoT 관련 서비스를 수행할 수 있게 해준다.

- **네트워크에 적용된 정책**　경로를 결정하고, (제어, 관리, 실제 데이터 트래픽 등을 포함한 모든 종류의) 끝점 트래픽을 인프라스트럭처상에서 안전하게 전송하는 데 관련된 모든 요소를 가리킨다.

- **보안 분석(가시성 및 제어)**　이 요소는 IoT 장치를 중앙에서 관리하는 데 필요한 모든 기능을 가리킨다. 그중 첫 번째로 IoT 장치에 대한 가시성에 대한 기능이 필요한데, 분산된 IoT 장치들에 대한 신원과 속성 정보를 보안에 안전한 방식으로 인식하는 중앙 관리 서비스를 의미한다. 이러한 가시

성이 보장된 상태에서 설정, 패치 업데이트, 위협 대응 등과 같은 제어 기능을 수행할 수 있어야 한다.

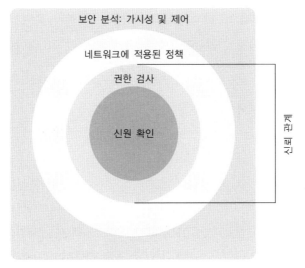

그림 16.11 안전한 IoT 프레임워크

이 프레임워크에서 핵심적인 개념은 신뢰 관계^{trust relationship}다. 여기서 말하는 신뢰 관계란 쌍방이 서로 상대방의 신원과 접근 권한에 대한 확신을 가질 수 있다는 것을 의미한다. 이러한 신뢰 프레임워크의 인증 관련 구성 요소는 기본적인 수준의 신뢰를 제공하며, 권한 검사 기능 요소를 통해 신뢰 관계를 더욱 확장할 수 있다. 시스코의 IoT 보안 백서[FRAH15]에서는 자동차가 같은 제조사의 다른 자동차와 신뢰 관계를 형성하는 예를 제시하고 있다. 하지만 이러한 신뢰 관계는 자동차가 서로 안전에 관련된 기능을 주고받는 정도만 허용한다. 이러한 자동차와 딜러 네트워크 사이에 신뢰 관계가 형성된다면 그 자동차는 상대방이 주행 기록 정보나 최근 정비 내역 등과 같은 정보도 추가로 공유할 수 있다.

결론

컴퓨터 및 네트워크에 대한 보안 프로토콜, 기술, 정책 등은 지난 수십 년 동안 개발되면서 숙성됐으며, 회사나 정부를 비롯한 다양한 사용자의 요구에 맞게 제공되고 있다. 지금 현재도 공격자와 방어자 사이의 치고받는 싸움이 지속되

고 있지만, 기존 네트워크뿐만 아니라 SDN/NFV 네트워크에 대해서도 강력한
보안 장치를 구축할 수 있다. IoT 네트워크를 구성하는 장치의 수가 수백만에서
수십억 개로 급속도로 성장하게 되면 이전에는 볼 수 없었던 심각한 보안 위협
이 발생하게 된다. 그림 16.10과 그림 16.11에서 본 것과 같은 모델과 프레임워
크는 IoT 보안 기능을 설계하고 구현하는 데 기반이 될 것이다.

16.6 핵심 용어

16장을 통해 다음과 같은 용어를 배웠다.

추적성	공격 표면	진본성
가용성	기밀성	데이터 기밀성
데이터 무결성	하이퍼바이저 인트로스펙션	무결성
프라이버시	역할 기반 접근 제어(RBAC)	
서비스형 보안(SecaaS)	시스템 무결성	TLS

16.7 참고 문헌

CSA11 Cloud Security Alliance. Security as a Service (SecaaS). CSA Report, 2011.

CSA13 Cloud Security Alliance. The Notorious Nine Cloud Computing Top Threats in 2013. CSA Report, February 2013.

HAWI14 Hawilo, H., et al. "NFV: State of the Art, Challenges, and Implementation in Next Generation Mobile Networks." IEEE Network, November/December 2014.

HOGG14 Hogg, S. "SDN Security Attack Vectors and SDN Hardening." Network World, Oct 28, 2014.

NAKI15 Nakina Systems. Achieving Security Integrity in Service Provider NFV Environments. Nakina Systems white paper, 2015.

STAL15   Stallings, W., and Brown, L. Computer Security: Principles and
        Practice. Englewood Cliffs, NJ: Pearson, 2015.

Chapter | 17

새로운 네트워킹 기술이 IT 직업에 미치는 영향

형은 이해 못해! 나도 잘 나갈 수 있었어. 챔피언 도전자도 될 수 있었어. 지금처럼 백수건달이 아닌 거물이 될 수 있었단 말이야.

– 워터프론트(On the Waterfront)
말론 브란도(Marlon Brando), 1954

17장에서 다루는 내용

17장을 읽고 나면 다음과 같은 것을 할 수 있다.

- 네트워크 전문가의 역할 변화와 관련 직업에 미치는 영향에 대해 설명할 수 있다.
- 데브옵스에 대해 전반적으로 설명할 수 있다.
- 네트워킹 시스템의 구현 과정에서 데브옵스가 가진 역할을 이해할 수 있다.
- 교육 및 인증 프로그램에 대한 관련성을 이해할 수 있다.

최근 네트워크 분야는 다양한 형태와 방향으로 급격히 변하고 있다. 네트워크 전문가로서 경력을 유지하기 위해서는 꾸준히 새로운 기술을 익혀야 할 뿐만 아니라, 네트워크 기술과 관리와 배치에 대해 다양한 측면으로 폭넓게 이해해야 한다. 17장에서는 네트워크 전문가로서 자리 잡고, 새로운 네트워킹 환경에 맞춰 경력을 발전시켜 나가는 데 유용한 정보와 가이드를 제시한다.

　17장에서는 먼저 네트워크 전문가의 역할 변화에 대한 전반적인 동향을 소개한다. 그런 후 경력 개발에 필요한 기술 중에서도 간과하기 쉬운 데브옵스^{DevOps}

라는 분야에 대해 집중적으로 살펴본 뒤 교육과 자격증에 대해서도 소개한다. 마지막으로 네트워크에 관련된 최신 동향과 관련 정보를 지속적으로 제공하는 온라인 자료를 소개하는 것으로 17장을 마무리한다.

17.1 네트워크 전문가의 역할 변화

최근 네트워크 분야에서는 최신 동향에 민감한 네트워킹 전문가라면 누구나 관심을 가져야 할 정도로 큰 변화가 일어나고 있다. 이러한 변화 중에서 몇 가지만 언급하면 다음과 같다.

- 네트워크 인프라스트럭처는 더 이상 단일 벤더에 의해 구축되지 않고, 여러 계층으로 나눠서 추상화를 통해 각 계층 사이의 (수직과 수평 방향의) 인터페이스를 정의하고, 로컬 요소와 클라우드/포그 기반 요소가 서로 혼합된 형태로 구성되고 있다.

- 애플리케이션의 워크로드workload는 빠르고 다양하게 변하고 있다. 네트워크 소프트웨어 환경에 인프라스트럭처를 관리하고 활용하고, 심지어 정의하는 소프트웨어 모듈을 통합해야 한다.

- 언어, 스크립팅 도구 등과 같이 네트워크 전문가를 위한 도구들이 급속도로 확산되고 있으며, 네트워크를 설계하고, 배치하고, 운영하고, 관리하고, 보안을 유지하기 위한 여러 가지 패키지 형태의 제품들도 등장하고 있다.

- SDN이나 NFV 등과 같은 소프트웨어 기법의 기술을 통해 네트워크 기능을 정의하고, 구현하고, 관리하는 사례가 늘고 있다. 이러한 네트워크의 '소프트한' 성향으로 인해 IT 관리 부서와 네트워크 개발 및 운영 부서가 서로 협업할 수밖에 없는 상황으로 몰리고 있다.

더 이상 대학이나 교육 기관에서 배운 기술만 갖고서는 다가오는 변화에 대처하기 힘들다. SDN과 NFV로 인해 훨씬 다양한 사람들이 네트워크 생태계에 참여하게 됐을 뿐만 아니라, 오히려 이렇게 다양한 배경 지식을 갖춰야만 복잡한 네트워킹 세계에 접근할 수 있게 됐다. 네트워킹의 역할과 책임이 끊임없이 변함에 따라 어떤 직업은 사라지고, 또 어떤 직업은 새롭게 생길 것이다. 네트워킹 전문가로서 경쟁력을 확보하기 위해서는 회사의 내부나 외부에서 주어지는 다양한 교육의 기회를 놓치지 말아야 한다.

역할의 변화

메츨러^{Metzler}가 발표한 웹 문서^[METZ14b]에서는 네트워크 및 IT 인프라스트럭처 전문가가 맡아야 할 역할에 대한 주요 특성을 다음과 같이 제시하고 있다.

- **프로그래밍에 대한 비중의 증가** SDN과 NFV 네트워크 구조의 일부분으로 API가 늘어나고 있기 때문에 고급 IT 전문가는 엔터프라이즈 소프트웨어 개발 팀과 효율적으로 의사소통할 수 있게 프로그래밍에 대해 일정 수준 이상으로 이해하고 있어야 한다. 또한 조직에서 이러한 API가 제공하는 기능을 활용해 새로운 기능을 구현해야 할 때 네트워킹 전문가가 API를 활용해 프로그램을 작성할 수 있어야 한다. 여기에 대해서는 17.2절에서 자세히 설명한다.

- **다른 IT 분야에 대한 지식 습득의 필요성 증가** IT 분야에서 스토리지, 네트워킹, 가상화, 보안 등과 같은 여러 가지 전문 분야들은 완전히 독립적으로 존재하지 않고 기능적으로 서로 얽혀 있기 때문에 팀을 이뤄 서로 협력해야 하는 경우가 많다. 이처럼 협업과 (다음 절에서 자세히 다룰) 데브옵스의 중요성이 높아지면서 IT 보안부터 데이터베이스 설계나 애플리케이션 구조, 그리고 이들 사이에 연계된 다양한 기술을 서로 융합할 줄 알아야 한다. 팀을 구성하는 각 개인은 대체로 특정한 분야에 강점을 갖고 있지만, 이제는 다른 영역에 대한 지식도 어느 정도 갖출 필요가 있다.

- **보안에 대한 중요성 증가** 자체 시스템이나 클라우드, 사용자 장치 등에 대한 데이터 보호가 중요해지고 있는 만큼 보안 전문가의 중요성이 갈수록 높아지고 있다. 데이터는 모든 기업에서 핵심적인 자산이다. 따라서 사용자가 작업을 수행하는 데 영향을 미치지 않으면서 데이터를 안전하게 보호하도록 정책을 결정하고 강화하는 것이 굉장히 중요하다.

- **정책 결정의 중요성 증가** SDN과 NFV를 이용하면 이전보다 훨씬 동적이며 세밀한 방식으로 정책 기반의 인프라스트럭처를 구현할 수 있다.

- **비즈니스에 대한 이해의 필요성 증가** SDN, NFV, QoE는 비즈니스 및 사용자 요구에 기민하게 대응하는 데 필요한 기술적 기반을 제공한다. 애플리

케이션 소프트웨어를 새로 만들어서 네트워크에 구동하고, 가상화된 네트워크 요소를 수정하고 재배치하는 방식으로 기업이나 사용자의 요구에 빠르게 대응할 수 있어야 한다. 이렇게 동적으로 변하는 환경을 제대로 지원하려면 네트워크의 관리 및 설정 방법에 대해 잘 이해하고 있어야 하는데, 이는 네트워크 전문가에게는 큰 부담이 된다. 또 다른 고려 사항으로 IT 조직이 IT에 대한 투자를 정당화할 수 있어야 하는데, 이는 곧 이러한 투자에 대한 비즈니스 관점의 가치를 구체적으로 증명할 수 있어야 하는 것을 의미한다.

■ **애플리케이션에 대한 이해의 필요성 증가** 클라우드 컴퓨팅과 IoT으로 인해 네트워크에서 지원해야 할 애플리케이션의 범위가 크게 늘어났다. 이에 따라 애플리케이션의 구조도 덩달아 확장됐는데, 단순한 클라이언트/서버 모델 대신 수직적으로 여러 계층을 거칠 뿐만 아니라 수평적으로 이웃 간 협업하는 방식으로 애플리케이션의 구조가 대체되거나 개선되고 있다. 실제로 **CRM**Customer Relationship Management과 같은 복잡한 애플리케이션은 여러 개의 모듈로 구성되기 때문에 다양한 네트워크 요구 사항을 수용해야 한다. IT 인프라스트럭처 및 네트워크 전문가는 이러한 새로운 구조에 대해 잘 이해해서 복잡한 애플리케이션을 설계할 때 새로운 기술에 적합한 구조를 갖도록 보장해야 한다.

프렛츠Pretz가 발표한 논문[PRET14]에서는 또 다른 흥미로운 관점을 제시했는데, 새로운 네트워킹 환경을 성공적으로 구축하기 위해 네트워크 전문가가 갖춰야 할 기술로 다음과 같은 다섯 가지를 제시하고 있다.

■ IT와 네트워크 분야는 그동안 서로 독립적으로 발전해왔지만, 최근에는 두 분야에 대한 노하우를 융합하는 능력이 필요하다.

■ 응용 수학의 한 분야인 산업 수학industrial mathematics에 대한 이해가 필요하다. 산업 수학에 대해 알고 있다면 기술적인 이슈를 좀 더 이해할 수 있을 뿐만 아니라, 정확한 수학 모델을 설계하고 현대 컴퓨터 테크닉을 이용해 솔루션을 구현할 수 있다. 이 분야에 대한 배경 지식을 갖추고 있으면 머신 러닝과 인지 알고리즘을 적용해 시스템을 개발하는 데 큰 도움이 될 것이며, 이를 통해 SDN의 복잡하고 동적인 특성을 줄일 수 있을 것으로 기대하고 있다.

- 소프트웨어 아키텍처와 오픈소스 소프트웨어에 숙달돼 있어야 한다. 이러한 기술은 SDN 도구와 애플리케이션을 개발하는 데 필요하다. 또한 소프트웨어 검증(verification & validation) 프로세스에 대해 이해하고 있으면 도움이 된다. 이 프로세스는 소프트웨어가 규격specification을 만족하는지와 원래 의도한 목적을 만족하는지를 확인할 때 사용된다. 일부 엔지니어는 프로그래밍 능력도 높아야 한다고 생각하지만, 반드시 그런 것은 아니다. 이미 다양한 SDN 애플리케이션이 써드파티 제품으로 많이 나와 있기 때문이다.

- SDN에서 발생하는 방대한 양의 데이터를 처리하는 방법을 이해할 수 있게 빅데이터 분석에 대한 배경 지식도 갖춰야 한다. 빅데이터 분석에 숙달된 사람라면 많은 양의 데이터를 관리할 수 있을 뿐만 아니라 문제가 발생하더라도 정확한 원인을 찾아갈 수 있다. 이러한 분석 기법은 엔지니어로 하여금 데이터에 기반을 두고 현명하게 결정을 내리는 데 도움을 준다.

- 사이버 보안에 대한 잘 알아야 한다. 보안은 SDN의 모든 영역에서 다루고 있기 때문이다. 아키텍처 차원에서 보안을 반영해야 할 뿐만 아니라 네트워크에 연결된 자원과 정보에 대한 가용성, 무결성, 프라이버시를 보호하는 기능을 서비스 형태로 제공해야 한다.

직업에 미치는 영향

글로벌 놀리지Global Knowledge의 백서[HALE14]에 따르면 SDN과 NFV는 다음과 같은 직업에 영향을 미칠 것으로 예상하고 있다.

- **네트워크 관리자** 소프트웨어 중심의 네트워크를 설계하고 관리하는 기술과 기존 환경에서 새로운 환경으로 마이그레이션하기 위한 전략을 짤 수 있는 능력을 갖춘 이들에 대한 수요가 많다.

- **가상화 관리자** 관리자는 클라우드 시스템을 구현하는 방법을 알아낼 수 있고, 이러한 클라우드를 기존 인프라스트럭처에서 작동하는 데 필요한 고급 기술을 갖추고 있어야 한다. 가상화 관리자는 스토리지, 네트워크, 보안, 애플리케이션 팀과 긴밀히 협업해 서로 매끄럽게 연동할 수 있게 만들어야 한다.

- **애플리케이션 관리자** 애플리케이션 관리자는 SDN 및 NFV API가 애플리

케이션에 미치는 영향에 대해 잘 알고 있어야 한다. 예를 들어 애플리케이션이 네트워크에게 애플리케이션을 정상적으로 작동하는 데 필요한 대역폭과 지연 시간을 요청할 수도 있다. 관리자는 이러한 요구 사항을 잘 파악해 다른 애플리케이션 관리자와 협업해 이를 만족시킬 수 있어야 한다. 보안에 대한 요구 사항도 예상하지 못한 방식으로 변경될 수 있기 때문에 애플리케이션 관리자는 보안 서비스와 메커니즘에 대해 잘 이해하고 있어야 한다.

- **보안 관리자** 보안 관리자는 적합한 정책과 규칙을 설계하고, 적용하고, 평가할 수 있게 다른 분야의 관리자와 긴밀하게 협조해야 한다. 회사의 시스템 중에서 클라우드로 이전하는 부분이 많아지고, 사용자가 보유한 장치를 사용하게^{BYOD, Bring Your Own Device} 장려할수록 보안 관리자에 대한 수요는 증가할 것이다.

- **개발자** 개발자들은 필요한 기능을 SDN 및 NFV 컨트롤러의 API 형태로 통합할 수 있어야 하며, 이러한 API로 네트워크에 요청을 보내는 애플리케이션을 작성할 수 있어야 한다. 이를 위해서는 네트워킹에 대한 전반적인 지식을 갖추고 있어야 할 뿐만 아니라, 주어진 문제를 해결하는 데 필요한 API에 대해서도 구체적으로 알아야 한다. 개발자는 보안에 대해 더욱 깊이 이해해야 하며, 애플리케이션, 가상화, 네트워크 팀에서 제시하는 보안 요구 사항을 모두 만족하게 작성하고 필요에 따라 적절히 수정해야 한다.

- **IT 관리자** IT 관리자는 다방면에 걸쳐 많이 알고 있어야 한다. 새로운 네트워킹 기술과 새로운 환경에 필요한 보안 요구 사항을 파악할 수 있어야 하고, 애플리케이션 개발과 네트워크 개발 과정의 통합에 대한 필요성도 이해하고 있어야 한다. (17.2절에서 설명하는) 데브옵스에 필요한 협업에 대한 자세도 조직 내부적으로 갖춰야 한다.

최소한 갖춰야 할 것

새로운 네트워킹 환경에 아무리 좋은 자동화 도구가 제공되더라도 뛰어난 실력을 갖춘 네트워킹 전문가에 대한 수요는 사라지지 않을 것이다. 하지만 새로운 네트워킹 환경에서 필요로 하는 역할과 책임과 기술은 달라진다.

17.2 데브옵스

SDN, NFV, 클라우드, 사물 인터넷^{IoT}에 대한 기술 및 관리에 대한 자료를 보면 새로운 네트워크 기술을 설계하고, 설치하고, 관리하기 위해 데브옵스^{DevOps} 접근 방식을 잘 이해하고 적용할 수 있는 인력이 필요하다는 말을 많이 들어봤을 것이다. 이 절에서는 먼저 데브옵스의 개념에 대해 전반적으로 소개하고, 이를 현대 네트워킹 기술에 적용하기 위한 방법을 살펴본다

데브옵스의 기본 개념

데브옵스
애플리케이션 개발자와 이를 테스트하고 배치하는 IT 부서 사이의 긴밀한 협업을 의미하는 용어로, 소프트웨어 공학과 품질 보장, 운영 등이 혼합된 분야다.

유행어처럼 반짝 떠올랐던 데브옵스^{DevOps}란 용어는 불과 몇 년 만에 소프트웨어 개발 및 배치를 위한 하나의 방법론으로 자리 잡았다. 대기업과 중소기업을 막론하고 데브옵스가 무엇인지, 데브옵스가 조직에 어떤 영향을 미치는지를 파악하기 위해 노력하고 있다. 이러한 관심은 IT 담당 최고 임원이나 CIO뿐만 아니라 고품질의 제품을 제공하며 좀 더 효율적이고 기민하고 혁신적으로 비즈니스 조직을 만들기 위한 수단으로 데브옵스의 잠재력에 눈을 뜨기 시작한 비즈니스 관리자도 갖고 있다. IBM이나 마이크로소프트와 같은 주요 소프트웨어 회사에서도 데브옵스를 실현하기 위한 노력이 급속도로 퍼지고 있다.

데브옵스는 애플리케이션 개발과 소프트웨어를 지원하는 데 집중해왔다. 데브옵스 철학이 해심은 비즈니스 조직 관리자, 개발자, 운영 담당, 보안 담당, 최종 사용자 그룹을 비롯한 제품 또는 시스템 개발에 참여하는 모든 사람이 처음부터 협업하는 것이다.

데브옵스 접근 방법에 대해 제대로 이해하기 위해 애플리케이션 개발 및 패치를 위한 일반적인 과정에 대해 개략적으로 살펴볼 필요가 있다. "Application Release and Deployment for Dummies"[MINI14]에서 언급한 바와 같이 대다수의 애플리케이션 벤더 및 사내 애플리케이션 개발자는 다음과 같은 수명 주기를 따르고 있다.

- **개발(DEV)** 개발자가 코드를 빌드해서 테스트 환경에 배치하면 개발 팀은 가장 기본적인 수준의 애플리케이션 테스트를 수행한다. 일정한 기준을 만족하면 다음 단계인 SIT으로 넘어간다.

- **시스템 통합 테스팅(SIT)** 새로 만든 애플리케이션이 기존 애플리케이션이나 시스템과 함께 작동하는지를 테스트한다. 애플리케이션이 이 환경의 기준에 적합하면 UAT로 넘어간다.

- **사용자 수용 테스팅(UAT)** 애플리케이션이 최종 사용자에게 필요한 기능을 제공하는지 테스트한다. 이 환경은 주로 출시 환경과 유사하게 꾸민다. 애플리케이션이 이러한 요구 사항을 만족하면 출시 단계로 넘어간다.

- **출시(PROD)** 사용자가 애플리케이션을 사용할 수 있는 단계로, 애플리케이션의 가용성과 기능을 모니터링해 사용자 피드백을 수집한다. DEV 환경에 업데이트나 패치를 추가한다.

전통적으로 정보 시스템 개발 프로젝트는 이러한 단계를 순차적으로 진행해왔다. 이 과정에서 각 단계 사이에 결과물을 내지 않고, 사용자 피드백을 받지도 않았다. 이러한 방식을 **폭포수 개발**waterfall development 프로세스라 부른다. 규모가 큰 프로젝트에서는 한 단계가 끝나고 나면 다시 이전 단계로 돌아가기가 쉽지 않다. 마치 폭포를 거슬러 가는 것이 힘든 것과 비슷하다. 2000년대 초반 무렵 **애자일 소프트웨어 개발 방법론**agile software development이 큰 호응을 얻기 시작했다. 애자일 방식에서는 팀워크와 고객 참여를 강조하고, 무엇보다도 전체 시스템을 구성하는 작고 부분적인 결과물을 사용자 환경에 테스트하면서 만들어가는 것을 중요시한다. 예를 들어 25가지의 기능을 갖춘 애플리케이션을 만들 때 일단 다섯 개에서 여섯 개 정도의 기능만 완벽히 구현해서 프로토타입을 만든 다음, 필요한 기능을 점진적으로 추가해나간다. 애자일 방식은 개발 과정에서 흔히 발생하는 요구 사항의 변화에 대처하는 데 효과적인 방식으로 자리 잡았다.

애자일 개발의 가장 큰 특징은 순환 방식으로 진행하면서 자주 출시하고, 협업을 지원하기 위해 자동화된 도구를 활용하는 데 있다. 데브옵스는 이러한 철학을 좀 더 발전시켜서 빠르게 출시하고, 개발 프로세스의 모든 단계에 피드백 루프를 적용하고, 다양한 도구와 문서화된 최선의 기법을 활용해 데브옵스 프로세스를 자동화한다.

그림 17.1은 'DevOps for Dummies'에서 인용한 것으로, 데브옵스 프로세스의 전반적인 과정을 보여준다[SHAR15].

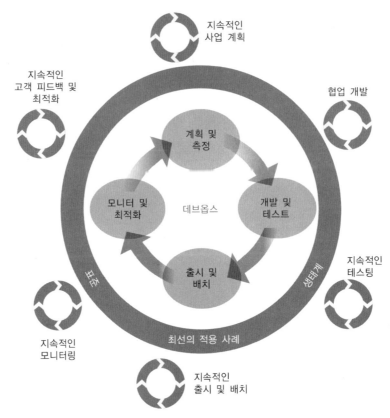

그림 17.1 데브옵스 참조 아키텍처

데브옵스는 다음과 같은 네 가지 주요 활동을 반복해서 수행한다.

■ **계획 및 측정** 비즈니스 조직과 이들의 계획 프로세스에 집중한다. 계획 프로세스planning process란 비즈니스 요구 사항을 개발 프로세스의 결과물과 연계하는 활동이다. 처음에는 전체 계획에서 작은 영역에서 출발해 원하는 소프트웨어를 개발하는 데 필요한 자원과 결과물을 파악해나간다. 계획에는 반드시 소프트웨어를 평가하고, 고객의 요구에 따라 지속적으로 조정하고, 개발 및 측정 계획을 지속적으로 업데이트하기 위한 개발 측정 기준을 포함해야 한다. 이러한 측정 활동은 데브옵스 프로세스 자체에도 적용해 올바른 자동화 도구를 사용하고 협업이 이뤄지고 있는지를 확인할 수 있다.

■ **개발 및 테스트** 협업 개발, 새로운 코드의 지속적인 통합, 지속적인 테스팅 활동을 수행하며, 개발 팀과 테스팅 팀 활동의 효율성을 높인다. 이 과정에서 유용한 도구로는 측정된 결과에 대한 테스팅을 자동으로 추적하는 도구

와 실제 환경에 대해 격리된 형태로 테스팅하는 가상화된 테스트베드 등이 있다.

- **출시 및 배치** 테스트 및 출시 환경에 대한 배치를 자동화하는 연속적인 배달 파이프라인을 제공한다. 출시는 중앙 협업 환경에서 관리하며, 자동화 기법을 활용한다. 배치 및 미들웨어 설정을 자동화해서 개별 개발자나 팀, 테스트, 배치 관리자가 지속적으로 빌드하고, 제공하고, 배치하고, 테스트하고, 판매를 촉진할 수 있는 수준의 셀프 서비스 모델이 되도록 완성도를 높인다. 인프라스트럭처와 미들웨어 프로비저닝은 자동화해서 애플리케이션 배치와 유사한 수준의 셀프 서비스 기능으로 발전시킨다. 운영 엔지니어는 더 이상 환경을 직접 변경하지 않고, 자동화 과정을 최적화하는 데 집중한다.

- **모니터 및 최적화** 지속적인 모니터링, 고객 피드백 등에 대한 실행 방법 등으로 구성되며, 애플리케이션을 출시한 후에 수행되는 형태에 대한 모니터링을 최적화해 필요에 따라 비즈니스 요구 사항을 적용할 수 있게 한다. 고객의 경험을 모니터링해 비즈니스 애플리케이션을 최적화하는 데 활용한다. 비즈니스 가치의 달성 여부를 반영하는 고객에 대한 주요 성능 지표에 최적화하는 것도 지속적인 향상 프로그램의 일부에 포함된다.

그림 17.2는 마이크로소프트에서 발표한 엔터프라이즈 데브옵스Enterprise DevOps[MICR15]에서 인용한 것으로, 데브옵스에 대한 또 다른 관점을 보여준다. 데브옵스는 전체 수명 주기 동안 애플리케이션을 관리하는 프로세스의 효율과 효과를 높이기 위한 것이다. 애자일 소프트웨어 개발 방법론이 소개되면서 각 조직마다 가치를 보다 기민하고 지속적으로 제공하기 위해 올바른 주기에 따라 비즈니스와 개발과 QA와 운영을 통합하게 애플리케이션 수명 주기 관리ALM, Application Lifecycle Management 기법을 개발해왔다.

애플리케이션 수명 주기 관리

애플리케이션의 시작부터 끝까지 전체 수명 주기 동안 진행되는 애플리케이션 관리 및 제어 활동. 요구 사항 관리, 시스템 설계, 소프트웨어 개발, 설정 관리 등으로 구성되며, 프로젝트 개발 및 제어를 위한 여러 가지 도구를 활용한다.

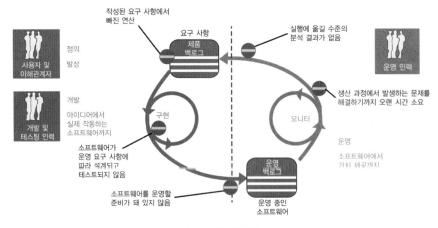

(a) ALM의 장애물

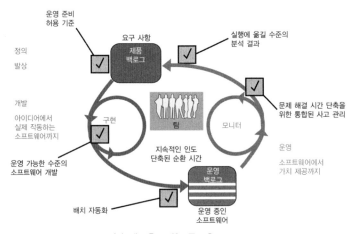

(b) 데브옵스 워크플로우

그림 17.2 최신 애플리케이션 수명 주기 관리

그림 17.2에서 보는 바와 같이 전통적인 ALM 실행 방법에 따르면 개발 단계
부터 최종 제품을 기민하고 효과적으로 인도할 때까지 수많은 난관에 부딪힌다.
기존에는 개발과 운영을 분리했기 때문이다. 이 그림에서 핵심은 기능 요구 사
항을 만족하기 위해 운영 요구 사항의 우선순위를 낮출 때 위험이 발생한다는
점이다. 데브옵스는 그림 17.2의 (b)에서 제시한 방법으로 이러한 장애물을 극
복하기 위해 나온 것이다.

데브옵스는 기본적으로 협업과 자동화라는 두 가지 핵심 사항에 기반을 두고
있다. 협업은 소프트웨어 개발 및 배치 프로세스에 참여하는 다양한 이들이 서
로 협력하게 장려하기 위한 관리 정책에서 출발한다. 자동화는 이러한 협업을

지원하고, 그림 17.1과 17.2에 나온 순환식 프로세스를 최대한 자동화하게 설계된 도구로 구성된다.

현재 여러 회사에서 데브옵스 자동화 도구를 제공하고 있다. 예를 들어 마이크로소프트에서는 2014년에 비주얼 스튜디오 제품군의 일부로 여러 가지 도구를 출시한 바 있다. 비주얼 스튜디오는 일련의 개발 도구와 서비스를 제공하며, 사용자가 마이크로소프트 플랫폼이나 클라우드에서 앱을 개발하는 작업을 도와준다. 여기에 데브옵스를 위해 출시 관리 소프트웨어releasing management software가 추가됐는데, 이를 통해 소프트웨어 프로그램의 개발 단계에서 출시에 이르기까지 수행해야 하는 다양한 잡일, 예를 들어 관리자에게 경고를 보내거나 소프트웨어를 구동하기 위한 운영 서버를 준비하는 등의 작업을 자동화할 수 있다. 마이크로소프트에서 데브옵스를 지원하기 위해 비주얼 스튜디오에 추가한 또 다른 기능으로 클라우드 개발 프로젝트Cloud Deployment Projects라는 것이 있는데, 이를 사용하면 각 조직에서 새로운 애플리케이션에 대한 설정을 수집하고 재활용해 배치 시간을 단축시킬 수 있다. 이러한 설정 사항 또는 청사진을 애플리케이션이 포함된 가상 머신VM 안에 담아서 마이크로소프트 애저Azure 클라우드에 배치할 수 있다. 또한 마이크로소프트에서는 애플리케이션 인사이트Application Insight 소프트웨어도 제공한다. 이 소프트웨어는 애플리케이션을 분석하고 문제를 진단하는 기능을 제공하며, 개발자는 이를 통해 애플리케이션이 정상적으로 작동하는지, 그리고 사람들이 이 소프트웨어 프로그램을 어떻게 활용하는지를 판단할 수 있다. 이는 개발자가 버그를 정확히 찾아내는 데 도움이 될 뿐만 아니라, 잘못된 설계로 인해 갑작스레 사용량이 떨어지는 등의 동작에 관련된 문제도 일찍 발견할 수 있다.

데브옵스의 필요성

데브옵스를 적용하려는 IT 부서는 지속적으로 늘어나고 있다. 예를 들어 구인/구직 사이트인 다이스Dice에서 최근 발표한 자료[DICE15]에 의하면 데브옵스 경험과 공학에 대한 배경 지식을 갖춘 고급 시스템 관리자에 대한 수요가 굉장히 높다는 것을 알 수 있다. 또한 실리콘밸리와 같은 지역에서는 데브옵스 능력을 갖춘 인력을 구하기가 굉장히 어렵다고 한다. 이런 인력은 여러 곳으로부터 스카웃 제의를 받는 것이 다반사며, 제시하는 연봉 수준도 높아지고 있다. 표 17.1

은 미국의 대도시 여섯 개를 중심으로 100마일 이내의 지역에서 엔지니어와
관리자, 아키텍트 등의 데브옵스 전문가에 대해 현재 채용 중인 구인 게시물
수를 보여준다. 이를 보면 데브옵스는 이제 확실히 고용주가 원하는 기술 능력
중 하나로 확실히 자리매김했다.

표 17.1 지역별로 구분한, 최근 다이스에 게시된 구인 게시물 수(2015년 5월 기준)

도시	구인 게시물 수
보스턴	106
뉴욕	183
워싱턴 D.C	109
시카고	53
샌프란시스코	319
댈러스	85

네트워킹을 위한 데브옵스

데브옵스는 원래 애플리케이션에 대한 개발과 배치 프로세스를 위해 발전한 것
이지만, 네트워킹 환경에도 적용할 수 있다. 이는 현대 네트워킹 인프라스트럭
처가 갈수록 소프트웨어 기반으로 구축되기 때문이다.

- **소프트웨어 정의 네트워킹(SDN)** SDN은 네트워크의 동작을 소프트웨어로
  정의한다. 제어 평면과 데이터 평면을 명확히 구분해 제공되는 기본적인
  기능을 토대로, 다양한 유틸리티와 앱을 제어 및 애플리케이션 단계에서
  구축할 수 있다. 네트워크 설계자나 관리자는 변화하는 네트워크 조건과
  요구 사항, 그리고 고객 중심의 새로운 애플리케이션의 요구 사항에 재빨
  리 대응하는 능력을 갖춰야 한다.

- **네트워크 기능 가상화(NFV)** NFV는 네트워크의 구조와 기능을 소프트웨
  어로 정의해서 가상 컴퓨트, 스토리지, 네트워크 기능 형태로 배치한다.
  NFV 소프트웨어 환경은 호스트 가상 네트워크 기능^{VNF}과 관리 및 운영
  소프트웨어가 상호 작용하도록 복잡하게 구성돼 있다. 이러한 환경은 변화
  하는 조건과 요구에 빠르게 대응할 수 있어야 한다.

- **QoS/QoE** 서비스 품질$^{\text{QoS, Quality of Service}}$과 체감 품질$^{\text{QoE, Quality of Experience}}$을 만족하기 위해서는 최종 사용자 분석을 통해 프로세스를 도출해야 하며, 최종 사용자의 요구에 대해 네트워크가 기민하게 대응하려면 이러한 프로세스에 빠른 개발 및 배치 주기를 적용해야 한다.

- **클라우드** IaaS, PaaS, SaaS를 비롯한 모든 종류에 대해, 그리고 퍼블릭 클라우드나 프라이빗 클라우드 여부에 관계없이 클라우드 관리자와 사업자는 항상 끊임없이 클라우드 서비스를 수정하고 개선해야 한다. 사용자의 기대에 부응하려면 이러한 작업을 굉장히 빠르게 처리해야 한다.

- **사물 인터넷(IoT)** IoT는 수많은 물리적인 사물로 구성되지만, 포그 컴퓨팅 에지부터 중앙 애플리케이션 플랫폼까지 아우르는 전반적인 구조는 기대하는 성능을 제공하기 위해 변하는 조건에 빠르게 대응해야 할 뿐만 아니라, 빠르게 변하는 IoT 장치를 제대로 다룰 수 있게 네트워크를 지속적으로 업그레이드하고 수정해야 한다.

정리하면 데브옵스 접근 방식은 애플리케이션이나 웹 서버 소프트웨어와 같은 대상뿐만 아니라 네트워크 인프라스트럭처에도 적합하다. 네트워크 인프라스트럭처 소프트웨어를 설계하고 배치하고, 필요에 따라 네트워크 인프라스트럭처 자체를 수정하는 네트워크 관리자나 엔지니어 입장에서 데브옵스 접근 방식은 다음과 같은 활동으로 구성된다.

- 네트워크 변경 사항으로 인해 매일 수행하는 운영 작업에 미치는 영향을 예측하고, 변화가 미치는 영향을 측정하기 위한 척도를 개발하고, 개발과 운영 사이를 오가는 절차를 개발하기 위해 네트워크 운영 인력과 협업해야 하는 경우가 늘고 있다.

- 효율을 높이고 장애물을 제거하기 위한 방안을 찾기 위해 소프트웨어 및 네트워크 인프라스트럭처 배치 파이프라인의 흐름을 제어하는 프로세스 관점에서 파이프라인을 검토해야 한다.

- 반복적인 작업을 줄이기 위해 자동화 도구를 도입한다.

이 책에서 소개한 네트워킹 기술은 모두 데브옵스 방식에 적합하다. 그중에서도 대표적인 분야는 데브옵스 테크닉을 이미 적용하고 있는 클라우드 컴퓨팅/

네트워킹 분야일 것이다. 다이스 보고서(Why DevOps Is CPR for Cloud Applications)[DICE13]에서 지적한 바와 같이 클라우드에서는 API와 프레임워크에 크게 의존하고 있으며, 이러한 API나 프레임워크는 자동화된 데브옵스 프로세스에 쉽게 통합할 수 있다는 점에서 데브옵스와 가장 잘 어울린다. 클라우드를 클라우드답게 만드는 것은 API 중심의 셀프 서비스 프로비저닝에 있다. 따라서 클라우드 분야에 데브옵스를 자연스럽게 적용할 수 있는 것이다. 결론적으로 클라우드 분야에서 성공하거나 이 분야로 이직하려면 스크립팅 및 API 사용 기술을 얻기해야 한다. 퍼블릭 클라우드 사업자의 API나 프라이빗 클라우드 관리 프레임워크에 대한 경험이 있다면 미래의 (또는 현재의) 고용주가 매력을 느낄 만한 수준으로 클라우드 기술을 갖출 수 있을 것이다.

인포메이션 위크Information Week에 게재된 기사[MACV15]에 따르면 네트워크 엔지니어 사이에서 데브옵스에 대한 관심과 요구가 늘어나는 현상은 프로그래머빌리티programmability에 대한 관심이 높아지고 있기 때문이라고 한다. 특히 엔지니어들은 자신이 코드를 작성하는 데 필요할지 모르는 것에 대해 관심이 많다(코드 형태의 인프라스트럭처infrastructure as code란 표현만 보더라도 당연히 그럴 만하다). 이들은 자신이 모르는 기술에 대해 불안해하는 경향이 있는데, 이와 관련해 두 가지 사실을 짚고 넘어갈 필요가 있다. 첫째는 네트워크 분야에서 필요한 코딩 기술은 C, C++, 자바와 같은 전문 소프트웨어 개발 언어가 아니라 주로 스크립팅에 대한 것이다. 네트워크 엔지니어는 주로 파이썬, 펄, 배시Bash, 컬Curl 등과 같은 도구로 스크립트를 작성해 여러 가지 장치를 다룬다. 이러한 스크립팅 접근 방식을 데브옵스 방식으로 전환하려면 네트워킹 데브옵스 환경에 필수적인 도구를 터득해야 한다.

이러한 도구 중 하나로 깃Git과 같은 버전 관리 시스템vesion control system이 있다. 버전 관리 시스템은 소프트웨어 소스코드에 대한 저장소뿐만 아니라 라우터, 스위치, 방화벽, 아파치 웹 서버 등과 같은 인프라스트럭처에 대한 설정 데이터를 관리하는 역할도 담당한다. 설정 데이터를 버전 관리 시스템에서 관리하면 변경 사항을 잘 관리할 수 있다. 방화벽 규칙을 추가하거나 아파치 vhost를 추가하는 등의 변경 사항을 추적할 수 있다. 장치 작업에 대해 (파이썬 등과 같은 언어로) 작성된 스크립트도 깃과 같은 버전 관리 시스템에 저장할 수 있다. 또한 깃에 스크립팅을 활용하면 버전 관리 데이터를 다루는 작업의 상당 부분을 자동화할 수 있다. 뿐만 아니라 퍼핏^{Puppet}이나 셰프^{Chef}와 같은 설정 관리 도구를 사용해 깃에 저장할 템플릿을 생성할 수도 있다.

네트워크 엔지니어가 갖는 우려에 대해 두 번째로 짚고 넘어갈 사항으로는, 네트워킹에 필요한 데브옵스는 단순한 스크립팅 이상으로 방대하다는 점이다. 프로세스를 최적화하는 데 관련된 다양한 인력과 협업하거나, 개발과 운영과 사용자 요구를 모두 고려해 인프라스트럭처를 협업 방식으로 관리하는 작업에 활용된다. 또한 시장 출시 시간 단축, 위험 감소, 비용 감소 등과 같은 여러 가지 비즈니스 목표 중에서 데브옵스를 가장 먼저 적용해야 할 부분을 결정하기 위해 무엇이 필요하고, 이를 어떻게 수행해야 할지도 파악해야 한다.

이처럼 모든 문제를 쉽게 해결할 수는 없더라도 몇 가지 도구나 패키지를 능숙하게 다룰 수 있는 것만으로도 데브옵스에 대한 신뢰성을 높이는 데 큰 도움이 된다. 다이스 보고서(Critical Skills for DevOps Engineers)[DICE14]에서는 데브옵스를 성공적으로 적용하기 위해 필요한 기술과 도구를 다음과 같이 네 가지로 분류하고 있다.

- **퍼핏(Puppet), 셰프(Chef), 베이그런트(Vagrant), CFEngine, Bcfg2** 시스템 성능을 일관성 있게 유지하는 것은 굉장히 중요하다. 이는 시스템이 항상 구동되고 사용 가능한 상태에 있는 것뿐만 아니라 빠르고 안정적으로 제공돼야 한다는 것을 의미한다. 이러한 설정 관리 도구를 잘 다룰 수 있으면 소프트웨어나 시스템에 대해 반복적이며 주기적으로 발생하는 수정 사항을 관리하는 데 도움이 된다.

- **젠킨스(Jenkins), 메이븐(Maven), 앤트(Ant), 크루즈컨트롤(CruiseControl), 허드슨(Hudson)** 엔지니어가 맡는 핵심 역할은 소프트웨어를 빠르고 쉽게 제작하고 배치하는 것이다. 이러한 도구에 익숙하다면 빌드와 배치 작업을 수행하는 데 큰 도움이 된다.

- **깃(Git), SVN, CVS, 비주얼 스튜디오 온라인(Visual Studio Online), 퍼포스(Perforce)** 버전 관리는 데브옵스 활동 과정에서 개발자들이 서로 방해받지 않고 작업하는 데 굉장히 중요하다. 이러한 버전 관리 시스템을 사용하면 여러 사람이 협력해 진행하는 소프트웨어 프로젝트에서 발생하는 변경 사항을 쉽게 관리할 수 있다.

- 나기오스(Nagios), 뮤닌(Munin), 자빅스(Zabbix), 센수(Sensu), 로그스태시(LogStash), 클라우드워치(CloudWatch), 스플렁크(Splunk), 뉴렐릭(NewRelic) 데브옵스 전문가의 입장에서 항상 성능을 예의 주시해야 한다. 각각의 도구마다 세부적인 특성과 사용법은 다양하지만, 이들의 밑바탕이 되는 철학과 원칙을 제대로 이해해야만 이들을 효과적으로 활용할 수 있다.

각 제품군에 속하는 도구 중에서 어느 한 가지만이라도 숙달돼 있다면 동일한 제품군에 속하는 다른 도구도 몇 주 내에 쉽게 터득할 수 있다. 또한 이러한 도구들은 대부분 나온 지 얼마되지 않았기 때문에 필요하다면 언제든지 익히고 활용하려는 적극적인 자세가 필요하다.

네트워크에 관련된 데브옵스

SDxCentral에서 매년 발간하는 NFV 리포트 중에서 가장 최신호(SDxCentral Network Function Virtualization Report, 2015 Edition)를 보면 현대 네트워크 사업자에 관련된 데브옵스 수요가 증가하고 있다는 것을 엿볼 수 있다. 이를 위해 다음과 같은 데브옵스 제품이 나와 있다.

- 브로케이드 모바일 애널리틱스(Brocade Mobile Analytics) 모바일 네트워크 가시성을 위한 기능을 풀 스택으로 제공하고 있다. 제품이 모듈화된 구조로 구성돼 있기 때문에 모바일 운영자마다 다양한 요구 사항에 맞게 솔루션을 빠르게 커스터마이즈해 배치해야 하는 데브옵스 모델에 잘 어울린다.

- 레드햇 엔터프라이즈 리눅스 아토믹 호스트(RedHat Enterprise Linux Atomic Host) NFV 소프트웨어 플랫폼으로, IT 조직이 기능의 빠른 제공, 지속적인 향상 등과 같은 데브옵스의 장점을 빠르게 실현하는 데 필요한 도구를 제공한다.

- 슈퍼클라우드(SuperCloud) 벤더 중립적인 NFV 서비스 오케스트레이션 플랫폼이다. 데이터 센터나 클라우드 서비스 사업자가 VNF와 SDN 애플리케이션을 배치하고 관리하는 데 필요한 기능을 제공한다. IT 애플리케이

션 개발자를 지원하는 네트워크 관리자의 요구 사항을 만족하게 데브옵스
와 서비스 자동화를 염두에 두고 설계했다.

- **클라우드셸(CloudShell)** 데브옵스 방식의 클라우드 관리 플랫폼으로, 베
  어메탈부터 가상 컴포넌트까지 다양한 요소로 구성된 복잡한 네트워크 환
  경에 대한 셀프 서비스 접근을 제공한다. 클라우드셸은 개발, 테스팅, 교
  육, 지원, 개념 검증[PoC], 오픈 커뮤니티 등을 위한 데브옵스 랩과 데이터
  센터를 자동화하는 데 활용된다. 클라우드셸은 네트워크 데브옵스를 위한
  자동화 플랫폼에서 가장 앞선 제품이라고 홍보하고 있다.

향후 몇 년 사이에 데브옵스를 지원하는 NFV 및 SDN 벤더의 수는 급격히
증가할 것으로 전망된다.

시스코 데브넷

2015년, 시스코에서는 시스코 고객과 파트너가 데브옵스를 도입하기 위한 새로
운 접근 방식인 데브넷[DevNet]을 발표했다. 데브넷은 시스코 고객과 독립 소프트
웨어 벤더와 독립 시스템 통합자와 시스코 파트너 중에서도 미래의 프로그래머
블 한 네트워크에서 구동되는 소프트웨어 애플리케이션을 제작하는 엔터프라이
즈 네트워크 개발자로 구성된 커뮤니티다.

시스코 데브넷은 소프트웨어 개발 킷[SDK]과 비주얼 모델링 도구, 당장 사용할
수 있는 형태의 코드 예제 등을 제공하며, 파트너사인 뮬소프트[Mulesoft]를 통해
좀 더 쉽게 사용할 수 있는 REST 방식 API도 제공한다. 데브넷은 일종의 커뮤
니티로, 회원들이 서로 경험을 공유하고 상호 지원한다. 또한 교육 기능도 담당
하고, SDN에 대한 시스코의 접근 방식인 ACI[Application Centric Infrastructure]를 제공
하는 통로 역할도 담당하고 있다.

현재 수준의 데브옵스에 대한 견해

17장에서는 두 가지 이유로 인해 상당한 분량에 걸쳐 데브옵스에 대해 설명했
다. 첫 번째 이유는 NFV와 SDN과 같은 기술을 이용해 실현해야 할 정도로
엄청나게 복잡한 네트워크를 관리할 때 데브옵스의 중요성이 갈수록 커지고
있기 때문이다. 두 번째 이유는 네트워크 분야에 종사하거나 이 분야에서 활동

하려는 이들은 데브옵스에 관련된 노하우가 SDN, NFV, QoE 등과 같은 기술을 이해하는 것보다 중요하다는 것을 잘 받아들이지 못하기 때문이다. 데브옵스 관련 기술을 갖추고 있다면 다른 구직자보다 훨씬 유리한 위치에 서게 될 것이다.

17.3 교육과 자격증

이 책에서 소개한 기술들은 현재 네트워크 업계를 빠르게 장악하고 있으며, 민간 영역뿐만 아니라 정부 기관에도 영향을 미치고 있다. 지금까지 이 책을 읽은 네트워크 관련 종사자라면 분명히 이러한 기술을 읽혀서 경쟁력을 갖추고 싶어 할 것이다. 게다가 전문가들은 이처럼 기술이 변하는 시기에 재빨리 새로운 기술을 갖추지 않으면 뒤쳐질 것이라고 경고하고 있다. 교육과 자격증은 이러한 요구를 충족하기에 적합하다. 2013년에 700여 명의 네트워크 관련 업계 종사자를 대상으로 조사한 결과에 의하면[BORT13] 60%는 자격증으로 인해 직장을 새로 구할 수 있었고, 50% 정도는 연봉이 인상됐으며, 40%는 자격증으로 인해 직접적으로 인상된 급여가 10% 이상이라고 답했으며, 29%는 자격증 덕분에 승진했다고 응답했다.

다행히 새로운 네트워킹 기술을 배울 수 있는 자격 인증 프로그램이 상당히 많이, 그리고 다양하게 나와 있다.

자격 인증 프로그램

표 17.2부터 17.4는 SDN, 네트워크 가상화, 클라우드 등에 관련된 자격증을 보여준다. 이들 중 상당수는 자사의 제품을 중심으로 교육과 자격 인증 프로그램을 운영하고 있다. 따라서 현재 직장에서 활용하고 있거나 새로운 직장을 구하는 데 필요한 기술을 적절히 고르면 된다. IoT에 대해서는 개설된 프로그램이 많지 않다. 최근에 나온 프로그램 중에 시스코 산업 네트워킹 전문가 자격증 Cisco Industrial Networking Specialist Certificate이란 것이 있다. 이 프로그램은 제조, 프로세스 제어, 석유 화학 업계에서 네트워크 기반의 산업용 제품과 솔루션을 제작하고, 운영하고, 지원하는 업종에 종사하는 정보 기술IT 및 운영 기술OT 전문가를 위한 과정이다. 앞으로 이러한 프로그램이 더욱 늘어날 것으로 예상된다.

표 17.5는 네트워크 관련 분야에서 제공되는 다양한 인증 프로그램을 보여
준다.

표 17.2 SDN 관련 자격증

자격증	설명
OCSA(ONF-Certified SDN Associate)	SDN의 기본 개념을 정확히 이해하고 있는지를 인증한다.
OCSE(ONF-Certified SDN Engineer)	SDN 생태계를 구성하는 기술적인 요소를 적극적으로 활용하는 SDN 전문가를 대상으로 만든 프로그램이다. OCSE(ONF-Certified SDN Engineer)를 보유하고 있다면 SDN 분야에서 일할 수 있는 기술과 지식과 능력을 갖췄다는 것을 인증한다.
HP ASE – SDN 애플리케이션 개발자	SDN 환경과 SDN 애플리케이션의 유즈케이스를 이해하고, SDN 애플리케이션을 작성하고, 테스트하고, 디버깅할 수 있다는 것을 인증한다.
VCP-NV(VMWare Certified Professional – Network Virtualization)	어떠한 하부 물리 구조에서도 NSX 가상 네트워킹 플랫폼을 설치하고, 설정하고, 관리할 수 있는 능력을 인증한다.
브로케이드 NFV 자격	NFV 관련 전문 지식을 갖춰 보유 기술을 넓히고 소속 회사에서 역할을 확대하려는 IT 전문가를 위해 개설된 프로그램

표 17.3 네트워크 가상화 관련 자격증

자격증	설명
시스코 비즈니스 애플리케이션 엔지니어 스페셜리스트	비즈니스 애플리케이션을 설계하고, 개발하고, 빌드하며, 새로운 오픈 네트워크 환경에서 제공하는 프로그래밍 기술을 활용하고자 하는 애플리케이션 엔지니어를 위한 프로그램
시스코 네트워크 프로그래머빌리티 개발자 스페셜리스트	네트워크 애플리케이션 계층의 개발 작업을 주로 수행하고 서비스 프로바이더, 캠퍼스, 데이터 센터 유즈케이스를 발굴하는 소프트웨어 엔지니어를 위한 프로그램으로, 이 프로그램을 통해 프로그래머블 환경에서 네트워크 애플리케이션을 개발하는 데 필요한 기초 기술을 익힐 수 있다.
시스코 네트워크 프로그래머빌리티 디자인 스페셜리스트	구조 및 애플리케이션 개발 전문 지식을 갖춘 엔지니어를 위한 과정으로, 고객의 요구 사항을 잘 수집하고, 이러한 정보를 애플리케이션에 대한 지식과 잘 결합해 오픈 인프라스트럭처를 구축할 수 있는 기술을 배울 수 있다.

(이어짐)

자격증	설명
시스코 네트워크 프로그래머빌리티 엔지니어 스페셜리스트	네트워크 애플리케이션을 프로그래머블 환경에 배치하고 운영하는 엔지니어를 위한 과정으로, 이 프로그램에서는 네트워크 디자이너와 아키텍트가 설계한 오픈 네트워크 인프라스트럭처를 구현하고, 여기서 발생하는 장애를 해결하는 기술을 핵심적으로 다룬다.

표 17.4 클라우드 관련 자격증

자격증	설명
아마존 웹 서비스(AWS) 공인 솔루션즈 아키텍트 – 어소시에이트	AWS 플랫폼에서 분산 애플리케이션과 시스템을 설계해 본 경험이 있는 IT 전문가를 위한 자격증
AWS 공인 솔루션즈 아키텍트 – 프로페셔널	AWS 플랫폼에서 분산 애플리케이션과 시스템을 설계해 본 경험이 있으며, 고급 기술을 갖춘 전문가에게 적합한 자격증
AWS 공인 개발자 – 어소시에이트	AWS에서 애플리케이션을 개발하고 관리하는 데 필요한 지식과 기술을 갖춘 이를 위한 자격증
AWS 공인 시스템 운영 관리자 – 어소시에이트	AWS 플랫폼에서 배치하고, 관리하고, 운영하는 데 필요한 전문 지식을 갖춘 전문가임을 증명하는 자격증
AWS 공인 개발 운영 엔지니어 – 프로페셔널	AWS에서 분산 애플리케이션을 프로비저닝, 운영, 관리하는 데 필요한 전문 지식을 갖춘 이들을 위한 자격증
IBM 공인 솔루션 어드바이저 – 클라우드 컴퓨팅 아키텍처 V4	클라우드 컴퓨팅에 대한 기술과 경험을 인정받고 싶어 하는 IT 전문가를 위한 자격증으로, 클라우드 컴퓨팅의 개념과 장점, 설계 원칙, IBM 클라우드 컴퓨팅 아키텍처, IBM 클라우드 컴퓨팅 솔루션 등에 대한 지식을 전수하기 위한 목적을 갖고 있나.
IBM 공인 솔루션 아키텍트 – 클라우드 컴퓨팅 인프라스트럭처 V1	IBM 클라우드 컴퓨팅 인프라스트럭처의 설계, 계획, 구조, 관리 원칙에 대한 지식을 갖췄음을 증명하는 자격증
마이크로소프트 공인 솔루션 전문가: 프라이빗 클라우드	마이크로소프트 기술에 관심을 갖고 관련 지식과 기술을 향상시키고자 하는 이를 위한 자격증으로, 윈도우 서버와 시스템 센터를 이용해 프라이빗 클라우드 솔루션을 구축하는 기술을 갖췄다는 것을 증명한다.
마이크로소프트 스페셜리스트 인증: 마이크로소프트 애저	마이크로소프트 애저로 작업한 경험이 있는 IT 전문가를 위한 자격증으로, 미래의 비즈니스 요구 사항에 대한 시각을 넓혀주는 세 가지 종류의 스페셜리스트 자격증을 제공한다.
세일즈포스(Salesforce) 관리자	세일즈포스 시스템에 대한 관리 경험이 있는 이들을 위한 자격증

(이어짐)

자격증	설명
세일즈포스 구현 전문가	고객 대응 부분에 세일즈포스의 클라우드 솔루션을 적용해본 경험이 있는 이들을 위한 자격증
세일즈포스 파르도(Pardot) 컨설턴트	사용자와 전망, 자동화, 세그먼테이션 도구에 대한 깊은 이해를 바탕으로 파르도 마케팅 오토메이션 기술을 적용하고, 고객 대응을 위한 페이지와 폼, 이메일을 구축해본 경험이 있는 IT 전문가를 위한 자격증
세일즈포스 개발자	클라우드 개발 경험이 있고, Force.com 플랫폼을 이용한 맞춤형 애플리케이션 및 분석 솔루션 제작 능력과 관련 지식을 인정받고 싶은 이들을 위한 자격증
세일즈포스 테크니컬 아키텍트	고객의 아키텍처를 평가하고, Force.com 플랫폼에서 안전하고 고성능의 기술 솔루션을 설계해 본 경험이 있는 이들을 위한 자격증
구글 공인 개발자	구글 공인 개발자임을 증명하는 자격증으로, 앱 엔진, 클라우드 스토리지, 클라우드 SQL, 빅쿼리: 컴퓨트 엔진(BigQuery:Compute Engine) 중에서 최소한 한 가지 시험에 통과해야 한다.
구글 공인 클라우드 플랫폼 개발자	구글 공인 클라우드 플랫폼 개발자임을 증명하는 자격증으로, 구글 공인 개발자에 대한 다섯 가지 시험을 모두 통과해야 한다.

표 17.5 기타 네트워크 관련 인증 프로그램

종류	자격증	설명
가상화	VMWare 공인 어소시에이트 – 데이터 센터 가상화(VCA–DCV)	IT 전문가의 데이터 센터 가상화에 대한 견해와 vSphere를 이용한 데이터 센터 가상화 방안에 신뢰성을 높여주는 자격증
	VMWare 공인 프로페셔널 5 – 데이터 센터 가상화 (VCP5–DCV)	IT 전문가가 VMWare vSphere 환경을 설치하고, 배치하고, 확장하고, 관리할 수 있을 뿐만 아니라, 최소한 6개월 이상의 경험을 통해 VMWare 인프라스트럭처 기술을 갖췄음을 증명하는 자격증으로, VMWare 공인 교육 과정과 VMWare 기술 관련 실습 과정을 모두 수료해야 한다.
	VMWare 공인 고급 프로페셔널 5 – 데이터 센터 관리(VCAP5–DCA)	이 자격증을 취득하기 위해서는 반드시 VMWare 공인 교육 과정과 VMWare 기술에 대한 실습 과정을 모두 이수해야 한다. 이를 통해 VMWare vSphere 환경을 설치하고, 배치하고, 확장하고, 관리하는 데 필요한 지식을 갖출 수 있을 뿐만 아니라, VMWare 인프라스트럭처 기술에 대한 최소한 6개월 이상의 경험을 통해 얻을 수 있는 기술도 갖출 수 있다.

(이어짐)

종류	자격증	설명
	VMWare 공인 고급 프로페셔널 5 - 데이터 센터 설계(VCAP5-DCD)	실제 장비를 이용하여 대규모의 복잡한 가상 환경을 설치하고, 설정하고 관리하는 작업을 수행하는 실습 방식의 시험을 통과해야 한다. 이 자격증을 취득하면 VMWare vSphere 5에 대한 전문성과, 자동화 도구를 사용하고 가상 환경을 구현하는 능력을 인정받을 수 있다.
	VMWare 공인 설계 엑스퍼트 5 - 데이터 센터 가상화(VCDX5-DCV)	VMWare 엔터프라이즈 배치 분야에 대한 뛰어난 기술을 갖춘 최고 설계 아키텍트를 위한 자격증으로, VMWare 기술에 대한 전문성을 증명하고 싶어 하는 베테랑 전문가를 위해 고안된 프로그램이다. 이 자격증은 설계 디펜스 프로세스를 거쳐 수여되며, 프로그램에 지원한 모든 이들은 반드시 VCDX-DCV 자격을 보유한 베테랑으로 구성된 위원회에 현업에 적용할 수 있는 수준의 안전한 VMWare 솔루션을 제출해야 한다.
	Citrix 공인 어소시에이트 - 가상화(CCA-V)	IT 운영자와 관리자가 XenDesktop 7 솔루션을 관리하고, 유지 보수하고, 모니터링하고, 장애에 대응하는 데 필요한 지식과 기술을 갖추고 있는지를 검사한다.
	Citrix 공인 프로페셔널 - 가상화(CCP-V)	엔지니어나 컨설턴트와 같은 숙련된 IT 솔루션 빌더가 XenDesktop 7 솔루션을 설치하고, 설정하고, 구동하는 데 필요한 지식과 기술을 갖추고 있는지를 검사한다.
	Citrix 공인 엑스퍼트 - 가상화(CCE-V)	아키텍트, 엔지니어, 컨설턴트 등의 숙련된 IT 솔루션 설계자가 다양한 XenDesktop 7 솔루션을 평가하고 설계하는 데 필요한 지식과 기술을 갖추고 있는지를 검사한다.
네트워킹	시스코 엔트리 레벨 자격	네트워킹에 대한 관심이 많고고 이 분야에 종사하고자 하는 이들을 위한 자격증으로서 가장 첫 단계다.
	시스코 어소시에이트 레벨 자격	엔트리 레벨 자격을 보유하고 있거나 네트워크 설계 또는 장애 처리 등과 같은 네트워킹 분야에 어느 정도 경험이 있는 이들을 위한 자격증으로, 네트워킹 분야에 종사하는 데 밑바탕이 되는 실력을 인증한다.
	시스코 프로페셔널 레벨 자격	네트워킹 분야에 경험과 보유 기술도 많으면서 한 단계 더 올라가고자 하는 전문가를 위한 자격증으로, 네트워킹 분야의 다양한 역할과 책임을 갖고 새로운 영역을 개척하려는 이들에게 적합하다.
	시스코 엑스퍼트 레벨 자격	네트워크 엔지니어링 기술에 대한 전문성을 인정받고, 시스코 제품과 솔루션을 통달한 네트워킹 전문가를 위한 자격증으로, 네트워킹 기술에 대한 깊은 이해와 새로운 도전을 원하는 이들에게 적합하다.
	시스코 아키텍트 자격	세부 기술 전문가임을 인정하는 자격증으로, 시스코에서 가장 높은 레벨의 자격증이다.

(이어짐)

종류	자격증	설명
	주니퍼 서비스 프로바이더 라우팅 및 스위칭	포춘 100대 기업 환경 또는 통신 영역에서 널리 사용되는 주니퍼 라우팅/스위칭 엔드투엔드 환경에서 제품을 다뤄보거나 이러한 인프라스트럭처에서 작업해본 경험이 있는 이들을 위한 프로그램이다.
	주니퍼 엔터프라이즈 라우팅 및 스위칭	소기업부터 대기업에 이르기까지 다양한 기업 환경에서 LAN과 WAN 라우터 및 스위치를 사용하는 주니퍼 기반 네트워크를 설치하고 지원해 본 경험이 있는 이들을 위한 프로그램
	주니퍼 주노스 보안	주니퍼 보안 네트워크를 설계하고 구현하고자 하는 이들을 위한 프로그램
프로젝트 관리	프로젝트 관리 공인 어소시에이트(CAPM)	프로젝트 관리 협회(PMI) 공인 자격증으로, 경험은 많지 않지만 프로젝트 관리 분야에 진출하고자 하며 대형 프로젝트를 관리하는 능력을 갖춰서 더 높은 직급의 일을 원하는 이들을 위해 만들어졌다.
	PMI 애자일 공인 프랙티셔너(PMI-ACP)	자신이 속한 조직에서 애자일 방법론을 적극적으로 활용하고 있거나 애자일 방법론을 도입할 계획을 가진 이들을 위한 프로그램으로, 프로젝트 관리 기법으로 급부상하고 있는 기법인 애자일 방법론에 대한 기술을 인정받고 싶은 이들에게 적합하다.
	프로젝트 관리 프로페셔널 (PMP)	프로젝트 팀을 이끌고 방향을 제시하는 능력을 갖췄음을 증명하는 자격증으로, 프로젝트 관리자로서 일한 경험이 있고, 자신이 가진 기술을 좀 더 다듬어서 고용주에게 좀 더 눈에 띄고 싶으며, 연봉도 높이고 싶어 하는 이들에게 적합하다.
	포트폴리오 관리 프로페셔널(PfMP)	여러 프로젝트에 대한 포트폴리오를 관리하고 조직 전략과 목표 달성을 실현하는 능력을 증명하고 싶어하는 포트폴리오 관리자에게 적합하다.
	비즈니스 분석 분야의 PMI 프로페셔널	프로젝트에 참여하고 있는 비즈니스 애널리스트뿐만 아니라 비즈니스 분석 업무를 수행하는 프로젝트 관리자를 위한 프로그램
	프로그램 관리 프로페셔널 (PgMP)	이 자격증은 이미 프로그램 관리자로 일하고 있으면서 좀 더 복잡하면서 여러 개의 프로젝트를 관리할 수 있는 능력을 증명하고 싶은 이들에게 적합하다. 현업 전문가들은 가시성을 높이고 핵심 기술을 드러내는 데 이 자격증을 활용할 수 있다.

(이어짐)

종류	자격증	설명
시스템 엔지니어	마이크로소프트 MCSE: 엔터프라이즈 장치 및 앱	현재의 BYOD(Bring-Your-Own-Device) 엔터프라이즈 환경에서 장치를 관리하는 데 필요한 기술을 갖춘 이들을 위한 자격증으로, 기존 데스크톱 지원 기술 인력부터 엔터프라이즈 BYOD 장치 및 앱 관리 인력 등에게 적합하다.
	마이크로소프트 MCSE: 메시징	마이크로소프트 오피스 365와 같은 클라우드 기반 서비스에 관심있는 IT 전문가를 위한 자격증으로, 네트워크 및 컴퓨터 시스템 관리 업무에 적합한 인력임을 증명한다.
	마이크로소프트 MCSE: 통신	작업 환경에서 일관성 있는 통신 환경을 제공하는 데 관심 있는 이들을 위한 자격증. 네트워크 및 컴퓨터 시스템 관리 업무에 적합함을 증명한다.
	레드햇 공인 시스템 관리자 (RHCSA)	자신이 보유한 기술과 지식을 공인받으려는 숙련된 시스템 관리자를 위한 자격증으로, 레드햇 시스템 관리 I과 II를 수강한 학생과 RHCSA 인증을 받으려는 학생에게도 도움된다.
	레드햇 공인 엔지니어 (RHCE)	RHCSA를 보유하고 있으며 좀 더 높은 수준의 시력을 증명하고 싶은 IT 전문가를 위한 자격증으서, 이를 취득하지 않았지만 관심을 갖고 있는 숙련된 시니어 시스템 관리자에게 적합하다.
IT 보안	GIAC(Global Information Assurance Certification) GSEC(SecurityEssentials)	보안 관련 작업을 위해 IT 시스템을 직접 다룰 수 있는 능력을 증명하고자 하는 IT 전문가를 위한 자격증으로, 단순히 용어나 기본 개념만 알고 있는 것 이상으로 정보 보안에 대해 깊이 이해하고 있는 이에게 적합하다.
	(ISC)² 공인 정보 시스템 보안 프로페셔널(CISSP)	비즈니스 환경의 보안을 보장하기 위한 정보 시스템 구조외 설계, 관리, 세어 능늘 정의할 줄 아는 정보 보증 전문가에게 적합하다.
	(ISC)2 시스템 보안 공인 프랙티셔너(SSCP)	입증된 기술과 실제 IT 운영에 관련된 실용적인 보안 지식을 갖춘 이를 위한 자격증으로, SSCP는 데이터 기밀성과 무결성, 가용성을 보장하기 위해 정보 보호 정책과 절차를 적용해 IT 인프라스트럭처를 구현하고, 관리하고, 모니터링하는 능력을 갖췄다는 것을 공인한다.
	ISACA 공인 정보 보호 관리자(CISM)	조직의 보안에 좀 더 관심이 많고 정보 보호 프로그램과 광범위한 비즈니스 목표 사이의 관계를 설정하는 능력을 증명하고 싶은 이에게 적합한 자격증으로, 정보 보호에 대한 전문 지식을 갖추고, 정보 보호 프로그램을 개발하고 관리할 수 있는 능력을 증명한다.

IT 기술

테크프로 리서치에서 전 세계 1156명을 대상으로 조사한 자료[TECH14]에 의하면 많은 이들이 현재 자신이 보유한 IT 기술이 쓸모없어질 것이라는 두려움을 갖고 있으며, 이러한 상황을 최대한 피하기 위해 IT 자격증이나 학위를 더 취득할 계획을 갖고 있다고 한다. 응답자의 57%는 현재 직업에 관련된 것뿐만 아니라 그 외의 다양한 자격증을 취득하려고 한다고 밝혔다. 네트워크 전문가에게는 이러한 자격을 취득하고 교육 과정을 이수해 업무의 경쟁력을 확보할 수 있는 기회가 무한히 펼쳐져 있다.

이러한 경쟁력을 확보하기 위해 구체적으로 어떤 기술이 필요한지를 파악하려면 다이스 기술 랭킹을 참조하면 도움이 된다. 여기에 나온 기술 중 일부는 네트워크 분야와 직접적으로 관련 있지 않지만, 현대 네트워킹 환경에서 협업을 중시하는 분위기에 비춰볼 때 네트워크 전문가의 이력에 큰 장점으로 작용할 수 있다. 표 17.6은 최근 다이스에서 고액 연봉을 받는 기술에 대해 조사한 자료를 보여준다. 표 17.7은 그중에서도 어떤 기술에 대한 수요가 빠르게 증가하고 있는지를 보여준다.

표 17.6 고소득 기술 랭킹

기술	설명	평균 연봉(미국 달러)
PaaS	서비스형 플랫폼(Platform as a Service)	130,081
카산드라(Cassandra)	페이스북에서 개발한 데이터베이스 관리 시스템	128,646
맵리듀스 (MapReduce)	구글에서 개발한 대형 서버 클러스터의 대용량 데이터 프로그래밍 모델로, 분산, 병렬, 고장 감내 기능을 포함하고 있다.	127,315
클라우데라(Cloudera) 임팔라(Impala)	아파치 하둡 클러스터에 저장된 데이터 마이닝을 위한 오픈소스 MPP SQL 쿼리 엔진	126,816
HBase	구글의 빅테이블(BigTable) 방식의 오픈소스, 비관계형, 분산 데이터베이스 모델로. 자바로 구현됐다.	126,369
피그(Pig)	하둡에서 사용하는 맵리듀스 프로그래밍 도구	124,563

(이어짐)

기술	설명	평균 연봉(미국 달러)
ABAP	고급 비즈니스 애플리케이션 프로그래밍(Advanced Business Application Programming)으로, 코볼과 유사한 고차원의 프로그래밍 언어로서 SAP 애플리케이션 개발에 사용된다.	124,262
셰프(Chef)	오픈소스 설정 관리 도구	123,458
플룸(Flume)	대용량의 로그 데이터를 수집하고, 취합하고, 이동하기 위한 서비스	123,816
하둡(Hadoop)	아파치 소프트웨어 재단에서 진행하는 오픈소스 프로젝트로, 서버 클러스터용 분산 애플리케이션을 위한 소프트웨어 프레임워크를 제공한다. 구글의 맵리듀스 프로그래밍 모델과 파일 시스템을 참조해 대용량 데이터를 처리하기 위해 설계됐다.	121,313

표 17.7 수요가 급증하는 기술

기술	설명	평균 연봉(미국 달러)
클라우데라 임팔라	아파치 하둡 클러스터에 저장된 데이터 마이닝을 위한 오픈소스 MPP SQL 쿼리 엔진	139,784
어도비 익스피리언스 관리자(Adobe Experience Manager)	창작물을 구성하고 관리하기 위해 설계된 시스템으로, 마케팅 담당자와 광고 에이전시 크리에이티브 전문가를 비롯한 콘텐츠를 제작하는 이들에게 인기 있다.	123,599
앤서블(Ansible)	시스템 관리자들이 PC를 설정하고 관리하는 데 도움을 주는 오픈소스 도구	124,860
자마린(Xamarin)	C# 언어로 iOS 및 안드로이드 앱을 빠르게 빌드할 수 있는 크로스플랫폼 환경을 제공하는 도구	101,707
온큐(OnCue)	웹 기반 비디오 스트리밍 서비스	125,067
라라벨(Laravel)	오픈소스 PHP 웹 애플리케이션 프레임워크	96,219
RStudio	고급 개발자들의 고수익을 보장하는 통계 프로그래밍 언어인 R을 위한 통합 개발 환경으로, 팀이 공유할 수 있는 작업 공간을 제공한다.	117,257
UFT(Unified Functional Testing)	기술 전문가가 소프트웨어 플랫폼과 생태계를 철저히 테스트할 수 있게 해준다.	102,419
파스칼(Pascal)	나온 지 45년이 넘은 언어지만 아직도 많이 쓰인다.	77,907

(이어짐)

기술	설명	평균 연봉(미국 달러)
아파치 카프카(Apache Kafka)	아파치 소프트웨어 재단에서 개발한 오픈소스 도구로, 실시간 데이터 피드를 관리하고, 수천 개의 클라이언트로부터 매초마다 발생하는 수백 메가바이트 단위의 쓰기와 읽기를 처리할 수 있다.	134,950

참고: 인기가 높은 것부터 내림차순으로 정렬했다. 수요가 가장 많은 기술은 아니지만 최근 수요가 급증하는 기술을 선정했다.

출처: 다이스(Dice), 2015년 4월

17.4 온라인 자료

다음과 같은 여러 가지 온라인 자료를 참고하는 것도 독자의 경력에 도움이 될 것이다.

- **ACM 커리어 리소스** ACM은 CS 관련 직업 정보를 제공하는 기관 중에서 가장 뛰어난 곳이다. 여기에서는 다음과 같은 자료를 제공한다.

  - **대학원생을 위한 온라인 리소스** 구인구직 웹사이트에 대한 링크를 제공한다(http://www.acm.org/membership/membership/student/resources-for-grads).

  - **ACM 커리어 및 잡 센터(http://jobs.acm.org)** 컴퓨팅 분야의 구직자와 고용주를 서로 연결시켜주는 곳

  - **컴퓨터 커리어 웹사이트(http://computingcareers.acm.org)** 컴퓨터 사이언스 분야의 취업을 위한 가이드와 자료를 제공한다.

- **IEEE 레주메 랩(Resume Lab)** 구직 프로세스의 각 단계에 맞도록 특수하게 제작된 도구를 통해 이력서 또는 CV를 작성할 수 있게 IEEE 회원에게 제공하는 온라인 서비스로, 강력 추천(https://ieee.optimalresume.com/index.php)

- **IEEE 컴퓨터 소사이어티 빌드 유어 커리어(http://www.computer.org/web/careers)** 커리어 정보를 제공하는 또 다른 강력 추천 사이트

- **IEEE 잡 사이트(http://careers.ieee.org)** 역시 커리어 정보를 제공하는 강력 추천 사이트로, 구체적인 채용 정보도 제공한다.

- **컴퓨터월드 IT 토픽 센터**(http://www.computerworld.com[1]) 뉴스, 백서, 커리어 센터, 심도 있는 보고서 등과 같은 광범위한 자료를 제공한다.

- **컴퓨터 잡스**(http://computerjobs.com/us/en/IT-Jobs/) 수천 건의 검색할 수 있는 형태의 구인 정보를 제공하며, 주요 도시와 요구 기술별로 분류해서 보여준다.

- **커리어 오버뷰**(http://www.careeroverview.com/) 구인/구직 웹사이트와 컴퓨터와 정보 기술을 비롯한 하이테크 분야의 채용 정보를 찾는 전문가를 위한 자료를 제공한다.

- **다이스(DICE)**(http://www.dice.com) 전 세계 정보 기술 분야에서 최고로 손꼽히는 구인/구직 사이트로, 시기에 맞는 주제에 대해 매달 칼럼을 제공하고, 연봉 순위 조사 결과도 제공하며, 수요 기술에 대한 정보도 제공한다.

저자가 관리하는 사이트(http://www.computersciencestudent.com)에서 제공하는 자료도 참고하면 도움이 될 것이다. 이 사이트는 전문가뿐만 아니라 학생을 대상으로 정보를 제공하며, 컴퓨터 사이언스 학생과 전문가를 위한 문서와 정보, 링크를 제공하기 위한 목적으로 만든 것이다. 여기에서 제공하는 링크와 문서는 다음과 같이 분류했다.

Computer Science
Student Resources

- **수학(Math)** 기초 수학 강좌, 큐잉 분석의 기초, 수 체계 기초 등과 같은 자료와 다양한 수학 사이트에 대한 링크를 제공한다.

- **하우투(How-to)** 문헌을 검색하고, 숙제를 해결하고, 기술 리포트를 작성하고, 기술 발표 자료를 준비하는 것에 관련된 조언과 가이드를 제공한다.

- **연구 자료(Research resource)** 중요한 논문, 기술 보고서, 참고 문헌 모음에 대한 링크를 제공한다.

- **글쓰기(Writing)** 작문 실력을 향상시키는 데 도움이 되는 사이트와 문서를 제공한다.

- **기타 유용한 자료(Other useful)** 그 밖의 여러 가지 유용한 자료와 링크

- **커리어(Career)** 경력을 쌓는 데 도움이 되는 링크와 문서를 제공한다. 17장의 앞에서 언급한 사이트뿐만 아니라 다른 유용한 사이트에 대한 링크도 제공한다.

17.5 참고 문헌

BORT13 Bort, J. "Will IT certs get you jobs and raises? Survey says yes." Network World, November 14, 2011.

DICE13 Dice. "Why DevOps Is CPR for Cloud Applications." Dice Special Report, November 2013.

DICE14 Dice. "Critical Skills for DevOps Engineers." Dice Special Report, August 2014.

DICE15 Dice. "Spotlight on DevOps." Dice Special Report, 2015.

HALE14 Hales, J. SDN: How It Will Affect You and Why You Should Care. Global Knowledge white paper, 2014.

MACV15 MacVitie, L. "Network Engineers: Don't Fear the Code." Information Week, March 2, 2015.

METZ14b Metzler, J. The Changing Role of the IT & Network Professional. Webtorials, July 2014.

MICR15 Microsoft. Enterprise DevOps. Microsoft white paper, 2015.

MINI14 Minick, E., Rezabek, J., and Ring, C. Application Release and Deployment for Dummies. New York: Wiley, 2014.

PRET14 Pretz, K. "Five Skills for Managing Software-Defined Networks." IEEE The Institute, December 2014.

SHAR15 Sharma, S., and Coyne. B. DevOps for Dummies. Hoboken, NJ: Wiley, 2015.

TECH14 TechPro Research. The Future of IT Jobs: Critical Skills and Obsolescent Roles. TechPro Research Report, August 2014.

Appendix | A

참고 문헌

이런 주제에서는 누구나 머릿속에 처음 떠오르는 것이 글로 옮겨 출판할 만큼 훌륭하며, 2에 2를 더하면 4가 되는 것처럼 자명하다고 생각한다. 비평가들이 나처럼 수년간 그 문제를 깊이 생각하고 결론을 일일이 전쟁사와 비교하는 수고를 마다하지 않았다면 비판에 더 신중해졌을 것이 분명하다.

— 전쟁론(On War), 카를폰 클라우제비츠(Carl von Clausewitz)

약어

- **ACM** Association for Computing Machinery
- **IEEE** Institute of Electrical and Electronics Engineers
- **ITU-T** International Telecommunication Union-Telecommunication Standardization Sector
- **NIST** National Institute of Standards and Technology
- **RFC** Request For Comments

참고 문헌

AKAM15 Akamai Technologies. Akamai's State of the Internet. Akamai Report, Q4|2014. 2015.

BARI13 Bari, M. "PolicyCop: An Autonomic QoS Policy Enforcement Framework for Software Defined Networks," Proc. of IEEE SDN4FNS'13, Trento, Italy, Nov. 2013.

BENS11   Benson, T., et al. "CloudNaaS: A Cloud Networking Platform for Enterprise Applications." Proceedings, SOCC'11, October 2011.

BORT13   Bort, J. "Will IT certs get you jobs and raises? Survey says yes." Network World, November 14, 2011.

CISC14a   Cisco Systems. Cisco Visual Networking Index: Forecast and Methodology, 2013-2018. White Paper, 2014.

CISC14b   Cisco Systems. The Internet of Things Reference Model. White paper, 2014. http://www.iotwf.com/.

CISC14c   Cisco Systems. Building the Internet of Things. Presentation, 2014. http://www.iotwf.com/.

CISC15   Cisco Systems. Internetworking Technology Handbook. July 2015. http://docwiki.cisco.com/wiki/Internetworking_Technology_Handbook.

CISC15a   Cisco Systems. Internetworking Technology Handbook. July 2015. http://docwiki.cisco.com/wiki/Internetworking_Technology_Handbook.

CISC15b   Cisco Systems. Cisco IoT System: Deploy, Accelerate, Innovate. Cisco white paper, 2015.

CLAR98   Clark, D., and Fang, W. "Explicit Allocation of Best-Effort Packet Delivery Service." IEEE/ACM Transactions on Networking, August 1998.

COGE13   Cogent Communications. Network Services SLA Global. October 2013. http://www.cogentco.com.

CSA11   Cloud Security Alliance. Security as a Service (SecaaS). CSA Report, 2011.

CSA13   Cloud Security Alliance. The Notorious Nine Cloud Computing Top Threats in 2013. CSA Report, February 2013.

DICE13   Dice. "Why DevOps Is CPR for Cloud Applications." Dice Special Report, November 2013.

DICE14 Dice. "Critical Skills for DevOps Engineers." Dice Special Report, August 2014.

DICE15 Dice. "Spotlight on DevOps." Dice Special Report, 2015.

ETSI14 ETSI TS 103 294 V1.1.1 Speech and Multimedia Transmission Quality (STQ); Quality of Experience; A Monitoring Architecture (2014-12)

FERG11 Ferguson, J., and Redish, A. "Wireless Communication with Implanted Medical Devices Using the Conductive Properties of the Body." Expert Review of Medical Devices, Vol. 6, No. 4, 2011. http://www.expert-reviews.com.

FOST13 Foster, N. "Languages for Software-Defined Networks." IEEE Communications Magazine, February 2013.

FRAH15 Frahim, J., et al. Securing the Internet of Things: A Proposed Framework. Cisco white paper, March 2015.

GUPT14 Gupta, D., and Jahan, R. Securing the Internet of Things: A Proposed Framework. Tata Consultancy Services White Paper, 2014. http://www.tcs.com.

HALE14 Hales, J. SDN: How It Will Affect You and Why You Should Care. Global Knowledge white paper, 2014.

HAWI14 Hawilo, H., et al. "NFV: State of the Art, Challenges, and Implementation in Next Generation Mobile Networks." IEEE Network, November/December 2014.

HOGG14 Hogg, S. "SDN Security Attack Vectors and SDN Hardening." Network World, Oct 28, 2014.

HOSS13 Hossfeld, T., et al. " Internet Video Delivery in YouTube: From Traffic Measurements to Quality of Experience." Book chapter in Data Traffic Monitoring and Analysis: From Measurement, Classification, and

Anomaly Detection to Quality of Experience, Lecture Notes in Computer Science, Volume 7754, 2013.

IBM11 IBM Study, "Every Day We Create 2.5 Quintillion Bytes of Data." Storage Newsletter, October 21, 2011.
http://www.storagenewsletter.com/rubriques/market-reportsresearch/ibm-cmo-study/.

ISGN12 ISG NFV. Network Functions Virtualization: An Introduction, Benefits, Enablers, Challenges & Call for Action. ISG NFV white paper, October 2012.

ITUT12 ITU-T. Focus Group on Cloud Computing Technical Report Part 3: Requirements and Framework Architecture of Cloud Infrastructure. FG Cloud TR, February 2012.

KAND12 Kandula, A., Sengupta, S., and Patel, P. "The Nature of Data Center Traffic: Measurements and Analysis." ACM SIGCOMM Internet Measurement Conference, November 2009.

KETY10 Ketyko, I., De Moor, K., Joseph, W., and Martens, L. "Performing QoE-Measurements in an Actual 3G Network," IEEE International Symposium on Broadband Multimedia Systems and Broadcasting, March 2010.

KHAN09 Khan, A., Sun, L., and Ifeachor, E. "Content Clustering Based Video Quality Prediction Model for MPEG4 Video Streaming over Wireless Networks," IEEE International Conference on Communications, 2009.

KHAN15 Khan, F. A Beginner's Guide to NFV Management & Orchestration (MANO). Telecom Lighthouse. April 9, 2015.
http://www.telecomlighthouse.com.

KIM14 Kim, H., and Choi, S. "QoE Assessment Model for Multimedia Streaming Services Using QoS Parameters," Multimedia Tools and

Applications, October 2014.

KRAK09   Krakowiak, S. Middleware Architecture with Patterns and Frameworks. 2009. http://sardes. inrialpes.fr/%7Ekrakowia/MW-Book/.

KREU15   Kreutz, D., et al. "Software-Defined Networking: A Comprehensive Survey." Proceedings of the IEEE, January 2015.

KUIP10   Kuipers, F. et al. "Techniques for Measuring Quality of Experience," 8th International Conference on Wired/Wireless Internet Communications, 2010.

KUMA13   Kumar, R. Software Defined Networking-a Definitive Guide. Smashwords.com, 2013.

MA14   Ma, H., Seo, B., and Zimmermann, R. "Dynamic Scheduling on Video Transcoding for MPEG DASH in the Cloud Environment," Proceedings of the 5th ACM Multimedia Systems Conference, March 2014.

MACV15   MacVitie, L. "Network Engineers: Don't Fear the Code." Information Week, March 2, 2015.

MARS06   Marsh, I., Grönvall, B., and Hammer, F. "The Design and Implementation of a Quality-Based Handover Trigger," 5th International IFIP-TC6 Networking Conference, Coimbra, Portugal.

MCEW13   McEwen, A., and Cassimally, H. Designing the Internet of Things. New York: Wiley, 2013.

MCMU14   McMullin, M. "SDN is from Mars, NFV is from Venus." Kemp Technologies Blog, November 20, 2014. http://kemptechnologies.com/blog/sdn-mars-nfv-venus.

METZ14a   Metzler, J. The 2015 Guide to SDN and NFV. Webtorials, December 2014.

METZ14b   Metzler, J. The Changing Role of the IT & Network Professional. Webtorials, July 2014.

MICR15   Microsoft. Enterprise DevOps. Microsoft white paper, 2015.

MINI14   Minick, E., Rezabek, J., and Ring, C. Application Release and Deployment for Dummies. New York: Wiley, 2014.

MOLL12   Moller, S., Callet, P., and Perkis, A. "Qualinet White Paper on Definitions on Quality of Experienced," European Network on Quality of Experience in Multimedia Systems and Services (COST Action IC 1003) (2012).

MURP07   Murphy, L. et al. "An Application-Quality-Based Mobility Management Scheme," Proceedings of 9th IFIP/IEEE International Conference on Mobile and Wireless Communications Networks, 2007.

NAKI15   Nakina Systems. Achieving Security Integrity in Service Provider NFV Environments. Nakina Systems white paper, 2015.

NETW14   Network World. Survival Tips for Big Data's Impact on Network Performance. White paper. April 2014.

NGUY13   Nguyen, X., et al. "Efficient Caching in Content-Centric Networks using OpenFlow," 2013 IEEE Conference on Computer Communications Workshops (INFOCOM WKSHPS), 2013.

NGUY14   Nguyen, X., Saucez, D,, and Thierry, T. "Providing CCN Functionalities over OpenFlow Switches," hal-00920554, 2013. https://hal.inria.fr/hal-00920554/.

ODCA14   Open Data Center Alliance. Open Data Center Alliance Master Usage Model: Software-Defined Networking Rev. 2.0. White Paper. 2014.

ONF12   Open Networking Foundation. Software-Defined Networking: The New Norm for Networks. ONF White Paper, April 13, 2012.

ONF14   Open Networking Foundation. OpenFlow-Enabled SDN and Network Functions Virtualization. ONF white paper, February 17, 2014.

POTT14   Pott, T. "SDI Wars: WTF Is Software Defined Center Infrastructure?" The Register, October 17, 2014. http://www.theregister.co.uk/2014/10/17/sdi_wars_what_is_software_defined_infrastructure/.

PRET14   Pretz, K. "Five Skills for Managing Software-Defined Networks." IEEE The Institute, December 2014

QUIN12   M.R.Quintero, M., and Raake, A. "Is Taking into Account the Subjects' Degree of Knowledge and Expertise Enough When Rating Quality?" Fourth International Workshop on Quality of Multimedia Experience (QoMEX), pp.194,199, 5-7 July 2012.

SCHE13   Scherz, P., and Monk, S. Practical Electronics for Inventors. New York: McGraw-Hill, 2013.

SCHN14   Schneier, B. "The Internet of Things is Wildly Insecure—and Often Unpatchable." Wired, January 6, 2014.

SDNC14   SDNCentral. SDNCentral Network Virtualization Report, 2014 Edition, 2014.

SEGH12   Seghal, A., et al. "Management of Resource Constrained Devices in the Internet of Things." IEEE Communications Magazine, December 2012.

SHAR15   Sharma, S., and Coyne. B. DevOps for Dummies. Hoboken, NJ: Wiley, 2015.

SHEN11   Schenker, S. "The Future of Networking, and the Past of Protocols," October 2011. Video: http://www.youtube.com/watch?v=YHeyuD89n1Y; Slides: http://www.slideshare.net/martin_casado/sdn-abstractions.

STAL15a   Stallings, W., and Brown, L. Computer Security: Principles and Practice. Englewood Cliffs, NJ: Pearson, 2015.

STAL15b   Stallings, W. Cryptography and Network Security. Englewood Cliffs, NJ: Pearson, 2015.

STAN14 Stankovic, J. "Research Directions for the Internet of Things." Internet of Things Journal, Vol. 1, No. 1, 2014.

SZIG14 Szigeti, T., Hattingh, C., Barton, R., and Briley, K. End-to-End QoS Network Design: Quality of Service for Rich-Media & Cloud Networks. Englewood Cliffs, NJ: Pearson. 2014.

TECH14 TechPro Research. The Future of IT Jobs: Critical Skills and Obsolescent Roles. TechPro Research Report, August 2014.

VAQU14 Vaquero, L., and Rodero-Merino, L. "Finding Your Way in the Fog: Towards a Comprehensive Definition of Fog Computing." ACM SIGCOMM Computer Communication Review, October 2014.

WANG12 Wang, G.; Ng, E.; and Shikh, A. "Programming Your Network at Run-Time for Big Data Applications." Proceedings, HotSDN'12. August 13, 2012.

XI11 Xi, H. "Bandwidth Needs in Core and Aggregation Nodes in the Optical Transport Network." IEEE 802.3 Industry Connections Ethernet Bandwidth Assessment Meeting, November 8, 2011. http://www.ieee802.org/3/ad_hoc/bwa/public/nov11/index_1108.html.

Appendix | B

용어집

아라키스의 지배권과 무앗딥을 배출한 이 행성의 문화에 대해 연구하다 보면 생소한 용어가 많이 등장한다. 이를 좀 더 이해하고자 노력하는 것은 칭찬할 만하기에 다음과 같이 용어에 대한 정의와 설명을 제공한다.

- 듄(Dune),
프랭크 허버트(Frank Herbert)

3G 3세대 무선 셀룰러 통신 기술. 음성뿐만 아니라 멀티미디어, 데이터, 동영상을 지원하기 위해 빠른 속도의 무선 통신을 제공하도록 설계됐다. 목표 데이터 속도는 144kbps와 384kbps며, 일부 3G 시스템에서는 사무실 환경을 위해 2Mbps까지 제공했다.

4G 4세대 무선 셀룰러 통신 기술로, 올-IP 패킷 스위치 네트워크all-IP packet switched network를 기반으로 하고 있다. 고수준 이동성 모바일 환경에서 최대 100Mbps를, LAN과 같은 저수준 이동성 환경에서는 1Gbps까지 지원한다.

5G 현재 개발 중인 5세대 무선 셀룰러 통신 기술을 일컫는 용어. 5G는 서비스 품질 수요를 만족시키기 위해 동적 우선순위, 적응적 네트워크 재구성, 기타 네트워크 관리 기법을 통한 더 지능적인 네트워크의 구축에 초점이 맞추고 있다.

access network(액세스 네트워크) 최종 사용자 또는 고객에게 직접 연결되는 네트워크

accuracy(정확도) 측정 결과와 측정 대상의 실제 값 사이의 가까운 정도. 정확도에 대한 질적인 평가로 표현할 수도 있고, 에러가 없다는 것으로 평가할 수도 있고, 오류의 기대치에 대한 양적인 값으로 표현할 수도 있다.

actuator(액추에이터) 전기 신호를 받아서 물리적, 화학적, 생물학적 동작으로
변환하는 장치

analytics(애널리틱스) 의사 결정에 초점을 둔 방대한 데이터의 분석 기술

application lifecycle management(애플리케이션 수명 주기 관리) 애플리케이
션의 시작부터 끝까지 전체 수명 주기 동안 진행되는 애플리케이션 관리 및 제
어 활동. 요구 사항 관리, 시스템 설계, 소프트웨어 개발, 설정 관리 등으로 구성
되며, 프로젝트 개발 및 제어를 위한 여러 가지 도구를 활용한다.

API(Application Programming Interface) 애플리케이션 프로그램이 운영체
제나, DBMS 또는 통신 프로토콜과 같은 다른 제어 프로그램과 통신할 때 사용
하는 언어와 메시지 포맷이다. API는 프로그램에서 함수 호출 형태로 구현하여
실행할 기능을 서브루틴 형태로 연결한다. 오픈 API 또는 표준화된 API를 통해
애플리케이션 코드의 이식성과 호출한 서비스에 대한 벤더 독립성을 보장할 수
있다.

application provider(애플리케이션 공급자) 사용자 플랫폼에서 실행될 애플리
케이션을 제작/공급하는 업체

application service provider(애플리케이션 서비스 공급자) 자신의 장비에서
소프트웨어 애플리케이션을 호스트하는 업체. 이메일, 웹 호스팅, 뱅킹, 클라우
드 기반 서비스 등 네트워크로 접속할 수 있는 애플리케이션을 제공한다.

attack surface(공격 표면) 도달 가능하고 악용할 수 있는 시스템의 취약점

attack vector(공격 벡터) 컴퓨터 시스템이나 네트워크에 대한 공격 방법 및
종류   ,

AS(Autonomous System, 자율 시스템) 개인, 그룹, 단일 기관이 통제하는 관
리 규칙에 의해 운영되는 네트워크. 복수의 프로토콜도 가능하지만, AS는 대개
한 종류의 라우팅 프로토콜을 사용한다. 인터넷의 핵심 부분은 수많은 자율 시
스템으로 구성돼 있다.

backbone network(백본 네트워크) 코어 네트워크의 동의어

Best Effort(최선형) 데이터 전송을 보장하지 않고 모든 패킷을 동등하게 취급
하는 네트워크 및 인터넷 전달 기법이다. 모든 패킷은 먼저 도착한 순서대로

전달한다. 우선순위와 같은 별도의 기준에 따라 특정한 패킷을 먼저 처리하지 않는다.

big data(빅데이터) 기존 데이터 분석, 관리 도구가 처리할 수 있는 역량을 넘는 대규모 데이터. 더 넓게 빅 데이터는 네트워크를 통해 프로세서와 저장 장치로 들어오는 정형 또는 비정형 데이터의 양^{volume}, 다양성^{variety}, 속도^{velocity} 및 기업에서 그와 같은 데이터의 비즈니스 활용을 위해 가공하는 기술을 막한다.

blade server(블레이드 서버) 단일 섀시에 복수의 서버 모듈(블레이드)을 수용할 수 있는 서버 아키텍처. 공간 절약과 시스템 관리의 편의성을 위해 데이터 센터에서 널리 사용된다. 블레이드 서버의 섀시는 자립형과 랙 탑재형이 가능하며, 전원 공급 장치를 포함한다. 각 블레이드는 자신의 CPU, 메모리, 하드 디스크를 가진다.

broadcast(브로드캐스트) 네트워크에 존재하는 모든 호스트가 인식할 수 있는 주소. 브로드캐스팅 주소를 사용하면 각 스위치에서 하나의 전송 스트림으로 여러 개의 독립된 라인을 통해 최종 사용자에게 데이터를 전달할 수 있다.

BSS(business support system) 고객 대응 활동을 지원하는 소프트웨어 애플리케이션. 빌링, 주문 관리, 고객 관계 관리^{CRM}, 콜 카운터 자동화 등이 이에 해당한다. BSS는 트러블티켓팅^{troubleticketing}, 서비스 보장 등과 같은 OSS 애플리케이션의 고객 응대 인터페이스 기능도 포함히고 있다. 이러한 것들은 백오피스 활동에 해당하지만, 고객과 직접 대면함으로써 발생한다.

CapEx(설비 투자 비용) 미래의 이윤을 창출하기 위해 지출된 비용. 설비 투자 비용은 기업이 고정 자산을 구입하거나 유효 수명이 당회계년도를 초과하는 기존 자산의 가치를 늘리기 위해 비용을 지출할 때 발생한다.

Client/Server(클라이언트/서버) 소프트웨어를 서버 작업과 클라이언트 작업으로 구분하는 분산 시스템에서 흔히 볼 수 있는 방식. 클라이언트는 특정한 프로토콜에 따라 서버로 요청을 보내서 원하는 정보를 얻거나 동작을 지시하고, 서버는 이에 응답한다.

cloud computing(클라우드 컴퓨팅) 인터넷 웹브라우저를 통해 전원, 스토리지, 소프트웨어 및 기타 컴퓨팅 서비스에 접근할 수 있는 시스템을 대략적으로 정의하는 용어. 클라우드 컴퓨팅 서비스는 대개 호스팅과 관리를 담당하는 외부 업체에서 임대된다.

COTS(Commercial Off-The-Shelf, 상용 제품) 상업적으로 시판, 임대, 허가되거나 일반 대중에게 판매되고, 조달 기관의 요구를 만족시키기 위해 제품의 수명 주기 동안 특별한 변형이나 유지 관리가 필요 없는 물품

CaaS(Communication as a Service, 서비스형 통신) 클라우드 컴퓨팅을 통해 제공되는 서비스의 일종으로, 클라우드 서비스 고객에게 실시간 인터랙션과 협력 기능을 제공한다.

congestion(혼잡) 현재 트래픽 부하를 처리하는 데 필요한 용량이 네트워크에서 부족할 때 나타나는 현상

congestion control(혼잡 제어) 혼잡을 피하거나 제거하기 위한 프로토콜 메커니즘

consortium(컨소시엄) 공통 관심사를 가진 독립적인 기관들이 모인 그룹. 표준 개발 분야에서 컨소시엄은 통상적으로 관련 분야의 특정한 기술 분야에 관심이 많은 회사나 단체로 구성된다.

constrained device(리소스가 제한된 장치) 용량이 제한된 휘발성 및 비휘발성 메모리를 갖추고, 프로세싱 파워도 제한적이며, 트랜시버의 데이터 전송 속도도 낮은 IoT 장치

container(컨테이너) 소프트웨어 실행 환경을 제공해주는 하드웨어 또는 소프트웨어

container virtualization(컨테이너 가상화) 애플리케이션 운영 환경을 가상화하는 기술. 일반적으로 운영체제의 커널에 해당하며, 그 결과 애플리케이션이 실행될 수 있는 독립된 컨테이너가 생성된다.

content provider(콘텐츠 공급자) 교육 콘텐츠 또는 엔터테인먼트 콘텐츠 등의 콘텐츠 정보를 만들고 인터넷이나 기업 네트워크로 배포하는 업체 또는 개인. 콘텐츠 공급자는 콘텐츠에 접근할 소프트웨어를 제공할 수도, 하지 않을 수도 있다.

core network(코어 네트워크) 분배 네트워크와 액세스 네트워크에 서비스를 제공하는 중심부의 네트워크. 백본 네트워크라고도 부른다.

core router(코어 라우터) 네트워크 주변부가 아닌 네트워크 중심부에 위치한 라우터. 인터넷의 백본을 구성하는 라우터가 코어 라우터다.

cross-section bandwidth(횡단면 대역폭) 네트워크를 정확히 반으로 나눌 때 두 영역 사이를 양방향으로 흐르는 데이터의 최대 속도를 의미한다. 이등분 대역폭^{bisection bandwidth}이라고도 부른다.

data deduplication(데이터 중복 제거) 중복된 데이터의 제거. (1) 변경된 데이터만 저장해 데이터를 압축하고, (2) 데이터/파일의 중복된 복사본을 단일 복사본으로의 포인터로 교체하는 것을 포함한다.

datagram(데이터그램) 패킷 스위칭에서 다른 패킷과는 독립적으로 처리하는 패킷. 데이터그램은 출발지부터 목적지에 이르기까지 라우팅에 필요한 정보를 담고 있어서 끝점끼리 논리적인 연결을 설정할 필요가 없다.

DPI(Deep Packet Inspection, 심층 패킷 분석) 데이터를 보낸 애플리케이션의 유형을 파악하기 위해 네트워크 트래픽을 분석하는 것. 트래픽의 우선순위를 정하거나 원치 않는 데이터를 제외하기 위해 심층 패킷 분석은 비디오, 오디오, 채팅, VoIP, 이메일, 웹 등의 데이터를 구분한다. 심층 패킷 분석은 애플리케이션 계층까지 패킷을 살펴봄으로써 암호화되지 않은 패킷 내부의 분석에 활용된다. 예를 들면 패킷이 웹 페이지의 콘텐츠를 담고 있는지는 물론 해당 웹 페이지의 출처까지 밝혀낼 수 있다.

delay jitter(지연 지터) 두 지점 간 패킷 전송 시 지연 시간의 편차. 일반적으로 동일 세션의 패킷들이 겪는 지연 시간의 최대 편차로 측정한다.

DoS(denial of service, 서비스 거부) 리소스에 대한 정상적인 접근을 방해하거나 시간에 민감한 연산을 지연시키는 공격

DevOps(development operations, 데브옵스) 애플리케이션 개발자와 이를 테스트하고 배치하는 IT 부서 사이의 긴밀한 협업을 의미하는 용어로, 소프트웨어 공학과 품질 보장, 운영 등이 혼합된 분야다.

differentiated services(차등 서비스) 인터넷이나 사설 인터네트워크에서 특정한 사용자 그룹에 대한 QoS 요구 사항을 보장하는 기능으로, 이러한 그룹에 대한 IP 패킷에 동일한 서비스 레이블을 붙인다.

DSCP(Differentiated Services Codepoint, 차등 서비스 코드) DiffServ(QoS 트래픽 관리의 한 형태)를 위해 패킷 분류에 사용되는 IP 헤더 안의 6비트 필드

DDoS(Distributed Denial of Service, 분산 서비스 거부) 공격 여러 대의 시스템을 통해 서버나 네트워크 장치나 링크에서 사용할 수 있는 리소스(대역폭, 메모리, 프로세싱 파워 등)에서 감당할 수 없을 정도로 엄청난 트래픽을 발생해 사용자에 대한 응답을 할 수 없게 만드는 공격의 일종

distribution network(분배 네트워크) 액세스 네트워크를 코어 네트워크와 연결하는 네트워크

edge router(에지 라우터) 네트워크 주변부에 위치한 라우터. 액세스 라우터 또는 집선 라우터라고 하기도 한다.

elastic traffic(탄력적 트래픽) 지연, 지터, 처리량에 대한 변화에 둔감한 네트워크 트래픽. 주로 TCP나 UDP를 통해 전달된다.

embedded systems(임베디드 시스템) 컴퓨터 칩을 갖고 있지만 워크스테이션, 데스크톱, 노트북 컴퓨터와 같은 범용 컴퓨터가 아닌 모든 장치

EPC(Electronic Product Codes, 전자 상품 코드) RFID 태그에 사용하는 표준 코드로서 64~256비트로 구성되며, 최소한 상품 번호, 시리얼 번호, 회사 ID, EPC 버전을 담고 있다. 이 표준은 GS1, EPCglobal 등과 같은 여러 기관이 참여해 공동으로 제정했다.

end user(최종 사용자) 컴퓨팅 플랫폼이 제공하는 애플리케이션, 데이터, 서비스의 최종 소비자

ethernet(이더넷) 유선 로컬 영역 네크워크 기술의 상업적 명칭. 공유 물리 매체, 매체 접근 제어 프로토콜, 패킷 데이터 전송 등의 기술이 포함된다. 이더넷 표준은 IEEE 802.3 위원회가 표준화했다.

ERP(External Router Protocol, 외부 라우터 프로토콜) AS를 연결하는 협력 라우터에게 라우팅 관련 정보를 배포하는 프로토콜. ERP의 대표적인 예로 BGP가 있다. 외부 게이트웨이 프로토콜EGP, exterior gateway protocol이라 부르기도 했다.

flow(플로우) 출발지와 목적지 사이를 흐르는 일련의 패킷 집합으로, 네트워크에서는 하나의 묶음으로 취급한다.

fog computing(포그 컴퓨팅) 수많은 이종 분산 장치들이 제3자의 개입 없이 네트워크에서 서로 통신하면서 데이터를 저장하고 작업을 수행하는 방식의 컴퓨팅

hardware virtualization(하드웨어 가상화) 소프트웨어를 사용해서 한 컴퓨터의 자원을 가상 머신이라는 별도의 격리된 개체로 분할하는 것. 하드웨어 가상화는 한 컴퓨터에서 다수의 같거나 다른 운영체제를 실행할 수 있게 하고, 각 VM의 애플리케이션끼리 서로 충돌하는 것을 방지한다.

High-Availability(HA) Cluster(고가용성 클러스터) 서비스에 장애가 발생하는 상황에 대비해 보조 또는 백업 서비스를 제공할 수 있게 중복된 네트워크 노드를 추가로 구성하는 다중 컴퓨터 아키텍처를 의미한다. 이렇게 구성된 클러스터를 통해 중복된 컴퓨팅 환경을 제공함으로써 단일 실패점^{SPOF}을 제거할 수 있으며, 여러 네트워크와 연동하거나, 데이터 저장 장치를 중복해서 배치하거나, 전원 공급 장치를 두 배로 증설하고, 별도 백업 기능을 추가하는 방식으로 구성한다.

hypervisor introspection(하이퍼바이저 인트로스펙션) 보안 목적으로 현재 실행되는 모든 게스트 OS나 가상 머신^{VM}을 모니터링하는 하이퍼바이저의 기능

IEEE 802 로컬 영역 네트워크^{LAN, 근거리 통신망}와 도시 지역 네트워크^{MAN, Metropolitan Area Network, 도시권 통신망} 기술 표준 개발을 책임지는 미국 전기전자기술자협회^{IEEE, Institute of Electrical and Electronic Engineers} 위원회

IEEE 802.1 다음 영역의 기술 표준 개발을 맡고 있는 IEEE 802 워킹 그룹: 802 LAN/MAN 아키텍처, 802 LAN, MAN 및 기타 WAN 간의 인터네트워킹, 802 보안, 802 네트워크 관리 전반

IEEE 802.3 이더넷 LAN의 기술 표준 개발을 맡고 있는 IEEE 802 워킹 그룹

inelastic traffic(비탄력적 트래픽) 지연 시간, 지터, 처리량 등의 변화에 상대적으로 잘 적응하지 못하는 네트워크 트래픽. 비탄력적 트래픽에 대한 대표적인 예로 실시간 트래픽이 있다.

IT(Information Technology, 정보 기술) 정보 처리에 관련된 모든 분야의 기술을 일컫는 용어로, 소프트웨어, 하드웨어, 통신 기술, 관련 서비스 등이 있다.

일반적으로 엔터프라이즈 환경에서 데이터를 생성하지 않는 임베디드 기술은 IT에 포함하지 않는다.

IaaS(Infrastructure as a Service, 서비스형 인프라스트럭처) 고객이 내부의 클라우드 인프라스트럭처에 접근할 수 있게 해주는 클라우드 서비스. IaaS는 고객에게 가상 머신과 스토리지, 네트워크 등과 같은 핵심 컴퓨팅 리소스를 제공해 고객이 원하는 OS나 애플리케이션을 비롯한 다양한 소프트웨어를 직접 배치하고 구동할 수 있게 해준다.

IRP(Interior Router Protocol, 내부 라우터 프로토콜) AS 내부에서 협력하는 라우터들에게 라우팅 정보를 배포하는 프로토콜. IRP의 예로는 RIP^{Routing Information Protocol, 라우팅 정보 프로토콜}와 OSPF^{Open Shortest Path First, 최단 경로 우선 프로토콜}가 있다. IRP는 내부 게이트웨이 프로토콜^{IGP, interior gateway protocol}로 불리기도 한다.

Internet(대문자 'I') 수천 개의 공용, 사설 네트워크와 수백만 사용자를 연결하는 세계적 규모의 TCP/IP 기반 인터네트워크

internet(소문자 'i') 다수의 소규모 네트워크로 구성된 대규모 네트워크. 인터네트워크^{internetwork}라고도 한다.

IoT(Internet of Things, 사물 인터넷) 각종 센서, 액추에이터 및 기타 임베디드 시스템을 인터넷을 통해 연결하는 기술. 대부분의 경우 완전 자동화된 상호작용을 통해 사람의 개입이 필요 없다.

IP(Internet Protocol, 인터넷 프로토콜) 여러 개의 독립적인 네트워크를 서로 연결하기 위해 호스트와 라우터에서 실행하는 표준 프로토콜

IPsec(IP security) 개별 IP 패킷마다 인증과 암호화를 통해 네트워크 계층의 IP 통신에 보안성을 제공하는 프로토콜들의 모음. 또한 IPsec은 암호화 키 관리를 위한 프로토콜을 제공한다.

LAN switch(LAN 스위치) (1) 로컬 영역에서 단말 시스템들을 연결하거나, (2) 더 큰 LAN을 구성하기 위해 다른 LAN 스위치와 연결하거나, (3) 광역 네트워크^{WAN} 연결을 위해 라우터 등 다른 네트워크 장비에 연결하는 네트워크 패킷 포워딩 장치

L3(Layer 3, 3계층) 스위치 네트워크 라우팅을 위한 고성능 장비. 3계층 스위

치는 라우터와 매우 유사하다. L3 스위치와 라우터의 핵심적인 차이는 라우터의 일부 소프트웨어 로직이 L3 스위치에서 하드웨어로 대치돼 더 좋은 성능을 제공한다는 점이다. L3 스위치는 일반적인 라우터보다 가격이 저렴하다. L3 스위치는 LAN 구간 내에서 사용하게 설계됐기 때문에 일반적으로 WAN 포트와 전통적인 라우터의 WAN 기능을 지원하지 않는다.

MAC(Media Access Control, 매체 접근 제어) 프레임 출발지와 목적지 주소, 기타 프로토콜 제어 정보, 데이터(옵션)를 포함하는 비트들의 모음. MAC 프레임은 이더넷과 와이파이 LAN 구간에서 기본 전송 단위다.

microcontroller(마이크로컨트롤러) 프로세서와 프로그램용 비휘발성 메모리(ROM 또는 플래시), 입출력을 위한 휘발성 메모리(RAM), 클록, I/O 제어 유닛 등을 단일 칩으로 담은 것. 컴퓨터 온 칩computer on a chip이라 부르기도 한다.

microprocessor(마이크로프로세서) 부품의 크기를 축소해 하나 또는 몇 개의 집적 회로에 담은 프로세서

MPLS(Multiprotocol Label Switching, 다중 프로토콜 라벨 스위칭) 광역 IP 네트워크 또는 기타 WAN에서 패킷을 전송하기 위해 IETF가 개발한 프로토콜. MPLS는 각 패킷마다 32비트 라벨을 붙여 네트워크의 효율을 개선하고 필요한 서비스 품질에 따라 미리 정의된 경로로 라우터가 패킷을 전송할 수 있게 한다.

NaaS(Network as a Service, 서비스형 네트워크) 클라우드 컴퓨팅을 통해 제공되는 서비스로, 클라우드 서비스 고객에게 전송 계층의 연결성과 관련 네트워크 기능을 제공한다.

network convergence(네트워크 융합) 전화, 동영상, 데이터 통신 서비스를 단일 네트워크로 제공하는 것

network interface card(네트워크 인터페이스 카드) 컴퓨터에 설치돼 물리적 네트워크 접속 기능을 제공하는 어댑터 회로 기판

NFV(Network Function Virtualization, 네트워크 기능 가상화) 네트워크 기능을 소프트웨어로 구현하고 가상 머신에서 실행해, 네트워크 기능을 가상화하는 것

NOS(Network Operating System, 네트워크 운영체제) 컴퓨터 네트워킹에 특화된 서버 기반의 운영체제로, 디렉토리 서비스, 네트워크 관리, 네트워크 모니

터링, 네트워크 정책, 사용자 그룹 관리, 네트워크 보안을 비롯한 다양한 네트워크 관련 기능을 제공한다.

network provider(네트워크 사업자 또는 공급자) 일반적으로 넓은 지역에 통신 서비스를 제공하는 업체. 네트워크 장비와 공공 및 사설 네트워크를 제공, 유지 및 관리한다.

northbound(노스바운드) API SDN 환경에서 제어 평면과 애플리케이션 평면 사이의 인터페이스

OpenFlow Channel(오픈플로우 채널) 오픈플로우 스위치와 오픈플로우 컨트롤러를 연결하는 인터페이스로, 컨트롤러가 스위치를 관리하는 용도로 사용한다.

OpenFlow Port(오픈플로우 포트) 오픈플로우 파이프라인에 패킷이 들어오거나 나가는 문. 오픈플로우 스위치는 다른 오픈플로우 스위치로 패킷을 전달할 수 있는데, 이때 패킷은 반드시 보내는 스위치의 오픈플로우 포트를 통해 나와서 받는 스위치의 인그레스 오픈플로우 포트로 전달돼야 한다.

OpenFlow Switch(오픈플로우 스위치) 하나의 개체로 관리할 수 있는 일련의 오픈플로우 리소스 집합으로, 데이터 패스와 컨트롤 채널로 구성된다. 오픈플로우 스위치는 오픈플로우 포트를 통해 논리적으로 다른 스위치와 서로 연결할 수 있다.

OSGi(Open Service Gateway Initiative) 자바 기반의 동적 컴포넌트를 정의하는 규격으로서 모듈 기반 아키텍처를 제공하며, 대규모 분산 시스템뿐만 아니라 소규모 임베디드 애플리케이션에도 적용할 수 있다.

open standard(개방형 표준) 표준에 관심 있는 모든 이에게 의사 결정의 절차가 공개된 형태로 개발되는 표준으로, 로열티를 지불하지 않고도 누구나 구현할 수 있으며, 다양한 벤더의 제품끼리 서로 호환되도록 장려하기 위한 목적으로 만든다.

OpEx(운영 비용) 장비 운영 및 유지 보수 등 통상적인 기업 영업 활동 중에 지출된 비용

OT(Operational Technology, 운영 기술) 엔터프라이즈 환경에서 물리 장치와 프로세스와 이벤트를 직접 모니터링하거나 제어하는 방식으로 변화를 감지하거

나 발생시키는 하드웨어와 소프트웨어

packet(패킷) 네트워크의 데이터 전송 단위. 여러 비트가 하나의 그룹을 형성하며 데이터와 프로토콜 제어 정보로 이뤄져 있다. 이 용어는 네트워크 계층의 프로토콜 데이터 전송 단위를 가리킬 때 주로 사용된다.

packet forwarding(패킷 포워딩) 입력 링크로 전달된 패킷을 받아서 출력 링크로 전달하게 라우터가 수행하는 기능

packet switching(패킷 스위칭) 통신 네트워크를 통해 메시지를 전달하는 방법 중 하나로, 긴 메시지를 여러 개의 짧은 패킷으로 쪼개서 보낸다. 이때 각 패킷은 출발지에서 여러 개의 중간 노드를 거쳐 목적지로 전달된다. 각 노드마다 전체 메시지를 받으며, 이를 잠시 저장한 뒤 다음 노드로 전달한다.

peer(피어) 동일한 단계에 있거나 동일한 기능을 수행하는 대상. 네트워크 분야에서는 동일한 기능을 제공하는 노드를 피어라고 부른다. 예를 들어 네트워크에 존재하는 두 개의 데스크톱 PC는 피어 관계에 있다. 반면 데스크톱과 서버는 서로 다른 기능을 수행하기 때문에 피어가 아니다. 데스크톱 PC는 서버에게 비즈니스 관련 데이터를 요청할 수 있지만, 서버는 이러한 데이터를 데스크톱 PC에게 요청하는 경우는 드물기 때문이다.

peering(피어링) 두 라우터 간 서로의 데이터 패킷을 받아들이고 전달하기 위한 합의 절차. 피어peer 관계를 맺은 장비들은 주로 라우팅 정보를 주고받는다.

PaaS(Platform as a Service, 서비스형 플랫폼) 클라우드 컴퓨팅으로 제공되는 일련의 기능으로, 클라우드 서비스 고객은 고객이 제작하거나 구한 애플리케이션을 클라우드 서비스 사업자가 제공하는 한 가지 이상의 프로그래밍 언어와 실행 환경을 이용해 배치하고, 관리하고, 구동하는 방식으로 사용한다.

PoE(Power over Ethernet) AC 플러그가 아닌 이더넷 케이블을 통해 타겟 장치로 전력을 분배하는 기술. PoE를 사용하면 AC 단자에서 멀리 떨어진 지점에 네트워크 장치를 설치할 수 있다.

PLC(powerline carrier) 건물의 전기 시스템을 전송 매체로 사용하고, 벽에 있는 전원 단자를 연결 지점으로 사용하는 데이터 네트워크. 유선 이더넷 네트워크를 다른 방으로 확장할 때 주로 활용된다.

precision(정밀도) 동일한 속성에 대해 반복적으로 측정한 값에 대한 유사성. 연속적으로 측정한 결과를 토대로 구한 표준 오차를 이용해 양적으로 표현한다.

protocol(프로토콜) 네트워크를 통해 데이터를 전송하는 방식을 표현하는 문법 및 의미 규칙의 집합. 저수준 프로토콜은 비트나 바이트 순서, 전송 및 에러 검출, 비트 스트림 교정 등에 대한 전기적 또는 물리적 표준을 정의한다. 고수준 프로토콜은 메시지 문법과 의미, 문자 집합, 메시지 시퀀싱 등과 같은 데이터의 포맷에 관련된 부분을 다룬다.

protocol architecture(프로토콜 아키텍처) 통신 기능을 구현하는 소프트웨어 구조. 일반적으로 각 단계별로 한 개 이상의 프로토콜로 구성된 계층화된 형태의 프로토콜 집합으로 구성된다.

protocol control information(프로토콜 제어 정보) 특정한 계층에 있는 개체들이 상호 연동 방식을 조율하기 위해 바로 아래 계층의 서비스를 통해 서로 주고받는 정보

PDU(protocol data unit) 네트워크에서 피어 관계에 있는 개체끼리 주고받는 정보의 기본 단위. 일반적으로 PDU는 헤더에 제어 정보와 주소 정보를 담고 있다. 경우에 따라 데이터도 담을 수 있다.

QoE(quality of experience, 체감 품질) 시스템 성능에 대한 주관적인 척도. QoE는 사용자의 의견에 따라 결정되며, 값을 정확히 측정할 수 있는 QoS서비스품질과는 다르다.

QoS(quality of service, 서비스 품질) 네트워크 서비스에 대해 종단 간 측정할 수 있는 성능 속성으로, 사용자와 서비스 제공자가 서비스 수준 협약을 체결해 고객이 요구하는 수준의 성능을 사전에 보장해줄 수 있다. 참고: QoS에 속하는 속성으로 처리량(대역폭), 전송 지연 시간, 에러율, 우선순위, 보안, 패킷 손실, 패킷 지터 등이 있다.

RFID(radio-frequency identification, 무선 주파수 식별) 어떤 대상에 전자 태그를 부착하고, 원격 시스템으로 그 대상을 추적하거나 식별하기 위한 데이터 수집 기술. 태그는 안테나가 장착된 RFID 칩으로 구성된다.

read range(판독 범위) 안정적으로 통신할 수 있는 RFID 태그와 리더 사이의 최대 거리

real time(실시간) 요구 조건을 만족할 정도로 빠른 것. 실시간 시스템은 주어진 요구 조건을 만족할 수준으로 충분히 빠르게 시그널, 이벤트, 요청 등에 응답해야 한다.

real-time traffic(실시간 트래픽) 낮은 지터, 낮은 지연 시간 등의 실시간 요구 조건을 만족하는 데이터 흐름

RFC(Request For Comments) IETF와 IRTF를 비롯한 인터넷 소사이어티의 출판 문서를 위한 공식 채널에 등록된 문서. RFC는 informational, best practice, draft standard, official internet standard 등으로 분류한다.

resolution(해상도) 측정한 값을 구분할 수 있는 식별 가능한 증가치의 최솟값

RBAC(role-based access control, 역할 기반 접근 제어) 사용자가 시스템에서 맡은 역할과 사용자에게 할당된 역할에 대해 허용된 접근의 종류를 명시하는 규칙에 따라 접근을 제어한다.

router(라우터) 한 네트워크에서 다른 네트워크로 데이터 패킷을 전달하는 네트워크 장치. 포워딩 결정은 네트워크 계층 정보와 라우팅 프로토콜이 만드는 라우팅 테이블에 따라 이뤄진다. 라우터에서 패킷 포맷은 표준 IP 프로토콜 등 라우팅 가능한 프로토콜을 따라야 한다.

routing(라우팅) 출발지로부터 목적지에 이르기까지 하나의 데이터 단위(패킷, 프레임, 메시지)가 거쳐 갈 경로를 결정하는 것

routing protocol(라우팅 프로토콜) 데이터를 전달할 경로를 결정하기 위해 라우터에서 사용하는 프로토콜. 네트워크에 존재하는 다른 라우터와 변경 사항이나 상태 정보를 주고받는 방법도 지정한다.

scale out(스케일 아웃) 물리 또는 가상 머신을 추가해 용량을 확장한다.

scale up(스케일 업) 하나의 물리 또는 가상 머신의 용량을 확장한다.

service provider(서비스 공급자) 최종 사용자에게 서비스를 제공하는 기관 또는 개체

SaaS(Software as a Service, 서비스형 소프트웨어) 클라우드 컴퓨팅으로 제

공되는 일련의 기능으로, 클라우드 서비스 고객은 클라우드 서비스 사업자가 제공하는 애플리케이션을 사용하는 방식으로 해당 기능을 이용한다.

SDN(Software-Defined Network, 소프트웨어 정의 네트워크) 라우터와 스위치의 포워딩 결정을 중앙 서버에서 소프트웨어로 프로그래밍하는 기법으로 접근하는 대규모 네트워크의 설계, 구현, 운용 방법. 각 장비를 개별적으로 설정해야 하고 프로토콜을 변경할 수 없는 전통적 네트워크로부터 차별화된다.

SDS(Software-Defined Storage, 소프트웨어 정의 스토리지) 스토리지와 관련된 작업을 제어하는 기능과 물리적인 스토리지 하드웨어를 분리해 소프트웨어를 통해 데이터 스토리지를 관리하고 사용하는 기법

southbound(사우스바운드) API SDN 환경에서 제어 평면과 데이터 평면을 연결하는 인터페이스

standard(표준) 재료, 제품, 프로세스, 서비스 등이 원래 목적에 맞는지를 지속적으로 보장하는 데 사용되는 요구 사항과 명세서, 가이드라인, 특성 등에 대한 문서. 표준은 표준 제정 기관에 참여하는 이들의 합의를 통해 만들어지며, 널리 알려진 기관을 통해 승인된다.

SDO(Standards-Developing Organization, 표준 개발 기구/표준화 기구) 공식적인 국가나 지역 또는 국제 표준화 기구로, 표준을 개발하고 특정한 국가나 지역이나 세계의 표준화 활동을 조율한다. SDO에 따라 기술 위원회 활동을 지원하는 방식으로 표준화를 추진하거나, 직접 표준 개발 과정에 참여하기도 한다.

TCP/IP 프로토콜 구조 TCP 및 IP 프로토콜을 기반으로 설계된 프로토콜 구조로서 물리 계층, 데이터 링크 계층, 네트워크/인터넷 계층(주로 IP), 전송 계층(주로 TCP나 UDP), 애플리케이션 계층 등의 다섯 개의 계층으로 구성된다.

token bucket(토큰 버킷) 주기적인 시간 간격마다 토큰을 버퍼(버킷)에 추가해서 버킷에 있는 토큰의 수가 데이터 패킷의 길이만큼 많아질 때만 송신자를 떠나게 하는 데이터 플로우 제어 메커니즘. 이렇게 하면 네트워크에서 두 개의 데이터 패킷 사이의 시간 간격을 정확히 조절할 수 있다.

ToR(top-of-rack) 스위치 블레이드 서버 환경에서 랙 상단에 설치된 이더넷

스위치로, 랙을 구성하는 서버들은 한 개 또는 두 개의 스위치에 연결된다. 이 스위치의 물리적인 위치는 반드시 랙 상단에 둘 필요는 없다. 경우에 따라 바닥에 두기도 하고, 랙 중간에 배치하기도 한다. 하지만 케이블을 깔끔하게 관리할 수 있고 전선을 쉽게 배치할 수 있기 때문에 대부분의 경우 랙의 상단에 둔다.

traffic engineering(트래픽 엔지니어링) 운영 네트워크의 성능 평가 및 최적화에 관련된 이슈를 다루는 네트워크 엔지니어링 분야. 트래픽 엔지니어링에서는 네트워크 트래픽을 측정하고, 분류하고, 모델링하고, 제어할 때 과학 및 기술적인 원칙을 적용한다.

transceiver(트랜시버) 정보를 보내고 받을 수 있는 기능을 가진 장치

trick mode(트릭모드) 오디오/비디오 콘텐츠의 레코딩 속도(1x)로 재생(포워드 플레이백)하는 경우를 제외한 다른 모든 재생 모드. 예를 들어 앞으로 빠르게 감기(패스트 포워드), 슬로우 모션, 뒤로 감기, 랜덤 액세스 등이 있다.

unicast(유니캐스트) 단 하나의 호스트만 인식하는 주소. 여러 사용자가 동일한 시각에 동일한 서버에게 동일한 데이터를 요청하더라도 사용자마다 별도의 데이터 스트림을 복제해서 전송한다.

UC(Unified Communication, 통합 커뮤니케이션) 인스턴트 메신저, 상태 정보, 음성(IP 전화 포함), 웹 및 화상 회의, 음성 인식 등의 실시간 기업 커뮤니케이션 서비스와 통합 메시징(통합 음성 메일, 이메일, SMS, 팩스) 등 비실시간 커뮤니케이션 서비스의 통합

URI(Uniform Resource Identifier) 추상적이거나 물리적인 리소스를 식별하기 위한 간결한 문자열이다. URI에 대해서는 RFC 3986에서 정의하고 있는데, 이 문서에서는 임의의 이름이나 주소 체계를 인코딩하기 위한 문법을 정의하고, 여러 가지 주소 체계에 대한 목록도 제공하고 있다. URL^{Uniform Resource Locator}도 일종의 URI로, 리소스에 접근하는 데 사용할 프로토콜과 리소스에 대한 인터넷 상의 주소를 표현한다.

VLAN(Virtual Local-Area Network, 가상 로컬 영역 네트워크) 물리 패킷 스위치 네트워크 위에 추상화한 가상의 네트워크. VLAN은 실질적으로 특정 스위치 집합에 대한 브로드캐스트 도메인이다. 해당 스위치들은 동일 VLAN에 속하는 장치들 사이의 패킷 교환을 위해 VLAN의 존재를 인식하고 적절히 설정돼야 한다.

VM(virtual machine, 가상 머신) 컴퓨터 내부의 독립된 파티션에서 실행되는 운영체제 인스턴스와 하나 이상의 애플리케이션. 한 대의 컴퓨터에서 서로 다른 운영체제들이 동시에 실행되고 애플리케이션끼리 서로 충돌하지 않게 한다.

VMM(virtual machine monitor, 가상 머신 모니터) VM 환경을 제공하는 시스템 프로그램. 하이퍼바이저라고도 부른다.

virtual network(가상 네트워크) 물리적인 네트워크 리소스를 상위 계층의 소프트웨어 관점에서 추상화한 것. 네트워크 사업자는 가상 네트워크 기술을 활용하면 서로 격리된 여러 개의 가상 네트워크를 제공할 수 있다. 각각의 가상 네트워크에 대한 사용자는 하위 물리 네트워크에 대한 세부 사항을 볼 수 없으며, 동일한 물리적인 네트워크를 사용하는 다른 가상 네트워크도 볼 수 없다.

VPN(virtual private network, 가상 사설 네트워크) 보안이 보장되지 않는 네트워크(주로 인터넷)에서 저수준 프로토콜 계층을 통해 암호화와 인증 기능을 사용해 안전한 연결을 제공하는 네트워크. VPN은 별도의 전용선을 통해 암호화와 인증을 제공하는 물리적인 사설 네트워크보다 훨씬 비용이 적게 든다. 암호화 작업은 방화벽 소프트웨어를 통해 수행할 수도 있고, 라우터를 통해 처리할 수도 있다.

virtualization(가상화) 소프트웨어와 물리적 하드웨어 사이에 추상화 계층을 제공해 컴퓨팅 자원을 관리하는 다양한 기술. 가상화 기술은 사실상 서버, 저장장치, 네트워크 자원 등의 하드웨어 플랫폼을 소프트웨어로 에뮬레이션 또는 시뮬레이션한다고 볼 수 있다.

Wi-Fi(와이파이) IEEE 802.11 위원회가 표준화한 무선 LAN 기술을 일컫는다. 와이파이[Wi-Fi]라는 용어는 와이파이 얼라이언스에서 802.11 규격 준수와 상호 운용성 시험 여부를 인증 받은 제품을 나타낸다.

찾아보기

에이콘출판의 기틀을 마련하신 故 정완재 선생님(1935-2004)

현대 네트워크 기초 이론

SDN, NFV, QoE, IoT, 클라우드

발   행 | 2016년 10월 31일

지은이 | 윌리엄 스탈링스
옮긴이 | 강지양 · 남기혁

펴낸이 | 권 성 준
편집장 | 황 영 주
편   집 | 조 유 나
          김 진 아
디자인 | 윤 서 빈

에이콘출판주식회사
서울특별시 양천구 국회대로 287 (목동)
전화 02-2653-7600, 팩스 02-2653-0433
www.acornpub.co.kr / editor@acornpub.co.kr

한국어판 ⓒ 에이콘출판주식회사, 2016, Printed in Korea.
ISBN 978-89-6077-918-1
ISBN 978-89-6077-449-0(세트)
http://www.acornpub.co.kr/book/modern-networking

이 도서의 국립중앙도서관 출판시도서목록(CIP)은 서지정보유통지원시스템 홈페이지(http://seoji.nl.go.kr)와
국가자료공동목록시스템(http://www.nl.go.kr/kolisnet)에서 이용하실 수 있습니다.(CIP제어번호: CIP2016025461)

책값은 뒤표지에 있습니다.